U0616797

WEIXIAN HUAXUEPIN JINGYING DANWEI
ZHUYAO FUZEREN JI ANQUAN GUANLI RENYUAN
ANQUAN PEIXUN JIAOCHENG

危险化学品经营单位
主要负责人及安全管理人员
安全培训教程

（第2版）

四川省安全科学技术研究院 编
四川省安全生产监督管理局 审

西南交通大学出版社
·成 都·

图书在版编目（C I P）数据

危险化学品经营单位主要负责人及安全管理人员安全
培训教程 / 四川省安全科学技术研究院编. —2版. —
成都：西南交通大学出版社，2018.1（2018.8重印）
四川省安全培训系列教材
ISBN 978-7-5643-5980-5

Ⅰ.①危… Ⅱ.①四… Ⅲ.①化工产品 – 危险物品管
理 – 安全培训 – 教材 Ⅳ.①TQ086.5

中国版本图书馆 CIP 数据核字（2017）第 317334 号

四川省安全培训系列教材

危险化学品经营单位主要负责人及安全管理人员安全培训教程
（第 2 版）

四川省安全科学技术研究院 / 编

责任编辑 / 王　旻
特邀编辑 / 王玉珂
封面设计 / 墨创文化

西南交通大学出版社出版发行
（四川省成都市二环路北一段 111 号西南交通大学创新大厦 21 楼　610031）
发行部电话：028-87600564
网址：http://www.xnjdcbs.com
印刷：四川煤田地质制图印刷厂

开本　185 mm × 260 mm
印张　30.5　　字数　760 千
版次　2018 年 1 月第 2 版　　印次　2018 年 8 月第 12 次

书号　ISBN 978-7-5643-5980-5
定价　72.00 元

图书如有印装质量问题　本社负责退换
版权所有　盗版必究　举报电话：028-87600562

四川省安全培训系列教材

编审委员会名单

主 任

孙建军

常务副主任

邢建国

副主任

何成炳　文卫平　黄锦生　苏国超　刘　健　吴金炉　鄢正文

委 员

杨　林　姚世栋　张仕勇　赵志宏　王建国　帅　旗　黄志文

陈建春　唐克农　蒋兴飞　李　文　陈德耀　田建文　汪晓青

唐渔海　廖永涛　蒋天才　王　兵　吕俊高　施富强　张晓风

武玉梁　白清文　谢　霖　张　静　邱　成

危险化学品经营单位主要负责人及安全管理人员安全培训教程

编写人员

侯映天　李 芒　代小明　袁凡雨　任 丹　甘 媛　彭敏君

审读人员

任廷沈

修订人员

侯映天

安全生产，培训为要；安全培训，教材优先；培训教材，实效为本。抓安全培训，是提高从业人员安全素质的重要途径，是确保安全发展的治本之策。科学实用的教材，是教与学的重要助手，是实现安全培训目标的基础性、保障性条件。

我省安全培训系列教材的编写与出版，标志着我省安全培训"六统一"（培训大纲统一、考核标准统一、培训教材统一、考试题库统一、考试方式统一、证书制发统一）目标的实现。从省局的策划部署，到有关机构的组织落实，一年多来，风雨兼程，动员之广，牵动各方。最终将参与编撰、审读的百余名专家教师们的集体智慧，聚合成这套以安全科普为经，以职业安康为纬的精神大餐，献给全省各行各业各个层次的从业者。

百余名长期从事安全培训工作的专家和教师，成为了这套教材编写的中坚力量。符合省情、简明实用，重点突出、选材新颖，图文并茂、通俗易懂，是编写这套教材所确定的基本原则。这套教材涵盖了我省各行各业的主要负责人、安全管理人员和特种作业人员的安全培训，共计 87 本，都以国家安全监管总局制定的培训大纲和考核大纲为依据，结合我省生产安全实际进行知识要点设计，并将安全培训机考题库与教材融合，既方便学员学习，又突出我省特点，在内容上既是全国同类教材的精华和浓缩，又是切合我省省情的细化和完善。

我由衷地希望广大学员能从教材中有所收获，并举一反三，融会贯通为自己日常工作中"三不伤害"的意识和技能；由衷地希望各级安全培训机构用好这套教材，为建设西部经济发展高地造就一大批符合生产安全要求的从业人员；由衷地希望安全培训教师们能以教材为基础，给学员以真知，予从业者以保障，让学员终生受益，安全地创造生活，健康地享受人生。

积跬步至千里，聚小流为大海。愿与全体从业人员共享这份安康美餐；更愿与各位同仁一道，为福佑万民的安全发展事业携手共勉。

应约援笔，寥寥数语，实乃有感而发，谨以为序。

孙建军

2012 年 12 月于成都

第 2 版前言

我国政府历来十分重视危险化学品的安全工作，国务院先后颁布了《危险化学品安全管理条例》、《易制毒化学品管理条例》、《使用有毒物品作业场所劳动保护条例》，安监总局出台了《危险化学品登记管理办法》、《危险化学品经营许可证管理办法》等法规，对危险化学品的生产、经营、储存、使用、运输等做出了严格的规定，其目的就是要生产经营单位有效地避免事故的发生，以保障人民生命民财产安全。

在加强危险化学品监管的同时，党中央、国务院高度重视安全培训工作，安监总局及各地方安监部门先后制定了《生产经营单位安全培训规定》、《危险化学品经营单位主要负责人安全生产培训大纲及考核标准》、《危险化学品经营单位安全生产管理人员安全生产培训大纲及考核标准》等规范性文件和行业标准，有效的指导了危险化学品经营过程中的安全培训与考核工作。

为进一步加强安全培训工作，2012 年 11 月 21 日国务院安委会出台了《关于进一步加强安全培训工作的决定》（安委〔2012〕10 号），决定要求安全培训要深入贯彻落实科学发展观，认真落实党中央、国务院关于加强安全生产工作的决策部署，牢固树立"培训不到位是重大安全隐患"的意识，坚持依法培训、按需施教的工作理念，以落实持证上岗和先培训后上岗制度为核心，以落实企业安全培训主体责任、提高企业安全培训质量为着力点，全面加强安全培训基础建设，严格安全培训监察执法和责任追究，扎实推进安全培训内容规范化、方式多样化、管理信息化、方法现代化和监督日常化，努力实施全覆盖、多手段、高质量的安全培训，切实减少"三违"行为，促进全国安全生产形势持续稳定好转。

本书以国家目前实施的涉及危险化学品经营的有关法律、法规、规范性文件、标准和规范为依据，针对危险化学品经营单位的特点和危险化学品经营安全的实际需要，按照危险化学品经营单位主要负责人、安全生产管理人员培训大纲及考核标准的要求，依次从危险化学品的基本知识、危险化学品经营安全管理、危险化学品经营安全技术、重点危险化学品经营

第 2 版前言

行业与重大危险源、危险化学品经营事故隐患排查与事故应急、危险化学品经营工作场所职业危害预防和管理、典型事故案例等方面进行了全面的介绍{特别说明：依据《危险化学品安全管理条例》（国务院令第 591 号）及关危险化学品经营许可的规定，民用爆炸物品、烟花爆竹、放射性物品、核能物质以及用于国防科研生产的危险化学品、城镇燃气、废弃危险化学品的处置等不属于危险化学品经营监管范围，应从其特别规定，本书不作详细介绍}；在本书附录中列举了危险化学品经营过程中主要和常用的标准与规定，并配以大量的练习题。本书既对危险化学品经营单位主要负责人和安全生产管理人员应了解和掌握的安全知识要点进行了系统性梳理和归类，又能解决读者在工作中遇到的实际问题，还能通过练习备考。

为了适应危险化学品经营单位主要负责人、安全生产管理人员对危险化学品经营的安全管理需要，本次是在原教材的基础上按国家最新法律法规和技术标准进行了更新修订，补充了近几年来发生的典型危险化学品事故案例分析，对附录题库进行了全部更新。通过修订，本书能够较全面地反映危险化学品经营安全知识，具有较强的操作性和指导性。

本书主要作为各地开展危险化学品经营单位主要负责人、安全生产管理人员安全教育培训教材使用，也可以作为危险化学品经营单位的一本安全管理工作手册，同时也可供安全监管部门、行业管理部门等监管人员参考使用。

由于编者水平有限，疏漏及欠妥之处在所难免，敬请广大读者多提宝贵意见，不胜感激。

编　者

2017 年 12 月

目录

目录

第一章 概 述

【本章学习要点】

（1）危险化学品经营安全管理相关的法律、法规，特别是安全生产法、危险化学品安全管理条例、危险化学品经营许可管理办法等。

（2）危险化学品经营单位主要负责人、安全管理人员安全职责及资质要求。

第一节 主要的安全生产法律法规

一、安全生产法

目前我国正处于一个新的历史发展时期。在新形势下安全生产工作面临许多新情况、新问题、新特点，对安全生产监督管理工作也提出了新要求。加强安全生产法制建设，充分运用法律手段加强监督管理，是从根本上改变我国安全生产状况的主要措施之一。这是贯彻依法治国基本方略的客观要求，也是建设社会主义法治国家的必要选择。加强安全生产法治建设的首要问题是有法可依，再次是解决法律法规与我国安全生产相适应的问题。

对化学品特别是危险化学品的安全管理工作，是关系到保障人民生命、财产安全，保护环境的大事，党和国家历来十分重视。围绕危险化学品的经营，国家先后颁布了有关的法律、法规和标准。危险化学品生产经营单位的从业人员有依法获得安全生产保障的权利，并应当依法履行安全生产方面的义务。2014 年 12 月 1 日施行的新《中华人民共和国安全生产法》（以下简称《安全生产法》）对从生产经营单位的主要负责人和安全管理人员的权利和义务进行了明确规定：

（一）主要负责人

（1）建立、健全本单位安全生产责任制。

（2）组织制定本单位安全生产规章制度和操作规程。

（3）组织制定并实施本单位安全生产教育和培训计划；必须具备与本单位所从事的生产经营活动相应的安全生产知识和管理能力。

（4）保证本单位安全生产投入的有效实施；对由于安全生产所必需的资金投入不足导致的后果承担责任。

（5）督促、检查本单位的安全生产工作，及时消除生产安全事故隐患。

（6）组织制定并实施本单位的生产安全事故应急救援预案；生产经营单位发生生产安全

事故时，应当立即组织抢救，并不得在事故调查处理期间擅离职守。

（7）及时、如实报告生产安全事故。

（二）安全管理人员

（1）组织或者参与拟订本单位安全生产规章制度、操作规程和生产安全事故应急救援预案。

（2）组织或者参与本单位安全生产教育和培训，如实记录安全生产教育和培训情况；必须具备与本单位所从事的生产经营活动相应的安全生产知识和管理能力。

（3）督促落实本单位重大危险源的安全管理措施。

（4）组织或者参与本单位应急救援演练。

（5）检查本单位的安全生产状况，及时排查生产安全事故隐患，提出改进安全生产管理的建议。

（6）制止和纠正违章指挥、强令冒险作业、违反操作规程的行为。

（7）督促落实本单位安全生产整改措施。

二、职业病防治法

为了预防、控制和消除企业、事业单位和个体经济组织等用人单位的劳动者在职业活动中，因接触粉尘、放射性物质和其他有毒、有害因素而引起的职业病，保护劳动者健康及其相关权益，促进经济发展。我国职业病防治工作采取预防为主、防治结合的方针，实行分类管理、综合治理。根据《职业病防治法》的规定，主要负责人和职业卫生管理人员有以下主要职责：

（1）主要负责人对本单位的职业病防治工作全面负责。

（2）主要负责人和职业卫生管理人员应当接受职业卫生培训，遵守职业病防治法律、法规，依法组织本单位的职业病防治工作。

对已经被诊断为职业病的病人，《职业病防治法》规定用人单位应当按照国家有关规定，安排病人进行治疗、康复和定期检查；职业病病人的诊疗、康复费用，伤残以及丧失劳动能力的职业病病人的社会保障，按照国家有关工伤保险的规定执行；用人单位没有依法参加工伤社会保险的，职业病病人的医疗和生活保障由最后的用人单位承担，除非最后的用人单位有证据证明该职业病与己无关。

三、其他相关法律、法规

与危险化学品经营有关的法律、法规还主要包括：《中华人民共和国劳动法》《中华人民共和国消防法》《中华人民共和国固体废物污染环境防治法》《农药管理条例》《易制毒化学品管理条例》《危险化学品安全管理条例》《危险化学品经营许可证管理办法》等。其中，《危险化学品安全管理条例》规定：主要负责人对本单位的危险化学品安全管理工作全面负责，危险化学品安全管理坚持安全第一、预防为主、综合治理的方针，强化和落实企业的主体责任；危险化学品单位应建立、健全安全管理规章制度和岗位安全责任制度，对从业人员进行安全教育、法制教育和岗位技术培训。

国家在对危险化学品的安全技术规范管理上从 1986 年陆续颁布了一系列的标准、规则。如《仓库防火安全管理规则》爆炸危险场所安全规定》《危险货物分类和品名编号》《危险化学品目录（2015 版）》《危险货物包装标志》《危险货物运输包装通用技术条件》《化学品分类和危险性公示通则》《常用化学危险品储存通则》《易燃易爆性商品储藏养护技术条件》《腐蚀性商品储藏养护技术条件》《毒害性商品储藏养护技术条件》《危险化学品经营企业开业条件和技术要求》《汽车加油加气站设计与施工规范》《危险化学品重大危险源辨识》等。

第二节 国内外危险化学品经营安全管理概况

一、国外危险化学品经营安全管理

（一）概 况

世界各国都对危险化学品安全管理工作都非常重视。联合国所属机构以及国际劳工组织对危险化学品的国际管理也采取了有效的约定和建议。

美国、日本、欧共体等国家、组织都对化学品的管理制定了有关的法规和监控体系。以美国为例，1928 年，美国国家防火协会的化学危险品和爆炸物品委员会协同化学学会编辑了常用化学危险品表（NFPA49）。随后，美国政府又相继颁布了《有毒物质控制法》《职业安全卫生法》《消费产品安全法》《高度危险化学品处理过程的安全管理》《危险物品运输法》《有害物质包装危害预防法》《资源保护和回收法》《联邦环境污染控制法》和《食品、药物和化妆品法》等法律法规，与化学品有关的法规就有 16 部之多，对化学品从原料产出、应用到废弃物处理实行全过程的监控管理，特别是在环境无害化方面做了许多规定。

为了规范和指导国际间危险货物的生产和运输，1955 年联合国危险货物运输专家委员会提交了第一份工作报告。报告提出了危险品的分类、编号、包装、标志和运输文件以及最低要求。1956 年报告改为《联合国危险货物运输建议书》，1996 年改为现在的《联合国危险货物运输规章范本》（大桔皮书）形式，同时配套出版《试验和标准手册》（小桔皮书）。每两年修订并出版一次《联合国危险货物运输规章范本》，世界各国和各国际组织涉及危险品的立法内容或管理活动都以大、小桔皮书为依据。

国际劳工组织于 1990 年 6 月通过了《作业场所安全使用化学品公约》（简称《170 号公约》）和《作业场所安全使用化学品建议书》（简称《177 号建议书》），1993 年又通过了《关于防止重大事故公约及其建议书》。1992 年联合国环境与发展大会上通过的《21 世纪议程》的第 19 章中关于有毒化学物质的安全使用中明确提出了开展国际合作努力实现化学品无害化管理的任务。2006 年，140 多个国家采纳了《国际化学品管理办法》，并通过了《国际化学品管理战略方针》。

目前一些发达国家相应建立起了适应企业的 OSHMS（职业安全健康管理体系），这是实施危险化学品安全管理的大趋向。如美国职业安全健康局的自愿保护计划（VPP：1982），澳大利亚的职业安全健康管理体系原则、体系与支持技术指南等。国际劳工组织为了保护员工的利益，于 2001 年发布了《职业安全健康管理体系导则》。职业安全健康管理体系是企业为了实施职业安全管理所需的企业机构、程序、过程和资源。是通过构建管理体系的要素并使之按照发展了的 PDCA 循环法的不断循环运行，使企业的职业安全健康状况不断有新的改善。职业安全健康管理体系的建立与保持，可以全面提高企业的安全管理水平，将被动的安全管理变为主动的安全管理，从事故处理变为事故预防；将员工的安全观念改变为：我要安全、人人要安全、时时保安全、处处都安全。从而在危险化学品生产、经营、储存、使用、运输、废弃物处置等各环节建立系统的安全管理体系，全面改变目前危险化学品事故高发的被动局面。

总之，到目前为止，美国、欧盟和日本等发达国家都先后制订了较完善的化学品安全管理法规和监控体系，各国正根据可持续发展的目标，调整化学品管理方针、政策和战略，进一步强化和完善本国的化学品安全立法。发展中国家虽然也制定了相应的化学品管理法规，但是和发达国家相比，我国在危险化学品安全管理上仍存在一定差距。

（二）170 号公约

我国是国际劳工组织成员国，于 1994 年 10 月 27 日全国人大八届十次会议批准，我国承认并实施《170 号公约》。

《170 号公约》就化学品的危险性鉴别与分类、登记注册、加贴安全标签、向用户提供安全技术说明书以及企业的责任和义务、工人的权利和义务、操作控制、培训、化学品转移、出口、废弃物处置等问题做出了基本的规定；要求各成员国建立化学事故控制措施，建立相应制度，有效地预防和控制化学品危害。

《170 号公约》的宗旨是要求政府主管当局、雇主组织、工人组织，共同协商努力，采取措施，保护员工免受化学品危害的影响，有助于保护公众和环境。其重要性体现在：

（1）保证对所有的化学品做出评价以确定其危害性。

（2）为雇主提供一定机制，以从供货者处得到关于作业中使用的化学品的资料，这样他们能够有效地实施保护工人免受化学品危害的计划。

（3）为工人提供关于其作业场所的化学品及适当防护措施的资料，以使他们能有效地参与保护计划。

（4）制订关于此类计划的原则，以保证化学品的安全使用。

该公约分七部分共二十七条，第一部分范围和定义；第二部分总则；第三部分分类和有关措施；第四部分雇主的责任；第五部分工人的义务；第六部分工人及其代表的权利；第七部分出口国的责任。

《作业场所安全使用化学品公约》主要指出了相关方的责任：

1. 政府主管当局的责任

（1）与雇主组织和工人组织协商，制定政策并定期检查。

（2）当发现问题时有权禁止或限制使用某种化学品。

（3）建立适当的制度或专门标准，确定化学品危险特性，评价分类；提出"标识"或"标签"要求。

（4）制定《安全技术说明书》（SDS）编制标准。

2．供货人的责任

（1）化学品供货人，无论是制造商、进口商或批发商，均应保证。

① 对生产和经销的化学品在充分了解其特性并对现有资料进行查询的基础上，进行危险性分类和危险性评估。

② 对生产和经销的化学品进行标识以表明其特性。

③ 对生产和经销的化学品加贴标签。

④ 为生产和经销的危险化学品编制安全技术说明书（SDS）并提供给用户。

（2）危险化学品的供货人应保证一旦有了新的安全卫生资料，应根据国家法规和标准修订化学品标签和安全技术说明书（SDS），并及时提供给用户。

（3）提供还未分类的化学品的供货人，应查询现有资料，依据其特性对该化学品识别、评价，以确定是否为危险化学品。

3．雇主的责任

（1）对化学品进行分类。

（2）对化学品进行标识或加贴标签；使用前采取安全措施。

（3）提供安全使用说明书，在作业现场编制"使用须知"（周知卡）。

（4）保证工人接触化学品的程度符合主管当局的规定。

（5）对工人接触程度评估，并有监测记录（健康监护）。

（6）采取措施将危险、危害降到最低程度。

（7）当措施达不到要求时，免费提供个体防护用具。

（8）提供急救设施。

（9）制订应急处理预案。

（10）处置废物应依照法律、法规。

（11）对工人进行培训并提供资料、作业须知等。

（12）与工人及其代表合作。

4．工人的义务

（1）与雇主密切合作，遵章守纪。

（2）采取合理步骤对可能产生的危害加以消除或降低。

5．工人的权利

（1）有权了解化学品的特性、危害性、预防措施、培训程序。

（2）当有充分理由判断安全与健康受到威胁可以脱离危险区，并不受不公正待遇。

6．出口国责任

当本国由于安全和卫生方面原因，对某种化学品部分或全部禁止使用时，应及时将事实和原因通报给进口国。

二、国内危险化学品经营安全管理

（一）我国化学品的生产需求情况

目前世界上所发现的化学品已超过 1 000 余万种，日常使用的约有 700 余万种。新中国成立以来，特别是改革开放二十年来，我国的石油和化学工业得到了快速发展，到 20 世纪末，我国已能生产各种化学产品 40 000 余种，在众多的化学品中，我国已列入危险货物品名的有近 3 000 种类，这些危险化学品具有易燃性、易爆性、强氧化性、腐蚀性、毒害性。可以说我国已经建成了门类齐全的石油化学工业体系。现在我国的一些主要化工产品产量已位于世界前列，如化肥、染料产量位居世界第一；农药、纯碱产量世界第二；硫酸、烧碱世界第三；合成橡胶、乙烯产量世界第四；原油加工能力世界第四。我国的石油和化学工业已经成为国内工业的支柱产业之一。随着经济的发展、科学进步，我国的石油和化学工业还将会快速发展，加强对危险化学品的安全管理则更为重要。

（二）我国危险化学品安全管理现状

1999 年 10 月，国家经贸委颁布了《关于开展危险化学品登记注册工作的通知》。随后，公安部、交通部、国家经贸委、国家环保局和国家质量监督局联合发布了《关于加强化学危险品管理的规定的通知》。2000 年 9 月国家经贸委颁布了《危险化学品登记注册管理规定》。2002 年，国务院通过了《危险化学品安全管理条例》；同年《中华人民共和国安全生产法》的实行标志着我国危险化学品安全生产和管理进入了新阶段。此后，《危险化学品安全管理条例》《危险化学品登记管理办法》《危险化学品经营许可证管理办法》等相继实施。

2005 年，国家质量检验检疫局和国家标准化管理委员会批准发布了《危险货物品名表》和《危险货物分类和品名编号》两项标准。随后，国家环保总局发布了《关于在有毒化学品进出口环境管理登记过程的违规行为的公告》。国家环保总局海关总署发布了《关于修订中国严格限制进出口有毒化学品目录的公告》。目前我国有关危险化学品安全管理的法律法规、规范已达 40 多部。此外，我国也积极参与了一系列国际行动和国际公约，如 POPS 公约、PIC 公约、IFCS、全球汞评估等，并实施了农药登记、化学品首次进口和有毒化学品进出口登记、危险废物转移登记、合格实验室（GLP）认证等管理措施，取得了一定的成效。

近年来，危险化学品安全管理中出现了一些新情况、新问题：

一是 2003 年、2008 年国务院进行了两次机构改革，有关部门在危险化学品安全管理方面的职责分工发生了变化。

二是危险化学品安全管理中暴露出一些薄弱环节，如使用危险化学品从事生产的企业发生事故较多，可用于制造爆炸物品的危险化学品公共安全问题较为突出等。

三是执法实践中反映出现行条例的一些制度不够完善，如对有的违法行为的处罚机关规定不够明确，对有的违法行为的处罚与行为的性质和危害程度不完全相适应等。为进一步规范危险化学品安全监管工作，从源头上消除隐患，有效防范危险化学品安全生产事故的发生，进一步促进全国危险化学品安全生产形势的稳定好转。

为了适应这些新情况新问题，更加有效地加强对危险化学品的安全管理，我国相继出台对安全生产法律、法规、标准、规范的修订计划。

新《职业病防治法》（主席令第 52 号）于 2011 年 12 月 31 日十一届全国人大常委会第

24 次会议修订通过，自 2011 年 12 月 31 日起施行。新《危险化学品安全管理条例》（国务院令第 591 号）已于 2011 年 2 月 16 日国务院第 144 次常务会议修订通过，自 2011 年 12 月 1 日起施行。同时，为了实施安全发展战略，促进安全生产形势持续稳定好转，《安全生产法》修订工作也正在紧锣密鼓地进行。

综上所述，目前我国政府在危险化学品安全管理法规的制定、安全管理政策的实施和危险化学品国际合作等方面已经初步形成了危险化学品安全管理体系。

第二章　危险化学品的基本知识

【本章学习要点】

（1）危险化学品基本概念与分类原则、危险化学品分类及标识。

（2）危险化学品的主要危险特性和化学品安全技术说明书与安全标签。

第一节　危险化学品基本概念和分类原则

一、危险化学品基本概念

化学品是指各种由元素（也称化学元素）组成的化合物及其混合物，包括天然的或人造的。根据 2011 年 3 月公布的修订后的《危险化学品安全管理条例》，危险化学品是指具有毒害、腐蚀、爆炸、燃烧、助燃等性质，对人体、设施、环境具有危害的剧毒化学品和其他化学品。危险化学品在受到摩擦、撞击、震动、接触火源、日光曝晒、遇水受潮、温度变化或遇到性能相抵的其他物质等外界因素影响时，会引起燃烧、爆炸、中毒、灼伤等安全事故，因此在生产、储存、使用、经营、运输和处置需要特别加以防护。

二、危险化学品的分类原则

危险化学品目前常见并且用途较广的约有数千种，其性质各不相同，每一种危险化学品往往具有多种危险性，但是在多种危险性中，必有一种主要的即对人类危害最大的危险性。因此在对危险化学品分类时，掌握"择重归类"的原则，即根据该化学品的主要危险性来进行分类。

第二节　危险化学品分类及标识

目前，国际通用的危险化学品分类标准有两套：一是《联合国关于危险货物运输的建议书：规章范本》（UN RTDG），它是经联合国经济贸易理事会认可，以联合国关于危险货物运输建议书附件"关于运输危险货物的规章范本"为题正式出版的文字材料，其中规定了 9 类危险化学品的鉴别指标。二是联合国《全球化学品统一分类和标签制度》（GHS），它是由联合国出版的由国际劳工组织、经济与合作发展组织、联合国合作制定的作为指导各国控制化学品危害和保护人类与环境的规范性文件，其中依照理化危险将化学品分为 16 类；依照健康和环境危险将化学品分为 11 类，规定了各类危险化学品的鉴别指标和测定方法。

我国作为联合国安理会常任理事国及危险货物运输和全球化学品统一分类和标签制度专家委员会的正式成员国，有权利和义务按照国际规范履行自己的职责，特别是中国加入世贸组织后，在化学品管理方面应积极与国际接轨。

2012 年 4 月，工业和信息化部组织专家依据联合国《全球化学品统一分类和标签制度》（GHS）完成了《中国实施 GHS 手册》的编制工作，《中国实施 GHS 手册》是工业和信息化部与联合国训练研究所开展的 GHS 国家能力建设项目的成果之一，旨在系统介绍 GHS 的相关内容，让政府、工人、应急救援人员、民众等各层面了解实施 GHS 的重要性以及如何实施 GHS。

我国涉及危险化学品分类的国家标准也有两套：一是 2012 年发布的《危险货物分类和品名编号》（GB 6944—2012，代替 GB 6944—2005）及《危险货物品名表》（GB 12268—2005，代替 GB 12268—1990），新标准对应于《联合国关于危险货物运输的建议书：规章范本》（第 13 修订版　第 2 部分：分类），修改和补充了原标准中不同危险货物类、项的判据和定义，适当调整了原标准中危险货物的类别和项别，修改了原标准中危险货物品名的编号方法，其中，《危险货物品名表》（GB 12268—2005）使用了《危险货物分类与品名编号》（GB 6944—2012）的分类原则。二是 2009 年发布的《化学品分类和危险性公示　通则》（GB 13690—2009），代替《常用危险化学品的分类及标志》（GB 13690—1992），新标准对应于联合国《全球化学品统一分类和标签制度》（GHS），按 GHS 的要求对化学品危险性进行分类并对化学品危险性公示进行了规定。

为了使大家在危险化学品经营活动中正确理解和运用这两套标准，下面分别对这两套标准中有关危险化学品分类的内容进行简单介绍。

一、《危险货物分类和品名编号》（GB 6944—2012）规定的危险货物分类

《危险货物分类和品名编号》将危险货物分为以下 9 类：

第 1 类：爆炸品。本类包括：爆炸性物质、爆炸性物品、为产生爆炸或烟火实际效果而制造的前 2 项中未提及的物质或物品。本类分为以下 6 项：

第 1.1 项：有整体爆炸危险的物质和物品。

第 1.2 项：有迸射危险，但无整体爆炸危险的物质和物品。

第 1.3 项：有燃烧危险并有局部爆炸危险或局部迸射危险或这两种危险都有，但无整体爆炸危险的物质和物品。本项包括：可产生大量辐射热的物质和物品；或相继燃烧产生局部爆炸或迸射效应或两种效应兼而有之的物质和物品。

第 1.4 项：不呈现重大危险的物质和物品。本项包括运输中万一点燃或引发时仅出现小

危险的物质和物品；其影响主要限于包件本身，并预计射出的碎片不大、射程也不远，外部火烧不会引起包件内全部内装物的瞬间爆炸。

第 1.5 项：有整体爆炸危险的非常不敏感物质。本项包括有整体爆炸危险性、但非常不敏感以致在正常运输条件下引发或由燃烧转为爆炸的可能性很小的物质；船舱内装有大量本项物质时，由燃烧转为爆炸的可能性较大

第 1.6 项：无整体爆炸危险的极端不敏感物品。本项包括仅含有极端不敏感起爆物质、并且其意外引发爆炸或传播的概率可忽略不计的物品；该项物品的危险仅限于单个物品的爆炸。

第 2 类：气体。

本类气体是指在 50 ℃ 时，蒸气压力大于 300 kPa 的物质或 20 ℃ 时在 101.30 kPa 标准压力下完全是气态的物质。包括：压缩气体、液化气体、溶解气体和冷冻液化气体、一种或多种气体与一种或多种其他类别物质的蒸气的混合物、充有气体的物品和气雾剂。本类分为以下 3 项：

第 2.1 项：易燃气体。本项包括在 20 ℃ 和 101.30 kPa 条件下：爆炸下限小于或等于 13% 的气体；或不论爆燃性下限如何，其爆炸极限（燃烧范围）大于或等于 12% 的气体。

第 2.2 项：非易燃无毒气体。本项包括窒息性气体、氧化性气体以及不属于其他项别的气体，不包括在温度 20 ℃ 压力时的压力低于 200 kPa 条、并且未经液化或冷冻化的气体。

第 2.3 项：毒性气体。本项包括其毒性或腐蚀性对人类健康造成危害的气体；或急性半数致死浓度 LC50 值小于或等于 5 000 mL/m³，的毒性或腐蚀性的气体。

注：使雌雄青年大白鼠连续吸入 1 h，最可能引起受试动物在 14 d 内死亡一半的气体的浓度。

第 3 类：易燃液体。本类包括易燃液体和液态退敏爆炸品：

① 易燃液体。是指易燃的液体或液体混合物，或是在溶液或悬浮液中含有固体的液体，其闭杯试验闪点不高于 60 ℃，或其开杯试验闪点不高于 65.6 ℃。同时，还应满足以下条件：在温度等于或高于其闪点的条件下提交运输的液体；或以液态在高温条件下运输或提交运输、并在温度等于或低于最高运输温度下放出易燃蒸气的物质。

② 液态退敏爆炸品。是指为抑制爆炸性物质的爆炸性能，将爆炸性物质溶解或悬浮在水中或其他液态物质后，而形成的均匀液态混合物。

第 4 类：易燃固体、易于自燃的物质、遇水放出易燃气体的物质。本类包括：

第 4.1 项：易燃固体、自反应物质和固态退敏爆炸品。本项包括：易于燃烧的固体和摩擦可能起火的固体；即使没有氧气（空气）存在，也容易发生激烈放热分解的热不稳定物质；为抑制爆炸性物质的爆炸性能，用水或酒精湿润爆炸性物质、或用其他物质稀释爆炸性物质后，而形成的均匀固态混合物。

第 4.2 项：易于自燃的物质。本项包括：发火物质；自热物质。

第 4.3 项：遇水放出易燃气体的物质。是指与水放出易燃气体，且该气体与空气混合能够形成爆炸性混合物的物质。

第 5 类：氧化性物质和有机过氧化物。本类包括：

第 5.1 项：氧化性物质。是指本身未必燃烧，但通常因放出氧可能引起或促使其他物质燃烧的物质。

第 5.2 项：有机过氧化物。是指含有两价过氧基（—O—O—）结构的有机物质。有机过氧化物按其危险性程度分为七种类型，从 A 型到 G 型。

第 6 类：毒性物质和感染性物质。本类包括：

第 6.1 项：毒性物质。是指经吞食、吸入或皮肤接触后可能造成死亡或严重受伤或健康损害的物质。毒性物质的毒性分为急性口服毒性、皮肤接触毒性和吸入毒性（粉尘和烟雾毒性、蒸气毒性）。

第 6.2 项：感染性物质。是指已知或有理由认为含有病原体的物质。感染性物质分为 A 类和 B 类。

第 7 类：放射性物质。是指任何含有放射性核素并且其活度浓度和放射生总活度都分别超过 GB11806 规定限值的物质。

第 8 类：腐蚀性物质。是指通过化学作用使生物组织接触时会造成严重损伤或在渗漏时会严重损害甚至毁坏其他货物或运载工具的物质。腐蚀性物质包括使完好皮肤组织在暴露超过 60 min、但不超过 4 h 之后开始的 14 d 观察期内全厚度毁损的物质，被判定不引起完好皮肤组织全厚度毁损，但在 55 ℃ 试验温度下，对钢或铝的表面腐蚀率超过 6.25 mm/a 的物质。

第 9 类：杂项危险物质和物品，包括危害环境物质。是指存在危险但不能满足其他类别定义的物质和物品，如：以微细粉尘吸入可危害健康的物质、会放出易燃气体的物质、锂电池组等。

二、《化学品分类和危险性公示 通则》(GB 13690—2009) 规定的危险货物分类

《化学品分类和危险性公示 通则》将危险货物分为 3 大类，分别是理化危险、健康危险、环境危险。

第 1 类：理化危险。理化危险将其分为 16 小类，分别包括：

第 1.1 项：爆炸物。爆炸物质（含混合物）是本身能够通过化学反应产生气体，而产生气体的温度、压力和速度能对周围环境造成破坏的一种固态或液态物质（或物质的混合物）。其中也包括发火物质，即使它们不放出气体。

发火物质（或发火混合物）是通过非爆炸自持放热化学反应产生的热、光、声、气体、烟或所有这些组合来产生效应的一种物质或物质的混合物。

爆炸性物品是含有一种或多种爆炸性物质或混合物的物品。

烟火物品是包含一种或多种发火物质或混合物的物品。

爆炸物种类包括：

（1）爆炸性物质和混合物。

（2）爆炸性物品，但不包括下述装置：其中所含爆炸性物质或混合物由于其数量或特性，在意外或偶然点燃或引爆后，不会由于进射、发火、冒烟、发热或巨响而在装置之外产生任何效应。

（3）在（1）和（2）中未提及的为产生实际爆炸或烟火效应而制造的物质、混合物和物品。

第1.2项：易燃气体。易燃气体是在20 ℃和101.3 kPa标准压力下，与空气有易燃范围的气体。

第1.3项：易燃气溶胶。气溶胶是指气溶胶喷雾罐，系任何不可重新罐装的容器，该容器由金属、玻璃或塑料制成，内装强制压缩、液化或溶解的气体，包含或不包含液体、膏剂或粉末，配有释放装置，可使所装物质喷射出来，形成在气体中悬浮的固态或液态微粒或形成泡沫、膏剂或粉末或处于液态或气态。

第1.4项：氧化性气体。氧化性气体是一般通过提供氧气，比空气更能导致或促使其他物质燃烧的任何气体。

第1.5项：压力下气体。压力下气体是指高压气体在压力等于或大于200 kPa（表压）下装入贮器罐的气体，或是液化气体或冷冻液化气体。

压力下气体包括压缩气体、液化气体、溶解气体、冷冻液化气体。

第1.6项：易燃液体。易燃液体是指闪点不高于93 ℃的液体。

第1.7项：易燃固体。易燃固体是容易燃烧或通过摩擦可能引燃或助燃的固体。

易于燃烧的固体的粉状、颗粒或糊状物质，它们在与燃烧着的火柴等火源短暂接触即可点燃和火焰迅速蔓延的情况下，都非常危险。

第1.8项：自反应物或混合物。自反应物质或混合物是即使没有氧（空气）也容易发生激烈放热分解的热不稳定液态或固态物质或者混合物。但不包括根据统一分类制度分类为爆炸物、有机过氧化物或氧化物质的物质或混合物。

自反应物质或混合物如果在实验室试验中其组分容易起爆、迅速爆燃或大封闭条件下加热时显示剧烈效应，应视为具有爆炸物质。

第1.9项：自燃液体。自燃液体是即使数量小也能在与空气接触后5 min之内引燃的液体。

第1.10项：自燃固体。自燃固体是即使数量小也能在与空气接触后5 min之内引燃的固体。

第1.11项：自热物质和混合物。自热物质是发火液体或固体以外，与空气反应不需要能源供应就能够自己发热的固体或液体物质或混合物；这类物质或混合物与发火液体或固体不同，因为这类物质只有数量很大（公斤级）并经过长时间（几小时或几天）才会燃烧。

第1.12项：遇水放出易燃气体的物质或混合物。遇水放出易燃气体的物质或混合物是通过与水作用，容易具有自燃性或放出危险数量的易燃气体的固态或液态物质或混合物。

第1.13项：氧化性液体。氧化性液体是本身未必燃烧，但通常因放出氧气可能引起或促使其他物质燃烧的固体。

第1.14项：氧化性固体。氧化性固体是本身未必燃烧，但通常因放出氧气可能引起或促使其他物质燃烧的固体。

第1.15项：有机氧化物。有机过氧化物是含有二价—O—O—结构的液态或固态有机物质，可以看作是一个或两个氢原子被有机基替代的过氧化氢衍生物。该术语也包括有机过氧化特配方（混合物）。有机过氧化物是热不稳定物质或混合物，容易放热自加速分解。另外，它们可能具有下列一种或几种性质：

（1）易于爆炸分解。

（2）迅速燃烧。

（3）对撞击或摩擦敏感。

（4）与其他物质发生危险反应。

第1.16项：金属腐蚀物。腐蚀金属的物质或混合物是通过化学作用显著损坏或毁坏金属的物质或混合物。

第2类：健康危险。健康危险将其分为10小类，分别包括：

第2.1项：急性毒性。急性毒性是指在单剂量或在24 h内多剂量口服或皮肤接触一种物质，或吸入接触4 h之后出现的有害效应。

第2.2项：皮肤腐蚀/刺激。皮肤腐蚀是对皮肤造成不可逆损伤；即施用试验物质达到4 h后，可观察到表皮和真皮坏死。

腐蚀反应的特征是溃疡、出血、有血的结痂，而且在观察期14 d结束时，皮肤、完全脱发区域和结痂处由于漂白而褪色。应考虑通过组织病理学来评估可疑的病变。

皮肤刺激是施用试验物质达到4 h后对皮肤造成可逆损伤。

第2.3项：严重眼损伤/眼刺激。严重眼损伤是在眼前部表面施加试验物质之后，对眼部造成在施用21 d内并不完全可逆的组织损伤，或严重的视觉物理衰退。眼刺激是在眼前部表面施加试验物质之后，在眼部产生在施用21 d内完全可逆的变化。

第2.4项：呼吸或皮肤过敏。呼吸过敏物是吸入后会导致气管超过敏反应的物质。皮肤过敏物是皮肤接触后会导致过敏反应的物质。

过敏包含两个阶段：第一个阶段是某人因接触某种变应原而引起特定免疫记忆。第二阶段是引发，即某一致敏个人因接触某种变应原而产生细胞介导或抗体介导的过敏反应。

就呼吸过敏而言，随后为引发阶段的诱发，其形态与皮肤过敏相同。对于皮肤过敏，需有一个让免疫系统能学会做出反应的诱发阶段；此后，可出现临床症状，这时的接触就足以引发可见的皮肤反应（引发阶段）。因此，预测性的试验通常取这种形态，其中有一个诱发阶段，对该阶段的反应则通过标准的引发阶段加以计量，典型做法是使用斑贴试验。直接计量诱发反应的局部淋巴结试验则是例外做法。人体皮肤过敏的证据通常通过诊断性斑贴试验加以评估。

就皮肤过敏和呼吸过敏而言，对于诱发所需的数值一般低于引发所需数值。

第2.5项：生殖细胞突变性。本危险类别涉及的主要是可能导致人类生殖细胞发生可传播给后代的突变的化学品。但是，在本危险类别内对物质和混合物进行分类时，也要考虑活体外致突变性/生殖毒性试验和哺乳动物活体内体细胞中的致突变性/生殖毒性试验。

第2.6项：致癌性。致癌物一词是指可导致癌症或增加癌症发生率的化学物质或化学物质混合物。在实施良好的动物实验性研究中诱发良性和恶性肿瘤的物质也被认为是假定的或可疑的人类致癌物，除非有确凿证据显示该肿瘤形成机制与人类无关。

第2.7项：生殖毒性。生殖毒性包括对成年雄性和雌性性功能和生育能力的有害影响，以及在后代中的发育毒性。

第2.8项：特异性靶器官系统毒性——一次接触。其目的是提供一种方法，用以划分由于单次接触而产生特异性、非致命性靶器官/毒性的物质。

第 2.9 项：特异性靶器官系统毒性——反复接触。其目的是对由于反复接触而产生特异性、非致命性靶器官/毒性的物质进行分类。

第 2.10 项：吸入危险。其目的是对可能对人类造成吸入毒性危险的物质或混合物进行分类。"吸入"指液态或固态化学品通过口腔或鼻腔直接进入或者因呕吐间接进入气管和下呼吸系统。吸入毒性包括化学性肺炎、不同程度的肺损伤或吸入后死亡等严重急性效应。

注：本危险性我国还未转化成为国家标准。

第 3 类：环境危险。环境危险分别包括危害水生环境、急性水生毒性、生物积累潜力、快速降解性和慢性水生毒性等。

三、化学品危险性标识

GB 13690—2009《化学品分类和危险性公示　通则》规定了化学品危险性用象形图来标识；GB 15258—2009《化学品安全标签编写规定》规定了化学品安全标签的术语和定义、标签内容、制作和使用要求。

第三节　危险化学品的危险性标识与主要危险特性

一、化学品危险性标识

GB13690-2009《化学品分类和危险性公示　通则》规定了化学品危险性用象形图来标识；GB15258-2009《化学品安全标签编写规定》规定了化学品安全标签的术语和定义、标签内容、制作和使用要求。

二、危险化学品的主要危险特性

（一）爆炸品的危险特性

爆炸是物质从一种状态通过物理的或化学的变化突然变成另一种状态，并放出巨大的能量而做机械功的过程。爆炸可分为核爆炸、物理爆炸、化学爆炸 3 种形式：

核爆炸是由核反应引起的爆炸。例如：原子弹或氢弹的爆炸。

物理爆炸是由物理原因所引起的爆炸，例如：蒸汽锅炉因水快速汽化，压力超过设备所能承受的强度而产生的锅炉爆炸；装有压缩气体的钢瓶受热爆炸等。

化学爆炸是物质发生化学反应而引起的爆炸。化学爆炸可以是可燃气体和助燃气体的混合物遇明火或火源而引起（如煤矿的瓦斯爆炸）；也可以是可燃粉末与空气的混合物遇明火或火源而引起（粉尘爆炸）；但更多的是炸药及爆炸性物品所引起的爆炸。化学爆炸的主要特点是：反应速度极快，放出大量的热，产生大量的气体，只有上述三者都同时具备的化学反应才能发生爆炸。

爆炸品的主要危险特性表现如下：

1．爆炸性强

爆炸品都具有化学不稳定性，在一定外因的作用下，能以极快的速度发生猛烈的化学反应，产生的大量气体和热量在短时间内无法逸散开去，致使周围的温度迅速升高并产生巨大的压力而引起爆炸。例如，黑火药的爆炸反应：

$$2KNO_3 + S + 3C == K_2S + N_2\uparrow + 3CO_2\uparrow + 热量$$

显然，黑火药的爆炸反应就具备化学爆炸的 3 个特点：反应速度极快，瞬间即进行完毕，产生大量气体（280 L/kg），放出大量的热（3 015 kJ/kg），火焰温度高达 2 100 ℃ 以上。

煤在空气中点燃后，虽然也能放出大量的热和气体：

$$C + O_2 == CO_2 + 热量$$

但由于煤的燃烧速度比较慢，产生的热量和气体逐渐地扩散开去，不能在其周围产生高温和巨大压力，所以只是燃烧而不是爆炸。

2．敏感度高

各种爆炸品的化学组成和性质决定了它具有发生爆炸的可能性，但如果没有必要的外界作用，爆炸是不会发生的。也就是说，任何一种爆炸品的爆炸都需要外界供给它一定的能量——起爆能。不同的炸药所需的起爆能不同，某一炸药所需的最小起爆能，即为该炸药的敏感度（简称感度）。起爆能与敏感度成反比，起爆能越小，敏感度越高。从储运的角度来讲，希望敏感度低些，但实际上如炸药的敏感度过低，则需要消耗较大的起爆能，造成使用不便，因而各使用部门对炸药的敏感度都有一定的要求。我们应该了解各种爆炸品的敏感度，以便在生产、储存、运输、使用中适当控制，确保安全。

爆炸品的感度主要分热感度（加热、火花、火焰）、机械感度（冲击、针刺、摩擦、撞击）、静电感度（静电、电火花）、起爆感度（雷管、炸药）等。不同的爆炸品的各种感度数据是不同的。爆炸品在储运中必须远离火种、热源及防震等要求就是根据它的热感度和机械感度来确定的。

决定爆炸品敏感度的内在因素是它的化学组成和结构，影响敏感度的外来因素还有温度、杂质、结晶、密度等。

3．其他危险特性

爆炸品除具有以上所述的爆炸性强和敏感度高的特性外还有以下一些性质：

（1）很多炸药，例如梯恩梯、硝酸甘油、雷汞等都具有一定的毒性。

（2）有些爆炸品与某些化学药品如酸、碱、盐发生化学反应的生成物是更容易爆炸的化学品。例如：苦味酸遇某些碳酸盐能反应生成更易爆炸的苦味酸盐；雷汞遇盐酸或硝酸能分解，遇硫酸会爆炸。

（3）某些爆炸品与一些重金属（铅、银、铜等）及其化合物的生成物，其敏感度更高。

例如：苦味酸受铜、铁等金属撞击，立即发生爆炸；雷汞与铜作用的生成物具有更大的敏感度等；为此苦味酸等不得用金属容器包装。

（4）某些爆炸品受光照易于分解。如氮化银、雷酸银等。

（5）某些爆炸品具有较强的吸湿性，受潮或遇湿后会降低爆炸能力，甚至无法使用。如硝铵炸药等应注意防止受潮失效。

（二）气体的危险特性

本类气体是指在 50 ℃ 时，蒸气压力大于 300 kPa 的物质或 20 ℃ 时在 101.30 kPa 标准压力下完全是气态的物质。由于各种气体的性质不同，有的气体在室温下，无论对它加多大的压力也不会变为液体，而必须在加压的同时使温度降低至一定数值才能使它液化（该温度叫临界温度），在临界温度下，使气体液化所必需的最低压力叫临界压力。有的气体较易液化，在室温下，单纯加压就能使它呈液态，例如氯气、氨气、二氧化碳。有的气体较难液化，如氦气、氢气、氮气、氧气。因此，有的气体容易加压成液态，有的仍为气态，在钢瓶中处于气体状态的称为压缩气体，处于液体状态的称为液化气体。此外，本类还包括加压溶解的气体，例如乙炔。

根据压缩气体和液化气体的理化性质，分为 3 项：易燃气体、非易燃无毒气体、毒性气体。

气体的主要危险特性表现如下：

1．易燃易爆

据统计超过半数的压缩气体和液化气体是易燃气体，易燃气体的主要危险特性就是易燃易爆，处于燃烧浓度范围之内的易燃气体，遇着火源都能着火或爆炸，有的甚至只需极微小能量就可发生燃爆事故。易燃气体与易燃液体、固体相比，更容易燃烧，且燃烧速度快，一燃即尽。还有些气体相互接触后会发生化学反应引起燃烧爆炸。例如氢和氯、氢和氧、乙炔和氯、乙炔和氧均能发生爆炸。

2．受热膨胀压力升高

储于钢瓶内的压缩气体、液化气体或加压溶解的气体受热膨胀，压力升高，能使钢瓶爆裂，或导致气瓶阀门松动漏气，酿成火灾或中毒事故。防止储气钢瓶过度受热、强烈震动或遭受撞击极其重要，特别是液化气体充装过量时尤其危险，应严禁超量灌装。

3．流动扩散性

压缩气体和液化气体能自发地充满任何容器，非常容易扩散。比空气轻的气体在空气中可以无限制地扩散，能与空气形成爆炸性混合物，随风扩散。比空气重的气体能扩散相当远，长时间聚焦在地表、沟渠、隧道、低洼等处，遇点火源发生燃烧或爆炸并把火焰沿气流相反方向引回至泄漏源，造成更大的事故后果。

4．毒性及窒息性

压缩气体和液化气体大都具有一定的毒性，如氰化氢、二氧化硫、氯气等；部分气体虽无毒，不燃，不助燃，但在高浓度时亦会导致人、畜窒息死亡，如二氧化碳、氮等。一旦这些性质的气体发生泄漏，将可能导致人员中毒或窒息等危险。

5．氧化性

压缩气体和液化气体的氧化性主要有两种情况：一是助燃气体，如氧气、压缩空气、一氧化二氮等有强烈的氧化作用，遇油脂能发生燃烧或爆炸；二是有毒气体本身不燃，但氧化性很强，与可燃气体混合后能发生燃烧或爆炸，如氯气与乙炔混合可爆炸，氯气与氢气混合见光可爆炸，氟气遇氢气即可爆炸。

（三）易燃液体的危险特性

易燃液体是在常温下极易着火燃烧的液态物质，如汽油、乙醇、苯等。这类物质大都是有机化合物，其中很多属于石油化工产品。

按易燃液体闪点的高低分为低闪点液体、中闪点液体、高闪点液体 3 项。

（1）低闪点液体。闪点低于 – 18 ℃ 的液体。

（2）中闪点液体。闪点在 – 18 ℃～23 ℃ 的液体。

（3）高闪点液体。闪点在 23 ℃～61 ℃ 的液体。

易燃液体的主要危险特性表现如下：

1．易燃性

易燃液体的主要特性是具有高度易燃性，其原因主要是：

（1）易燃液体绝大多数是有机化合物，分子组成中主要含有碳原子和氢原子，易和氧反应而燃烧。

（2）由于易燃液体的闪点低，其燃点也低（燃点一般约高于闪点 1～5 ℃），因此易燃液体接触火源极易着火而持续燃烧。

2．易爆性

易燃液体挥发性大，当盛放易燃液体的容器有破损或密封不严时，挥发出来的易燃蒸气扩散到存放或运载该物品的库房或车厢的整个空间，与空气混合，当浓度达到一定范围，即达到爆炸极限时，遇着火源即能引起爆炸。

易燃和可燃的气体、液体蒸气、固体粉尘与空气混合后，遇火源能够引起燃烧爆炸的浓度范围称为爆炸极限，一般用该气体或蒸气在混合气体中的体积百分比（%）来表示，粉尘的爆炸极限用 mg/m^3 表示。能引起燃烧爆炸的最低浓度称为爆炸下限。能引起燃烧爆炸的最高浓度称为爆炸上限。当可燃气体或易燃液体的蒸气在空气中的浓度小于爆炸下限时，由于可燃物量不足，并因含有较多的空气，遇火源不会发生燃烧爆炸；当浓度大于爆炸上限时，因空气量不足，遇火源也不会发生燃烧爆炸。只有在上限与下限浓度范围内，遇火源才会爆炸。因此，凡是爆炸极限范围越大，爆炸下限越低的物质，它的危险性就越大。

3．流动扩散性

易燃液体的分子多为非极性分子，黏度一般都很小，不仅本身极易流动，还因渗透、浸润及毛细现象等作用，即使容器只有极细微裂纹，易燃液体也会渗出容器壁外，扩大其表面积，并源源不断地挥发，使空气中的易燃液体蒸气浓度增高，从而增加了燃烧爆炸的危险性。

4．受热膨胀性

易燃液体的膨胀系数比较大，受热后体积容易膨胀，同时其蒸气压亦随之升高，从而使密封容器中内部压力增大，造成"鼓桶"，甚至爆裂，在容器爆裂时会产生火花而引起燃烧爆炸。因此，易燃液体应避热存放，灌装时容器内应留有 5% 以上的空隙，不可灌满。

5. 忌氧化剂和酸

易燃液体与氧化剂或有氧化性的酸类（特别是硝酸）接触，能发生剧烈反应而引起燃烧爆炸。这是因为易燃液体都是有机化合物，能与氧化剂发生氧化反应并产生大量的热，使温度升高到燃点引起燃烧爆炸。如：乙醇与氧化剂高锰酸钾接触会发生燃烧，与氧化性酸——硝酸接触也会发生燃烧，松节油遇硝酸立即燃烧。因此，易燃液体不得与氧化剂及有氧化性的酸类接触。

6. 毒　性

大多数易燃液体及其蒸气均有不同程度的毒性，很多毒性还比较大，吸入后均能引起急性、慢性中毒，如：甲醇、苯、二硫化碳等。不但吸入其蒸气会中毒，有的经皮肤吸收也会造成中毒事故。部分易燃液体还具有麻醉性，若长期吸入其蒸气会引起麻醉，深度麻醉还可能导致死亡，如：乙醚。还有的易燃液体蒸气还具有腐蚀性、窒息性。

（四）易燃固体、易于自燃物质和遇水放出易燃气体物质的危险特性

1. 易燃固性的主要危险特性

易燃固体系指燃点低，对热、撞击、摩擦敏感，易被外部火源点燃，燃烧迅速，并可能散发出有毒烟雾或有毒气体的固体，但不包括已列入爆炸品的物品。

易燃固体的主要危险特性表现如下：

（1）易燃固体的主要特性是容易被氧化，受热易分解或升华，遇火种、热源常会引起强烈、连续的燃烧。

（2）易燃固体与氧化剂接触，反应剧烈而发生燃烧爆炸。如：赤磷与氯酸钾接触，硫黄粉与氯酸钾或过氧化钠接触，均易立即发生燃烧爆炸。

（3）易燃固体对摩擦、撞击、震动也很敏感。例如：赤磷、闪光粉等受摩擦、震动、撞击等也能起火燃烧甚至爆炸。

（4）有些易燃固体与酸类（特别是氧化性酸）反应剧烈，会发生燃烧爆炸。如：发泡剂与酸或酸雾接触会迅速着火燃烧，萘遇浓硝酸（特别是发烟硝酸）反应猛烈会发生爆炸。

（5）许多易燃固体有毒，或燃烧产物有毒或有腐蚀性。如：二硝基苯、二硝基苯酚、硫黄、五硫化二磷等。

2. 易于自燃物质的主要危险特性

易于自燃物质系指自燃点低，在空气中易发生氧化反应，放出热量，而自行燃烧的物品。

易于自燃物品的主要危险特性表现如下：

（1）易于自燃物质多具有容易氧化、分解的性质，且燃点较低。在未发生自燃前，一般都经过缓慢的氧化过程，同时产生一定热量，当产生的热量越来越多，积热使温度达到该物质的自燃点时便会自发地着火燃烧。

（2）凡能促进氧化反应的一切因素均能促进自燃。空气、受热、受潮、氧化剂、强酸、

金属粉末等能与自燃物品发生化学反应或对氧化反应有促进作用，它们都是促使自燃物品自燃的因素。

（3）易于自燃物质及其燃烧产物经常有较强的毒害腐蚀性。如硫化钠（臭碱）具有毒害腐蚀性；黄磷及其燃烧时产生的五氧化二磷烟雾均为有毒物质。

3．遇水放出易燃气体物质的主要危险特性

遇水放出易燃气体物质系指遇水或受潮时，发生剧烈化学反应，放出大量易燃气体和热量的物品。有的不需明火，即能燃烧或爆炸。

遇水放出易燃气体物质的主要危险特性表现如下：

（1）与水或潮湿空气中的水分能发生剧烈化学反应，放出易燃气体和热量。如：

$$2K + 2H_2O \Longrightarrow 2KOH + H_2\uparrow + 热量$$
$$CaC_2 + 2H_2O \Longrightarrow Ca(OH)_2 + CH\equiv CH\uparrow + 热量$$

即使当时不发生燃烧爆炸，但放出的易燃气体积集在容器或室内与空气亦会形成爆炸性混合物而导致危险。

（2）与酸反应比与水反应更加剧烈，极易引起燃烧爆炸。如：

$$NaH + HCl \Longrightarrow NaCl + H_2\uparrow + 热量$$

（3）有些遇湿易燃物品本身易燃或放置在易燃的液体中（如：金属钾、钠等均浸没在煤油中保存以隔绝空气），它们遇火种、热源也有很大的危险。

此外，一些遇湿易燃物品还具有腐蚀性或毒性，如硼氢类化合物有剧毒，应当引起注意。

（五）氧化性物质和有机过氧化物

氧化性物质系指处于高氧化态，具有强氧化性，易分解并放出氧和热量的物质。包括含有过氧基的无机物，其本身不一定可燃，但能导致可燃物的燃烧，与松软的粉末状可燃物能组成爆炸性混合物，对热、震动或摩擦较敏感。

有机过氧化物系指分子组成中含有过氧基的有机物，其本身易燃易爆，极易分解，对热、震动或摩擦极为敏感。

化学上把有电子转移的反应叫做氧化-还原反应。在反应过程中，能获得电子的物质称为氧化剂；失去电子的物质称为还原剂。氧化剂具有较强的获得电子能力，有较强的氧化性能，遇酸、碱、高温、震动、摩擦、撞击、受潮或与易燃物品、还原剂等接触能迅速分解，有引起燃烧、爆炸的危险。

1．氧化性物质的主要危险特性

氧化性物质的主要危险特性表现如下：

（1）当氧化性物质与还原性物质接触时可发生剧烈的放热反应，表现出很强的氧化性。这些氧化性物质虽然本身不能燃烧，但在较高温度下可发生分解反应，放出氧气或其他助燃气体，使所接触的易燃物与有机物更容易着火，引起燃烧或爆炸。

（2）氧化性物质本身性质不稳定，在受到热冲击（如明火、震动、摩擦）时可能发生迅

速分解，分解出氧并产生大量的气体和热量，若接触易燃物、有机物、特别是与木炭粉，硫黄粉，淀粉等粉末状可燃物混合时，能引起燃烧或爆炸。

（3）虽然大多数氧化剂都是不燃物质，但也有少数有机氧化剂具有可燃性，如硫酸胍、硫酸脲等，不仅具有很强的氧化性，而且与可燃性物质混合可引起燃烧或爆炸，着火不需要外界的可燃物参与即可燃烧。

（4）氧化性物质的化学性质活泼，能与一些可燃液体发生氧化放热反应而自燃，如高锰酸钾甘油或乙二醇接触能自燃起火；大多数氧化剂在酸性条件下氧化性更强，有些氧化剂能和强酸类液体发生剧烈反应，有的放出剧毒气体，甚至燃烧或爆炸，如过氧化钠与硫酸接触、高锰酸钾与硫酸接触都极易分解而引起燃烧或爆炸。

（5）大多数氧化性物质具有不同程度的吸水性，吸水后溶化、流失或变质。如漂白粉吸水后，不仅能放出原子氧，还能放出大量的氯。氧化剂通常还都具有很强的腐蚀性，有些氧化剂同时还具有毒性。

2．有机过氧化物的主要危险特性

有机过氧化物的主要危险特性表现如下：

（1）有机过氧化物由于都含有过氧基（—O—O—），表现出强烈的氧化性能，绝大多数都可以做氧化剂。由于有机过氧化物中还含有碳氢键等具有还原性质的结构，自身具备了发生氧化还原反应的全部物质条件，因此有机过氧化物比其他氧化剂具有更大的危险性，如过氧化苯甲酰、过氧化甲乙酮等，都极易发生爆炸性自氧化分解反应。

（2）有机过氧化物的分解产物是活泼的自由基，由自由基参与的反应很难用常规的抑制方法抑制，因为其许多分解产物是气体或易挥发物质，再加上可提供氧气，易发生爆炸性分解。有机过氧化物中的过氧基含量越多，其分解温度越低，危险性就越大。

（3）有机过氧化物本身是易燃的，而且燃烧迅速，可迅速转化为爆炸性反应。

（4）有机过氧化物中的过氧基（—O—O—）是极不稳定的结构，对热、震动、碰撞、冲击或摩擦都极为敏感，当受到轻微的外力作用时就有可能发生分解爆炸。同时，有机过氧化物对杂质也很敏感，与酸类、重金属化合物、金属氧化物或胺接触就会引起剧烈的发热分解，可能产生有害或易燃气体或蒸气，有些燃烧迅速而猛烈，极易爆炸。

（5）有机过氧化物一般都对皮肤有腐蚀性，有的种类还具有很强的毒性。

（六）毒性物质

毒性物质是指经吞食、吸入或皮肤接触后可能造成死亡或严重受伤或健康损害的物质。

毒性物质分为剧毒品和毒害品二项。目前，我国剧毒化学品毒性判定界限的确定，主要有国标 GB/T 15098—2008、GB 15258—2009 和部标 GA 57—1993 等标准性文件，3 个标准的判定界限不尽相同。但都是依据联合国《170 公约》、《关于危险货物运输的建议书规章范本》而制定的。

剧毒品是指具有非常剧烈毒性危害，食入致死的化学品。为加强有毒化学品管理，国家安全生产监督管理总局、公安部等八部门制定的《剧毒化学品目录》其剧毒品判定界限是：大鼠试验，经口 $LD_{50} \leq 50$ mg/kg，经皮 $LD_{50} \leq 200$ mg/kg，吸入 $LC_{50} \leq 500$ ppm（气体）或 2.0 mg/L（蒸气）或 0.5 mg/L（尘、雾），经皮的 LD_{50} 试验数据，可参考兔试验数据。

危险化学品分类第 6 类有毒品中除剧毒品以外的均为毒害品。

毒性物质的品种很多，按化学组成又可分为无机和有机 2 类。从化学组成和毒性大小可分为 4 种：无机剧毒品、有机剧毒品、无机毒害品、有机毒害品。

毒性物质的主要危险特性表现如下：

1．毒　性

毒性物质最显著的特性就是毒性。毒性物质的化学组成和结构影响毒性的大小，引起人体或其他动物中毒的主要途径是呼吸道、消化道和皮肤。

毒性物质固体粉尘与挥发性液体的蒸气容易从呼吸道吸入肺泡引起中毒。固体有毒品的颗粒越小越易引起中毒，因为颗粒小容易飞扬，容易经呼吸道吸入肺泡，被人体吸收而引起中毒。

毒性物质在误食后将通过消化系统吸收，很快分散到人体各个部位，从而引起全身中毒，有些有毒品如砷及其化合物在水中不溶或溶解度很低，但通过胃液后会变为可溶物被人体吸收而引起人身中毒。

毒性物质还能通过皮肤接触侵入肌体而引起中毒，如芳香族的衍生物、硝基苯、农药中的有机磷等能通过皮肤的破损处侵入人体，随血液蔓延全身，加快中毒速度，特别是氰化物在血液中能极迅速地导致死亡。

另外，毒性物质特别是液体有毒品还易于渗漏和造成环境污染。

2．遇湿易燃性

无机毒性物质中金属的氰化物和硒化物大都本身不燃，但都有遇湿易燃性，它们在遇水或受潮时能释放出剧毒且易燃的毒性气体。

3．氧化性

在无机毒性物质中，锑、汞和铅等金属的氧化物大都本身不燃，但都具有氧化性，一旦与还原性强的物质接触，容易引起燃烧爆炸，并产生毒性极强的气体。

4．易燃易爆及腐蚀性

在毒性物质中有很多透明或油状的液体，有的闪点很低，如有机硫、有机砷、马拉硫磷等既有相当的毒害性，又有一定的易燃性；毒性物质有些化合物，如叠氮化钠，遇高热、撞击等都可以引起爆炸；还有许多毒性物质同时还具有较强的腐蚀性，如二甲苯酚、苯硫酚等。

（七）放射性物质

这类物品能够自发、不断地放出人们感觉器官不能觉察到的射线，如金属铀等。放射性物质放出的射线可分为四种：α 射线，也叫甲种射线；β 射线，也叫乙种射线；γ 射线，也叫丙种射线；还有中子流。但是各种放射性物质放出的射线种类和强度不尽一致。

放射性物品的主要危险特性表现如下：

（1）该类物质能自发地不断放出人们感觉器官不能觉察到的射线，这些射线能致使人的红细胞减少，直接威胁人的健康和生命。

（2）多数放射性物质具有易燃性，有的燃烧十分强烈，甚至引起爆炸，如独居石遇明火能燃烧，硝酸铀和硝酸钍遇高温分解，遇有机物、易燃物都能引起燃烧，且燃烧后均可形成放射性灰尘，污染环境、危害人们健康。

（八）腐蚀性物质

腐蚀性物质分为酸性腐蚀品、碱性腐蚀品、其他腐蚀品 3 项。

（1）酸性腐蚀品危险性较大，它能使动物皮肤受腐蚀，它也腐蚀金属。其中强酸可使皮肤立即出现坏死现象。这类物品主要包括各种强酸和遇水能生成强酸的物质，常见的有硝酸、硫酸、盐酸、五氯化磷、二氯化硫、磷酸、甲酸、氯乙酰氯、冰醋酸、氯磺酸、溴素等。

（2）碱性腐蚀品危险性较大。其中强碱易起皂化作用，故易腐蚀皮肤，可使动物皮肤很快出现可见坏死现象。这类腐蚀品常见的有氢氧化钠、硫化钠、乙醇钠、二乙醇胺、二环己胺、水合肼等。

（3）其他腐蚀品，如苯酚钠、氟化铬、次氯酸钠溶液、甲醛溶液等。

腐蚀性物品的主要危险特性表现如下：

1．腐蚀性

（1）对人体有腐蚀作用，造成化学灼伤。腐蚀品使人体细胞受到破坏所形成的化学灼伤，与火烧伤、烫伤不同。化学灼伤在开始时往往不太痛，待发觉时，部分组织已经灼伤坏死，所以较难治愈。

（2）对金属有腐蚀作用。腐蚀品中的酸和碱甚至盐类都能引起金属不同程度的腐蚀。

（3）对有机物质有腐蚀作用。能和布匹、木材、纸张、皮革等发生化学反应，使其遭受腐蚀损坏。

（4）对建筑物有腐蚀作用。如酸性腐蚀品能腐蚀库房的水泥地面，而氢氟酸能腐蚀玻璃。

腐蚀品之所以具有强烈的腐蚀性，其基本原因主要是由于这类物品具有或酸性、或碱性、或氧化性、或吸水性等所致。例如：

盐酸、稀硫酸等强酸能和钢铁反应，从而使钢铁制品遭受腐蚀。

$$2HCl + Fe \rightleftharpoons FeCl_2 + H_2 \uparrow$$
$$H_2SO_4 + Fe \rightleftharpoons FeSO_4 + H_2 \uparrow$$

2．毒　性

多数腐蚀品有不同程度的毒性，有的还是剧毒品，如氢氟酸、溴素、五溴化磷等。

3．易燃性

部分有机腐蚀品遇明火易燃烧，如冰醋酸、醋酸酐、苯酚等。

4．氧化性

部分无机酸性腐蚀品，如浓硝酸、浓硫酸、高氯酸等具有氧化性能，遇有机化合物如食糖、稻草、木屑、松节油等易因氧化发热而引起燃烧。高氯酸浓度超过 72% 时遇热极易爆炸，属爆炸品；高氯酸浓度低于 72% 时属无机酸性腐蚀品，但遇还原剂、受热等也会发生爆炸。

第四节　化学品安全技术说明书与安全标签

一、化学品安全技术说明书

化学品安全技术说明书在国际上称作化学品安全信息卡，简称 MSDS 或 SDS，本书与国家标准保持一致，均称为 SDS。

《危险化学品安全管理条例》第十五条规定：危险化学品生产企业应当提供与其生产的危险化学品相符的化学品安全技术说明书，并在危险化学品包装（包括外包装件）上粘贴或者拴挂与包装内危险化学品相符的化学品安全标签。化学品安全技术说明书和化学品安全标签所载明的内容应当符合国家标准的要求。危险化学品生产企业发现其生产的危险化学品有新的危险特性的，应当立即公告，并及时修订其化学品安全技术说明书和化学品安全标签。

《危险化学品安全管理条例》第三十七条规定：危险化学品经营企业不得向未经许可从事危险化学品生产、经营活动的企业采购危险化学品，不得经营没有化学品安全技术说明书或者化学品安全标签的危险化学品。

（一）化学品安全技术说明书的作用

国家标准《化学品安全技术说明书内容和项目顺序》（GB/T 16483—2008）明确指出，化学品安全技术说明书为化学物质及其制品提供了有关安全、健康和环境保护方面的各种信息，推荐了防护措施和紧急情况下的应对措施。

SDS 是化学品生产供应商向下游用户传递化学品基本危害信息（包括运输、操作处置、储存和应急行动信息）的一种载体。同时 SDS 还可以向公共机构、服务机构和其他涉及该化学品的相关方传递这些信息。

（二）化学品安全技术说明书的内容及使用

化学品安全技术说明书的内容包括以下十六部分，且每个部分的标题、编号和前后顺序不应随意变更。

1．化学品及企业标识

主要标明化学品名称，该名称应与安全标签上的名称一致，建议同时标注供应商的产品代码。应标明供应商的名称、地址、电话、应急电话、传真和电子邮件地址。该部分还应说明化学品的推荐用途和限制用途。

2．危险性概述

该部分应标明化学品的主要的物理和化学危险性信息，以及对人体健康和环境影响的信息，如果该化学品存在某些特殊的危险性质，也应在此处说明。

如果已经根据《全球化学品统一分类和标签制度》（GHS）对化学品进行了危险性分类，应标明 GHS 危险性类别，同时应注明 GHS 的标签要素。

还应注明人员接触后的主要症状及应急综述。

3．成分/组成信息

该部分应注明该化学品是物质还是混合物。

如果是物质应提供化学名称或通用名和、美国化学文摘登记号（CAS 号）及其他标识符。

如果某种物质按 GHS 分类标准分类为危险化学品，则应列明包括对该物质的危险性分类产生影响的杂质和稳定剂在内的所有危险组分的化学名或通用名以及浓度或浓度范围。

如果是混合物，不必列明所有组分。

如果按 GHS 标准被分类为危险的组分，并且其含量超过了浓度限值，应列明该组分的名称信息、浓度或浓度范围。对已经识别出的危险组分，也应该提供被识别为危险组分的那些组分的化学品或通用名、浓度或浓度范围。

4．急救措施

该部分应说明必要时应采取的急救措施及应避免的行动，此处填写的文字应该易于被受害人和（或）施救者理解。

根据不同的接触方式将信息细化为：吸入、皮肤接触、眼睛接触和食入。

该部分应简要描述接触化学品后的急性和迟发效应、主要症状和对健康的主要影响，详细资料可在第 11 部分"毒理学信息"列明。

如有必要，本项应包括对保护施救者的忠告和对医生的特别提示。

如有必要，还要给出及时的医疗护理和特殊的治疗。

5．消防措施

该部分应说明合适的灭火方法和灭火剂，如有不合适的灭火剂也应在此处标明。

应标明化学品的特别危险性（如产品是危险的易燃品）。

标明特殊灭火方法及保护消防人员特殊的防护装备。

6．泄漏应急处理

该部分应包括作业人员防护措施、防护装备和应急程序、环境保护措施、泄漏化学品的收容、消除方法及所使用的处置材料（如果和第 13 部分不同，列明恢复、中和与消除方法）、提供防止发生次生危害的预防措施等信息。

7．操作处置与储存

操作处置应描述安全处置注意事项，包括防止化学品人员接触、防止发生火灾和爆炸的技术措施和提供局部或全面通风、防止形成气溶胶和粉尘的技术措施等。还应包括防止直接接触不相容物质或混合物的特殊处置注意事项。

储存应描述安全储存的条件（适合的储存条件和不适合的储存条件）、安全技术措施、同禁配物隔离储存的措施、包装材料信息（建议的包装材料和不建议的包装材料）。

8．接触控制和个体防护

列明容许浓度，如职业接触限值或生物限值。

列明减少接触的工程控制方法，该信息是对第 7 部分内容的进一步补充。如果可能，列明容许浓度的发布日期、数据出处、试验方法及方法来源。列明推荐使用的个体防护设备。例如：呼吸系统防护；手防护；眼睛防护；皮肤和身体防护。标明防护设备的类型和材质。

化学品若只在某些特殊条件下才具有危险性，如量大、高浓度、高温、高压等，应标明这些情况下的特殊防护措施。

9．理化特性

该部分应提供以下信息：

——化学品的外观与性状，例如：物态、形状和颜色；

——气味；

——pH 值，并指明浓度；

——熔点/凝固点；

——沸点、初沸点和沸程；

——闪点；

——燃烧上下极限或爆炸极限；

——蒸气压；

——蒸气密度；

——密度/相对密度；

——溶解性；

——n-辛醇/水分配系数；

——自燃温度；

——分解温度；

如果有必要，应提供下列信息：

——气味阈值；

——蒸发速率；

——易燃性（固体、气体）。

也应提供化学品安全使用的其他资料，例如放射性或体积密度等。

应使用 SI 国际单位制单位，见 ISO1000：1992 和 ISO1000：1992/Amd 1：1998。可以使用非 SI 单位，但只能作为 SI 单位的补充。

必要时，应提供数据的测定方法。

10．稳定性和反应性

该部分应描述化学品的稳定性和在特定条件下可能发生的危险反应。应包括以下信息：

——应避免的条件（例如：静电、撞击或震动）；

——不相容的物质；

——危险的分解产物，一氧化碳、二氧化碳和水除外。

填写该部分时应考虑提供化学品的预期用途和可预见的错误用途。

11．毒理学信息

该部分应全面、简洁地描述使用者接触化学品后产生的各种毒性作用（健康影响）。应包括以下信息：

——急性毒性；

——皮肤刺激或腐蚀；

——眼睛刺激或腐蚀；

——呼吸或皮肤过敏；

——生殖细胞突变性；

——致癌性；

——特异性靶器官系统毒性－一次性接触；

——特异性靶器官系统毒性－反复接触；

——吸入危害。

还可以提供下列信息：

——毒代动力学、代谢和分布信息。

如果可能，分别描述一次性接触、反复接触与连续接触所产生的毒作用；迟发效应和即时效应应分别说明。

潜在的有害效应，应包括与毒性值（例如急性毒性估计值）测试观察到的有关症状、理化和毒理学特性。

应按照不同的接触途径（如吸入、皮肤接触、眼睛接触、食入）提供信息。

如果可能，提供更多的科学实验产生的数据或结果，并标明引用文献资料来源。如果混合物没有作为整体进行毒性试验，应提供每个组分的相关信息。

12. 生态学资料

该部分提供化学品的环境影响、环境行为和归宿方面的信息，如：

——化学品在环境中的预期行为，可能对环境造成的影响/生态毒性；

——持久性和降解性；

——潜在的生物累积性；

——土壤中的迁移性。

如果可能，提供更多的科学实验产生的数据或结果，并标明引用文献资料来源。如果可能，提供任何生态学限值。

13. 废弃处置

该部分包括为安全和有利于环境保护而推荐的废弃处置方法信息。这些处置方法适用于化学品（残余废弃物），也适用于任何受污染的容器和包装。提醒下游用户注意当地废弃处置法规。

14. 运输信息

该部分包括国际运输法规规定的编号与分类信息，这些信息应根据不同的运输方式，如陆运、海运和空运进行区分。应包含以下信息：

——联合国危险货物编号（UN 号）；

——联合国运输名称；

——联合国危险性分类；

——包装组（如果可能）；

——海洋污染物（是/否）。

——提供使用者需要了解或遵守的其他与运输或运输工具有关的特殊防范措施。

可增加其他相关法规的规定。

15．法规信息

该部分应标明使用本 SDS 的国家或地区中，管理该化学品的法规名称。

提供与法律相关的法规信息和化学品标签信息。

提醒下游用户注意当地废弃处置法规。

16．其他信息

该部分应进一步提供上述各项未包括的其他重要信息。例如：可以提供需要进行的专业培训、建议的用途和限制的用途等。参考文献可在本部分列出。

化学品安全技术说明书在使用时需要的注意事项如下：

（1）化学品安全技术说明书由化学品的供应商编印，在交付商品时提供给用户，作为为用户的一种服务随商品在市场上流通。

（2）化学品的用户在使用化学品时，要认真阅读安全技术说明书，了解和掌握化学品的危险性，并根据使用的情形制订安全操作规程，选用合适的防护器具，培训作业人员。

（3）供应商有责任更新化学品安全技术说明书，并向下游用户提供最新版本的化学品安全技术说明书。

（4）危险化学品经营企业在购销业务中不得采购和销售无化学品安全技术说明书的商品，一定要向供货方索取并向用户提供（传递）化学品安全技术说明书。

（5）危险化学品经营企业在向用户销售自行分装的商品时，应提供相应的化学品安全技术说明书。

（6）经营进口危险化学品的企业，应当负责向供货方或进口商索取中文版化学品安全技术说明书且随商品提供给用户。

（7）危险化学品经营企业应建立所经营危险化学品的化学品安全技术说明书档案。

（8）在危险化学品供应商更新并提供新版本化学品安全技术说明书时，要及时向供应商索取并传递给用户，保证使用最新版本的化学品安全技术说明书。

二、化学品安全标签

安全标签是指用于标示化学品具有的危险性和安全注意事项的一组文字、象形图和编码组合，它可粘贴、挂拴或喷印在化学品的外包装或容器上。它能直观、简明地传递化学品安全信息，以预防和减少化学品的危害，达到保障安全和人员健康的目的。

国家标准《化学品安全标签编写规定》（GB 15258—2009）于 2010 年 5 月 1 日正式实施，该标准规定了化学品安全标签的术语和定义、标签内容、制作和使用要求。同时，该标准明确指出，例如农药、气瓶等另有标准规定的应按其标准执行。

（一）化学品安全标签的内容

化学品安全标签包括以下 8 个方面的内容：

1．化学品标识

用中文和英文分别标明化学品的化学名称或通用名称。名称要求醒目清晰，位于标签的上方。名称应与化学品安全技术说明书中的名称一致。

对混合物应标出其危险性分类有贡献的主要组分的化学名称或通用名、浓度或浓度范围。当需标出的组分较多时，组分个数以不超过 5 个为宜。对于属于商业机密的成分可以不标明，但应列出其危险性。

2．象形图

采用 GB 20576～GB 20599、GB 20602 规定的象形图。

当某种化学品具有两种及两种以上的危险性时，物理危险象形图的先后顺序，根据 GB 12268 中的主次危险性确定，未列入 GB 12268 的化学品，以下危险性类别的危险性总是主危险：爆炸物、易燃气体、易燃气溶胶、氧化性气体、高压气体、自反应物质和混合物、发火物质、有机过氧化物。其他主危险性的确定按照联合国《关于危险货物运输的建议书规章范本》危险性先后顺序确定方法确定。

对于健康危害，按照以下先后顺序：如果使用了骷髅和交叉图形符号，则不应出现感叹号图形符号；如果使用了腐蚀图形符号，则不应出现感叹号来表示皮肤或眼睛刺激；如果使用了呼吸致敏物的健康危害图形符号，则不应出现感叹号来表示皮肤致敏物或者皮肤/眼睛刺激。

3．信号词

根据化学品的危险程度和类别，用"危险"、"警告"两个词分别进行危害程度的警示。信号词位于化学品名称的下方，要求醒目、清晰。根据 GB 20576～GB 20599、GB 20601～GB 20602，选择不同类别危险化学品的信号词。

当某种化学品具有两种及两种以上的危险性时，所有危险性说明都应当出现在安全标签上，按物理危险、健康危害、环境危害顺序排列。

4．危险性说明

简要概述化学品的危险特性。居信号词下方。根据 GB 20576～GB 20599、GB 20601～GB 20602，选择不同类别危险化学品的危险性说明。

5．防范说明

表述化学品在处置、搬运、储存和使用作业中所必须注意的事项和发生意外时简单有效的救护措施等，要求内容简明扼要、重点突出。该部分应包括安全预防措施、意外情况（如泄漏、人员接触或火灾等）的处理、安全储存措施及废弃处置等内容。各类化学品安全标签防范说明可从《化学品安全标签编写规定》附录 C 中查询。

6．供应商标识

供应商名称、地址、邮编和电话等。

7．应急咨询电话

填写化学品生产商或生产商委托的 24 h 化学事故应急咨询电话。

国外进口化学品安全标签上应至少有一家中国境内的 24 h 化学事故应急咨询电话。

8．资料参阅提示语

提示化学品用户应参阅化学品安全技术说明书。

（二）化学品安全标签的样例及使用

对于小于或等于 100 mL 的化学品小包装，为方便标签使用，安全标签要素可以简化，包括化学品标识、象形图、信号词、危险性说明、应急咨询电话、供应商名称及联系电话、资料参阅提示语即可。化学品安全标签样例如图 2-1 所示，简化标签样例如图 2-2 所示。

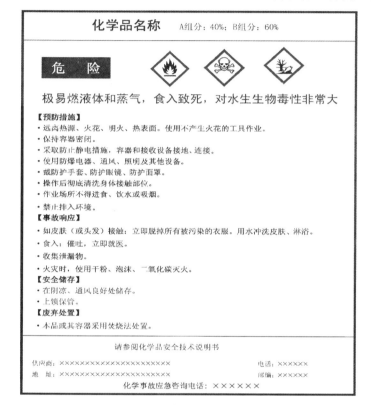

图 2-1　化学品安全标签样例

图 2-2　简化标签样例

安全标签应粘贴、挂栓或喷印在化学品包装或容器的明显位置。安全标签的粘贴、喷印位置规定如下：

（1）桶、瓶形包装：位于桶、瓶侧身。

（2）箱状包装：位于包装端或侧面明显处。

（3）袋、捆包装：位于包装明显处。

当与运输标志组合使用时，运输标志可以放在安全标签的另一面版，将之与其他信息分开，也可放在包装上靠近安全标签的位置，后一种情况下，若安全标签中的象形图与运输标志重复，安全标签中的象形图应删掉。

对组合容器，要求内包装加贴（挂）安全标签，外包装上加贴运输象形图，如果不需要运输标志可以加贴安全标签。如图 2-3、图 2-4 所示。

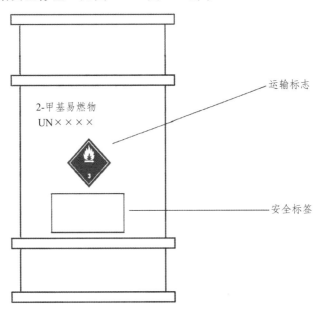

图 2-3　单一容器安全标签粘贴样例

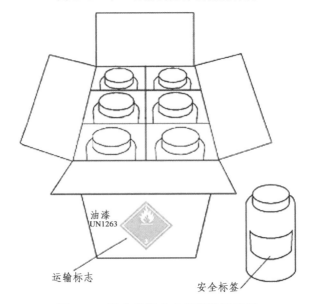

图 2-4　组合容器安全标签粘贴样例

安全标签在使用时需要的注意事项如下：

（1）安全标签的粘贴、挂栓、或喷印应牢固，保证在运输、储存期间不脱落，不损坏。

（2）安全标签应由生产企业在货物出厂前粘贴、挂栓或喷印。若要改换包装，则由改换包装单位重新粘贴、挂栓或喷印标签。

（3）盛装危险化学品的容器或包装，在经过处理并确认其危险性完全消除之后，方可撕下安全标签，否则不能撕下相应的标签。

（4）危险化学品经营企业在采购化学品时应检查供应商所提供的商品是否有化学品安全标签，在销售化学品时不能向用户提供没有化学品安全标签的商品。

第三章　危险化学品经营安全管理

【本章学习要点】

（1）危险化学品经营许可相关规定，经营许可证的办理、变更与换证。

（2）危险化学品经营单位的条件和要求。

（3）剧毒品、易制爆化品等危险化学品的经营安全管理。

（4）危险化学品储存场所的基本条件与安全要求。

（5）危险化学品运输资质认定、托运人的规定和运输的安全要求。

（6）危险化学品包装分类与基本要求。

第一节　危险化学品经营许可

一、危险化学品经营管理规定

《危险化学品安全管理条例》规定国家对危险化学品经营（包括仓储经营，下同）实行许可制度。未经许可，任何单位和个人不得经营危险化学品。

《危险化学品经营许可证管理办法》（以下简称《办法》）自 2012 年 9 月 1 日起施行，并于 2015 年 5 月 27 日国家安全监管总局令第 79 号修正。新《办法》是在原《办法》的基础上，从多个方面修订完善了危险化学品经营许可证的管理措施，进一步提高了危险化学品经营企业的安全准入门槛。原《办法》5 章 28 条，修订后的《办法》共 6 章、40 条，分别是总则、申请经营许可证的条件、经营许可证的申请与颁发、经营许可证的监督管理、法律责任和附则，条文增加较多的是发证程序和法律责任两章。《办法》的主要内容及修订发生了以下变化：

1. 关于适用范围的调整

《办法》第 2 条规定："在中华人民共和国境内从事列入《危险化学品目录》的危险化学品的经营（包括仓储经营）活动，适用本办法。民用爆炸物品、放射性物品、核能物质和城镇燃气的经营活动，不适用本办法。"主要考虑：一是根据《城镇燃气管理条例》（国务院令第 583 号）的规定，城镇燃气的经营被纳入该条例的调整范围。因此为避免交叉管理、重复许可，《办法》规定不适用于城镇燃气（含运输工具用燃气）经营活动；二是按照《危险化学品安全管理条例》第 33 条规定，依法取得危险化学品安全生产许可证的危险化学品生产企业在其厂区范围内销售本企业生产的危险化学品，以及依法取得港口经营许可证的港口经营人在港区内从事危险化学品仓储经营的，不需要取得危险化学品经营许可。《办法》第3条对此做了衔接性规定；三是由于原《危险化学品安全管理条例》未对危险化学品仓储经营进行安全许可，各级安全监管部门一直在努力探索规范和加强危险化学品仓储经营安全管理过程与方法。实践证明，原《危险化学品安全管理条例》关于危险化学品经营安全的制度和措施对危险化学品仓储经营安全管理同样有效可行。这次修订时根据危险化学品经营安全管理实际情况，《办法》明确将危险化学品仓储经营纳入危险化学品经营的范畴，填补了制度上的空白，强化了危险化学品仓储经营安全管理。同时，根据危险化学品安全管理实践，《办法》第37条明确规定，"购买危险化学品进行分装、充装或者加入非危险化学品的溶剂进行稀释，然后销售的"，以及"使用长输管道输送并经营危险化学品的"，按照本办法执行。

2. 关于许可权限调整

为贯彻落实国务院办公厅《关于进一步清理取消和调整行政审批项目的通知》（国办发〔2007〕22号）中"对省级以下机关可以实施的，必须按照方便申请人、便于监管的原则，下放管理层级"的有关要求，考虑到危险化学品经营企业数量很多，都集中到省级或者市级政府部门办证，有关部门负担重，企业办事也不方便，而且目前市、县两级安全监管部门在机构设置上也已经健全，能够承担起危险化学品经营许可证颁发管理的责任。因此，根据《危险化学品安全管理条例》第35条有关经营许可发证权限的规定，《办法》将经营许可证的颁发机关由原来的省、市两级安全监管部门调整为设区的市、县两级安全监管部门。国家和省级安全监管部门负责监督指导危险化学品经营许可证的颁发管理工作；市级安全监管部门负责实施《办法》第5条第3款所列六类企业的经营许可证审批、颁发；县级安全监管部门负责《办法》第5条第3款所列六类以外企业的经营许可证审批、颁发。

3. 关于发证的条件

为了进一步明确发证条件，《办法》将发证条件单列一章，从企业选址、布局、设备、储存条件、制度、管理人员资质以及安全投入等方面，提出了比原《办法》更具有可操作性和更为严格的要求。此外，《办法》专门规定了经营剧毒化学品、带有储存设施经营危险化学品的企业应当具备的特殊条件，设置了较高门槛，以加强对重点危险化学品经营企业的管理。

4. 关于与安全生产标准化的衔接

为了贯彻落实《国务院关于进一步加强企业安全生产工作的通知》（国发〔2010〕23号）关于企业开展安全生产标准化的要求，《办法》在经营许可证直接延期的条件中增加了"带有危险学品储存设施的企业，应当提交安全生产标准化二级达标证书（复制件）"的规定。

5. 关于经营许可证的变更

根据10年来执法实践经验，《办法》细化了危险化学品经营许可证变更的具体情形，规定了办理变更手续的时限，以及需要提交资料等要求。

6. 关于行政处罚

修订后的《办法》，细化了有关法律责任的规定，加大了对违法违规企业的处罚力度，提高其违法成本。

《办法》对安全评价机构和安全评价人员法律责任给予了明确，规定承担安全评价的机构和安全评价人员出具虚假评价报告的，依照有关法律、法规、规章的规定给予行政处罚；构成犯罪的，依法追究刑事责任。

针对"打非治违"重点，加大了处罚力度。《办法》规定了未取得经营许可证从事危险化学品经营的，依照《中华人民共和国安全生产法》有关未经依法批准擅自生产、经营、储存危险物品的法律责任条款并处罚款。

从事列入《危险化学品目录》的危险化学品的经营（包括仓储经营）活动的单位，应当依照《危险化学品经营许可证管理办法》取得危险化学品经营许可证，并凭经营许可证依法向工商行政管理部门申请办理登记注册手续，未取得经营许可证和未经工商登记注册，任何单位和个人都不得经营销售危险化学品。

从事下列危险化学品经营活动，不需要取得经营许可证：

（1）依法取得危险化学品安全生产许可证的危险化学品生产企业在其厂区范围内销售本企业生产的危险化学品的。

（2）依法取得港口经营许可证的港口经营人在港区内从事危险化学品仓储经营的。

危险化学品经营许可证的颁发管理工作实行企业申请、两级发证、属地监管的原则。两级发证是指设区的市级人民政府安全生产监督管理部门和县级人民政府安全生产监督管理部门负责经营许可证的审批、颁发，没有设立县级发证机关的，其经营许可证由市级发证机关审批、颁发。

在危险化学品经营活动中，有下列行为不得进行危险化学品经营：

（1）未取得危险化学品经营许可证的任何单位和个人不得经营危险化学品。

（2）危险化学品经营企业不得向未经许可从事危险化学品生产、经营活动的企业采购危险化学品，不得经营没有化学品安全技术说明书或者化学品安全标签的危险化学品。

（3）危险化学品经营企业不得向不具有相关许可证件或者证明文件的单位销售剧毒化学品、易制爆危险化学品。

（4）个人不得购买剧毒化学品（属于剧毒化学品的农药除外）和易制爆危险化学品。

二、危险化学品经营许可证的办理、变更与换证

（一）危险化学品经营许可证的办理

经营销售危险化学品的单位申请经营许可证，应当按《危险化学品经营许可证管理办法》的规定，向所在地市级或者县级发证机关提出申请，提交下列文件、资料，并对其真实性负责：

（1）申请经营许可证的文件及申请书。

（2）安全生产规章制度和岗位操作规程的目录清单。

（3）企业主要负责人、安全生产管理人员、特种作业人员的相关资格证书（复制件）和其他从业人员培训合格的证明材料。

（4）经营场所产权证明文件或者租赁证明文件（复制件）。

（5）工商行政管理部门颁发的企业性质营业执照或者企业名称预先核准文件（复制件）。

（6）危险化学品事故应急预案备案登记表（复制件）。

带有储存设施经营危险化学品的，申请人还应当提交下列文件、资料：

（1）储存设施相关证明文件（复制件）；租赁储存设施的，需要提交租赁证明文件（复制件）；储存设施新建、改建、扩建的，需要提交危险化学品建设项目安全设施竣工验收意见书（复制件）。

（2）重大危险源备案证明材料、专职安全生产管理人员的学历证书、技术职称证书或者危险物品安全类注册安全工程师资格证书（复制件）。

（3）安全评价报告。

（二）危险化学品经营许可证的变更

已经取得经营许可证的企业变更企业名称、主要负责人、注册地址或者危险化学品储存设施及其监控措施的，应当自变更之日起 20 个工作日内，向发证机关提出书面变更申请，并提交下列文件、资料：

（1）经营许可证变更申请书；

（2）变更后的工商营业执照副本（复制件）。

（3）变更后的主要负责人安全资格证书（复制件）。

（4）变更注册地址的相关证明材料。

（5）变更后的危险化学品储存设施及其监控措施的专项安全评价报告。

发证机关作出准予变更决定的，应当重新颁发经营许可证，并收回原经营许可证。经营许可证变更的，经营许可证有效期的起始日和截止日不变，但要载明变更日期。

已经取得经营许可证的企业，有下列情形之一的，应当按规定重新申请办理经营许可证，并提交相关文件、资料：

（1）不带有储存设施的经营企业变更其经营场所的。

（2）带有储存设施的经营企业变更其储存场所的。

（3）仓储经营的企业异地重建的。

（4）经营方式发生变化的。

（5）许可范围发生变化的。

（三）危险化学品经营许可证的换证

经营许可证的有效期为 3 年。有效期满后，企业需要继续从事危险化学品经营活动的，应当在经营许可证有效期满 3 个月前，向发证机关提出经营许可证的延期申请，并提交延期申请书及规定的申请文件、资料。

企业提出经营许可证延期申请时，可以同时提出变更申请，并向发证机关提交相关文件、资料。

符合下列条件的企业，申请经营许可证延期时，经发证机关同意，可以不提交本办法第九条规定的文件、资料：

（1）严格遵守有关法律、法规和本办法。

（2）取得经营许可证后，加强日常安全生产管理，未降低安全生产条件。

（3）未发生死亡事故或者对社会造成较大影响的生产安全事故。

带有储存设施经营危险化学品的企业，除符合前款规定条件的外，还需要取得并提交危险化学品企业安全生产标准化二级达标证书（复制件）。

发证机关作出准予延期决定的，经营许可证有效期顺延 3 年。

第二节 经营单位的条件和要求

一、危险化学品经营条件

《危险化学品安全管理条例》规定了危险化学品经营企业必须具备的条件：

（1）有符合国家标准、行业标准的经营场所，储存危险化学品的，还应当有符合国家标准、行业标准的储存设施。经营条件、储存条件要符合《危险化学品经营企业开业条件和技术要求》、《常用危险化学品储存通则》的规定：

① 危险化学品经营企业的经营场所应坐落在交通便利，便于疏散处。

② 危险化学品经营企业的经营场所的建筑物应符合《建筑设计防火规范》的要求。

③ 从事危险化学品批发业务的企业，应具备经县级以上（含县级）公安，消防部门批准的专用危险品仓库（自有或租用）；所经营的危险化学品不得存放在业务经营场所。

④ 零售业务的店面应与繁华商业或居住人口稠密区保持 500 m 以上距离（多数地区现对危险化学品仓储与零售企业的场所进行了专门规划，危险化学品的储存与零售均应在规定的区域经营，方可取得合法手续）。

⑤ 零售业务的店面经营面积（不含库房）应不少于 60 m^2，其店面内不得有生活设施。

⑥ 零售业务的店面内只许存放民用小包装的危险化学品，其存放总量不得超过 1 t。

⑦ 零售业务的店面内危险化学品的摆设应布局合理，禁忌物料不能混放、综合性商场（含建材市场）所经营的危险化学品应有专柜存放。

⑧ 零售业务的店面与存放危险化学品的库房（或罩棚）应有实墙相隔，单一品种存放量不能超过 500 kg，总质量不能超过 2 t。

⑨ 零售店面备货库房应根据危险化学品的性质与禁忌分别采用隔离储存或隔开储存或分离储存等不同方式进行储存。

经营和储存场所、设施、建筑物还应符合《建筑设计防火规范》（GB 50016）《石油化工企业设计防火规范》（GB 50160）《汽车加油加气站设计与施工规范》（GB 50156）《石油库设计规范》（GB 50074）等相关国家标准、行业标准的规定。

（2）主要负责人和安全管理人员应具备的安全管理能力《中华人民共和国安全生产法》第 24 条规定，生产经营单位的主要负责人和安全生产管理人员必须具备与本单位所从事的生产经营活动相应的安全生产知识和管理能力。危险物品的生产、经营、储存单位以矿山、建筑施工单位的主要负责人和安全生产管理人员，应当由有关主管部门对其安全生产知识和管理能力考核后方可任职。

《危险化学品经营企业开业条件和技术要求》对危险化学品经营企业各类人员作出了明确规定。危险化学品经营企业的法定代表人或经理应经过国家授权部门的专业培训、取得合格证书方能从事经营活动。企业业务经营人员应经国家授权部门的专业培训，取得合格证书方能上岗。经营剧毒物品企业的人员，还应经过县级以上（含县级）公安部门的专门培训，取得合格证书方可上岗。

总之，危险化学品经营单位主要负责人和安全生产管理人员具备与本企业危险化学品经营活动相适应的安全生产知识和管理能力，经专门的安全生产培训和安全生产监督管理部门考核合格，取得相应安全资格证书；特种作业人员经专门的安全作业培训，取得特种作业操作证书；其他从业人员依照有关规定经安全生产教育和专业技术培训合格。

（3）有健全的安全管理规章制度。

危险化学品经营单位要有与所经营的危险化学品相适应且健全的安全生产规章制度和岗位操作规程。一般包括：全员安全生产责任制度、危险化学品购销管理制度、危险化学品安全管理制度（包括防火、防爆、防中毒、防泄漏管理等内容）、安全投入保障制度、安全生产奖惩制度、安全生产教育培训制度、隐患排查治理制度、安全风险管理制度、应急管理制度、事故管理制度、职业卫生管理制度等；申请人经营剧毒化学品的，经营剧毒化学品的还应当建立剧毒化学品双人验收、双人保管、双人发货、双把锁、双本账等管理制度。

（4）有专职安全管理人员。

专职安全生产管理人员具备国民教育化工化学类或者安全工程类中等职业教育以上学历，或者化工化学类中级以上专业技术职称，或者危险物品安全类注册安全工程师资格。

（5）有符合国家规定的危险化学品事故应急预案和必要的应急救援器材、设备。

危险化学品单位应当制订本单位危险化学品事故应急预案，配备应急救援人员和必要的应急救援器材、设备，并定期组织应急救援演练。

（6）法律、法规规定的其他条件：

① 新设立的专门从事危险化学品仓储经营的，其储存设施建立在地方人民政府规划的用于危险化学品储存的专门区域内。

② 储存设施与相关场所、设施、区域的距离符合有关法律、法规、规章和标准的规定；储存易燃、易爆、有毒、易扩散危险化学品的，还应当符合《石油化工可燃气体和有毒气体检测报警设计规范》（GB 50493）的规定。

③ 依照有关规定进行安全评价，安全评价报告符合《危险化学品经营企业安全评价细则》的要求。

④ 符合《危险化学品安全管理条例》《危险化学品重大危险源监督管理暂行规定》《常用危险化学品贮存通则》（GB 15603）的相关规定。

二、不予许可的经营行为

（1）未取得危险化学品经营许可证的任何单位和个人不得经营危险化学品。

（2）危险化学品经营企业不得向未经许可从事危险化学品生产、经营活动的企业采购危险化学品，不得经营没有化学品安全技术说明书或者化学品安全标签的危险化学品。

（3）危险化学品经营企业不得向不具有相关许可证件或者证明文件的单位销售剧毒化学品、易制爆危险化学品。

（4）个人不得购买剧毒化学品（属于剧毒化学品的农药除外）和易制爆危险化学品。

第三节　剧毒品、易制爆化学品等危险化学品的经营安全知识

一、剧毒品、易制爆化学品经营安全管理

（1）从事剧毒化学品、易制爆危险化学品经营的企业，应当向所在地设区的市级人民政府安全生产监督管理部门申请领取经营许可证。

（2）除取得生产许可证的单位购买剧毒化学品的，应当向所在地县级人民政府公安机关申请取得剧毒化学品购买许可证；购买易制爆危险化学品的，应当持本单位出具的合法用途说明。申请取得剧毒化学品购买许可证，申请人应当向所在地县级人民政府公安机关提交下列材料：

① 营业执照或者法人证书（登记证书）的复印件。

② 拟购买的剧毒化学品品种、数量的说明。

③ 购买剧毒化学品用途的说明。

④ 经办人的身份证明。

危险化学品经营企业销售剧毒化学品、易制爆危险化学品，应当查验相关许可证件或者证明文件，不得向不具有相关许可证件或者证明文件的单位销售剧毒化学品、易制爆危险化学品。对持剧毒化学品购买许可证购买剧毒化学品的，应当按照许可证载明的品种、数量销售。

危险化学品经营企业销售剧毒化学品、易制爆危险化学品，应当如实记录购买单位的名称、地址、经办人的姓名、身份证号码以及所购买的剧毒化学品、易制爆危险化学品的品种、数量、用途。销售记录以及经办人的身份证明复印件、相关许可证件复印件或者证明文件的保存期限不得少于 1 年。

剧毒化学品、易制爆危险化学品的销售企业、购买单位应当在销售、购买后 5 日内，将所销售、购买的剧毒化学品、易制爆危险化学品的品种、数量以及流向信息报所在地县级人民政府公安机关备案，并输入计算机系统。

二、汽油加油站的经营安全管理

汽车加油站是经营及储存汽油、柴油等易燃易爆危险化学品的场所，属甲类火灾危险性场所，近年来加油站火灾爆炸事故时有发生，而且造成了重大的人员伤亡和财产损失。依据

《危险化学品目录》汽车加油站所从事的危险化学品为汽油，应按规定办理经营许可证，同时，针对汽车加油的特殊经营，加强安全管理。

《汽车加油加气站设计与施工规范》GB 50156—2012 自 2013 年 3 月 1 日起实施。其中 38 条（款）为强制性条文，必须严格执行。

四川省为深入贯彻落实《国务院关于进一步加强企业安全生产工作的通知》（国发〔2010〕23 号）《国务院安委会关于深入开展企业安全生产标准化建设的指导意见》（安委〔2011〕4 号）和《四川省人民政府安全生产委员会关于开展企业安全生产标准化建设工作的指导意见》（川安委〔2012〕10 号）等文件的要求，根据《企业安全生产标准化基本规范（AQ/T 9006—2010）》《危险化学品从业单位安全生产标准化通用规范(AQ3013 – 2008)》和《危险化学品从业单位安全生产标准化评审标准》（安监总管三〔2011〕93 号），结合四川实际，制定了《四川省汽车加油（气）站安全生产标准化评审标准（试行）》。四川省内的加油（气）站应依据《四川省加油（气）站安全生产标准化评审标准（试行）》的规定进行安全生产标准化达标建设。

第四节　危险化学品储存的安全管理

一、储存场所的基本要求

危险化学品的储存根据物质的理化性状和储存量的大小分为整装储存和散装储存两类。

整装储存是将物品装于小型容器或包件中储存。如各种袋装、桶装、箱装或钢瓶装的物品。这种储存往往存放的品种多，物品的性质复杂，比较难管理。

散装储存是物品不带外包装的净货储存。量比较大，设备、技术条件比较复杂，如有机液体危险化学品汽油、甲苯、二甲苯、丙酮、甲醇等。一旦发生事故难以施救。

无论整装储存还是散装储存都有潜在的危险。《危险化学品经营企业开业条件和技术要求》（GBl8265—2000），对危险化学品的储存，提出了具体明确的要求。

（一）仓储地点设置的要求

（1）危险化学品仓库按其使用性质和经营规模分为 3 种类型：大型仓库（库房或货场总面积大于 9 000 m²）；中型仓库（库房或货场总面积为 550～9 000 m²）；小型仓库（库房或货场总面积小于 550 m²）。

（2）大中型危险化学品仓库应选址在远离市区和居民区的当地主导风向的下风方向和河流下游的地域。

（3）大中型危险化学品仓库应与周围公共建筑物、交通干线（公路、铁路、水路）、工矿企业等距离至少保持 100 m。

（4）大中型危险化学品仓库内应设库区和生活区，两区之间应有高 2 m 以上的实体围墙，围墙与库区内建筑的距离不宜小于 5 m，并应满足围墙两侧建筑物之间的防火距离要求。

（5）小型仓库应符合零售业务店面的有关规定。

（6）危险化学品专用仓库应向县级以上（含县级）公安、消防部门申领消防安全储存许可证。

（二）对仓储建筑结构的要求

（1）危险化学品的库房应符合《建筑设计防火规范》第4章的要求。

（2）危险化学品仓库的建筑屋架应根据所存危险化学品的类别和危险等级采用钢结构或装配式钢筋混凝土结构。砌砖墙、石墙、混凝土墙及钢筋混凝土墙。

（3）库房门应为铁门或木质外包铁皮，采用外开式。设置高侧窗（剧毒物品仓库的窗户应加设铁护栏）。

（4）毒害性、腐蚀性危险化学品库房的耐火等级不得低于二级。易燃易爆性危险化学品库房的耐火等级不得低于三级。爆炸品应储存于一级轻顶耐火建筑内，低、中闪点液体、一级易燃固体、自燃物品、压缩气体和液化气体类应储存于一级耐火建筑的库房内。

（三）对储存管理的要求

（1）危险化学品仓库储存的危险化学品应符合《常用化学危险品贮存通则》《易燃易爆性商品储藏养护技术条件》《腐蚀性商品储藏养护技术条件》《毒害性商品储藏养护技术条件》的规定。

（2）入库的危险化学品应符合产品标准。收货保管员应严格按《危险货物包装标志》的规定验收内外标志、包装、容器等，并做到账、货、卡相符。

（3）库存危险化学品应根据其化学性质分区、分类、分库储存，禁忌物料不能混存。灭火方法不同的危险化学品不能同库储存（见《常用危险化学品储存禁忌物配存表》）。

（4）库存危险化学品应保持相应的垛距、墙距、柱距。垛与垛间距不小于0.8 m，垛与墙、柱的间距不小于0.3 m。主要通道的宽度不小于1.8 m。

（5）危险化学品仓库的保管员应经过岗前和定期培训，持证上岗，做到一日两检，并做好检查记录。检查中发现危险化学品存在质量变质、包装破损、渗漏等问题，应及时通知货主或有关部门，采取应急措施解决。

（6）危险化学品仓库应设有专职或兼职的危险化学品养护员，负责危险化学品的技术养护、管理和监测工作。

（7）各类危险化学品均应按其性质储存在适宜的温湿度内。

（四）储存场所的其他安全知识

1．安全设施

（1）危险化学品仓库的布置应符合现行国家标准《危险化学品经营企业开业条件和技术要求》GB 18265的有关规定。

（2）危险化学品仓库应根据经营规模的大小设置、配备足够的消防设施和器材，应有消防水池、消防管网和消防栓等消防水源设施。大型危险物品仓库应设有专职消防队，并配有消防车。消防器材应当设置在明显和便于取用的地点，周围不准放物品和杂物。仓库的消防设施、器材应当有专人管理，负责检查、保养、更新和添置，确保完好有效。对于各种消防设施、器材严禁圈占、埋压和挪用。

（3）危险化学品仓库应设有避雷设施，并每年至少检测一次，使之安全有效。

（4）对于易产生粉尘、腐蚀性气体的库房，应使用密闭的防护措施，有爆炸危险的库房应当使用防爆型电气设备。剧毒物品的库房还应安装机械通风排毒设备。

（5）危险化学品仓库应设有消防、治安报警装置。有供对外报警、联络的通信设备。

（6）散装固体原料、燃料仓库或堆场的布置，应符合下列要求：

① 宜邻近主要用户，并应方便运输及适应机械化装卸作业。

② 堆场应根据物料性质和操作要求铺砌地坪，并应设置排水设施。

③ 易散发粉尘的仓库或堆场，宜布置在厂区边缘地带，且宜位于厂区全年最小频率风向的上风侧。

（7）可燃液体和液化烃储罐区布置，应符合下列要求：

① 宜集中布置在厂区边缘，且运输方便的安全地带。同时应留有必要的发展用地。

② 不宜布置在人员集中活动场所和明火或散发火花地点全年最小频率风向的下风侧，并宜避免 布置在窝风地带。

③ 不应布置在高于相邻装置、车间、全厂性重要设施及人员集中活动场所的场地上，否则应采取防止液体泄漏的安全措施。

④ 不宜紧靠排洪沟布置。

⑤ 当沿江、河、湖、海岸边布置时，应符合相关规定。

⑥ 与罐区无关的管线、输电线严禁穿越罐区。

（8）酸库及酸桶堆场的布置，应符合下列要求：

① 应布置在厂区全年最小频率风向的上风侧。

② 宜布置在厂区边缘且地势较低处，并应避免对地下水的污染。

③ 酸库及酸桶堆场应做成耐酸地坪，且应有不小于 1% 的排水坡度，并应在四周采用耐酸材料修筑排水设施及污酸的收集池。

（9）液氨储罐、实瓶库及灌装站的布置，应符合下列要求：

① 其设置位置应远离人员集中活动场所，应布置在厂区全年最小频率风向的上风侧及地势较低的开阔地带。

② 全压力式、半冷冻式液氨储罐的应设防火堤，堤内的有效容积不应小于一个最大储罐的容积，防火堤及隔堤应为不燃烧实体防护结构，能承受所容纳液体的静压及温度变化的影响，且不渗漏。

③ 实瓶库应有装车站台及便于运输的道路。

（10）液氯储罐、实瓶库及灌装站的布置，应符合下列要求：

① 其设置位置应远离人员集中活动场所，应布置在厂区全年最小频率风向的上风侧及地势较低的开阔地带。

② 地上液氯储罐的地坪应低于周围地面 0.3~0.5 m，或在储罐周围做高出地坪 0.3~0.5 m 的围堰，防止一旦发生液氯泄漏事故，液氯气化面积扩大。

③ 实瓶库成有装车站台及便于运输的道路。

（11）金属钠（钾）仓库的布置，应符合下列要求：

① 不应布置在人员集中活动场所。

② 不应布置在产生大量水雾设施附近,并不应布置在产生大量水雾设施的全年盛行风向的下风侧。

③ 应位于不易受潮湿的场所,仓库四周应设置排水设施。

(12) 电石库的布置,宜位于厂区地势较高、场地干燥和地下水位较低的地段,不应与散发水雾设施毗邻布置。电石库与机械通风冷却塔之间的最小水平间距,应符合相关规定。

2. 安全组织

危险化学品经营企业应设有安全保卫组织。危险化学品仓库应有专职或义务消防、警卫队伍。无论专职还是义务消防、警卫队伍,都应制订灭火预案并经常进行消防演练。

3. 安全制度

(1) 危险化学品仓库要有专人管理。工作人员要进行培训,考核合格后才能上岗。管理人员必须具备专业技术知识,熟悉各区域储存的化学品种类、特性、地点、事故的处理程序,负责检查、保养、更换和添置各种消防设施和器材,保证完好随时可用。

(2) 库内禁止明火。进入危险化学品库区的机动车辆应安装防火罩。机动车装卸货物后,不准在库区、库房、货场内停放和修理;进入可燃固体物品库房的电瓶车、铲车,应安装有防止火花飞出的安全装置。

(3) 严格控制库内温度。

(4) 定期检查,并做好检查记录,发现其品质变化、包装破损等及时处理。

(5) 不同种类毒害品要分开存放,危险程度和灭火方法不同的要分开存放,性质相抵的禁止同库混存。

(6) 危险化学品出入库前均应按合同进行检查验收、登记,方可出入库。

(7) 定期检查建筑设施、照明线路和避雷装置。

(8) 装卸、搬运危险化学品时应按照有关规定,做到轻装、轻卸。严禁摔、碰、撞击、拖拉、倾倒和滚动。

(9) 对剧毒物品的管理应执行"五双"制度,即:双人验收、双人保管、双人发货、双把锁、双本账。

(10) 在操作各类危险化学品时,企业应在经营店面和仓库,针对各类危险化学品的性质,准备相应的急救药品和制定急救预案。

4. 安全操作

(1) 装卸毒性物质的人员应具有操作毒品的一般知识。操作时轻拿轻放,不得碰撞、倒置,防止包装破损,商品外溢。作业人员应佩戴手套和相应的防毒口罩或面具,穿防护服。作业时不得饮食,不得用手擦嘴、脸、眼睛。每次作业完毕,应及时用肥皂(或专用洗涤剂)洗净面部、手部,用清水漱口,防护用具应及时清洗,集中存放。

(2) 装卸易燃易爆品人员应穿工作服,戴手套、口罩等必需的防护用具,操作中轻搬轻放,防止摩擦和撞击。各项操作不得使用能产生火花的工具,作业现场应远离热源和火源。装卸易燃液体须穿防静电工作服。禁止穿带钉鞋。桶装不得在水泥地面滚动。

(3) 装卸腐蚀品人员应穿工作服,戴护目镜、胶皮手套、胶皮围裙等必需的防护用具。操作时,应轻搬轻放,严禁背负肩扛,防止摩擦震动和撞击。不能使用沾染异物和能产生火花的机具，作业现场须远离热源和火源。

（4）各类危险化学品分装、改装、开箱（桶）检查等应在库房外进行。

二、危险化学品分类储存的安全知识

1. 爆炸性物质储存的安全知识

爆炸性物质的储存按公安等部门关于《爆炸物品管理规则》的规定办理。

（1）爆炸性物质必须存放在专用仓库内。储存爆炸性物质的仓库禁止设在城镇、市区和居民聚居的地方，并且应当与周围建筑、交通要道、输电线路等保持一定的安全距离。

（2）存放爆炸性物质的仓库，不得同时存放相抵触的爆炸物质，并不得超过规定的贮存数量。如雷管不得与其他炸药混合储存。

（3）一切爆炸性物质不得与酸、碱、盐类以及某些金属、氧化剂等同库储存。

（4）为了通风、装卸和便于出入检查，爆炸性物质堆放时，堆垛不应过高过密。

（5）爆炸性物资仓库的温度、湿度应加强控制和调节。

2. 压缩气体和液化气体储存的安全要求

（1）压缩气体和液化气体不得与其他物质共同储存；易燃气体不得与助燃气体、剧毒气体共同储存；易燃气体和剧毒气体不得与腐蚀性物质混合储存；氧气不得与油脂混合储存。

（2）液化石油气储罐区的安全要求。液化石油气储罐区，应布置在通风良好且远离明火或散发火花的露天地带。不宜与易燃、可燃液体储罐同组布置，更不应设在一个土堤内。重要建筑物、重要设备、交通要道及人员集中的场所应保持相应的安全间距。

液化石油气罐既可单独布置，也可成组布置。成组布置时，组内储罐不应超过两排。一组储罐的总容量不应超过 6 000 m³。储罐与储罐组的四周可设防火堤。两相邻防火堤外侧的基脚线之间的距离不应小于 7 m，堤高不超过 0.6 m。

液化石油气储罐的罐体基础的外露部分及储罐组的地面应为非燃烧材料，罐上应设有安全阀、压力计、液面计、温度计以及超压报警装置。无绝热措施时，应设淋水冷却设施。储罐的安全阀及放空管应接入全厂性火炬。独立储罐的放空管应通往安全地点放空。安全阀和储罐之间安装有截止阀，应常开并加铅封。储罐应设置静电接地及防雷设施，罐区内的电气设备应防爆。

（3）对气瓶储存的安全要求。储存气瓶的仓库应为单层建筑，设置易揭开的轻质屋顶，地坪可用沥青砂浆混凝土铺设，门窗都向外开启，玻璃涂以白色。库温不宜超过 35 ℃，有通风降温措施。瓶库应用防火墙分隔为若干单独分间，每一分间有安全出入口。气瓶仓库的最大储存量应按有关规定执行。

对直立放置的气瓶应设有栅栏或支架加以固定，以防止倾倒。卧放气瓶应加以固定，以防止滚动。气瓶的头尾方向在堆放时应一致。高压气瓶的堆放高度不宜超过五层。气瓶应远离热源并旋紧安全帽。对盛装易发生聚合反应气体的气瓶，必须规定储存限期。随时检查有无漏气和堆垛不稳的情况，如检查中发现有漏气时，应首先做好人身保护，站立在上风处，向气瓶倾浇冷水，使其冷却后再去旋紧阀门。若发现气瓶燃烧，可以根据所盛气体的性质，使用相应的灭火器具。但最主要的是用雾状水去喷射，使其冷却再进行扑灭。

扑灭有毒气体气瓶的燃烧，应注意站在上风向，并使用防毒面具，切勿靠近气瓶的头部或尾部，以防发生爆炸造成伤害。

3．易燃液体储存的安全要求

（1）易燃液体应储存于通风阴凉处，并与明火保持一定的距离，在一定区域内严禁烟火。

（2）沸点低于或接近夏季气温的易燃液体，应储存于有降温设施的库房或储罐内。盛装易燃液体的容器应保留不少于 5% 容积的空隙，夏季不可暴晒。易燃液体的包装应无渗漏，封口要严密。铁桶包装不宜堆放太高，防止发生碰撞、摩擦而产生火花。

（3）闪点较低的易燃液体，应注意控制库温。气温较低时容易凝结成块的易燃液体，受冻后易使容器胀裂，故应注意防冻。

（4）易燃、可燃液体储罐分地上、半地上和地下 3 种类型。地上储罐不应与地下或半地下储罐布置在同一储罐组内；且不宜与液化石油气储罐布置在同一储罐组内。储罐组内储罐的布置不应超过两排。在地上和半地下的易燃、可燃液体储罐的四周应设置防火堤。

（5）储罐高度超过 17 m 时，应设置固定的冷却和灭火设备；低于 17 m 时，可采用移动式灭火设备。

（6）闪点低、沸点低的易燃液体储罐应设置安全阀并有冷却降温设施。

（7）储罐的进料管应从罐体下部接入，以防止液体冲击飞溅产生静电火花引起爆炸。储罐及其有关设施必须设有防雷击、防静电设施，并采用防爆电气设备。

（8）易燃、可燃液体桶装库应设计为单层仓库，可采用钢筋混凝土排架结构，设防火墙分隔数间，每间应有安全出口。桶装的易燃液体不宜于露天堆放。

4．易燃固体储存的安全要求

（1）贮存易燃固体的仓库要求阴凉、干燥，要有隔热措施，忌阳光照射，易挥发、易燃固体应密封堆放，仓库要求严格防潮。

（2）易燃固体多属于还原剂，应与氧和氧化剂分开储存。有很多易燃固体有毒，故储存中应注意防毒。

5．自燃物质储存的安全要求

（1）自燃物质不能与易燃液体、易燃固体、遇湿燃烧物质混放储存，也不能与腐蚀性物质混放储存。

（2）自燃物质在储存中，对温度、湿度的要求比较严格，必须储存于阴凉、通风干燥的仓库中，并注意做好防火、防毒工作。

6．遇湿燃烧物质储存的安全要求

（1）遇湿燃烧物质的储存应选用地势较高的地方，在夏季暴雨季节保证不进水，堆垛时要用干燥的枕木或垫板。

（2）储存遇湿燃烧物质的库房要求干燥，要严防雨雪的侵袭。库房的门窗可以密封。库房的相对湿度一般保持在 75% 以下，最高不超过 80%。

（3）钾、钠等应储存于不含水分的矿物油或石蜡油中。

7．氧化剂储存的安全要求

（1）一级无机氧化剂与有机氧化剂不能混放储存，不能与其他弱氧化剂混放储存，不能与压缩气体、液化气体混放储存；氧化剂与有毒物质不得混放储存。有机氧化剂不能与溴、过氧化氢、硝酸等酸性物质混放储存。硝酸盐与硫酸、发烟硫酸、氯磺酸接触时都会发生化学反应，不能混放储存。

（2）储存氧化剂应严格控制温度、湿度。可以采取整库密封、分垛密封与自然通风相结合的方法。在不能通风的情况下，可以采用吸潮和人工降温的方法。

8．有毒物质储存的安全要求

（1）有毒物质应储存在阴凉通风的干燥场所，要避免露天存放，不能与酸类物质接触。

（2）严禁与食品同存一库。

（3）包装封口必须严密，无论是瓶装、盒装、箱装或其他包装，外面均应贴（印）有明显名称和标志。

（4）工作人员应按规定穿戴防毒用具，禁止用手直接接触有毒物质。储存有毒物质的仓库应有中毒急救、清洗、中和、消毒用的药物等备用。

9．腐蚀性物质储存的安全要求

（1）腐蚀性物质均须储存在冬暖夏凉的库房里，保持通风、干燥，防潮、防热。

（2）腐蚀性物质不能与易燃物质混合储存，可用墙分隔同库储存不同的腐蚀性物质。

（3）采用相应的耐腐蚀容器盛装腐蚀性物质，且包装封口要严密。

（4）储存中应注意控制腐蚀性物质的储存温度，防止受热或受冻造成容器胀裂。

第五节　危险化学品装卸安全知识

危险化学品装卸、搬运是危险化学品经营中的重要环节。由于危险化学品具有自燃、爆炸、助燃、毒害、腐蚀等危险特性，受到摩擦、震动、撞击，或接触火源、日光曝晒、遇水受潮，或温度、湿度变化，以及性能相抵触等外界因素的影响，会引起燃烧、爆炸、中毒、死亡等灾害性事故，造成重大的破坏和损失。因此，在装卸、搬运过程时的安全操作极为重要。

（1）在装卸搬运化学危险物品前，要预先做好准备工作，了解物品性质，检查装卸搬运的工具是否牢固，不牢固的应予更换或修理。如工具上曾被易燃物、有机物、酸、碱等污染的，必须清洗后方可使用。

（2）危险货物装卸作业，必须严格遵守操作规程，轻装、轻卸，严禁碰摔、撞击、重压、拖拉、倾倒和滚动。

（3）操作人员应根据不同物资的危险特性，分别穿戴与其相应合适的防护用具，工作对毒害、腐蚀、放射性等物品更应加强注意。防护用具包括工作服、橡皮围裙、橡皮袖罩、橡皮手套、长筒胶靴、面具、口罩、手套和护目镜等。操作前应由专人检查用具是否妥善，穿戴是否合适。操作后应进行清洗或消毒，放在专用的箱柜中保管。

（4）装卸搬运爆炸品，一级易燃品、一级氧化剂时，不得使用铁轮车、电瓶车（没有装置控制火星设备的电瓶车），及其他无防爆装置的运输工具。参加作业的人员不得穿带有铁钉的鞋子。禁止滚动铁桶，不得踩踏化学危险物品及其包装（指爆炸品）。装车时，必须力求稳固，不得堆装过高，如氯酸钾（钠）车后亦不准带拖车，装卸搬运一般宜在白天进行，并避免日晒。在炎热季节，应在早晚作业，晚间作业应用防爆式或封闭式的安全照明。雨、雪、冰封时作业，应有防滑措施。

（5）装卸甲、乙类物品时，操作人员不准穿戴易产生静电的工作服、帽和使用易产生火花的工具。

（6）装卸搬运强腐蚀性物品，操作前应检查箱底是否已被腐蚀，以防脱底发生危险。搬运时禁止肩杠、背负或用双手揽抱，只能挑、抬或用车子搬运。搬运堆码时，不可倒置、倾斜、震荡，以免液体溅出发生危险。在现场须备有清水、苏打水或衡醋酸等，以备急救时应用。

（7）装卸搬运有毒物品时，不得肩扛、背负或揽抱。并尽量减少人体与物品包装的接触，应轻拿轻放，防止摔破包装。如果发现恶心、头晕等中毒现象，应立即到新鲜空气处休息，脱去工作服和防护用具，清洗皮肤沾染部分，重者送医院诊治。工作完毕后以肥皂和水清洗手脸和淋浴后才可进食饮水。

（8）两种性能互相抵触的物品，不得同地装卸，同工具并运。对怕热、怕潮物品，应采取隔热、防潮措施。

（9）危险货物装卸现场的道路、灯光、标志、消防设施等必须符合安全装卸的条件。

第六节　危险化学品包装安全知识

工业产品的包装是现代工业中不可缺少的组成部分。一种产品从生产到使用者手中，一般经过多次装卸、贮存、运输的过程。在这个过程中，产品将不可避免地受到碰撞、跌落、冲击和振动。一个好的包装，将会很好地保护产品，减少运输过程中的破损，使产品安全地到达用户手中。这一点对于危险化学品显得尤为重要。包装方法得当，就会降低贮存、运输中的事故发生率，否则，就有可能导致重大事故。包装有多种含义。通常所说的包装是指盛装商品的容器。一般分运输包装和销售包装。危险化学品包装主要是用来盛装危险化学品并保证其安全运输的容器。危险化学品包装按危险品种类可分为通用包装，气瓶，爆炸品、放射性物品和腐蚀品特殊专用包装等；按材质可分为纸质、木质、金属、玻璃、陶瓷或塑料包装等；按包装容器类型可分为桶、箱和袋包装等；按包装形式，有单一包装、复合包装和中型散装容器等。

危险化学品包装具有以下特点：

（1）可防止因货物撒漏、挥发以及与性质相悖的货物直接接触而发生事故或污染运输设备及其他货物。

（2）可减少货物在运输过程中所受到的碰撞、震动、摩擦和挤压，使危险货物在包装的保护下保持相对稳定状态，从而保证运输安全。

（3）能防止被包装的危险货物因接触雨雪、阳光、潮湿空气和杂质而使产品变质，或发生剧烈的化学反应造成事故。

（4）便于储运过程中的堆垛、搬动、保管，提高运载效率和工作效率。

一、包装的基本知识

由于包装伴随危险品运输全过程，情况复杂，直接关系危险化学品运输的安全，因此各国都重视对危险化学品包装进行立法。我国也相继颁布了有关危险化学品包装的法律、法规、标准、规范，明确要求危险化学品包装应当符合法律、行政法规、规章的规定以及国家标准、行业标准的要求，危险化学品包装物、容器的材质以及危险化学品包装的形式、规格、方法和单件质量，应当与所包装的危险化学品的性质和用途相适应。

《安全生产法》规定，生产经营单位使用的危险物品的容器、运输工具，以及涉及人身安全、危险性较大的海洋石油开采特种设备和矿山井下特种设备，必须按照国家有关规定，由专业生产单位生产，并经取得专业资质的检测、检验机构检测、检验合格，取得安全使用证或者安全标志，方可投入使用。检测、检验机构对检测、检验结果负责。

《危险化学品安全管理条例》明确规定由质量监督检验检疫部门负责核发危险化学品及其包装物、容器（不包括储存危险化学品的固定式大型储罐）生产企业的工业产品生产许可证，并依法对其产品质量实施监督，负责对进出口危险化学品及其包装实施检验；危险化学品生产企业应当提供与其生产的危险化学品相符的化学品安全技术说明书，并在危险化学品包装（包括外包装件）上粘贴或者拴挂与包装内危险化学品相符的化学品安全标签。

《危险货物运输包装通用技术条件》对危险化学品包装提出了具体的要求，主要有：

（1）危险货物运输包装应结构合理，并具有足够强度，防护性能好。包装的材质、形式、规格、方法和内装货物重量应与所装危险货物的性质和用途相适应，并便于装卸、运输和储存。

（2）运输包装应质量良好，其构造和封闭形式应能承受正常运输条件下的各种作业风险，不应因温度、湿度或压力的变化而发生任何渗（撒）漏，包装表面应清洁，不允许黏附有害的危险物质。

（3）运输包装与内装物直接接触部分，必要时应有内涂层或进行防护处理，运输包装材质不应与内装物发生化学反应而形成危险产物或导致削弱包装强度。

（4）内容器应予固定。如内容器易碎且盛装易撒漏货物，应使用与内装物性质相适应的衬垫材料或吸附材料衬垫妥实。

（5）盛装液体的容器，应能经受在正常运输条件下产生的内部压力。灌装时必须留有足够的膨胀余量（预留容积），除另有规定外，并应保证在温度 55 ℃ 时，内装液体不致完全充满容器。

（6）运输包装封口应根据内装物性质采用严密封口、液密封口或气密封口。

（7）盛装需浸湿或加有稳定剂的物质时，其容器封闭形式应能有效地保证内装液体（水、溶剂和稳定剂）的百分比，在贮运期间保持在规定的范围以内。

（8）运输包装有降压装置时，其排气孔设计和安装应能防止内装物泄漏和外界杂质进入，排出的气体量不得造成危险和污染环境。

（9）复合包装的内容器和外包装应紧密贴合，外包装不得有擦伤内容器的凸出物。

（10）盛装爆炸品包装的附加要求：

① 盛装液体爆炸品容器的封闭形式，应具有防止渗漏的双重保护。

② 除内包装能充分防止爆炸品与金属物接触外，铁钉和其他没有防护涂料的金属部件不应穿透外包装。

③ 双重卷边接合的钢桶，金属桶或以金属做衬里的运输包装，应能防止爆炸物进入隙缝。钢桶或铝桶的封闭装置应有合适的垫圈。

④ 包装内的爆炸物质和物品，包括内容器，必须衬垫妥实，在运输中不得发生危险性移动。

⑤ 盛装有对外部电磁辐射敏感的电引发装置的爆炸物品，包装应具备防止所装物品受外部电磁辐射源影响的功能。

（11）对重复使用的危险化学品包装物、容器，使用单位在重复使用前应当进行检查；发现存在安全隐患的，应当维修或者更换。使用单位应当对检查情况作出记录，记录的保存期限不得少于 2 年。

二、包装容器分类与包装量的安全知识

（1）钢桶、铝桶、胶合板桶、木琵琶桶、硬质纤维板桶、硬纸板桶、塑料桶。其最大容积不应超过 250 L、最大净质量不超过 400 kg。

（2）钢罐、塑料罐。其最大容积不应超过 60 L、最大净质量不超过 120 kg。

（3）木箱、胶合板箱、再生板箱、金属箱。其最大净质量不超过 400 kg。

（4）硬纸板箱、瓦楞纸箱、钙塑板箱。其最大净质量不超过 60 kg。

（5）塑料编织袋、纸袋、筐、篓类。其最大净质量不超过 50 kg。

（6）坛类。其最大容积不应超过 32 L、最大净质量不超过 50 kg。

第四章　危险化学品经营安全技术

【本章学习要点】
（1）防火防爆相关知识及安全技术措施。
（2）压力容器（包括气瓶）的分类、使用与安全管理。
（3）电气安全技术、静电及雷电危害的安全防护技术措施。

第一节　防火防爆安全技术

一、燃烧及燃烧过程

（一）燃烧及燃烧条件

1．燃　烧

燃烧是一种同时伴有发光、发热的激烈的氧化反应。在化学反应中，失掉电子的物质被氧化，而获得电子的物质被还原。所以，氧化不仅仅限于同氧化合。例如氢在氯中燃烧生成氯化氢，其中氯为 -1 价，而氢为 $+1$ 价。氢失掉一个电子，氯得到一个电子，氢被氧化氯被还原。同样，金属钠在氯气中燃烧、炽热的铁在氯气中燃烧等，它们虽然没有同氧化合，但所发生的反应却是一个激烈的氧化反应，并伴有光和热发生。

2．燃烧条件

燃烧必须同时具备下列 3 个条件：
（1）有可燃物质存在，如木材、乙醇、丙酮、甲烷、乙烯等。
（2）有助燃物质存在，凡能帮助和支持燃烧的物质，即能与可燃物发生氧化反应的物质。常见为空气中的氧气，此外还有氯气以及能够提供氧气的含氧化合物（氧化剂），如氯酸钾。
（3）有能导致燃烧的能源，即点火源，如撞击、摩擦、明火、高温表面、自燃发热、绝热压缩、电火花、光和射线等。
可燃物、助燃物和点火源是构成燃烧的 3 个要素，缺少其中任何一个，燃烧便不能发生。然而，燃烧反应在温度、压力、组成和点火能等方面都存在着极限值。在某些情况下，如可燃物未达到一定的含量，助燃物数量不够，点火源不具备足够的温度或热量，那么，即使具备了 3 个条件，燃烧也不会发生。例如氢气在空气中的含量少于 4% 时便不能点燃，而一般可燃物质当空气中含氧量低于 14% 时便不会发生燃烧，又如一根火柴的热量不能点燃一根木材。对于已经进行着的燃烧，若消除其中任何一个条件，燃烧便会终止，这就是灭火的基本原理。

近代燃烧理论用连锁反应来解释物质燃烧的本质，认为燃烧是一种游离基的连锁反应，即多数可燃物质的氧化反应不是直接进行的，而是经过游离基团和原子这些中间产物，通过连锁反应进行。因此，有的学者提出了燃烧的四面体学说，这种学说认为燃烧除应具备可燃物、助燃物和点火源外，还必须保证可燃物与助燃物之间的反应不受干扰，即"不受抑制的连锁反应"。

（二）燃烧过程及形式

可燃物质的燃烧过程如图 4-1 所示。

由于可燃物质聚集状态（如固体、液体和气体）的不同，当其接近火源或受热时，发生不同的变化，形成不同的燃烧过程。

可燃气体、液体和固体（包括粉尘等），在空气中燃烧时，可以有多种燃烧形式。

扩散燃烧是指可燃气体分子和空气分子相互扩散、混合，当其含量达到燃烧极限范围时，在外界火源作用下，使燃烧继续蔓延和扩大。如氢、乙炔等可燃气体从管口等处流向空气所引起的燃烧现象。

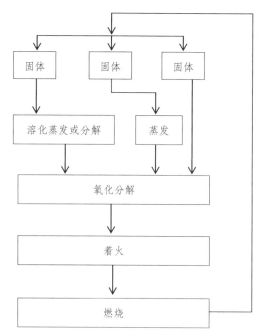

图 4-1　物质燃烧过程示意图

蒸发燃烧是指液体蒸发产生蒸气，被点燃起火后，形成的火焰进一步加热液体表面，从而加速液体的蒸发，使燃烧继续蔓延和扩大的现象，如酒精、乙醚等易燃液体的燃烧；萘、硫黄等在常温下虽是固体，但在受热后能升华或熔化而产生蒸发，因而同样能够引起蒸发燃烧。

分解燃烧是指在受热过程中伴随有热分解现象，由于热分解而产生可燃性气体，把这种气体的燃烧称为分解燃烧。如具有爆炸性物质缓慢热分解引起的燃烧；木材、煤等固体可燃和不挥发性液体等，大多是由分解而产生可燃性气体，再进行燃烧的；低熔点的固体烃、蜡等也是进行分解燃烧。

表面燃烧是指可燃物表面接受高温燃烧产物放出的热量，而使表面分子活化。可燃物表面被加热后发生燃烧，燃烧以后的高温气体以同样方式将热量传给下一层可燃物，这样继续燃烧下去。

混合燃烧是指可燃气体与助燃气体在容器内或空间中充分扩散混合，其浓度在爆炸范围内，此时遇火源即会发生燃烧，这种燃烧在混合气所分布的空间中快速进行，所以称之为混合燃烧。

阴燃是指一些固体可燃物在空气不流通，加热温度低或可燃物含水多等条件下发生的只冒烟无火焰的燃烧。

在扩散燃烧、蒸发燃烧和分解燃烧的过程中，可燃物虽是气体、液体或固体，但它们经过流出、蒸发、升华、分解等过程，最后还是归结于可燃气体或蒸气的燃烧。即上述燃烧过程，它们的燃烧反应总是全部地或部分地在气相中进行。同时，燃烧现象总是伴随有火焰传播和流动。而有的燃烧过程就是在流动系统中发生的。在燃烧过程中，气体是多组分的。比如，有燃料气体、氧化剂、燃烧产物、惰性气体以及各种自由基等。因此，从连续介质角度分析，研究燃烧问题，就是研究多组分的带化学反应的流体力学问题。

因此，可以认为，可燃物质的燃烧过程是吸热和放热化学过程及传热的物理过程的综合。固态和液态可燃物质的燃烧，实际上在凝聚相开始，在气相（火焰）中结束。在凝聚相中，可燃物质开始燃烧，其主要是吸热过程，而在气相中燃烧则是放热过程。大多数凝聚相中产生的反应过程，是靠气相燃烧所放出的热量来实现的。在反应的所有区域内，吸热量与放热量的平衡遭受破坏时，若放热量大于吸热量，则燃烧持续进行；放热量小于吸热量时，则燃烧熄灭。

二、燃烧种类

燃烧因起因不同分为闪燃、着火和自燃。

1. 闪　燃

各种液体的表面都有一定量的蒸气存在，蒸气的浓度取决于该液体的温度。可燃液体表面或容器内的蒸气与空气混合而形成混合可燃气体，遇火源即发生燃烧。在形成混合可燃气体的最低温度时所发生的燃烧只出现瞬间火苗或闪光，这种现象叫做闪燃。引起闪燃时的最低温度叫做闪点。当可燃液体温度高于其闪点时则随时都有被火点燃的危险，可燃液体的闪点越低，越容易着火，火灾危险性越大。闪点这个概念主要适用于可燃性液体，某些固体如樟脑和萘等，也能在室温下挥发或缓慢蒸发，因此也有闪点。

2. 着　火

可燃物质和空气共存条件下，达到某一温度时与明火直接接触引起燃烧，在火源移去后仍能保持继续燃烧的现象。物质能被点燃的最低温度叫燃点，也叫着火点。对固体和高闪点液体，燃点是用于评价其火灾危险性的主要依据。在防火和灭火工作中，只要能把温度控制在燃点温度以下，燃烧就不能进行。

3. 自 燃

自燃是物质自发的着火燃烧，通常是由缓慢的氧化作用而引起，即物质在无外部火源的条件下，在常温中自行发热，由于散热受到阻碍，使热量积蓄逐渐达到自燃点而引起的燃烧。自燃可以分为受热自燃和自热自燃，可燃物质在外部热源作用下，使温度升高，当达到其自燃点时，即着火燃烧，这种现象称为受热自燃；可燃物质在没有外来热源影响下，由于物质内部所发生的化学、物理或生化过程而产生热量，这些热量在适当条件下会逐渐积聚，使物质温度上升，达到自燃点而燃烧。这种现象称为自热燃烧。可燃物质产生自燃的最低温度叫做自燃点。自燃点是判断、评价可燃物质火灾危险性的重要指标之一，自燃点越低，物质的火灾危险性越大。

三、火 灾

（一）火灾产生的原因

通过各类火灾事故的统计分析，发生火灾事故的原因主要有以下 9 个方面：

（1）用火管理不当。无论对生产用火（如焊接、锻造、铸造和热处理等工艺）还是对生活用火（如吸烟、使用炉灶等）的火源管理不善，都可能造成火灾。

（2）对易燃物品管理不善，库房不符合防火标准，没有根据物质的性质分类储存。例如，将性质互相抵触的化学物品放在一起，灭火要求不同的物质放在一起，遇水燃烧的物质放在潮湿地点等，都可能引起火灾。

（3）电气设备绝缘不良，安装不符合规程要求，发生短路、超负荷、接触电阻过大等，都可能引起火灾。

（4）工艺布置不合理，易燃易爆场所未采取相应的防火防爆措施，设备缺乏维护检修或检修质量低劣，都可能引起火灾。

（5）违反安全操作规程，使设备超温超压，或在易燃易爆场所违章动火，吸烟或违章使用汽油等易燃液体，都可能引起火灾。

（6）通风不良，生产场所的可燃蒸气、气体或粉尘在空气中达到爆炸浓度，遇火源引起火灾。

（7）避雷设备装置不当，缺乏检修或没有避雷装置，发生雷击引起失火。

（8）易燃易爆生产场所的设备、管线没有采取消除静电措施，发生放电引起火灾。

（9）棉纱、油布、沾油铁屑等，由于放置不当，在一定条件下发生自燃起火。

（二）火灾发生的条件

1. 燃烧的必要条件

燃烧是有条件的，它必须是可燃物质、氧化剂和火源这 3 个基本条件同时存在并且相互作用才能发生。也就是说，发生燃烧的条件必须是可燃物质和氧化剂共同存在，并构成一个燃烧系统；同时，要有导致着火的火源。

2．燃烧的充分条件

在研究燃烧的条件时还应当注意到，上述燃烧3个基本条件在数量上的变化，也会直接影响燃烧能否发生和持续进行。例如，氧在空气中的含量降低到14%～16%时，木材的燃烧即停止。而且，着火源如果不具备一定的温度和足够的热量，燃烧也不会发生。例如，锻件加热炉燃煤炭时飞溅出的火星可以点燃油、棉、丝或刨花，但如果溅落在大块木材上，就会发现它很快熄灭了，不能引起木材的燃烧，这是因为火星虽然有超过木材着火的温度，但却缺乏足够热量的缘故。实际上，燃烧反应在可燃物、氧化剂和着火源等方面都存在着极限值。

因此，燃烧的充分条件有以下几方面：

（1）一定的可燃物含量。可燃气体或蒸气只有达到一定的含量时才会发生燃烧。例如，氢气的含量低于4%时，便不能点燃；煤油在20℃时，接触明火也不会燃烧，这是因为在此温度下，煤油蒸气的数量还没有达到燃烧所需含量的缘故。

（2）一定的含氧量。

（3）一定的着火源能量，即能引起可燃物质燃烧的最小着火能量。

（4）相互作用。燃烧的3个基本条件需相互作用，燃烧才能发生和持续进行。

综上所述，燃烧必须在必要、充分的条件下才能进行。缺少其中任何一个，燃烧便不会发生。火灾发生的条件实质上就是燃烧的条件。对于已经进行的燃烧（火灾），若消除其中任何一个条件，火灾便会终止，这就是灭火的基本原理。

（三）火灾事故的特点

火灾与爆炸事故往往连在一起，互相影响，它和一般发生的工伤事故（如触电、高处坠落、物体打击及车辆伤害等）相比较，有以下3个特点：

（1）突发性火灾与爆炸事故往往在人们意想不到的时候突然发生。因此，人们往往会认为是难以预防的，甚至会从而产生一种侥幸心理，面对事故险情却表现出麻痹大意。

（2）复杂性。发生火灾和爆炸事故的原因往往比较复杂，例如发生火灾和爆炸事故的条件之一的着火源就有许多种；条件之二的可燃物更是种类繁多，再加上事故发生后，由于房屋倒塌、设备烧毁和人员伤亡等，也给事故原因的调查分析带来不少困难。

（3）严重性火灾与爆炸事故都会造成巨大经济损失，打乱企业的生产秩序和造成人员的严重伤亡。

（四）火灾事故的演变过程

通过对大量的火灾事故的研究分析得出，一般火灾事故的发展过程可分为4个阶段：

（1）酝酿期。在这个阶段，可燃物质在着火源的作用下析出或分解出可燃气体，发生冒烟、阴燃等火灾苗头。

（2）发展期。在这个阶段，火苗蹿起，火势迅速扩大。

（3）全盘期。在这个阶段，火焰包围所有可燃物质，使燃烧面积达到最大限度。此时，温度不断上升，气流加剧，并放出强大的辐射热。

（4）衰灭期。在这个阶段，可燃物质逐渐烧完或灭火措施奏效，火势逐渐衰落，终止熄灭。

四、爆　炸

（一）爆炸的概念

物质由一种状态迅速转变成为另一种状态，并在极短的时间内以机械功的形式放出巨大的能量，或者是气体在极短的时间内发生剧烈膨胀，压力迅速下降到常温的现象，都称为爆炸。

爆炸现象一般具有如下特征：

（1）爆炸过程进行得很快。

（2）爆炸点附近瞬间压力急剧上升。

（3）发出声响。

（4）周围介质发生震动或邻近物质遭到破坏。

（二）爆炸的分类

按爆炸能量的来源分类，爆炸可分为化学性爆炸、物理性爆炸和核爆炸 3 种。

1．化学性爆炸

物质由于发生化学反应，产生出大量气体和热量而形成的爆炸。这种爆炸能够直接造成火灾。

按参加物质的反应类型，可以分为以下 3 种类型：

（1）简单分解爆炸。例如爆炸物乙炔铜和乙炔银等受到轻微震动发生的爆炸。

（2）复杂分解爆炸。属于这类爆炸物有炸药、苦味酸、硝化棉和硝化甘油等。

（3）爆炸性混合性爆炸。这里指可燃气体、蒸气或粉尘与空气（或氧气）按一定比例均匀混合，达到一定的浓度，形成爆炸性混合物时遇到火源而发生的爆炸。

化学性爆炸按爆炸传播速度，分为爆燃和爆轰。

根据爆炸物的物理状态，爆炸又分为凝聚相爆炸和气相爆炸。

2．物理性爆炸

物理性爆炸通常指锅炉、压力容器或气瓶内的物质由于受热、碰撞等因素，使气体膨胀，压力急剧升高，超过了设备所能承受的机械强度而发生的爆炸。

3．核爆炸

核爆炸是指核裂变、核聚变反应所释放出的巨大核能引起的爆炸。核爆炸反应释放的能量比炸药爆炸时放出的化学能大得多，同时产生极强的冲击波，化学爆炸和核爆炸反应都是在微秒量级的时间内完成的。

（三）爆炸极限及影响因素

1．爆炸极限

可燃气体、蒸气和粉尘与空气（或氧气）的混合物，在一定的浓度范围内能发生爆炸。爆炸性混合物能够发生爆炸的最低浓度，称为爆炸下限；能够发生爆炸的最高浓度，称为爆炸上限。爆炸下限和爆炸上限之间的范围，称为爆炸极限。

可燃气体爆炸极限通常用在空气中的体积百分比（$V\%$）表示其爆炸上、下限值。如，乙炔和空气混合的爆炸极限为（是 2.1%～80%）。

可燃粉尘爆炸极限通常用单位体积内可燃粉尘的质量 g/cm^3 来表示其爆炸上、下限值。如，铝粉法的爆炸下限为 35 g/cm^3。

可燃物质的爆炸下限越低，爆炸极限范围越宽，则爆炸的危险性越大。影响爆炸极限的因素很多。爆炸性混合物的温度越高，压力越大，含氧量越高，以及火源能量超大等，都会使爆炸极限范围扩大。

2. 可燃气体爆炸极限的影响因素

（1）温度的影响。爆炸性混合气体温度越高，爆炸范围越宽（下限下降，上限上升），爆炸危险性增加。

（2）压力的影响。压力越大，爆炸范围越宽（对下限的影响较小，对上限的影响较大），危险性增加。压力降到某一数值，上限与下限重合，这一压力称为临界压力。低于临界压力，混合气则无燃烧爆炸的危险。

（3）介质的影响。爆炸性混合气体中增加氧含量，会使上限显著增高，爆炸范围增大；惰性气体含量增加，爆炸范围变窄，但不同惰性气体的影响不同。其中，可燃液体蒸气爆炸极限还受产生的蒸气浓度决定。

（4）点火源的影响。点火源的能量大，热表面的面积大，火源与混合物的接触时间长，会使爆炸范围扩大，增加燃烧、爆炸的危险性。

（5）容器、管径的影响。容器、管子直径越小，则爆炸范围越小，当管径小到一定程度时，单位体积火焰所对应的固体冷却表面散发出的热量就会大于产生的热量，火焰便会中断熄灭。火焰不能传播的最大管径称为临界直径。容器材料也有很大影响，如氢和氟在玻璃器皿中混合，即使在液态空气温度下，置于黑暗处仍可发生爆炸，而在银器中，在一般温度下才能发生爆炸反应。

3. 可燃粉尘爆炸极限的影响因素

（1）粒度。粉尘爆炸下限受粒度的影响很大，粒度越高（粒径越小）爆炸下限越低。

（2）水分。含尘空气有水分存在时，爆炸下限提高，甚至失去爆炸性。欲使产品成为不爆炸的混合物，至少使其含 50% 的水。

（3）氧的浓度。粉尘与气体的混合物中，氧气浓度增加将导致爆炸下限降低。

（4）点燃源。粉尘爆炸下限受点燃源温度、表面状态的影响。温度高、表面积大的点燃源，可使粉尘爆炸下限降低。

五、危险化学品经营企业防火防爆的基本安全措施

1. 控制与消除着火源的措施

（1）严格明火管理。为防止明火引起的火灾爆炸事故，危险化学品经营企业应根据自身经营场所的布局特点划定禁火区域，并设立明显的禁火标志，严格管理火种。禁火区域特别是易燃易爆商品储存场所，应禁止电瓶车进入，在允许车辆进入的区域，车辆排气管上必须

装有阻火罩。危险化学品储存、装卸场所严禁吸烟。烟囱周围不能堆放可燃物质，也不准搭建易燃建筑物，防止烟囱飞火引起火灾爆炸。易燃易爆场所动火作业必须报批。

（2）避免摩擦、撞击产生火花。在易燃易爆场所使用撞击工具时，不能用铁器，而应用青铜材料。搬运盛有可燃气体或易燃液体的铁桶、气瓶时要轻拿轻放，严禁抛掷，防止相互碰撞。在易燃易爆场所不能穿带有铁钉的鞋子。特别危险的防爆场所，地面应采用不发火的材质铺成。

（3）消除电火花。在存放易燃易爆物质的场所，一般都设有动力、照明及其他电气设备，其产生的电火花引起火灾爆炸事故发生率很高。因此，必须根据爆炸和火灾危险场所的区域等级和爆炸物质的性质，对电气设备及其配线认真选择防爆类型和仔细安装。同时还要采取严格的使用、维护、检修制度和其他防火防爆措施，把电火花的危害降到最低程度。

2．限制火灾爆炸蔓延的措施

危险化学品经营企业的营业场所和储存场所的建筑物必须具有一定的耐火等级，有爆炸危险的场所应具有符合标准的泄压措施，在靠近可能发生爆炸的部位，设置大面积的泄压轻质屋盖、轻质外墙、泄压窗，但不能朝向人员较多的地方和主要交通道路。这样一旦发生爆炸，这些构配件首先遭受爆破，瞬时向外释放大量气体和热量，室内爆炸产生的压力骤然下降，从而可以减轻承重结构受到的爆炸压力，避免遭受倒塌破坏。

储存场所与营业场所或生活区之间、储存场所之间应有一定的安全距离。根据经营的品种和经营设施的特点采用防火墙、防火门、防火堤、防火帽以及储罐顶部的呼吸阀和阻火器的组合装置等阻火措施。这些都是限制火灾蔓延的基本措施。

3．防止可燃物质的"跑、冒、滴、漏"

排除可燃气体、蒸气、粉尘一类物质形成爆炸的条件，最有效的方法就是设法使储存容器严密，装卸、搬运轻拿轻放，防止造成容器破损；加强对储存期间商品包装的检查，发现包装不严应立即更换，防止产生"跑、冒、滴、漏"现象。同时要保持储存场所自然通风良好，排除可燃气体、蒸气、粉尘一类物质的积聚。压力容器须在安全阀、压力表、液位计等安全装置保持完好的情况下才能使用。

4．掌握灭火的基本方法

发生了火灾，要运用正确的方法进行灭火。灭火的基本原理，主要是破坏燃烧过程及维持物质燃烧的条件。通常采用以下 4 种方法：

（1）隔离法。将着火点或着火物与其周围的可燃物质隔离或移开，燃烧会因缺少可燃物而停止。

（2）窒息法。阻止空气进入燃烧区，或者用不燃烧的物质（气体、干粉、泡沫等）隔绝或冲淡空气，使燃烧物得不到足够的氧气而熄灭。

（3）冷却法。将水、泡沫、二氧化碳等灭火剂喷射到燃烧区内，吸收或带走热量，降低燃烧物的温度和对周围其他可燃物的热辐射强度，达到停止燃烧的目的。

（4）化学抑制法。用含氟、溴的化学灭火剂喷向火焰，让灭火剂参与燃烧反应，从而抑制燃烧过程，使火迅速熄灭。

上述 4 种方法有时是可以同时采用的。例如，用水或灭火器扑救火灾，就同时具有两个方面以上的灭火的作用，但是，在选择灭火方法时，还要视火灾的原因采取适当的方法，不然，就可能适得其反，扩大灾害，如对电器火灾，就不能用水浇的方法，而宜用窒息法；对油品火灾，宜用化学灭火剂等等。在危险化学品经营、储存场所应按《建筑灭火器配置设计规范》的要求配置灭火器材。

5．设置防火防爆检测报警仪器

在可能发生火灾爆炸危险的场所设置火灾探测器，建立火灾自动报警系统；设置可燃气体（蒸气、粉尘）浓度检测报警仪器，一旦浓度超标（一般将报警浓度定为气体爆炸下限的25%）即报警，以便采取紧急防范措施。

第二节　压力容器安全技术

一、压力容器的概念和分类

（一）压力容器的概念

压力容器是指盛装气体或者液体，承载一定压力的密闭设备，其范围规定为最高工作压力大于或者等于 0.1 MPa（表压），且压力与容积的乘积大于或者等于 2.5 MPa·L 的气体、液化气体和最高工作温度高于或者等于标准沸点的液体的固定式容器和移动式容器；盛装公称工作压力大于或者等于 0.2 MPa（表压），且压力与容积的乘积大于或者等于 1.0 MPa·L 的气体、液化气体和标准沸点等于或者低于 60 ℃ 液体的气瓶、氧舱等。

压力容器是在工业生产、储存、运输过程中盛装用于完成反应、传质、传热、分离和储存等生产工艺过程的气体或液体，并能承载一定压力的密闭设备。压力容器具有各式各样的形式结构。从小至只有几十升的瓶或罐，到大致上万立方米的球形容器或高达上百米的塔式容器，特别是在化学和石油化学工业中，几乎每一个工艺过程都离不开压力容器，而且它们还常常是生产中的主要设备。

（二）压力容器的分类

1．按压力容器的设计压力划分

（1）低压：$0.1\,\text{MPa} \leqslant p < 1.6\,\text{MPa}$。

（2）中压：$1.6\,\text{MPa} \leqslant p < 10\,\text{MPa}$。

（3）高压：$10\,\text{MPa} \leqslant p < 100\,\text{MPa}$。

（4）超高压：$p \geqslant 100\,\text{MPa}$。

2．按压力容器的作用原理划分

（1）反应压力容器（如反应锅、合成塔、聚合釜等）。

（2）换热压力容器（如热交换器、冷却塔、蒸煮锅等）。

（3）分离压力容器（如分离器、吸收塔、洗涤器等）。

（4）储存压力容器（如储罐、压力缓冲器等）。

3. 按压力容器的危险因素及事故可能造成的后果划分

（1）具有下列情况之一的为第三类压力容器：

① 高压容器。

② 中压容器（仅限毒性程度为极度和高度危害介质）。

③ 中压储存容器（仅限易燃或毒性程度为中度危害中介质，且压力与容积的乘积≥10 MPa·m³）。

④ 中压反应容器（仅限易燃或毒性程度为中度危害介质，且压力与容积的乘积≥0.5 MPa·m³）。

⑤ 低压容器（仅限毒性程度为极度和高度危害介质，且压力与容积的乘积≥0.2 MPa·m³）。

⑥ 高压、中压管壳式锅炉。

⑦ 中压搪瓷玻璃压力容器。

⑧ 使用相应标准中抗拉强度规定值下限≥540 MPa的材料制造的压力容器。

⑨ 移动压力容器，包括铁路罐车（介质为液化气体、低温液体）、罐式汽车（液化气体运输车）、罐装集装箱（介质为液化气体、低温液体）等。

⑩ 球形储罐（容积≥50 m³）。

⑪ 低温液体储存容器（容积＞5 m³）。

（2）具有下列情况之一的为第二类压力容器（上述（1）中规定的除外）：

① 中压容器。

② 毒性程度为极度和高度危害介质的低压容器。

③ 易燃介质或毒性程度为中度危害介质的低压反应容器和低压储存容器。

④ 低压管壳式余热锅炉。

⑤ 低压搪瓷玻璃压力容器。

（3）除上述（1）、（2）规定外的低压容器为第一类压力容器。

4. 按介质毒性程度和易燃介质进行划分

（1）压力容器中化学介质毒性程度和易燃介质划分可参照《压力容器中化学介质毒性危害和爆炸程度分类》（GB 20660）的规定。无规定时，按下述原则确定毒性程度：

① 极度危害（Ⅰ级）最高允许浓度＜0.1 mg/m³。

② 高度危害（Ⅱ级）最高允许浓度0.1～1.0 mg/m³。

③ 中度危害（Ⅲ级）最高允许浓度1.0～10 mg/m³。

④ 轻度危害（Ⅳ级）最高允许浓度≥10 mg/m³。

（2）压力容器中的介质为混合物质时，应按介质的组分并按上述毒性程度或易燃介质的划分原则，由设计单位的工艺设计部门或使用单位的生产技术部门提供介质毒性程度或是否属于易燃介质的依据，无法提供依据时，按毒性危害程度或爆炸危险程度最高的介质确定。

5. 按使用及管理角度划分

（1）固定式容器。

（2）移动式容器（如气瓶、槽车等）。此类容器没有固定的使用地点，一般没有专职的管理和操作人员，且使用环境经常变化，管理较为复杂，因而较易发生事故。

（三）压力容器的安全装置

压力容器的安全装置是指为了使压力容器能够安全运行而装设在设备上的一种附属装置，所以又常称为安全附件。常用的安全泄压装置有安全阀、爆破片，计量显示装置有压力表、液位计等。安全装置在选用与使用上应满足以下要求：

（1）安全装置的设计、制造应符合《压力容器安全技术监察规程》和相应国家标准、行业标准的规定。使用单位必须选用有制造许可证单位生产的产品。

（2）安全阀、爆破片的排放能力必须大于等于压力容器的安全泄放量。

（3）对易燃和毒性程度为极度、高度或中度危害介质的压力容器，应在安全阀或爆破片的排出口装设导管，将排放介质排至安全地点并进行妥善处理，不得直接排入大气。

（4）压力容器设计时，如采用最大允许工作压力作为安全阀、爆破片的调整依据，应在设计图样上和压力容器铭牌上注明。

（5）压力容器的压力表、液位计等应根据压力容器的介质、性质和最高工作压力正确选用。

二、压力容器的运行和管理

（一）压力容器安全管理基础工作

压力容器安全管理的基础工作主要包括压力容器的选购、验收、安全调试、技术档案、使用登记等。

1．选　购

选用压力容器的总体要求是满足生产工艺需要、技术上先进、检修方便、安全性能可靠，同时也要考虑到经济性和安装位置的适应性。选择时应注意以下几点：

（1）必须根据容器的用途与工作压力确定主体结构形式和压力容器的压力等级。

（2）按照生产工艺和介质特性、操作温度的高低以及保证产品质量要求选用主体材质。

（3）依据生产能力大小，确定压力容器的容积。

（4）保障使用安全，必须考虑选用合适的安全泄压装置，测温、测压仪器（表）、自控装置和报警装置。

2．验　收

验收工作主要有两方面内容：

（1）验收制造单位出厂技术资料是否齐全、正确，且符合购置要求。

（2）验收压力容器产品质量：主要是检查产品铭牌是否与出厂技术资料相吻合；依据竣工图对实物进行质量检查；检查随机备件、附件质量与数量，以及规格型号是否满足需要。

3．安装与调试

压力容器使用前需要进行安装就位。安装时应注意接管的方位与安装螺栓的对应，尽量做到一次吊放就位。及时做好容器内部构件安装质量、固定螺栓的紧固、管线及梯子、平台等与容器相接部件的施焊质量、保温层施工质量及安全附件调试、装设正确与否的检查记录。

4．压力容器的技术档案

压力容器的技术档案是压力容器设计、制造、使用、检修全过程的文字记载，通过它可以使容器的管理和操作人员掌握设备的结构特征、介质参数和缺陷的产生及发展趋势，防止由于盲目使用而发生事故。另外，档案还可以用于指导容器的定期检验以及修理，改造工作，亦是容器发生事故后，用以分析事故原因的重要依据之一。压力容器的技术档案包括容器的原始技术资料（容器的设计资料和容器的制造资料），容器使用情况记录资料（容器运行情况记录、容器检验和修理记录、安全附件技术资料）。

5．压力容器使用登记

压力容器的使用单位在压力容器投入使用前，应按有关规定，逐台申报和办理使用登记手续，取得使用证。固定式容器的使用单位，必须向地、市级锅炉压力容器安全监察机构申请和办理使用登记手续；超高压容器和液化气体罐车的使用单位，必须向省级锅炉压力容器机构申请和办理使用登记手续。

（二）压力容器的日常操作使用

严格按照岗位安全操作规程的规定，精心操作和正确使用压力容器，是保证安全生产的一项重要措施。在日常工作中，要特别注意以下几点：

1．操作动作平稳，保持压力和温度的相对稳定

操作压力容器要集中精力，勤于观察和调节。操作应当平稳，在升压、升温或降压、降温时，都应该缓慢进行，不能使压力、温度骤升骤降。保持压力和温度的相对稳定，减少压力和温度的波动幅度，是防止容器疲劳破坏的重要环节之一。

在化工压力容器的操作中，阀门的启闭要特别谨慎。开车、正常运行和停车时，各阀门的开关状态以及开关的先后顺序必须按照岗位安全操作规程的规定进行操作。要防止憋压、防止高压窜入低压系统、防止性质相抵触的物料相混，防止液体和高温物料相遇等。

2．禁止超压、超温、超负荷

超压是导致容器爆炸的一个重要原因，超压有时并不立即引起容器爆炸，但是会使材料中存在的裂纹加快扩展速度，缩短容器的使用寿命或为爆炸准备了条件。

超温会使材料强度下降，产生较大的塑性变形，如局部超温会使容器产生鼓包现象，最终导致容器失效或爆炸。超温还往往是容器发生蠕形破坏的主要原因。运行中不准超过最高工作温度，同样也不准低于最低工作温度，特别是低温容器或工作温度较低的容器，如果温度低于规定的范围，也可能导致容器的脆性破坏。

超负荷会对容器产生不同的危害，有的加快了容器和管道的磨损减薄；有的（如液化气体槽罐）充装过量后，温度稍有升高，压力急剧上升而发生爆炸等。

3．巡回检查，及时发现和消除缺陷

压力容器的破坏大多有先期征兆，只要勤于检查，仔细观察，是能够及时发现异常现象的。在容器运行期间应该定时、定点、定线路进行巡回检查，认真、按时、如实地做好运行记录。检查中发现的异常情况、缺陷问题应分情况妥善处理。

在工艺条件方面：主要检查操作压力、温度、流量、液位等指标是否在操作规程规定的

范围之内；介质的化学成分、水分、杂质含量等是否符合要求。

在设备状况方面：应着重检查容器法兰等各连接部位有无泄漏；容器防腐蚀层或保温层是否完好；有无变形、鼓包、腐蚀等缺陷或可疑现象；容器及连接管道有无震动、磨损。

在安全附件方面：主要检查安全阀、爆炸片、压力表、液位计、紧急切断阀及安全连锁、报警信号等是否齐全、安好、灵敏、可靠。

4．紧急停止运行

压力容器发生下列异常情况之一时，操作人员应立即采取紧急措施，并按规定的程序及时向有关部门报告。

（1）压力容器工作压力、介质温度或壁温超过规定值，采取措施仍不能得到有效控制。

（2）压力容器的主要受压元件发生裂缝、鼓包、变形、泄漏等危及安全的现象。

（3）安全附件失效。

（4）接管、紧固件损坏，难以保证安全运行。

（5）发生火灾等直接威胁到压力容器安全运行。

（6）过量充装。

（7）压力容器液位超过规定，采取措施仍不能得到有效控制。

（8）压力容器与管道发生严重震动，危及安全运行。

（9）其他异常情况。

（三）压力容器的维护保养

压力容器的使用安全与其维护保养工作密切相关。做好容器的维护保养工作，使容器在完好状态下运行，就能防患于未然，提高容器的使用效率，延长使用寿命。

1．压力容器运行期间的维护保养

（1）消除"跑""冒""滴""漏"现象。压力容器的连接部位及密封部位由于磨损或连接不良或密封面损坏，经常会产生各种泄漏现象。应加强巡回检查，注意观察，杜绝"跑""冒""滴""漏"现象。

（2）保持完好的防腐层。工作介质对材料有腐蚀性的容器，通常采用防腐层来防止介质对器壁的腐蚀，如涂层、搪瓷、衬里等。这些防腐层一旦损坏，工作介质将直接接触器壁，局部加速腐蚀会产生严重的后果。因此，要经常检查防腐层有无自行脱落，检查衬里是否开裂或焊缝处是否有渗漏现象，发现防腐层损坏时，即使是局部的，也应该经过修补等妥善处理后才能继续使用。装入固体物料或安装内部附件时，应注意避免刮落或碰坏防腐层。内装填料的容器，填料环应布放均匀，防止流体介质运动的偏流磨损。

（3）保护好保温层。对于有保温层的压力容器要检查保温层是否完好，防止容器外壁裸露。

（4）减小或消除容器的振动。容器的震动对其正常使用影响也是很大的。当发现容器存在较大振动时，应及时查找原因，采取适当的措施，如隔断震源、加强支撑装置等，以消除或减轻容器的振动。

（5）维护保养好安全装置。容器的安全装置是防止其发生超压事故的重要装置，应使它们始终处于灵敏准确、使用可靠状态。因此必须在容器运行过程中，按照有关规定加强维护保养。

2．压力容器停用期间的维护保养

对长期停用或临时停用的压力容器，也应加强维护保养工作。可以说，停用期间保养不善的容器甚至比正常使用的容器损坏得更快，有些容器恰恰是忽略了停用期间的维护而造成了日后的事故。

停止运行的容器尤其是长期停用的容器，一定要将内部介质排放干净，清除内壁的污垢、附着物和腐蚀产物。对于腐蚀性介质，排放后还需经过置换、清洗、吹干等技术处理，使容器内部干燥和洁净。应保持容器表面清洁，并保持容器及周围环境的干燥。此外，要保持容器外表面的防腐油漆等完好无损。有保温层的容器，还要注意保温层下的防腐和支座处的防腐。

（四）压力容器的定期检验

1．压力容器定期检验的周期

定期检验是指压力容器停机时进行的检验和安全状况等级评定。压力容器一般应当于投用后 3 年内进行首次定期检验。下次的检验周期，由检验机构根据压力容器的安全状况等级，按照以下要求确定：

（1）安全状况等级为 1、2 级的，一般每 6 年一次。

（2）安全状况等级为 3 级的，一般 3～6 年一次。

（3）安全状况等级为 4 级的，应当监控使用，其检验周期由检验机构确定，累计监控使用时间不得超过 3 年。

（4）安全状况等级为 5 级的，应当对缺陷进行处理，否则不得继续使用。

（5）压力容器安全状况等级的评定按照《压力容器定期检验规则》进行，符合规定条件的，可以适当缩短或者延长检验周期。

（6）应用基于风险的检验（RBI）技术的压力容器，按照如下要求确定检验周期。

① 参照《压力容器定期检验规则》的规定，确定压力容器的安全状况等级和检验周期，可根据压力容器风险水平延长或者缩短检验周期，但最长不得超过 9 年。

② 以压力容器的剩余寿命为依据，检验周期最长不超过压力容器剩余寿命的一半，并且不得超过 9 年。

2．压力容器定期检验的内容

检验人员应当根据压力容器的使用情况、失效模式制定检验方案。定期检验的方法以宏观检查、壁厚测定、表面无损检测为主，必要时可以采用超声检测、射线检测、硬度测定、金相检验、材质分析、电磁检测、强度校核或者应力测定、耐压试验、声发射检测、泄漏试验等。定期检验过程中，使用单位或者检验机构对压力容器的安全状况有怀疑时，应当进行耐压试验的。

3．特殊检验情况的处理

（1）设计文件已经注明无法进行定期检验的压力容器，由使用单位提出书面说明，报使用登记机关备案。

（2）因情况特殊不能按期进行定期检验的压力容器，由使用单位提出申请并且经过使用单位主要负责人批准，征得原检验机构同意，向使用登记机关备案后，可延期检验，或者由使用单位提出申请，按照《固定式压力容器安全技术监察规程》7.8 的规定办理。

（3）对无法进行定期检验或者不能按期进行定期检验的压力容器，均应当制定可靠的安全保障措施。

三、气瓶的安全管理

（一）常用气瓶的分类

（1）永久（压缩）气体气瓶。永久性气体是指在常温状态下加压到较高压力，甚至超过 10 MPa 仍不会液化的气体，如氧气、氮气、氢气等。一般是以常压状态下气的临界温度小于 −10 ℃ 气体为永久性气体。盛装永久性气体的气瓶一般也称高压气瓶，公称工作压力（一般以 20 ℃、单一气相存计）为 15 MPa、16.5 MPa、18 MPa、24 MPa 4 种。

（2）液化气体气瓶。这类气瓶有低压液化气体气瓶和高压液化气体气瓶两种，常用的是低压液化气体气瓶，如液化石油气、氯气、丙烷等。这类气瓶中气、液并存但以液相为主，其充装量是以气瓶单位容积容纳的液化气体的质量来确定的。

（3）溶解乙炔气瓶。由于乙炔气体极不稳定，故必须把它溶解在溶剂（常见的为丙酮）中才便于储存与运输。气瓶内装满多孔性材料，以吸收溶剂。乙炔瓶充装乙炔气，一般要求分两次进行，第一次充气后静置 8 h 以上，再第二次充气。

（二）气瓶的安全充装

（1）气瓶的充装单位应按照有关规定，取得气瓶充装许可后方可从事充装工作。从事充装的作业人员也应取得《特种作业证书》，方可从事气瓶的充装工作。

（2）充装单位应严格按照有关安全技术规范及其相应标准的规定，开展气瓶充装工作，并且承担相应的充装安全责任。

（3）充装单位的布局及其充装区和待充装区之间的安全距离应符合相应法规、标准的规定。

（4）充装单位应当保证所充装的气体符合国家质量及充装标准的要求。

（5）充装单位应符合相应的充装站安全技术条件及国家标准的要求，严格执行气瓶充装有关规定，确保不错装、不超装、不混装。

（6）属于下列情况之一的气瓶，应先进行处理，否则严禁充装。

① 钢印标记、颜色标记不符合规定；对瓶内介质未确认的。

② 附件损坏、不全或不符合规定的。

③ 瓶内无剩余压力的。

④ 超过检验期限的。

⑤ 经外观检查，存在明显损伤，需进一步检验的。

⑥ 氧化或强氧化性气体气瓶沾有油脂的。

⑦ 易燃气体气瓶的首次充装或定期检验后的首次充装，未经置换或抽真空处理的。

（7）充装单位应按规定填写气瓶充装记录并妥善保存，保存时间应符合规定要求。

（三）气瓶的安全储存

瓶装气体品种多、性质复杂，在储存过程中，当气瓶受到强烈的震动、撞击或接近火源、受阳光暴晒、雨淋水浸、储存时间过长、温湿度变化等的影响，以及泄漏出性质相抵触的气体相互接触时，就会引起爆炸、燃烧、灼伤、人身中毒等灾害性事故。

（1）气瓶应置于专用仓库储存，气瓶仓库应符合《建筑设计防火规范》及其他有关防火、防爆的规定。

（2）气瓶入库储存前的检查。气瓶入库储存前，应认真做好气瓶入库前的检查验收工作。在检查中发现来历不明的气瓶，禁止入库储存。对有缺陷的气瓶，应随时用粉笔写在瓶体上，以便事后分别处理。对检查验收合格的气瓶，应逐只进行登记。对于储存多种气体的储存库，应按气体种类分别建立登记簿。

（3）气瓶入库储存。气瓶入库储存，应符合下列要求：

① 气瓶的储存应有专人负责管理。相关人员应经过安全技术培训。

② 入库的空瓶与实瓶应分别放置，并有明显标志。

③ 毒性气体气瓶及瓶内气体相互接触能引起燃烧、爆炸、产生毒物的气瓶，应分室存放，并在附近设置防毒用具或灭火器材。

④ 气瓶入库后，一般应直立储存于指定的栅栏内，并用链条等物将气瓶加以固定，以防气瓶倾倒；对于卧放的气瓶，应妥善固定，防止其滚动；如需堆放，其堆放层数不应超过五层，且气瓶的头部朝向同一方向。堆放气瓶时，如果气瓶上无防震圈，则必须在上下两层气瓶间垫上双槽垫木或特制橡胶槽带2根。

⑤ 为使先入库或临近定期检验日期的气瓶优先发放，应尽量将这些气瓶存放在一起，并在栅栏的牌子上注明入库或定期检验的日期。

⑥ 对于限期储存的气体及不宜长期存放的气体，如氯乙烯、氯化氢、甲醚等，均应注明存放期限。对于容易起聚合反应或分解反应的气体，必须规定储存期限，并予以注明，同时应避免放射性放射源。这类气瓶限期存放到期后，要及时处理。

⑦ 气瓶在存放期间，特别是在夏季，应定时测试库内的温度和湿度，并作记录。库房最高允许温度视瓶装气体性质而定；库房的相对湿度应控制在80%以下。

⑧ 气瓶在库房内应摆放整齐，数量、号位的标志要明显。要留有适当宽度的通道。

⑨ 毒性气体或可燃性气体气瓶入库后，要连续2～3天定时测定库内空气中毒性或可燃性气体的浓度。如果浓度有可能达到危险值，则应强制换气，并查出库内危险气体浓度增高的原因，予以彻底解决。如果测定结果表明无危险时，则以后的检查可改为定期检查。

⑩ 发现气瓶漏气，首先应根据气体性质做好相应的人体保护，在保证安全的前提下，关闭瓶阀；如果瓶阀失控或漏气不在瓶阀上，则必须采取紧急处理措施。

⑪ 定期对库房内外的用电设备和库房通风设备，以及气瓶搬运工具和栅栏的牢固性进行检查，发现问题及时修理。对库房用的防火和防毒器具也应定期进行检查。

⑫ 气瓶的储存单位应建立并执行气瓶进出库制度，并做到瓶库账目清楚，数量准确，按时盘点，账物相符。

⑬ 气瓶发放时，库房管理员必须认真填写气瓶发放登记表，内容包括：气体名称、序号、气瓶编号、入库日期、发放日期、气瓶检验日期、领用单位、领用者姓名、发放者姓名、备注等。

（四）气瓶的安全运输

气瓶在运输或搬运过程中发生事故也是常见的。因气瓶容易受到震动和冲击，可能造成瓶阀撞坏或碰断，致使气瓶喷气伤人或喷出的可燃气体着火，甚至导致气瓶发生粉碎性爆炸。为确保气瓶在运输过程中的安全，气瓶的运输单位，应根据有关规程、规范，按气体性质制定相应的运输管理制度和安全操作规程，并对运输、装卸气瓶的人员进行专业的安全教育。运输和装卸气瓶时，应遵守下列要求：

（1）运输工具必须安全可靠，运输工具上应有明显的安全标志。

（2）运输时必须佩戴好瓶帽（有防护罩的气瓶除外）、防震圈（集装气瓶除外），轻装轻卸，严禁抛、滑、滚、碰。

（3）瓶内气体相互接触可引起燃烧、爆炸、产生毒物的气瓶，不得同车（厢）运输；易燃、易燃、腐蚀性物品或与瓶内气体起化学反应的物品，不得与气瓶一起运输。

（4）采用车辆运输时，气瓶应妥善固定。立放时，车厢高度应在瓶高的 2/3 以上，卧放时，瓶阀端应朝向一方，垛高不得超过五层且不得超过车厢高度。

（5）运输工具上应备与运输气瓶相适当的应急救援器材。

（6）运输气瓶的车辆应遵守交通法规，不得驶入禁止危险化学品通行的道路和地区。

第三节　电气安全技术

电的使用越来越广泛，但在用电的同时也会给人们的生产和生活带来危险，电气事故不仅包括触电事故，而且像静电、雷电、电磁场危害，各种电气火灾与爆炸，以及一些危及人身安全的电气线路故障和设备故障也都属于电气事故。电气事故具有危害大、涉及领域广等特点，因此，应掌握电气安全技术，预防因电产生的危害。

一、触电事故基本知识

触电事故由电流及其转换成的能量造成的事故。为了更好地预防触电事故，我们应该了解电气事故的类型及方式、电气事故的规律。

（一）电气事故的类型及方式

生产经营场所根据电气设备所带电能的不同危害形式，可将电气事故分为触电事故、电磁场危害事故和电气系统故障危害事故等。

1. 触电事故

（1）电击。电击是指电流通过人体，刺激机体组织，使肌肉非自主地发生痉挛性收缩而造成的伤害，严重时会破坏人的心脏、肺部、神经系统的正常工作，形成危及生命的伤害。按照人体触及带电体和电流通过人体的途径，电击可分为以下几种情况：

① 单相触电。是指人体接触到地面或其他接地导体的同时，人体另一部位触及某一相带电体所引起的电击。根据国内外的统计资料，单相触电事故占全部触电事故的 70% 以上。因此，防止触电事故的技术措施应将单相触电作为重点。

② 两相触电。是指人体同时接触带电设备或线路中的两相导体，或在高压系统中，人体同时接近不同相的两相带电导体，而发生电弧放电，电流从一相导体通过人体流入另一导体，构成一个闭合回路。发生两相触电时，作用于人体的电压等于线电压，这种触电的危险性一般比较大。

③ 跨步电压触电。当电气设备发生接地故障，接地电流通过接地体向大地流散，在地面形成电位分布时，若人体在接地短路点周围行走，其两脚之间的电位差，就是跨步电压。由跨步电压引起的人体触电，称为跨步电压触电。

（2）电伤。这是电流的热效应、化学效应、机械效应等对人体所造成的伤害。它表现为局部伤害。电伤包括电烧伤、电烙印、皮肤金属化、机械损伤、电光眼等多种伤害。

2. 射频电磁场危害事故

射频指无线电波的频率或者相应的电磁振荡频率，泛指 100 kHz 以上的频率。射频伤害是由电磁场的能量造成的。射频电磁场的危害主要有：

（1）在射频电磁场作用下，人体因吸收辐射能量会受到不同程度的伤害。过量的辐射可引起中枢神经系统的机能障碍，出现神经衰弱症候群等临床症状；可造成自主神经紊乱，出现心率或血压异常；可引起眼睛损伤，造成晶体浑浊，严重时导致白内障；可造成皮肤表层灼伤或深度灼伤等。

（2）在高强度的射频电磁场作用下，可能产生感应放电，会造成电引爆器件发生意外引爆。此外，当受电磁场作用感应出的感应电压较高时，会给人体明显的电击。

3. 电气系统故障危害

电气系统故障危害是由于电能在输送、分配、转换过程中失去控制而产生的。断线、短路、异常接地、漏电、误合闸、误掉闸、电气设备或电气元件损坏、电子设备受电磁干扰而发生误动作等都属于电路故障。电气系统故障危害主要体现在以下几方面：

（1）引起火灾和爆炸。线路、开关、熔断器、插座、照明器具、电热器具、电动机等均可能引起火灾和爆炸；电力变压器、多油断路器等电气设备不仅有较大的火灾危险，还有爆炸的危险。

（2）异常带电。电气系统中，原本不带电的部分因电路故障而异常带电，可导致触电事故发生。如：电气设备因绝缘不良产生漏电，使其金属外壳带电；高压电路故障接地时，在接地处附近呈现出较高的跨步电压，形成触电的危险条件。

（3）异常停电。在某些特定场合，异常停电会造成设备损坏和人身伤亡。如正在浇注钢水的吊车，因骤然停电而失控，导致钢水洒出，引起人身伤亡事故；医院手术室可能因异常停电而被迫停止手术，无法正常施救而危及病人生命等。

（二）电气事故的分布规律

大量的统计资料表明，触电事故的分布是具有规律性的。根据国内外的触电事故统计资料分析，触电事故的分布具有如下规律：

1．触电事故季节性明显

一年之中，二、三季度是事故多发期，尤其在 6～9 月份最为集中，约占全年触电事故的 75% 以上。

2．低压设备触电事故多

由于低压设备远多于高压设备，而且，缺乏电气安全知识的人员多是与低压设备接触，低压触电事故远高于高压触电事故，因此，应当将低压方面作为防止触电事故的重点。

3．携带式设备和移动式设备触电事故多

这主要是因为这些设备经常移动，工作条件较差，容易发生故障。另外在使用时需用手紧握进行操作。

4．电气连接部位触电事故多

在电气连接部位机械牢固性较差，电气可靠性也较低，是电气系统的薄弱环节，较易出现故障。

5．误操作和违章作业造成的触电事故多

统计资料表明，有 85% 以上的事故是由于错误操作和违章作业造成。主要是由于安全教育不够、安全制度不健全及执行不力、安全措施不完善和操作者素质不同等。

6．不同行业触电事故不同

冶金、矿业、建筑、机械行业触电事故多。这些行业存在工作现场环境复杂，潮湿、高温，移动式设备和携带式设备多，现场金属设备多等不利因素，使触电事故相对较多。

7．不同年龄段的人员触电事故不同

中青年工人、非专业电工、合同工和临时工触电事故多。主要是由于这些人员是电气设备的操作主体，而且，这些人缺乏电气安全知识，电气操作经验不足，还有部分人责任心不强，以致触电事故多。

触电事故的分布规律并不是一成不变的，在一定的条件下，也会发生变化。如，对电气操作人员来说，高压触电事故反而比低压触电事故多。上述规律对于电气安全检查、电气安全工作计划、实施电气安全措施以及电气设备的设计、安装和管理等工作提供了重要的依据。

二、防触电安全技术

触电事故尽管各种各样。但最常见的情况是偶然触及那些正常情况下不带电而意外带电的导体。触电事故虽然具有突发性。但具有一定的规律性，针对其规律性采取相应的安全技术措施，很多事故是可以避免的。预防触电事故的主要技术措施如下。

（一）直接接触电击预防技术

1．绝　　缘

绝缘是用绝缘物把带电体封闭起来。电气设备的绝缘应符合其相应的电压等级、环境条件和使用条件。电气设备的绝缘不得受潮，表面不得有粉尘、纤维或其他污物，不得有裂纹或放电痕迹，表面光泽不得减退，不得有脆裂、破损、弹性不得消失，运行时不得有异味。绝缘的电气指标主要是绝缘电阻，绝缘电阻用兆欧表测量。任何情况下绝缘电阻不得低于每伏工作电压 $1\,000\,\Omega$，并应符合专业标准的规定。

2. 屏　护

屏护是采用遮栏、护罩、护盖、箱闸等将带电体同外界隔绝开来。屏护装置应有足够的尺寸，应与带电体保证足够的安全距离：遮栏与低压裸导体的距离不应小于 0.8 m；网眼遮栏与裸导体之间的距离，低压设备不宜小于 0.15 m，10 kV 设备不宜小于 0.35 m。屏护装置应安装牢固。金属材料制成的屏护装置应可靠接地（或接零）。遮栏、栅栏应根据需要挂标示牌。遮栏出入口的门上应根据需要安装信号装置和连锁装置。

3. 间　距

间距是将可能触及的带电体置于可能触及的范围之外。其安全作用与屏护的安全作用基本相同。带电体与地面之间、带电体与树木之间、带电体与其他设施和设备之间、带电体与带电体之间均应保持一定的安全距离。安全距离的大小决定于电压高低、设备类型、环境条件和安装方式等因素。架空线路的间距须考虑气温、风力、覆冰和环境条件的影响。

在低压操作中，人体及其所携带工具与带电体的距离不应小于 0.1 m。在高压作业中，人体及其所携带工具与带电体的距离应满足专业标准所规定的最小距离要求。

（二）间接接触电击预防技术

1. IT 系统（保护接地）

IT 系统就是保护接地系统。是指电源端中性点不直接接地，电气装置的外露可导电部分直接接地的系统。所谓接地，就是将设备的某一部位经接地装置与大地紧密连接起来。保护接地的做法是将电气设备在故障情况下可能呈现危险电压的金属部位经接地线、接地体同大地紧密地连接起来，其安全原理是把故障电压限制在安全范围以内。IT 系统的字母 I 表示配电网不接地或经高阻抗接地，字母 T 表示电气设备外壳接地。

保护接地适用于各种不接地配电网。在这类配电网中，凡由于绝缘损坏或其他原因而可能呈现危险电压的金属部分，除另有规定外，均应接地。

2. TT 系统

TT 系统是指电源系统中性点直接接地，电气装置的外露可导电部分直接接地的系统。中性点的接地 RN 叫作工作接地、中性点引出的导线叫做中性线也叫作工作零线。TT 系统的第一个字母 T 表示配电网直接接地，第二个字母 T 表示电气设备外壳接地。

TT 系统的接地 RE 也能大幅度降低漏电设备上的故障电压，但一般不能降低到安全范围以内。因此，采用 TT 系统必须装设漏电保护装置或过电流保护装置，并优先采用前者。

TT 系统主要用于低压用户，即用于未装备配电变压器，从外面引进低压电源的小型用户。

3. TN 系统（保护接零）

TN 系统相当于传统的保护接零系统。是指电源系统中性点直接接地，电气装置外露可导电部分通过保护导体连接到电源接地点的系统。TN 系统中的字母 N 表示电气设备在正常情况下不带电的金属部分与配电网中性点之间，亦即与保护零线之间紧密连接。保护接零的安全原理是当某相带电部分碰连设备外壳时，形成该相对零线的单相短路；短路电流促使线路上的短路保护元件迅速动作，从而把故障设备电源断开，消除电击危险。虽然保护接零也能降低漏电设备上的故障电压，但一般不能降低到安全范围以内。其第一位的安全作用是迅速切断电源。

根据中性线和保护线的布置，TN 系统分为 TN-S，TN-C-S，TN-C 3 种类型。TN-S 系统是 PE 线与 N 线完全分开的系统；TN-C-S 系统是干线部分的前一段 PE 线与 N 线共用为 PFN 线，后一段 PE 线与 N 线分开的系统；TN-C 系统是干线部分 PE 线与 N 线完全共用的系统。

应当注意，支线部分的 PE 线是不能与 N 线共用的。TN-S 系统的安全性能最好。有爆炸危险环境、火灾危险性大的环境及其他安全要求高的场所应采用 TN-S 系统；厂内低压配电的场所及民用楼房应采用 TN-C-S 系统。

（三）其他电击预防技术

1．采用安全电压

安全电压是在一定条件下、一定时间内不危及生命安全的电压，是为了防止触电事故而采用的由特定电源供电的电压系列，它是制定电气安全规程和一系列电气安全技术措施的基础数据。安全电压限值是在任何情况下，两导体间或任一导体与地之间均不得超过的电压值。我国标准规定工频安全电压有效值的限值为 50 V。

我国规定安全电压额定值的等级为 42 V、36 V、24 V、12 V、6 V。凡特别危险环境使用的携带式电动工具应采用 42 V 安全电压；凡有电击危险环境使用的手持照明灯和局部照明灯应采用 36 V 或 24 V 安全电压；金属容器内、隧道内、水井内以及周围有大面积接地导体等工作地点狭窄，行动不便的环境应采用 12V 安全电压；水上作业等特殊场所应采用 6 V 安全电压。

2．双重绝缘和加强绝缘

双重绝缘指工作绝缘（基本绝缘）和保护绝缘（附加绝缘）。前者是带电体与不可触及的导体之间的绝缘，是保证设备正常工作和防止电击的基本绝缘；后者是不可触及的导体与可触及的导体之间的绝缘，是当工作绝缘损坏后用于防止电击的绝缘。加强绝缘是具有与上述双重绝缘相同水平的单一绝缘。具有双重绝缘的电气设备属于 II 类设备。II 类设备的电源连接线应按加强绝缘设计。II 类设备在其明显部位应有"回"形标志。

3．电气隔离

电气隔离是指工作回路与其他回路实现电气上的隔离。电气隔离是通过采用 1:1，即一次边、二次边电压相等的隔离变压器来实现的。电气隔离的安全实质是阻断二次边工作的人员单相触电时电流的通路。电气隔离的电源变压器必须是隔离变压器，二次边必须保持独立，应保证电源电压 $U \leqslant 500$ V、线路长度 $L \leqslant 200$ m。

4．漏电保护（剩余电流保护）

漏电保护装置主要用于防止间接接触电击和直接接触电击。漏电保护装置也用于防止漏电火灾和监测一相接地故障。电流型漏电保护装置以漏电电流或触电电流为动作信号。动作信号经处理后带动执行元件动作，促使线路迅速分断。

三、电气防火防爆安全技术

火灾和爆炸往往会造成重大的人员伤亡和重大经济损失。电气设备起火成灾的事例很多见，电气设备造成的火灾事故仅次于一般明火造成的火灾事故，居第二位。

（一）电气引燃源

1. 危险温度

电气设备正常运行时发热和温度都限制在一定的范围内，但在异常情况下可能产生危险温度。

（1）过热产生的危险温度。

① 短路。发生短路时，电流增大为正常时的数倍乃至数十倍，而产生的热量又与电流的平方成正比，使得温度急剧上升，产生危险温度。雷电放电电流极大，有类似短路电流但比短路电流更为强烈的热效应，也可产生危险温度。

② 接触不良。不可拆卸的接点连接不牢、焊接不良或接头处夹有杂物，可拆卸的接头连接不紧密或由于振动而松动，可开闭的触头没有足够的接触压力或表面粗糙不平等，均可能增大接触电阻，产生危险温度。特别是不同种类金属连接处，由于它们的理化性能不同，连接将逐渐恶化，产生危险温度。

③ 严重过载。过载量太大或过载时间太长，可产生危险温度。

④ 铁心过热。电气设备铁心短路、线圈电压过高、通电后不能吸合，可产生危险温度。

⑤ 散热失效。电气设备散热油管堵塞、通风道堵塞、安装位置不当、环境温度过高或距离外界热源太近，使散热失效，可产生危险温度。

⑥ 接地及漏电。接地电流和集中在某一点的漏点电流，可引起局部发热，可产生危险温度。

⑦ 机械故障。电动机、接触器被卡死，电流增加数倍，可产生危险温度。

⑧ 电压波动太大。电压过高，除使铁心发热增加外，对于恒电阻负载，还会使电流增大，增加发热；电压过低，除使电磁铁吸合不牢或吸合不上外，对于恒功率负载，还会使电流增大，增加发热。两种情况都可产生危险温度。

（2）电热器具和照明灯具的危险温度。

电炉、电烘箱、电熨斗、电烙铁、电褥子等电热器具和照明器具的工作温度较高。电炉电阻丝的工作温度达 800 ℃，电熨斗和电烙铁的工作温度达 500～600 ℃，100 W 白炽灯泡表面温度达 170～220 ℃，1 000 W 卤钨灯表面温度达 500～800 ℃。上述发热部件紧贴可燃物或离可燃物太近，即可能引燃成灾。

白炽灯泡灯丝温度高达 2 000～3 000 ℃，当灯泡爆碎时，炽热的钨丝落到可燃物上也会引起燃烧。

灯座内接触不良会造成过热，日光灯镇流器散热不良也会造成过热，都可能引燃成灾。

2. 电火花和电弧

电火花是电极间的击穿放电，大量电火花汇集起来即构成电弧，电弧温度高达 8 000 ℃。电火花和电弧不仅能引起可燃物燃烧，还能使金属熔化、飞溅、构成二次引燃源。

电火花分为工作火花和事故火花。工作火花指电气设备正常工作或正常操作过程中产生的电火花。例如，刀开关、断路器、接触器、控制器接通和断开线路时会产生电火花；插销拔出或插入时产生的火花；直流电动机的电刷与换向器的滑动接触处、绕线式异步电动机的电刷与滑环的滑动接触处也会产生电火花，等等。

事故火花是线路或设备发生故障时出现的电火花，包括短路、漏电、松动、接地、断线、分离时形成的电火花及变压器、多油断路器等高压电器设备绝缘表面发生的闪络等。事故火花还包括由外部原因产生的雷电火花、静电火化、电磁感应火花等。

（二）危险环境及电气防爆

1．危险环境

（1）气体、蒸气爆炸危险环境。

① 0 区是指正常运行时连续出现或长时间出现或短时间频繁出现的爆炸性气体、蒸气或薄雾的区域。除了装有危险物质的封闭空间（如密闭的容器、储油罐等内部气体空间）外，很少存在 0 区。

② 1 区是指正常运行时可能出现（预计周期性出现或偶然出现）的爆炸性气体、蒸气或薄雾的区域。

③ 2 区是指正常运行时不出现，即使出现也只可能是短时间偶然出现的爆炸性气体、蒸气或薄雾的区域。

（2）粉尘、纤维爆炸危险环境。

① 10 区是指正常运行时连续或长时间或短时间频繁出现爆炸性粉尘、纤维的区域。

② 11 区是指正常运行时不出现，仅在不正常运行时短时间偶然出现爆炸性粉尘、纤维的区域。

（3）火灾危险环境。

火灾危险环境分为 21 区、22 区和 23 区，分别是有闪点高于环境温度的可燃液体、悬浮状或堆积状的可燃粉体或纤维和可燃固体存在，且在数量和配置上能引起火灾危险的环境。

2．电气防爆

（1）防爆电气设备。

① 防爆电气设备类型。防爆型电气设备有隔爆型（标志 d）、增安型（标志 e）、充油型（标志 o）、充砂型（标志 q）、本质安全型（标志 i）、正压型（标志 p）、无火花型（标志 n）和特殊型（标志 s）设备。例如 dⅡBT4 是隔爆型、ⅡB 级、T4 组的防爆型电气设备。

② 危险环境的电气设备选型。

应根据电气设备安装环境的类型和等级、电气设备的种类选用防爆型电气设备。所选用的防爆电气设备的级别和组别不应低于该环境内爆炸性混合物的级别和组别，典型例子见表 4-1～表 4-3。

表4-1　气体、蒸气危险环境电气设备选型

电气设备类别	爆炸危险环境区别											
	0区				1区				2区			
	本质安全	本质安全	隔爆	正压	充油	增安	本质安全	隔爆	正压	充油	增安	无火花型
鼠笼型感应电动机			○	○		△		○	○		○	○
开关、断路器			○					○				
熔断器			△					○				
控制开关及按钮	○	○	○		○		○	○		○		
操作箱、操作柜			○	○				○		○		
固定式灯			○					○			○	
移动式灯			△					○				

注：○表示适用，△表示尽量避免采用。

表4-2　粉尘、纤维危险环境电气设备选型

电气设备类别		爆炸危险环境区别						
		10区			11区			
		尘密	正压	充油	尘密	正压	IP65	IP64
配电装置		○	○					
电动机	鼠笼型	○	○					○
	带电刷					○		
电器和仪表	固定安装	○	○	○			○	
	移动式	○	○				○	
	携带式	○					○	
照明灯具		○			○			

表4-3　火灾危险环境电气设备选型

电气设备类别		火灾危险环境级别		
		21区	22区	23区
电机	固定安装	IP44	IP54	IP21
	移动式和携带式	IP54		IP54
电器和仪表	固定安装	充油型、IP54、IP44	IP54	IP44
	移动式和携带式	IP54		IP44
照明灯具	固定安装	IP2X	IP5X	IP2X
	移动式和携带式	IP5X		
配电装置		IP5X		
接线盒				

（2）防爆电气线路。

在爆炸危险环境中，电气线路安装位置的选择、敷设方式的选择、导体材质的选择、连接方法的选择等均应根据环境的危险等级进行。

① 位置选择。应当在爆炸危险性较小或距离释放源较远的位置敷设电气线路。

② 敷设方式选择。爆炸危险环境中电气线路主要有防爆钢管配线和电缆配线。

③ 隔离密封。敷设电气线路的沟道以及保护管、电缆或钢管在穿过爆炸危险环境等级不同的区域之间的隔离或楼板时，应采用非燃性材料严密堵塞。

④ 导线材料选择。爆炸危险环境危险等级 1 区的范围内，配电线路应采用铜芯导线或电缆。在有剧烈振动处应选用多股铜芯软线或多股铜芯电缆。爆炸危险环境危险等级 2 区的范围内，电力线路应采用截面面积 4 mm^2 级以上的铝芯导线或电缆，照明线路可采用截面面积 2.5 mm^2 级以上的铝芯导线或电缆。

⑤ 允许载流量。1 区、2 区绝缘导线截面和电缆截面的选择，导体允许载流量不应小于熔断器熔体额定电流和断路器长延时过电流脱扣器整定电流的 1.25 倍。引向低压笼型感应电动机支线的允许载流量不应小于电动机额定电流的 1.25 倍。

⑥ 电气线路的连接。1 区和 2 区的电气线路的中间接头必须在与该危险环境相适应的防爆型的接线盒或接线盒内部。1 区宜采用防爆型的接线盒。2 区可采用增安型接线盒。2 区的电气线路若选用铝芯电缆或导线时，必须有可靠的用铜铝过渡接头。

第四节　静电危害及安全防护技术

一、静电的产生

当两个不同的物体相互接触时就会使得一个物体失去一些电荷如电子转移到另一个物体使其带正电，而另一个体得到一些剩余电子的物体而带负电。若在分离的过程中电荷难以中和，电荷就会积累使物体带上静电。所以任何两个不同材质的物体接触后再分离，即可产生静电。

可能引起各种危害的静电如未能采用科学方法加以防护，则会造成各种严重事故：静电火花会引起爆炸与火灾；静电放电还可能直接给人以电击而造成伤亡；静电的产生和积聚会妨碍正常生产与工作的进行。其中，在危险化学品经营过程中静电引发的事故主要是爆炸或火灾，其主要原因如下：

放电火花的能量超过爆炸性混合物的最小引燃能量时，即会引起爆炸或火灾。静电爆炸和火灾多由于火花放电引起；对于引燃能量较小的爆炸性气体或蒸汽混合物，也可由刷形放电而引发爆炸和火灾。带静电的绝缘体经过一两次火花放电后，其上仍然可能会残存危险的静电；导体的火花放电却正相反，它只能发生一次火花放电，其上静电即全部消失。所以导体的火花放电，因是其积聚能量的集中释放，故具有更大危险性。

二、静电的特性

静电从整体上来说，其特点是电压高、能量小，而危害大。具体有：

（1）静电的电量小，静电电压高。一般电量只有微库或毫库级，但由于带电体的电容量很小，则电压很高。如橡胶行业的静电电压高达几万伏，甚至十几万伏。

（2）静电的能量不大或者说放电后的电流不大。一般不大于毫焦级。

（3）绝缘体上的静电消失或泄漏的很慢，因此，必须设置消除静电的装置。

（4）静电会放电。人体或金属体尖端放电都有极大的危险性，特别是在爆炸和火灾危险场所。

（5）静电会产生静电感应。在工艺现场易发生的地方，由于静电感应，可能会在导体或人体上产生电荷而且电压很高，而导致危险的火花放电。

（6）静电是可以屏蔽的。通常桶形或空腔的导体，其内部有电荷时，必定在外壳感应出电荷，但当外表面接地时，则外部的电荷为零，且不影响内部的电荷。

三、静电的危害

1．爆炸和火灾

静电放电出现电火花时在有爆炸性气体、爆炸性粉尘或可燃性物质且浓度达到爆炸或燃烧极限时，可能发生爆炸和火灾。

静电在一定条件下引起爆炸和火灾，其充分和必要条件是：

（1）周围空间必须有可燃性物质存在。

（2）具有产生和积累静电的条件，包括物体本身和周围环境有产生和积累静电的条件。

（3）静电积累到足够高的电压后，发生局部放电，产生静电火花。

（4）静电火花能量大于或等于可燃物的最小点火能量。

2．静电电击

当人体接近静电体或带静电的人体接近接地体时，都可能遭到电击，但由于静电能量很小，电击本身对人体不致造成重大伤害，然而很容易造成坠落等二次伤害事故。

四、静电的安全防护

静电安全防护主要是对爆炸和火灾的防护。静电防护的主要措施有：

1．静电控制

（1）保持传动带的正常拉力，防止打滑，带轮及输送带或皮带应选用导电性好的材料的制作。

（2）以齿轮传动代替带传动，减少摩擦。

（3）灌注液体的管道通至容器底部或紧贴侧壁，避免液体冲击和飞溅。

（4）降低气体、液体或粉尘物质的流速。

（5）在不影响工艺过程、产品质量和经济许可的情况下，尽量用不可燃介质代替易燃介质。

（6）在爆炸和火灾危险环境，采用通风装置或抽气装置及时排出爆炸性混合物，使混合物的浓度不超过爆炸下限。

2. 增　湿

增湿适用于绝缘体上静电的消除。但增湿主要是增强静电沿绝缘体表面的泄漏，而不是增加通过空气的泄漏。因此，增湿对于表面容易形成水膜或表面容易被水润湿的绝缘体有效，如醋酸纤维、硝酸纤维素、纸张、橡胶等。而对于表面不能形成水膜、表面水分蒸发极快的绝缘体或孤立的带静电绝缘体，增湿也是无效的。从消除静电危害的角度考虑，保持相对湿度在 70% 以上较为好。

3. 抗静电添加剂

抗静电添加剂是化学药剂，具有良好的导电性或较强的吸湿性。因此，在容易产生静电的高绝缘材料中加入抗静电添加剂，能降低材料的电阻，加速静电的泄漏。如在橡胶中加入导电炭黑、火药药粉中一般加入石墨，石油中一般加入环烷酸盐或合成脂肪酸盐等。

4. 静电中和器

静电中和是利用静电中和器产生电子或离子来中和物体上的静电电荷。静电中和器主要用来中和非导体上的静电。按照工作原理和结构的不同，大体上可以分为感应式中和器、高压式中和器、放射线式中和器和离子风式中和器。与抗静电添加剂相比，静电中和器不影响产品质量，使用也很方便。

5. 静电接地

接地是消除静电危害最常见、简便、有效的方法。在静电危险场所，所有属于静电导体的物体必须接地。对金属物体应采用金属导体与大地做导通性连接，对金属以外的静电导体及亚导体则应做间接接地。静电接地系统静电接地电阻值在通常情况下不应大于 1×10^6 Ω。专设的静电接地体的接地电阻值一般不应大于 100 Ω，在山区等土壤电阻率较高的地区，其接地电阻值也不应大于 1 000 Ω。

除以上措施外，工作人员在静电危险场所还可穿上抗静电的工作服和工作靴。

第五节　雷电危害及安全防护技术

一、雷电的产生及危害

雷电是自然界中的一种大气放电现象。由于急剧上升的气流与云中的水滴或冰晶发生碰撞，使云块带电。云的上部以正电荷为主，下部以负电荷为主。因此，云的上、下部之间形成一个电位差。当电位差达到一定程度后，就会产生放电，这就是我们常见的闪电现象。同时，空气由于受热会迅速膨胀，而闪电一过又很快地冷却收缩，这一胀一缩，必然引起猛烈的振动而发出巨大的声响。更准确地说，在闪电爆发的一瞬间，发出的是一种"冲击波"，它以每秒约 5 km 的速度向四面八方传播。冲击波在向外传播的过程中，波长逐渐增加，变成了声波，这就是我们常见的雷鸣现象。

从危害角度分类，雷电可分为直击雷、感应雷和雷电侵入波 3 种。

1. 直击雷

雷云与大地之间的放电称为直击雷。巨大的雷电流直接击到地面的物体上，会使地面的物体烧焦或破坏，可直接引起雷击火灾。

2. 感应雷

也可称作雷电感应或感应过电压，分为静电感应和电磁感应两种。所以感应雷击又称为间接雷击和雷电的二次作用。

（1）静电感应是指雷云接近金属屋顶上部时，在金属上就会产生大量的异性束缚电荷，当雷云与大地上的任何一个物体（比如对临近的大树）进行放电时，此时雷电场消失，而在金属屋顶的束缚电荷变成自由电荷，这种自由电荷的大量积聚将对大地间形成很高的电位，从而引起严重的后果。此种静电感应雷击产生的火花放电，可能会引起可燃物的燃烧和爆炸事故。

（2）电磁感应是指雷击后巨大的雷电流会在周围空间形成强大的电磁场而引起的。这种磁场会在附近的金属物体中（比如设备、管道、构件等）感应出相当大的磁感应电动势。如果发生电荷的环流流动，就会在金属构件的开口处，导线或闭合线圈中产生强大的感生电流。它对建筑物很少起破坏作用，但对油罐或油气聚集的某些场所和易燃易爆物品的生产、使用和存储地方将会引起爆炸危险。

3. 雷电侵入波

雷电侵入波是指雷电的高电压冲击波侵入或高电压侵入。这是因为遭受直击雷或感应雷击后，会在架空线路或空中金属管道中产生高压冲击波。这种雷电波可能会从架空线路或金属管道两个方面侵入建（构）筑物，从而危害人身安全和电气设备，这种形式的雷电危害所占比例较大。

雷电放电具有电流大、电压高的特点。其能量释放出来可能形成极大的破坏力。其破坏作用主要有以下几个方面：

（1）直击雷放电、二次放电、雷电流的热量会引起火灾和爆炸。

（2）雷电的直接击中、金属导体的二次放电、跨步电压的作用及火灾与爆炸的间接作用，均会造成人员的伤亡。

（3）强大的雷电流、高电压可导致电气设备击穿或烧毁。发电机、变压器、电力线路等遭受雷击，可导致大规模停电事故。雷击可直接毁坏建筑物、构筑物。

二、雷电的防护

避雷针、避雷线、避雷网、避雷带、避雷器都是经常采用的防雷装置。一套完整的防雷装置包括接闪器、引下线和接地装置。上述的针、线、网、带都只是接闪器，而避雷器是一种专门的防雷装置。

1．接闪器

避雷针、避雷线、避雷网和避雷带都是接闪器，它们都是利用其高出被保护物的突出地位，把雷电引向自身，然后通过引下线和接地装置，把雷电流泄入大地，以此保护被保护物免受雷击。接闪器所用材料应能满足机械强度和耐腐蚀的要求，还应有足够的热稳定性，以能承受雷电流的热破坏作用。

2．引下线

防雷装置的引下线应满足机械强度、耐腐蚀和热稳定的要求。

（1）引下线一般采用圆钢或扁钢，其尺寸和防腐蚀要求与避雷网、避雷带相同。用钢绞线作引下线，其截面面积不得小于 25 mm²。用有色金属导线作为引下线时，应采用截面积不小于 16 mm² 的铜导线。

（2）引下线应沿建筑物外墙敷设，并应避免弯曲，经最短途径接地。

（3）采用多条引下线时，为了便于接地电阻和检查引下线、接地线的连接情况，宜在各引下线距地面高约 1.8 m 处设断接卡。

（4）采用多条引下线时，第一类和第二类防雷建筑物至少应有两条引下线，其间距离分别不得大于 12 m 和 18 m；第三类防雷建筑物周长超过 25 m 或高度超过 40 m 时，也应有两条引下线，其间距离不得大于 25 m。

（5）在易受机械损伤的地方，地面以下 0.3 m 至地面以上 1.7 m 的一段引下线应加竹管、角钢或钢管保护。采用角钢或钢管保护时，应与引下线连接起来，以减小通过雷电流时的电抗。

（6）引下线截面锈蚀 30% 以上者应予以更换。

3．防雷接地装置

接地装置是防雷装置的重要组成部分。接地装置向大地泄放雷电流，限制防雷装置对地电压不致过高。除独立避雷针外，在接地电阻满足要求的前提下，防雷接地装置可以和其他接地装置共用。

4．避雷器

避雷器并联在被保护设备或设施上，正常时装置与地绝缘，当出现雷击过电压时，装置与地由绝缘变成导通，并击穿放电，将雷电流或过电压引入大地，起到保护作用。过电压终止后，避雷器迅速恢复不通状态，恢复正常工作。避雷器主要用来保护电力设备和电力线路，也用作防止高电压侵入室内的安全措施。避雷器有保护间隙、管型避雷器和阀型避雷器和氧化锌避雷器。

三、防雷装置的安全检查

投入使用后的防雷装置实行定期检测制度。防雷装置应当每年检测一次，对爆炸和火灾危险环境场所的防雷装置应当每半年检测一次。

对防雷装置检测机构对防雷装置检测后，提出整改意见。被检测单位应按要求进行整改。防雷装置所有人或受托人应当指定专人负责，做好防雷装置的日常维护工作。

第五章　重点危险化学品经营行业与重大危险源安全知识

【本章学习要点】

（1）剧毒品、易制爆、加油（气）站及专门从事危险化学品仓储经营的重点危险化学品经营行业的安全知识。

（2）危险化学品重大危险源相关安全知识。

第一节　重点危险化学品经营行业的安全知识

一、剧毒品、易制爆化学品经营安全知识

（1）公安机关负责危险化学品的公共安全管理，核发剧毒化学品购买许可证、剧毒化学品道路运输通行证，并负责危险化学品运输车辆的道路交通安全管理。从事剧毒化学品、易制爆危险化学品经营的企业，应当向所在地设区的市级人民政府安全生产监督管理部门申请领取经营许可证。

（2）除取得生产许可证的单位购买剧毒化学品的，应当向所在地县级人民政府公安机关申请取得剧毒化学品购买许可证；购买易制爆危险化学品的，应当持本单位出具的合法用途说明。申请取得剧毒化学品购买许可证，申请人应当向所在地县级人民政府公安机关提交相关材料。

（3）危险化学品经营企业销售剧毒化学品、易制爆危险化学品，应当查验相关许可证件或者证明文件，不得向不具有相关许可证件或者证明文件的单位销售剧毒化学品、易制爆危险化学品。对持剧毒化学品购买许可证购买剧毒化学品的，应当按照许可证载明的品种、数量销售。

（4）危险化学品经营企业销售剧毒化学品、易制爆危险化学品，应当如实记录购买单位的名称、地址、经办人的姓名、身份证号码以及所购买的剧毒化学品、易制爆危险化学品的品种、数量、用途。销售记录以及经办人的身份证明复印件、相关许可证件复印件或者证明文件的保存期限不得少于1年。

（5）剧毒化学品、易制爆危险化学品的销售企业、购买单位应当在销售、购买后5日内，将所销售、购买的剧毒化学品、易制爆危险化学品的品种、数量以及流向信息报所在地县级人民政府公安机关备案，并输入计算机系统。

（6）剧毒化学品以及储存数量构成重大危险源的其他危险化学品，应当在专用仓库内单独存放，并实行双人收发、双人保管制度。储存剧毒化学品、易制爆危险化学品的专用仓库，应当按照国家有关规定设置相应的技术防范设施，其安全防范系统应符合国家相关标准要求。

二、汽油加油（气）站的经营安全知识

汽车加油（气）站是经营及储存汽油、柴油、压缩（液化）天然气等易燃、易爆危险化学品的场所，属甲类火灾危险性场所，近年来加油（气）站火灾爆炸事故时有发生，而且造成了重大的人员伤亡和财产损失。依据《危险化学品目录》汽车加油站所从事的危险化学品为汽油、天然气等应按规定办理经营许可证，同时，针对汽车加油（气）的特殊经营，加强安全管理。

《汽车加油加气站设计与施工规范》GB 50156-2012 自 2013 年 3 月 1 日起实施。其中38 条（款）为强制性条文，必须严格执行。2014 年 7 月 29 日房城乡建设部批准了《汽车加油加气站设计与施工规范》GB50156—2012 局部修订的条文，自发布之日起实施。其中，第 4.0.4、4.0.5、4.0.6、4.0.7、4.0.8、4.0.9、5.0.13、6.1.1、7.1.4（1）、11.2.1 条（款）为强制性条文，必须严格执行。

四川省为深入贯彻落实《国务院关于进一步加强企业安全生产工作的通知》（国发〔2010〕23 号）、《国务院安委会关于深入开展企业安全生产标准化建设的指导意见》（安委〔2011〕4号）和《四川省人民政府安全生产委员会关于开展企业安全生产标准化建设工作的指导意见》（川安委〔2012〕10 号）等文件的要求，根据《企业安全生产标准化基本规范（AQ/T9006－2010）》、《危险化学品从业单位安全生产标准化通用规范（AQ3013—2008）》和《危险化学品从业单位安全生产标准化评审标准》（安监总管三〔2011〕93 号），结合四川实际，制定了《四川省汽车加油（气）站安全生产标准化评审标准（试行）》。

《四川省加油（气）站安全生产标准化评审标准（试行）》共有 11 个 A 级要素、47 个 B级要素。四川省内的加油（气）站应依据《四川省加油（气）站安全生产标准化评审标准（试行）》的规定进行安全生产标准化达标建设。

三、专门从事危险化学品仓储经营的安全知识

专门从事危险化学品仓储经营的企业，仓储过程中的危险化学品量大、种类繁多、流动性强。除了少数专业仓库从事较为单一的货物储存外，绝大多数仓库储存的危险化学品种类繁多，性质各异，需要多样化的仓储作业；仓储经营的企业的机械作业和人力作业相对频繁；危险化学品仓储一旦发生事故，出现多米诺效应的可能性极大。因此，除满足危险化学品经营许可的必要条件外，专门从事危险化学品仓储经营的企业还应当具备下列条件：

（1）新设立的专门从事危险化学品仓储经营的，其储存设施建立在地方人民政府规划的用于危险化学品储存的专门区域内。

（2）储存设施与相关场所、设施、区域的距离符合有关法律、法规、规章和标准的规定。

（3）依照有关规定进行安全评价，安全评价报告符合相关安全评价的要求。

（4）专职安全生产管理人员具备国民教育化工化学类或者安全工程类中等职业教育以上学历，或者化工化学类中级以上专业技术职称，或者危险物品安全类注册安全工程师资格。

（5）将相互接触易产生化学反应的物质分别存储。同时,对于遇火、遇水等容易引起燃烧爆炸或者化学反应的物质不得在露天、潮湿的建筑中存放。仓库要根据存放的危险化学品的特性和仓库的条件,在满足国家相关法规的前提下,确定各仓库的最大存储量。

（6）受日光照射能发生化学反应引起燃烧、爆炸、分解、化合或能产生有毒气体的化学危险品应储存在一级防火建筑物中。储存易燃、易爆、有毒、易扩散危险化学品的时，还应当设置相应的可燃气体和有毒气体检测报警装置。

（7）专门从事危险化学品仓储的场所构成重大危险源的，还应当符合《危险化学品安全管理条例》《危险化学品重大危险源监督管理暂行规定》等的规定。

第二节　危险化学品重大危险源安全知识

一、危险化学品重大危险源概述

（一）危险化学品重大危险源

危险化学品重大危险源是指长期地或临时地生产、加工、使用或储存危险化学品，且危险化学品的数量等于或超过临界量的单元。

（二）单　元

一个（套）生产装置、设施或场所，或同属一个生产经营单位的且边缘距离小于 500 m 的几个（套）生产装置、设施或场所。

（三）临界量

对于某种或某类危险化学品规定的数量,若单元中的危险化学品数量等于或超过该数量，则该单元定为重大危险源。

（四）危险化学品重大危险源的辨识

从事危险化学品生产、储存、使用和经营的单位（本章以下简称危险化学品单位）应当按照《危险化学品重大危险源辨识》标准，对本单位的危险化学品生产、经营、储存和使用装置、设施或者场所进行重大危险源辨识，并记录辨识过程与结果。

1. 辨识依据

危险化学品重大危险源的辨识依据是危险化学品的危险特性及其数量，具体如表 5-1 和表 5-2 所示。

2．临界量的确定方法

危险化学品临界量的确定方法如下：

（1）在表 5-1 范围内的危险化学品，其临界量按表 5-1 确定。

（2）未在表 5-1 范围内的危险化学品，依据其危险性，按表 5-2 确定临界量；若一种危险化学品具有多种危险性，按其中最低的临界量确定。

表 5-1　危险化学品名称及其临界量

序号	类　别	危险化学品名称和说明	临界量/t
1	爆炸品	叠氮化钡	0.5
2		叠氮化铅	0.5
3		雷酸汞	0.5
4		三硝基苯甲醚	5
5		三硝基甲苯	5
6		硝酸甘油	1
7		硝化纤维素	10
8		硝酸铵（含可燃物＞0.2%）	5
9	易燃气体	丁二烯	5
10		二甲醚	50
11		甲烷，天然气	50
12		氯乙烯	50
13		氢	5
14		液化石油气（含丙烷、丁烷及其混合物）	50
15		一甲胺	5
16		乙炔	1
17		乙烯	50
18	毒性气体	氨	10
19		二氟化氧	1
20		二氧化氮	1

续表 5-1

序号	类　别	危险化学品名称和说明	临界量/t
21	毒性气体	二氧化硫	20
22		氟	1
23		光气	0.3
24		环氧乙烷	10
25		甲醛（含量＞90%）	5
26		磷化氢	1
27		硫化氢	5
28		氯化氢	20
29		氯	5
30		煤气（CO，CO 和 H_2、CH_4 的混合物等）	20
31		砷化三氢（胂）	1
32		锑化氢	1
33		硒化氢	1
34		溴甲烷	10
35	易燃液体	苯	50
36		苯乙烯	500
37		丙　酮	500
38		丙烯腈	50
39		二硫化碳	50
40		环己烷	500
41		环氧丙烷	10
42		甲苯	500
43		甲醇	500
44		汽油	200
45		乙醇	500
46		乙醚	10
47		乙酸乙酯	500
48		正己烷	500
49	易于自燃的物质	黄磷	50
50		烷基铝	1
51		戊硼烷	1

续表 5-1

序号	类　别	危险化学品名称和说明	临界量/t
52	遇水放出易燃气体的物质	电石	100
53		钾	1
54		钠	10
55	氧化性物质	发烟硫酸	100
56		过氧化钾	20
57		过氧化钠	20
58		氯酸钾	100
59		氯酸钠	100
60		硝酸（发红烟的）	20
61		硝酸（发红烟的除外，含硝酸 >70%）	100
62		硝酸铵（含可燃物 ≤0.2%）	300
63		硝酸铵基化肥	1 000
64	有机过氧化物	过氧乙酸（含量 ≥60%）	10
65		过氧化甲乙酮（含量 ≥60%）	10
66	毒性物质	丙酮合氰化氢	20
67		丙烯醛	20
68		氟化氢	1
69		环氧氯丙烷（3-氯-1，2-环氧丙烷）	20
70		环氧溴丙烷（表溴醇）	20
71		甲苯二异氰酸酯	100
72		氯化硫	1
73		氰化氢	1
74		三氧化硫	75
75		烯丙胺	20
76		溴	2
77		乙撑亚胺	20
78		异氰酸甲酯	0.75

表 5-2 未在表 5-1 中列举的危险化学品类别及其临界量

类　别	危险性分类及说明	临界量/t
爆炸品	1.1 A 项爆炸品	1
	除 1.1 A 项外的其他 1.1 项爆炸品	10
	除 1.1 项外的其他爆炸品	50
气　体	易燃气体：危险性属于 2.1 项的气体	10
	氧化性气体：危险性属于 2.2 项非易燃无毒气体且次要危险性为 5 类的气体	200
	剧毒气体：危险性属于 2.3 项且急性毒性为类别 1 的毒性气体	5
	有毒气体：危险性属于 2.3 项的其他毒性气体	50
易燃液体	极易燃液体：沸点≤35 ℃ 且闪点＜0 ℃ 的液体；或保存温度一直在其沸点以上的易燃液体	10
	高度易燃液体：闪点＜23 ℃ 的液体（不包括极易燃液体）；液态退敏爆炸品	1 000
	易燃液体：23 ℃≤闪点＜61 ℃ 的液体	5 000
易燃固体	危险性属于 4.1 项且包装为Ⅰ类的物质	200
易于自燃的物质	危险性属于 4.2 项且包装为Ⅰ或Ⅱ类的物质	200
遇水放出易燃气体的物质	危险性属于 4.3 项且包装为Ⅰ或Ⅱ的物质	200
氧化性物质	危险性属于 5.1 项且包装为Ⅰ类的物质	50
	危险性属于 5.1 项且包装为Ⅱ或Ⅲ类的物质	200
有机过氧化物	危险性属于 5.2 项的物质	50
毒性物质	危险性属于 6.1 项且急性毒性为类别 1 的物质	50
	危险性属于 6.1 项且急性毒性为类别 2 的物质	500

注：以上危险化学品危险性类别及包装类别依据 GB 12268 确定，急性毒性类别依据 GB 20592 确定。

（三）重大危险源的辨识指标

单元内存在危险化学品的数量等于或超过表 5-1、表 5-2 规定的临界量，即被定为重大危险源。单元内存在的危险化学品的数量根据处理危险化学品种类的多少区分为以下两种情况：

（1）单元内存在的危险化学品为单一品种，则该危险化学品的数量即为单元内危险化学品的总量，若等于或超过相应的临界量，则定为重大危险源。

（2）单元内存在的危险化学品为多品种时，则按式（1）计算，若满足式（1），则定为重大危险源：

$$q_1/Q_1 + q_2/Q_2 + \cdots + q_n/Q_n \geqslant 1 \tag{1}$$

式中　　q_1，q_2，…，q_n——每种危险化学品实际存在量，t；

　　　　Q_1，Q_2，…，Q_n——与各种危险化学品相对应的临界量，t。

二、危险化学品重大危险源安全评估与分级

1．重大危险源安全评估

危险化学品单位应当对本单位的重大危险源进行安全评估并确定重大危险源等级。危险化学品单位可以组织本单位的注册安全工程师、技术人员或者聘请有关专家进行安全评估，也可以委托具有相应资质的安全评价机构进行安全评估。

依照法律、行政法规的规定，危险化学品单位需要进行安全评价的，重大危险源安全评估可以与本单位的安全评价一起进行，以安全评价报告代替安全评估报告，也可以单独进行重大危险源安全评估。

重大危险源有下列情形之一的，应当委托具有相应资质的安全评价机构，按照有关标准的规定采用定量风险评价方法进行安全评估，确定个人和社会风险值：

（1）构成一级或者二级重大危险源，且毒性气体实际存在（在线）量与其在《危险化学品重大危险源辨识》中规定的临界量比值之和大于或等于1的。

（2）构成一级重大危险源，且爆炸品或液化易燃气体实际存在（在线）量与其在《危险化学品重大危险源辨识》中规定的临界量比值之和大于或等于1的。

重大危险源安全评估报告应当客观公正、数据准确、内容完整、结论明确、措施可行，并包括下列内容：

（1）评估的主要依据。

（2）重大危险源的基本情况。

（3）事故发生的可能性及危害程度。

（4）个人风险和社会风险值（仅适用定量风险评价方法）。

通过定量风险评价，危险化学品单位周边重要目标和敏感场所承受的个人风险应满足表5-3中可容许风险标准要求。

表5-3　可容许个人风险标准

危险化学品单位周边重要目标和敏感场所类别	可容许风险/年
（1）高敏感场所（如学校、医院、幼儿园、养老院等）； （2）重要目标（如党政机关、军事管理区、文物保护单位等）； （3）特殊高密度场所（如大型体育场、大型交通枢纽等）	$< 3 \times 10^{-7}$
（1）居住类高密度场所（如居民区、宾馆、度假村等）； （2）公众聚集类高密度场所（如办公场所、商场、饭店、娱乐场所等）。	$< 1 \times 10^{-6}$

可容许社会风险标准采用 ALARP（As Low As Reasonable Practice）原则作为可接受原则。ALARP 原则通过两个风险分界线将风险划分为 3 个区域，即：不可容许区、尽可能降低区（ALARP）和可容许区。

① 若社会风险曲线落在不可容许区，除特殊情况外，该风险无论如何不能被接受。

② 若落在可容许区，风险处于很低的水平，该风险是可以被接受的，无需采取安全改进措施。

③ 若落在尽可能降低区，则需要在可能的情况下尽量减少风险，即对各种风险处理措施方案进行成本效益分析等，以决定是否采取这些措施。

通过定量风险评价，危险化学品重大危险源产生的社会风险应满足图 5-1 中可容许社会风险标准要求。

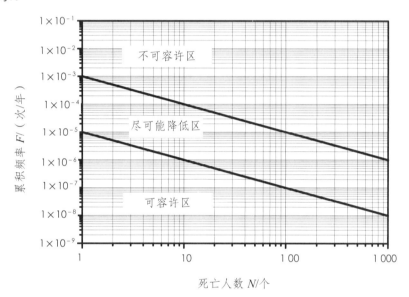

图 5-1　可容许社会风险标准（F-N）曲线

（5）可能受事故影响的周边场所、人员情况。

（6）重大危险源辨识、分级的符合性分析。

（7）安全管理措施、安全技术和监控措施。

（8）事故应急措施。

（9）评估结论与建议。

危险化学品单位以安全评价报告代替安全评估报告的，其安全评价报告中有关重大危险源的内容应当符合上述的要求。

（二）重大危险源分级

重大危险源根据其危险程度，分为一级、二级、三级和四级，一级为最高级别。重大危险源分级方法如下：

1．分级指标

采用单元内各种危险化学品实际存在（在线）量与其在《危险化学品重大危险源辨识》（GB 18218）中规定的临界量比值，经校正系数校正后的比值之和 R 作为分级指标。

2. R 的计算方法

$$R = \alpha \left(\beta_1 \frac{q_1}{Q_1} + \beta_2 \frac{q_2}{Q_2} + \cdots + \beta_n \frac{q_n}{Q_n} \right)$$

式中　q_1，q_2，$\cdots$，q_n——每种危险化学品实际存在（在线）量，t；

Q_1，Q_2，$\cdots$，Q_n——与各危险化学品相对应的临界量，t；

β_1，β_2，$\cdots$，β_n——与各危险化学品相对应的校正系数；

α——该危险化学品重大危险源厂区外暴露人员的校正系数。

3. 校正系数 β 的取值

根据单元内危险化学品的类别不同，设定校正系数 β 值，如表 5-4 和表 5-5 所示。

表 5-4　校正系数 β 取值表

危险化学品类别	毒性气体	爆炸品	易燃气体	其他类危险化学品
β	见表 2	2	1.5	1

注：危险化学品类别依据《危险货物品名表》中分类标准确定。

表 5-5　常见毒性气体校正系数 β 值取值表

毒性气体名称	一氧化碳	二氧化硫	氨	环氧乙烷	氯化氢	溴甲烷	氯
β	2	2	2	2	3	3	4
毒性气体名称	硫化氢	氟化氢	二氧化氮	氰化氢	碳酰氯	磷化氢	异氰酸甲酯
β	5	5	10	10	20	20	20

注：未在表 5-5 中列出的有毒气体可按 $\beta=2$ 取值，剧毒气体可按 $\beta=4$ 取值。

4. 校正系数 α 的取值

根据重大危险源的厂区边界向外扩展 500 m 范围内常住人口数量，设定厂外暴露人员校正系数 α 值，如表 5-6 所示。

表 5-6　校正系数 α 取值表

厂外可能暴露人员数量	α
100 人以上	2.0
50～99 人	1.5
30～49 人	1.2
1～29 人	1.0
0 人	0.5

5．分级标准

根据计算出来的 R 值，按表 5-7 确定危险化学品重大危险源的级别。

表 5-7　危险化学品重大危险源级别和 R 值的对应关系

危险化学品重大危险源级别	R 值
一级	$R \geqslant 100$
二级	$100 > R \geqslant 50$
三级	$50 > R \geqslant 10$
四级	$R < 10$

三、危险化学品重大危险源安全管理

1．登记建档

危险化学品单位应当对辨识确认的重大危险源及时、逐项进行登记建档。重大危险源档案应当包括下列文件、资料：

（1）辨识、分级记录。

（2）重大危险源基本特征表。

（3）涉及的所有化学品安全技术说明书。

（4）区域位置图、平面布置图、工艺流程图和主要设备一览表。

（5）重大危险源安全管理规章制度及安全操作规程。

（6）安全监测监控系统、措施说明、检测、检验结果。

（7）重大危险源事故应急预案、评审意见、演练计划和评估报告。

（8）安全评估报告或者安全评价报告。

（9）重大危险源关键装置、重点部位的责任人、责任机构名称。

（10）重大危险源场所安全警示标志的设置情况。

（11）其他文件、资料。

2．备　案

危险化学品单位在完成重大危险源安全评估报告或者安全评价报告后 15 日内，应当填写重大危险源备案申请表，连同本重大危险源档案材料（其中重大危险源安全管理规章制度及安全操作规程只需提供清单），报送所在地县级人民政府安全生产监督管理部门备案。

当重大危险源因安全评估期满或进行了新、改、扩等原因进行了重新安全评估，危险化学品单位应当及时更新档案，并向所在地县级人民政府安全生产监督管理部门重新备案。

3．安全管理

（1）危险化学品单位应当建立完善重大危险源安全管理规章制度和安全操作规程，并采取有效措施保证其得到执行。

（2）危险化学品单位应当根据构成重大危险源的危险化学品种类、数量、生产、使用工艺（方式）或者相关设备、设施等实际情况，按照下列要求建立健全安全监测监控体系，完善控制措施：

① 重大危险源配备温度、压力、液位、流量、组分等信息的不间断采集和监测系统以及可燃气体和有毒有害气体泄漏检测报警装置，并具备信息远传、连续记录、事故预警、信息存储等功能；一级或者二级重大危险源，具备紧急停车功能。记录的电子数据的保存时间不少于 30 天。

② 重大危险源的化工生产装置装备满足安全生产要求的自动化控制系统；一级或者二级重大危险源，装备紧急停车系统。

③ 对重大危险源中的毒性气体、剧毒液体和易燃气体等重点设施，设置紧急切断装置；毒性气体的设施，设置泄漏物紧急处置装置。涉及毒性气体、液化气体、剧毒液体的一级或者二级重大危险源，配备独立的安全仪表系统（SIS）。

④ 重大危险源中储存剧毒物质的场所或者设施，设置视频监控系统。

⑤ 安全监测监控系统符合国家标准或者行业标准的规定。

（3）通过定量风险评价确定的重大危险源的个人和社会风险值，不得超过个人和社会可容许风险限值标准。超过个人和社会可容许风险限值标准的，危险化学品单位应当采取相应的降低风险措施。

（4）危险化学品单位应当按照国家有关规定，定期对重大危险源的安全设施和安全监测监控系统进行检测、检验，并进行经常性维护、保养，保证重大危险源的安全设施和安全监测监控系统有效、可靠运行。维护、保养、检测应当做好记录，并由有关人员签字。

（5）危险化学品单位应当明确重大危险源中关键装置、重点部位的责任人或者责任机构，并对重大危险源的安全生产状况进行定期检查，及时采取措施消除事故隐患。事故隐患难以立即排除的，应当及时制订治理方案，落实整改措施、责任、资金、时限和预案。

（6）危险化学品单位应当对重大危险源的管理和操作岗位人员进行安全操作技能培训，使其了解重大危险源的危险特性，熟悉重大危险源安全管理规章制度和安全操作规程，掌握本岗位的安全操作技能和应急措施。

（7）危险化学品单位应当在重大危险源所在场所设置明显的安全警示标志，写明紧急情况下的应急处置办法。

（8）危险化学品单位应当将重大危险源可能发生的事故后果和应急措施等信息，以适当方式告知可能受影响的单位、区域及人员。

（9）危险化学品单位应当依法制订重大危险源事故应急预案，建立应急救援组织或者配备应急救援人员，配备必要的防护装备及应急救援器材、设备、物资，并保障其完好和方便使用；配合地方人民政府安全生产监督管理部门制订所在地区涉及本单位的危险化学品事故应急预案。

对存在吸入性有毒、有害气体的重大危险源，危险化学品单位应当配备便携式浓度检测设备、空气呼吸器、化学防护服、堵漏器材等应急器材和设备；涉及剧毒气体的重大危险源，还应当配备两套以上（含本数）气密型化学防护服；涉及易燃易爆气体或者易燃液体蒸气的重大危险源，还应当配备一定数量的便携式可燃气体检测设备。

（10）危险化学品单位应当制订重大危险源事故应急预案演练计划，并按照下列要求进行事故应急预案演练：

① 对重大危险源专项应急预案，每年至少进行一次。

② 对重大危险源现场处置方案，每半年至少进行一次。

应急预案演练结束后，危险化学品单位应当对应急预案演练效果进行评估，撰写应急预案演练评估报告，分析存在的问题，对应急预案提出修订意见，并及时修订完善。

（11）有下列情形之一的，危险化学品单位应当对重大危险源重新进行辨识、安全评估及分级：

① 重大危险源安全评估已满三年的。

② 构成重大危险源的装置、设施或者场所进行新建、改建、扩建的。

③ 危险化学品种类、数量、生产、使用工艺或者储存方式及重要设备、设施等发生变化，影响重大危险源级别或者风险程度的。

④ 外界生产安全环境因素发生变化，影响重大危险源级别和风险程度的。

⑤ 发生危险化学品事故造成人员死亡，或者 10 人以上受伤，或者影响到公共安全的。

⑥ 有关重大危险源辨识和安全评估的国家标准、行业标准发生变化的。

3．核　销

重大危险源经过安全评价或者安全评估不再构成重大危险源的，危险化学品单位应当向所在地县级人民政府安全生产监督管理部门申请核销。

申请核销重大危险源应当提交下列文件、资料：

（1）载明核销理由的申请书。

（2）单位名称、法定代表人、住所、联系人、联系方式。

（3）安全评价报告或者安全评估报告。

第六章　危险化学品经营事故隐患排查与事故应急知识

【本章学习要点】

（1）危险化学品事故隐患排查知识。

（2）危险化学品事故应急知识，包括应急管理、应急救援、应急预案。

（3）安全生产管理人员还要掌握常用危险化学品的事故处置技术要点。

第一节　危险化学品经营单位事故隐患排查

一、事故隐患排查的基本知识

为了切实落实企业安全生产主体责任，有效防范和减少事故，保障人民群众生命财产安全，通过事故隐患排查治理能够有效地促进危险化学品企业建立长效安全机制。因此，企业要建立健全事故隐患排查治理和监控制度，逐级建立并落实从主要负责人到全体员工的隐患排查治理和监控机制。要将隐患排查治理纳入日常安全管理，形成全面覆盖、全员参与的隐患排查治理工作机制，使隐患排查治理工作制度化、常态化，做到隐患整改的措施、责任、资金、时限和预案"五到位"。建立事故隐患报告和举报奖励制度，动员、鼓励从业人员及时发现和消除事故隐患。对发现、消除和举报事故隐患的人员，应当给予奖励和表彰。

所谓的事故隐患，是指不符合安全生产法律、法规、规章、标准、规程和安全生产管理制度的规定，或者因其他因素在生产经营活动中存在可能导致事故发生或导致事故后果扩大的物的危险状态、人的不安全行为和管理上的缺陷，包括：作业场所、设备设施、人的行为及安全管理等方面存在的不符合国家安全生产法律法规、标准规范和相关规章制度规定的情况；法律法规、标准规范及相关制度未作明确规定，但企业危害识别过程中识别出作业场所、设备设施、人的行为及安全管理等方面存在的缺陷。

事故隐患排查治理是企业安全管理的基础工作，是企业安全生产标准化风险管理要素的重点内容，应按照"谁主管、谁负责"和"全员、全过程、全方位、全天候"的原则，明确职责，建立健全企业隐患排查治理制度和保证制度有效执行的管理体系，努力做到及时发现、及时消除各类安全生产隐患，保证企业安全生产。

事故隐患排查要按专业和部位，明确排查的责任人、排查内容、排查频次和登记上报的工作流程。

　　事故隐患监控要建立事故隐患信息档案，明确隐患的级别，按照"五定"（定整改方案、定资金来源、定项目负责人、定整改期限、定控制措施）的原则，落实隐患治理的各项措施，对隐患治理情况进行监控，保证隐患治理按期完成。

　　事故隐患治理要分类实施：能够立即整改的隐患，必须确定责任人组织立即整改，整改情况要安排专人进行确认；无法立即整改的隐患，要按照评估—治理方案论证—资金落实—限期治理—验收评估—销号的工作流程，明确每一工作节点的责任人，实行闭环管理；重大隐患治理工作结束后，企业应组织技术人员和专家对隐患治理情况进行验收，保证按期完成和治理效果。

二、事故隐患排查方式及频次

　　（1）隐患排查工作可与企业各专业的日常管理、专项检查和监督检查等工作相结合，科学整合下述方式进行：

　　① 日常隐患排查：日常隐患排查要加强对危险化学品储存场所、要害部位、关键环节、重大危险源的检查和巡查。

　　② 综合性隐患排查：主要以安全责任制、各项专业管理制度和安全生产管理制度落实情况为重点，各有关部门共同参与的全面检查。

　　③ 专业性隐患排查：主要对区域位置及总图布置、设备、电气、储运、消防和公用工程等分别进行的专业检查。

　　④ 季节性隐患排查：主要根据各季节特点开展的专项隐患检查，主要包括：春季以防雷、防静电、防解冻泄漏、防解冻坍塌为重点；夏季以防雷暴、防设备容器高温超压、防风、防洪、防暑降温为重点；秋季以防雷暴、防火、防静电、防凝保温为重点；冬季以防火、防爆、防雪、防冻防凝、防滑、防静电为重点。

　　⑤ 重大活动及节假日前隐患排查：主要是在重大活动和节假日前，对储存场所是否存在异常状况和隐患、应急物资储备、企业保卫、应急工作等进行的重点检查。

　　⑥ 事故类比隐患排查：主要是对企业内和同类企业发生事故后的举一反三的安全检查。

　　（2）企业进行隐患排查的频次应满足：

　　① 企业对危险化学品储存、装卸场所，每天应不少于两次的现场巡检。

　　② 危险化学品储存、装卸场所应结合岗位责任制检查，由企业每周组织至少一次隐患排查。

　　③ 企业应根据季节性特征及本单位的生产实际，每季度开展一次有针对性的季节性隐患排查；重大活动及节假日前必须进行一次隐患排查。

　　④ 企业至少每半年组织一次，基层单位至少每季度组织一次综合性隐患排查和专业隐患排查，两者可结合进行。

　　⑤ 当获知同类企业发生伤亡及泄漏、火灾爆炸等事故时，应举一反三，及时进行事故类比隐患专项排查。

　　（3）当发生以下情形之一，企业应及时组织进行相关专业的隐患排查：

　　① 颁布实施有关新的法律法规、标准规范或原有适用法律法规、标准规范重新修订的。

　　② 组织机构和人员发生重大调整的。

③ 内部、外部安全环境发生重大变化。

④ 发生事故或对事故、事件有新的认识。

⑤ 气候条件发生大的变化或预报可能发生重大自然灾害。

三、事故隐患排查内容

根据危险化学品经营行业的特点，事故隐患排查主要可以从基础管理类和现场管理类两个大方面进行。

（1）基础管理类事故隐患，主要从以下 13 个方面进行隐患的排查：

① 资质证照；

② 安全生产管理机构及人员；

③ 安全规章制度；

④ 安全培训教育；

⑤ 安全投入；

⑥ 相关方管理；

⑦ 重大危险源管理；

⑧ 个体防护装备；

⑨ 职业健康；

⑩ 应急管理；

⑪ 隐患排查治理；

⑫ 事故报告、调查和处理；

⑬ 其他。

（2）现场管理类事故隐患，主要从以下 10 个方面进行隐患的排查：

① 作业场所；

② 设备设施；

③ 防护、保险、信号等装置装备；

④ 原辅物料、产品；

⑤ 职业病危害；

⑥ 相关方作业；

⑦ 安全技能；

⑧ 个体防护；

⑨ 作业许可；

⑩ 其他。

四、事故隐患治理与上报

1．隐患级别

事故隐患可按照整改难易及可能造成的后果严重性，分为一般事故隐患和重大事故隐患。

（1）一般事故隐患：是指能够及时整改，不足以造成人员伤亡、财产损失的隐患。对于一般事故隐患，可按照隐患治理的负责单位，分为班组级、基层车间级、基层单位（厂）级直至企业级。

（2）重大事故隐患：是指无法立即整改且可能造成人员伤亡、较大财产损失的隐患。

2．隐患治理

（1）企业应对排查出的各级隐患，做到"五定"，并将整改落实情况纳入日常管理进行监督，及时协调在隐患整改中存在的资金、技术、物资采购、施工等各方面问题。

（2）对一般事故隐患，由企业基层单位负责人或者有关人员立即组织整改。

（3）对于重大事故隐患，企业要结合自身的生产经营实际情况，确定风险可接受标准，评估隐患的风险等级。

（4）重大事故隐患的治理应满足以下要求：

① 当风险处于很高风险区域时，应立即采取充分的风险控制措施，防止事故发生，同时编制重大事故隐患治理方案，尽快进行隐患治理，必要时立即停产治理；

② 当风险处于一般高风险区域时，企业应采取充分的风险控制措施，防止事故发生，并编制重大事故隐患治理方案，选择合适的时机进行隐患治理；

③ 对于处于中风险的重大事故隐患，应根据企业实际情况，进行成本—效益分析，编制重大事故隐患治理方案，选择合适的时机进行隐患治理，尽可能将其降低到低风险。

（5）对于重大事故隐患，由企业主要负责人组织制定并实施事故隐患治理方案。重大事故隐患治理方案应包括：

① 治理的目标和任务；

② 采取的方法和措施；

③ 经费和物资的落实；

④ 负责治理的机构和人员；

⑤ 治理的时限和要求；

⑥ 防止整改期间发生事故的安全措施。

（6）事故隐患治理方案、整改完成情况、验收报告等应及时归入事故隐患档案。隐患档案应包括以下信息：隐患名称、隐患内容、隐患编号、隐患所在单位、专业分类、归属职能部门、评估等级、整改期限、治理方案、整改完成情况、验收报告等。事故隐患排查、治理过程中形成的传真、会议纪要、正式文件等，也应归入事故隐患档案。

3．隐患上报

（1）企业应当定期通过"隐患排查治理信息系统"向属地安全生产监督管理部门和相关部门上报隐患统计汇总及存在的重大隐患情况。

（2）对于重大事故隐患，企业除依照前款规定报送外，应当及时向安全生产监督管理部门和有关部门报告。重大事故隐患报告的内容应当包括：

① 隐患的现状及其产生原因；

② 隐患的危害程度和整改难易程度分析；

③ 隐患的治理方案。

第二节　危险化学品事故应急管理的基本要求

一、应急管理及相关概念

1．应急管理

对紧急事件的全过程管理，尽管紧急事件的发生往往具有突发性和偶然性，但紧急事件的应急管理应贯穿于其发生前、中、后的各个过程，不只限于其发生后的应急救援行动。

从图 6-1 可以看出事故应急管理的内涵，包括预防、准备、响应和恢复 4 个阶段。这 4 个阶段前后相互关联、交织，共同构成一个循环系统。同时，每个阶段又彼此独立，每一阶段又是构筑在前一阶段之上，互相包含彼此关键性要素和目标。

我国应急管理工作内容可概括为"一案三制"。

"一案"是指应急预案，就是根据发生和可能发生的突发事件，事先研究制订的应对计划和方案。应急预案包括各级政府总体预案、专项预案和部门预案，以及基层单位的预案和大型活动的单项预案。

"三制"是指应急工作的管理体制、运行机制和法制。

一是建立健全和完善应急预案体系。就是要建立"纵向到底，横向到边"的预案体系。所谓"纵"，就是按垂直管理的要求，从国家到省到市、县、乡镇各级政府和基层单位都要制订应急预案，不可断层；所谓"横"，就是所有种类的突发公共事件都要有部门管，都要制订专项预案和部门预案，不可或缺。相关预案之间要做到互相衔接，逐级细化。预案的层级越低，各项规定就要越明确、越具体，避免出现"上下一般粗"现象，防止照搬照套。

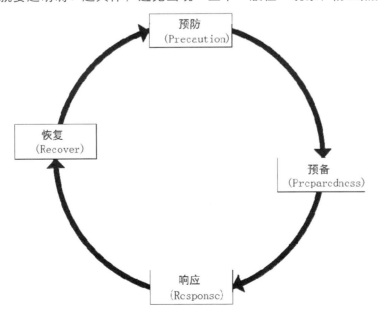

图 6-1　事故应急管理的四阶段示意图

二是建立健全和完善应急管理体制。主要建立健全集中统一、坚强有力的组织指挥机构，发挥我们国家的政治优势和组织优势，形成强大的社会动员体系。建立健全以事发地党委、政府为主、有关部门和相关地区协调配合的领导责任制，建立健全应急处置的专业队伍、专家队伍。必须充分发挥人民解放军、武警和预备役民兵的重要作用。

三是建立健全和完善应急运行机制。主要是要建立健全监测预警机制、信息报告机制、应急决策和协调机制、分级负责和响应机制、公众的沟通与动员机制、资源的配置与征用机制，奖惩机制和城乡社区管理机制等等。

四是建立健全和完善应急法制。主要是加强应急管理的法制化建设，把整个应急管理工作建设纳入法制和制度的轨道，按照有关的法律法规来建立健全预案，依法行政，依法实施应急处置工作，要把法治精神贯穿于应急管理工作的全过程。

应急管理工作的工作原则可以概括为以下几点：

（1）以人为本，安全第一。把保障人民群众的生命财产安全和身体健康作为应急工作首要任务，最大限度地减少突发生产安全事故及其造成的人员伤亡和危害。切实加强应急救援人员的安全防护，充分发挥人的主观能动性，充分发挥专业救援力量的骨干作用和人民群众的基础作用。

（2）预防为主，平战结合。贯彻落实"安全第一，预防为主，综合治理"的方针，坚持事故灾难应急与预防工作相结合。做好预防、防测、预警、和预报工作，做好常态下的风险评估、物资储备、队伍建设、完善装备、预案演练等工作。

（3）统一领导，分级负责。发生事故后，在应急指挥部的统一领导与协调下，各相关单位按照各自的职责和权限，负责相应的应急管理和应急处置工作。

（4）快速反应，协同应对。加强以属地管理为主的应急队伍建设，建立联动协调制度，同时充分动员和发挥的企事业单位、社区和志愿者队伍的作用，依靠公众力量，形成统一指挥、反应灵敏、功能齐全、协调有序、运转高效的应急管理机制。

2．应急救援

在应急响应过程中，为消除、减少事故危害，防止事故扩大或恶化，最大限度地降低事故造成的损失或危害而采取的救援措施或行动。

3．应急预案

应急预案又称事故应急计划，针对可能发生的事故，为迅速、有序地开展应急行动而预先制订的行动方案。是应急体系的重要组成部分。是在对危险源辨识与风险分析的基础上，对应急机构、应急人员职责、应急程序、保障措施等预先做的安排。

应急预案按事故类型可分为：自然灾害应急预案、事故灾难应急预案、突发公共卫生事件应急预案、突发社会安全事件应急预案。

应急预案按按对象范围可分为：综合预案、专项预案、现场处置预案和临时单项预案。

二、危险化学品事故应急救援的基本原则

危险化学品事故的特点是发生突然、扩散迅速、危害途径多、事故后果严重。因此，在危险化学品事故发生时应迅速、有效地控制或降低其可能造成的后果和影响。

1．应急救援的基本程序

事故应急救援的程序一般可分为接警、响应级别确定、应急启动、救援行动、应急恢复和应急结束等几个过程，如图 6-2 所示。

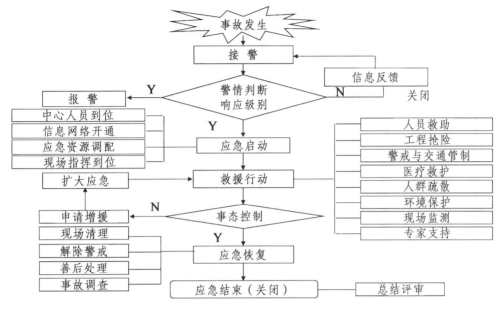

图 6-2　应急救援的基本程序图

2．危险化学品事故应急救援的基本任务

危险化学品事故发生时，应采取必要的应急处置措施，减少事故损失，防止事故蔓延、扩大，应急救援的基本任务包括：

（1）立即组织营救和救治受害人员，疏散、撤离或者采取其他措施保护危害区域内的其他人员。

（2）迅速控制危害源，测定危险化学品的性质、事故的危害区域及危害程度。

（3）针对事故对人体、动植物、土壤、水源、大气造成的现实危害和可能产生的危害，迅速采取封闭、隔离、洗消等措施。

（4）对危险化学品事故造成的环境污染和生态破坏状况进行监测、评估，并采取相应的环境污染治理和生态修复措施。

3．危险化学品事故应急救援的基本形式

危险化学品事故应急救援按事故波及范围及其危害程度，可采取单位自救、社会救援和有关单位技术协助 3 种形式。

（1）单位自救。危险化学品的经营单位应当建立应急救援组织或指定兼职的应急救援人员，一旦发生危险化学品事故，事故单位主要负责人应当立即按照本单位危险化学品应急预案组织救援，并向当地安全生产监督管理部门和环境保护、公安、卫生主管部门报告。

（2）社会救援。发生危险化学品事故，有关地方人民政府应当立即组织安全生产监督管理、环境保护、公安、卫生、交通运输等有关部门，按照本地区危险化学品事故应急预案组织实施救援，不得拖延、推诿。并采取必要的应急处置措施，减少事故损失，防止事故蔓延、扩大。

（3）技术协助。有关危险化学品单位（如国家危险化学品应急救援中心）应当为危险化学品事故应急救援提供技术指导和必要的协助。

第三节　危险化学品事故应急救援的编制

一、应急预案的目的

为了提高对突发事故的处理能力，预先制订的事故应急救援行动计划，当事故发生时，可以迅速而有效地按预先设定的救援行动计划将事故损失减至最小，这就是编制应急预案的目的。

二、应急预案的编制基本要求

生产经营单位应急预案的编制要做到全员参与，使预案的制订过程成为隐患排查治理的过程和全员应急知识培训教育的过程。与此同时，要加强应急预案管理，适时修订完善应急预案，组织专家进行评审或论证，按照有关规定将应急预案报当地政府和有关部门备案，并与当地政府和有关部门应急预案相互衔接。

并要将安全生产应急工作规章制度建设作为企业安全生产管理的重要组成部分，制订完善事故预防、预测、预警和应急值守、信息报告、现场处置、应急投入、物资保障等规章制度。

应急预案的编制应当符合下列基本要求：

（1）符合有关法律、法规、规章和标准的规定。

（2）结合本地区、本部门、本单位的安全生产实际情况。

（3）结合本地区、本部门、本单位的危险性分析情况。

（4）应急组织和人员的职责分工明确，并有具体的落实措施。

（5）有明确、具体的事故预防措施和应急程序，并与其应急能力相适应。

（6）有明确的应急保障措施，并能满足本地区、本部门、本单位的应急工作要求。

（7）预案基本要素齐全、完整，预案附件提供的信息准确。

（8）预案内容与相关应急预案相互衔接。

三、应急预案编制的基本步骤

1．编制准备

编制应急预案应做好以下准备工作：

（1）全面分析本单位危险因素、可能发生的事故类型及事故的危害程度。

（2）排查事故隐患的种类、数量和分布情况，并在隐患治理的基础上，预测可能发生的事故类型及其危害程度。

（3）确定事故危险源，进行风险评估。

（4）针对事故危险源和存在的问题，确定相应的防范措施。

（5）客观评价本单位应急能力。

（6）充分借鉴国内外同行业事故教训及应急工作经验。

2．成立应急预案编制工作组

生产经营单位应结合本单位部门职能和分工，成立以单位主要负责人（或分管负责人）为组长，单位相关部门人员参加的应急预案编制工作组，明确工作职责和任务分工，制订工作计划，组织开展应急预案编制工作。

3．资料收集

应急预案编制工作组应收集与预案编制工作相关的法律法规、技术标准、应急预案、国内外同行业企业事故资料，同时收集本单位安全生产相关技术资料、周边环境影响、应急资源等有关资料。

4．风险评估

在危险因素分析及事故隐患排查、治理的基础上，确定本单位的危险源、可能发生事故的类型和后果，并进行事故风险评估，其主要内容包括：

（1）分析生产经营单位存在的危险因素，确定事故危险源。

（2）分析可能发生的事故类型及后果，并指出可能产生的次生、衍生事故。

（3）评估事故的危害程度和影响范围，提出风险防控措施。

5．应急能力评估

在全面调查和客观分析生产经营单位应急队伍、装备、物资等应急资源状况基础上开展应急能力评估，并依据评估结果，完善应急保障措施。

6．应急预案编制

依据本单位风险评估及应急能力评估结果，组织编制应急预案。应急预案编制过程中，应注重全体人员的参与和培训，使所有与事故有关人员均掌握危险源的危险性、应急处置方案和技能。应急预案编制应注重系统性和可操作性，做到与相关部门和单位应急预案相衔接。

7．应急预案评审与发布

应急预案编制完成后，生产经营单位应组织评审。评审分为内部评审和外部评审，内部评审由生产经营单位主要负责人组织有关部门和人员进行。外部评审由生产经营单位组织外部有关专家和人员进行评审。应急预案评审合格后，由生产经营单位主要负责人（或分管负责人）签发实施，并进行备案管理。

四、应急预案的主要内容

依据《生产经营单位生产安全事故应急预案编制导则》（GB/T 29639-2013）的规定，生产经营单位生产安全事故应急预案应包括综合应急预案、专项应急预案、现场处置方案以及附件。生产经营单位应根据本单位组织管理体系、生产规模、危险源的性质以及可能发生的事故类型确定应急预案体系，并可根据本单位的实际情况，确定是否编制专项应急预案。风险因素单一的小微型生产经营单位可只编写现场处置方案。

综合应急预案是生产经营单位应急预案体系的总纲，主要从总体上阐述事故的应急工作原则，包括生产经营单位的应急组织机构及职责、应急预案体系、事故风险描述、预警及信息报告、应急响应、保障措施、应急预案管理等内容。

专项应急预案是生产经营单位为应对某一类型或某几种类型事故，或者针对重要生产设施、重大危险源、重大活动等内容而制定的应急预案。专项应急预案主要包括事故风险分析、应急指挥机构及职责、处置程序和措施等内容。

现场处置方案是生产经营单位根据不同事故类别，针对具体的场所、装置或设施所制订的应急处置措施，主要包括事故风险分析、应急工作职责、应急处置和注意事项等内容。生产经营单位应根据风险评估、岗位操作规程以及危险性控制措施，组织本单位现场作业人员及安全管理等专业人员共同编制现场处置方案。

（一）综合应急预案的主要内容

1. 总　则

应简述应急预案编制的目的；应急预案编制所依据的法律法规、规章，有关行业管理规定、技术规范和标准，以及相关应急预案；说明应急预案适用的工作范围，以及事故的类型、级别；说明本单位应急预案体系的构成情况，可用框图形式表述；说明本单位应急工作的原则，内容应简明扼要、明确具体等。

2. 生产经营单位的事故风险分析

（1）生产经营单位概况。

主要包括单位地址、从业人数、隶属关系、主要原材料、主要产品、产量等内容，以及周边重大危险源、重要设施、目标、场所和周边布局情况。必要时，可附平面图进行说明。

（2）危险源与风险分析。

主要简述生产经营单位存在或可能发生的事故风险种类、发生的可能性以及严重程度及影响范围等。

3. 应急组织机构及职责

（1）应急组织体系。

明确应急组织形式，构成单位或人员，并尽可能以结构图的形式表示出来。

（2）指挥机构及职责。

明确应急救援指挥机构总指挥、副总指挥、各成员单位及其相应职责。应急救援指挥机构根据事故类型和应急工作需要，可设置相应的应急工作小组，并明确各小组的工作任务及职责。

4．预警及信息报告

（1）预警。

简述生产经营单位存在或可能发生的事故风险种类、发生的可能性以及严重程度及影响范围等。

（2）信息报告。

信息报告程序主要包括：

① 信息接收与通报。明确24 h应急值守电话、事故信息接收、通报程序和责任人。

② 信息上报。明确事故发生后向上级主管部门、上级单位报告事故信息的流程、内容、时限和责任人。

③ 信息传递。明确事故发生后向本单位以外的有关部门或单位通报事故信息的方法、程序和责任人。

应急信息接报、处理、上报等应形成规范化格式文本。

5．应急响应

（1）响应分级。

针对事故危害程度、影响范围和单位控制事态的能力，对事故应急响应分为不同的等级，明确分组响应的原则。

（2）响应程序。

根据事故的级别和发展态势，明确应急指挥机构、应急资源调配、应急救援、扩大应急等响应程序。

（3）处置程序。

针对可能发生的事故风险、事故危害程度和影响范围，制定相应的应急处置措施，明确处置原则和具体要求。

（4）应急结束。

明确应急终止的条件。事故现场得以控制，环境符合有关标准，导致次生、衍生事故隐患消除后，经事故现场应急指挥机构批准后，现场应急结束。应急结束后，应明确：

① 事故情况上报事项；

② 需向事故调查处理小组移交的相关事项；

③ 事故应急救援工作总结报告。

6．信息公开

明确事故应急救援信息向有关新闻媒体、社会公众通报事故信息的部门、负责人和程序以及通报原则。

7．后期处置

主要包括污染物处理、事故后果影响消除、生产秩序恢复、人员安置、善后赔偿、抢险过程和应急救援能力评估及应急预案的修订等内容。

8．保障措施

（1）通信与信息保障。

明确可为生产经营单位提供应急保障的相关单位及人员通信联系方式和方法，并提供备用方案。同时，建立信息通信系统及维护方案，确保应急期间信息畅通。

（2）应急队伍保障。

明确各类应急响应的人力资源，包括专业应急专家、专业应急队伍、兼职应急队伍的组织与保障方案。

（3）应急物资装备保障。

明确应急救援需要使用的应急物资和装备的类型、数量、性能、存放位置、运输及使用条件、管理责任人及其联系方式等内容。

（4）其他保障。

根据应急工作需求而确定的其他相关保障措施，包括应急专项经费保障、交通运输保障、治安保障、医疗保障、后勤保障等。

9．培训与演练

（1）应急预案培训。

明确对生产经营单位人员开展的应急预案培训计划、方式和要求，使有关人员了解相关应急预案内容，熟悉应急职责、应急程序和现场处置方案。如果应急预案涉及社区和居民，要做好宣传教育和告知等工作。

（2）应急预案演练。

明确生产经营单位不同类型应急预案演练的形式、范围、频次、内容以及演练评估、总结等要求。

10．应急预案修订

明确应急预案修订的基本要求，并定期进行评审，实现可持续改进。

11．应急预案备案

明确应急预案的报备部门，并进行备案。

12．应急预案实施

明确应急预案实施的具体时间、负责制定与解释的部门。

（二）专项应急预案的主要内容

1．事故风险分析

针对可能发生的事故风险，分析事故发生的可能性以及严重程度、影响范围等。

2．组织机构及职责

根据事故类型，明确应急指挥机构总指挥、副总指挥以及各成员单位或人员的具体职责。应急指挥机构可以设置相应的应急救援工作小组，明确各小组的工作任务及主要负责人职责。

3．处置程序

明确事故及事故险情信息报告程序和内容、报告方式和责任人等内容。根据事故响应级别，具体描述事故接警报告和记录、应急指挥机构启动、应急指挥、资源调配、应急救援、扩大应急等应急响应程序。

4．处置措施

针对可能发生的事故风险、事故危害程度和影响范围，制订相应的应急处置措施，明确处置原则和具体要求。

（三）现场处置方案的主要内容

1．事故风险分析

主要包括：

（1）事故类型。

（2）事故发生的区域、地点或装置的名称。

（3）事故发生的可能时间、事故的危害严重程度及其影响范围。

（4）事故前可能出现的征兆。

（5）事故可能引发的次生、衍生事故。

2．应急工作职责

根据现场工作岗位、组织形式及人员构成，明确各岗位人员的应急工作分工和职责。

3．应急处置

主要包括以下内容：

（1）事故应急处置程序。根据可能发生的事故类别及现场情况，明确事故报警、各项应急措施启动、应急救护人员的引导、事故扩大及同生产经营单位应急预案的衔接的程序。

（2）现场应急处置措施。针对可能发生的火灾、爆炸、危险化学品泄漏、坍塌、水患、机动车辆伤害等，从人员救护、操作措施、事故控制，消防、现场恢复等方面制定明确的应急处置措施。

（3）明确报警负责人以及报警电话及上级管理部门、相关应急救援 单位联络方式和联系人员，事故报告基本要求和内容。

4．注意事项

主要包括：佩戴个人防护器具方面的注意事项；使用抢险救援器材方面的注意事项；采取救援对策或措施方面的注意事项；现场自救和互救注意事项；现场应急处置能力确认和人员安全防护等事项；应急救援结束后的注意事项；其他需要特别警示的事项。

（四）应急预案的主要附件

1．有关应急部门、机构或人员的联系方式

列出应急工作中需要联系的部门、机构或人员的多种联系方式，当发生变化时及时进行更新。

2．应急物资装备的名录或清单

列出应急预案涉及的主要物资和装备名称、型号、性能、数量、存放地点、运输和使用条件、管理责任人和联系电话等。

3．规范化格式文本

包括应急信息接报、处理、上报、信息公开等规范化格式文本。

4．关键的路线、标识和图纸

主要包括：① 警报系统分布及覆盖范围；② 重要防护目标、危险源一览表、分布图；③ 应急指挥部位置及救援队伍行动路线；④ 疏散路线、警戒范围、重要地点等的标识；⑤ 相关平面布置图纸、救援力量的分布图纸等。

5．有关协议或备忘录

列出与相关应急救援部门签订的应急救援协议或备忘录。

五、常用危险化学品事故应急处置

（一）危险化学品火灾事故的应急处置

危险化学品容易发生着火、爆炸事故，不同的危险化学品在不同的情况下发生火灾时，其扑救方法差异很大，若处置不当，不仅不能有效地扑灭火灾，反而会使险情进一步扩大，造成不应有的财产损失。由于危险化学品本身及其燃烧产物大多具有较强的毒害性和腐蚀性，极易造成人员中毒、灼伤等伤亡事故。因此扑救危险化学品火灾是一项极其重要又非常艰巨和危险的工作。从事危险化学品生产、经营、储存、运输、装卸、包装、使用的人员和处置废弃危险化学品的人员，以及消防、救护人员平时应熟悉和掌握这类物品的主要危险特性及其相应的灭火方法。只有做到知己知彼，防患于未然，才能在扑救各类危险化学品火灾中百战不殆。

扑救危险化学品火灾总的要求是：

（1）先控制，后消灭。针对危险化学品火灾的火势发展蔓延快和燃烧面积大的特点，积极采取统一指挥、以快制快；堵截火势、防止蔓延；重点突破，排除险情；分割包围，速战速决的灭火战术。

（2）扑救人员应占领上风或侧风阵地。

（3）进行火情侦察、火灾扑救、火场疏散人员应有针对性地采取自我防护措施。如佩戴防护面具，穿戴专用防护服等。

（4）应迅速查明燃烧范围、燃烧物品及其周围物品的品名和主要危险特性、火势蔓延的主要途径。

（5）正确选择最适应的灭火剂和灭火方法。火势较大时，应先堵截火势蔓延，控制燃烧范围，然后逐步扑灭火势。

（6）对有可能发生爆炸、爆裂、喷溅等特别危险需紧急撤退的情况，应按照统一的撤退信号、撤退路线和撤退方法及时撤退。（撤退信号应格外醒目，能使现场所有人员都看到或听到，并应经常预先演练）。

（7）火灾扑灭后，起火单位应当保护现场，接受事故调查，协助公安消防监督部门和上级安全管理部门调查火灾原因，核定火灾损失，查明火灾责任，未经公安监督部门和上级安全监督管理部门的同意，不得擅自清理火灾现场。

1. 扑救爆炸物品火灾的基本方法

爆炸物品一般都有专门的储存仓库。这类物品由于内部结构含有爆炸性基团，受摩擦、撞击、震动、高温等外界因素诱发，极易发生爆炸，遇明火则更危险。发生爆炸物品火灾时，一般应采取以下基本方法：

（1）迅速判断和查明再次发生爆炸的可能性和危险性，紧紧抓住爆炸后和再次发生爆炸之前的有利时机，采取一切可能的措施，全力制止再次爆炸的发生。

（2）不能用沙土盖压，以免增强爆炸物品爆炸时的威力。

（3）如果有疏散可能，人身安全上确有可靠保障，应迅即组织力量及时疏散着火区域周围的爆炸物品，使着火区周围形成一个隔离带。

（4）扑救爆炸物品堆垛时，水流应采用吊射，避免强力水流直接冲击堆垛，以免堆垛倒塌引起再次爆炸。

（5）灭火人员应积极采取自我保护措施，尽量利用现场的地形、地物作为掩蔽体或尽量采用卧姿等低姿射水；消防车辆不要停靠离爆炸物品太近的水源。

（6）灭火人员发现有发生再次爆炸的危险时，应立即向现场指挥报告，现场指挥应迅即作出准确判断，确有发生再次爆炸征兆或危险时，应立即下达撤退命令。灭火人员看到或听到撤退信号后，应迅速撤至安全地带，来不及撤退时，应就地卧倒。

2. 扑救压缩气体和液化气体火灾的基本方法

压缩气体和液化气体总是被储存在不同的容器内，或通过管道输送。其中储存在较小钢瓶内的气体压力较高，受热或受火焰熏烤容易发生爆裂。气体泄露后遇着火源已形成稳定燃烧时，其发生爆炸或再次爆炸的危险性与可燃气体泄漏未燃时相比要小得多。遇压缩或液化气体火灾一般应采取以下基本方法：

（1）扑救气体火灾切忌盲目灭火，即使在扑救周围火势以及冷却过程中不小心把泄漏处的火焰扑灭了，在没有采取堵漏措施的情况下，也必须立即用长点火棒将火点燃，使其恢复稳定燃烧。否则，大量可燃气体泄漏出来与空气混合，遇着火源就会发生爆炸，后果将不堪设想。

（2）首先应扑灭外围被火源引燃的可燃物火势，切断火势蔓延途径，控制燃烧范围，并积极抢救受伤和被困人员。

（3）如果火势中有压力容器或有受到火焰辐射热威胁的压力容器，能疏散的应尽量在水枪的掩护下疏散到安全地带，不能疏散的应部署足够的水枪进行冷却保护。为防止容器爆裂伤人，进行冷却的人员应尽量采用低姿射水或利用现场坚实的掩蔽体防护。对卧式贮罐，冷却人员应选择贮罐四侧角作为射水阵地。

（4）如果是输气管道泄漏着火，应首先设法找到气源阀门。阀门完好时，只要关闭气体阀门，火势就会自动熄灭。

（5）贮罐或管道泄漏关阀无效时，应根据火势大小判断气体压力和泄漏口的大小及其形状，准备好相应的堵漏材料（如软木塞、橡皮塞、气囊塞、黏合剂、弯管工具等）。

（6）堵漏工作准备就绪后，即可用水扑救火势，也可用干粉、二氧化碳灭火，但仍需用水冷却烧烫的罐或管壁。火扑灭后，应立即用堵漏材料堵漏，同时用雾状水稀释和驱散泄漏出来的气体。

（7）一般情况下完成了堵漏也就完成了灭火工作，但有时一次堵漏不一定能成功，如果一次堵漏失败，再次堵漏需一定时间，应立即用长点火棒将泄漏处点燃，使其恢复稳定燃烧，以防止较长时间泄漏出来的大量可燃气体与空气混合后形成爆炸性混合物，从而潜伏发生爆炸的危险，并准备再次灭火堵漏。

（8）如果确认泄漏口很大，根本无法堵漏，只需冷却着火容器及其周围容器和可燃物品，控制着火范围，直到燃气燃尽，火势自动熄灭。

（9）现场指挥应密切注意各种危险征兆，遇有火势熄灭后较长时间未能恢复稳定燃烧或受热辐射的容器安全阀火焰变亮耀眼、尖叫、晃动等爆裂征兆时，指挥员必须适时做出准确判断，及时下达撤退命令。现场人员看到或听到事先规定的撤退信号后，应迅速撤退至安全地带。

（10）气体贮罐或管道阀门处泄漏着火时，在特殊情况下，只要判断阀门还有效，也可违反常规，先扑灭火势，再关闭阀门。一旦发现关闭已无效，一时又无法堵漏时，应迅即点燃，恢复稳定燃烧。

3. 扑救易燃液体火灾的基本方法

易燃液体通常也是贮存在容器内或用管道输送的。与气体不同的是，液体容器有的密闭，有的敞开，一般都是常压，只有反应锅（炉、釜）及输送管道内的液体压力较高。液体不管是否着火，如果发生泄漏或溢出，都将顺着地面流淌或水面漂散，而且，易燃液体还有比重和水溶性等涉及能否用水和普通泡沫扑救的问题以及危险性很大的沸溢和喷溅问题，因此，扑救易燃液体火灾往往也是一场艰难的战斗。遇易燃液体火灾，一般应采取以下基本方法：

（1）首先应切断火势蔓延的途径，冷却和疏散受火势威胁的密闭容器和可燃物，控制燃烧范围，并积极抢救受伤和被困人员。如有液体流淌时，应筑堤（或用围油栏）拦截漂散流淌的易燃液体或挖沟导流。

（2）及时了解和掌握着火液体的品名、比重、水溶性以及有无毒害、腐蚀、沸溢、喷溅等危险性，以便采取相应的灭火和防护措施。

（3）对较大的贮罐或流淌火灾，应准确判断着火面积。

① 小面积（一般 50 m² 以内）液体火灾，一般可用雾状水扑灭。用泡沫、干粉、二氧化碳灭火一般更有效。

② 大面积液体火灾则必须根据其相对密度、水溶性和燃烧面积大小，选择正确的灭火剂扑救。

③ 比水轻又不溶于水的液体（如汽油、苯等），用直流水、雾状水灭火往往无效。可用普通蛋白泡沫或轻水泡沫扑灭。用干粉扑救时灭火效果要视燃烧面积大小和燃烧条件而定，最好用水冷却罐壁。

④ 比水重又不溶于水的液体（如二硫化碳）起火时可用水扑救，水能覆盖在液面上灭火。用泡沫也有效。用干粉扑救，灭火效果要视燃烧面积大小和燃烧条件而定。最好用水冷却罐壁，降低燃烧强度。

⑤ 具有水溶性的液体（如醇类、酮类等），虽然从理论上讲能用水稀释扑救，但用此法

要使液体闪点消失，水必须在溶液中占很大的比例，这不仅需要大量的水，也容易使液体溢出流淌，而普通泡沫又会受到水溶性液体的破坏（如果普通泡沫强度加大，可以减弱火势），因此，最好用抗溶性泡沫扑救，用干粉扑救时，灭火效果要视燃烧面积大小和燃烧条件而定，也需用水冷却罐壁，降低燃烧强度。

（4）扑救毒害性、腐蚀性或燃烧产物毒害性较强的易燃液体火灾，扑救人员必须佩戴防护面具，采取防护措施。

（5）扑救原油和重油等具有沸溢和喷溅危险的液体火灾，必须注意计算可能发生沸溢、喷溅的时间和观察是否有沸溢、喷溅的征兆。指挥员发现危险征兆时应迅即作出准确判断，及时下达撤退命令，避免造成人员伤亡和装备损失。扑救人员看到或听到统一撤退信号后，应立即撤至安全地带。

（6）遇易燃液体管道或贮罐泄漏着火，在切断蔓延方向，把火势限制在一定范围内的同时，对输送管道应设法找到并关闭进、出阀门，如果管道阀门已损坏或是贮罐泄漏，应迅速准备好堵漏材料，然后先用泡沫、干粉、二氧化碳或雾状水等扑灭地上的流淌火焰，为堵漏扫清障碍，其次再扑灭泄漏口的火焰，并迅速采取堵漏措施。与气体堵漏不同的是，液体一次堵漏失败，可连续堵几次，只要用泡沫覆盖地面，并堵住液体流淌和控制好周围着火源，不必点燃泄漏口的液体。

4．扑救易燃固体、自燃物品火灾的基本方法

易燃固体、自燃物品一般都可用水和泡沫扑救，相对其他种类的危险化学品而言是比较容易扑救的，只要控制住燃烧范围，逐步扑灭即可。但也有少数易燃固体、自燃物品的扑救方法比较特殊，如 2，4—二硝基苯甲醚、二硝基萘、萘、黄磷等。

（1）1，2，4—二硝基苯甲醚、二硝基萘、萘等是能升华的易燃固体，受热发出易燃蒸气。火灾时可用雾状水、泡沫扑救并切断火势蔓延途径，但应注意，不能以为明火焰扑灭即已完成灭火工作，因为受热以后升华的易燃蒸气能在不知不觉中飘逸，在上层与空气能形成爆炸性混合物，尤其是在室内，易发生爆燃。因此，扑救这类物品火灾千万不能被假象所迷惑。在扑救过程中应不时向燃烧区域上空及周围喷射雾状水，并用水浇灭燃烧区域及其周围的一切火源。

（2）黄磷是自燃点很低在空气中能很快氧化升温并自燃的自燃物品。遇黄磷火灾时，首先应切断火势蔓延途径，控制燃烧范围。对着火的黄磷应用低压水或雾状水扑救。高压直流水冲击能引起黄磷飞溅，导致灾害扩大。黄磷熔融液体流淌时应用泥土、砂袋等筑堤拦截并用雾状水冷却，对磷块和冷却后已固化的黄磷，应用钳子钳入贮水容器中。来不及钳时可先用砂土掩盖，但应做好标记，等火势扑灭后，再逐步集中到储水容器中。

（3）少数易燃固体和自燃物品不能用水和泡沫扑救，如三硫化二磷、铝粉、烷基铅、保险粉等，应根据具体情况区别处理。宜选用干砂和不用压力喷射的干粉扑救。

5．扑救遇湿易燃物品火灾的基本方法

遇湿易燃物品能与潮湿和水发生化学反应，产生可燃气体和热量，有时即使没有明火也能自动着火或爆炸，如金属钾、钠以及三乙基铝（液态）等。因此，这类物品有一定数量时，绝对禁止用水、泡沫等湿性灭火剂扑救。这类物品的这一特殊性给其火灾时的扑救带来了很大的困难。

对遇湿易燃物品火灾一般应采取以下基本方法：

（1）首先应了解清楚遇湿易燃物品的品名、数量、是否与其他物品混存、燃烧范围、火势蔓延途径。

（2）如果只有极少量（一般 50 g 以内）遇湿易燃物品，则不管是否与其他物品混存，仍可用大量的水或泡沫扑救。水或泡沫刚接触着火点时，短时间内可能会使火势增大，但少量遇湿易燃物品燃尽后，火势很快就会熄灭或减小。

（3）如果遇湿易燃物品数量较多，且未与其他物品混存，则绝对禁止用水或泡沫等湿性灭火剂扑救。遇湿易燃物品应用干粉、二氧化碳扑救，只有金属钾、钠、铝、镁等个别物品用二氧化碳无效。固体遇湿易燃物品应用水泥、干砂、干粉、硅藻土和蛭石等覆盖。水泥是扑救固体遇湿易燃物品火灾比较容易得到的灭火剂。

对遇湿易燃物品中的粉尘如镁粉、铅粉等，切忌喷射有压力的灭火剂，以防止将粉尘吹扬起来，与空气形成爆炸性混合物而导致爆炸发生。

（4）如果其他物品火灾威胁到相邻的遇湿易燃物品，应将遇湿易燃物品迅速疏散，转移至安全地点。如因遇湿易燃物品较多，一时难以转移，应先用油布或塑料膜等其他防水布将遇湿易燃物品遮盖好，然后再在上面盖上棉被并淋上水。如果遇湿易燃物品堆放处地势不太高，可在其周围用土筑一道防水堤。在用水或泡沫扑救火灾时，对相邻的遇湿易燃物品应留有一定的力量监护。

6．扑救氧化剂和有机过氧化物火灾的基本方法

氧化剂和有机过氧化物从灭火角度讲是一个杂类，既有固体、液体，又有气体；既不像遇湿易燃物品一概不能用水和泡沫扑救，也不像易燃固体几乎都可用水和泡沫扑救。有些氧化剂本身不燃，但遇可燃物品或酸碱能着火和爆炸。有机过氧化物（如过氧化二苯甲酰等）本身就能着火、爆炸，危险性特别大，扑救时要注意人员防护。不同的氧化剂和有机过氧化物火灾，有的可用水（最好雾状水）和泡沫扑救，有的不能用水和泡沫，有的不能用二氧化碳扑救。因此，扑救氧化剂和有机过氧化物火灾是一场复杂而又艰难的战斗。遇到氧化剂和有机过氧化物火灾，一般应采取以下基本方法：

（1）迅速查明着火或反应的氧化剂和有机过氧化物以及其他燃烧物的品名、数量、主要危险特性、燃烧范围、火势蔓延途径、能否用水或泡沫扑救。

（2）能用水或泡沫扑救时，应尽一切或能切断火势蔓延，使着火区孤立，限制燃烧范围，同时应积极抢救受伤和被困人员。

（3）不能用水、泡沫、二氧化碳扑救时，应用干粉、或用水泥、干砂覆盖。用水泥、干砂覆盖应先从着火区域四周尤其是下风等火势主要蔓延方向覆盖起，形成孤立火势的隔离带，然后逐步向着火点进逼。

由于大多数氧化剂和有机过氧化物遇酸会发生剧烈反应甚至爆炸，如过氧化钠、过氧化钾、氯酸钾、高锰酸钾、过氧化二苯甲酰等。因此，专门生产、经营、储存、运输、使用这类物品的单位和场合对泡沫和二氧化碳也应慎用。

7．扑救毒害品、腐蚀品火灾的基本方法

毒害品和腐蚀品对人体都有一定危害。毒害品主要是经口或吸入蒸气或通过皮肤接触引起人体中毒的。腐蚀品是通过皮肤接触使人体形成化学灼伤。毒害品、腐蚀品有些本身

能着火，有的本身并不着火，但与其他可燃物品接触后能着火。这类物品发生火灾时通常扑救不很困难，只是需要特别注意人体的防护。遇这类物品火灾一般应采取以下基本方法：

（1）灭火人员必须穿着防护服，佩戴防护面具。一般情况下采取全身防护即可，对有特殊要求的物品火灾，应使用专用防护服。考虑到过滤式防毒面具防毒范围的局限性，在扑救毒害品火灾时应尽量使用隔绝式氧气或空气面具。为了在火场上能正确使用和适应，平时应进行严格的适应性训练。

（2）积极抢救受伤和被困人员，限制燃烧范围。毒害品、腐蚀品火灾极易造成人员伤亡，灭火人员在采取防护措施后，应立即投入寻找和抢救受伤、被困人员的工作。并努力限制燃烧范围。

（3）扑救时应尽量使用低压水流或雾状水，避免腐蚀品、毒害品溅出。

（4）遇毒害品、腐蚀品容器泄漏，在扑灭火势后应采取堵漏措施。腐蚀品需用防腐材料堵漏。

（5）浓硫酸遇水能放出大量的热，会导致沸腾飞溅，需特别注意防护。扑救浓硫酸与其他可燃物品接触发生的火灾，浓硫酸数量不多时，可用大量低压水快速扑救。如果浓硫酸量很大，应先用二氧化碳、干粉等灭火，然后再把着火物品与浓硫酸分开。

（二）发生人身中毒事故的应急处理

发生急性中毒事故，应立即将中毒者及时送医院急救。护送者要向院方提供引起中毒的原因、毒物名称等，如化学物不明，则需带该物料及呕吐物的样品，以供医院及时检测。

如不能立即到达医院时，可采取急性中毒的现场急救处理：

（1）吸入中毒者，应迅速脱离中毒现场，向上风向转移，至空气新鲜处。松开患者衣领和裤带。并注意保暖。

（2）化学毒物沾染皮肤时，应迅速脱去污染的衣服、鞋袜等，用大量流动清水冲洗15～30 min。头面部受污染时，首先注意眼睛的冲洗。

（3）口服中毒者，如为非腐蚀性物质，应立即用催吐方法，使毒物吐出。现场可用自己的中指、食指刺激咽部、压舌根的方法催吐，也可由旁人用羽毛或筷子一端扎上棉花刺激咽部催吐。催吐时尽量低头、身体向前弯曲，呕吐物不会呛入肺部。误服强酸、强碱，催吐后反而使食道、咽喉再次受到严重损伤，可服牛奶、蛋清等。另外，对失去知觉者，呕吐物会误吸入肺；误喝了石油类物品，易流入肺部引起肺炎。有抽搐、呼吸困难，神志不清或吸气时有吼声者均不能催吐。对中毒引起呼吸、心跳停者，应进行心肺复苏术。

参加救护者，必须做好个人防护，进入中毒现场必须戴防毒面具或供氧式防毒面具。如时间短，对于水溶性毒物，如常见的氯、氨、硫化氢等，可暂用浸湿的毛巾捂住口鼻等。在抢救病人的同时，应想方设法阻断毒物泄漏处，阻止蔓延扩散。

（三）危险化学品灼伤的现场应急处置

危险化学品具有易燃、易爆、腐蚀、有毒等特点，在生产、贮存、运输、使用过程中容易发生燃烧、爆炸等事故。出于热力作用，化学刺激或腐蚀造成皮肤、眼的灼伤；有的化学物质还可以从创面吸收甚至引起全身中毒。所以对化学灼伤比高温烫伤或火焰烧伤更要重视。

1．化学性皮肤灼伤

化学性皮肤灼伤的现场处理方法是，立即移离现场，迅速脱去被化学物沾污的衣裤、鞋袜等。

（1）无论酸、碱或其他化学物灼伤，立即用大量流动自来水或清水冲洗创面 15～30 min。

（2）新鲜创面上不要任意涂上油膏或红药水，不用脏布包裹。

（3）黄磷灼伤时应用大量水冲洗、浸泡或用多层湿布覆盖创面。

（4）灼伤病人应及时送医院。

（5）灼伤的同时，往往合并骨折、出血等外伤，在现场也应及时处理。

2．化学性眼灼伤

（1）迅速在现场用流动清水冲洗，千万不要未经冲洗处理而急于送医院。

（2）冲洗时眼皮一定要掰开。

（3）如无冲洗设备，也可把头部埋入清洁盆水中，把眼皮掰开。眼球来回转动洗涤。

（4）电石，生石灰（氧化钙）颗粒溅入眼内，应先用蘸石蜡油或植物油的棉签去除颗粒后，再用水冲洗。

第四节　危险化学品事故应急救援的管理

一、应急预案的评审

危险化学品经营、储存单位应当组织专家对本单位编制的应急预案进行评审。评审应当形成书面纪要并附有专家名单。

1．评审方法

应急预案评审采取形式评审和要素评审两种方法。形式评审主要用于应急预案备案时的评审，要素评审用于生产经营单位组织的应急预案评审工作。应急预案评审采用符合、基本符合、不符合 3 种意见进行判定。对于基本符合和不符合的项目，应给出具体修改意见或建议。

（1）形式评审。依据《生产经营单位生产安全事故应急预案编制导则》和有关行业规范，对应急预案的层次结构、内容格式、语言文字、附件项目以及编制程序等内容进行审查，重点审查应急预案的规范性和编制程序。

（2）要素评审。依据国家有关法律法规、《生产经营单位生产安全事故应急预案编制导则》和有关行业规范，从合法性、完整性、针对性、实用性、科学性、操作性和衔接性等方面对应急预案进行评审。为细化评审，采用列表方式分别对应急预案的要素进行评审。评审时，将应急预案的要素内容与评审表中所列要素的内容进行对照，判断是否符合有关要求，指出存在问题及不足。应急预案要素分为关键要素和一般要素。

关键要素是指应急预案构成要素中必须规范的内容。这些要素涉及生产经营单位日常应急管理及应急救援的关键环节，具体包括危险源辨识与风险分析、组织机构及职责、信息报告与处置和应急响应程序与处置技术等要素。关键要素必须符合生产经营单位实际和有关规定要求。

一般要素是指应急预案构成要素中可简写或省略的内容。这些要素不涉及生产经营单位日常应急管理及应急救援的关键环节，具体包括应急预案中的编制目的、编制依据、适用范围、工作原则、单位概况等要素。

应急预案形式评审和要素评审的具体内容及要求，应按安监部门发布的《生产经营单位生产安全事故应急预案评审指南》及应急预案管理办法执行。

2．评审程序

应急预案编制完成后，生产经营单位应在广泛征求意见的基础上，对应急预案进行评审。

（1）评审准备。成立应急预案评审工作组，落实参加评审的单位或人员，将应急预案及有关资料在评审前送达参加评审的单位或人员。

（2）组织评审。评审工作应由生产经营单位主要负责人或主管安全生产工作的负责人主持，参加应急预案评审人员应符合《生产安全事故应急预案管理办法》要求。生产经营规模小、人员少的单位，可以采取演练的方式对应急预案进行论证，必要时应邀请相关主管部门或安全管理人员参加。应急预案评审工作组讨论并提出会议评审意见。

（3）修订完善。生产经营单位应认真分析研究评审意见，按照评审意见对应急预案进行修订和完善。评审意见要求重新组织评审的，生产经营单位应组织有关部门对应急预案重新进行评审。

（4）批准印发。生产经营单位的应急预案经评审或论证，符合要求的，由生产经营单位主要负责人签发。

3．评审要点

应急预案评审应坚持实事求是的工作原则，结合生产经营单位工作实际，按照《生产经营单位生产安全事故应急预案编制导则》和有关行业规范，从以下7个方面进行评审。

（1）合法性。符合有关法律、法规、规章和标准，以及有关部门和上级单位规范性文件要求。

（2）完整性。具备《生产经营单位生产安全事故应急预案编制导则》所规定的各项要素。

（3）针对性。紧密结合本单位危险源辨识与风险分析。

（4）实用性。切合本单位工作实际，与生产安全事故应急处置能力相适应。

（5）科学性。组织体系、信息报送和处置方案等内容科学合理。

（6）操作性。应急响应程序和保障措施等内容切实可行。

（7）衔接性。综合、专项应急预案和现场处置方案形成体系，并与相关部门或单位应急预案相互衔接。

二、应急预案的备案

我国应急预案实行分级备案制度。

中央驻川企业、外省驻川国有控股企业、省属企业应急预案在省安全生产监督管理局备案，同时报送企业主管部门，抄送企业所在地市（州）级安全生产监督管理部门。

实行安全生产许可的生产经营单位，其综合应急预案和专项应急预案，按照隶属关系报所在地市（州）级安全生产监督管理部门和有关主管部门备案；不实行安全生产许可的生产经营单位的应急预案备案，应依据市（州）级安全生产监督管理部门的规定执行。

生产经营单位安全生产应急预案备案应当提交下列材料：

（1）填写并提交《生产经营单位应急预案备案申请表》。

（2）提交安全生产应急预案评审报告或论证意见。

（3）提交报备的应急预案文本及电子文档各 1 份。

受理备案登记的安全生产监督管理部门应当对应急预案进行形式审查，经审查符合要求的，予以备案并出具应急预案备案登记表；不符合要求的，不予备案并说明理由。

三、应急预案的实施

生产经营单位都要有安全生产应急预案，并做到所有重大危险源和重点工作岗位都有专项应急预案或现场处置方案。生产经营单位的应急预案经评审或者论证后，由生产经营单位主要负责人签署公布。

生产经营单位应当采取多种形式开展应急预案的宣传教育，普及生产安全事故预防、避险、自救和互救知识，提高从业人员安全意识和应急处置技能。应急处置程序和现场处置方案要实行牌板化管理。

第五节　危险化学品应急预案培训、演练与日常管理

一、应急预案的培训

生产经营单位应当树立科学救援、安全救援的理念，采取有效形式开展安全生产应急预案的宣传教育，普及安全生产事故预防、避险、自救、互救和应急处置知识，提高员工的安全意识和应急处置能力。

生产经营单位应当组织全体员工进行应急预案的岗位培训，使其了解应急预案的内容，熟悉应急职责、程序和岗位应急要求，掌握事故发生后应当采取的正确处置措施和自救技能，防止盲目施救。

生产经营单位应当明确对本单位人员开展的应急培训计划、方式和要求。如果预案涉及社区和居民，要做好宣传教育和告知等工作。

二、应急预案的演练

生产经营单位要建立应急演练制度，每年都要结合本企业特点至少组织一次综合应急演练或专项应急演练；高危行业企业每半年至少组织一次综合或专项应急演练；车间（工段）、班组的应急演练要经常化。演练结束后要及时总结评估，针对发现的问题及时修订预案、完善应急措施。

应急预案根据演练的规模不同，可分为桌面演练、功能演练和全面演练。

1．桌面演练

桌面演练是指由应急组织的代表或关键岗位人员参加的，按照应急预案及其标准工作程序，讨论紧急情况时应采取行动的演练活动。桌面演练的特点是对演练情景进行口头演练，一般是在会议室内举行。其主要目的是锻炼参演人员解决问题的能力，以及解决应急组织相互协作和职责划分的问题。

桌面演练一般仅限于有限的应急响应和内部协调活动，应急人员主要来自本地应急组织，事后一般采取口头评论形式收集参演人员的建议，并提交一份简短的书面报告，总结演练活动和提出有关改进应急响应工作的建议。桌面演练方法成本较低，主要为功能演练和全面演练做准备。

2．功能演练

功能演练是指针对某项应急响应功能或其中某些应急响应行动举行的演练活动，主要目的是针对应急响应功能，检验应急人员以及应急体系的策划和响应能力。例如，指挥和控制功能的演练，其目的是检测、评价多个政府部门在紧急状态下实现集权式的运行和响应能力，演练地点主要集中在若干个应急指挥中心或现场指挥部，并开展有限的现场活动，调用有限的外部资源。

功能演练比桌面演练规模要大，需动员更多的应急人员和机构，因而协调工作的难度也随着更多组织的参与而加大。演练完成后，除采取口头评论形式外，还应向地方提交有关演练活动的书面汇报，提出改进建议。

3．全面演练

全面演练指针对应急预案中全部或大部分应急响应功能，检验、评价应急组织应急运行能力的演练活动。全面演练一般要求持续几个小时，采取交互式方式进行，演练过程要求尽量真实，调用更多的应急人员和资源，并开展人员、设备及其他资源的实战性演练，以检验相互协调的应急响应能力。与功能演练类似，演练完成后，除采取口头评论、书面汇报外，还应提交正式的书面报告。

第七章　危险化学品经营场所职业危害预防和管理

【本章学习要点】

（1）工作场所职业危害因素、毒物分类及危害。

（2）工作场所职业危害综合防治措施。

第一节　职业病和职业病危害因素

一、职业病

根据《职业病防治法》规定，职业病是指企业、事业单位和个体经济组织等用人单位的劳动者在职业活动中，因接触粉尘、放射性物质和其他有毒、有害因素而引起的疾病。

在法律意义上，职业病有一定的范围，即指政府主管部门列入"职业病名单"的职业病，也就是法定职业病，它是由政府主管部门所规定的特定职业病。

法定职业病诊断、确诊、报告等必须按《职业病防治法》的有关规定执行。只有被依法确定为法定职业病的人员，才能享受工伤保险待遇。

职业病的特点是：

（1）病因明确。病因即职业危害因素，在控制病因或作用条件后，可予消除或减少发病。

（2）所接触的病因大多是可以检测的，而且需要达到一定程度，才能使劳动者致病。

（3）在接触同样因素的人群中常有一定的发病率，很少出现个别病人。

（4）职业病是可以预防的。如能早期诊断，进行合理治疗，愈后较好，康复较易。

二、职业病危害及相关概念

（一）职业病危害

职业病危害是指对从事职业活动的劳动者可能导致职业病的各种危害。职业病危害因素包括：职业活动中存在的各种有害的化学、物理、生物因素以及在作业过程中产生的其他职业有害因素。

2013 年 12 月 23 日，国家卫生计生委、人力资源社会保障部、安全监管总局、全国总工会 4 部门联合印发《职业病分类和目录》。该《分类和目录》将职业病分为职业性尘肺病及其他呼吸系统疾病、职业性皮肤病、职业性眼病、职业性耳鼻喉口腔疾病、职业性化学中毒、物理因素所致职业病、职业性放射性疾病、职业性传染病、职业性肿瘤、其他职业病 10 类 132 种。

职业病危害按其来源一般可分为以下 3 类：

1．生产过程中的职业病危害因素

（1）化学因素：可分为有毒物质，如 Pb、Hg、C_6H_6、CO 等；生产性粉尘，如石棉尘、煤尘及其他有机性粉尘等。

（2）物理因素：异常的气候条件和工作和环境，如高温、高湿、低温、高压等；电离辐射，如 X 射线等；非电离辐射，如紫外线、红外线、高频电磁场、微波、噪音等。

（3）生物因素：如炭疽杆菌、布氏杆菌、霉菌等。

2．劳动过程中的职业病危害因素

（1）劳动组织和制度不合理，如劳动时间过长，劳动作息时间制度不合理等。

（2）劳动强度过大或劳动组织安排不当，如安排的作业与劳动者生理状态不适应等。

（3）人体个别器官或系统过度紧张，如视力、听力紧张等。

（4）不良的人机因素，如不良的劳动体位，工人和机器的不协调间距，不符合生理要求的工具等。

（5）精神性职业紧张。

3．生产劳动环境中的职业病危害因素

（1）生产场所设计不符合卫生标准，如厂区总面积布置不合理，建筑容积和结构与生产性质不相适应等。

（2）缺乏必要的安全卫生技术设施，如缺乏适当的机械通风、人工照明不足等。

（3）缺乏安全防护设施，如缺乏防尘、防毒、防暑降温、防寒保暖等设施或设施不完善；防护器具、个人防护用品等不足或有缺陷等。

（二）职业接触限值

职业性有害因素的接触限制量值是指劳动者在职业活动过程中长期反复接触，对绝大多数接触者的健康不引起有害作用的容许接触水平。

化学有害因素的职业接触限值包括时间加权平均容许浓度、短时间接触容许浓度和最高容许浓度 3 类：

（1）时间加权平均容许浓度（PC-TWA）是指以时间为权数规定的 8 h 工作日、40 h 工作周的平均容许接触浓度。

（2）短时间接触容许浓度（PC-STEL）是指在遵守时间加权平均容许浓度前提下容许短时间（15 min）接触的浓度。

（3）最高容许浓度（MAC）是指工作地点、在一个工作日内、任何时间有毒化学物质均不应超过的浓度。

（三）职业禁忌

职业禁忌是指劳动者从事特定职业或者接触特定职业病危害因素时，比一般职业人群更易于遭受职业病危害和罹患职业病或者可能导致原有自身疾病病情加重，或者在从事作业过程中诱发可能导致对他人生命健康构成危险的疾病的个人特殊生理或者病理状态。

第二节　作业场所毒物及危害

一、作业场所毒物与职业中毒

当物质进入人体并蓄积达一定的量后，就会与机体组织发生生物化学或生物物理学变化，干扰或破坏机体的正常生理功能，进而引起暂时性或永久性的病理状态，甚至危及生命，该种物质称为毒物。在生产经营过程中接触到的毒物，主要指化学物质。

毒物侵入人体，导致的暂时性或持久性病理状态称为中毒。劳动者在生产经营过程中由于接触毒物而发生的中毒称为职业中毒。

二、作业场所毒物的物理状态

在生产环境中，毒物常以气体、蒸气、烟尘、雾和粉尘等形式存在，其存在形式主要取决于毒物本身的理化性质、生产工艺、加工过程等。

1. 固体类

（1）粉尘：直径大于 0.1 μm 的固体微粒，多为固体物质在机械粉碎、研磨、打砂时形成。

（2）烟尘：悬浮于空气中直径小于 0.1 μm 的固体微粒，是某些金属在高温下熔化时产生的。

2. 液体类

（1）薄雾：为混悬与空气中的液体微滴。如酸雾、喷涂作业中的含溶剂的气雾等。

（2）蒸气：液体蒸发和固体升华时所形成。如甲苯、酒精等挥发产生的蒸气。

3. 气体类

在常温常压下呈气态的物质。如氮氧化物、氯气、硫化氢等。

三、毒物的分类

1．按化学性质和其用途相结合分类

（1）金属和类金属：常见的金属和类金属毒物有铅、汞、锰、镍、铍、砷、磷及其化合物等。

（2）刺激性气体：是指对眼和呼吸道黏膜有刺激作用的气体。它是化学工业常遇到的有毒气体。刺激性气体的种类甚多，最常见的有氯、氨、氮氧化物、光气、氟化氢、二氧化硫、三氧化硫和硫酸二甲酯等。

（3）窒息性气体：是指能造成机体缺氧的有毒气体。窒息性气体可分为单纯窒息性气体、血液窒息性气体和细胞窒息性气体。如氮气、甲烷、乙烷、乙烯、一氧化碳、硝基苯的蒸气等氰化氢、硫化氢等。

（4）农药：包括杀虫剂、杀菌剂、杀螨剂、除草剂等。农药的使用对保证农作物的增产起着重要作用，但如生产、运输、使用和贮存过程中未采取有效的预防措施，可引起中毒。

（5）有机化合物：种类繁多，例如应用广泛的有机溶剂，如苯、甲苯、二甲苯、二硫化碳、汽油、甲醇、丙酮等；苯的氨基和硝基化合物，如苯胺、硝基苯等。

（6）高分子化合物：

高分子化合物均由一种或几种单体经过聚合或缩合而成，其分子量高达数千至几百万。如合成橡胶、合成纤维、塑料等。高分子化合物本身无毒或毒性很小，但在加工和使用过程中，可释放出游离单体对人体产生危害，如酚醛树脂遇热释放出苯酚和甲醛而具有刺激作用。某些高分子化合物由于受热氧化而产生毒性更为强烈的物质，如聚四氟乙烯塑料受高热分解出四氟乙烯、六氟丙烯、八氟异丁烯，吸入后引起化学性肺炎或肺水肿。高分子化合物生产中常用的单体多为不饱和烯烃、芳香烃及卤代化合物、氰类、二醇和二胺类化合物，这些单体多数对人体有危害。

2．按化学类属分类

（1）无机毒物：是指金属与金属盐、酸、碱、气体及其他无机化合物。

（2）有机毒物：是指脂肪族碳氢化合物、芳香族碳氢化合物及其他有机物。

四、毒物危害的途径及危害

毒物可经过呼吸道、消化道和皮肤进入体内，在工业生产经营中，毒物主要经过呼吸道和皮肤进入体内。

1．呼吸道

呼吸道是危险化学品中毒物进入体内的最重要的途径。凡是以气体、蒸气、雾、烟、粉尘形式存在的毒物，均可经呼吸道侵入体内。人的肝脏有一万个肺泡组成，肺泡壁很薄，壁上有丰富的毛细血管，毒物一旦进入肺脏，很快就会通过肺泡壁进入血液循环而被送到全身。通过呼吸道吸收最重要的影响因素是其在空气中的浓度，浓度越高，吸收越快。

2. 皮　肤

在工业生产经营中，毒物经皮肤吸收引起中毒亦比较常见。脂溶性毒物经皮表吸收后，还需有水溶性，才能进一步扩散和吸收，所以水、脂皆溶的物质（如苯胺）易被皮肤吸收。

3. 消化道

在工业生产经营中，毒物经消化道吸收过半是由于个人卫生习惯不良，手沾染的毒物随进食、饮水或吸烟等进入消化道。进入呼吸道的难溶性毒物被清除后，可经由咽部被咽下进入消化道。

五、工作场所职业接触限值

工作场所有害因素职业接触限值是用人单位监测工作场所环境污染情况，评价工作场所卫生状况和劳动条件以及劳动者接触化学性、物理性职业有害因素的程度的重要技术依据，其目的在于保护劳动者免受化学性和物理性职业性有害因素危害，预防职业病。《工作场所有害因素职业接触限值　第 1 部分：化学有害因素》（GBZ 2.1）对工作场所化学有害因素的职业接触限值（加权平均容许浓度、短时间接触容许浓度和最高容许浓度）进行了明确规定；《工作场所有害因素职业接触限值　第 2 部分：物理因素》（GBZ 2.2）对工作场所卫生状况、劳动条件、劳动者接触物理因素的职业接触限值进行了明确规定。

第三节　综合防毒措施

用人单位应当加强职业病防治工作，为劳动者提供符合法律、法规、规章、国家职业卫生标准和卫生要求的工作环境和条件，并采取有效措施保障劳动者的职业健康。预防为主、防治结合应是开展职业病防治工作的基本原则。具体措施主要包括防毒技术措施、警示与标识措施、个体防护措施等 3 个方面。

一、防毒技术措施

用人单位应当优先采用有利于防治职业病和保护劳动者健康的新技术、新工艺、新设备、新材料，逐步替代职业病危害严重的技术、工艺、设备、材料。防毒技术措施是控制化学品危害最直接、最有效的方法，其目的是通过采取相应的措施消除工作场所中化学品的危害或尽可能降低其危害程度，以免危害工人，污染环境。防毒技术主要有：代替、变更工艺、作业规程、隔离、通风等方法。

二、警示与标识

在工作场所设置的可以使劳动者对职业病危害产生警觉，并采取相应防护措施的图形标识、警示线、警示语句和文字。根据工作场所实际情况，应组合使用各类警示标识。

1．有毒物品作业岗位职业病危害告知卡

根据实际需要，由各类图形标识和文字组合成《有毒物品作业岗位职业病危害告知卡》，告知卡是针对某一职业病危害因素，告知劳动者危害后果及其防护措施的提示卡。具体参见《工作场所职业病危害警示标识》（GBZ 158）附录 D。

告知卡应设置在使用有毒物品作业岗位的醒目位置。

2．使用有毒物品作业场所警示标识的设置

在使用有毒物品作业场所入口或作业场所的显著位置，根据需要，设置"当心中毒"或者"当心有毒气体"警告标识，"戴防毒面具"、"穿防护服"，"注意通风"等指令标识和"紧急出口"、"救援电话"等提示标识。

依据《高毒物品目录》，在使用高毒物品作业岗位醒目位置设置《告知卡》。

在高毒物品作业场所，设置红色警示线。在一般有毒物品作业场所，设置黄色警示线。警示线设在使用有毒作业场所外缘不少于 30 cm 处。

在高毒物品作业场所应急撤离通道设置紧急出口提示标识。在泄险区启用时，设置"禁止入内"、"禁止停留"警示标识，并加注必要的警示语句。

可能产生职业病危害的设备发生故障时，或者维修、检修存在有毒物品的生产装置时，根据现场实际情况设置"禁止启动"或"禁止入内"警示标识，可加注必要的警示语句。

3．其他职业病危害工作场所警示标识的设置

在产生粉尘的作业场所设置"注意防尘"警告标识和"戴防尘口罩"指令标识。

在可能产生职业性灼伤和腐蚀的作业场所，设置"当心腐蚀"警告标识和"穿防护服"、"戴防护手套"、"穿防护鞋"等指令标识。

在产生噪声的作业场所，设置"噪声有害"警告标识和"戴护耳器"指令标识。

在高温作业场所，设置"注意高温"警告标识。

在可引起电光性眼炎的作业场所，设置"当心弧光"警告标识和"戴防护镜"指令标识。

存在生物性职业病危害因素的作业场所，设置"当心感染"警告标识和相应的指令标识。

存在放射性同位素和使用放射性装置的作业场所，设置"当心电离辐射"警告标识和相应的指令标识。

4．警示标识的设置

《工作场所职业病危害警示标识》（GBZ 158）：包括图形标识、警示线、警示语句和文字。图形标识分为警告标识、指令标识、禁止标识和提示标识。

（1）常用的警告标识，如表 7-1 所示。

表 7-1 警告标识

编号	名称及图形符号	标识种类	设置范围和地点
1	当心中毒	H，J	使用有毒物品作业场所
2	当心腐蚀	H，J	存在腐蚀物质的作业场所
3	当心感染	H，J	存在生物性职业病危害因素的作业场所
4	当心弧光	H，J	引起电光性眼炎的作业场所
5	当心电离辐射	H，J	产生电离辐射危害的作业场所
6	注意防尘	H，J	产生粉尘的作业场所
7	注意高温	H，J	高温作业场所
8	当心有毒气体	H，J	存在有毒气体的作业场所
9	噪声有害	H，J	产生噪声的作业场所

注（下同）：
环境信息标识（H）：所提供的信息涉及较大区域的图形标识。
局部信息标识（J）：所提供的信息只涉及某地点，甚至某个设备或邮件的图形标识。

（2）常用的指令标识，如表 7-2 所示。

表 7-2 指令标识

编号	名称及图形符号	标识种类	设置范围和地点
1	戴防护镜	H，J	对眼睛有危险的作业场所
2	戴防毒面具	H，J	可能产生职业中毒的作业场所
3	戴防尘口罩	H，J	粉尘浓度超过国家标准的作业场所
4	戴护耳器	H，J	噪声超过国家标准的作业场所
5	戴防护手套	H，J	需对手部进行保护的作业场所
6	穿防护鞋	H，J	需对脚部进行保护的作业场所

续表 7-2

编号	名称及图形符号	标识种类	设置范围和地点
7	穿防护服	H，J	具有放射、高温及其他需穿防护服的作业场所
8	注意通风	H，J	存在有毒物品和粉尘等需要进行通风处理的作业场所

（3）常用的禁止标识，如表 7-3 所示。

表 7-3　禁止标识

编号	名称及图形符号	标识种类	设置范围和地点
1	禁止停留	H	在特殊情况下，对劳动者具有直接危害的作业场所
2	禁止入内	H	可能引起职业病危害的工作场所入口处或泄险区周边，如高毒物品作业场所、放射工作场所等；或可能产生职业病危害的设备发生故障时；或维护、检修存在有毒物品的生产装置时，根据现场实际情况设置
3	禁止启动	J	可能引起职业病危害的设备暂停使用或维修时，如设备检修、更换零件等，设置在该设备附近

（4）常用的提示标识，如表 7-4 所示。

表 7-4 提示标识

编号	名称及图形符号	标识种类	设置范围和地点
1	左行紧急出口 	H，J	安全疏散的紧急出口处，通向紧急出口的通道处
2	右行紧急出口 	H，J	安全疏散的紧急出口处，紧急出口的通道处
3	直行紧急出口 	H，J	安全疏散的紧急出口处，紧急出口的通道处
4	急救站 	H	用人单位设立的紧急医学救助场所
5	救援电话 	H，J	救援电话附近

《高毒物品作业岗位职业病危害告知规范》（GBZT 203）：高毒物品告知卡，如图 7-1

所示载明高毒物品的名称、理化特性、健康危害、防护措施及应急处理等告知内容与警示标识。

有毒物品　注意防护　保障健康		
石　棉	健康危害	理化特性
	可经呼吸道进入人体。 主要损害呼吸系统。 长期接触可出现咳嗽、咳痰、气短、胸痛，引起胸膜肥厚、石棉肺、肺癌和间皮瘤	石棉是含有铁、镁、镍等多种金属元素的矽酸盐。具有耐热、耐压、耐酸碱和隔热与绝缘等特性。
当心中毒 ⚠️☠️	应急处理	
	皮肤污染或溅入眼内，用流动清水冲洗各至少 20 min。定期体检，早期诊断，早期治疗。	
	防护措施	
	工作场所空气中时间加权平均容许浓度（PC-TWA）不超过 0.8 mg/m³。属于纤维粉尘。密闭、局部排风、除尘、呼吸防护。工作场所禁止饮食、吸烟。	
急救电话：120　咨询电话：中国疾病预防控制中心职业卫生与中毒控制所 010-83132345 消防电话：119　　　当地职业中毒与控制机构：		

图 7-1　高毒物品告知卡样式

三、个体防护措施

在无法将作业场所中有害化学品的浓度降低到最高容许浓度以下时，工人就必须使用合适的个体防护用品。个体防护用品既不能降低工作场所中有害化学品的浓度，也不能消除工作场所的有害化学品，而只是一道阻止有害物进入人体的屏障。防护用品本身的失效就意味着保护屏障的消失，因此个体防护不能被视为控制危害的主要手段，而只能作为一种辅助性措施。

1. 呼吸防护用品

据统计，职业中毒的 95% 左右是吸入毒物所致，因此预防尘肺、职业中毒、缺氧窒息的关键是防止毒物从呼吸器官侵入。常用的呼吸防护用品分为过滤式（净化式）和隔绝式（供气式）两种类型。

过滤式呼吸器只能在不缺氧的劳动环境（即环境空气中氧的含量不低于 18%）和低浓度毒污染使用，一般不能用于罐、槽等密闭狭小容器中作业人员的防护。过滤式呼吸器分为过滤式防尘呼吸器和过滤式防毒呼吸器。前者主要用于防止粒径小于 5 μm 的呼吸性粉尘经呼吸道吸入产生危害，通常称为防尘口罩和防尘面具；后者用以防止有毒气体、蒸气、毒烟雾等经呼吸道吸入产生危害，通常称为防毒面具和防毒口罩。又分为自吸式和送风式两类，目前使用的主要是自吸式防毒呼吸器。

隔离式呼吸器能使戴用者的呼吸器官与污染环境隔离，由呼吸器自身供气（空气或氧气），或从清洁环境中引入空气维持人体的正常呼吸。可在缺氧、尘毒严重污染、情况不明的有生命危险的工作场所使用一般不受环境条件限制。按供气形式分为自给式和长管式两种类型。自给式呼吸器自备气源，属携带型，根据气源的不同又分为氧气呼吸器、空气呼吸器和化学氧呼吸器；长管式呼吸器又称长管面具，得借助肺力或机械动力经气管引入空气，属固定型，又分为送风式和自吸式两类，只适用于定岗作业和流动范围小的作业。

在选择呼吸防护用品时应考虑有害化学品的性质、作业场所污染物可能达到的最高浓度、作业场所的氧含量、使用者的面型和环境条件等因素。例如自给式防毒呼吸器的选择，就是根据作业场所毒物的浓度选择呼吸器的种类，根据毒物的特性选择滤毒罐（盒），根据使用者的面型和环境条件选配面罩。

2．其他个体防护用品

为了防止由于化学品的飞溅，以及化学粉尘、烟、雾、蒸气等所导致的眼睛和皮肤伤害，也需要根据具体情况选择相应的防护用品或护具。

眼睛护具主要有护目镜（也称安全眼镜），以及用来防止腐蚀性液体、蒸气对面部产生伤害的面罩。

用抗渗透材料制作的防护手套、围裙、靴和工作服，用于避免皮肤与化学品直接接触所造成的伤害。制造这类防护用品的材料不同，其作用也不同，因此正确选择很重要。如，棉布手套、皮革手套主要用于防灰尘，橡胶手套防腐蚀性物质。对于有些化学品，可以直接使用护肤霜、护肤液等皮肤防护品保护皮肤。

需要强调的是没有哪一种防护用品能保护作业人员免受各种危害的伤害。

3．选用原则

在选择呼吸防护用品时应考虑：有害化学品的性质、作业场所污染物可能达到的最高浓度、作业场所的氧含量、使用者的面型和环境条件等因素。

我国目前选择呼吸器的原则比较粗，一般是根据作业场所的氧含量是否高于18%确定选用过滤式还是隔离式，根据作业场所有害物的性质和最高浓度确定选用全面罩还是半面罩。

4．作业人员的个人卫生

除了以上控制措施外，作业人员养成良好的卫生习惯也是消除和降低化学品危害的一种有效方法。保持好个人卫生，就可以防止有害物附着在皮肤上，防止有害物通过皮肤渗入体内。使用化学品过程中保持个人卫生的基本原则是：

（1）遵守安全操作规程并使用适当的防护用品。

（2）工作结束后、饭前、饮水前、吸烟前以及便后要充分洗净身体的暴露部分。

（3）定期检查身体。

（4）皮肤受伤时，要完好地包扎。

（5）时刻注意防止自我污染，尤其在清洗或更换工作服时更要注意。

（6）在衣服口袋里不装被污染的东西，如抹布、工具等。

（7）防护用品要分放、分洗。

（8）勤剪指甲并保持指甲洁净。

（9）不直接接触能引起过敏的化学品。

第八章　典型事故案例分析

一、天津港"8·12"瑞海公司危险品仓库特别重大火灾爆炸事故

2015年8月12日，位于天津市滨海新区天津港的瑞海国际物流有限公司（以下简称瑞海公司）危险品仓库发生特别重大火灾爆炸事故。

（一）事故基本情况

1．事故发生的时间和地点

2015年8月12日22时51分46秒，位于天津市滨海新区吉运二道95号的瑞海公司危险品仓库（北纬39°02′22.98″，东经117°44′11.64″）运抵区（"待申报装船出口货物运抵区"的简称，属于海关监管场所，用金属栅栏与外界隔离。由经营企业申请设立，海关批准，主要用于出口集装箱货物的运抵和报关监管）最先起火，23时34分06秒发生第一次爆炸，23时34分37秒发生第二次更剧烈的爆炸。事故现场形成6处大火点及数十个小火点，8月14日16时40分，现场明火被扑灭。

2．事故现场情况

事故现场按受损程度，分为事故中心区和爆炸冲击波波及区。事故中心区为此次事故中受损最严重区域，该区域东至跃进路、西至海滨高速、南至顺安仓储有限公司、北至吉运三道，面积约为54万 m²。两次爆炸分别形成一个直径15 m、深1.1 m的月牙形小爆坑和一个直径97 m、深2.7 m的圆形大爆坑。以大爆坑为爆炸中心，150 m范围内的建筑被摧毁，东侧的瑞海公司综合楼和南侧的中联建通公司办公楼只剩下钢筋混凝土框架；堆场内大量普通集装箱和罐式集装箱被掀翻、解体、炸飞，形成由南至北的3座巨大堆垛，一个罐式集装箱被抛进中联建通公司办公楼4层房间内，多个集装箱被抛到该建筑楼顶；参与救援的消防车、警车和位于爆炸中心南侧的吉运一道和北侧吉运三道附近的顺安仓储有限公司、安邦国际贸易有限公司储存的7 641辆商品汽车和现场灭火的30辆消防车在事故中全部损毁，邻近中心区的贵龙实业、新东物流、港湾物流等公司的4 787辆汽车受损。

3．人员伤亡和财产损失情况

本次事故造成165人遇难（参与救援处置的公安现役消防人员24人、天津港消防人员75人、公安民警11人，事故企业、周边企业员工和周边居民55人），8人失踪（天津港消防人员5人，周边企业员工、天津港消防人员家属3人），798人受伤住院治疗（伤情重及较重的伤员58人、轻伤员740人）；304幢建筑物（其中办公楼宇、厂房及仓库等单位建筑73幢，居民1类住宅91幢、2类住宅129幢、居民公寓11幢）、12 428辆商品汽车、7 533个集装箱受损。

截至2015年12月10日，事故调查组依据《企业职工伤亡事故经济损失统计标准》

（GB 6721—1986）等标准和规定统计，已核定直接经济损失 68.66 亿元人民币，其他损失尚需最终核定。

（二）事故的直接原因

通过调查询问事发当晚现场作业员工、调取分析位于瑞海公司北侧的环发讯通公司的监控视频、提取对比现场痕迹物证、分析集装箱毁坏和位移特征，认定事故最初起火部位为瑞海公司危险品仓库运抵区南侧集装箱区的中部。

事故调查组通过调取天津海关 H2010 通关管理系统数据等，查明事发当日瑞海公司危险品仓库运抵区储存的危险货物包括第 2、3、4、5、6、8 类及无危险性分类数据的物质，共 72 种。对上述物质采用理化性质分析、实验验证、视频比对、现场物证分析等方法，逐类逐种进行了筛查，因此，认定瑞海公司危险品仓库运抵区南侧集装箱内的硝化棉由于湿润剂散失出现局部干燥，在高温（天气）等因素的作用下加速分解放热，积热自燃，引起相邻集装箱内的硝化棉和其他危险化学品长时间大面积燃烧，导致堆放于运抵区的硝酸铵等危险化学品发生爆炸。

（三）存在的主要问题

瑞海公司违法违规经营和储存危险货物，安全管理极其混乱，未履行安全生产主体责任，致使大量安全隐患长期存在。主要问题有：

（1）严重违反天津市城市总体规划和滨海新区控制性详细规划，未批先建、边建边经营危险货物堆场。

（2）无证违法经营。

（3）以不正当手段获得经营危险货物批复。

（4）违规存放硝酸铵。

（5）严重超负荷经营、超量存储。

（6）违规混存、超高堆码危险货物。

（7）违规开展 拆箱、搬运、装卸等作业。

（8）未按要求进行重大危险源登记备案。

（9）安全生产教育培训严重缺失。

（10）未按规定制定应急预案并组织演练。

二、江苏省泰州靖江市德桥仓储有限公司"4·22"火灾事故

（一）事故基本情况

江苏德桥仓储有限公司是由新加坡恒阳石化物流有限公司投资组建的液体石化产品储运公司，现有员工 130 人，储罐 139 个，储存能力 58 万余立方米。事故发生前储存有汽油、石脑油、甲醇、芳烃、冰醋酸、醋酸乙酯、醋酸丁酯、二氯乙烷、液态烃等 25 种危险化学品，共计 21.12 万 t，其中：油品约 14 万 t，液态化学品近 7 万 t，液化气体约 1 420 t。2012 年 1 月 6 日，该仓储公司首次取得了危险化学品经营许可证，2015 年 11 月 30 日换领了危险化学品经营许可证。

2016 年 4 月 22 日 9 时 13 分许，江苏德桥仓储有限公司组织承包商（华东建设安装有限公司）在油品罐区二号交换泵房检修焊接作业时，引发泵房及附近油品管线着火，造成泵房上部管廊坍塌，泵房南侧的 2401 号储罐（罐容 2 500 m³，事发时储存约 1 300 t 汽油）和有少量残留汽油的 2402 号储罐内油品沿损毁管道外泄并燃烧。事故发生后，当地政府疏散了周边 5 km 范围内的群众，撤离了码头上下游 5 km 之内的船舶，对现场北侧的长江福姜沙水道采取禁航措施。公安部消防局、江苏省消防总队共调集 192 辆消防车、950 名消防官兵参与灭火，国家安全监管总局及时调动中石化扬子石化等 5 支危险化学品专业救援队伍、86 名指战员携带 20 余台大功率大型灭火装备赶赴现场，参与救援，协助灭火。至 23 日凌晨 2 时 04 分，历时近 17 个小时，明火全部被扑灭。

这起事故虽然没有直接造成人员伤亡，但是 1 名公安消防战士在救援中牺牲，社会影响巨大，特别是现场储存有 20 余万立方米的汽油、苯、甲苯、甲醇、丙烯等易燃液体、液化气体以及苯酚、二氯乙烷、醋酸乙酯等有毒有害化学品，一旦控制不住，后果不堪设想。

（二）事故的直接原因

该起事故的直接原因是该公司组织承包商在交换泵房进行管道焊接作业时，严重违反动火作业安全管理要求，未清理作业现场地沟内的油品，未进行可燃气体分析，电焊明火引燃现场地沟内的油品，火势迅速蔓延，导致火灾事故发生。

（三）存在的主要问题

该起事故暴露出事故企业安全生产主体责任不落实、重大危险源管控严重不到位、特殊作业管理和承包商管理缺失、应急处置不当等突出问题。

（1）违反《危险化学品重大危险源监督管理暂行规定》（国家安全监管总局令第 40 号）第十三条规定，油品储罐未配备紧急切断系统，可燃和有毒气体泄漏检测报警装置被违规停用、报警后不及时处置。

（2）违反《安全生产法》第四十条、《油气罐区防火防爆十条规定》（国家安全监管总局令第 84 号）第五条规定，动火作业管理缺失，在未清理现场地沟存有的大量易燃油品，未进行可燃气体分析、未安排专人进行监护的情况下就擅自动火作业。

（3）违反《安全生产法》第四十六条规定，事故企业将检维修发包给不具备安全生产条件的单位，未对承包商实行统一协调管理，安全培训教育走过场。

（4）违反《生产安全事故报告和调查处理条例》第十四条规定，事故初期应急处置不当，现场初期着火后，未能在第一时间及时切断物料来源，导致事故扩大。

三、山东石大科技石化有限公司"7·16"着火爆炸事故

（一）事故基本情况

2015 年 7 月 16 日 7 时 30 分左右，山东省日照市山东石大科技石化有限公司（以下简称石大科技公司）液化石油气球罐区在倒罐作业过程中发生着火爆炸事故，造成 2 名消防员轻伤、7 辆消防车毁坏、部分球罐以及周边设施和建构筑物不同程度损坏，罐区周边 1 km 范围内居民房屋门窗被震坏。

石大科技公司是中国石油大学（华东）的校办企业，事故罐区为该公司 100 万 t/年含硫含酸重质油综合利用项目配套罐区，共有 12 个球形储罐，呈两排分布，总库容为 1.5 万 m³，储存介质为液化石油气、丙烯和丙烷。石大科技公司自 2014 年 4 月以来一直处于停产状态，2015 年 3 月起，该公司对 12 个球罐轮流倒罐，进行压力容器检测检验。事故发生前，罐区储存物料总量约为 3 240 m³。

7 月 15 日 16 时 30 分，石大科技公司决定将 7#罐内液化石油气（约 900 m³）导入至 6#罐，因工厂制氮系统停车，将 6# 罐内充满水置换空气，对 7# 罐进行注水加压，将其中液化石油气通过罐顶安全阀副线、低压液化气管线压入 6# 罐中，同时通过在 6# 罐底部管线导淋阀上连接消防水带，进行切水作业，以接收 7#罐中物料。7 月 16 日 7 时 30 分左右，约 500 m³ 液化石油气进入 6#罐，因切水口无人监护，6#罐水排完后，液化石油气泄漏并急剧气化，遇点火源引发火灾，导致 8#罐、6# 罐相继爆炸，2# 罐、4# 罐烧毁。

（二）事故的直接原因

石大科技公司在进行倒罐作业过程中，违规采取注水倒罐置换的方法，且在切水过程中无人现场值守，致使液化石油气在水排完后从排水口泄出，泄漏过程中产生的静电放电或消防水带剧烈舞动金属接口及捆绑铁丝与设备或管道撞击产生火花引起爆燃。违规倒罐、无人监守是导致本次事故发生的直接原因。

由于厂区没有仪表风，气动阀临时改为手动操作并关闭了 6#罐的根部手阀，事故发生后储罐周边火势较大，不能进入现场打开根部手阀，紧急切断阀和注水线气动阀，无法通过向6#罐注水的方式阻止液化石油气继续排出；罐顶安全阀前后手阀关闭，瓦斯放空线总管在液化烃罐区界区处加盲板隔离，无法通过火炬系统对液化石油气进行安全泄放。重要安全防范措施无法正常使用，是导致本次事故后果扩大的主要原因。

（三）存在的主要问题

该起事故暴露出事故企业管理混乱、安全意识淡薄、违规违章严重等突出问题，主要表现为：

（1）严重违反石油石化企业"人工切水操作不得离人"的明确规定，切水作业过程中无人现场实时监护，排净水后液化气泄漏时未能第一时间发现和处置。

（2）企业违规将罐区在用球罐安全阀的前后手阀、球罐根部阀关闭，低压液化气排火炬总管加盲板隔断。

（3）操作人员未取得压力容器和压力管道操作资格证，无证上岗。

（4）通过罐顶部低压液化气管线，采用倒出罐注水加压、倒入罐切水卸压的方式进行倒罐操作，存在很大安全风险，企业没有制定倒罐操作规程，没有安全作业方案，没有进行风险辨识。

（5）未按照规定要求对重大危险源进行管控，球罐区自动化控制设施不完善，仅具备远传显示功能，不能实现自动化控制；由于厂区没有仪表风，气动阀监时改为手动，失去安全功效；未设置视频监控系统，重大危险源的管控措施严重缺失。

（6）安全培训不到位，管理人员专业素质低，操作人员刚刚从装卸站区转岗到球罐区工作，未经转岗培训，岗位技能不足。

附录1

危险化学品经营单位主要负责人安全生产培训大纲及考核标准

（AQ/T 3031—2010）

1 范　围

本标准规定了危险化学品经营单位主要负责人安全生产培训的要求，培训和再培训的内容及学时安排，以及安全生产考核的方法、内容，再培训考核的方法、要求与内容。

本标准适用于危险化学品经营单位主要负责人的安全生产培训与考核。

2 规范性引用文件

下列文件中的条款通过本标准的引用而成为本标准的条款。凡是注日期的引用文件，其随后所有的修改单（不包括勘误的内容）或修订版均不适用于本标准，然而，鼓励根据本标准达成协议的各方

研究是否可使用这些文件的最新版本。凡是不注日期的引用文件，其最新版本适用于本标准。

GB 12268 危险货物品名表

GB 12463 危险货物运输包装通用技术条件

GB 13690 常用危险化学品的分类及标志

GB 15258 化学品安全标签编写规定

GB 15603 常用危险化学品储存通则

GB 17914 易燃易爆性商品储藏养护技术条件

GB 17915 腐蚀性商品储藏养护技术条件

GB 17916 毒害性商品储藏养护技术条件

GB 18218 危险化学品重大危险源辨识

GB 18265 危险化学品经营企业开业条件和技术要求

GB 20576 化学品分类、警示标签和警示性说明 安全规范 爆炸物

GB 20577 化学品分类、警示标签和警示性说明 安全规范 易燃气体

GB 20578 化学品分类、警示标签和警示性说明 安全规范 易燃气溶胶

GB 20579 化学品分类、警示标签和警示性说明 安全规范 氧化性气体

GB 20580 化学品分类、警示标签和警示性说明 安全规范 压力下气体

GB 20581 化学品分类、警示标签和警示性说明 安全规范 易燃液体

GB 20582 化学品分类、警示标签和警示性说明 安全规范 易燃固体

GB 20583 化学品分类、警示标签和警示性说明 安全规范 自反应物质

GB 20584 化学品分类、警示标签和警示性说明 安全规范 自热物质

GB 20585 化学品分类、警示标签和警示性说明 安全规范 自燃液体

GB 20586 化学品分类、警示标签和警示性说明 安全规范 自燃固体

GB 20587 化学品分类、警示标签和警示性说明 安全规范 遇水放出易燃气体的物质

GB 20588 化学品分类、警示标签和警示性说明 安全规范 金属腐蚀物

GB 20589 化学品分类、警示标签和警示性说明 安全规范 氧化性液体

GB 20590 化学品分类、警示标签和警示性说明 安全规范 氧化性固体

GB 20591 化学品分类、警示标签和警示性说明 安全规范 有机过氧化物

GB 20592 化学品分类、警示标签和警示性说明 安全规范 急性毒性

GB 20593 化学品分类、警示标签和警示性说明 安全规范 皮肤腐蚀/刺激

GB 20594 化学品分类、警示标签和警示性说明 安全规范 严重眼睛损伤/眼睛刺激性

GB 20595 化学品分类、警示标签和警示性说明 安全规范 呼吸或皮肤过敏

GB 20596 化学品分类、警示标签和警示性说明 安全规范 生殖细胞突变性

GB 20597 化学品分类、警示标签和警示性说明 安全规范 致癌性

GB 20598 化学品分类、警示标签和警示性说明 安全规范 生殖毒性

GB 20599 化学品分类、警示标签和警示性说明 安全规范 特异性靶器官系统毒性
一次接触

GB 20601 化学品分类、警示标签和警示性说明 安全规范 特异性靶器官系统毒性
反复接触

GB 20602 化学品分类、警示标签和警示性说明 安全规范 对水环境的危害

GB/T 16483 化学品安全技术说明书 内容和项目顺序

3 术语和定义

下列术语和定义适用于本标准。

3.1

危险化学品经营单位主要负责人 principals in hazardous chemicals operating agency

从事危险化学品经营的单位的董事长、总经理（含实际控制人），加油站及加气站的站长，以及其他单位中负责危险化学品经营的负责人。

4 安全生产培训大纲

4.1 培训要求

4.1.1 危险化学品经营单位主要负责人应接受安全生产培训，具备与所从事的生产经营活动相适应的安全生产知识和安全管理能力。

4.1.2 培训应按照国家有关安全生产培训的规定组织进行。

4.1.3 培训工作应坚持理论与实践相结合，采用多种有效的培训方式，加强案例教学；应注

重提高主要负责人的职业道德、安全意识、法律知识，加强安全生产基础知识和安全生产管理技能等内容的综合培训。

4.2　培训内容

4.2.1　危险化学品经营有关安全生产法律法规

4.2.1.1　法律法规基本知识。

4.2.1.2　安全生产立法的必要性和意义。

4.2.1.3　国家安全生产方针、政策和危险化学品安全生产法律法规体系简介。

4.2.1.4　我国危险化学品安全生产监管体制。

4.2.1.5　危险化学品经营相关的法律法规及标准。主要包括《中华人民共和国安全生产法》《安全生产许可证条例》《危险化学品安全管理条例》《危险化学品经营许可证管理办法》《危险化学品登记管理办法》等。

4.2.1.6　危险化学品经营的法律责任，主要负责人安全生产的责任和义务。

4.2.1.7　国外危险化学品安全管理概况：

　　a）美国、日本、欧共体等对化学品管理概况；

　　b）国际组织对化学品的管理要求，如《作业场所安全使用化学品公约》（《170 号公约》）等。

4.2.1.8　案例分析。

4.2.2　危险化学品经营单位安全生产管理

4.2.2.1　加强危险化学品经营安全管理的重要意义。

4.2.2.2　危险化学品经营单位的安全生产管理，主要包括安全管理体系、安全生产责任制、安全生产管理规章制度，生产安全事故分类，事故报告、调查处理基本要求等。

4.2.2.3　危险化学品经营单位安全标准化的有关规定。

4.2.2.4　案例分析。

4.2.3　危险化学品基本知识

4.2.3.1　概念和分类：

　　a）危险化学品的概念与分类，有关化学品分类标准，GB 20576～GB 20599、GB 20601、GB 20602 的分类；

　　b）危险货物的概念与分类，有关危险货物的分类标准，GB 12268、GB 13690 的分类。

4.2.3.2　各类危险化学品的定义、特性与分项。

4.2.3.3　危险化学品标志，GB 13690 的相关规定。

4.2.3.4　案例分析。

4.2.4　危险化学品经营、储存、运输和包装的安全管理

4.2.4.1　化学品安全技术说明书、安全标签：

　　a）化学品安全技术说明书，GB/T 16483 的相关规定；

　　b）化学品安全标签，GB 15258 的相关规定；

　　c）经营过程中对安全技术说明书和安全标签的使用与管理。

4.2.4.2　危险化学品经营的安全管理：

　　a）经营单位的条件和要求，包括危险化学品经营许可制度、经营条件、经营危险化学品的规定；

b）剧毒品的经营，包括购买剧毒化学品应遵守的规定、销售剧毒化学品应遵守的规定；

c）经营许可证的管理办法；

d）危险化学品登记办法。

4.2.4.3　危险化学品储存的安全管理：

a）储存企业的审批，包括危险化学品储存规划的原则和要求，储存危险化学品的审批条件，申请和审批程序；

b）储存的安全要求，包括储存危险化学品的基本要求，GB 15603、GB 17914～GB 17916规定的要求；

c）储存装置的安全评价。

4.2.4.4　危险化学品运输、包装的安全管理：

a）运输安全管理概述；

b）运输安全要求，包括资质认定，托运人的规定，剧毒品的运输要求，危险化学品的运输要求；

c）包装，包括包装分类与基本要求，GB 12463 对包装的规定。

4.2.4.5　案例分析。

4.2.5　危险化学品经营安全生产知识

4.2.5.1　防火防爆：

a）基本概念；

b）燃烧，包括燃烧的条件，燃烧过程及形成；

c）爆炸，包括爆炸的分类，爆炸极限及影响因素；

d）火灾爆炸的预防，包括防范火灾爆炸事故的基本措施及管理要求。

4.2.5.2　压力容器：

a）基础知识；

b）压力容器，包括压力容器的分类，使用与安全管理。

4.2.5.3　电气安全：

a）电气安全技术措施，包括电气防火防爆，保护接地接零等；

b）静电、雷电的危害，静电的消除，防雷措施。

4.2.5.4　案例分析。

4.2.6　职业危害及其预防

4.2.6.1　工作场所毒物及危害，包括工作场所毒物与职业中毒，工作场所毒物分类，最高容许浓度等。

4.2.6.2　综合防毒措施，包括通风排毒，个体防护等。

4.2.6.3　案例分析。

4.2.7　危险化学品重大危险源与危险化学品事故应急管理

4.2.7.1　危险化学品重大危险源管理：

a）危险化学品重大危险源的概念与辨识方法，遵照 GB 18218 的规定执行；

b）危险化学品重大危险源的管理要求。

4.2.7.2 危险化学品事故应急管理：

a）危险化学品事故应急救援的基本原则，包括应急救援的定义、基本任务、基本形式、组织与实施等；

b）危险化学品事故应急预案，包括应急救援的目的、主要内容、基本要求等；

c）危险化学品事故应急预案演练。

4.2.7.3 案例分析。

4.2.8 安全管理技能培训

4.2.8.1 各种安全管理要领。

4.2.8.2 各种安全管理技能。

4.3 再培训要求

4.3.1 再培训要求

4.3.1.1 凡已取得主要负责人安全资格证书的人员，若继续从事原岗位的工作，在资格证书有效期内，每年应进行一次再培训。再培训的内容按本标准 4.3.2 的要求进行。

4.3.1.2 再培训按照有关规定，由具有相应资质的安全培训机构组织进行。

4.3.2 再培训内容

再培训包括以下内容：

a）有关安全生产新的法律、法规、标准、规范与政策；

b）有关危险化学品新产品及储存、包装、运输新技术、新设备、新材料及其安全技术要求；

c）有关危险化学品经营安全生产管理先进经验；

d）危险化学品安全生产形势及危险化学品典型事故案例分析。

4.4 学时安排

4.4.1 危险化学品经营单位主要负责人安全管理资格培训不少于 48 学时，其中第一单元培训时间不少于 12 学时，第二单元培训时间不少于 16 学时，第三单元培训时间不少于 12 学时，第四单元培训时间不少于 4 学时。具体课时安排见表 1。

表 1 危险化学品经营单位主要负责人培训课时安排

单 元		培训内容	学 时
培训	第一单元 （共 12 学时）	危险化学品经营有关的安全生产法律法规	10
		案例分析	2
	第二单元 （共 14 学时）	危险化学品经营单位安全管理	4
		危险化学品经营、储存、运输和包装的安全管理	4
	第二单元 （共 14 学时）	危险化学品重大危险源与危险化学品事故应急管理	4
		案例分析	2
	第三单元 （共 14 学时）	危险化学品基本知识	2
		危险化学品经营的安全生产知识	8

续表1

单 元		培训内容	学 时
培训	第三单元 （共14学时）	职业危害及预防	2
		案例分析	2
	第四单位 （共4学时）	安全管理技能	4
	复习		2
	考核		2
	合计		48
再培训	有关安全生产方面的新的法律、法规、标准、规范与政策； 有关危险化学品新产品及储存、包装、运输新技术、新设备、新材料的安全技术要求； 有关危险化学品经营安全生产管理先进经验； 危险化学品安全生产形势及危险化学品经营典型事故案例分析。		12
	复习		2
	考核		2
	合计		16

4.4.2 危险化学品经营单位主要负责人每年再培训的学时不少于16学时。

5 安全生产考核标准

5.1 考核办法

5.1.1 考核分为安全生产知识考试和安全管理技能考核两部分。

5.1.2 安全生产知识考试为闭卷笔试。考试内容应符合本标准5.2规定的范围，其中第一单元占分数比重30%，第二单元占总分数的30%，第三单元占总分数的40%。考试时间为120分钟。考试采用百分制，60分及以上为合格。

5.1.3 安全管理技能考核可由安全生产监管部门进行，采用实地考核、写论文、答辩等方式。考核内容应符合本标准5.3规定的范围，成绩评定分为合格与不合格。

5.1.4 安全生产知识考试及安全管理技能考核均合格者，方为合格。考试（核）不合格者允许补考一次，补考仍不合格者需重新培训。

5.1.5 考核要点的深度分为了解、熟悉和掌握三个层次，三个层次由低到高，高层次的要求包含低层次的要求。

了解：能正确理解本标准所列知识的含义、内容并能够应用；

熟悉：对本标准所列知识有较深的认识，能够分析、解释并应用相关知识解决问题；

掌握：对本标准所列知识有全面、深刻的认识，能够综合分析、解决较为复杂的相关问题。

5.2 安全生产知识考试要点

5.2.1 危险化学品经营相关法律法规：

a）了解法律法规基本知识，以及安全生产立法的意义和重要性；

b）了解我国安全生产方针、政策和有关危险化学品安全生产的主要法律法规标准体系；

c）熟悉危险化学品经营相关法律法规及标准；

d）掌握危险化学品经营的法律责任，以及主要负责人安全生产的责任和义务。

5.2.2 危险化学品经营单位安全生产管理：

a）了解危险化学品经营管理的重要意义；

b）了解安全管理体系；

c）熟悉安全生产责任制和安全生产管理规章制度；

d）熟悉生产安全事故的报告程序及要求。

e）危险化学品经营单位安全标准化的要求与要点。

5.2.3 危险化学品基本知识：

a）了解危险化学品分类原则、各类定义和各类界定标准；

b）了解各类危险化学品的分项；

c）熟悉各类危险化学品的危险特性。

5.2.4 危险化学品经营、储存、运输和包装的安全管理

5.2.4.1 化学品安全技术说明书、安全标签：

a）熟悉化学品安全技术说明书的主要内容；

b）熟悉化学品安全标签的主要内容；

c）掌握危险化学品经营单位对安全技术说明书的使用和管理。

5.2.4.2 危险化学品经营的安全管理：

a）了解危险化学品经营企业必须具备的条件；

b）了解危险化学品经营企业经营场所的建筑物，批发、零售业务店面的规定；

c）熟悉危险化学品经营的规定；

d）熟悉危险化学品零售业务范围的规定；

e）熟悉销售、购买剧毒品的规定；

f）熟悉危险化学品经营许可证管理办法。

5.2.4.3 危险化学品储存的安全管理：

a）了解危险化学品储存企业必须具备的条件；

b）掌握储存危险化学品的基本要求。

5.2.4.4 危险化学品运输、包装的安全管理：

a）了解国家对危险化学品的托运人和邮寄人的规定；

b）了解办理铁路危险货物运输及铁路发运剧毒品的规定；

c）熟悉公路运输危险化学品的规定；

d）了解危险化学品运输的注意事项；

e）了解危险化学品包装的规定。

5.2.5 危险化学品经营安全生产知识

5.2.5.1 防火防爆：

a）了解基本概念，燃烧的条件；

b）熟悉防火防爆措施，防火管理要求。

5.2.5.2 压力容器：

a）了解基础知识；

b）熟悉压力容器的安全防护知识及管理要求。

5.2.5.3 电气安全：

a）掌握电气防火防爆技术措施；

b）熟悉防静电、防雷措施。

5.2.6 职业危害及预防：

a）了解工作场所毒物与职业中毒；

b）熟悉工作场所毒物分类；

c）掌握工作场所防毒技术。

5.2.7 危险化学品重大危险源与危险化学品事故应急管理

a）危险化学品重大危险源管理：

b）了解危险化学品重大危险源的概念与辨识方法；

c）掌握危险化学品重大危险源的管理要求。

5.2.7.1 危险化学品事故应急管理

a）了解危险化学品事故应急救援的原则；

b）了解危险化学品事故应急预案的编制要求；

c）掌握发生化学品火灾的事故处置。

5.3 安全管理技能考核要点

安全管理技能考核要点包括：

a）贯彻执行国家的安全生产方针、政策和安全生产法律法规、标准、规程的要点；

b）组织危险化学品经营的程序和方法；

c）主持制定、实施安全管理规章制度的程序和要点；

d）组织安全检查和隐患排除与整改的基本程序及要点；

e）组织制定危险化学品事故应急预案的程序和要点；

f）使用《危险货物品名表》、《常用危险化学品的分类及标志》，查阅指定品种的归类、归项和危险特性，并能表述出经营的安全管理要点；

g）会阅读和使用安全技术说明书和安全标签，并能表述出经营的安全管理要点。

5.4 再培训考核要求与内容

5.4.1 再培训考核要求：

5.4.1.1 对已取得经营单位安全生产资格证的主要负责人，在证书有效期内，每年再培训完毕都应进行考核，考核内容按本标准 5.4.2 的要求进行，并将考核结果在安全生产资格证书上做好记录；

5.4.1.2 再培训考核可只进行笔试，考试办法可参照 5.1.2。

5.4.2 再培训考核要点

再培训考核要点包括以下内容：

a）了解有关安全生产方面的新的法律、法规、国家标准、行业标准、规程和规范；

b）掌握新的危险化学品的性能及其安全技术要求，以及危险化学品储存、包装、运输新技术、新设备、新材料及其安全技术要求；

c）了解危险化学品经营的安全生产管理先进经验；

d）熟悉危险化学品储存、经营单位典型事故发生的原因；

e）了解危险化学品安全生产形势及危险化学品典型事故案例。

附录2

危险化学品经营单位安全生产管理人员安全生产培训大纲及考核标准

（AQ/T 3032—2010）

1　范　围

本标准规定了危险化学品经营单位安全生产管理人员安全生产培训的要求，培训和再培训的内容及学时安排，以及安全生产考核的方法、内容，再培训考核的方法、要求与内容。

本标准适用于危险化学品经营单位安全生产管理人员的安全生产培训与考核。

2　规范性引用文件

下列文件中的条款通过本标准的引用而成为本标准的条款。凡是标注日期的引用文件，其随后所有的修改单（不包括勘误的内容）或修订版均不适用于本标准，然而，鼓励根据本标准达成协议的各方研究是否可使用这些文件的最新版本。凡是不注日期的引用文件，其最新版本适用于本标准。

GB 12268　危险货物品名表

GB 12463　危险货物运输包装通用技术条件

GB 13690　常用危险化学品的分类及标志

GB 15258　化学品安全标签编写规定

GB 15603　常用危险化学品储存通则

GB 17914　易燃易爆性商品储藏养护技术条件

GB 17915　腐蚀性商品储藏养护技术条件

GB 17916　毒害性商品储藏养护技术条件

GB 18218　危险化学品重大危险源辨识

GB 18265　危险化学品经营企业开业条件和技术要求

GB 20576　化学品分类、警示标签和警示性说明　安全规范　爆炸物

GB 20577　化学品分类、警示标签和警示性说明　安全规范　易燃气体

GB 20578　化学品分类、警示标签和警示性说明　安全规范　易燃气溶胶

GB 20579　化学品分类、警示标签和警示性说明　安全规范　氧化性气体

GB 20580　化学品分类、警示标签和警示性说明　安全规范　压力下气体

GB 20581　化学品分类、警示标签和警示性说明　安全规范　易燃液体

GB 20582　化学品分类、警示标签和警示性说明　安全规范　易燃固体

GB 20583　化学品分类、警示标签和警示性说明　安全规范　自反应物质

GB 20584　化学品分类、警示标签和警示性说明　安全规范　自热物质

GB 20585　化学品分类、警示标签和警示性说明　安全规范　自燃液体

GB 20586　化学品分类、警示标签和警示性说明　安全规范　自燃固体

GB 20587　化学品分类、警示标签和警示性说明　安全规范　遇水放出易燃气体的物质

GB 20588　化学品分类、警示标签和警示性说明　安全规范　金属腐蚀物

GB 20589　化学品分类、警示标签和警示性说明　安全规范　氧化性液体

GB 20590　化学品分类、警示标签和警示性说明　安全规范　氧化性固体

GB 20591　化学品分类、警示标签和警示性说明　安全规范　有机过氧化物

GB 20592　化学品分类、警示标签和警示性说明　安全规范　急性毒性

GB 20593　化学品分类、警示标签和警示性说明　安全规范　皮肤腐蚀/刺激

GB 20594　化学品分类、警示标签和警示性说明　安全规范　严重眼睛损伤/眼睛刺激性

GB 20595　化学品分类、警示标签和警示性说明　安全规范　呼吸或皮肤过敏

GB 20596　化学品分类、警示标签和警示性说明　安全规范　生殖细胞突变性

GB 20597　化学品分类、警示标签和警示性说明　安全规范　致癌性

GB 20598　化学品分类、警示标签和警示性说明　安全规范　生殖毒性

GB 20599　化学品分类、警示标签和警示性说明　安全规范　特异性靶器官系统毒性 一次接触

GB 20601　化学品分类、警示标签和警示性说明　安全规范　特异性靶器官系统毒性 反复接触

GB 20602　化学品分类、警示标签和警示性说明　安全规范　对水环境的危害

GB/T 16483　化学品安全技术说明书　内容和项目顺序

3　术语和定义

下列术语和定义适用于本标准。

3.1

危险化学品经营单位安全生产管理人员 safety manager in hazardous chemicals operating agency

危险化学品经营单位中分管安全生产的负责人、安全生产管理机构负责人及其管理人员，以及未设安全生产管理机构的危险化学品经营单位的专职、兼职安全生产管理人员。

4　培训大纲

4.1　培训要求

4.1.1　危险化学品经营单位安全生产管理人员应接受安全培训，具备与所从事的生产经营活动相适应的安全生产知识和安全生产管理能力。

4.1.2　培训应按照国家有关安全生产培训的规定组织进行。

4.1.3 培训工作应坚持理论与实践相结合，采用多种有效的培训方式，加强案例教学；应注重提高安全生产管理人员的职业道德、安全意识、法律知识，加强安全生产基础知识和安全生产管理技能等内容的综合培训。

4.2 培训内容

4.2.1 危险化学品安全生产法律法规

4.2.1.1 法律法规基本知识。

4.2.1.2 安全生产立法的必要性和意义。

4.2.1.3 国家安全生产方针、政策和危险化学品安全生产法律法规体系简介。

4.2.1.4 我国危险化学品安全生产监管体制。

4.2.1.5 危险化学品经营管理相关法律法规及标准。法律法规主要包括《中华人民共和国安全生产法》《安全生产许可证条例》《危险化学品安全管理条例》《危险化学品经营许可证管理办法》《危险化学品登记管理办法》等。

4.2.1.6 危险化学品经营的法律责任。

4.2.1.7 从业人员安全生产的权利和义务。

4.2.1.8 国外危险化学品安全管理概况：

　　a）欧共体和美国、日本等国家对化学品的管理概况；

　　b）国际组织对化学品的安全管理，如《作业场所安全使用化学品公约》（《170 号公约》）等。

4.2.1.9 案例分析。

4.2.2 危险化学品经营单位安全生产管理

4.2.2.1 加强危险化学品经营管理的重要意义。

4.2.2.2 危险化学品经营单位的安全生产管理。主要包括安全管理体系、安全生产责任制、安全管理规章制度，以及生产安全事故的分类，事故报告、调查处理的基本程序和要求。

4.2.2.3 危险化学品经营单位安全标准化的有关规定。

4.2.2.4 案例分析。

4.2.3 危险化学品基本知识

4.2.3.1 概念和分类：

　　a）危险化学品的概念与分类，包括 GB 20576～GB 20599、GB 20601、GB 20602 的分类；

　　b）危险货物的概念与分类，包括 GB 12268、GB 13690 的分类。

4.2.3.2 各类危险化学品的定义、特性与分项，储存和运输要求；

4.2.3.3 GB 13690 中规定的危险化学品标志；

4.2.3.4 案例分析。

4.2.4 危险化学品经营、储存、运输和包装的安全管理

4.2.4.1 化学品安全技术说明书、安全标签：

　　a）化学品安全技术说明书，GB/T 16483 的相关规定；

　　b）化学品安全标签，GB 15258 的相关规定；

c）经营中对安全技术说明书和安全标签的使用与管理。

4.2.4.2　危险化学品经营的安全管理：

a）经营单位的条件和要求，包括危险化学品经营许可制度，经营条件，经营危险化学品的规定，GB 18265 的相关规定；

b）剧毒品的经营，包括购买剧毒化学品应遵守的规定，销售剧毒化学品应遵守的规定；

c）经营许可证的管理办法。

4.2.4.3　危险化学品储存的安全管理：

a）储存企业的审批，包括危险化学品储存规划的原则和要求，储存危险化学品的审批条件，申请和审批程序；

b）储存的安全要求，包括储存危险化学品的基本要求，危险货物配装表，储存易燃易爆品的要求，储存毒害品的要求，储存腐蚀性物品的要求，废弃物处置，危险化学品储存发生火灾的主要原因分析，GB15603、GB 17914、GB 17915、GB 17916 的相关规定；

c）储存装置的安全评价。

4.2.4.4　危险化学品运输、包装的安全管理：

a）运输安全管理概述；

b）运输安全要求，包括资质认定、托运人的规定、剧毒品的运输、危险化学品的运输；

c）包装，包括包装分类与包装性能试验，包装的基本要求，GB 12463 对包装的规定。

4.2.4.5　案例分析。

4.2.5　危险化学品经营的安全生产技术

4.2.5.1　防火防爆：

a）基本概念；

b）燃烧，包括燃烧的条件，燃烧过程及形成；

c）爆炸，包括爆炸的分类，爆炸极限及影响因素，可燃气体爆炸，粉尘爆炸，蒸气爆炸等；

d）火灾爆炸的预防，包括防止可燃可爆系统的形成，消除点火源，限制火灾爆炸蔓延扩散的措施。

4.2.5.2　压力容器：

a）基础知识；

b）压力容器，包括压力容器的分类、使用与安全管理。

4.2.5.3　电气安全：

a）电气安全技术，包括电气防火防爆，保护接地接零等；

b）静电、雷电的危害及消除，包括静电的产生，防静电、防雷措施。

4.2.6　工作场所职业危害及预防

4.2.6.1　工作场所毒物及危害：

a）工作场所毒物与职业中毒；

b）工作场所毒物分类；

c）最高容许浓度。

4.2.6.2　综合防毒措施：

a）通风排毒；

b）个体防护；

c）有毒气体的测定。

4.2.7　危险化学品重大危险源与危险化学品事故应急管理

4.2.7.1　危险化学品重大危险源管理：

a）危险化学品重大危险源的概念与辨识方法，遵照 GB 18218 的规定执行；

b）危险化学品重大危险源的评价、监控与管理。

4.2.7.2　危险化学品事故应急管理

a）危险化学品事故应急救援的基本原则，包括定义、基本任务、基本形式、组织与实施等；

b）危险化学品事故应急预案，包括目的、基本要求、编制的过程、主要内容、预案编写提纲等。

4.2.7.3　常用危险化学品事故处置：

a）发生危险化学品火灾的事故处置；

b）发生人身中毒事故的急救处理，包括人身中毒的途径、人身中毒的主要临床表现及现场急救处理、危险化学品烧伤的现场处理等。

4.2.7.4　案例分析。

4.2.8　安全管理技能培训

4.2.8.1　各种安全管理要领。

4.2.8.2　各种安全管理技能。

4.3　再培训要求与内容

4.3.1　再培训要求

4.3.1.1　凡已取得安全生产管理人员安全资格的人员，若继续从事原岗位的工作，在资格证书有效期内，每年应进行一次再培训。再培训的内容按本标准 4.3.2 的要求进行。

4.3.1.2　再培训按照有关规定，由具有相应资质的安全培训机构组织进行。

4.3.2　再培训内容

再培训包括以下内容：

a）有关安全生产方面的新的法律、法规、标准、规范；

b）有关危险化学品新产品及储存、包装、运输新方法安全技术要求；

c）有关危险化学品经营安全生产管理先进经验；

d）危险化学品安全生产形势及危险化学品典型案例分析。

4.4　学时安排

4.4.1　危险化学品经营单位安全生产管理人员安全管理资格培训不少于 48 学时，其中第一单元培训时间为 8 学时，第二单元培训时间为 12 学时，第三单元培训时间为 20 学时，第四单元培训时间为 4 学时。

具体培训内容课时安排见表 1。

表1 危险化学品经营单位安全生产管理人员培训课时安排

单 元		培训内容	学 时
培训	第一单元 （共 8 学时）	危险化学品安全生产法律法规	6
		案例分析	2
	第二单元 （共 12 学时）	危险化学品安全管理	2
		危险化学品经营、储存、运输和包装的安全管理	4
		危险化学品重大危险源与危险化学品事故应急管理	4
		案例分析	2
	第三单元 （共 20 学时）	危险化学品基本知识	4
		危险化学品经营的安全技术	10
		职业危害及预防	4
		案例分析	2
	第四单位 （共 4 学时）	安全管理技能	4
	复习		2
	考核		2
	合计		48
再培训	有关安全生产方面的新的法律、法规、标准、规范； 有关危险化学品新产品及储存、包装、运输安全技术要求； 有关危险化学品经营安全生产管理先进经验； 危险化学品安全生产形势及危险化学品经营典型事故案例分析。		12
	复习		2
	考核		2
	合计		16

4.4.2　安全生产管理人员每年再培训时间不少于 16 学时。

5　安全生产考核标准

5.1　考核办法

5.1.1　考核分为基础知识考试和安全管理技能考核两部分。

5.1.2　安全生产知识考试为闭卷笔试。考试内容应符合本标准 5.2 规定的范围，其中第一单元占总分数的 20%，第二单元占总分数的 30%，第三单元占总分数的 50%。考试时间为 120

分钟。考试采用百分制，80 分及以上为合格。

5.1.3　安全管理技能考核可由安全生产监管部门进行，采用实地考核、写论文、答辩等方式。考核内容应符合本标准 5.3 规定的范围，成绩评定分为合格、不合格。

5.1.4　安全生产知识考试及安全管理技能考核均合格者，方为合格。考试（核）不合格允许补考一次，补考仍不合格者需要重新培训。

5.1.5　考试（核）要点的深度分为了解、熟悉和掌握三个层次，三个层次由低到高，高层次的要求包含低层次的要求。

　　了解：能正确理解本标准所列知识的含义、内容并能够应用。

　　熟悉：对本标准所列知识有较深的认识，能够分析、解释并应用相关知识解决问题。

　　掌握：对本标准所列知识有全面、深刻的认识，能够综合分析、解决较为复杂的相关问题。

5.2　安全生产知识考试要点

5.2.1　危险化学品安全生产法律法规：

　　a）了解法律法规基本知识，安全生产立法的必要性和意义；

　　b）熟悉我国安全生产方针、政策，了解有关安全生产的主要法律、法规、规章、标准和规范；

　　c）了解我国危险化学品安全生产监管体制；

　　d）熟悉危险化学品经营的法律法规和标准；

　　e）了解危险化学品经营的法律责任；

　　f）了解从业人员安全生产的权利和义务。

5.2.2　危险化学品经营单位的安全生产管理：

　　a）了解危险化学品经营管理的重要意义；

　　b）了解安全生产管理体系；

　　c）熟悉安全生产责任制和熟悉安全管理规章制度；

　　d）掌握生产安全事故的分类，事故报告、调查处理的基本程序和要求。

　　d）熟悉危险化学品经营单位安全标准化的要点。

5.2.3　危险化学品基本知识：

　　a）了解危险化学品分类原则、各类定义和各类界定标准；

　　b）熟悉危险化学品各类的分项；

　　c）熟悉危险化学品各类的危险特性；

　　d）掌握常用危险化学品的标志。

5.2.4　危险化学品经营、储存、运输和包装的安全管理

5.2.4.1　化学品安全技术说明书、化学品安全标签：

　　a）掌握化学品安全技术说明书的主要内容；

　　b）掌握化学品安全标签的主要内容；

　　c）熟悉危险化学品经营单位对安全技术说明书的使用和管理。

5.2.4.2　危险化学品经营的安全管理：

　　a）了解危险化学品经营企业必须具备的条件；

　　b）了解危险化学品经营企业的经营场所的建筑物，批发、零售业务店面的规定；

　　c) 熟悉危险化学品经营的规定;

　　d) 熟悉危险化学品零售业务范围的规定;

　　e) 掌握销售、购买剧毒品的规定;

　　f) 熟悉危险化学品经营许可证管理办法。

5.2.4.3　危险化学品储存的安全管理:

　　a) 了解危险化学品储存企业必须具备的条件;

　　b) 掌握储存危险化学品的基本要求,熟悉危险货物配装表;

　　c) 掌握储存易燃易爆品的要求;

　　d) 掌握储存毒害品的要求;

　　e) 掌握储存腐蚀性物品的要求;

　　f) 掌握危险化学品储存发生火灾的主要原因。

5.2.4.4　危险化学品运输、包装的安全管理:

　　a) 了解国家对危险化学品的托运人和邮寄人的规定;

　　b) 熟悉办理铁路危险货物运输及铁路发运剧毒品的规定;

　　c) 熟悉公路运输危险化学品的规定;

　　d) 掌握危险化学品运输的注意事项;

　　e) 熟悉危险化学品包装的规定。

5.2.5　危险化学品经营的安全生产技术

5.2.5.1　防火防爆:

　　a) 了解基本概念;

　　b) 了解燃烧的条件、燃烧过程及形成;

　　c) 熟悉爆炸的分类、爆炸极限及影响因素、可燃气体爆炸、蒸气爆炸、粉尘爆炸;

　　d) 掌握火灾爆炸的基本预防措施。

5.2.5.2　压力容器:

　　a) 了解基础知识;

　　b) 熟悉压力容器的分类、压力容器的使用与安全管理。

5.2.5.3　电气安全:

　　a) 掌握电气防火防爆技术措施;

　　b) 熟悉保护接地、接零;

　　c) 了解静电的产生;

　　d) 掌握防静电措施;

　　e) 掌握防雷措施。

5.2.6　职业危害及预防:

　　a) 了解工作场所毒物与职业中毒;

　　b) 熟悉工作场所毒物分类;

　　c) 熟悉最高容许浓度;

　　d) 掌握通风排毒措施;

　　e) 熟悉个体防护用品的使用;

　　f) 熟悉有毒气体的监测。

5.2.7 危险化学品重大危险源与危险化学品事故应急管理

5.2.7.1 危险化学品重大危险源管理：

　　a）了解危险化学品重大危险源的概念与辨识方法；

　　b）掌握危险化学品重大危险源的评价方法和管理要求。

5.2.7.2 危险化学品事故应急救援：

　　a）了解危险化学品事故应急救援的原则；

　　b）熟悉危险化学品事故应急救援预案的编写程序与编写方法；

　　c）掌握发生危险化学品火灾的事故处置；

　　d）熟悉化学品事故的报告和上报程序。

5.3 安全管理技能考核要点

　　安全管理技能考核要点包括：

　　a）贯彻执行国家的安全生产方针、政策和安全生产法规的要点；

　　b）开展安全管理工作的程序和基本要求和要点；

　　c）制订、实施安全管理规章制度的要点；

　　d）开展安全教育培训的基本要求、方法和内容；

　　e）进行危险化学品安全生产检查和隐患排查与整改的程序、方法和内容；

　　f）生产安全事故报告的要求，事故调查处理的程序和要点；

　　g）会阅读和使用安全技术说明书和安全标签，并能表述出经营过程安全管理的要点；

　　h）对一个给定的危险化学品仓库（或经营场所），能分析其存在的事故隐患或者对其进行危险分析，并在编写的书面报告中提出应采取的安全对策。

5.4 再培训考核要求与内容

5.4.1 再培训考核要求

5.4.1.1 对已取得安全生产资格证的安全生产管理人员，在证书有效期内，每年再培训完毕都应进行考核，考核内容按本标准 5.4.2 的要求进行，并将考核结果在安全生产资格证书上做好记录；

5.4.1.2 再培训考核可只进行笔试，考试办法可参照 5.1.2。

5.4.2 再培训考核要点

　　再培训考核包括以下内容：

　　a）了解安全生产方面的新的法律、法规、国家标准、行业标准、规程和规范；

　　b）掌握新的危险化学品的性能及其安全技术要求，以及危险化学品储存、包装、运输新技术及安全技术要求；

　　c）了解危险化学品经营的安全生产管理先进经验；

　　d）熟悉危险化学品储存、经营单位常见典型事故发生的原因；

附录 3

企业安全生产标准化基本规范
（AQ/T 9006—2010）

1　范　围

本标准适用于工矿企业开展安全生产标准化工作以及对标准化工作的咨询、服务和评审；其他企业和生产经营单位可参照执行。

有关行业制定安全生产标准化标准应满足本标准的要求；已经制定行业安全生产标准化标准的，优先适用行业安全生产标准化标准。

2　规范性引用文件

下列文件对本标准的应用是必不可少的，其最新版本（包括所有的修订单）适用于本标准。

GB 2894　安全标志及其使用导则

GBZ 158　工作场所职业病危害警示标识

国家安全生产监督管理总局令第 16 号　安全生产事故隐患排查治理暂行规定

3　术语和定义

下列术语和定义适用于本标准。

3.1　安全生产标准化　work safety standardization

通过建立安全生产责任制，制定安全管理制度和操作规程，排查治理隐患和监控重大危险源，建立预防机制，规范生产行为，使各生产环节符合有关安全生产法律法规和标准规范的要求，人、机、物、环处于良好的生产状态，并持续改进，不断加强企业安全生产规范化建设。

3.2　安全绩效　safety performance

根据安全生产目标，在安全生产工作方面取得的可测量结果。

3.3　相关方　interested party

与企业的安全绩效相关联或受其影响的团体或个人。

3.4　资源　resources

实施安全生产标准化所需的人员、资金、设施、材料、技术和方法等。

4 一般要求

4.1 原　则

企业开展安全生产标准化工作,遵循"安全第一、预防为主、综合治理"的方针,以隐患排查治理为基础，提高安全生产水平，减少事故发生，保障人身安全健康，保证生产经营活动的顺利进行。

4.2 建立和保持

企业安全生产标准化工作采用"策划、实施、检查、改进"动态循环的模式，依据本标准的要求，结合自身特点，建立并保持安全生产标准化系统；通过自我检查、自我纠正和自我完善，建立安全绩效持续改进的安全生产长效机制。

4.3 评定和监督

企业安全生产标准化工作实行企业自主评定、外部评审的方式。

企业应当根据本标准和有关评分细则,对本企业开展安全生产标准化工作情况进行评定；自主评定后申请外部评审定级。

安全生产标准化评审分为一级、二级、三级，一级为最高。

安全生产监督管理部门对评审定级进行监督管理。

5 核心要求

5.1 目　标

企业根据自身安全生产实际，制定总体和年度安全生产目标。

按照所属基层单位和部门在生产经营中的职能，制定安全生产指标和考核办法。

5.2 组织机构和职责

5.2.1 组织机构

企业应按规定设置安全生产管理机构，配备安全生产管理人员。

5.2.2 职　责

企业主要负责人应按照安全生产法律法规赋予的职责，全面负责安全生产工作，并履行安全生产义务。

企业应建立安全生产责任制，明确各级单位、部门和人员的安全生产职责。

5.3 安全生产投入

企业应建立安全生产投入保障制度，完善和改进安全生产条件，按规定提取安全费用，专项用于安全生产，并建立安全费用台账。

5.4 法律法规与安全管理制度

5.4.1 法律法规、标准规范

企业应建立识别和获取适用的安全生产法律法规、标准规范的制度，明确主管部门，确定获取的渠道、方式，及时识别和获取适用的安全生产法律法规、标准规范。

企业各职能部门应及时识别和获取本部门适用的安全生产法律法规、标准规范，并跟踪、掌握有关法律法规、标准规范的修订情况，及时提供给企业内负责识别和获取适用的安全生产

法律法规的主管部门汇总。

企业应将适用的安全生产法律法规、标准规范及其他要求及时传达给从业人员。

企业应遵守安全生产法律法规、标准规范，并将相关要求及时转化为本单位的规章制度，贯彻到各项工作中。

5.4.2　规章制度

企业应建立健全安全生产规章制度，并发放到相关工作岗位，规范从业人员的生产作业行为。

安全生产规章制度至少应包含下列内容：安全生产职责、安全生产投入、文件和档案管理、隐患排查与治理、安全教育培训、特种作业人员管理、设备设施安全管理、建设项目安全设施"三同时"管理、生产设备设施验收管理、生产设备设施报废管理、施工和检维修安全管理、危险物品及重大危险源管理、作业安全管理、相关方及外用工管理，职业健康管理、防护用品管理，应急管理，事故管理等。

5.4.3　操作规程

企业应根据生产特点，编制岗位安全操作规程，并发放到相关岗位。

5.4.4　评　估

企业应每年至少一次对安全生产法律法规、标准规范、规章制度、操作规程的执行情况进行检查评估。

5.4.5　修　订

企业应根据评估情况、安全检查反馈的问题、生产安全事故案例、绩效评定结果等，对安全生产管理规章制度和操作规程进行修订，确保其有效和适用，保证每个岗位所使用的为最新有效版本。

5.4.6　文件和档案管理

企业应严格执行文件和档案管理制度，确保安全规章制度和操作规程编制、使用、评审、修订的效力。

企业应建立主要安全生产过程、事件、活动、检查的安全记录档案，并加强对安全记录的有效管理。

5.5　教育培训

5.5.1　教育培训管理

企业应确定安全教育培训主管部门，按规定及岗位需要，定期识别安全教育培训需求，制定、实施安全教育培训计划，提供相应的资源保证。

应做好安全教育培训记录，建立安全教育培训档案，实施分级管理，并对培训效果进行评估和改进。

5.5.2　安全生产管理人员教育培训

企业的主要负责人和安全生产管理人员，必须具备与本单位所从事的生产经营活动相适应的安全生产知识和管理能力。法律法规要求必须对其安全生产知识和管理能力进行考核的，须经考核合格后方可任职。

5.5.3　操作岗位人员教育培训

企业应对操作岗位人员进行安全教育和生产技能培训，使其熟悉有关的安全生产规章制度和安全操作规程，并确认其能力符合岗位要求。未经安全教育培训，或培训考核不合格的从业人员，不得上岗作业。

新入厂（矿）人员在上岗前必须经过厂（矿）、车间（工段、区、队）、班组三级安全教育培训。

在新工艺、新技术、新材料、新设备设施投入使用前，应对有关操作岗位人员进行专门的安全教育和培训。

操作岗位人员转岗、离岗一年以上重新上岗者，应进行车间(工段)、班组安全教育培训，经考核合格后，方可上岗工作。

从事特种作业的人员应取得特种作业操作资格证书，方可上岗作业。

5.5.4　其他人员教育培训

企业应对相关方的作业人员进行安全教育培训。作业人员进入作业现场前，应由作业现场所在单位对其进行进入现场前的安全教育培训。

企业应对外来参观、学习等人员进行有关安全规定、可能接触到的危害及应急知识的教育和告知。

5.5.5　安全文化建设

企业应通过安全文化建设，促进安全生产工作。

企业应采取多种形式的安全文化活动，引导全体从业人员的安全态度和安全行为，逐步形成为全体员工所认同、共同遵守、带有本单位特点的安全价值观，实现法律和政府监管要求之上的安全自我约束，保障企业安全生产水平持续提高。

5.6　生产设备设施

5.6.1　生产设备设施建设

企业建设项目的所有设备设施应符合有关法律法规、标准规范要求；安全设备设施应与建设项目主体工程同时设计、同时施工、同时投入生产和使用。

企业应按规定对项目建议书、可行性研究、初步设计、总体开工方案、开工前安全条件确认和竣工验收等阶段进行规范管理。

生产设备设施变更应执行变更管理制度，履行变更程序，并对变更的全过程进行隐患控制。

5.6.2　设备设施运行管理

企业应对生产设备设施进行规范化管理，保证其安全运行。

企业应有专人负责管理各种安全设备设施，建立台账，定期检维修。对安全设备设施应制定检维修计划。

设备设施检维修前应制订方案。检维修方案应包含作业行为分析和控制措施。检维修过程中应执行隐患控制措施并进行监督检查。

安全设备设施不得随意拆除、挪用或弃置不用；确因检维修拆除的，应采取临时安全措施，检维修完毕后立即复原。

5.6.3　新设备设施验收及旧设备拆除、报废

设备的设计、制造、安装、使用、检测、维修、改造、拆除和报废，应符合有关法律法规、标准规范的要求。

企业应执行生产设备设施到货验收和报废管理制度，应使用质量合格、设计符合要求的生产设备设施。

拆除的生产设备设施应按规定进行处置。拆除的生产设备设施涉及危险物品的，须制定危险物品处置方案和应急措施，并严格按规定组织实施。

5.7 作业安全

5.7.1 生产现场管理和生产过程控制

企业应加强生产现场安全管理和生产过程的控制。对生产过程及物料、设备设施、器材、通道、作业环境等存在的隐患，应进行分析和控制。对动火作业、受限空间内作业、临时用电作业、高处作业等危险性较高的作业活动实施作业许可管理，严格履行审批手续。作业许可证应包含危害因素分析和安全措施等内容。

企业进行爆破、吊装等危险作业时，应当安排专人进行现场安全管理，确保安全规程的遵守和安全措施的落实。

5.7.2 作业行为管理

企业应加强生产作业行为的安全管理。对作业行为隐患、设备设施使用隐患、工艺技术隐患等进行分析，采取控制措施。

5.7.3 警示标志

企业应根据作业场所的实际情况，按照 GB 2894 及企业内部规定，在有较大危险因素的作业场所和设备设施上，设置明显的安全警示标志，进行危险提示、警示，告知危险的种类、后果及应急措施等。

企业应在设备设施检维修、施工、吊装等作业现场设置警戒区域和警示标志，在检维修现场的坑、井、洼、沟、陡坡等场所设置围栏和警示标志。

5.7.4 相关方管理

企业应执行承包商、供应商等相关方管理制度，对其资格预审、选择、服务前准备、作业过程、提供的产品、技术服务、表现评估、续用等进行管理。

企业应建立合格相关方的名录和档案，根据服务作业行为定期识别服务行为风险，并采取行之有效的控制措施。

企业应对进入同一作业区的相关方进行统一安全管理。

不得将项目委托给不具备相应资质或条件的相关方。企业和相关方的项目协议应明确规定双方的安全生产责任和义务。

5.7.5 变　　更

企业应执行变更管理制度，对机构、人员、工艺、技术、设备设施、作业过程及环境等永久性或暂时性的变化进行有计划的控制。变更的实施应履行审批及验收程序，并对变更过程及变更所产生的隐患进行分析和控制。

5.8 隐患排查和治理

5.8.1 隐患排查

企业应组织事故隐患排查工作，对隐患进行分析评估，确定隐患等级，登记建档，及时采取有效的治理措施。

法律法规、标准规范发生变更或有新的公布，以及企业操作条件或工艺改变，新建、改建、扩建项目建设，相关方进入、撤出或改变，对事故、事件或其他信息有新的认识，组织机构发生大的调整的，应及时组织隐患排查。

隐患排查前应制定排查方案，明确排查的目的、范围，选择合适的排查方法。排查方案应依据：

——有关安全生产法律、法规要求；

——设计规范、管理标准、技术标准；

——企业的安全生产目标等。

5.8.2　排查范围与方法

企业隐患排查的范围应包括所有与生产经营相关的场所、环境、人员、设备设施和活动。

企业应根据安全生产的需要和特点，采用综合检查、专业检查、季节性检查、节假日检查、日常检查等方式进行隐患排查。

5.8.3　隐患治理

企业应根据隐患排查的结果，制定隐患治理方案，对隐患及时进行治理。

隐患治理方案应包括目标和任务、方法和措施、经费和物资、机构和人员、时限和要求。重大事故隐患在治理前应采取临时控制措施并制订应急预案。

隐患治理措施包括：工程技术措施、管理措施、教育措施、防护措施和应急措施。

治理完成后，应对治理情况进行验证和效果评估。

5.8.4　预测预警

企业应根据生产经营状况及隐患排查治理情况，运用定量的安全生产预测预警技术，建立体现企业安全生产状况及发展趋势的预警指数系统。

5.9　重大危险源监控

5.9.1　辨识与评估

企业应依据有关标准对本单位的危险设施或场所进行重大危险源辨识与安全评估。

5.9.2　登记建档与备案

企业应当对确认的重大危险源及时登记建档，并按规定备案。

5.9.3　监控与管理

企业应建立健全重大危险源安全管理制度，制定重大危险源安全管理技术措施。

5.10　职业健康

5.10.1　职业健康管理

企业应按照法律法规、标准规范的要求，为从业人员提供符合职业健康要求的工作环境和条件，配备与职业健康保护相适应的设施、工具。

企业应定期对作业场所职业危害进行检测，在检测点设置标识牌予以告知，并将检测结果存入职业健康档案。

对可能发生急性职业危害的有毒、有害工作场所，应设置报警装置，制订应急预案，配置现场急救用品、设备，设置应急撤离通道和必要的泄险区。

各种防护器具应定点存放在安全、便于取用的地方，并有专人负责保管，定期校验和维护。

企业应对现场急救用品、设备和防护用品进行经常性的检维修，定期检测其性能，确保其处于正常状态。

5.10.2 职业危害告知和警示

企业与从业人员订立劳动合同时，应将工作过程中可能产生的职业危害及其后果和防护措施如实告知从业人员，并在劳动合同中写明。

企业应采用有效的方式对从业人员及相关方进行宣传，使其了解生产过程中的职业危害、预防和应急处理措施，降低或消除危害后果。

对存在严重职业危害的作业岗位，应按照 GBZ158 要求设置警示标识和警示说明。警示说明应载明职业危害的种类、后果、预防和应急救治措施。

5.10.3 职业危害申报

企业应按规定，及时、如实向当地主管部门申报生产过程存在的职业危害因素，并依法接受其监督。

5.11 应急救援

5.11.1 应急机构和队伍

企业应按规定建立安全生产应急管理机构或指定专人负责安全生产应急管理工作。

企业应建立与本单位安全生产特点相适应的专兼职应急救援队伍，或指定专兼职应急救援人员，并组织训练；无需建立应急救援队伍的，可与附近具备专业资质的应急救援队伍签订服务协议。

5.11.2 应急预案

企业应按规定制定生产安全事故应急预案，并针对重点作业岗位制定应急处置方案或措施，形成安全生产应急预案体系。

应急预案应根据有关规定报当地主管部门备案，并通报有关应急协作单位。

应急预案应定期评审，并根据评审结果或实际情况的变化进行修订和完善。

5.11.3 应急设施、装备、物资

企业应按规定建立应急设施，配备应急装备，储备应急物资，并进行经常性的检查、维护、保养，确保其完好、可靠。

5.11.4 应急演练

企业应组织生产安全事故应急演练，并对演练效果进行评估。根据评估结果，修订、完善应急预案，改进应急管理工作。

5.11.5 事故救援

企业发生事故后，应立即启动相关应急预案，积极开展事故救援。

5.12 事故报告、调查和处理

5.12.1 事故报告

企业发生事故后，应按规定及时向上级单位、政府有关部门报告，并妥善保护事故现场及有关证据。必要时向相关单位和人员通报。

5.12.2 事故调查和处理

企业发生事故后，应按规定成立事故调查组，明确其职责与权限，进行事故调查或配合上级部门的事故调查。

事故调查应查明事故发生的时间、经过、原因、人员伤亡情况及直接经济损失等。

事故调查组应根据有关证据、资料，分析事故的直接、间接原因和事故责任，提出整改措施和处理建议，编制事故调查报告。

5.13 绩效评定和持续改进

5.13.1 绩效评定

企业应每年至少一次对本单位安全生产标准化的实施情况进行评定，验证各项安全生产制度措施的适宜性、充分性和有效性，检查安全生产工作目标、指标的完成情况。

企业主要负责人应对绩效评定工作全面负责。评定工作应形成正式文件，并将结果向所有部门、所属单位和从业人员通报，作为年度考评的重要依据。

企业发生死亡事故后应重新进行评定。

5.13.2 持续改进

企业应根据安全生产标准化的评定结果和安全生产预警指数系统所反映的趋势，对安全生产目标、指标、规章制度、操作规程等进行修改完善，持续改进，不断提高安全绩效。

附录 4

危险化学品经营企业开业条件和技术要求

（GB 18265—2000）

1　范　围

本标准规定了危险化学品经营企业条件和技术要求。

本标准适用于中华人民共和国境内从事危险化学品交易和配送的任何经营企业。

2　引用标准

下列标准包含的条文，通过在本标准中引用而构成为本标准的条文。本标准出版时，所示版本均为有效。所有标准都会被修，使用本标准的各方应探讨使用下标准最新版本的可能性。

GB 190—1990　危险货物包装标志

GB 12463—1990　危险货物运输包装通用技术条件

GB 13690—1992　常用危险化学品的分类及标志

GB 15603—1995　常用化学危险品贮存通则

GB/T 175519.1—1998　化学品安装资料表　第 1 部分　内容和项目顺序

GB 17914—1999　易燃易爆性商品储藏养护技术条件

GB 17915—1999　腐蚀性商品储藏养护技术条件

GB 17916—1999　毒害性商品储藏养护技术条件

GB J16—1987　建筑设计防火规范

GA 58—1993　剧毒物品名表

3　定　义

本标准采用下列定义。

3.1　危险化学品　dangerous chemical

GB 13690 规定的危险化学品，分为八类：

a）爆炸品；

b）压缩气体和液化气体；

c）易燃液体；

d）易燃固体、自燃物品和遇湿易燃物品；

e）氧化剂和有机过氧化物；

f）毒害品；

　　g）放射性物品；

　　h）腐蚀品。

3.2　剧毒物品 hypertoxic

　　GB 58 列入的物品。

3.3　禁忌物料 incinpatible inaterals

　　化学性质相低触或灭火方法不同的化学物料[GB 15603—1995 中 3.4]。

3.4　隔离储存 segregated storage

　　在同一房间或同一区域内，不同的物料之间分开一定的距离，非禁忌物料间用通道保持空间的储存方式[GB 15603—1995 中 3.1]。

3.5　隔开储存 cut-off storage

　　在同一建筑物或同一区域内，用隔板或墙，将禁忌物料分开的储存方式[BG 15603—1995 中 3.2]。

3.6　分离储存 detached storage

　　在不同的建筑物或远离所有的外部区域内的储存方式[GB 15603—1995 中 3.3]。

4　从业人员技术要求

4.1　危险化学品经营企业的法定代表人或经理应经过国家授权部门的专业培训，取得合格证书方能从事经营活动。

4.2　企业业务经营人员应经国家授权部门的专业培训，取得合格证书方能上岗。

4.3　经营剧毒物品企业的人员，除满足 4.1、4.2 要求外，还应经过县级以上（含县级）公安部门的专门培训，取得合格证书方可上岗。

5　经营条件

5.1　危险化学品经营企业的经营场所应坐落在交通便利、便于疏散处。

5.2　危险化学品经营企业的经营场所的建筑物应符合 GB J16 的要求。

5.3　从事危险化学品批发业务的企业，应具备经县级以上（含县级）公安、消防部门批准的专用危险品仓库（自有或租用）。所经营的危险化学品不得放在业务经营场所。

5.4　零售业务只许经营除爆炸品、放射性物品、剧毒物品以外的危险化学品。

5.4.1　零售业务的店面应与繁华商业区或居住人口稠密区保持 500 m 以上距离。

5.4.2　零售业务的店面经营面积（不含库房）应不小于 60 m^2，其店面内不得设有生活设施。

5.4.3　零售业务的店面内只许存放民用小包装的危险化学品，其存放总质量不得超过 1 t。

5.4.4　零售业务的店面内危险化学品的摆放应布局合理，禁忌物料不能混放。综合性商场（含建材市场）所经营的危险化学品应有专柜存放。

5.4.5　零售业务的店面内显著位置应设有"禁止明火"等警示标志。

5.4.6　零售业务的店面内应放置有效的消防、急求安全设施。

5.4.7   零售业务的店面与存放危险化学品的库房（或罩棚）应有实墙相隔。单一品种存放量不能超过 500 kg，总质量不能超过 2 t。

5.4.8   零售店面备货库房应根据危险化学品的性质与禁忌分别采用隔离储存或隔开储存或分离储存等不同方式进行储存。

5.4.9   零售业务的店面备货库房应报公安、消防部门批准。

5.4.10   经营易燃易爆品的企业，应向县级以上（含县级）公安、消防部门申领易燃易爆品消防安全经营许可证。

5.4.11   危险化学品经营企业，应向供货方索取并向用户提供 GB/T 17519.1—1998 第 5 章 SDS 的内容和一般形式所规定的 16 个项目的有关信息。

6   储运条件

6.1   仓 储

6.1.1   地点设置

     a）危险化学品仓库按其使用性质和经营规模分为三种类型：大型仓库（库房或货场总面大于 9 000 m²）；中型仓库（库房或货场总面积在 550～9 000 m² 之间）；小型仓库（库房或货场总面积小于 550 m²）；

     b）大中型危险化学品仓库的选址应远离市区和居民区，应当在主导风向的下风向和河流下游的地域；

     c）大中型危险化学品仓库应与周围公共建筑物、交通干线（公路、铁路、水路）、工矿企业等距离至少保持 1 000 m；

     d）大中型危险化学品仓库内应设库区和生活区，两区之间应有 2 m 以上的实体围墙，围墙与库区内建筑的距离不宜小于 5 m，并应满足围墙建筑物之间的防火距离要求；

     e）大型仓库应符合本标准 5.4.7、5.4.8、5.4.9 的规定；

     f）危险化学品专用仓库应向县级以上（含县级）公安、消防部门申领消防安全储存许可证。

6.1.2   建筑结构：

     a）危险化学品的库房建筑应符合 GB J16—1987 第 4 章的要求；

     b）危险化学品仓库的建筑屋架应根据所存危险化学品的类别和危险等级采用木结构、钢结构或装配式钢筋混凝土结构。砌砖墙、石墙、混凝土墙及钢筋混凝土墙；

     c）库房门应为钛门或木质外包铁皮，采用外开式。设置高侧窗（剧毒物品仓库的窗户应加高铁护栏）；

     d）毒害性、腐蚀性危险化学品库房的耐火等级不得低于二级。易燃易爆性危险化学品库房的耐火等级不得低于三级。爆炸品应储存于一级轻顶耐火建筑内，低、中闪点液体、一级易燃固体、自燃物品、压缩气体和液化气体类应储存于一级耐火建筑的库房内。

6.1.3   储存管理：

     a）危险化学品仓库储存的危险化学品应符合 GB 15603、GB 17901、GB 17915、GB 17916 的规定；

　　b）入库的危险化学品应符合产品标准，收货保管员应严格按 GB190 的规定验收内外标志、包装、容器等，并做到账、货、卡相符；

　　c）库存危险化学品应根据其化学性质分区、分类、分库储存，禁忌物料不能混存。灭火方法不同的危险化学品不能同库储存（见附录 A）；

　　d）库存危险化学品应保持相应的垛距、墙距、柱距。垛与垛间距不小于 0.8 m，垛与墙、柱的间距不小 0.3 m。主要通道的宽度不于小 1.8 m；

　　e）危险化学品仓库的保管员应经过岗前和定期培训，持证上岗，做到一日两检，并做好检查记录。检查中发现危险化学品存在质量变质、包装破损、渗漏等问题应及时通知货主或有关部门，采取应急措施解决；

　　f）危险化学品仓库应设有专职或兼职的危险化学品养护员，负责危险化学品的技术养护、管理和监测工作；

　　g）各类危险化学品均应按其性质储存在适宜的温湿度内。

6.2　运　输

6.2.1　运输危险化学品的车辆应专车专用，并有明显标志。

6.2.2　危险化学品在运输中，包装应牢固。各类危险化学品包装应符合 GB 12463 的规定。

6.2.3　运输剧毒物品时，应持有公安部门签发的《剧毒物品运输证》。应有专人押运，防止被盗、丢失现象。

6.2.4　互为禁忌物料不能装在同一车、船内运输。

6.2.5　易燃、易爆品不能装在铁帮、铁底车、船内运输。

6.2.6　易燃液体闪点在 28 ℃ 以下的，气温高于 28 ℃ 时应在夜间运输。

6.2.7　禁止无闪人员搭乘运输危险化学品的车、船和其他运输工具。

6.2.8　运输危险化学品的车、船应有消防安全设施。

6.3　安全保证

6.3.1　安全设施：

　　a）危险化学品仓库应根据经营规模的大小设置、配备足够的消防设施和器材，应有消防水池、消防管网和消防栓等消防水源设施。大型危险物品仓库应设有专职消防队，并配有消防车。消防器材应当设置在明显和便于取用的地点，周围不准放物品和杂物。

　　仓库的消防设施、器材应当有专人管理，负责检查、保养、更新和添置，确保完好有效。对于各种消防设施、器材严禁圈占、埋压和挪用；

　　b）危险化学品仓库应设有避雷设施，并每年至少检测一次，使之安全有效；

　　c）对于易产生粉尘、蒸气、腐蚀性气体的库房，应使用密闭的防护措施，有爆炸危险的库房应当使用防爆型电气设备。剧毒物品的库房还应安装机械通风排毒设备；

　　d）危险化学品仓库应设有消防、治安报警装置。有供对报警、联络的通讯设备。

6.3.2　安全组织

　　危险化学品经营企业应设有安全保卫组织。危险化学品仓库应有专职或义务消防、警卫队伍。无论专职还是义务消防、警卫队伍，都应制定灭火预案并经常进行消防演练。

6.3.3　安全制度：

　　a）危险化学品仓库应有完善的安全管理制度和逐级安全检查制度，对查出的安全隐患应及时整改；

b）进入危险化学品库区的机动车辆应安装防火罩。机动车装卸货物后，不准在库区、库房、货场内停放和修理；

c）汽车、拖拉机不准进入甲、乙、丙类物品库房。进入甲、乙类物品库房的电瓶车、铲车应是防爆型的；进入丙类物品库房的电瓶车、铲车，应装有防止火花溅出的安全装置；

d）对剧毒物品的管理应执行"五双"制度，即：双人验收、双人保管、双人发货、双把锁、双本账；

e）储存危险化学品的建筑物、区域内严禁吸烟和使用明火。

6.3.4 安全操作：

a）装卸毒害品人员应具有操作毒品一般知识。操作时轻拿轻放，不得碰撞、倒置，防止包装破损，商品外溢。

作业人员应佩戴手套和相应的防毒口罩或面具，穿防护服。

作业中不得饮食，不得用手擦嘴、脸、眼睛。每次作业完毕，应及时用肥皂（或专用洗涤剂）洗净面部、手部，用清水漱口，防护用具应及时清洗，集中存放。

b）装卸易燃易爆品人员应穿工作服，戴手套、口罩等必需的防护用具，操作中轻搬轻放、防止摩擦和撞击。

各项操作不得使用能产生火花的工具，作业现场应远离热源和火源。

装卸易燃液体须穿防静电工作服。禁止穿带钉鞋。大桶不得在水泥地面滚动。

桶装各种氧化剂不得在水泥地面滚动。

c）装卸腐蚀人员应穿工作服、戴护目镜、胶皮手套、胶皮围裙等必需的防护用具。

操作时，应轻搬轻放，严禁背负肩扛，防止摩擦震动和撞击。

不能使用沾染异物和能产生火花机具，作业现场须远离热源和火源。

d）各类危险化学品分装、改装、开箱（桶）检查等应在库房外进行。

e）在操作各类危险化学品时，企业应在经营店面和仓库，针对各类危险化学品的性质，准备相应的急救药品和制定急救预案。

7 废弃物处理

7.1 禁止在危险化学品储存区域内堆积可燃性废弃物。

7.2 泄漏或渗漏危险化学品的包装容器应迅速转移至安全区域。

7.3 按危险化学品特性，用化学的或物理的方法处理废弃物品，不得任意抛弃，防止污染水源或环境。

8 危险化学品经营许可证

8.1 企业从事危险化学品经营活动必须取得危险化学品经营许可证。

8.2 危险化学品经营许可证由国家授权的部门统一制作、发放。

8.3 危险化学品经营企业应符合本标准第 4、5、6、7 章的要求，并取得消防安全许可证后，方可申领《危险化学品经营许可证》。并凭《危险化学品经营许可证》申办营业执照。

附录 5

危险化学品安全管理条例

（国务院令　第 591 号）

（2002 年 1 月 26 日中华人民共和国国务院令第 344 号公布 2011 年 2 月 16 日国务院第 144 次常务会议修订通过）

第一章　总　则

第一条　为了加强危险化学品的安全管理，预防和减少危险化学品事故，保障人民群众生命财产安全，保护环境，制定本条例。

第二条　危险化学品生产、储存、使用、经营和运输的安全管理，适用本条例。

废弃危险化学品的处置，依照有关环境保护的法律、行政法规和国家有关规定执行。

第三条　本条例所称危险化学品，是指具有毒害、腐蚀、爆炸、燃烧、助燃等性质，对人体、设施、环境具有危害的剧毒化学品和其他化学品。

危险化学品目录，由国务院安全生产监督管理部门会同国务院工业和信息化、公安、环境保护、卫生、质量监督检验检疫、交通运输、铁路、民用航空、农业主管部门，根据化学品危险特性的鉴别和分类标准确定、公布，并适时调整。

第四条　危险化学品安全管理，应当坚持"安全第一、预防为主、综合治理"的方针，强化和落实企业的主体责任。

生产、储存、使用、经营、运输危险化学品的单位（以下统称危险化学品单位）的主要负责人对本单位的危险化学品安全管理工作全面负责。

危险化学品单位应当具备法律、行政法规规定和国家标准、行业标准要求的安全条件，建立、健全安全管理规章制度和岗位安全责任制度，对从业人员进行安全教育、法制教育和岗位技术培训。从业人员应当接受教育和培训，考核合格后上岗作业；对有资格要求的岗位，应当配备依法取得相应资格的人员。

第五条　任何单位和个人不得生产、经营、使用国家禁止生产、经营、使用的危险化学品。

国家对危险化学品的使用有限制性规定的，任何单位和个人不得违反限制性规定使用危险化学品。

第六条　对危险化学品的生产、储存、使用、经营、运输实施安全监督管理的有关部门（以下统称负有危险化学品安全监督管理职责的部门），依照下列规定履行职责：

（一）安全生产监督管理部门负责危险化学品安全监督管理综合工作，组织确定、公布、调整危险化学品目录，对新建、改建、扩建生产、储存危险化学品（包括使用长输管道输送危险化学品，下同）的建设项目进行安全条件审查，核发危险化学品安全生产许可证、危险化学品安全使用许可证和危险化学品经营许可证，并负责危险化学品登记工作。

（二）公安机关负责危险化学品的公共安全管理，核发剧毒化学品购买许可证、剧毒化学品道路运输通行证，并负责危险化学品运输车辆的道路交通安全管理。

（三）质量监督检验检疫部门负责核发危险化学品及其包装物、容器（不包括储存危险化学品的固定式大型储罐，下同）生产企业的工业产品生产许可证，并依法对其产品质量实施监督，负责对进出口危险化学品及其包装实施检验。

（四）环境保护主管部门负责废弃危险化学品处置的监督管理，组织危险化学品的环境危害性鉴定和环境风险程度评估，确定实施重点环境管理的危险化学品，负责危险化学品环境管理登记和新化学物质环境管理登记；依照职责分工调查相关危险化学品环境污染事故和生态破坏事件，负责危险化学品事故现场的应急环境监测。

（五）交通运输主管部门负责危险化学品道路运输、水路运输的许可以及运输工具的安全管理，对危险化学品水路运输安全实施监督，负责危险化学品道路运输企业、水路运输企业驾驶人员、船员、装卸管理人员、押运人员、申报人员、集装箱装箱现场检查员的资格认定。铁路主管部门负责危险化学品铁路运输的安全管理，负责危险化学品铁路运输承运人、托运人的资质审批及其运输工具的安全管理。民用航空主管部门负责危险化学品航空运输以及航空运输企业及其运输工具的安全管理。

（六）卫生主管部门负责危险化学品毒性鉴定的管理，负责组织、协调危险化学品事故受伤人员的医疗卫生救援工作。

（七）工商行政管理部门依据有关部门的许可证件，核发危险化学品生产、储存、经营、运输企业营业执照，查处危险化学品经营企业违法采购危险化学品的行为。

（八）邮政管理部门负责依法查处寄递危险化学品的行为。

第七条   负有危险化学品安全监督管理职责的部门依法进行监督检查，可以采取下列措施：

（一）进入危险化学品作业场所实施现场检查，向有关单位和人员了解情况，查阅、复制有关文件、资料；

（二）发现危险化学品事故隐患，责令立即消除或者限期消除；

（三）对不符合法律、行政法规、规章规定或者国家标准、行业标准要求的设施、设备、装置、器材、运输工具，责令立即停止使用；

（四）经本部门主要负责人批准，查封违法生产、储存、使用、经营危险化学品的场所，扣押违法生产、储存、使用、经营、运输的危险化学品以及用于违法生产、使用、运输危险化学品的原材料、设备、运输工具；

（五）发现影响危险化学品安全的违法行为，当场予以纠正或者责令限期改正。

负有危险化学品安全监督管理职责的部门依法进行监督检查，监督检查人员不得少于 2 人，并应当出示执法证件；有关单位和个人对依法进行的监督检查应当予以配合，不得拒绝、阻碍。

第八条   县级以上人民政府应当建立危险化学品安全监督管理工作协调机制，支持、督促负有危险化学品安全监督管理职责的部门依法履行职责，协调、解决危险化学品安全监督管理工作中的重大问题。

负有危险化学品安全监督管理职责的部门应当相互配合、密切协作，依法加强对危险化学品的安全监督管理。

第九条　任何单位和个人对违反本条例规定的行为，有权向负有危险化学品安全监督管理职责的部门举报。负有危险化学品安全监督管理职责的部门接到举报，应当及时依法处理；对不属于本部门职责的，应当及时移送有关部门处理。

第十条　国家鼓励危险化学品生产企业和使用危险化学品从事生产的企业采用有利于提高安全保障水平的先进技术、工艺、设备以及自动控制系统，鼓励对危险化学品实行专门储存、统一配送、集中销售。

第二章　生产、储存安全

第十一条　国家对危险化学品的生产、储存实行统筹规划、合理布局。

国务院工业和信息化主管部门以及国务院其他有关部门依据各自职责，负责危险化学品生产、储存的行业规划和布局。

地方人民政府组织编制城乡规划，应当根据本地区的实际情况，按照确保安全的原则，规划适当区域专门用于危险化学品的生产、储存。

第十二条　新建、改建、扩建生产、储存危险化学品的建设项目（以下简称建设项目），应当由安全生产监督管理部门进行安全条件审查。

建设单位应当对建设项目进行安全条件论证，委托具备国家规定的资质条件的机构对建设项目进行安全评价，并将安全条件论证和安全评价的情况报告报建设项目所在地设区的市级以上人民政府安全生产监督管理部门；安全生产监督管理部门应当自收到报告之日起 45 日内作出审查决定，并书面通知建设单位。具体办法由国务院安全生产监督管理部门制定。

新建、改建、扩建储存、装卸危险化学品的港口建设项目，由港口行政管理部门按照国务院交通运输主管部门的规定进行安全条件审查。

第十三条　生产、储存危险化学品的单位，应当对其铺设的危险化学品管道设置明显标志，并对危险化学品管道定期检查、检测。

进行可能危及危险化学品管道安全的施工作业，施工单位应当在开工的 7 日前书面通知管道所属单位，并与管道所属单位共同制订应急预案，采取相应的安全防护措施。管道所属单位应当指派专门人员到现场进行管道安全保护指导。

第十四条　危险化学品生产企业进行生产前，应当依照《安全生产许可证条例》的规定，取得危险化学品安全生产许可证。

生产列入国家实行生产许可证制度的工业产品目录的危险化学品的企业，应当依照《中华人民共和国工业产品生产许可证管理条例》的规定，取得工业产品生产许可证。

负责颁发危险化学品安全生产许可证、工业产品生产许可证的部门，应当将其颁发许可证的情况及时向同级工业和信息化主管部门、环境保护主管部门和公安机关通报。

第十五条　危险化学品生产企业应当提供与其生产的危险化学品相符的化学品安全技术说明书，并在危险化学品包装（包括外包装件）上粘贴或者拴挂与包装内危险化学品相符的化学品安全标签。化学品安全技术说明书和化学品安全标签所载明的内容应当符合国家标准的要求。

危险化学品生产企业发现其生产的危险化学品有新的危险特性的，应当立即公告，并及时修订其化学品安全技术说明书和化学品安全标签。

第十六条　生产实施重点环境管理的危险化学品的企业，应当按照国务院环境保护主管部门的规定，将该危险化学品向环境中释放等相关信息向环境保护主管部门报告。环境保护主管部门可以根据情况采取相应的环境风险控制措施。

第十七条　危险化学品的包装应当符合法律、行政法规、规章的规定以及国家标准、行业标准的要求。

危险化学品包装物、容器的材质以及危险化学品包装的形式、规格、方法和单件质量（重量），应当与所包装的危险化学品的性质和用途相适应。

第十八条　生产列入国家实行生产许可证制度的工业产品目录的危险化学品包装物、容器的企业，应当依照《中华人民共和国工业产品生产许可证管理条例》的规定，取得工业产品生产许可证；其生产的危险化学品包装物、容器经国务院质量监督检验检疫部门认定的检验机构检验合格，方可出厂销售。

运输危险化学品的船舶及其配载的容器，应当按照国家船舶检验规范进行生产，并经海事管理机构认定的船舶检验机构检验合格，方可投入使用。

对重复使用的危险化学品包装物、容器，使用单位在重复使用前应当进行检查；发现存在安全隐患的，应当维修或者更换。使用单位应当对检查情况作出记录，记录的保存期限不得少于 2 年。

第十九条　危险化学品生产装置或者储存数量构成重大危险源的危险化学品储存设施（运输工具加油站、加气站除外），与下列场所、设施、区域的距离应当符合国家有关规定：

（一）居住区以及商业中心、公园等人员密集场所；

（二）学校、医院、影剧院、体育场（馆）等公共设施；

（三）饮用水源、水厂以及水源保护区；

（四）车站、码头（依法经许可从事危险化学品装卸作业的除外）、机场、通信干线、通信枢纽、铁路线路、道路交通干线、水路交通干线、地铁风亭以及地铁站出入口；

（五）基本农田保护区、基本草原、畜禽遗传资源保护区、畜禽规模化养殖场（养殖小区）、渔业水域以及种子、种畜禽、水产苗种生产基地；

（六）河流、湖泊、风景名胜区、自然保护区；

（七）军事禁区、军事管理区；

（八）法律、行政法规规定的其他场所、设施、区域。

已建的危险化学品生产装置或者储存数量构成重大危险源的危险化学品储存设施不符合前款规定的，由所在地设区的市级人民政府安全生产监督管理部门会同有关部门监督其所属单位在规定期限内进行整改；需要转产、停产、搬迁、关闭的，由本级人民政府决定并组织实施。

储存数量构成重大危险源的危险化学品储存设施的选址，应当避开地震活动断层和容易发生洪灾、地质灾害的区域。

本条例所称重大危险源，是指生产、储存、使用或者搬运危险化学品，且危险化学品的数量等于或者超过临界量的单元（包括场所和设施）。

第二十条　生产、储存危险化学品的单位，应当根据其生产、储存的危险化学品的种类和危险特性，在作业场所设置相应的监测、监控、通风、防晒、调温、防火、灭火、防爆、泄压、防毒、中和、防潮、防雷、防静电、防腐、防泄漏以及防护围堤或者隔离操作等安全设施、设备，并按照国家标准、行业标准或者国家有关规定对安全设施、设备进行经常性维护、保养，保证安全设施、设备的正常使用。

生产、储存危险化学品的单位，应当在其作业场所和安全设施、设备上设置明显的安全警示标志。

第二十一条 生产、储存危险化学品的单位，应当在其作业场所设置通信、报警装置，并保证处于适用状态。

第二十二条 生产、储存危险化学品的企业，应当委托具备国家规定的资质条件的机构，对本企业的安全生产条件每 3 年进行一次安全评价，提出安全评价报告。安全评价报告的内容应当包括对安全生产条件存在的问题进行整改的方案。

生产、储存危险化学品的企业，应当将安全评价报告以及整改方案的落实情况报所在地县级人民政府安全生产监督管理部门备案。在港区内储存危险化学品的企业，应当将安全评价报告以及整改方案的落实情况报港口行政管理部门备案。

第二十三条 生产、储存剧毒化学品或者国务院公安部门规定的可用于制造爆炸物品的危险化学品（以下简称易制爆危险化学品）的单位，应当如实记录其生产、储存的剧毒化学品、易制爆危险化学品的数量、流向，并采取必要的安全防范措施，防止剧毒化学品、易制爆危险化学品丢失或者被盗；发现剧毒化学品、易制爆危险化学品丢失或者被盗的，应当立即向当地公安机关报告。

生产、储存剧毒化学品、易制爆危险化学品的单位，应当设置治安保卫机构，配备专职治安保卫人员。

第二十四条 危险化学品应当储存在专用仓库、专用场地或者专用储存室（以下统称专用仓库）内，并由专人负责管理；剧毒化学品以及储存数量构成重大危险源的其他危险化学品，应当在专用仓库内单独存放，并实行双人收发、双人保管制度。

危险化学品的储存方式、方法以及储存数量应当符合国家标准或者国家有关规定。

第二十五条 储存危险化学品的单位应当建立危险化学品出入库核查、登记制度。

对剧毒化学品以及储存数量构成重大危险源的其他危险化学品，储存单位应当将其储存数量、储存地点以及管理人员的情况，报所在地县级人民政府安全生产监督管理部门（在港区内储存的，报港口行政管理部门）和公安机关备案。

第二十六条 危险化学品专用仓库应当符合国家标准、行业标准的要求，并设置明显的标志。储存剧毒化学品、易制爆危险化学品的专用仓库，应当按照国家有关规定设置相应的技术防范设施。

储存危险化学品的单位应当对其危险化学品专用仓库的安全设施、设备定期进行检测、检验。

第二十七条 生产、储存危险化学品的单位转产、停产、停业或者解散的，应当采取有效措施，及时、妥善处置其危险化学品生产装置、储存设施以及库存的危险化学品，不得丢弃危险化学品；处置方案应当报所在地县级人民政府安全生产监督管理部门、工业和信息化主管部门、环境保护主管部门和公安机关备案。安全生产监督管理部门应当会同环境保护主管部门和公安机关对处置情况进行监督检查，发现未依照规定处置的，应当责令其立即处置。

第三章   使用安全

第二十八条   使用危险化学品的单位，其使用条件（包括工艺）应当符合法律、行政法规的规定和国家标准、行业标准的要求，并根据所使用的危险化学品的种类、危险特性以及使用量和使用方式，建立、健全使用危险化学品的安全管理规章制度和安全操作规程，保证危险化学品的安全使用。

第二十九条   使用危险化学品从事生产并且使用量达到规定数量的化工企业（属于危险化学品生产企业的除外，下同），应当依照本条例的规定取得危险化学品安全使用许可证。

前款规定的危险化学品使用量的数量标准，由国务院安全生产监督管理部门会同国务院公安部门、农业主管部门确定并公布。

第三十条   申请危险化学品安全使用许可证的化工企业，除应当符合本条例第二十八条的规定外，还应当具备下列条件：

（一）有与所使用的危险化学品相适应的专业技术人员；

（二）有安全管理机构和专职安全管理人员；

（三）有符合国家规定的危险化学品事故应急预案和必要的应急救援器材、设备；

（四）依法进行了安全评价。

第三十一条   申请危险化学品安全使用许可证的化工企业，应当向所在地设区的市级人民政府安全生产监督管理部门提出申请，并提交其符合本条例第三十条规定条件的证明材料。设区的市级人民政府安全生产监督管理部门应当依法进行审查，自收到证明材料之日起 45 日内作出批准或者不予批准的决定。予以批准的，颁发危险化学品安全使用许可证；不予批准的，书面通知申请人并说明理由。

安全生产监督管理部门应当将其颁发危险化学品安全使用许可证的情况及时向同级环境保护主管部门和公安机关通报。

第三十二条   本条例第十六条关于生产实施重点环境管理的危险化学品的企业的规定，适用于使用实施重点环境管理的危险化学品从事生产的企业；第二十条、第二十一条、第二十三条第一款、第二十七条关于生产、储存危险化学品的单位的规定，适用于使用危险化学品的单位；第二十二条关于生产、储存危险化学品的企业的规定，适用于使用危险化学品从事生产的企业。

第四章   经营安全

第三十三条   国家对危险化学品经营（包括仓储经营，下同）实行许可制度。未经许可，任何单位和个人不得经营危险化学品。

依法设立的危险化学品生产企业在其厂区范围内销售本企业生产的危险化学品，不需要取得危险化学品经营许可。

依照《中华人民共和国港口法》的规定取得港口经营许可证的港口经营人，在港区内从事危险化学品仓储经营，不需要取得危险化学品经营许可。

第三十四条　从事危险化学品经营的企业应当具备下列条件：

（一）有符合国家标准、行业标准的经营场所，储存危险化学品的，还应当有符合国家标准、行业标准的储存设施；

（二）从业人员经过专业技术培训并经考核合格；

（三）有健全的安全管理规章制度；

（四）有专职安全管理人员；

（五）有符合国家规定的危险化学品事故应急预案和必要的应急救援器材、设备；

（六）法律、法规规定的其他条件。

第三十五条　从事剧毒化学品、易制爆危险化学品经营的企业，应当向所在地设区的市级人民政府安全生产监督管理部门提出申请，从事其他危险化学品经营的企业，应当向所在地县级人民政府安全生产监督管理部门提出申请（有储存设施的，应当向所在地设区的市级人民政府安全生产监督管理部门提出申请）。申请人应当提交其符合本条例第三十四条规定条件的证明材料。设区的市级人民政府安全生产监督管理部门或者县级人民政府安全生产监督管理部门应当依法进行审查，并对申请人的经营场所、储存设施进行现场核查，自收到证明材料之日起 30 日内作出批准或者不予批准的决定。予以批准的，颁发危险化学品经营许可证；不予批准的，书面通知申请人并说明理由。

设区的市级人民政府安全生产监督管理部门和县级人民政府安全生产监督管理部门应当将其颁发危险化学品经营许可证的情况及时向同级环境保护主管部门和公安机关通报。

申请人持危险化学品经营许可证向工商行政管理部门办理登记手续后，方可从事危险化学品经营活动。法律、行政法规或者国务院规定经营危险化学品还需要经其他有关部门许可的，申请人向工商行政管理部门办理登记手续时还应当持相应的许可证件。

第三十六条　危险化学品经营企业储存危险化学品的，应当遵守本条例第二章关于储存危险化学品的规定。危险化学品商店内只能存放民用小包装的危险化学品。

第三十七条　危险化学品经营企业不得向未经许可从事危险化学品生产、经营活动的企业采购危险化学品，不得经营没有化学品安全技术说明书或者化学品安全标签的危险化学品。

第三十八条　依法取得危险化学品安全生产许可证、危险化学品安全使用许可证、危险化学品经营许可证的企业，凭相应的许可证件购买剧毒化学品、易制爆危险化学品。民用爆炸物品生产企业凭民用爆炸物品生产许可证购买易制爆危险化学品。

前款规定以外的单位购买剧毒化学品的，应当向所在地县级人民政府公安机关申请取得剧毒化学品购买许可证；购买易制爆危险化学品的，应当持本单位出具的合法用途说明。

个人不得购买剧毒化学品（属于剧毒化学品的农药除外）和易制爆危险化学品。

第三十九条　申请取得剧毒化学品购买许可证，申请人应当向所在地县级人民政府公安机关提交下列材料：

（一）营业执照或者法人证书（登记证书）的复印件；

（二）拟购买的剧毒化学品品种、数量的说明；

（三）购买剧毒化学品用途的说明；

（四）经办人的身份证明。

县级人民政府公安机关应当自收到前款规定的材料之日起 3 日内，作出批准或者不予批准的决定。予以批准的，颁发剧毒化学品购买许可证；不予批准的，书面通知申请人并说明理由。

剧毒化学品购买许可证管理办法由国务院公安部门制定。

第四十条　危险化学品生产企业、经营企业销售剧毒化学品、易制爆危险化学品，应当查验本条例第三十八条第一款、第二款规定的相关许可证件或者证明文件，不得向不具有相关许可证件或者证明文件的单位销售剧毒化学品、易制爆危险化学品。对持剧毒化学品购买许可证购买剧毒化学品的，应当按照许可证载明的品种、数量销售。

禁止向个人销售剧毒化学品（属于剧毒化学品的农药除外）和易制爆危险化学品。

第四十一条　危险化学品生产企业、经营企业销售剧毒化学品、易制爆危险化学品，应当如实记录购买单位的名称、地址、经办人的姓名、身份证号码以及所购买的剧毒化学品、易制爆危险化学品的品种、数量、用途。销售记录以及经办人的身份证明复印件、相关许可证件复印件或者证明文件的保存期限不得少于 1 年。

剧毒化学品、易制爆危险化学品的销售企业、购买单位应当在销售、购买后 5 日内，将所销售、购买的剧毒化学品、易制爆危险化学品的品种、数量以及流向信息报所在地县级人民政府公安机关备案，并输入计算机系统。

第四十二条　使用剧毒化学品、易制爆危险化学品的单位不得出借、转让其购买的剧毒化学品、易制爆危险化学品；因转产、停产、搬迁、关闭等确需转让的，应当向具有本条例第三十八条第一款、第二款规定的相关许可证件或者证明文件的单位转让，并在转让后将有关情况及时向所在地县级人民政府公安机关报告。

第五章　运输安全

第四十三条　从事危险化学品道路运输、水路运输的，应当分别依照有关道路运输、水路运输的法律、行政法规的规定，取得危险货物道路运输许可、危险货物水路运输许可，并向工商行政管理部门办理登记手续。

危险化学品道路运输企业、水路运输企业应当配备专职安全管理人员。

第四十四条　危险化学品道路运输企业、水路运输企业的驾驶人员、船员、装卸管理人员、押运人员、申报人员、集装箱装箱现场检查员应当经交通运输主管部门考核合格，取得从业资格。具体办法由国务院交通运输主管部门制定。

危险化学品的装卸作业应当遵守安全作业标准、规程和制度，并在装卸管理人员的现场指挥或者监控下进行。水路运输危险化学品的集装箱装箱作业应当在集装箱装箱现场检查员的指挥或者监控下进行，并符合积载、隔离的规范和要求；装箱作业完毕后，集装箱装箱现场检查员应当签署装箱证明书。

第四十五条　运输危险化学品，应当根据危险化学品的危险特性采取相应的安全防护措施，并配备必要的防护用品和应急救援器材。

用于运输危险化学品的槽罐以及其他容器应当封口严密，能够防止危险化学品在运输过程中因温度、湿度或者压力的变化发生渗漏、洒漏；槽罐以及其他容器的溢流和泄压装置应当设置准确、起闭灵活。

运输危险化学品的驾驶人员、船员、装卸管理人员、押运人员、申报人员、集装箱装箱现场检查员，应当了解所运输的危险化学品的危险特性及其包装物、容器的使用要求和出现危险情况时的应急处置方法。

第四十六条 通过道路运输危险化学品的，托运人应当委托依法取得危险货物道路运输许可的企业承运。

第四十七条 通过道路运输危险化学品的，应当按照运输车辆的核定载质量装载危险化学品，不得超载。

危险化学品运输车辆应当符合国家标准要求的安全技术条件，并按照国家有关规定定期进行安全技术检验。

危险化学品运输车辆应当悬挂或者喷涂符合国家标准要求的警示标志。

第四十八条 通过道路运输危险化学品的，应当配备押运人员，并保证所运输的危险化学品处于押运人员的监控之下。

运输危险化学品途中因住宿或者发生影响正常运输的情况，需要较长时间停车的，驾驶人员、押运人员应当采取相应的安全防范措施；运输剧毒化学品或者易制爆危险化学品的，还应当向当地公安机关报告。

第四十九条 未经公安机关批准，运输危险化学品的车辆不得进入危险化学品运输车辆限制通行的区域。危险化学品运输车辆限制通行的区域由县级人民政府公安机关划定，并设置明显的标志。

第五十条 通过道路运输剧毒化学品的，托运人应当向运输始发地或者目的地县级人民政府公安机关申请剧毒化学品道路运输通行证。

申请剧毒化学品道路运输通行证，托运人应当向县级人民政府公安机关提交下列材料：

（一）拟运输的剧毒化学品品种、数量的说明；

（二）运输始发地、目的地、运输时间和运输路线的说明；

（三）承运人取得危险货物道路运输许可、运输车辆取得营运证以及驾驶人员、押运人员取得上岗资格的证明文件；

（四）本条例第三十八条第一款、第二款规定的购买剧毒化学品的相关许可证件，或者海关出具的进出口证明文件。

县级人民政府公安机关应当自收到前款规定的材料之日起 7 日内，作出批准或者不予批准的决定。予以批准的，颁发剧毒化学品道路运输通行证；不予批准的，书面通知申请人并说明理由。

剧毒化学品道路运输通行证管理办法由国务院公安部门制定。

第五十一条 剧毒化学品、易制爆危险化学品在道路运输途中丢失、被盗、被抢或者出现流散、泄漏等情况的，驾驶人员、押运人员应当立即采取相应的警示措施和安全措施，并向当地公安机关报告。公安机关接到报告后，应当根据实际情况立即向安全生产监督管理部门、环境保护主管部门、卫生主管部门通报。有关部门应当采取必要的应急处置措施。

第五十二条 通过水路运输危险化学品的，应当遵守法律、行政法规以及国务院交通运输主管部门关于危险货物水路运输安全的规定。

第五十三条 海事管理机构应当根据危险化学品的种类和危险特性，确定船舶运输危险化学品的相关安全运输条件。

拟交付船舶运输的化学品的相关安全运输条件不明确的，应当经国家海事管理机构认定的机构进行评估，明确相关安全运输条件并经海事管理机构确认后，方可交付船舶运输。

第五十四条　禁止通过内河封闭水域运输剧毒化学品以及国家规定禁止通过内河运输的其他危险化学品。

前款规定以外的内河水域，禁止运输国家规定禁止通过内河运输的剧毒化学品以及其他危险化学品。

禁止通过内河运输的剧毒化学品以及其他危险化学品的范围，由国务院交通运输主管部门会同国务院环境保护主管部门、工业和信息化主管部门、安全生产监督管理部门，根据危险化学品的危险特性、危险化学品对人体和水环境的危害程度以及消除危害后果的难易程度等因素规定并公布。

第五十五条　国务院交通运输主管部门应当根据危险化学品的危险特性，对通过内河运输本条例第五十四条规定以外的危险化学品（以下简称通过内河运输危险化学品）实行分类管理，对各类危险化学品的运输方式、包装规范和安全防护措施等分别作出规定并监督实施。

第五十六条　通过内河运输危险化学品，应当由依法取得危险货物水路运输许可的水路运输企业承运，其他单位和个人不得承运。托运人应当委托依法取得危险货物水路运输许可的水路运输企业承运，不得委托其他单位和个人承运。

第五十七条　通过内河运输危险化学品，应当使用依法取得危险货物适装证书的运输船舶。水路运输企业应当针对所运输的危险化学品的危险特性，制定运输船舶危险化学品事故应急救援预案，并为运输船舶配备充足、有效的应急救援器材和设备。

通过内河运输危险化学品的船舶，其所有人或者经营人应当取得船舶污染损害责任保险证书或者财务担保证明。船舶污染损害责任保险证书或者财务担保证明的副本应当随船携带。

第五十八条　通过内河运输危险化学品，危险化学品包装物的材质、形式、强度以及包装方法应当符合水路运输危险化学品包装规范的要求。国务院交通运输主管部门对单船运输的危险化学品数量有限制性规定的，承运人应当按照规定安排运输数量。

第五十九条　用于危险化学品运输作业的内河码头、泊位应当符合国家有关安全规范，与饮用水取水口保持国家规定的距离。有关管理单位应当制定码头、泊位危险化学品事故应急预案，并为码头、泊位配备充足、有效的应急救援器材和设备。

用于危险化学品运输作业的内河码头、泊位，经交通运输主管部门按照国家有关规定验收合格后方可投入使用。

第六十条　船舶载运危险化学品进出内河港口，应当将危险化学品的名称、危险特性、包装以及进出港时间等事项，事先报告海事管理机构。海事管理机构接到报告后，应当在国务院交通运输主管部门规定的时间内作出是否同意的决定，通知报告人，同时通报港口行政管理部门。定船舶、定航线、定货种的船舶可以定期报告。

在内河港口内进行危险化学品的装卸、过驳作业，应当将危险化学品的名称、危险特性、包装和作业的时间、地点等事项报告港口行政管理部门。港口行政管理部门接到报告后，应当在国务院交通运输主管部门规定的时间内作出是否同意的决定，通知报告人，同时通报海事管理机构。

载运危险化学品的船舶在内河航行，通过过船建筑物的，应当提前向交通运输主管部门申报，并接受交通运输主管部门的管理。

第六十一条　载运危险化学品的船舶在内河航行、装卸或者停泊，应当悬挂专用的警示标志，按照规定显示专用信号。

载运危险化学品的船舶在内河航行，按照国务院交通运输主管部门的规定需要引航的，应当申请引航。

第六十二条　载运危险化学品的船舶在内河航行，应当遵守法律、行政法规和国家其他有关饮用水水源保护的规定。内河航道发展规划应当与依法经批准的饮用水水源保护区划定方案相协调。

第六十三条　托运危险化学品的，托运人应当向承运人说明所托运的危险化学品的种类、数量、危险特性以及发生危险情况的应急处置措施，并按照国家有关规定对所托运的危险化学品妥善包装，在外包装上设置相应的标志。

运输危险化学品需要添加抑制剂或者稳定剂的，托运人应当添加，并将有关情况告知承运人。

第六十四条　托运人不得在托运的普通货物中夹带危险化学品，不得将危险化学品匿报或者谎报为普通货物托运。

任何单位和个人不得交寄危险化学品或者在邮件、快件内夹带危险化学品，不得将危险化学品匿报或者谎报为普通物品交寄。邮政企业、快递企业不得收寄危险化学品。

对涉嫌违反本条第一款、第二款规定的，交通运输主管部门、邮政管理部门可以依法开拆查验。

第六十五条　通过铁路、航空运输危险化学品的安全管理，依照有关铁路、航空运输的法律、行政法规、规章的规定执行。

第六章　危险化学品登记与事故应急救援

第六十六条　国家实行危险化学品登记制度，为危险化学品安全管理以及危险化学品事故预防和应急救援提供技术、信息支持。

第六十七条　危险化学品生产企业、进口企业，应当向国务院安全生产监督管理部门负责危险化学品登记的机构（以下简称危险化学品登记机构）办理危险化学品登记。

危险化学品登记包括下列内容：

（一）分类和标签信息；

（二）物理、化学性质；

（三）主要用途；

（四）危险特性；

（五）储存、使用、运输的安全要求；

（六）出现危险情况的应急处置措施。

对同一企业生产、进口的同一品种的危险化学品，不进行重复登记。危险化学品生产企业、进口企业发现其生产、进口的危险化学品有新的危险特性的，应当及时向危险化学品登记机构办理登记内容变更手续。

危险化学品登记的具体办法由国务院安全生产监督管理部门制定。

第六十八条　危险化学品登记机构应当定期向工业和信息化、环境保护、公安、卫生、交通运输、铁路、质量监督检验检疫等部门提供危险化学品登记的有关信息和资料。

第六十九条　　县级以上地方人民政府安全生产监督管理部门应当会同工业和信息化、环境保护、公安、卫生、交通运输、铁路、质量监督检验检疫等部门，根据本地区实际情况，制定危险化学品事故应急预案，报本级人民政府批准。

第七十条　　危险化学品单位应当制定本单位危险化学品事故应急预案，配备应急救援人员和必要的应急救援器材、设备，并定期组织应急救援演练。

危险化学品单位应当将其危险化学品事故应急预案报所在地设区的市级人民政府安全生产监督管理部门备案。

第七十一条　　发生危险化学品事故，事故单位主要负责人应当立即按照本单位危险化学品应急预案组织救援，并向当地安全生产监督管理部门和环境保护、公安、卫生主管部门报告；道路运输、水路运输过程中发生危险化学品事故的，驾驶人员、船员或者押运人员还应当向事故发生地交通运输主管部门报告。

第七十二条　　发生危险化学品事故，有关地方人民政府应当立即组织安全生产监督管理、环境保护、公安、卫生、交通运输等有关部门，按照本地区危险化学品事故应急预案组织实施救援，不得拖延、推诿。

有关地方人民政府及其有关部门应当按照下列规定，采取必要的应急处置措施，减少事故损失，防止事故蔓延、扩大：

（一）立即组织营救和救治受害人员，疏散、撤离或者采取其他措施保护危害区域内的其他人员；

（二）迅速控制危害源，测定危险化学品的性质、事故的危害区域及危害程度；

（三）针对事故对人体、动植物、土壤、水源、大气造成的现实危害和可能产生的危害，迅速采取封闭、隔离、洗消等措施；

（四）对危险化学品事故造成的环境污染和生态破坏状况进行监测、评估，并采取相应的环境污染治理和生态修复措施。

第七十三条　　有关危险化学品单位应当为危险化学品事故应急救援提供技术指导和必要的协助。

第七十四条　　危险化学品事故造成环境污染的，由设区的市级以上人民政府环境保护主管部门统一发布有关信息。

第七章　　法律责任

第七十五条　　生产、经营、使用国家禁止生产、经营、使用的危险化学品的，由安全生产监督管理部门责令停止生产、经营、使用活动，处 20 万元以上 50 万元以下的罚款，有违法所得的，没收违法所得；构成犯罪的，依法追究刑事责任。

有前款规定行为的，安全生产监督管理部门还应当责令其对所生产、经营、使用的危险化学品进行无害化处理。

违反国家关于危险化学品使用的限制性规定使用危险化学品的，依照本条第一款的规定处理。

第七十六条　　未经安全条件审查，新建、改建、扩建生产、储存危险化学品的建设项目的，由安全生产监督管理部门责令停止建设，限期改正；逾期不改正的，处 50 万元以上 100 万元以下的罚款；构成犯罪的，依法追究刑事责任。

未经安全条件审查，新建、改建、扩建储存、装卸危险化学品的港口建设项目的，由港口行政管理部门依照前款规定予以处罚。

第七十七条　未依法取得危险化学品安全生产许可证从事危险化学品生产，或者未依法取得工业产品生产许可证从事危险化学品及其包装物、容器生产的，分别依照《安全生产许可证条例》、《中华人民共和国工业产品生产许可证管理条例》的规定处罚。

违反本条例规定，化工企业未取得危险化学品安全使用许可证，使用危险化学品从事生产的，由安全生产监督管理部门责令限期改正，处 10 万元以上 20 万元以下的罚款；逾期不改正的，责令停产整顿。

违反本条例规定，未取得危险化学品经营许可证从事危险化学品经营的，由安全生产监督管理部门责令停止经营活动，没收违法经营的危险化学品以及违法所得，并处 10 万元以上 20 万元以下的罚款；构成犯罪的，依法追究刑事责任。

第七十八条　有下列情形之一的，由安全生产监督管理部门责令改正，可以处 5 万元以下的罚款；拒不改正的，处 5 万元以上 10 万元以下的罚款；情节严重的，责令停产停业整顿：

（一）生产、储存危险化学品的单位未对其铺设的危险化学品管道设置明显的标志，或者未对危险化学品管道定期检查、检测的；

（二）进行可能危及危险化学品管道安全的施工作业，施工单位未按照规定书面通知管道所属单位，或者未与管道所属单位共同制订应急预案、采取相应的安全防护措施，或者管道所属单位未指派专门人员到现场进行管道安全保护指导的；

（三）危险化学品生产企业未提供化学品安全技术说明书，或者未在包装（包括外包装件）上粘贴、拴挂化学品安全标签的；

（四）危险化学品生产企业提供的化学品安全技术说明书与其生产的危险化学品不相符，或者在包装（包括外包装件）粘贴、拴挂的化学品安全标签与包装内危险化学品不相符，或者化学品安全技术说明书、化学品安全标签所载明的内容不符合国家标准要求的；

（五）危险化学品生产企业发现其生产的危险化学品有新的危险特性不立即公告，或者不及时修订其化学品安全技术说明书和化学品安全标签的；

（六）危险化学品经营企业经营没有化学品安全技术说明书和化学品安全标签的危险化学品的；

（七）危险化学品包装物、容器的材质以及包装的形式、规格、方法和单件质量（重量）与所包装的危险化学品的性质和用途不相适应的；

（八）生产、储存危险化学品的单位未在作业场所和安全设施、设备上设置明显的安全警示标志，或者未在作业场所设置通信、报警装置的；

（九）危险化学品专用仓库未设专人负责管理，或者对储存的剧毒化学品以及储存数量构成重大危险源的其他危险化学品未实行双人收发、双人保管制度的；

（十）储存危险化学品的单位未建立危险化学品出入库核查、登记制度的；

（十一）危险化学品专用仓库未设置明显标志的；

（十二）危险化学品生产企业、进口企业不办理危险化学品登记，或者发现其生产、进口的危险化学品有新的危险特性不办理危险化学品登记内容变更手续的。

从事危险化学品仓储经营的港口经营人有前款规定情形的，由港口行政管理部门依照前款规定予以处罚。储存剧毒化学品、易制爆危险化学品的专用仓库未按照国家有关规定设置相应的技术防范设施的，由公安机关依照前款规定予以处罚。

生产、储存剧毒化学品、易制爆危险化学品的单位未设置治安保卫机构、配备专职治安保卫人员的，依照《企业事业单位内部治安保卫条例》的规定处罚。

第七十九条　危险化学品包装物、容器生产企业销售未经检验或者经检验不合格的危险化学品包装物、容器的，由质量监督检验检疫部门责令改正，处 10 万元以上 20 万元以下的罚款，有违法所得的，没收违法所得；拒不改正的，责令停产、停业整顿；构成犯罪的，依法追究刑事责任。

将未经检验合格的运输危险化学品的船舶及其配载的容器投入使用的，由海事管理机构依照前款规定予以处罚。

第八十条　生产、储存、使用危险化学品的单位有下列情形之一的，由安全生产监督管理部门责令改正，处 5 万元以上 10 万元以下的罚款；拒不改正的，责令停产停业整顿直至由原发证机关吊销其相关许可证件，并由工商行政管理部门责令其办理经营范围变更登记或者吊销其营业执照；有关责任人员构成犯罪的，依法追究刑事责任：

（一）对重复使用的危险化学品包装物、容器，在重复使用前不进行检查的；

（二）未根据其生产、储存的危险化学品的种类和危险特性，在作业场所设置相关安全设施、设备，或者未按照国家标准、行业标准或者国家有关规定对安全设施、设备进行经常性维护、保养的；

（三）未依照本条例规定对其安全生产条件定期进行安全评价的；

（四）未将危险化学品储存在专用仓库内，或者未将剧毒化学品以及储存数量构成重大危险源的其他危险化学品在专用仓库内单独存放的；

（五）危险化学品的储存方式、方法或者储存数量不符合国家标准或者国家有关规定的；

（六）危险化学品专用仓库不符合国家标准、行业标准的要求的；

（七）未对危险化学品专用仓库的安全设施、设备定期进行检测、检验的。

从事危险化学品仓储经营的港口经营人有前款规定情形的，由港口行政管理部门依照前款规定予以处罚。

第八十一条　有下列情形之一的，由公安机关责令改正，可以处 1 万元以下的罚款；拒不改正的，处 1 万元以上 5 万元以下的罚款：

（一）生产、储存、使用剧毒化学品、易制爆危险化学品的单位不如实记录生产、储存、使用的剧毒化学品、易制爆危险化学品的数量、流向的；

（二）生产、储存、使用剧毒化学品、易制爆危险化学品的单位发现剧毒化学品、易制爆危险化学品丢失或者被盗，不立即向公安机关报告的；

（三）储存剧毒化学品的单位未将剧毒化学品的储存数量、储存地点以及管理人员的情况报所在地县级人民政府公安机关备案的；

（四）危险化学品生产企业、经营企业不如实记录剧毒化学品、易制爆危险化学品购买单位的名称、地址、经办人的姓名、身份证号码以及所购买的剧毒化学品、易制爆危险化学品的品种、数量、用途，或者保存销售记录和相关材料的时间少于 1 年的；

（五）剧毒化学品、易制爆危险化学品的销售企业、购买单位未在规定的时限内将所销售、

购买的剧毒化学品、易制爆危险化学品的品种、数量以及流向信息报所在地县级人民政府公安机关备案的;

（六）使用剧毒化学品、易制爆危险化学品的单位依照本条例规定转让其购买的剧毒化学品、易制爆危险化学品，未将有关情况向所在地县级人民政府公安机关报告的。

生产、储存危险化学品的企业或者使用危险化学品从事生产的企业未按照本条例规定将安全评价报告以及整改方案的落实情况报安全生产监督管理部门或者港口行政管理部门备案，或者储存危险化学品的单位未将其剧毒化学品以及储存数量构成重大危险源的其他危险化学品的储存数量、储存地点以及管理人员的情况报安全生产监督管理部门或者港口行政管理部门备案的，分别由安全生产监督管理部门或者港口行政管理部门依照前款规定予以处罚。

生产实施重点环境管理的危险化学品的企业或者使用实施重点环境管理的危险化学品从事生产的企业未按照规定将相关信息向环境保护主管部门报告的，由环境保护主管部门依照本条第一款的规定予以处罚。

第八十二条　生产、储存、使用危险化学品的单位转产、停产、停业或者解散，未采取有效措施及时、妥善处置其危险化学品生产装置、储存设施以及库存的危险化学品，或者丢弃危险化学品的，由安全生产监督管理部门责令改正，处 5 万元以上 10 万元以下的罚款;构成犯罪的，依法追究刑事责任。

生产、储存、使用危险化学品的单位转产、停产、停业或者解散，未依照本条例规定将其危险化学品生产装置、储存设施以及库存危险化学品的处置方案报有关部门备案的，分别由有关部门责令改正，可以处 1 万元以下的罚款;拒不改正的，处 1 万元以上 5 万元以下的罚款。

第八十三条　危险化学品经营企业向未经许可违法从事危险化学品生产、经营活动的企业采购危险化学品的，由工商行政管理部门责令改正，处 10 万元以上 20 万元以下的罚款;拒不改正的，责令停业整顿直至由原发证机关吊销其危险化学品经营许可证，并由工商行政管理部门责令其办理经营范围变更登记或者吊销其营业执照。

第八十四条　危险化学品生产企业、经营企业有下列情形之一的，由安全生产监督管理部门责令改正，没收违法所得，并处 10 万元以上 20 万元以下的罚款;拒不改正的，责令停产停业整顿直至吊销其危险化学品安全生产许可证、危险化学品经营许可证，并由工商行政管理部门责令其办理经营范围变更登记或者吊销其营业执照:

（一）向不具有本条例第三十八条第一款、第二款规定的相关许可证件或者证明文件的单位销售剧毒化学品、易制爆危险化学品的;

（二）不按照剧毒化学品购买许可证载明的品种、数量销售剧毒化学品的;

（三）向个人销售剧毒化学品（属于剧毒化学品的农药除外）、易制爆危险化学品的。

不具有本条例第三十八条第一款、第二款规定的相关许可证件或者证明文件的单位购买剧毒化学品、易制爆危险化学品，或者个人购买剧毒化学品（属于剧毒化学品的农药除外）、易制爆危险化学品的，由公安机关没收所购买的剧毒化学品、易制爆危险化学品，可以并处 5 000 元以下的罚款。

使用剧毒化学品、易制爆危险化学品的单位出借或者向不具有本条例第三十八条第一款、第二款规定的相关许可证件的单位转让其购买的剧毒化学品、易制爆危险化学品，或者向个人转让其购买的剧毒化学品（属于剧毒化学品的农药除外）、易制爆危险化学品的，由公安机关责令改正，处 10 万元以上 20 万元以下的罚款；拒不改正的，责令停产停业整顿。

第八十五条　未依法取得危险货物道路运输许可、危险货物水路运输许可，从事危险化学品道路运输、水路运输的，分别依照有关道路运输、水路运输的法律、行政法规的规定处罚。

第八十六条　有下列情形之一的，由交通运输主管部门责令改正，处 5 万元以上 10 万元以下的罚款；拒不改正的，责令停产停业整顿；构成犯罪的，依法追究刑事责任：

（一）危险化学品道路运输企业、水路运输企业的驾驶人员、船员、装卸管理人员、押运人员、申报人员、集装箱装箱现场检查员未取得从业资格上岗作业的；

（二）运输危险化学品，未根据危险化学品的危险特性采取相应的安全防护措施，或者未配备必要的防护用品和应急救援器材的；

（三）使用未依法取得危险货物适装证书的船舶，通过内河运输危险化学品的；

（四）通过内河运输危险化学品的承运人违反国务院交通运输主管部门对单船运输的危险化学品数量的限制性规定运输危险化学品的；

（五）用于危险化学品运输作业的内河码头、泊位不符合国家有关安全规范，或者未与饮用水取水口保持国家规定的安全距离，或者未经交通运输主管部门验收合格投入使用的；

（六）托运人不向承运人说明所托运的危险化学品的种类、数量、危险特性以及发生危险情况的应急处置措施，或者未按照国家有关规定对所托运的危险化学品妥善包装并在外包装上设置相应标志的；

（七）运输危险化学品需要添加抑制剂或者稳定剂，托运人未添加或者未将有关情况告知承运人的。

第八十七条　有下列情形之一的，由交通运输主管部门责令改正，处 10 万元以上 20 万元以下的罚款，有违法所得的，没收违法所得；拒不改正的，责令停产停业整顿；构成犯罪的，依法追究刑事责任：

（一）委托未依法取得危险货物道路运输许可、危险货物水路运输许可的企业承运危险化学品的；

（二）通过内河封闭水域运输剧毒化学品以及国家规定禁止通过内河运输的其他危险化学品的；

（三）通过内河运输国家规定禁止通过内河运输的剧毒化学品以及其他危险化学品的；

（四）在托运的普通货物中夹带危险化学品，或者将危险化学品谎报或者匿报为普通货物托运的。

在邮件、快件内夹带危险化学品，或者将危险化学品谎报为普通物品交寄的，依法给予治安管理处罚；构成犯罪的，依法追究刑事责任。

邮政企业、快递企业收寄危险化学品的，依照《中华人民共和国邮政法》的规定处罚。

第八十八条　有下列情形之一的，由公安机关责令改正，处 5 万元以上 10 万元以下的罚款；构成违反治安管理行为的，依法给予治安管理处罚；构成犯罪的，依法追究刑事责任：

（一）超过运输车辆的核定载质量装载危险化学品的；

（二）使用安全技术条件不符合国家标准要求的车辆运输危险化学品的；

（三）运输危险化学品的车辆未经公安机关批准进入危险化学品运输车辆限制通行的区域的；

（四）未取得剧毒化学品道路运输通行证，通过道路运输剧毒化学品的。

第八十九条　有下列情形之一的，由公安机关责令改正，处 1 万元以上 5 万元以下的罚款；构成违反治安管理行为的，依法给予治安管理处罚：

（一）危险化学品运输车辆未悬挂或者喷涂警示标志，或者悬挂或者喷涂的警示标志不符合国家标准要求的；

（二）通过道路运输危险化学品，不配备押运人员的；

（三）运输剧毒化学品或者易制爆危险化学品途中需要较长时间停车，驾驶人员、押运人员不向当地公安机关报告的；

（四）剧毒化学品、易制爆危险化学品在道路运输途中丢失、被盗、被抢或者发生流散、泄露等情况，驾驶人员、押运人员不采取必要的警示措施和安全措施，或者不向当地公安机关报告的。

第九十条　对发生交通事故负有全部责任或者主要责任的危险化学品道路运输企业，由公安机关责令消除安全隐患，未消除安全隐患的危险化学品运输车辆，禁止上道路行驶。

第九十一条　有下列情形之一的，由交通运输主管部门责令改正，可以处 1 万元以下的罚款；拒不改正的，处 1 万元以上 5 万元以下的罚款：

（一）危险化学品道路运输企业、水路运输企业未配备专职安全管理人员的；

（二）用于危险化学品运输作业的内河码头、泊位的管理单位未制定码头、泊位危险化学品事故应急救援预案，或者未为码头、泊位配备充足、有效的应急救援器材和设备的。

第九十二条　有下列情形之一的，依照《中华人民共和国内河交通安全管理条例》的规定处罚：

（一）通过内河运输危险化学品的水路运输企业未制定运输船舶危险化学品事故应急救援预案，或者未为运输船舶配备充足、有效的应急救援器材和设备的；

（二）通过内河运输危险化学品的船舶的所有人或者经营人未取得船舶污染损害责任保险证书或者财务担保证明的；

（三）船舶载运危险化学品进出内河港口，未将有关事项事先报告海事管理机构并经其同意的；

（四）载运危险化学品的船舶在内河航行、装卸或者停泊，未悬挂专用的警示标志，或者未按照规定显示专用信号，或者未按照规定申请引航的。

未向港口行政管理部门报告并经其同意，在港口内进行危险化学品的装卸、过驳作业的，依照《中华人民共和国港口法》的规定处罚。

第九十三条　伪造、变造或者出租、出借、转让危险化学品安全生产许可证、工业产品生产许可证，或者使用伪造、变造的危险化学品安全生产许可证、工业产品生产许可证的，分别依照《安全生产许可证条例》、《中华人民共和国工业产品生产许可证管理条例》的规定处罚。

伪造、变造或者出租、出借、转让本条例规定的其他许可证，或者使用伪造、变造的本条例规定的其他许可证的，分别由相关许可证的颁发管理机关处 10 万元以上 20 万元以下的罚款，有违法所得的，没收违法所得；构成违反治安管理行为的，依法给予治安管理处罚；构成犯罪的，依法追究刑事责任。

第九十四条　危险化学品单位发生危险化学品事故，其主要负责人不立即组织救援或者不立即向有关部门报告的，依照《生产安全事故报告和调查处理条例》的规定处罚。

危险化学品单位发生危险化学品事故，造成他人人身伤害或者财产损失的，依法承担赔偿责任。

第九十五条　发生危险化学品事故，有关地方人民政府及其有关部门不立即组织实施救援，或者不采取必要的应急处置措施减少事故损失，防止事故蔓延、扩大的，对直接负责的主管人员和其他直接责任人员依法给予处分；构成犯罪的，依法追究刑事责任。

第九十六条　负有危险化学品安全监督管理职责的部门的工作人员，在危险化学品安全监督管理工作中滥用职权、玩忽职守、徇私舞弊，构成犯罪的，依法追究刑事责任；尚不构成犯罪的，依法给予处分。

第八章　附　则

第九十七条　监控化学品、属于危险化学品的药品和农药的安全管理，依照本条例的规定执行；法律、行政法规另有规定的，依照其规定。

民用爆炸物品、烟花爆竹、放射性物品、核能物质以及用于国防科研生产的危险化学品的安全管理，不适用本条例。

法律、行政法规对燃气的安全管理另有规定的，依照其规定。

危险化学品容器属于特种设备的，其安全管理依照有关特种设备安全的法律、行政法规的规定执行。

第九十八条　危险化学品的进出口管理，依照有关对外贸易的法律、行政法规、规章的规定执行；进口的危险化学品的储存、使用、经营、运输的安全管理，依照本条例的规定执行。

危险化学品环境管理登记和新化学物质环境管理登记，依照有关环境保护的法律、行政法规、规章的规定执行。危险化学品环境管理登记，按照国家有关规定收取费用。

第九十九条　公众发现、捡拾的无主危险化学品，由公安机关接收。公安机关接收或者有关部门依法没收的危险化学品，需要进行无害化处理的，交由环境保护主管部门组织其认定的专业单位进行处理，或者交由有关危险化学品生产企业进行处理。处理所需费用由国家财政负担。

第一百条　化学品的危险特性尚未确定的，由国务院安全生产监督管理部门、国务院环境保护主管部门、国务院卫生主管部门分别负责组织对该化学品的物理危险性、环境危害性、毒理特性进行鉴定。根据鉴定结果，需要调整危险化学品目录的，依照本条例第三条第二款的规定办理。

第一百零一条　本条例施行前已经使用危险化学品从事生产的化工企业，依照本条例规定需要取得危险化学品安全使用许可证的，应当在国务院安全生产监督管理部门规定的期限内，申请取得危险化学品安全使用许可证。

第一百零二条　本条例自 2011 年 12 月 1 日起施行。

附录6

危险化学品经营许可证管理办法

（安监总局令　第55号）

第一章　总　则

第一条　为了严格危险化学品经营安全条件，规范危险化学品经营活动，保障人民群众生命、财产安全，根据《中华人民共和国安全生产法》和《危险化学品安全管理条例》，制定本办法。

第二条　在中华人民共和国境内从事列入《危险化学品目录》的危险化学品的经营（包括仓储经营）活动，适用本办法。

民用爆炸物品、放射性物品、核能物质和城镇燃气的经营活动，不适用本办法。

第三条　国家对危险化学品经营实行许可制度。经营危险化学品的企业，应当依照本办法取得危险化学品经营许可证（以下简称经营许可证）。未取得经营许可证，任何单位和个人不得经营危险化学品。

从事下列危险化学品经营活动，不需要取得经营许可证：

（一）依法取得危险化学品安全生产许可证的危险化学品生产企业在其厂区范围内销售本企业生产的危险化学品的；

（二）依法取得港口经营许可证的港口经营人在港区内从事危险化学品仓储经营的。

第四条　经营许可证的颁发管理工作实行企业申请、两级发证、属地监管的原则。

第五条　国家安全生产监督管理总局指导、监督全国经营许可证的颁发和管理工作。

省、自治区、直辖市人民政府安全生产监督管理部门指导、监督本行政区域内经营许可证的颁发和管理工作。

设区的市级人民政府安全生产监督管理部门（以下简称市级发证机关）负责下列企业的经营许可证审批、颁发：

（一）经营剧毒化学品的企业；

（二）经营易制爆危险化学品的企业；

（三）经营汽油加油站的企业；

（四）专门从事危险化学品仓储经营的企业；

（五）从事危险化学品经营活动的中央企业所属省级、设区的市级公司（分公司）；

（六）带有储存设施经营除剧毒化学品、易制爆危险化学品以外的其他危险化学品的企业。

县级人民政府安全生产监督管理部门（以下简称县级发证机关）负责本行政区域内本条第三款规定以外企业的经营许可证审批、颁发；没有设立县级发证机关的，其经营许可证由市级发证机关审批、颁发。

第二章 申请经营许可证的条件

第六条 从事危险化学品经营的单位（以下统称申请人）应当依法登记注册为企业，并具备下列基本条件：

（一）经营和储存场所、设施、建筑物符合《建筑设计防火规范》（GB 50016）《石油化工企业设计防火规范》（GB 50160）《汽车加油加气站设计与施工规范》（GB 50156）《石油库设计规范》（GB 50074）等相关国家标准、行业标准的规定；

（二）企业主要负责人和安全生产管理人员具备与本企业危险化学品经营活动相适应的安全生产知识和管理能力，经专门的安全生产培训和安全生产监督管理部门考核合格，取得相应安全资格证书；特种作业人员经专门的安全作业培训，取得特种作业操作证书；其他从业人员依照有关规定经安全生产教育和专业技术培训合格；

（三）有健全的安全生产规章制度和岗位操作规程；

（四）有符合国家规定的危险化学品事故应急预案，并配备必要的应急救援器材、设备；

（五）法律、法规和国家标准或者行业标准规定的其他安全生产条件。

前款规定的安全生产规章制度，是指全员安全生产责任制度、危险化学品购销管理制度、危险化学品安全管理制度（包括防火、防爆、防中毒、防泄漏管理等内容）、安全投入保障制度、安全生产奖惩制度、安全生产教育培训制度、隐患排查治理制度、安全风险管理制度、应急管理制度、事故管理制度、职业卫生管理制度等。

第七条 申请人经营剧毒化学品的，除符合本办法第六条规定的条件外，还应当建立剧毒化学品双人验收、双人保管、双人发货、双把锁、双本账等管理制度。

第八条 申请人带有储存设施经营危险化学品的，除符合本办法第六条规定的条件外，还应当具备下列条件：

（一）新设立的专门从事危险化学品仓储经营的，其储存设施建立在地方人民政府规划的用于危险化学品储存的专门区域内；

（二）储存设施与相关场所、设施、区域的距离符合有关法律、法规、规章和标准的规定；

（三）依照有关规定进行安全评价，安全评价报告符合《危险化学品经营企业安全评价细则》的要求；

（四）专职安全生产管理人员具备国民教育化工化学类或者安全工程类中等职业教育以上学历，或者化工化学类中级以上专业技术职称，或者危险物品安全类注册安全工程师资格；

（五）符合《危险化学品安全管理条例》《危险化学品重大危险源监督管理暂行规定》《常用危险化学品贮存通则》（GB 15603）的相关规定。

申请人储存易燃、易爆、有毒、易扩散危险化学品的，除符合本条第一款规定的条件外，还应当符合《石油化工可燃气体和有毒气体检测报警设计规范》（GB 50493）的规定。

第三章 经营许可证的申请与颁发

第九条 申请人申请经营许可证，应当依照本办法第五条规定向所在地市级或者县级发证机关（以下统称发证机关）提出申请，提交下列文件、资料，并对其真实性负责：

（一）申请经营许可证的文件及申请书；

（二）安全生产规章制度和岗位操作规程的目录清单；

（三）企业主要负责人、安全生产管理人员、特种作业人员的相关资格证书（复制件）和其他从业人员培训合格的证明材料；

（四）经营场所产权证明文件或者租赁证明文件（复制件）；

（五）工商行政管理部门颁发的企业性质营业执照或者企业名称预先核准文件（复制件）；

（六）危险化学品事故应急预案备案登记表（复制件）。

带有储存设施经营危险化学品的，申请人还应当提交下列文件、资料：

（一）储存设施相关证明文件（复制件）；租赁储存设施的，需要提交租赁证明文件（复制件）；储存设施新建、改建、扩建的，需要提交危险化学品建设项目安全设施竣工验收意见书（复制件）；

（二）重大危险源备案证明材料、专职安全生产管理人员的学历证书、技术职称证书或者危险物品安全类注册安全工程师资格证书（复制件）；

（三）安全评价报告。

第十条　发证机关收到申请人提交的文件、资料后，应当按照下列情况分别作出处理：

（一）申请事项不需要取得经营许可证的，当场告知申请人不予受理；

（二）申请事项不属于本发证机关职责范围的，当场作出不予受理的决定，告知申请人向相应的发证机关申请，并退回申请文件、资料；

（三）申请文件、资料存在可以当场更正的错误的，允许申请人当场更正，并受理其申请；

（四）申请文件、资料不齐全或者不符合要求的，当场告知或者在 5 个工作日内出具补正告知书，一次告知申请人需要补正的全部内容；逾期不告知的，自收到申请文件、资料之日起即为受理；

（五）申请文件、资料齐全，符合要求，或者申请人按照发证机关要求提交全部补正材料的，立即受理其申请。

发证机关受理或者不予受理经营许可证申请，应当出具加盖本机关印章和注明日期的书面凭证。

第十一条　发证机关受理经营许可证申请后，应当组织对申请人提交的文件、资料进行审查，指派 2 名以上工作人员对申请人的经营场所、储存设施进行现场核查，并自受理之日起 30 日内作出是否准予许可的决定。

发证机关现场核查以及申请人整改现场核查发现的有关问题和修改有关申请文件、资料所需时间，不计算在前款规定的期限内。

第十二条　发证机关作出准予许可决定的，应当自决定之日起 10 个工作日内颁发经营许可证；发证机关作出不予许可决定的，应当在 10 个工作日内书面告知申请人并说明理由，告知书应当加盖本机关印章。

第十三条　经营许可证分为正本、副本，正本为悬挂式，副本为折页式。正本、副本具有同等法律效力。

经营许可证正本、副本应当分别载明下列事项：

（一）企业名称；

（二）企业住所（注册地址、经营场所、储存场所）；

（三）企业法定代表人姓名；

（四）经营方式；

（五）许可范围；

（六）发证日期和有效期限；

（七）证书编号；

（八）发证机关；

（九）有效期延续情况。

第十四条　已经取得经营许可证的企业变更企业名称、主要负责人、注册地址或者危险化学品储存设施及其监控措施的，应当自变更之日起 20 个工作日内，向本办法第五条规定的发证机关提出书面变更申请，并提交下列文件、资料：

（一）经营许可证变更申请书；

（二）变更后的工商营业执照副本（复制件）；

（三）变更后的主要负责人安全资格证书（复制件）；

（四）变更注册地址的相关证明材料；

（五）变更后的危险化学品储存设施及其监控措施的专项安全评价报告。

第十五条　发证机关受理变更申请后，应当组织对企业提交的文件、资料进行审查，并自收到申请文件、资料之日起 10 个工作日内作出是否准予变更的决定。

发证机关作出准予变更决定的，应当重新颁发经营许可证，并收回原经营许可证；不予变更的，应当说明理由并书面通知企业。

经营许可证变更的，经营许可证有效期的起始日和截止日不变，但应当载明变更日期。

第十六条　已经取得经营许可证的企业有新建、改建、扩建危险化学品储存设施建设项目的，应当自建设项目安全设施竣工验收合格之日起 20 个工作日内，向本办法第五条规定的发证机关提出变更申请，并提交危险化学品建设项目安全设施竣工验收意见书（复制件）等相关文件、资料。发证机关应当按照本办法第十条、第十五条的规定进行审查，办理变更手续。

第十七条　已经取得经营许可证的企业，有下列情形之一的，应当按照本办法的规定重新申请办理经营许可证，并提交相关文件、资料：

（一）不带有储存设施的经营企业变更其经营场所的；

（二）带有储存设施的经营企业变更其储存场所的；

（三）仓储经营的企业异地重建的；

（四）经营方式发生变化的；

（五）许可范围发生变化的。

第十八条　经营许可证的有效期为 3 年。有效期满后，企业需要继续从事危险化学品经营活动的，应当在经营许可证有效期满 3 个月前，向本办法第五条规定的发证机关提出经营许可证的延期申请，并提交延期申请书及本办法第九条规定的申请文件、资料。

企业提出经营许可证延期申请时，可以同时提出变更申请，并向发证机关提交相关文件、资料。

第十九条　符合下列条件的企业，申请经营许可证延期时，经发证机关同意，可以不提交本办法第九条规定的文件、资料：

（一）严格遵守有关法律、法规和本办法；

（二）取得经营许可证后，加强日常安全生产管理，未降低安全生产条件；

（三）未发生死亡事故或者对社会造成较大影响的生产安全事故。

带有储存设施经营危险化学品的企业，除符合前款规定条件的外，还需要取得并提交危险化学品企业安全生产标准化二级达标证书（复制件）。

第二十条　发证机关受理延期申请后，应当依照本办法第十条、第十一条、第十二条的规定，对延期申请进行审查，并在经营许可证有效期满前作出是否准予延期的决定；发证机关逾期未作出决定的，视为准予延期。

发证机关作出准予延期决定的，经营许可证有效期顺延3年。

第二十一条　任何单位和个人不得伪造、变造经营许可证，或者出租、出借、转让其取得的经营许可证，或者使用伪造、变造的经营许可证。

第四章　经营许可证的监督管理

第二十二条　发证机关应当坚持公开、公平、公正的原则，严格依照法律、法规、规章、国家标准、行业标准和本办法规定的条件及程序，审批、颁发经营许可证。

发证机关及其工作人员在经营许可证的审批、颁发和监督管理工作中，不得索取或者接受当事人的财物，不得谋取其他利益。

第二十三条　发证机关应当加强对经营许可证的监督管理，建立、健全经营许可证审批、颁发档案管理制度，并定期向社会公布企业取得经营许可证的情况，接受社会监督。

第二十四条　发证机关应当及时向同级公安机关、环境保护部门通报经营许可证的发放情况。

第二十五条　安全生产监督管理部门在监督检查中，发现已经取得经营许可证的企业不再具备法律、法规、规章、国家标准、行业标准和本办法规定的安全生产条件，或者存在违反法律、法规、规章和本办法规定的行为的，应当依法作出处理，并及时告知原发证机关。

第二十六条　发证机关发现企业以欺骗、贿赂等不正当手段取得经营许可证的，应当撤销已经颁发的经营许可证。

第二十七条　已经取得经营许可证的企业有下列情形之一的，发证机关应当注销其经营许可证：

（一）经营许可证有效期届满未被批准延期的；

（二）终止危险化学品经营活动的；

（三）经营许可证被依法撤销的；

（四）经营许可证被依法吊销的。

发证机关注销经营许可证后，应当在当地主要新闻媒体或者本机关网站上发布公告，并通报企业所在地人民政府和县级以上安全生产监督管理部门。

第二十八条　县级发证机关应当将本行政区域内上一年度经营许可证的审批、颁发和监督管理情况报告市级发证机关。

市级发证机关应当将本行政区域内上一年度经营许可证的审批、颁发和监督管理情况报告省、自治区、直辖市人民政府安全生产监督管理部门。

省、自治区、直辖市人民政府安全生产监督管理部门应当按照有关统计规定，将本行政区域内上一年度经营许可证的审批、颁发和监督管理情况报告国家安全生产监督管理总局。

第五章   法律责任

第二十九条   未取得经营许可证从事危险化学品经营的，依照《中华人民共和国安全生产法》有关未经依法批准擅自生产、经营、储存危险物品的法律责任条款并处罚款；构成犯罪的，依法追究刑事责任。

企业在经营许可证有效期届满后，仍然从事危险化学品经营的，依照前款规定给予处罚。

第三十条   带有储存设施的企业违反《危险化学品安全管理条例》规定，有下列情形之一的，责令改正，处 5 万元以上 10 万元以下的罚款；拒不改正的，责令停产停业整顿；经停产停业整顿仍不具备法律、法规、规章、国家标准和行业标准规定的安全生产条件的，吊销其经营许可证：

（一）对重复使用的危险化学品包装物、容器，在重复使用前不进行检查的；

（二）未根据其储存的危险化学品的种类和危险特性，在作业场所设置相关安全设施、设备，或者未按照国家标准、行业标准或者国家有关规定对安全设施、设备进行经常性维护、保养的；

（三）未将危险化学品储存在专用仓库内，或者未将剧毒化学品以及储存数量构成重大危险源的其他危险化学品在专用仓库内单独存放的；

（四）未对其安全生产条件定期进行安全评价的；

（五）危险化学品的储存方式、方法或者储存数量不符合国家标准或者国家有关规定的；

（六）危险化学品专用仓库不符合国家标准、行业标准的要求的；

（七）未对危险化学品专用仓库的安全设施、设备定期进行检测、检验的。

第三十一条   伪造、变造或者出租、出借、转让经营许可证，或者使用伪造、变造的经营许可证的，处 10 万元以上 20 万元以下的罚款，有违法所得的，没收违法所得；构成违反治安管理行为的，依法给予治安管理处罚；构成犯罪的，依法追究刑事责任。

第三十二条   已经取得经营许可证的企业不再具备法律、法规和本办法规定的安全生产条件的，责令改正；逾期不改正的，责令停产停业整顿；经停产停业整顿仍不具备法律、法规、规章、国家标准和行业标准规定的安全生产条件的，吊销其经营许可证。

第三十三条   已经取得经营许可证的企业出现本办法第十四条、第十六条规定的情形之一，未依照本办法的规定申请变更的，责令限期改正，处 1 万元以下的罚款；逾期仍不申请变更的，处 1 万元以上 3 万元以下的罚款。

第三十四条   安全生产监督管理部门的工作人员徇私舞弊、滥用职权、弄虚作假、玩忽职守，未依法履行危险化学品经营许可证审批、颁发和监督管理职责的，依照有关规定给予处分。

第三十五条   承担安全评价的机构和安全评价人员出具虚假评价报告的，依照有关法律、法规、规章的规定给予行政处罚；构成犯罪的，依法追究刑事责任。

第三十六条　本办法规定的行政处罚，由安全生产监督管理部门决定。其中，本办法第三十一条规定的行政处罚和第三十条、第三十二条规定的吊销经营许可证的行政处罚，由发证机关决定。

第六章　附　则

第三十七条　购买危险化学品进行分装、充装或者加入非危险化学品的溶剂进行稀释，然后销售的，依照本办法执行。

使用长输管道输送并经营危险化学品的，应当向经营地点所在地发证机关申请经营许可证。

本办法所称储存设施，是指按照《危险化学品重大危险源辨识》（GB 18218）确定，储存的危险化学品数量构成重大危险源的设施。

第三十八条　本办法施行前已取得经营许可证的企业，在其经营许可证有效期内可以继续从事危险化学品经营；经营许可证有效期届满后需要继续从事危险化学品经营的，应当依照本办法的规定重新申请经营许可证。

本办法施行前取得经营许可证的非企业的单位或者个人，在其经营许可证有效期内可以继续从事危险化学品经营；经营许可证有效期届满后需要继续从事危险化学品经营的，应当先依法登记为企业，再依照本办法的规定申请经营许可证。

第三十九条　经营许可证由国家安全生产监督管理总局统一印制。

第四十条　本办法自 2012 年 9 月 1 日起施行。原国家经济贸易委员会 2002 年 10 月 8 日公布的《危险化学品经营许可证管理办法》同时废止。

附录 7

四川省危险化学品经营许可证管理实施细则

（川安监〔2012〕249 号）

第一章　总　则

第一条　为了严格危险化学品经营安全条件，规范危险化学品经营活动，保障人民群众生命、财产安全，根据《中华人民共和国安全生产法》、《危险化学品安全管理条例》和《危险化学品经营许可证管理办法》（国家安全监管总局令第 55 号，以下简称"总局 55 号令"）等法律、法规和规章规定，制定本实施细则。

第二条　在四川省行政区域内从事列入《危险化学品目录》的危险化学品的经营（包括仓储经营）活动，适用本实施细则。

民用爆炸物品、放射性物品、核能物质和城镇燃气（城镇管网燃气、液化石油气、液化天然气）的经营活动，不适用本实施细则。

第三条　国家对危险化学品经营实行许可制度。经营危险化学品的企业，应当依照本实施细则取得危险化学品经营许可证（以下简称经营许可证）。除下列 3 种情况外，未取得经营许可证，任何单位和个人不得经营危险化学品。

从事下列危险化学品经营活动，不需要取得经营许可证：

（一）依法取得危险化学品安全生产许可证的危险化学品生产企业在其厂区范围内销售本企业生产的危险化学品的；

（二）依法取得港口经营许可证的港口经营人在港区内从事危险化学品仓储经营的；

（三）依法取得试运行备案文件的油库、加油（气）站等危险化学品新建、改建、扩建建设项目，在备案文件规定时间范围内从事危险化学品经营的。

第四条　经营许可证的颁发管理工作实行企业申请、两级发证、属地监管的原则。

第五条　四川省安全生产监督管理局指导、监督全省经营许可证的颁发和管理工作。

设区的市（州）人民政府安全生产监督管理部门（以下简称市级发证机关）负责下列企业的经营许可证审批、颁发：

（一）经营剧毒化学品的企业；

（二）经营易制爆危险化学品的企业；

（三）经营汽油加油站、汽车加气及汽车加油加气合建站的企业；

（四）专门从事危险化学品仓储经营的企业；

（五）从事危险化学品经营活动的中央在川企业所属省级、设区的市级公司（分公司）；

（六）带有储存设施经营除剧毒化学品、易制爆危险化学品以外的其他危险化学品的企业。

县（市、区）人民政府安全生产监督管理部门（以下简称县级发证机关）负责本行政区域内本条第二款规定以外企业的经营许可证审批、颁发；没有设立县级发证机关的，其经营许可证由市（州）发证机关审批、颁发。

第二章 申请经营许可证的条件

第六条 从事危险化学品经营的单位（以下统称申请人）应当依法登记注册为企业，并具备下列基本条件：

（一）经营（票据交易经营企业除外）和储存场所、设施、建筑物符合《建筑设计防火规范》（GB 50016）《石油化工企业设计防火规范》（GB 50160）《汽车加油加气站设计与施工规范》（GB 50156）《石油库设计规范》（GB 50074）等相关国家标准、行业标准的规定；

（二）企业主要负责人和安全生产管理人员具备与本企业危险化学品经营活动相适应的安全生产知识和管理能力，经专门的安全生产培训和安全生产监督管理部门考核合格，取得相应安全资格证书；特种作业人员经专门的安全作业培训，取得特种作业操作证书；其他从业人员依照有关规定经安全生产教育和专业技术培训合格；

（三）有健全的安全生产规章制度和岗位操作规程；

（四）有符合国家规定的危险化学品事故应急预案，并按分级属地原则备案，配备必要的应急救援器材、设备；

（五）法律、法规和国家标准或者行业标准规定的其他安全生产条件。

前款规定的安全生产规章制度，是指全员安全生产责任制度、危险化学品购销管理制度、危险化学品安全管理制度（包括防火、防爆、防中毒、防泄漏管理等内容）、安全投入保障制度、安全生产奖惩制度、安全生产教育培训制度、隐患排查治理制度、安全风险管理制度、应急管理制度、事故管理制度、职业卫生管理制度等。

第七条 申请人经营剧毒化学品的，除符合本实施细则第六条规定的条件外，带储存的还应当建立剧毒化学品双人验收、双人保管、双人发货、双把锁、双本账等管理制度。

第八条 申请人带有储存设施经营危险化学品的，除符合本实施细则第六条规定的条件外，还应当具备下列条件：

（一）新设立的专门从事危险化学品仓储经营的，其储存设施建立在地方人民政府规划的用于危险化学品储存的专门区域内；

（二）储存设施与相关场所、设施、区域的距离符合有关法律、法规、规章和标准的规定；

（三）依照有关规定进行安全评价，安全评价报告符合《危险化学品经营企业安全评价细则》的要求；

（四）专职安全生产管理人员具备国民教育化工化学类或者安全工程类中等职业教育以上学历，或者化工化学类中级以上专业技术职称，或者危险物品安全类注册安全工程师资格；

（五）符合《危险化学品安全管理条例》、《危险化学品重大危险源监督管理暂行规定》、《常用危险化学品贮存通则》（GB15603）的相关规定。

申请人储存易燃、易爆、易扩散危险化学品的，除符合本条第一款规定的条件外，还应当符合《石油化工可燃气体和有毒气体检测报警设计规范》（GB 50493）的规定。

第三章 经营许可证的申请与颁发

第九条 申请人申请经营许可证，应当依照本实施细则第五条规定向所在地市（州）或者县（市、区）发证机关（以下统称发证机关）提出申请，提交下列文件、资料，并对其真实性负责：

（一）申请经营许可证的文件及申请书；

（二）安全生产规章制度和岗位操作规程的目录清单；

（三）企业主要负责人、安全生产管理人员、特种作业人员的相关资格证书（复制件）和其他从业人员培训合格的证明材料；

（四）经营场所产权证明文件或者租赁证明文件（复制件）；

（五）工商行政管理部门颁发的企业性质营业执照或者企业名称预先核准文件（复制件）；

（六）危险化学品事故应急预案备案登记表（复制件）。

带有储存设施经营危险化学品的，申请人还应当提交下列文件、资料：

（一）储存设施相关证明文件（复制件）；租赁储存设施的，需要提交租赁证明文件（复制件）；储存设施新建、改建、扩建的，需要提交危险化学品建设项目安全设施竣工验收意见书（复制件）；

（二）重大危险源备案证明材料，专职安全生产管理人员的学历证书、技术职称证书或者危险物品安全类注册安全工程师资格证书（复制件）；

（三）安全评价报告。

申请票据交易经营许可证的，依照本实施细则第五条的规定向所在地市（州）或者县（市、区）发证机关提出申请，提交下列文件、资料，并对其真实性负责：

（一）申请经营许可证的文件及申请书；

（二）安全生产规章制度的目录清单；

（三）企业主要负责人相关资格证书（复制件）；

（四）经营场所产权证明文件或者租赁证明文件（复制件）；

（五）工商行政管理部门颁发的企业性质营业执照或者企业名称预先核准文件（复制件）。

第十条 发证机关收到申请人提交的文件、资料后，应当按照下列情况分别作出处理：

（一）申请事项不需要取得经营许可证的，当场告知申请人不予受理；

（二）申请事项不属于本发证机关职责范围的，当场作出不予受理的决定，告知申请人向相应的发证机关申请，并退回申请文件、资料；

（三）申请文件、资料存在可以当场更正的错误的，允许申请人当场更正，并受理其申请；

（四）申请文件、资料不齐全或者不符合要求的，当场告知或者在5个工作日内出具补正告知书，一次告知申请人需要补正的全部内容；逾期不告知的，自收到申请文件、资料之日起即为受理；

（五）申请文件、资料齐全，符合要求，或者申请人按照发证机关要求提交全部补正材料的，立即受理其申请。

发证机关受理或者不予受理经营许可证申请，应当出具加盖本机关印章和注明日期的书面凭证。

第十一条 发证机关受理经营许可证申请后，应当组织对申请人提交的文件、资料进行审查，指派2名以上工作人员或组织专家对申请人的经营场所、储存设施进行现场核查，并自受理之日起30日内作出是否准予许可的决定。

发证机关现场核查以及申请人整改现场核查发现的有关问题和修改有关申请文件、资料所需时间，不计算在前款规定的期限内。

第十二条　发证机关作出准予许可决定的，应当自决定之日起 10 个工作日内颁发经营许可证；发证机关作出不予许可决定的，应当自决定之日起 10 个工作日内书面告知申请人并说明理由，告知书应当加盖本机关印章。

第十三条　经营许可证分为正本、副本，正本为悬挂式，副本为折页式。正本、副本具有同等法律效力。

经营许可证正本、副本应当分别载明下列事项：

（一）企业名称；

（二）企业住所（注册地址、经营场所、储存场所）；

（三）企业法定代表人姓名；

（四）经营方式；

（五）许可范围；

（六）发证日期和有效期限；

（七）证书编号；

（八）发证机关；

（九）有效期延续情况。

第十四条　已取得经营许可证的企业变更企业名称、主要负责人、注册地址或者危险化学品储存设施及其监控措施的，应当自变更之日起 20 个工作日内，向本实施细则第五条规定的发证机关提出书面变更申请，并提交下列文件、资料：

（一）经营许可证变更申请书；

（二）变更后的工商营业执照副本（复制件）；

（三）变更后的主要负责人安全资格证书（复制件）；

（四）变更注册地址的相关证明材料；

（五）变更后的危险化学品储存设施及其监控措施的专项安全评价报告。

第十五条　发证机关受理变更申请后，应当组织对企业提交的文件、资料进行审查，并自收到申请文件、资料之日起 10 个工作日内作出是否准予变更的决定。

发证机关作出准予变更决定的，应当重新颁发经营许可证，并收回原经营许可证；不予变更的，应当说明理由并书面通知企业。

经营许可证变更的，经营许可证有效期的起始日和截止日不变，但应当载明变更日期。

第十六条　已经取得经营许可证的企业有新建、改建、扩建危险化学品储存设施建设项目的，应当自建设项目安全设施竣工验收合格之日起 20 个工作日内，向本实施细则第五条规定的发证机关提出变更申请，并提交危险化学品建设项目安全设施竣工验收意见书（复制件）等相关文件、资料。发证机关应当按照本实施细则第十条、第十五条的规定进行审查，办理变更手续。

第十七条　已经取得经营许可证的企业，有下列情形之一的，应当按照本实施细则的规定重新申请办理经营许可证，并提交相关文件、资料：

（一）不带有储存设施的经营企业变更其经营场所的；

（二）带有储存设施的经营企业变更其储存场所的；

（三）　仓储经营的企业异地重建的；

（四）　经营方式发生变化的；

（五）　许可范围发生变化的；

第十八条　经营许可证的有效期为 3 年。有效期满后，企业需要继续从事危险化学品经营活动的，应当在经营许可证有效期满 3 个月前，向本实施细则第五条规定的发证机关提出经营许可证的延期申请，并提交延期申请书及本实施细则第九条规定的申请文件、资料。

企业提出经营许可证延期申请时，可以同时提出变更申请，并向发证机关提交相关文件、资料。

第十九条　符合下列条件的企业，申请经营许可证延期时，经发证机关同意，可以不提交本实施细则第九条规定的文件、资料：

（一）　严格遵守有关法律、法规和本实施细则；

（二）　取得经营许可证后，加强日常安全生产管理，未降低安全生产条件；

（三）　未发生死亡事故或者对社会造成较大影响的生产安全事故。

带有储存设施经营危险化学品的企业，除符合前款规定条件的外，还需要取得并提交危险化学品企业安全生产标准化二级达标证书（复制件）。

第二十条　发证机关受理延期申请后，应当依照本实施细则第十条、第十一条、第十二条的规定，对延期申请进行审查，并在经营许可证有效期满前作出是否准予延期的决定；发证机关逾期未作出决定的，视为准予延期。

发证机关作出准予延期的，经营许可证有效期顺延 3 年。

第二十一条　任何单位和个人不得伪造、变造经营许可证，或者出租、出借、转让其取得的经营许可证，或者使用伪造、变造的经营许可证。

第四章　经营许可证的监督管理

第二十二条　发证机关应当坚持公开、公平、公正的原则，严格依照法律、法规、规章、国家标准、行业标准和本实施细则规定的条件及程序，审批、颁发经营许可证。

发证机关及其工作人员在经营许可证的审批、颁发和监督管理工作中，不得索取或者接受当事人的财物，不得谋取其他利益。

第二十三条　发证机关应当加强对经营许可证的监督管理，建立、健全经营许可证审批、颁发档案管理制度，并定期向社会公布取得经营许可证的情况，接受社会监督。

第二十四条　发证机关应当及时向同级公安机关、环境保护部门通报经营许可证的发放情况。

第二十五条　安全生产监督管理部门在监督检查中，发现已经取得经营许可证的企业不再具备法律、法规、规章、国家标准、行业标准和本实施细则规定的安全生产条件，或者存在违反法律、法规、规章和本实施细则的行为的，应当依法作出处理，并及时告知原发证机关。

第二十六条　发证机关发现企业以欺骗、贿赂等不正当手段取得经营许可证的，应当撤销已经颁发的经营许可证。

第二十七条　已经取得经营许可证的企业有下列情形之一的，发证机关应当注销其经营许可证：

（一）经营许可证有效期届满未被批准延期的；

（二）终止危险化学品经营活动的；

（三）经营许可证被依法撤销的；

（四）经营许可证被依法吊销的。

发证机关注销经营许可证后，应当在当地主要新闻媒体或者本机关网站上发布公告，并通报企业所在地人民政府和县级以上安全生产监督管理部门。

第二十八条　县级发证机关应当在在每年的 1 月中旬前将本行政区域内上一年经营许可证的审批、颁发和监督管理情况报告市（州）发证机关。

市（州）发证机关应当在每年的 1 月底前，将本行政区域内上一年经营许可证的审批、颁发和监督管理情况报告省级安全生产监督管理部门。

第五章　罚　则

第二十九条　未取得经营许可证从事危险化学品经营的，依照《中华人民共和国安全生产法》有关未经依法批准擅自生产、经营、储存危险物品的法律责任条款并处罚款；构成犯罪的，依法追究刑事责任。

企业在经营许可证有效期届满后，仍然从事危险化学品经营的，依照前款规定给予处罚。

第三十条　带有储存设施的企业违反《危险化学品安全管理条例》规定，有下列情形之一的，依照该条例第八十条的规定责令改正，处 5 万元以上 10 万元以下的罚款；拒不改正的，责令停产停业整顿；经停产停业整顿仍不具备法律、法规、规章、国家标准和行业标准规定的安全生产条件的，吊销其经营许可证：

（一）对重复使用的危险化学品包装物、容器，在重复使用前不进行检查的；

（二）未根据其储存的危险化学品的种类和危险特性，在作业场所设置相关安全设施、设备，或者未按照国家标准、行业标准或者国家有关规定对安全设施、设备进行经常性维护、保养的；

（三）未将危险化学品储存在专用仓库内，或者未将剧毒化学品以及储存数量构成重大危险源的其他危险化学品在专用仓库内单独存放的；

（四）未对其安全生产条件定期进行安全评价的；

（五）危险化学品的储存方式、方法或者储存数量不符合国家标准或者国家有关规定的；

（六）危险化学品专用仓库不符合国家标准、行业标准的要求的；

（七）未对危险化学品专用仓库的安全设施、设备定期进行检测、检验的。

第三十一条　伪造、变造或者出租、出借、转让经营许可证，或者使用伪造、变造的经营许可证的，依照总局 55 号令第三十一条的规定处 10 万元以上 20 万元以下的罚款，有违法所得的，没收违法所得；构成违反治安管理行为的，依法给予治安管理处罚；构成犯罪的，依法追究刑事责任。

第三十二条　已经取得经营许可证的企业不再具备法律、法规和本实施细则规定的安全生产条件的，责令改正；逾期不改正的，责令停产停业整顿；经停产停业整顿仍不具备法律、法规、规章、国家标准和行业标准规定的安全生产条件的，吊销其经营许可证。

第三十三条　已经取得经营许可证的企业出现本实施细则第十四条、第十六条规定的情形之一，未依照本实施细则的规定申请变更的，依照总局 55 号令第三十三条的规定责令限期改正，处 1 万元以下的罚款；逾期仍不申请变更的，处 1 万元以上 3 万元以下的罚款。

第三十四条　安全生产监督管理部门的工作人员徇私舞弊，滥用职权、弄虚作假、玩忽职守，未依法履行危险化学品经营许可证审批、颁发和监督管理职责的，依照有关规定给予处分。

第三十五条　承担安全评价的机构和安全评价人员出具虚假评价报告的，依照有关法律、法规、规章的规定给予行政处罚；构成犯罪的，依法追究刑事责任。

第三十六条　本实施细则规定的行政处罚，由安全生产监督管理部门决定。其中，依照总局 55 号令第三十一条规定的行政处罚和第三十条、三十二条规定的吊销经营许可证的行政处罚，由发证机关决定。

第六章　附　则

第三十七条　购买危险化学品进行分装、充装或者加入非危险化学品的溶剂进行稀释，然后销售的，依照本实施细则执行。

使用长输管道输送并经营危险化学品的，应当向经营地点所在地发证机关申请经营许可证。

本实施细则所称储存设施，是指按照《危险化学品重大危险源辨识》（GB 18218）确定，储存的危险化学品数量构成重大危险源的设施。

本实施细则所称票据交易经营企业，是指在其经营过程中，不涉及危险化学品储存的企业。

第三十八条　本实施细则施行前已取得经营许可证的企业，在其经营许可证有效期内可以继续从事危险化学品经营；经营许可证有效期届满后需要继续从事危险化学品经营的，应当依照本实施细则的规定重新申请经营许可证。

第三十九条　经营许可证由国家安全生产监督管理总局统一印制。

第四十条　本实施细则自颁布之日起施行。四川省安全生产监督管理局 2010 年 3 月 2 日公布的《危险化学品经营许可管理办法》（川安监〔2010〕52 号）同时废止。

附录8

四川省加油（气）站安全生产标准化评审标准

（试行）

A级要素	B要素	标准化要求	加油（气）站达标标准	评审方法	评审标准	分数	
						分值	得分
1 法律和法规标准（100）	1.1 法律法规的识别和获取（50）	1. 加油（气）站应建立识别和获取适用的安全生产法律、法规、标准及主管理制度。	建立识别和获取适用的安全生产法律法规、标准及政府其他有关要求的管理制度；及时识别和获取，定期更新。应至少识别出以下法律法规： 《危险化学品安全管理条例》（国务院令第591号） 国家安监总局令第55号《危险化学品经营许可证管理办法》 《汽车加油加气站设计与施工规范》（GB 50156—2002（2006年版））《加油站作业安全规范》（AQ 3010—2007） 2. 明确责任部门、获取渠道、方式； 3. 及时识别和获取适用的安全生产法律法规和标准及政府其他有关要求； 4. 形成法律法规、标准及政府其他有关要求的清单和文本数据库，并定期更新。	查文件： 1. 识别和获取适用的安全生产法律、法规、标准及政府其他要求的制度； 2. 适用的法律法规、标准及政府其他要求的文本或数据库； 3. 定期更新记录。	1. 识别和获取的法律、法规、标准及政府其他要求，一项不符合扣1分； 2. 法律法规、标准及政府其他要求未识别到条款，一项扣1分； 3. 未形成清单或文本数据库，扣5分； 4. 未及时更新清单或文本数据库，扣5分。	25	

续上表

A级要素	B要素	标准化要求	加油站达标标准	评审方法	评审标准	分值	得分
1 法律和法规标准(100)	1.1 法律法规和标准的识别和获取(50)	2. 加油(气)站应将适用的安全生产法律、法规及其他要求及时传达给相关方。	采用适当的方式、方法,将适用的安全生产法律、法规、标准及其他要求及时传达到至少包括以下相关方:加油(气)站员工或站员工、周边居民、供油、供气单位及送油司机和押运员,加油(气)顾客、外协检修维修单位及人员。	查文件: 1.文件发放记录; 2.培训记录、告知书、宣传材料。询问:相关方是否接收到加油站传达的相关信息。	1. 无法律法规宣传、培训计划,扣15分; 2. 未进行宣传培训或无记录,一项不符合扣5分。	25	
	1.2 法律、法规和标准符合性评价(50分)	加油(气)站应每年至少1次对适用的安全生产法律、法规、标准及其他要求的执行的符合性评价,消除违规现象和行为。	1. 每年至少1次对适用的安全生产法律、法规、标准及其他有关要求的执行进行符合性评价; 2. 对评价出的不符合项进行行合性原因分析,制订整改计划和措施。	查文件: 1. 符合性评价报告、记录; 2. 不符合项整改记录。	1. 未对所有适用的法律、法规、标准及其他有关要求进行评价,一项扣2分; 2. 对评价出的不符合项未进行原因分析的,一项扣2分;未制定整改措施计划或整改措施或整改措施不落实,一项扣2分。	50	

续上表

A级要素	B要素	标准化要求	加油站达标标准	评审方法	评审标准	分值	得分
2 机构和职责(100)	2.1 方针目标(20)	1. 加油（气）站应坚持"安全第一，预防为主，综合治理"的国家安全生产方针，组织制定文件化的安全生产方针和目标。	1. 主要负责人组织制定符合本加油（气）站实际的、文件化的安全生产方针； 2. 主要负责人组织制定符合加油（气）站实际的、文件化的年度安全生产目标； 3. 目标或指标应至少包括以下内容：火灾爆炸事故率、泄漏事故率。	查文件：安全生产方针，年度安全生产目标。	1. 安全生产目标不满足标准要求，一项不符合扣1分； 2. 未制定安全生产方针或年度安全生产目标，扣20分（B级要素否决项）。	10	
		2. 加油（气）站应与员工签订安全目标责任书，确定量化的年度安全工作目标，并予以考核。	1. 签订安全目标责任书； 2. 加油站目标责任书至少签订到以下岗位：站长、班长、计量岗位、加油岗位、维修岗位等； *3. 加气站目标责任书至少签订到以下岗位：站长、班长、压缩机岗位、加气岗位、维修岗位； 4. 定期考核目标完成情况。	查文件；询问；现场检查。	1. 每缺一个安全目标责任书扣2分； 2. 未定期考核，扣4分； 3. 未签订安全目标责任书，扣20分（B级要素否决项）。	10	

续上表

A 级要素	B 要素	标准化要求	加油站达标标准	评审方法	评审标准	分值	得分
						分数	
2 机构 和 职 责（100）	2.2 负责人 职责（20）	1. 加油（气）站主要负责人是本单位安全生产第一责任人，应全面负责安全管理工作。	1. 明确加油（气）站主要负责人是安全生产第一责任人，履行安全生产法规定的职责； 2. 主要负责人对本单位的安全生产工作全面负责。	查看文件。 询问： 有关人员谁是第一责任人。	有关人员不清楚谁是第一责任人，1 人次扣 1分。未明确第一责任人，或不符合规定，扣 20 分（B 级要素否决项）。	7	
		2. 加油（气）站主要负责人应组织实施安全标准化。	加油（气）站主要负责人要制定安标准化实施方案，明确实施时间、计划，责任部门和责任人，制定安全文化建设方案	查看文件。 查加油（气）站安全标准化实施方案。	安全标准化实施方案内容，一项不符合扣 2 分。	4	
			二级企业应初步形成安全文化体系； 《企业安全文化导则》和《安全文化建设示范企业评价标准》 相关要求或取得当地安全监管局颁发的证书（或称号）。（此项仅针对二级企业）	查文件： 安全文化体系 有关文件。 询问： 主要负责人及有关人员对安全文化内容掌握情况。	二级企业未初步形成安全文化体系，扣 100 分（A 级要素否决项）。	/	

续上表

A级要素	B要素	标准化要求	加油站达标准标	评审方法	评审标准	分数 分值	得分
	2.2 负责人 (20)	3. 加油（气）站主要负责人应作出明确的、公开、文件化的安全承诺。	安全承诺的内容应明确、公开、文件化。加油（气）站主要负责人应对以下单位或人员进行安全承诺：政府相关监管部门、承包商或供应商、加油站员工、周边社区居民或相邻单位。	查主要负责人安全承诺书。	主要负责人未作出安全承诺，扣5分；2. 承诺内容不符，一项扣1分。	5	
		4. 加油（气）站主要负责人应定期组织召开安全会议。	主要负责人定期组织召开会议，解决安全管理问题。	查看会议纪要。	1. 主要负责人未定期召开会议或听取汇报，扣4分；2. 安全问题未及时解决，一项不符合扣2分。	4	
2 机构和职责 (100)	2.3 职责 (30)	1. 加油（气）站应制定主要负责人、从业人员的安全职责。	明确主要负责人、管理人员、从业人员的安全职责，做到"一岗一责"。 1. 加油站安全职责至少包括以下内容： (1) 加油站站长安全职责； (2) 安全管理人员安全职责； (3) 班长（计量即油员）安全职责； (4) 加油员安全职责； (5) 开票收款员安全职责。 *2. 加气站安全职责至少包括以下内容： (1) 加气站站长安全职责； (2) 班长安全职责； (3) 加气员安全职责； (4) 压缩机岗位安全职责； (5) 检修工安全职责。	查文件：查看安全生产责任制。询问：1. 主要负责人是否了解《安全生产法》规定的安全职责；2. 管理人员对各自从业人员对自的职责是否清楚。	1. 未建立健全主要负责人、从业人员的安全职责，每缺一岗位扣5分；2. 从业人员对其安全职责不清楚，1人次扣2分。3. 未建立安全生产责任制（A级要素否决项），扣100分；4. 主要安全职责对其主要负责人责不清楚，扣30分（B级要素否决项）。	20	

续上表

A级要素	B要素	标准化要求	加油站达标标准	评审方法	评审标准	分数 分值	得分
2 机构和职责（100）	2.3 职责（30）	2. 应建立安全责任考核机制，对从业人员安全职责的履行情况和安全生产责任制的实现情况进行定期考核，予以奖惩。	1. 建立安全责任考核机制； 2. 对从业人员安全生产责任制进行定期考核，予以奖惩。	查文件： 1. 安全生产责任制考核制度； 2. 考核、奖惩记录。	1. 未建立安全责任考核机制扣10分； 2. 未按考核制度对从业人员进行定期考核，予以奖惩，一项不符合扣2分。 未建立安全责任制考核机制，扣30分（B级要素否决项）。	10	
	2.4 组织机构或人员（20）	加油（气）站应配备安全生产管理人员。	二级企业建立了健全的安全生产责任制和安全生产规章制度体系，并能够持续改进。（此项仅针对二级企业） 1. 配备专职（或兼职）安全管理人员；专职安全生产管理人员具备国民教育类化工化学类或者安全工程类中等职业教育以上学历，或者化工化学类中级以上专业技术职称，或者危险物品安全类注册安全工程师资格； 2. 每个作业班次配备不少于1名专职（或兼职）安全管理人员。	安全生产责任制和安全生产规章制度文件。 查文件： 专职（或兼职）安全管理人员配备文件、网络图和相关证书。	不符合，扣100分（A级要素否决项）。 未配备专职（或兼职）安全管理人员，扣100分（A级要素否决项）。 专职（或兼职）安全管理人员配备条件，一项不符合扣2分。	20	

续上表

A级要素	B要素	标准化要求	加油站达标标准	评审方法	评审标准	分值	得分
2 机构和职责 (100)	2.5 安全生产投入 (10)	1. 应依据有关安全生产费用提取规定,自行提取安全生产费用于安全生产,专项用于安全生产,并建立台账。	根据《企业安全生产费用提取和使用管理办法》(财企〔2012〕16号)及地方规定标准提取,并建立使用安全生产费用台账。	查文件:有关安全生产费用台账。	安全生产费用提取标准不符合要求,扣5分。未按有关规定投入安全生产费用,扣10分(B级要素否决项)。	5	
		2. 应依法为从业人员缴纳工伤保险费。	依法为从业人员缴纳工伤保险费。	查文件:加油(气)站为从业人员交纳工伤保险凭证。	未参加工伤社会保险,扣2分;每漏缴工伤保险费1人次扣一分。	5	
3 风险管理 (100)	3.1 制度建立 (10)	加油(气)站应组织制定风险评价管理制度,明确风险评价的目的、范围和准则。	加油(气)站应制定风险评价管理制度,并明确风险评价的目的、范围、频次、准则及工作程序; 2. 明确有关人员在开展风险评价过程中的职责与任务。	查文件:风险评价管理制度、有关人员的职责与任务。	1. 未制定风险评价管理制度,或未明确风险评价的目的、准则及工作程序,一项不符合扣1分; 2. 未明确有关人员的职责和任务,一项不符合扣1分。	10	

续上表

A级要素	B要素	标准化要求	加油站达标标准	评审方法	评审标准	分数 分值	分数 得分
3 风险管理（100）	3.2 范围与评价方法（10）	加油（气）站应明确风险评价的范围。应依据风险评价准则，选定合适的评价方法，定期和及时对作业活动和设备设施进行危险、有害因素识别和风险评价。	加油站应重点但不局限于对以下场所、设备设施、作业活动等进行风险评价： （1）加油作业； （2）卸油作业； （3）检维修作业； （4）储油罐； （5）加油机； （6）变配电及电气设施等。 ※加气站应重点但不局限于以下场所、设备设施、作业活动等进行风险评价： （1）进气作业； （2）压缩过程作业； （3）加气作业； （4）检维修作业； （5）储气罐、储气瓶、储气井； （6）脱水装置、脱硫装置； （7）压缩机； （8）加气机。 加油（气）站应选用但不局限于以下风险评价方法：工作危害分析法（JHA）和安全检查表分析法（SCL）。	查文件： 风险评价管理制度； 风险评价记录。 询问： 负责人和从业人员开展风险评价工作的情况。	未列入风险评价的范围，缺一项的扣1分； 2. 未按规定时间开展风险评价，扣10分（B级要素否决一项）； 3. 各级管理人员及从业人员未参与风险评价工作，1人次扣1分； 4. 危险、有害因素识别、评价不全面或不正确，一项扣1分； 5. 未规定选用何种风险评价方法，扣2分。	10	

续上表

A级 要素	B 要素	标准化要求	加油站达标标准	评审方法	评审标准	分值	得分
3 风险 管理 (100)	3.3 风险 控制 (20)	加油（气）站应 根据风险评价 结果及经营运 行情况等，确定 不可接受的风 险，制定并落实 控制措施。	1. 根据风险评价的结果，建立重大风险清单； 2. 结合实际情况，确定优先顺序，制定措施消减风险，将风险控制在可接受的程度； 3. 风险控制措施符合标准要求。	查文件： 1. 重大风险清单； 2. 风险制定措施； 3. 风险评价记录，风险评价报告； 4. 重大风险降到可接受到其他依据。 现场检查：重大风险控制措施现场落实情况。	1. 未建立重大风险清单，扣1分； 2. 风险控制措施缺乏针对性、可操作性和可靠性，一项扣1分； 3. 未将重大风险降到可以接受的程度，扣20分（B级要素否决项）。	20	
	3.4 隐患排查与治理 (20)	1. 加油（气） 站应对风险评 价出的隐患项 目，隐患治理通 知，限期治理， 做到定治理措 施，定负责人、 定资金来源、定 治理期限。应建 立隐患治理台 账。	1. 建立隐患治理台账； 2. 对查出的每个隐患都下达隐患治理通知，明确责任人、治理时限； 3. 按期完成隐患治理。	查文件： 1. 隐患治理制度； 2. 隐患治理台账； 3. 隐患报告的相关记录。	1. 未建立隐患治理台账，扣5分； 2. 隐患治理通知的内容不符合要求，一项扣1分。	5	

续上表

A级 要素	B 要素	标准化要求	加油站达标标准	评审方法	评审标准	分数	
						分值	得分
3 风险 管理 (100)	3.4 隐患排查 与治理 (20)	2. 应对确定的 重大隐患项目 建立档案,档案 内容应包括: (1)评价报告 与技术结论; (2)评审意见; (3)隐患治理 方案,包括治理 概预算情况等; (4)治理时间 表和责任人; (5)竣工验收 报告; (6)备案文件。	建立重大隐患项目档案,包括隐患名称、标准要求内容及"五 到位"等内容。	查文件: 重大隐患项目 档案。	1. 未建立重大隐 患项目档案,扣5 分; 2. 档案内容不 全,缺一项扣2 分。	5	

续上表

A级要素	B要素	标准化要求	加油站达标标准	评审方法	评审标准	分数	
						分值	得分
3 风险管理（100）	3.4 隐患排查与治理（20）	3. 无力解决的重大事故隐患，除应书面向企业直接主管部门和当地政府报告外，应采取有效防范措施。	3. 暂时无力解决的重大事故隐患，应制订并落实有效的防范措施；书面向主管部门和当地政府、安全监管部门报告，报告要说明无力解决的原因和采取的防范措施。	查文件：1. 重大事故隐患的防范措施；2. 书面报告。	未书面向主管部门和当地政府、安全监管部门扣20分（B级要素否决项）。未采取有效防范措施，扣5分。	5	
		4. 对不具备整改条件的重大事故隐患，必须采取防范措施，并纳入隐患整改计划，限期解决或停产。	1. 不具备整改条件的重大事故隐患，必须采取防范措施；2. 纳入隐患整改计划、限期解决或停产；3. 书面向主管部门和当地政府、安全监管部门报告，报告要说明不具备整改条件的原因、整改计划和防范措施等。	查文件：1. 重大事故隐患的防范措施；2. 隐患整改计划。	1. 不具备整改条件的重大事故隐患，未采取防范措施，或未采取停产，一项不符合扣20分（B级要素否决项）；2. 未书面向主管部门和当地政府、安全监管部门报告扣20分（B级要素否决项）。	5	

续上表

A级要素	B要素	标准化要求	加油站达标标准	评审方法	评审标准	分数	
						分值	得分
	3.4 隐患排查 治理 与 治理 (20)	4. 对不具备整改条件的重大事故隐患，必须采取防范措施，限期纳入计划，并期限解决或停产。	二级企业符合本要素要求，不得失分，不存在重大隐患（此项仅针对二级企业）。	查文件：本要素涉及的文件。现场检查：现场检查是否存在重大隐患。	二级企业本要素若失分，或存在重大隐患，扣100分（A级要素否决项）。		
	3.5 变更 (20分)	加油（气）站应严格执行变更管理制度，履行变更程序。	严格履行变更程序及要求	查文件：1. 变更管理制度；2. 变更管理记录。现场检查：查看变更实施现场。	1. 未按程序实施变更，一项扣5分；2. 履行变更程序过程，一项不符合扣2分；3. 变更实施现场一项不符合，扣2分。	20	
3 风险 管理 (100)	3.6 风险评价 信息更新 (10分)	加油（气）站应适时组织风险评价工作，识别与生产经营活动有关的危险、有害因素和隐患。	非常规活动及危险性作业实施前，应识别危险、有害因素，排查隐患。	查文件：1. 风险评价记录或报告；2. 作业许可证。	未按规定进行危险、有害因素识别，一项扣2分；识别不充分，一项不符合扣1分。	10	

续上表

A级要素	B要素	标准化要求	加油站达标标准	评审方法	评审标准	分值	得分
3 风险管理（100）	3.7 供应商（10分）	加油（气）站应建立供应商管理制度。	建立供应商名录、档案；对供应商续用评价；识别与采购有关的风险。	查文件：1.供应商管理制度；2.供应商名录、档案；3.供应商续用评价记录；4.风险评价记录。	1.未建立供应商管理制度，一项扣2分；2.未建立供应商名录、档案，一项扣2分；3.无供应商续用评价记录，一项扣1分。	10	
4 管理制度（100）	4.1 安全生产规章制度（40）	加油（气）站应建定安全生产规章制度。	通过识别和评估，将适用于本加油（气）站的有关法律法规和有关标准规定转化为加油（气）站安全生产规章制度的具体内容，并严格落实；应编制但不局限于下列内容的规章制度：（1）安全生产责任制；（2）危险化学品品装（卸）管理制度；（3）消防管理制度（含防火、防爆内容）；（4）防泄漏管理制度；（5）安全投入保障制度；（6）安全生产奖惩制度；（7）安全生产教育培训制度；（8）隐患排查治理制度；（9）安全风险管理制度（含变更管理内容）；（10）应急管理制度；（11）事故管理制度；（12）安全例会制度；（13）设备管理制度（含设备维护、监视测量、建构筑物、安全设施等内容）；拆除报废、电气、（※仅限于加气站）；（14）安全作业管理：如动火、动土、高处、临时用电、进入受限空间、盲板抽堵等作业管理制度；	查文件：适用的法律法规和标准、规章制度和安全操作规程清单。询问：有关人员对规章制度掌握情况。查文件：1.适用的法律法规和标准、规章制度和安全操作规程清单；	1.未将法律法规的有关要求转化为安全生产规章制度或安全操作规程的具体内容，一项不符合扣2分；2.规章制度无操作适用性，一项扣2分；3.缺少相关内容的管理制度，一项扣2分；4.未制定动火作业或受限空间管理制度，扣100分（A级要素否决项）；	40	

续上表

A级要素	B要素	标准化要求	加油站达标标准	评审方法	评审标准	分数	
						分值	得分
4 管理制度（100）	4.1 安全生产规章制度（40）	加油（气）站应制定健全安全生产规章制度。	（15）关键装置重点部位管理制度； （16）职业健康管理制度（含危害因素检测、员工健康体检、防尘防毒措施等）； （17）班组安全活动管理（含交接班管理）； （18）识别和获取适用的安全生产法律法规、标准及其他要求； （19）承包商和供应商管理； （20）制度和规程定期修订制度； （21）加油（气）站综合管理制度（含交通管理、便宜店管理和禁止设置洗衣场洗浴管理等内容） （22）内审管理或自评等。	2. 企业安全生产规章制度签发文件。 询问： 有关人员对法律、法规和标准的了解、掌握情况。 现场检查： 法律、法规和标准的遵守情况。	5. 未制定以下规章制度内容之一，扣20分（B级要素否决项）： 隐患排查治理、临时用电作业、设备设施管理、安全生产责任制、安全风险管理、消防管理等； 6. 有关人员不清楚法律、法规和标准规范的相关要求，1人次扣2分； 7. 现场发现有未执行和落实法律、法规或企业安全生产管理制度或操作规程的现象，按相关要素评审标准扣分，没有评审标准的，一项不符合的，一项扣2分； 8. 企业安全生产规章制度未按规定审定或签发，一项扣5分。		

续上表

A级要素	B要素	标准化要求	加油站达标标准	评审方法	评审标准	分值	得分
4 管理制度（100）	4.2 操作规程（40）	1. 加油（气）站应根据工艺、技术、设备设施特点，以危险、有害因素分析为依据，编制操作规程，并发放到相关岗位。	1. 加油站编制但不局限于下列操作规程： （1）加油岗位操作规程； （2）卸油岗位操作规程； （3）变、配电设备操作规程； （4）发电机运行操作规程； （5）清罐作业操作； （6）维修岗位操作规程； （7）计量岗位操作规程； （8）收银岗位操作规程。 ※2. 加气站编制但不局限于下列操作规程： （1）加气作业操作规程； （2）压缩机操作规程； （3）发、变配电操作规程； （4）脱水装置操作规程； （5）储气井操作规程； （6）检修作业操作规程； （7）水泵及冷却塔操作规程； （8）脱硫装置操作规程。 3. 发放到相关岗位。	查文件： 岗位操作规程； 文件发放记录。 现场检查： 抽查岗位是否 有效的操作规程。 询问： 员工对操作规程的了解和掌握情况。	1. 有岗位未编制操作规程，或岗位无法提供操作规程，扣40分（B级要素否决项）； 2. 操作规程内容一项不符合扣1分； 3. 未执行操作规程一项不符合扣20分。	30	

续上表

A级要素	B要素	标准化要求	加油站达标标准	评审方法	评审标准	分　数	
						分值	得分
4 管理制度（100）	4.2 操作规程（40）	2. 加油（气）站应在新工艺、新技术、新装置投用前，组织编制新的操作规程。	新工艺、新技术、新装置投用前，应组织编制新的操作规程。	查文件：新项目的操作规程。	投用前未编制操作规程，扣40分（B级要素否决项）。	10	
	4.3 修订（20）	加油（气）站应明确安全生产规章制度评审和修订的时机和频次。	1. 规定安全生产规章制度和操作规程评审、修订的时机和频次；2. 安全生产规章制度和操作规程至少每3年评审和修订一次；3. 在发生有关情况时，应及时评审、修订相关的规章制度或操作规程。	查文件：1.管理制度评审和修订制度；2. 安全生产规章制度、操作规程；3. 评审和修订记录。	1. 未规定评审和修订时机和频次，扣3分；2. 未按规定评审和修订扣3分，漏一项制度扣1分。	20	
5. 培训教育（100）	5.1 培训教育管理（20）	1. 加油（气）站应有适宜的安全培训教育目标和要求。	1. 制订全员安全培训、教育目标和要求；2. 制订安全培训、教育计划并实施。	查文件：1. 安全培训、教育制度、计划；2. 安全培训、教育记录。	1. 未制订全员安全培训、教育目标，扣1分；2. 未按照计划要求实施培训，1次不符合扣1分。	10	

续上表

A级 要素	B 要素	标准化要求	加油站达标标准	评审方法	评审标准	分值	得分
						分数	
5. 培训 教育 (100)	5.1 培训 教育管理 (20)	2. 应对从业人 员安全进行全员安 全培训，并建立 从业人员安全 教育档案。	对从业人员进行安全生产法律、法规、标准、规章制度和操作规程、岗位安全技能等内容的培训； 从业人员每年应接受再培训，再培训时间不得少于规定学时； 建立从业人员安全培训教育档案。	查文件： 从业人员安全培训教育档案。	1. 未建立档案，扣 5 分；每少 1人档案，扣 1 分； 2. 培训教育档案记录不符合规定要求，一项扣 1 分。	10	
	5.2 从业 人员岗位 标准化 (10)	加油（气）站对 从业人员岗位 标准要求应文 件化。	1.对从业人员岗位标准要求应文件化，做到明确具体； 2.落实国家、地方及行业等部门制定的岗位标准。	查文件： 1.载明加油（气）站从业人员岗位标准文件； 2.招聘资料、员工台账、档案。	1. 从业人员岗位标准不明确，一项扣 1 分； 2. 上岗的从业人员未满足岗位标准要求，1 人次扣 2 分。	10	
	5.3 管理 人员培训 (20)	加油（气）站主 要负责人和安 全生产管理人 员应接受专门 的安全培训教 育。	主要负责人和安全生产管理人员经安全监管部门对其安全生产知识和管理能力考核合格，取得安全资格证书后方可任职，并按规定参加每年再培训。	查文件： 安全资格证书及培训档案。	1. 主要负责人或安全生产管理人员未取得安全资格证书或资格证书失效，扣 20 分（B级要素否决项）； 2. 主要负责人和安全生产管理人员未按规定每年进行再培训，1人次不符合扣 5分。	20	

续上表

A 级要素	B 要素	标准化要求	加油站达标标准	评审方法	评审标准	分值	得分
5. 培训教育（100）	5.4 从业人员培训教育（30）	1. 加油（气）站应对从业人员进行安全培训教育，并经考核合格后方可上岗。	应对新进人员进行三级安全培训教育内容相关的培训形式，并经考核合格后方可上岗。	查文件：培训教育记录、档案。现场检查：从业人员上岗证。	1. 未经安全培训教育或考核不合格上岗，1 人次扣 2 分；未接受三级安全培训教育或考核不合格上岗，1 人次扣 30 分（B 级要素否决项）。	20	
	5.5 其他人员培训教育（10分）	2. 特种作业人员应按有关规定参加安全培训教育，取得特种作业操作证，方可上岗作业，并定期复审。	1. 特种作业人员应按有关规定参加安全培训教育，取得特种作业操作证作业；2. 特种作业操作证定期复审。	查文件：1. 特种作业操作证；2. 作业人员管理台账。	1. 无管理台账，扣 2 分；2. 操作证资格未按规复审，1 人次扣 2 分。	10	
		1. 加油（气）站从业人员转岗、脱离岗位一年以上（含一年）者，应重新进行安全培训教育，经考核合格后，方可上岗。	从业人员转岗、脱离岗位一年以上（含一年）者，应进行安全培训教育，经考核合格后，方可上岗。	查文件：从业人员安全培训教育档案。	未进行安全培训教育，1 人次扣 2 分。	5	

续上表

A级要素	B要素	标准化要求	加油站达标标准	评审方法	评审标准	分值	得分
	5.5 其他人员培训教育（10分）	2. 加油（气）站应对承包商的作业人员进行安全培训教育，保存安全培训教育记录。	1.对承包商的所有作业人员进行安全培训教育；2.保存安全培训教育记录。	查文件：1. 承包商安全培训教育记录。询问：外来施工单位接受培训教育情况。	1. 未对承包商的所有人员进行相关安全培训教育，1人次扣2分；2. 培训教育内容不符合有关要求，扣2分。	5	
5. 培训教育（100）	5.6 日常安全教育（10）	1. 应按照月度安全活动计划开展安全活动。2. 班组安全活动每月不少于2次，班组安全活动应有记录。	1.应明确训练项目、内容和要求；2.按照月度安全活动计划开展安全活动。	查文件：1. 安全活动计划；2. 管理部门和班组安全活动。	安全活动计划未按计划开展安全活动，缺1次扣1分。	5	
			1.班组安全活动每月不少于2次；2.要有记录。	查文件：查班组安全活动记录。	1. 班组安全活动频次、时间或内容不符合要求，一项扣1分。2. 加油（气）站负责人、基层单位负责人及安全管理人员未按规定参加安全活动并签字，1人次扣1分。	5	

续上表

A 级要素	B 要素	标准化要求	加油站达标标准	评审方法	评审标准	分值	得分
6 生产设施及工艺安全（100）	6.1 生产设施（35）	1. 加油（气）站应确保建设项目安全设施与建设项目的主体工程同时施工、同时投入生产和使用。	确保建设项目安全设施与建设项目的主体工程同时设计、同时施工、同时投入生产和使用。	查文件： 生产设施建设项目设计资料、施工记录、试生产验收记录、竣工验收方案、安全条件论证和竣工验收文件等。 现场检查： 查看安全设施投入使用情况。	未按国家安全监管总局令第45号要求进行设计审查、安全验收评价和100分（A级要素否决项）。	/	
		2. 选址	在城市建成区内不应建一级加油（气）站。 城市建成区内的加油（气）站，宜靠近城市道路，不宜选在城市干道的交叉路口附近。		在城市建成区内的一级加油（气）站，扣100分（A级要素否决项）。 在城市干道的交叉路口的加油（气）站，扣5分。	5	

续上表

A级要素	B要素	标准化要求	加油站达标标准	评审方法	评审标准	分值	得分
6 生产设施及工艺安全（100）	6.1 生产设施（35）	3. 防火距离	1. 加油站的油罐、加油机和通气管管口与站外建构筑物的防火距离不应小于 GB 50156—2002 表 4.0.4 的规定（达标标准见附件2）。 ※2. 加气站储气瓶组、脱硫脱水装置距重要公共建筑物 100 m，明火或散发火花地点 30 m，民用建筑物一类 30 m、二类 20 m、三类 18 m，室外变配电站 25 m，铁路 30 m，城市主干道 12 m、支路 10 m，架空通信线 1.5 倍杆高，架空电力线路 1.5 倍杆高（电压>380 V）、1.5 倍杆高（电压≤380 V）。 放散管口距重要公共建筑物 100 m，明火或散发火花地点 25 m，民用建筑物一类 25 m、二类 20 m、三类 15 m，室外变配电站 25m，架空通信线 1.5 倍杆高，城市主干道 10 m，支路 8 m，架空电力线路 1.5 倍杆高（电压>380 V）、1 倍杆高（电压≤380 V）。 储气井组、加气机、压缩机距重要公共建筑物 100 m，明火或散发火花地点 20 m，民用建筑物一类 20 m、二类 14 m、三类 12 m，室外变配电站 18 m，铁路 22 m，城市主干道 6 m、支路 5 m，架空电力线路不应跨越加气站。	查看现场，确认是否符合要求。	不符合规定扣 35 分（B 级要素否决项）如已增设防爆墙隔技术，只扣 5 分。	5	
		4. 围墙及路面设置。	1. 加油站的工艺设施与站外建、构筑物之间的距离小于或等于表 4.0.4 或等于表 4.0.7 中的防火距离的 1.5 倍时，相邻一侧应设置设置高度不低于 2.2 m 的非燃烧实体围墙。 ※2. 加气站的工艺设施与站外建、构筑物之间的距离大于表 4.0.4 至表 4.0.7 中防火距离的 1.5 倍，且大于 25m 时，相邻一侧可为非实体围墙。 等于 25 m 以及小于表 4.0.7 中防火距离小于或构筑物之间的距离小于或等于表 4.0.7 中防火距离的 1.5 倍时，相邻一侧应设置设置高度不低于 2.2 m 的非燃烧实体围墙。				

续上表

A 级 要素	B 要素	标准化要求	加油站达标标准	评审方法	评审标准	分　数	
						分值	得分
		4. 围墙及路面设置。	加气站的工艺设施与站外建、构筑物之间的距离按表 4.0.7 中的防火距离的 1.5 倍，且大于 25 m 时，相邻一侧应设置隔离墙，隔离墙可为非实体围墙。加气站面向进、出道路一侧可设置非实体围墙，且开敞。加气站单车道宽度不应小于 3.5 m，双车道宽度不应小于 6 m，站内停车场路路面不应采用沥青路面。加油站单车道宽度不应小于 3.5 m，双车道宽度不应小于 6 m，站内停车场路路面不应采用沥青路面。	现场检查。	不符合规定扣 35 分（B 级要素否决项）。	/	
6 生产设施及工艺安全（100）	6.1 生产设施（35）	5. 加油（气）场地地设置	1. 加油站：加油及汽车加油场地设罩棚，罩棚应采用非燃烧材料制作，其有效高度不应小于 4.5 m。罩棚边缘与加油机的平面距离不宜小于 2 m。 ※2. 加气站：加油及汽车加气场地设罩棚，罩棚应采用非燃烧材料制作，其有效高度不应小于 4.5 m。罩棚边缘与加气机的平面距离不宜小于 2 m。	现场检查。	不符合规定扣 3 分。	3	
		6. 加油（气）岛设施的设计。	1. 加油岛的设计宜符合下列规定： （1）加油岛应高出停车场的地坪 0.15~0.2 m。 （2）加油岛的高度不应小于 1.2 m。 （3）加油岛上的罩棚支柱距端部，不应小于 0.6 m。 ※2. 加气岛的设计宜符合下列规定： （1）加气岛应高出停车场的地坪 0.15~0.2 m。 （2）宽度不应小于 1.2 m。 （3）加气岛上的罩棚支柱距岛端部，不应小于 0.6 m。	现场检查。	不符合规定扣 3 分。	3	
		7. 站内设施之间的防火距离。	1. 加油站的站内设施之间的防火距离不应小于 GB 50156—2002 表 5.0.8 的规定（达标标准见附件 3）。 ※2. 加气站的站内设施之间的防火距离：	现场检查。	不符合规定扣 35 分（B 级要素否决项）。	/	

续上表

A级要素	B要素	标准化要求	加油站达标标准	评审方法	评审标准	分数	
						分值	得分
6 生产设施及工艺安全（100）	6.1 生产设施（35）	7. 站内设施之间的防火距离。	（1）储气瓶组（储气井）与储气瓶组（储气井）1.5 m（1 m）；与压缩机间、调压器间 3m；与脱硫脱水装置 5 m；与加气机 6 m，与消防泵房和消防水池取水口 6 m；与其他构建筑物 10 m，与燃气（油）热水炉间、燃气厨房 14 m，与道路 4 m，与站区围墙 3 m。 （2）放散管口与加气机 6 m，与站房 5 m，与消防泵房和消防水池取水口 6 m；与其他构建筑物 10 m，与燃煤锅炉房、燃气厨房 15 m，与燃气（油）热水炉间、燃气厨房 14 m；与变配电间 6 m，与燃气（油）热水炉间 3 m。 （3）压缩机间与调压器间 4 m，与脱硫脱水装置 5 m，与加气机 4 m；与站房 5 m，与消防泵房和消防水池取水口 8m；与其他构建筑物 10 m，热水炉间、燃煤厨房 12 m；与变配电间 6 m，与燃气（油）热水炉间、燃气厨房 12 m；与道路 2 m，与站区围墙 2 m。 （4）调压器间与脱硫脱水装置 5 m，与加气机 5 m，与站房 5 m，与消防泵房和消防水池取水口 8 m；与其他构建筑物 10 m，与燃煤锅炉房、燃气厨房 25 m，燃气（油）热水炉间、燃气厨房 12 m；与变配电间 6 m，与道路 2 m，与站区围墙 2 m。 （5）脱硫脱水装置与加气机 5 m，与站房 5 m；与其他构建筑物 15 m；与燃气（油）热水炉房、燃煤锅炉房 25 m，与燃气厨房 12 m；与变配电间 6 m，与道路 2 m，与站区围墙 3 m。 （6）加气机与站房 5 m，与消防泵房和消防水池取水口 6 m；与其他构建筑物 10 m，与燃煤锅炉房、燃气厨房 25 m，与燃气（油）热水炉间、燃气厨房 12 m；与变配电间 6 m。与非实体围墙 5 m。	现场检查。	不符合规定扣 35 分（B 级要素否决项）。	/	

续上表

A级要素	B要素	标准化要求	加油站达标标准	评审方法	评审标准	分数 分值	分数 得分
6 生产设施及工艺安全（100）	6.1 生产设施设备（35）	8. 部分关键设备的设置。	1. 加油站的汽油罐和柴油罐（撬装式加油装置所配置的防火防爆油罐除外）应埋地设置，严禁设在室内或地下室内。且罐内最高液面应低于罐外4m范围内地面的最低标高0.2m。油罐顶部应回填干净的沙子或细土，其厚度不应小于0.3m。油罐周围应回填干净的沙子或细土，其厚度不应小于0.3m。 ※2. 加气站天然气压缩机前应设缓冲罐。 （1）天然气压缩机宜单排布置，压缩机房的主要通道宽度不宜小于2m。压缩机房门、窗应向外开启，机房高度不低于4m，机房通风良好。 （2）天然气压缩机出口与第一个截断阀之间应设安全阀，安全阀的泄放能力不应小于压缩机的安全泄放量。 （3）天然气压缩机进、出口应设、低压报警和高压越限停机装置。 （4）天然气压缩机组的冷却系统应设温度报警及停车装置。 （5）天然气压缩机组的润滑油系统应设低压报警及停机装置。 （6）天然气压缩机的固定牢固可靠；定期巡检有记录；压缩机运行记录规范。 （7）天然气压缩机定期维护有计划、有记录。 （8）压缩机运行时无异响，无"跑冒漏滴"现象。 （9）压缩机控制柜工作正常，显示数据与实际相符，柜内电器仪表无过热、积灰现象。 （10）压缩机的卸载排气不得对外放散；压缩机产生的油污、污水应集中处理。	现场检查。	不符合规定扣35分（B级要素否决项：6）、7）、8）、9）、10）。不符合规定各扣2分。	4	

续上表

A级要素	B要素	标准化要求	加油站达标标准	评审方法	评审标准	分数 分值	分数 得分
6 生产设施及工艺安全(100)	6.1 生产设施(35)	9. 油罐的入孔设置。	油罐的入孔，应设操作井。当油罐设在行车道下面时，入孔操作井宜设在行车道以外。	现场检查。	不符合规定扣2分。	2	
		10. 加油(气)机及油泵的设置。	1. 加油(气)机不得设在室内。 2. 加油站的要求： 加油枪宜采用自封式加油枪，流量不应大于60 L/min；加油站宜采用油罐装设潜油泵的一泵供多机（枪）的配套加油工艺。当采用自吸式加油机时，每台加油机应按加油品种单独设置进油管。 ※3. 加气站的要求： （1）加气机外观应整洁无油污，运行正常；加气机各部件完好、线路整齐、无渗漏，额定工作压力为20 MPa，流量不大于0.25 m³/min（工作状态）。 （2）加气机具备计量功能，计量精度不低于1.0级；每半年进行一次检验，检验有检定证书。 （3）加气机应整体防爆，防爆检测合格证在有效范围内。加气机的进气管线上设有防撞阀。 （4）加气机的进气加气软管上设有事故自动切断阀（拉断阀在外力作用下分开后，两端应自行密封）。 （5）加气软管及软管接头应选用具有抗腐蚀性能的材料。 （6）加气机附近应设防撞柱（栏）。	现场检查。	不符合规定扣35分（B级要素否决项）。	/	

续上表

A级要素	B要素	标准化要求	加油站达标标准	评审方法	评审标准	分数	
						分值	得分
6 生产设施及工艺安全（100）	6.1 生产设施（35）	11. 工艺管道的设置。	1. 加油站管道设置： （1）加油站内的固定工艺管道宜采用无缝钢管。埋地钢管的连接应采用焊接。在对钢管有严重腐蚀作用的土壤地段直埋管道时，可选用耐油、耐土壤腐蚀、导静电的复合管材。 （2）油罐车卸油时用的卸油连通软管、油气回收连通软管，应采用导静电耐油软管。连通软管的公称直径不应小于50 mm。 （3）加油站内的工艺管道应埋地敷设，且不得穿过站房等建构筑物。当管道与管沟、电缆沟和排水沟相交叉时，应采取相应的防渗漏措施。 （4）与油罐相连通的进油管、通气管横管，以及油气回收管，均应为坡向油罐，其坡度不应小于0.2%。 （5）油品管道系统的设计压力不应小于0.6 MPa。 （6）埋地工艺管道外表面的防腐设计应符合国家现行标准《钢质管道及储罐腐蚀控制工程设计规范》SY 0007 的有关规定，并应采用不低于加强级的防腐绝缘保护层。 （7）油品通气管的设置，除应符合GB50156—2002 5.0.8 条的规定外，尚应符合下列规定： ① 汽油与柴油的通气管，应分开设置。 ② 管口应高出地面4 m 及以上。 ③ 沿建筑物的墙（柱）向上敷设的通气管，应高出建筑物的顶面1.5 m 及以上。 ④ 当采用卸油油气回收系统时，通气管与油管管口与围墙的距离可适当减少，但不得小于2 m。 ⑤ 通气管的公称直径不应小于50 mm。 ⑥ 通气管管口应安装阻火器。 （8）当采用卸油油气回收系统和加油油气回收系统时，汽油通气管口尚应安装机械呼吸阀。呼吸阀的工作压力应按表6.2.14确定。	现场检查。查文件：设计、施工、验收文件。	油罐通气管的设置不符合规定扣35 分（B级要素否决项），其他一项不符合扣2分。 加气站管道设置第1. 2.不符合规定扣35 分（B级要素否决项），其他一项不符合扣2分。	8	

续上表

A级要素	B要素	标准化要求	加油站达标标准	评审方法	评审标准	分数	
						分值	得分
	6.1 生产设施（35）		※2. 加气站管道的设置： （1）天然气进站管道上应设紧急截断阀，手动紧急截断阀的位置应便于发生事故时能及时切断气源。 （2）加气站内缓冲罐、压缩机出口、储气瓶组应设安全阀。安全阀的定压 P_0 除应符合《压力容器安全技术监察规程》的有关规定外，尚应符合下列规定：当 $P \leqslant 1.8$ MPa 时，$P_0 = P + 0.18$ MPa。当 1.8 MPa $< P \leqslant 4.0$ MPa 时，$P_0 = 1.1P$。当 4.0 MPa $< P \leqslant 8.0$ MPa 时，$P_0 = P + 0.4$ MPa。当 8.0 MPa $< P \leqslant 25$ MPa 时，$P_0 = 1.05P$（P 为设备最高操作压力）。 （3）加气站内的天然气管道和储气瓶组应设泄压保护装置，泄压保护装置应采取防塞和防冻措施。 （4）加气站的天然气放散管设置应符合下列规定：① 不同压力级别的放散管宜分别设置。② 放散管口应高出设备平台 2 m 及以上，且应高出所在地面 5 m 及以上。 （5）压力容器与安全阀之间不宜装设中间截止阀门。对于盛装易燃、毒性程度为极度、高度、中度危害性介质的压力容器，为便于安全阀的更换、清洗，可在压力容器与安全阀之间装设截止阀，截止阀的结构和通径尺寸应不妨碍安全阀的正常泄放。压力容器正常运行时，截止阀必须保持全开，并加铅封。	现场检查；设计、施工、验收文件。	油罐通气管的设置不符合规定扣 35 分（B 级要素否决项），其他一项不符合扣 2 分。 加气站管道设置第 1.2 不符合规定扣 35 分（B 级要素否决项），其他一项不符合扣 2 分。	8	
6 生产设施及工艺安全（100）		11. 工艺管道的设置。					

续上表

A 级要素	B 要素	标准化要求	加油站达标标准	评审方法	评审标准	分值	得分
6 生产设施及工艺安全 (100)	6.1 生产设施 (35)	12. 加油 (气) 站电气设置。	1. 加油站电气设置： 设置在罩棚下的照明灯应选用防护等级不低于 IP44 级的节能型照明灯具；加油加气站设置小型内燃发电机，内燃机的排烟管口应安装阻火器。 ※2. 加气站电气设置： (1) 设置在罩棚下的照明灯应选用防护等级不低于 IP44 级的节能型照明灯具。 (2) 配线电缆金属外皮两端和保护钢管两端的接地装置的接地电阻不应大于 10 Ω (单独接地时)。 (3) 加气站的信息系统 (通讯、计算机系统等) 采用电缆或导线穿钢管配线；配线金属管钢管、保护钢管两端均应接地。 (4) 加气站信息系统的配电线路首、末端与电子器件连接时，应装设与电子器件耐压水平相适应的过电压 (电涌) 保护器。 (5) 加气站内不得随意接临时用电气线路和用电装置。 (6) 设置在罩棚下的照明灯应选用防护等级不低于 IP44 级的节能型照明灯具。 (7) 爆炸危险区内的电气装置应符合整体防爆要求。 (8) 电气、线路应完好无损，电气连接处应采用专用接线头，紧密牢固。 (9) 发电机组整体应清洁，发电间不得堆放杂物和存放与操作无关的物品。 (10) 发电机每周应空载运行 1 次 (10~15 min)，有保养运行记录，以确保处于良好状态。	现场检查。	内燃机的排烟管口不安装阻火器扣 35 分 (B 级要素否决项)，其他一项不符合要求扣 2 分。	5	

续上表

A 级要素	B 要素	标准化要求	加油站达标标准	评审方法	评审标准	分值	得分
6 生产设施及工艺安全（100）	6.1 生产设施（35）	12. 加油（气）站电气设置。	（11）加气站设置小型内燃发电机，内燃机的排烟管口应安装阻火器，排烟口至各爆炸危险区域边界水平距离：排烟口高出地面 4.5 m 以下时不应小于 5 m；排烟口高出地面 4.5 m 及以上时不应小于 3 m。 （12）发电机房应配有应急灯，并每周试验 1 次。 （13）压缩天然气加气站、加油和压缩天然气建站的供电电源宜采用电压为 6/10 kV 的外接电源。 （14）供电系统的电缆外皮或电缆金属保护管两端均应接地。 （15）供配电系统的电源端应安装与设备耐压水平相适应的过电压（电涌）保护器。 （16）配电柜应保持整体清洁、无灰尘、无脱漆。 （17）电气设备维修时，配电柜断开工作回路的开关上应悬挂警示牌。 （18）配电柜底部电缆沟应用沙填实。 （19）配电柜（盘）、控制柜前操作人员站立的地方应配置绝缘胶垫。 （20）配电室应设置或悬挂"有电危险"、"禁止合闸"、"正常运行"等警示牌。 （21）加气站的电力线路采用电缆并直埋敷设；电缆穿越行车道部分，应穿钢管保护。	现场检查。	内燃机的排烟管口不安装阻火器要扣 35 分（B 级要素否决项），其他一项不符合要求扣 2 分。	5	
		13. 建、构筑物。	1. 加油（气）站内的站房及其他附属建筑物的耐火等级不应低于二级。当罩棚顶棚的承重构件为钢结构时，其耐火极限可为 0.25 h。 2. 加油（气）站内、爆炸危险区域内的房间的地坪应采用不发火花地面。 3. 加油（气）站房可由办公室、值班室、营业室、控制室和小商品（限于食品、饮料、润滑油、汽车配件等）便利店等组成；加油（气）站内不得建经营性的住宿、餐饮和娱乐等设施。 4. 爆炸危险区建筑物的门、窗应向外开。	查看现场。	不符合规定扣 35 分（B 级要素否决项）。	/	

续上表

A级要素	B要素	标准化要求	加油站达标标准	评审方法	评审标准	分数	
						分值	得分
		1. 加油（气）站应严格执行安全设施管理制度，建立安全设施台账。	建立安全设施管理制度和安全设施台账。	查文件：安全设施管理制度和安全设施台账。	未建立安全设施台账，扣5分；台账内容不符合要求，一项扣1分。	5	
6生产设施及工艺安全（100）	6.2 安全设施（30）	2. 加油（气）站防雷设施。	1. 油罐（压缩天然气储气瓶组）必须进行防雷接地，接地点不应少于两处。 2. 加油（气）站的防雷接地及信息系统的接地、防静电接地、电气设备的工作接地、保护接地等，宜共用接地装置，其接地电阻不应大于4Ω。当各自单独设置接地装置时，油罐（储气瓶）的防雷接地装置的接地电阻、配线电缆金属外皮两端和保护钢管两端的接地装置的接地电阻不应大于10Ω；地上油品管道始、末端和分支处的防雷接地装置的接地电阻不应大于30Ω。 3. 埋地油罐应与露出地面的工艺管道地地相互做电气连接并接地。 4. 当加油（气）站的站房和罩棚需要防直击雷时，应采用避雷带（网）保护。 5. 加油（气）站信息系统应采用铠装电缆或导线穿钢管配线，保护钢管两端均应接地。 6. 加油（气）站信息系统的配电线路首、末端与电子器件连接时，应装设与电子器件耐压水平相适应的过电压（电涌）保护器。 7. 380/220 V供配电系统宜采用TN-S系统，供电系统的电缆金属外皮或电缆保护管金属保护管两端均应接地，在供配电系统的电源端应安装设备与设备耐压水平相适应的过电压（电涌）保护器。	现场检查其符合性。 查文件：防雷检测合格证。	有一项不符合规定扣30分（B级要素否决项）。	/	

续上表

A级要素	B要素	标准化要求	加油站达标标准	评审方法	评审标准	分值	得分
						分数	
6 生产设施及工艺安全（100）	6.2 安全设施（30）	3. 防静电设施。	1. 地上或管沟敷设的油品（天然气）管道的始、末端和分支处应设防静电和防感应雷的联合接地装置，其接地电阻不应大于30Ω。 2. 加油站的汽油罐车卸车场地，应设罐车卸车时用的防静电接地装置，并宜设置能检测跨接线及监视接地装置状态的静电接地仪。 3. 在爆炸危险区域内的油品（天然气）管道上的法兰、胶管两端等连接处应用金属线跨接。当法兰的连接螺栓不少于5根时，在非腐蚀环境下，可不跨接。 4. 防静电接地装置的接地电阻不应大于100Ω。 5. 加油枪胶管上的金属屏蔽线和机体之间应静电连接。加气站卸车场地，应设罐车卸车时用的防静电接地装置。	现场检查其符合性。 查文件：设计、施工文件资料或维护记录。	有一项不符合规定扣30分（B级要素否决项）。	/
		4. 消防设施。	1. 加油站的灭火器材配置应符合下列规定： （1）每2台加油机应设置不少于1只4kg手提式干粉灭火器和1只6L泡沫灭火器；加油机不足2台按2台计算。 （2）地上储罐应设35kg推车式干粉灭火器2个。当两种介质储罐之间的距离超过15m时，应分别设置。 （3）地下储罐应设35kg推车式干粉灭火器1个。当两种介质储罐之间距离超过15m时，应分别设置。 （4）一、二级加油站应配置灭火毯5块，沙子2m³；三级加油站应配置灭火毯2块，沙子2m³。 （5）其余建筑的灭火器配置应符合现行国家标准《建筑灭火器配置设计规范》GB 50140的规定。 ※2. 加气站的灭火器材配置应符合下列规定：			

续上表

A 级要素	B 要素	标准化要求	加油站达标标准	评审方法	评审标准	分数 分值	得分
6 生产设施及工艺安全 (100)	6.2 安全设施 (30)	4. 消防设施。	(1) 每 2 台加油机应设置不少于 1 只 8 kg 手提式干粉灭火器或设 2 只 4 kg 手提式干粉灭火器 (加气机不足 2 台按 2 台计算)。 (2) 地下储气井 (储气瓶) 处应设 35 kg 推车式干粉灭火器 1 台。 (3) 泵、压缩机操作间 (棚) 应按建筑面积每 50 m² 设 8 kg 手提式干粉灭火器 1 只，总数不应少于 2 只。 (4) 一、二级加气站应配置灭火毯 5 块、沙子 2 m³；三级加气站应配置灭火毯 2 块、沙子 2 m³。加油加气站按同级别的加油加气站配置灭火毯和沙子。标准《建筑灭火器配置设计规范》GBJ 140 的规定。 (5) 变配电间、电控间、发电间应各配置 4 kg 二氧化碳灭火器 2 只。 (6) 灭火器定期检验换药，有更换记录和有效期标签：干粉灭火器每 2 年换药一次，二氧化碳灭火器每年称重一次。 (7) 灭火器应保管良好，无锈蚀、胶管无开裂老化、喷嘴无堵塞，压力表指针处于正常范围。 (8) 灭火器应设置在明显和便于取用的地点，且不得影响安全疏散。 (9) 手提式灭火器宜设置在挂钩、托架上或灭火器箱内，其顶部离地面高度应小于 1.5 m，底部离地面高度不宜小于 0.08 m。 (10) 灭火器不应设置在潮湿或强腐蚀性的地点，当必须设置时，应有相应的保护措施。 (11) 设置在室外的灭火器，应有防雨、防晒等保护措施。 (12) 灭火器不得设置在超出其使用温度范围的地点。	现场检查其符合性。	加油站一项不符合规定扣 30 分 (B 级要素否决项)。 加气站 1) 至 5) 不符合规定扣 30 分 (B 级要素否决项); 6) 至 12) 一项不符合规定扣 2 分。	5	

续上表

A级 要素	B 要素	标准化要求	加油站达标标准	评审方法	评审标准	分　数	
						分值	得分
	6.2 安全 设施 (30)	5. 给 排 水 设 施。	1. 站内地面雨水可散流排出站外。当雨水有明沟排到站外时，在排出围墙之前，应设置水封装置。 2. 加油（气）站排出建筑物或围墙外的污水，在建筑物墙外或围墙内应分别设水封井。水封井的水封高度不应小于0.25 m；加油（气）站排出围墙外的污水应集中收集处理，不应直接进入排水管道。 3. 清洗油罐（储气瓶）的污水应设沉泥池，沉泥段高度不应小于0.25 m。站不应采用暗沟排水。 4. 排出站外的污水应符合国家有关的污水排放标准。	现场检查其符合性。	一项不符合扣 5 分。	5	
6 生产设 施及工 艺安全 (100)		※6. 加气站的 特种设备。	1. 加气站的特种设备在投入使用前或者投入使用后30日内，应当向直辖市或者设区的市的特种设备安全监督管理部门登记。登记标志应当置于或者附着于该特种设备的显著位置。 2. 加气站应当建立特种设备安全技术档案。 3. 加气站应当建立健全特种设备安全、节能管理制度和岗位安全、节能责任制度。 4. 加气站应当对特种设备作业人员进行特种设备安全、节能教育和培训，保证特种设备作业人员具备必要的特种设备安全、节能知识。 5. 加气站对在用特种设备应当至少每月进行一次自行检查，并作出记录。特种设备使用单位在对在用特种设备进行自行检查和日常维护保养时发现异常情况的，应当及时处理。 6. 加气站应当对在用特种设备及其附属仪器仪表进行定期校验、检修，并作出记录。	现场检查。 查相关记录、证书。	一项不符合扣 5 分。	5	

续上表

A 级要素	B 要素	标准化要求	加油站达标准标准	评审方法	评审标准	分数		得分
						分值		
6 生产设施及工艺安全 (100)	6.2 安全设施 (30)	7. 加油（气）站其他安全设施。	1. 油罐车卸油必须采用密闭卸油方式。 2. 油罐车卸油时用的卸油连通软管、油气回收连通软管，应采用导静电耐油软管。连通软管的公称直径不应小于 50 mm。 3. 汽油罐车卸油宜采用卸油油气回收系统。采用卸油油气回收系统时，应符合下列规定： （1）油罐车上的油气回收管接口，应装设手动阀门。 （2）密闭卸油管接口之前设手动阀门。 （3）加油站内的卸油管接口、油气回收管道接口宜在地面以上。 （4）加油站宜设有高液位报警功能的液位计。 ※5. 加油站压缩天然气储气瓶间（棚）、天然气泵和压缩机房（棚）等场所，应设置可燃气体检测器，可燃气体检测器和报警器的选用和安装，应符合《石油化工企业可燃气体和有毒气体检测报警设计规范》GB 50493—2009 的有关规定；可燃气体检测器报警（高限）设定值应小于或等于可燃气体爆炸下限浓度（V%）值的 25%。	现场检查其符合性。	1、2、5 项一项不符合扣 30 分（B 级要素否决项），3、4 项一项不符合扣 3 分。	5		

续上表

A级要素	B要素	标准化要求	加油站达标标准	评审方法	评审标准	分值	得分
6 生产设施及工艺安全（100）	6.2 安全设施（30）	8.各种安全设施、特种设备及附件应有专人负责管理，定期检查和维护保养。	1.专人负责管理各种安全设施、特种设备；2.建立安全设施、特种设备管理档案；3.定期检查和维护保养安全设施、特种设备，并建立记录。	查文件：1.安全设施、特种设备管理制度；2.安全设施、特种设备维护保养检查记录。现场检查：安全设施、特种设备的完整性。	1.无专人负责管理安全设施、特种设备，或无安全设施、特种设备管理档案，一项扣2分；2.未建立安全设施、特种设备维护保养检查记录或未进行定期检查和维护保养，一项扣2分；3.现场安全设施、特种设备不符合完整性要求，1处扣2分。	5	
	6.3 工艺安全（20）	1.卸油作业。	1.油罐车应停放于卸油专用区熄火并拉上手刹车、于车轮处放置轮挡；并使车头尖向外，以利紧急事故发生时，可迅速驶离。2.向地下罐注油时，与该罐连接的给油管应停止使用。卸油前应检查油罐的存油量，以防灌油时溢出，卸油作业中，严禁用量油尺计量油罐。3.卸油作业中，必须有专人在现场监视，并禁止车辆及非工作人员进入卸油区。检查确认油罐计量孔密闭良好。	现场检查其符合性。	一项不符合扣2分。	5	

续上表

A 级要素	B 要素	标准化要求	加油站达标标准	评审方法	评审标准	分值	得分
6 生产设施及工艺安全（100）	6.3 工艺安全（20）	1. 卸油作业。	4. 油罐车进站后，卸油人员应立即检查油罐车的安全设施是否齐全有效，油罐车的排气管应安装防火罩。检查合格后，引导油罐车进入卸油现场，应先接妥静电接地线夹头接线并确实接触。 5. 卸油作业中，必须有专人在现场监视，并禁止车辆及非工作人员进入卸油区。检查确认油罐孔密闭良好。 6. 卸油时严格控制油的流速，在油面浸没进油管口 200 mm 前，初始流速不应大于 1 m/s，正常卸油时流速控制在 4.5 m/s 以内，以防产生静电。 7. 在卸油过程中，严禁擦洗罐车物品、按喇叭、修车等，对器具要轻拿轻放，夜间照明须使用防爆灯具。卸油口未使用时应加锁。 8. 卸油过程中，卸油人员和油罐车驾驶员不应离开作业现场，打雷时应停止卸油作业。	现场检查其符合性。	一项不符合扣 2 分。	5	
		2. 加油（气）作业。	1. 加油作业： （1）加油机运转时，电机和泵温度应保持正常，计量器和泵的轴封应无明显泄漏。 （2）加油站上空有高强闪电或雷电击频繁时，应停止加油作业。 （3）禁止使用绝缘性容器加注汽油、柴油等。 ※2. 加气作业： （1）严禁为无检验合格证的汽车储气瓶加气；严禁为汽车储气瓶以外的任何燃气设置、气瓶加气。	现场检查其符合性。	一项不符合扣 2 分。	5	

续上表

A 级要素	B 要素	标准化要求	加油站达标标准	评审方法	评审标准	分值	得分
6 生产设施及工艺安全(100)	6.3 工艺安全(20)	2. 加油(气)作业。	(2) 严格执行八不充装规定（有电子标签的严格执行电子标签的严格执行加气枪。 (3) 作业时，不得一人同时操作两把加气枪。 (4) 加气过程中如遇有雷鸣电闪、发生火警或其他紧急情况（如车辆或设备泄漏）应立即停止加气作业。 (5) 加气时，加气胶(软)管不得交叉或绕过其他设备。 (6) 压缩天然气放空时，加气枪口严禁对人。 (7) 加气过程中，应注意监视仪表及储气瓶压力是否正常，压力不应超过 20 MPa。 (8) 加气期间，加气工不应离开现场，严禁非操作人员代为操作。 (9) 加气结束，关闭加气枪、充气阀门、加气管阀，卸下加气枪，盖好加气口保护盖，并确认无漏气后，方可启动车辆。	现场检查其符合性。	现场检查其符合一项不符扣 2 分。	5	
		3. 油罐计量。	1. 夜间量测油罐时应使用防爆型照明设备。 2. 停止使用与油罐相连的加油机。 3. 卸油后，待稳定 15 min 后方可计量。 4. 进行油品采样、计量和测温时，不得猛拉快提，上提速度不得大于 0.5 m/s，下落速度不得大于 1 m/s。	现场检查其符合性。	现场检查其符合一项不符扣 2 分。	5	

续上表

A级要素	B要素	标准化要求	加油站达标标准	评审方法	评审标准	分数	
						分值	得分
6 生产设施及工艺安全（100）	6.3 工艺安全（20）	4. 加油（气）站作业人员应掌握工艺和设备安全信息。	操作人员应掌握工艺安全信息，主要包括： 1. 油气危险性信息； 2. 工艺信息： （1）油品（天然气）流程图； （2）加油（气）机原理； （3）油罐（储气瓶）最大储存量； （4）工艺参数（如：液位、流量、压力）安全上下限值。 3. 设备信息： （1）设备材料； （2）设备和管道图纸； （3）电气类别； （4）安全设施。 4. 场内平面布局	查文件： 员工培训记录。 询问： 员工对岗位工艺和设备安全信息掌握程度。	操作人员对岗位工艺和设备安全信息掌握程度，1人不掌握扣3分。	5	
	6.4 检维修（10）	1. 加油（气）站应严格执行检维修管理制度，实行日常检维修和定期检维修管理。	严格执行检维修管理制度，实行日常检维修和定期检维修管理。	查文件： 1.设备检维修管理制度； 2.检维修记录； 现场检查： 查设备状况。现场检查或抽查设备状况。	1.未明确检维修时机、频次和审批程序，一项不扣1分； 2.未实行日常检维修和定期检维修管理，扣2分。	5	

续上表

A级 要素	B 要素	标准化要求	加油站达标标准	评审方法	评审标准	分数	
						分值	得分
6 生产设施及工艺安全（100）	6.4 检维修（10）	2. 加油（气）站在进行检维修作业时，应执行下列程序： （1）检维修前： ①编制检维修方案； ②办理工艺、设备设施交付检维修手续； ③对检维修人员进行安全培训教育，④办理各种作业许可证。 （2）对检维修现场进行安全检查。	在进行检维修作业时，应执行下列程序： 1. 检维修前： （1）编制检维修方案； （2）办理工艺、设备设施交付检维修手续； （3）对检维修人员进行安全培训教育； （4）办理各种作业许可证。 2. 对检维修现场进行安全检查。 3. 维修后办理交付生产手续。	查文件： 1. 检维修方案； 2. 工艺、设备设施交付检维修手续； 3. 检维修人员安全培训教育记录； 4. 相应作业许可证及安全控制措施； 5. 对检维修作业现场进行安全检查的记录。	1. 未制订检维修方案，扣10分（B级要素否决项）； 2. 未办理检维修前工艺、设备设施交付检维修或检维修后检维修交付生产手续，扣10分（B级要素否决项）； 3. 未对检修人员进行安全培训教育，1人次扣1分； 4. 检维修相应作业票证未办理扣2分； 5. 安全生产管理人员未对检维修现场进行安全检查，扣2分。	5	

续上表

A级要素	B要素	标准化要求	加油站达标标准	评审方法	评审标准	分值	得分
6 生产设施及工艺安全（100）	6.5 拆除和报废（5）	加油（气）站应严格执行生产设施拆除和报废管理制度。	1. 拆除作业前，拆除作业负责人应与需拆除设施的主管部门和使用单位共同到现场进行作业前交底； 2. 作业人员进行危险、有害因素识别； 3. 制订拆除计划或方案； 4. 办理拆除设施交接手续。	查文件： 1. 生产设施拆除和报废管理制度； 2. 设施拆除和报废审批手续； 3. 拆除作业风险分析记录； 4. 拆除计划或拆除方案； 5. 设施拆除交接手续。 现场查看： 查看拆除作业现场安全管理。	1. 拆除作业前，相关单位未同到现场共同作业前交底，1次扣5分； 2. 设施拆除和报废无审批手续，1次扣1分； 3. 未对拆除作业进行风险分析并制定风险控制措施，1次扣1分； 4. 未制定拆除计划或拆除方案，1次扣2分； 5. 未办理设施拆除交接手续，1次扣1分； 6. 拆除作业现场，一项不符合扣1分。	5	

续上表

A 级要素	B 要素	标准化要求	加油站达标标准	评审方法	评审标准	分值	得分
7 作业安全（100）	7.1 作业许可（25分）	应对下列危险性作业活动实施作业许可管理，严格履行审批手续，各种作业许可证中应有危险、有害因素识别和安全措施内容： （1）动火作业； （2）进入受限空间作业； （3）破土作业； （4）临时用电作业； （5）高处作业； （6）抽堵盲板作业； （7）吊装作业； （8）其他危险性作业。	1. 对动火作业、进入受限空间作业、破土作业、临时用电作业、高处作业、吊装作业、设备检修作业和抽堵盲板作业等危险性作业实施作业许可管理，严格履行审批手续。 2. 作业许可证中有危险、有害因素识别和安全措施内容。	查文件： 1. 危险性作业安全管理制度或操作规程； 2. 作业许可证。 询问： 员工执行情况。	未实施危险性作业许可审批管理，扣100分（A级要素否决项）。 1. 作业许可审批手续不符合要求，1次扣2分； 2. 作业许可证中危险有害因素与安全措施等内容不符合要求，1次扣2分。	25	

续上表

A级要素	B要素	标准化要求	加油站达标标准	评审方法	评审标准	分数 分值	得分
7 作业安全 (100)	7.2 警示标志 (20分)	企业应按照 GB 16179 规定，在有易燃、易爆、有毒有害等危险每种有危险的醒目位置设置符合 GB 2894 和《工作场所职业病危害示标识》(GBZ 158) 规定的安全标志。	1. 在进站口应设置进站须知，告知内容应包括但不限于下列内容：危险特性；严禁烟火或产生火花；禁止携带危险品进站；禁止直接灌装汽油；不准站内检修车辆。 2. 加油站内至少应设置以下安全标志： (1) 加油站出入口放置"入口"、"出口"标志； (2) 加油站出入口及周边，选用"禁止烟火"、"禁止使用手机"、"站内严禁产生火花的作业"、"机动车辆加油时必须熄火"、"禁止劳化纤服"、"禁止穿带钉鞋"等标志； (3) 作业场所动火时，选用"禁放易燃品"、"禁止烟火"标志，"禁止使用手机"标志； (4) 润滑油储存区域，选用"禁止吸烟"标志。 3. 加气站储气罐区、加气区、压缩机区、储气瓶区、储气井区、脱水装置区、天然气场所《工作场所职业病危害警示标识》(GBZ158) 规定的安全标志。	现场检查：加油(气)区、罐区(储气区)、脱水脱硫装置区、加压区、天然气管道装卸区等危险场所。查文件：安全标志一览表。	未设置安全标志或安全标志使用不符合要求，一项不符合扣3分。	20	
	7.3 作业环节 (30分)	1. 应在危险性作业活动作业前进行危险、有害因素识别，制定控制措施。	危险作业现场配备相应安全防护用品(具)及消防设施与器材。	现场检查：相应安全防护用品(具)及消防设施与器材配备情况。	作业现场安全防护用品(具)及消防设施与器材配备不符合要求，一处扣1分。	15	

续上表

A级要素	B要素	标准化要求	加油站达标标准	评审方法	评审标准	分值	得分
7 作业安全（100）	7.3 作业环节（30分）	2. 在进行危险性作业时应持相应许可证进行作业。	在进行危险性作业时应持相应许可证进行作业。	现场检查：查作业证。	未持相应作业许可证进行危险性作业，扣40分（B级要素否决项）。	/	
		3. 作业活动监护人员持相应作业许可证进行监护作业，作业过程中不得离开监护岗位。	作业活动监护人员持相应作业许可证进行现场监护，不得离开监护岗位。	查文件：作业许可证。现场检查：监护人员是否持相应许可证进行监护。	1. 监护人员未持有相应许可证进行监护，1人次扣1分；2. 监护人员擅离监护岗位，1人次扣2分。	15	
			二级企业动火作业、进入受限空间作业及吊装作业现场评审不失分（此项仅限于二级企业）。	查文件：动火作业、进入受限空间作业及吊装作业管理制度、作业许可证。现场检查：检查动火作业、进入受限空间作业及吊装作业现场。	若失分，扣100分（A级要素否决项）。		

续上表

A级要素	B要素	标准化要求	加油站达标标准	评审方法	评审标准	分值	得分
7 作业安全（100）	7.4 承包商（25分）	应严格执行承包商管理制度，并应选用的承包商签订安全协议书。	1. 选择、使用合格的承包商；2. 与选用的承包商签订安全协议；3. 对作业过程进行监督检查。	查文件：1. 承包商管理制度；2. 安全协议书。	1. 未与承包商签订安全协议，扣3分；2. 未进行现场安全检查，一次扣1分。	25	
8 职业危害、危险化学品管理（100分）	8.1 职业危害项目申报（30分）	加油（气）站应及时、如实向当地安全生产监督管理部门申报职业危害因素，接受其监督。	1. 识别职业危害因素；2. 及时、如实向当地安全生产监督管理部门申报职业危害因素，接受其监督；3. 定期对作业场所职业危害因素进行检测；4. 在检测点设置告知牌，告知检测结果。	查文件：1. 职业危害因素识别记录；2. 职业病申报表及批复资料；3. 职业危害因素检测报告。	1. 未识别职业危害因素，扣15分；2. 未申报职业病危害因素，扣5分；3. 未检测职业危害因素，一项不符合扣5分；4. 未公示职业危害因素，扣5分。	25	
	8.2 劳动防护用品（40分）	加油（气）站应根据接触危害的种类、强度，为从业人员提供符合国家标准或行业标准的个体防护用品和器具，教育从业人员正确佩戴、使用。	1. 为从业人员提供符合国家标准或行业标准的个体防护用品和器具（使用个体防护用品和器具）；2. 监督、教育从业人员正确佩戴、使用个体防护用品；3. 劳动防护用品含：工作服（防静电）、防寒服（防静电）、胶鞋（胶面防砸、耐油）、工作鞋（防砸、耐油）、普通防护手套、防毒口罩（米防毒面具）。	查文件：个体防护用品台账。现场检查：1. 从业人员配备和使用的个体防护用品和器具是否符合规定；2. 从业人员是否正确佩戴、使用个体防护用品和器具。	1. 未按规定为从业人员配备个体防护用品和器具，一项不符合扣2分；2. 从业人员在生产现场未佩戴、使用个体防护用品，1人次扣2分；佩戴、使用器具不符合规定，1人次扣1分；3. 从业人员佩戴、使用个体防护用品或器具不符合规定要求，1人次扣1分。	40	

续上表

A级要素	B要素	标准化要求	加油站达标标准	评审方法	评审标准	分值	得分
8 职业危害、危险化学品管理（100分）	8.3 危害告知（30分）	加油（气）站应以适当、有效的方式对从业人员及相关方进行宣传、培训，使其了解了生产过程中的危险化学品的危险特性，以及采取的预防及应急处理措施。	对从业人员及相关方进行宣传、培训，使其了解本企业、本岗位涉及危险化学品的危险特性，以及采取的预防及应急处理措施。	查文件：劳动合同及宣传、培训教育记录。现场检查：公告栏、告知牌等。	劳动合同、宣传、培训、公告栏、告知牌等，一项不符合扣1分。	30	
9 事故与应急（100）	9.1 应急指挥与救援系统（10分）	加油（气）站应建立应急救援队伍，明确应急救援队伍职责。	建立应急救援队伍。加油（气）站每班应至少配备2名志愿消防队员。	查文件：应急救援预案。询问：有关人员是否了解应急救援队伍组成。应急救援指挥人员是否了解救援人员是否了解各自的职责。	1.未建立应急救援队伍，扣2分；2.有关人员不清楚应急救援队伍组成，1人次扣2分；3.未明确各级应急救援系统和救援队伍职责，一项不符合扣2分；3.有关人员不了解其应急职责，1人次扣1分。	10	

续上表

A级 要素	B 要素	标准化要求	加油站达标标准	评审方法	评审标准	分　数	
						分值	得分
9 事故与 应急 （100）	9.2 应急救援 设施 （15分）	1. 应按国家有 关规定，配备足 够的应急救援 器材，并保持完 好。	1. 针对可能发生的事故类型，按照规定配备足够的应急救援 器材、消防设施及器材； 2. 建立应急救援器材、消防设施及器材台账； 3. 应急救援器材、消防设施及器材保持完好，方便易取； 4. 疏散通道、安全出口、消防通道符合规定，保持畅通； 5. 加油（气）站应至少配备以下应急救援器材：柴油发电机、消 应急照明、便携式可燃气体检测仪、消防水带及水枪、潜液 泵等。	查文件： 1. 应急救援预 案； 2. 应急救援器 材台账； 3. 消防设施、 材台账； 4. 应急救援设施及 材、消防设施维护 器材检查维护 记录。 现场检查： 应急救援器材、 消防设施及完整 性。	1. 未配备足够的 应急救援器材、 消防设施及器材 一项不符合扣 1 分； 2. 未建立应急救 援器材台账，扣 1 分； 3. 未建立消防设 施、应急救援器材 器材台账， 扣 1 分； 4. 救援器材、消 防设施及器材未 定期检查维护 一项不符合，扣 1 分； 5. 应急救援设施及 材、消防设施及 器材完整性不符 合要求，一项扣 2 分。	10	

续上表

A级要素	B要素	标准化要求	加油站达标标准	评审方法	评审标准	分数 分值	得分
9 事故与应急 (100)	9.2 应急救援设施 (15分)	2. 应建立应急通讯网络。	1. 设置固定报警电话; 2. 明确应急救援指挥和救援人员电话; 3. 明确外部救援单位联络电话; 4. 报警电话24 h畅通。	查文件: 应急救援预案; 询问: 作业人员是否清楚内部、外部报警电话; 现场检查: 加油站是否设置了报警电话。	1. 未建立应急通讯网络,扣2分; 加油站未设置固定报警电话,扣2分; 2. 作业人员不了解内外部报警电话,1人次扣2分; 3. 报警电话不能保证畅通,扣1分。	5	
	9.3 应急救援预案与演练 (25分)	1. 宜按照AQ/T 9002,制定相应的事故应急救援预案。 2. 应组织从业人员进行应急救援预案的培训,定期演练。	1. 事故应急救援预案编制符合标准要求; 2. 根据风险评价结果,编制专项和现场处置预案,至少但不局限于编制以下应急处置方案: (1) 汽油、柴油(天然气)等化学品泄漏、火灾、爆炸; (2) 灭火预案; (3) 站内车辆交通事故预案; (4) 罩棚等建构筑物坍塌事故预案等。 1. 组织应急救援预案培训; 2. 综合应急救援预案每年至少组织一次演练,每半年至少组织一次演练。	查文件: 应急救援预案。 查文件: 1. 应急救援预案培训记录; 2. 应急救援预案演练记录。	1. 未编制事故应急救援预案,扣25分(B级要素否决项)。 2. 应急救援预案不全,缺少一项内容扣2分。 1. 未对从业人员进行应急救援预案培训,1人次扣1分; 2. 未定期进行应急救援预案演练,扣2分。	15 5	

续上表

A 级要素	B 要素	标准化要求	加油站达标标准	评审方法	评审标准	分值	得分
9 事故与应急（100）	9.3 应急救援预案与演练（25分）	3. 加油（气）站应将应急救援预案报当地安全生产监督管理部门和有关部门备案。	将应急救援预案报所在县级人民政府安全生产监督管理部门备案。	查文件：应急救援预案备案回执。	未及时备案，扣5分。	5	
	9.4 抢险与救护（20分）	1. 加油（气）站发生生产安全事故后，应迅速启动应急救援预案，加油（气）站负责人直接指挥，积极组织抢救，并做好现场抢救和警戒，保护事故现场。	1. 发生生产安全事故后，迅速启动应急救援预案；2. 加油（气）站负责人直接指挥抢救，妥善处理，减少人员伤亡和财产损失；3. 安全管理人员协助现场抢救和警戒工作，保护事故现场。	查文件：1. 应急预案；2. 事故台账和调查报告；3. 事故或事件后，对预案评审的报告。	1. 未明确有关人员职责，一项扣1分；2. 相关人员不了解应急职责，1人次扣1分。	10	
		2. 加油（气）站发生有害物大量外泄事故或火灾爆炸事故应设警戒线。	发生油汽大量泄漏事故或火灾爆炸事故时，及时设置警戒线。	查文件：事故调查报告。	相关人员不了解应设警戒线的措施，1人次扣1分。	5	

续上表

A 级要素	B 要素	标准化要求	加油站达标标准	评审方法	评审标准	分 值	得分
9 事故与应急 (100)	9.4 抢险与救护 (20分)	3. 抢救人员应佩戴好相应的防护器具,对伤亡人员及时进行抢救处理。	1. 抢救人员应熟练使用相关防护器具; 2. 抢救人员应掌握必要的急救知识,并经过急救技能培训。	查文件: 事故调查报告。 询问: 事故抢救人员是否了解事故现场的配防护器具的配备、使用规定及抢救知识。	1. 抢救人员不会使用防护器具,1人扣2分; 2. 抢救人员不了解抢救知识,1人次扣2分。	5	
	9.5 事故报告 (15分)	1. 加油(气)站应明确事故报告程序。	1. 明确事故报告程序和事故报告的责任部门、责任人; 2. 发生事故,现场人员立即按程序报告; 3. 发生事故后按程序报告; 4. 情况紧急时,事故现场人员可以直接向有关部门报告。	查文件: 1. 事故管理制度; 2. 事故调查报告。 询问: 从业人员是否了解事故应急措施。	1. 未明确事故报告程序和事故报告的责任人、告的责任部门、责任人;扣2分。 2. 事故调查报告,扣2分。 2. 从业人员不了解事故现场应采取的措施,1人次扣2分。	10	
		2. 加油(气)站负责人接到事故报告后,应当于1h内向有关部门报告。	负责人接到事故报告后,应当于1h内向事故发生地县级以上人民政府安全生产监督管理部门和负有安全生产监督管理职责的有关部门报告。	查文件: 事故台账和调查报告。 询问: 负责人是否了解事故报告的职责和时限。	存在事故瞒报、谎报、拖延不报现象的(A 级要素否决项)。 负责人不了解事故报告的职责和时限,扣5分。	5	

续上表

A级要素	B要素	标准化要求	加油站达标标准	评审方法	评审标准	分数	
						分值	得分
9 事故与应急（100）	9.6 事故调查（15分）	1. 加油（气）站发生生产安全事故后，应当积极配合各级政府、民政府组织的事故调查。	1. 发生事故，积极配合政府组织的事故调查； 2. 负责人和有关人员在事故调查期间不得擅离职守，如实提供有关情况。	查文件： 事故调查报告。 询问： 有关人员如何配合事故调查。	1. 发生事故时，未积极配合政府组织的事故调查，扣2分； 2. 事故调查期间，负责人员擅离职守，1人次扣4分； 3. 有关人员不清楚如何配合，1人次扣2分。	5	
		2. 未造成人员伤亡的一般事故，加油站成立事故调查组，按规定组织调查，及时提交事故调查报告。	1. 按规定成立事故调查组； 2. 认真组织一般事故调查，按时提交事故调查报告。	查文件： 1. 事故管理规定； 2. 事故调查报告。	1. 未按规定成立事故调查组，一项扣2分； 2. 未按"四不放过"原则进行事故调查、处理，一项扣2分； 3. 未及时提交事故调查报告，扣2分； 4. 相关人员不清楚调查要求，1人次扣1分。	3	

续上表

A级 要素	B 要素	标准化要求	加油站达标标准	评审方法	评审标准	分值	得分
9 事故与应急 （100）	9.6 事故 调查 （15分）	3. 加油（气）站应落实事故整改和预防措施，整改事故整改落实。	3. 加油（气）站应落实事故整改和预防措施； 1. 制定并落实事故整改和预防措施； 2. 事故整改和预防措施要具体，有针对性和可操作性； 3. 检查事故整改情况和预防措施落实情况。	查文件： 事故调查报告。 现场检查： 有关事故整改和预防措施落实情况。	1. 未制订或落实事故整改和预防措施，一项扣2分； 2. 事故整改、预防措施不具体，缺乏针对性和可操作性，一项扣1分。	2	
10 检查与自评（100）	10.1 安全 检查 （25）	1. 加油（气）站应严格执行安全检查管理制度，定期进行安全检查，保证安全标准化有效实施。	4. 加油（气）站应建立事故档案和事故管理台账。 1. 建立事故管理台账，包括未遂事故； 2. 建立事故档案。	查文件： 1. 事故管理台账； 2. 事故档案。	1. 未建立事故管理台账，扣5分；内容不符合要求，一项扣1分； 2. 未建立事故管理档案，扣5分。	5	
			1. 加油（气）站应严格执行安全检查管理制度，定期进行安全检查，开展安全检查。 明确各种安全检查的内容、频次和要求。	查文件： 安全检查管理制度。	未明确各种安全检查的内容、频次的要求，缺少一项扣1分。	10	

续上表

A级要素	B要素	标准化要求	加油站达标标准	评审方法	评审标准	分值	得分
10 检查评与自查（100）	10.1 安全检查（25）	2. 各种安全检查均应编制安全检查表，内容全面。	1. 制定安全检查计划，明确各种检查的目的、要求、内容和负责人；2. 各种安全检查表内容全面。	查文件：1. 安全检查计划；2. 各种安全检查表。	1. 未制订安全检查计划，扣2分；2. 安全检查表不全，缺少一种扣2分。	15	
	10.2 安全检查形式与内容（25）	1. 加油（气）站应建立安全检查计划，建立安全检查台账，并与责任制挂钩。	1. 根据安全检查计划，按相应检查表开展各种安全检查；2. 建立安全检查台账；3. 检查结果与责任制挂钩。		1. 未开展各种安全检查，一项不符合扣2分；2. 未建立安全检查台账，扣2分；内容一项不符合扣1分；3. 检查结果未与责任制挂钩，一项不符合扣1分。	15	
		2. 加油（气）站综合性安全检查每月不少于1次。	加油（气）站综合性安全检查每月不少于1次。		各种安全检查不符合要求，一项扣2分。	10	

续上表

A级要素	B要素	标准化要求	加油站达标标准	评审方法	评审标准	分值	得分
10 检查与自评（100）	10.3 整改（20）	1. 应对安全检查出的问题进行原因分析，制定整改措施，落实整改时间、责任人，并对整改情况进行验证，保存相应记录。	1. 对检查出的问题进行原因分析，及时进行整改；2. 对整改情况进行验证；3. 保存检查、整改和验证等相关记录。	查文件：1. 安全检查台账；2. 检查问题整改记录。	1. 未对安全检查所查出的问题进行原因分析，一项扣1分；2. 未对安全检查所查出的问题进行整改，一项扣2分；3. 未对整改情况进行验证，一项扣2分；4. 未保存相应记录，一项扣2分。	10	
		2. 应对各级组织和人员检查出的问题和整改情况定期进行检查。	加油（气）站对各级组织检查出的问题和整改情况定期检查。	查文件：检查记录。	未对检查出的问题和整改情况定期检查，扣4分。	10	
	10.4 自评（30）	加油（气）站应每年至少1次对安全标准化运行进行自评，提出进一步完善的安全标准化计划和措施。	加油（气）站应：1. 明确自评时间；2. 制定自评计划；3. 编制自评检查表；4. 建立自评组织；5. 每年至少1次进行安全标准化自评；6. 编制自评报告。	查文件：1. 安全标准化自评管理制度；2. 开展自评相关文件资料。	未进行自评，扣100分（A级要素否决项）。1. 自评文件不全，一项不符合的扣1分；2. 未制订并落实进一步完善计划和措施，扣2分。	30	

续上表

A 级要素	B 要素	标准化要求	加油站达标标准	评审方法	评审标准	分数 分值	数 得分
11. 本地区的要求（100）	1. 证照文书	1. 取得工商部门核发企业《营业执照》。		查文件。	缺项扣 100 分（A级要素否决项）。		
		2.《建筑工程消防验收意见书》或《消防复查意见书》。		查看文件。	未满足要求扣 100 分（A 级要素否决项）。		
		3.《防雷装置合格证》。		查看文件。	未满足要求扣 100 分（A 级要素否决项）。		
		4.《危险化学品经营许可证》。		查看证书。	未满足要求扣 100 分（A 级要素否决项）。		
		5.《成品油零售经营批准证书》或省级规划确认文件。	由省级经信部门颁发的《成品油零售经营批准证书》或加油站规划确认文件。	查看文件。	未满足要求扣 100 分（A 级要素否决项）。		
		※ 6.《燃气经营许可证》。		查看证书。	未满足要求扣 100 分（A 级要素否决项）。		

续上表

A级要素	B要素	标准化要求	加油站达标标准	评审方法	评审标准	分值	得分
11. 本地区的要求（100）	1. 证照文书	7. 税务登记证（国税、地税）。		查看证书。	未满足要求扣100分（A级要素否决项）。		
		8. 组织机构代码证。		查看证书。	未满足要求扣100分（A级要素否决项）。		
		9. 加油（气）站产权或租赁证明文件。	应提交经营和储存场所、设施产权或租赁证明文件。	查看产权或租赁证明文件。	未满足要求扣100分（A级要素否决项）。		
		※10. 气瓶充装许可证。		查看证书。	缺项扣100分（A级要素否决项）。		
	2. 本地区其他要求	1. 地方人民政府及有关部门提出的安全生产具体要求；		查文件：有关制度及台账、记录。现场检查：落实情况及整改效果。			
		2. 地方安全监管部门组织专家对安全工艺安全生产等安全生产条件及企业安全管理的改进意见。			未满足要求扣100分（A级要素否决项）。		

附件一

四川省汽车加油（气）站安全生产标准化
评审标准（试行）编制说明

1. 本评审标准依据《危险化学品安全管理条例》（国务院令第 591 号）、《危险化学品经营许可证管理办法》（国家安全监管总局令第 55 号）、《危险化学品从业单位安全生产标准化评审标准》（安监总管三〔2011〕93 号）、《危险化学品从业单位安全标准化通用规范》（AQ 3013—2008）、《汽车加油加气站设计与施工规范》（GB50156—2002（2006 年版））及《加油站作业安全规范》（AQ 3010—2007）、《企业安全生产标准化基本规范》（AQ/T 9006—010）等，针对加油（气）站的组织结构以及管理模式等方面的特殊性，提出的安全生产标准化达标要求和标准。

2. 本标准共分 11 个 A 级要素、47 个 B 级要素；标注"※"为加气站条款。

3. 本标准的总分为 100 分，各 A 级要素的权重系数乘以各要素的得分，为总得分。当加油（气）站不涉及某些要素时为缺项，按缺项分计。得分折算方法如下：

$$M_i = \frac{M_1}{M_2} \times 100$$

式中　M_1——实际分数；

　　　M_2——扣除缺项后的分数。

4. 按照本评分标准，二级、三级企业评审得分均在 80 分（含）以上，且每个 A 级要素评审得分均在 60 分（含）以上。

注：自评总分大于等于 80 分且 A 级否决项全部合格、B 级否决项 30 项以上合格的加油（气）站方可申请安全生产标准化；评审总分大于等于 80 分且 A 级否决项全部合格、B 级否决项 30 项以上合格的加油（气）站为安全生产标准化合格加油（气）站。

附件二

加油站的等级划分

级别	油罐容积/m³	
	总容积	单罐容积
一级	120 < V ≤ 180	≤ 50
二级	60 < V ≤ 120	≤ 50
三级	≤ 60	≤ 30

注：V 为油罐的总容积；柴油储罐可折半计入油罐总容积。

加气站的等级划分

级别	管道供气的加气站储气设施 总容积/m³	加气子站储气设施 总容积/m³
一级	≤12	≤18
二级		

附件三

加油站与周边安全距离

单位：m

油罐、加油机和通气管管口与 站外建、构筑物的防火距离 /m		埋地油罐			通气管管口	加油机
		一级站	二级站	三级站		
重要公共建筑物		50	50	50	50	50
明火或散发火花地点		30	25	18	18	18
民用建筑物 保护类别	一类保护物	25	20	16	16	16
	二类保护物	20	16	12	12	12
	三类保护物	16	12	10	10	10
甲、乙类物品生产厂房、库房和 甲、乙类液体储罐		25	22	18	18	18
其他类物品生产厂房库房和丙类 液体储罐以及容积不大于 50 m³ 的 埋地甲、乙类液体储罐		18	16	15	15	15
室外变配电站		25	22	18	18	18
铁　路		22	22	22	22	22
城市道路	快速路、主干路	10	8	8	8	6
	次干路、支路	8	6	6	6	5
架空通信线	国家一、二级	不应跨越加 油站，且不应 小于1倍杆高	不应小于1 倍杆高	不应小于 5 m	不应小于 5 m	
	一　般	不应小于 5 m	不应小于 5 m	不应小于 5 m	不应小于 5 m	
架空电力线路		不应跨越 加油站，且不 应小于1.5倍 杆高	不应跨越加 油站，且不应 小于1倍杆高	不应跨 越加油 站，且不 应小于5 m	不应跨越加油站，且 不应小于5 m	

附件四

加油站设施之间的防火距离　　　　　　单位：m

设施名称		汽、柴油罐		密闭卸油点	加油机	站房	消防泵房和消防水池取水口	其他建、构筑物	燃煤锅炉房、燃煤厨房	燃气（油）热水炉间、燃气厨房	变配电间	道路	站区围墙
		埋地油罐	通气管管口										
汽、柴油罐	埋地油罐	0.5	—	—	—	4	10	5	18.5	8	5	—	3
	通气管管口	—	—	3	—	4	10	7	18.5	8	5	3	3
密闭卸油点				—	—	5	10	7	15	8	6	—	—
加油机					—	—	6	8	15	8	6	—	—
站房						—	*	6	—	—	—	—	—
消防泵房和消防水池取水口							—	6	12	—	—	—	—
其他构、建筑物								—	6	5	—	—	—
燃煤锅炉房、燃煤厨房											5		
燃气（油）热水炉间、燃气厨房											5	—	—
变配电间											—	—	—
道路												—	—
站区围墙													—

附件五

A 级要素权重系数

序号	A 级要素	权重系数
1	法律法规和标准	0.06
2	机构和职责	0.06
3	风险管理	0.14
4	管理制度	0.06
5	培训教育	0.08
6	生产设施及工艺安全	0.24
7	作业安全	0.14
8	职业危害、危险化学品管理	0.05
9	事故与应急	0.06
10	检查与自评	0.06
11	本地区的要求	0.05

附录9

危险化学品经营单位安全管理人员题库
（共 1672 题）

一、判断题

1.《安全生产法》规定：生产经营单位应当具备本法和有关法律、行政法规和国家标准或者行业标准规定的安全生产条件；不具备安全生产条件的，不得从事生产经营活动。（   ）

2. 个人可以购买剧毒化学品（包括剧毒化学品的农药）和易制爆危险化学品。（   ）

3.《危险化学品安全管理条例》规定国家对危险化学品经营（包括仓储经营）实行许可制度。未经许可，任何单位和个人不得经营危险化学品。（   ）

4. 地方性安全生产法规的法律地位和法律效力低于有关安全生产的法律、行政法规，低于地方政府安全生产规章。（   ）

5.《安全生产法》规定：生产经营单位的特种作业人员必须按照国家有关规定经专门的安全作业培训，取得特种作业操作资格证书，方可上岗作业。（   ）

6.《安全生产法》规定：生产经营单位不得以任何形式与从业人员订立协议，免除或者减轻其对从业人员因生产安全事故伤亡依法应承担的责任。（   ）

7.《安全生产法》规定：生产经营单位对负有安全生产监督管理职责的部门的监督检查人员依法履行监督检查职责，应当予以配合，不得拒绝、阻挠。（   ）

8.《安全生产法》规定：生产经营单位应当具备的安全生产条件所必需的资金投入，由生产经营单位的决策机构、主要负责人或者个人经营的投资人予以保证，并对由于安全生产所必需的资金投入不足导致的后果承担责任。（   ）

9. 生产经营单位不得将生产经营项目、场所、设备发包或者出租给不具备安全生产条件或者相应资质的单位或者个人。（   ）

10. 从事农药的经营单位可以向个人出售属于剧毒化学品的农药。（   ）

11. 危险化学品企业主要负责人对本单位安全生产工作全面负责。（   ）

12. 我国现在已初步形成了一个以宪法为基本依据，以《安全生产法》为核心的，以有关法律、行政法规、地方性法规、规章和技术规程、标准为依托的安全生产法律体系。（   ）

13. 国家对危险化学品经营（包括仓储经营）实行许可制度。未经许可，任何单位和个人不得经营危险化学品。（   ）

14. 我国宣布承认的国际条约、国际公约的效力全部优于国内法律。

15.《宪法》是安全生产法律的最高层级，"加强劳动保护，改善劳动条件"是有关安全生产方面的最高法律效力的规定。（   ）

16. 任何单位和个人对事故隐患和安全生产违法行为，均有权向有关部门报告或者举报。（   ）

17. 危险化学品经营许可证的颁发管理工作实行企业申请、两级发证、属地监管的原则。（　　）

18. 生产经营单位应当教育和督促从业人员严格执行本单位的安全生产规章制度和安全操作规程；但可以不如实告知从业人员作业场所和工作岗位存在的危险因素、防范措施以及事故应急措施。（　　）

19.《安全生产法》的颁布实施，有利于保障人民群众的生命安全。（　　）

20.《安全生产法》规定：从业人员有权了解其作业场所和工作岗位存在的危险因素、防范措施和事故应急救援措施。（　　）

21. 化学品是指各种化学元素、由元素组成的化合物及其混合物，包括天然的或人造的。（　　）

22.《化学品分类和危险性公示通则》将化学品危险性分为理化危险、健康危险、环境危险等 3 类。（　　）

23. 危险化学品的分类不是危险化学品管理的基础。（　　）

24. 爆炸性物质：固体或液体物质（或这些物质的混合物），自身能够通过化学反应产生气体，其温度、压力和速度高到能对周围造成破坏，包括不放出气体的烟火物质。（　　）

25. 一定量的气体在温度不变时，所加的压力越大其体积变得越小，若继续加压会压缩成液态。（　　）

26. 危险化学品是指具有毒害、腐蚀、爆炸、燃烧、助燃等性质，对人体、设施、环境具有危害的剧毒化学品和其他化学品。（　　）

27. 硫黄粉与氯酸钾或过氧化钠接触，均不会发生爆炸。（　　）

28. 氧化剂最突出的性质是遇易燃物品、可燃物品、有机物、还原剂等会发生剧烈化学反应引起燃烧爆炸。（　　）

29. 低闪点液体：（闭杯）闪点 < − 18 ℃。（　　）

30. 过氧化钠燃烧时可用二氧化碳灭火器扑救。（　　）

31. 有些氧化剂具有不同程度的毒性和腐蚀性。（　　）

32. 过氧化二苯甲酰遇硫酸不会发生爆炸。（　　）

33. 放射性物质放出的射线分为 3 种。（　　）

34. 化学品安全技术说明书在国际上称作化学品安全信息卡，简称 MSDS 或 SDS。（　　）

35. 安全技术说明书作为最基础的技术文件，主要用途是传递安全信息。（　　）

36. 危险化学品生产单位在厂外设立销售本单位生产的危险化学品网点，不需办理经营许可证。（　　）

37. 危险化学品生产单位销售非本单位生产的危险化学品，不需办理经营许可证。（　　）

38. 危险化学品经营销售许可制度适用于中华人民共和国境内经营销售危险化学品的任何单位。（　　）

39. 危险化学品经营企业的经营场所应坐落在交通便利、便于疏散处。（　　）

40. 危险化学品经营企业的经营场所的建筑物应符合《建筑设计防火规范》的要求。（　　）

41. 危险化学品零售业务的店面应与繁华商业或居住人口稠密区保持 800 m 以上距离。（　　）

42. 危险化学品零售业务的店面（不含库房）应不少于 100 m²，其店面内不得有生活设施。（　　）

43. 危险化学品零售业务的店面内只许存放民用小包装的危险化学品，其存放总量不得超过 0.5 t。（　　）

44. 危险化学品零售业务的店面与存放危险化学品的库房（或罩棚）应有实墙相隔，单一品种存放量不能超过 500 kg，总质量不能超过 3 t。（　　）

45. 危险化学品零售店面备货库房应根据危险化学品的性质与禁忌分别采用隔离储存或隔开储存或分离储存等不同方式进行储存。（　　）

46. 危险物品的生产、经营、储存单位的主要负责人和安全生产管理人员，应当由有关主管部门对其安全生产知识和管理能力考核后方可任职。（　　）

47. 危险化学品经营企业可以向不具有相关许可证件或者证明文件的单位销售剧毒化学品、易制爆危险化学品。（　　）

48. 易燃气体可以与助燃气体、剧毒气体共同储存。（　　）

49. 运输危险化学品的车辆应专车专用，但不需要有标志。（　　）

50. 危险化学品经营许可证的颁发管理工作实行企业申请、两级发证、属地监管的原则。（　　）

51. 危险化学品经营许可证的两级发证是指设区的市级人民政府安全生产监督管理部门和县级人民政府安全生产监督管理部门负责经营许可证的审批、颁发，没有设立县级发证机关的，其经营许可证由市级发证机关审批、颁发。（　　）

52. 危险化学品重大危险源根据其危险程度，分为一级、二级、三级和四级。（　　）

53. 危险化学品经营许可证有效期为 3 年。（　　）

54. 危险化学品的储存根据物质的理化性质和储存量的大小分为整装储存和散装储存两类。（　　）

55. 根据危险化学品的特性，从仓库建筑防火要求及养护技术要求分，储存的危险化学品可归为 3 类：易燃易爆性商品、毒害性商品和腐蚀性商品。（　　）

56. 在储存中归类为易燃易爆性商品的危险物品包括爆炸品；压缩气体和液化气体；易燃液体；易燃固体、自燃物品、遇湿易燃物品；氧化剂和有机过氧化物。（　　）

57. 《建筑设计防火规范》将储存物品的火灾危险性分为 6 类。（　　）

58. 危险化学品经营单位可以销售有安全技术说明书但没有安全标签的危险化学品。（　　）

59. 危险化学品零售业务的店面内应放置有效、急救安全设施。（　　）

60. 易燃气体和剧毒气体不得与腐蚀性物质混合储存。（　　）

61. 根据《建筑设计防火规范》，毒害性、腐蚀性危险化学品库房的耐火等级不得低于一级；易燃易爆性危险化学品库房的耐火等级不得低于三级。（　　）

62. 国家对危险化学品的运输实行资质许可制度。（　　）

63. 对危险化学品的储存应根据其性能分区、分类、分库储存。（　　）

64. 危险化学品的储存单位应当在储存场所设置通讯、报警装置，且必须平时处于正常使用状态。（　　）

65. 大中型危险化学品仓库应选址在远离市区和居民区的当地主导风向的上风方向和河

流上游的地域。（　　）

66. 在制订防火防爆措施时，最理想、最基本的措施是预防性措施。（　　）

67. 可燃物、助燃物和点火源是构成燃烧的 3 个要素，缺少其中任何一个，燃烧便不能发生。（　　）

68. 蒸发燃烧是指液体蒸发产生蒸气，被点燃起火后，形成的火焰进一步加热液体表面，从而加速液体的蒸发，使燃烧继续蔓延和扩大的现象。（　　）

69. 分解燃烧是指可燃物表面接受高温燃烧产物放出的热量，而使表面分子活化，把这种燃烧称为分解燃烧。（　　）

70. 燃烧必须在必要、充分的条件下才能进行。缺少其中任何一个，燃烧便不会发生。火灾发生的条件实质上就是燃烧的条件。对于已经进行的燃烧（火灾），若消除其中任何一个条件，火灾便会终止，这就是灭火的基本原理。（　　）

71. 物质由一种状态迅速转变成为另一种状态，并在极短的时间内以机械功的形式放出巨大的能量，或者是气体在极短的时间内发生剧烈膨胀，压力迅速下降到常温的现象，都称为爆炸。（　　）

72. 可燃气体、蒸气和粉尘与空气（或氧气）的混合物，在一定的浓度范围内能发生爆炸。爆炸性混合物能够发生爆炸的最低浓度，称为爆炸上限。（　　）

73. 防止撞击、摩擦产生的机械火源是防火防爆的一项安全措施。（　　）

74. 在发生火灾爆炸事故时，能限制其蔓延、扩大作用的措施叫作限制性措施。（　　）

75. 根据经营的品种和经营设施的特点采用防火墙、防火门、防火堤、防火帽以及储罐顶部的呼吸阀和阻火器的组合装置等阻火措施。这些都是限制火灾蔓延的基本措施。（　　）

76. 在可能存在可燃气、蒸气、粉尘的生产现场要采取通风除尘措施。（　　）

77. 操作应当平稳，在升压、升温或降压、降温时，都应该缓慢进行，不能使压力、温度骤升骤降。保持压力和温度的相对稳定，减少压力和温度的波动幅度，是防止容器疲劳破坏的重要环节之一。（　　）

78. 气瓶的充装单位应按照有关规定，取得气瓶充装许可后方可从事充装工作。从事充装的作业人员也应取得《特种作业证书》，方可从事气瓶的充装工作。（　　）

79. 常见的点火源分为机械火源、化学火源、电火源和热火源。（　　）

80. 安全阀是防止非正常压力升高超过限度而引起爆裂的一种安全装置。（　　）

81. 燃烧是可燃物与助燃物发生的一种发光发热的氧化反应。（　　）

82. 燃烧的三要素同时存在就一定会发生燃烧。（　　）

83. 点火源提供的温度或热量不足就不会发生燃烧。（　　）

84. 只有可燃气体、蒸气或粉尘与空气的混合物在一定浓度范围内才能遇到火源发生爆炸。（　　）

85. 按爆炸能量的来源分类，爆炸可分为化学性爆炸、物理性爆炸和火灾爆炸 3 种。（　　）

86. 水是一种常用的灭火剂，可以扑救任何火灾。（　　）

87. 燃烧的三要素只有同时存在、相互作用，燃烧才有可能发生，缺少其中任一要素，燃烧都不能发生。（　　）

88. 气体如果被点燃，都会引起爆炸。（　　）

89. 一切防火技术措施都包括两个方面，一是防止燃烧必要条件的同时存在，二是避免其相互作用。（　　）

90. 用于通风措施的空气，如果空气中含有易燃易爆危险气体，不应循环使用。（　　）

91. 在电源为三相三线制中性点不直接接地或单相制的电力系统中，为保证人身安全，应设保护接地。（　　）

92. 避雷针、避雷线、避雷网、避雷带、避雷器都是经常采用的防雷装置。（　　）

93. 静电放电出现电火花，在有爆炸性气体、爆炸性粉尘或可燃性物质且浓度达到爆炸或燃烧极限时，可能发生爆炸和火灾。（　　）

94. 接地是消除静电危害最常见、简便有效的方法。在静电危险场所，所有属于静电导体的物体必须接地。（　　）

95. 所有防雷建筑物易受雷击部位应采取防感应雷防护措施。（　　）

96. 所有防雷建筑物易受雷击部位应采取防直击雷防护措施。（　　）

97. 绝缘体上的静电消失或泄漏得很慢，可以不必设置消除静电的装置。（　　）

98. 电击是指电流通过人体，刺激机体组织，使肌肉非自主地发生痉挛性收缩而造成的伤害，严重时会破坏人的心脏、肺部、神经系统的正常工作，形成危及生命的伤害。（　　）

99. 静电危害事故是由静电电荷或静电场能量引起的。（　　）

100. 金属容器内、隧道内、水井内以及周围有大面积接地导体等工作地点狭窄，行动不便的环境应采用 12 V 安全电压。（　　）

101. 漏电保护装置主要用于防止间接接触电击和直接接触电击。（　　）

102. 乙炔瓶充装乙炔气，一般要求分两次进行，第一次充气后静置 8 h 以上，再第二次充气。（　　）

103. 一般火灾事故的发展过程可分为酝酿期、发展期、全盘期、衰灭期等 4 个阶段。（　　）

104. 两相触电事故占全部触电事故的 70% 以上，因此，防止触电事故的技术措施应将两相触电作为重点。（　　）

105. 当电气设备发生接地故障，接地电流通过接地体向大地流散，在地面形成电位分布时，若人体在接地短路点周围行走，其两脚之间的电位差，就是跨步电压。（　　）

106. 由于电能在在输送、分配、转换过程中，失去控制而产生的事故被称为电气系统故障事故。（　　）

107. 触电事故是电流的能量直接或间接作用于人体造成的伤害,按照能量施加方式的不同，可分为电击和电伤。（　　）

108. 电击是全身伤害，但一般不会在人身表面留下大面积明显的伤痕。（　　）

109. 电伤是电流转化成其他形式的能量造成的人体伤害。电伤多数是局部性伤害，在人身表面有明显的伤痕。（　　）

110. 静电从整体上来说，其特点是电压低、能量小，而危害小。（　　）

111. 职业病是指企业、事业单位和个体经济组织等用人单位的劳动者在职业活动中，因接触粉尘、放射性物质和其他有毒、有害因素而引起的疾病。（　　）

112. 只要接触职业病危害的人员，都必须获得工伤赔偿。（　　）

113. 职业病是可以预防的。（　　）

114. 职业病危害是指对从事职业活动的劳动者可能导致职业病的各种危害。（   ）

115. 在法律意义上，职业病有一定的范围，即指政府主管部门列入"职业病名单"的职业病，也就是法定职业病，它是由政府主管部门所规定的特定职业病。（   ）

116. 劳动组织和制度不合理，如劳动时间过长，劳动作息时间制度不合理等，是不会引起职业病的。（   ）

117. 石棉尘属于职业病危害因素中的物理因素。（   ）

118. 劳动组织和制度不合理，如劳动时间过长，劳动作息时间制度不合理等也可能引发职业病。

119. 职业性有害因素的接触限制量值是指劳动者在职业活动过程中长期反复接触，对绝大多数接触者的健康不引起有害作用的容许接触水平。（   ）

120. 化学有害因素的职业接触限值包括时间加权平均容许浓度、短时间接触容许浓度和最高容许浓度 3 类。（   ）

121. 职业病危害因素只来源于工业的生产过程中。（   ）

122. 蓄电池厂的工人不注意个人卫生，极易经消化道摄入铅而引起铅中毒。（   ）

123. 能经皮肤进入人体的毒物有苯胺、二甲基甲酰胺、有机磷等。（   ）

124. 通过呼吸道吸收最重要的影响因素是其在空气中的浓度，浓度越高，吸收越快。（   ）

125. 工作场所有害因素职业接触限值是用人单位监测工作场所环境污染情况，评价工作场所卫生状况和劳动条件以及劳动者接触化学性、物理性职业有害因素的程度的重要技术依据。（   ）

126. 天津港"8·12"瑞海公司危险品仓库特别重大火灾爆炸事故是一起安全生产责任事故。（   ）

127. 事故报告应当及时、准确、完整，任何单位和个人对事故不得迟报、谎报、瞒报和漏报。（   ）

128. 生产经营单位要建立应急演练制度，每 3 年都要结合本企业特点至少组织一次综合应急演练或专项应急演练。（   ）

129. 各类危险化学品不得与化学性质相抵触或灭火方法不同的禁忌物料混合储存。（   ）

130. 生产经营过程中发生的伤亡事故具有偶然性，因此是不可预防的。（   ）

*131. 本质安全化原则只可以应用于设备、设施，不能应用于建设项目。（   ）

*132. 个体防毒的措施之一是正确使用呼吸防护器，防止有毒物质从呼吸道进入人体引起职业中毒。（   ）

*133. 安全生产监督管理部门履行监督检查职责时，有权进入被检查单位，查阅、复制被检查单位有关职业健康监护的文件、资料。（   ）

*134. 库存危险化学品应保持相应的垛距、墙距、柱距。垛与垛间距不小于 0.8 m，垛与墙、柱的间距不小于 0.3 m。主要通道的宽度不小于 1.8 m。（   ）

*135. 危险化学品的储存应根据危险品性能分区、分类、分库储存。（   ）

*136. 职业病危害一般的建设项目，其职业病危害预评价报告应当向安全生产监督管理部门备案，职业病防护设施由建设单位自行组织竣工验收，并将验收情况报安全生产监督管理部门备案。（　　）

*137. 应急预案的编制可以应急准备代替应急保障措施，也能满足本地区、本部门、本单位的应急工作要求。（　　）

*138. 专项应急预案应当包括危险性分析、预防措施、应急处置程序和应急保障等内容。（　　）

*139. 按《化学品安全技术说明书内容和项目顺序》（GB/T 16483—2008）要求，危险化学品安全技术说明书内容包括：标识、成分及理化特性、燃烧爆炸危险特性、毒性及健康危害性、急救、防护措施、包装与储运、泄漏处理与废弃等八大部分。（　　）

*140. 自燃物品着火不需氧气。（　　）

*141. 生产经营单位的主要负责人、安全生产管理人员及从业人员的安全培训，由生产经营单位负责。（　　）

*142. 应急救援人员在控制事故发展的同时，应将伤员救出危险区域和组织群众撤离、疏散，消除危险化学品事故的各种隐患。（　　）

*143. 遇湿易燃物品灭火时可使用的灭火剂包括干粉、干黄土、干石粉和泡沫灭火。（　　）

*144. 危险化学品不得露天堆放。（　　）

*145. 氧化物与还原物、氧化剂与强酸强碱必须分开存放。（　　）

*146. 劳动者受到急性职业中毒危害或者出现职业中毒症状时，用人单位应当立即组织有关劳动者进行应急职业健康检查。（　　）

*147.《化学品分类和危险性公示通则》规定的爆炸性物品是指含有一种或多种爆炸性物质或混合物的物品。（　　）

*148. 用人单位安排有职业禁忌的劳动者从事所禁忌的作业的，并处 5 万元以上 30 万元以下的罚款；情节严重的，责令停止产生职业病危害的作业，或者提请有关人民政府按照国务院规定的权限责令关闭。（　　）

*149.《易制毒化学品管理条例》规定：进口、出口或者过境、转运、通运易制毒化学品的，应当如实向海关申报，并提交进口或者出口许可证。海关凭许可证办理通关手续。（　　）

*150. 特别重大事故以下等级事故，事故发生地与事故发生单位不在同一个县级以上行政区域，由事故发生地人民政府负责调查。（　　）

*151. 危险化学品专用仓库，应当符合国家标准对安全、消防的要求，设置明显标志。（　　）

*152. 遇火、遇热、遇潮能引起燃烧、爆炸或发生化学反应，产生有毒气体的危险化学品可以露天存放，但不得在潮湿、积水的建筑物中储存。（　　）

*153. 可燃气体以一定的比例与空气混合后，在一定条件下所产生的爆炸属于化学爆炸。（　　）

*154. 输送有毒、易燃和易腐蚀物料的机泵，在解体检修之前，必须将泵体内残液放净。（　　）

*155. 危险化学品仓库应设有避雷设施，并两年至少检测一次，使之安全有效。（　　）

*156. 易燃固体可同库储藏；但发乳剂 H 与酸或酸性物品应分别储藏。（　　）

*157. 单位或者个人违反《中华人民共和国突发事件应对法》，不服从所在地人民政府及其有关部门发布的决定、命令或者不配合其依法采取的措施，构成违反治安管理行为的，由公安机关依法给予处罚。（　　）

*158. 对混合时产生静电的物料，应加入抗静电剂等。（　　）

*159.《压力容器安全技术监察规程》规定，液氧罐的操作人员，严禁使用带油脂的工具和防护用品。（　　）

*160. 爆炸品仓库应为单层建筑，周围不宜装设避雷针。（　　）

*161.《使用有毒物品作业场所劳动保护条例》规定，使用单位应按国家有关规定清除化学废料和清洗盛装危险化学品的废旧容器。（　　）

*162. 加油站从业人员上岗时应穿防静电工作服。（　　）

*163.《使用有毒物品作业场所劳动保护条例》规定，职业中毒危害防护设备、应急救援设施和通信报警装置处于不正常状态时，用人单位应当立即停止使用有毒物品作业；恢复正常状态后，方可重新作业。（　　）

*164. 各类危险化学品均应按其性质储存在适宜的温湿度内。（　　）

*165. 用人单位必须采用有效的职业病防护设施，并为劳动者提供个人使用的职业病防护用品。（　　）

*166. 职业安全健康管理体系运行模式，其核心都是为生产经营单位建立一个动态循环的管理过程，以持续改进的思想指导生产经营单位系统地实现其既定目标。（　　）

*167. 按《化学品安全技术说明书内容和项目顺序》要求，危险化学品安全技术说明书内容包括：标识、成分及理化特性、燃烧爆炸危险特性、毒性及健康危害性、急救、防护措施、包装与储运、泄漏处理与废弃等八大部分。（　　）

*168. 在操作各类危险化学品时，企业应在经营店面和仓库，针对各类危险化学品的性质，准备相应的急救药品和制订应急救援预案。（　　）

*169. 危险化学品生产经营场所和员工宿舍应当设有符合紧急疏散要求、标志明显、保持畅通的出口。禁止锁闭、封堵生产经营场所或者员工宿舍的出口。（　　）

*170. 危险化学品的储存单位在储存场所可酌情确定是否设置通信、报警装置，并保证处于正常状态。（　　）

*171. 运输危险化学品的驾驶员、押运员、船员不需要了解所运输的危险化学品的性质、危害特性、包装容器的使用特性和发生意外时的应急措施。（　　）

*172. 危险化学品安全标签中要标出化学品的主要成分和含有的有害组分含量或浓度。（　　）

*173. 危险化学品经营企业未取得危险化学品经营许可证的可以一边经营一边申请许可证。（　　）

*174. 对于油品（特别是甲、乙类液体），不准使用两种不同导电性质的检尺、测温和采样工具进行操作。（　　）

*175. 储存危险化学品的建筑必须安装通风设备，并注意设备的防护措施。（　　）

*176. 危险化学品露天储存时单一储存区最大储量 2 000～2 400 t。（　　）

*177. 职工因工作遭受事故伤害或者患职业病进行治疗，享受工伤医疗待遇。（　　）

*178. 可能产生职业中毒危害的建设项目的职业中毒危害防护设施应当与主体工程同时设计，同时施工，同时投入生产和使用；建设项目竣工，应当进行职业中毒危害控制效果评价，并经卫生行政部门验收合格。（　　）

*179. 对本单位应急装备、应急队伍等应急能力进行评估，并结合本单位实际，加强应急能力建设，是编制应急预案的关键。（　　）

*180. 对于某一种类的风险，生产经营单位应当根据存在的重大危险源和可能发生的事故类型，制订相应的专项应急预案。（　　）

*181. 危险化学品零售业务的店面与存放危险化学品的库房（或罩棚）应有实墙相隔。（　　）

*182.《中华人民共和国安全生产法》规定，生产经营单位必须依法参加工伤保险，为从业人员缴纳保险费。（　　）

*183. 受日光照射能发生化学反应引起燃烧、爆炸、分解、化合或能产生有毒气体的危险化学品应储存在二级建筑物中，其包装应采取避光措施。（　　）

*184. 为了防止危险化学品的误用，危险化学品安全标签的粘贴、挂拴、喷印应牢固，保证在运输及储存期间不脱落、不损坏。（　　）

*185. 遇湿易燃物品不会发生爆炸。（　　）

*186. 运输危险货物应当配备必要的押运人员，保证危险货物处于押运人员的监管之下，并悬挂明显的危险货物运输标志。（　　）

*187. 生产经营单位与从业人员订立的劳动合同，应当载明有关保障从业人员劳动安全，防止职业危害的事项，以及依法为从业人员办理工伤保险的事项。（　　）

*188. 不同种类毒品、危险程度和灭火方法不同的毒害品可同库混存，性质相抵的禁止同库混存。（　　）

*189. 生产经营单位发生生产安全事故后，事故现场有关人员应当立即报告本单位负责人。（　　）

*190. 2006 年 4 月 19 日，某树脂制品有限公司生产过程中大量使用有机溶剂甲苯，人工操作，没有通风设施。员工方某发生疑似急性甲苯中毒，4 月 20 日经诊断为"轻度甲苯中毒"。经职业卫生监督人员现场检查发现，该公司未向卫生行政部门申报存在职业危害因素，未组织操作人员上岗前、在岗期间、离岗时的职业健康检查，未设立职业健康监护档案；无工作场所职业病危害因素监测及评价资料；未建立职业病防治管理制度和职业病危害事故应急救援预案；职业病危害因素岗位操作人员未佩戴有效的个人防护用品；未设立警示标志和中文警示说明。根据上述事实，请判断，订立劳动合同时，企业可以将工作过程中可能产生的部分职业病危害及其后果、职业病防护措施和待遇应如实告知劳动者。（　　）

*191. 应按《化学危险品标签编写导则》编写危险化学品标签。（　　）

*192. 生产企业若发现化学品有新的危害性，在有关信息发布后的一个月内，必须对《安全技术说明书》的内容进行修订。（　　）

*193. 危险化学品生产单位在厂外设立销售网点销售本单位生产的危险化学品，不需办理经营许可证。（　　）

*194. 遇湿易燃物品储存库房相对湿度需控制在大于 75%。（　　）

*195. 工频交流电流的频率越高，对人体的伤害作用越大。（　　）

*196. 现场处置方案的应急组织与职责主要包括：基层单位应急自救组织形式及人员构成情况。（　　　）

*197. 职业病危害较重的建设项目，其职业病危害预评价报告应当报安全生产监督管理部门审核；职业病防护设施竣工后，由安全生产监督管理部门组织验收。（　　　）

*198. 放射性物质放出的射线可分为 4 种：α射线β射线γ射线和中子流。（　　　）

*199. 危险物品的生产、经营、储存单位以及矿山、金属冶炼、建筑施工、道路运输单位的主要负责人和安全生产管理人员未按照规定经考核合格的，责令限期改正，可以处 5 万元以下的罚款。（　　　）

*200.《化学品安全标签编写规定》要求，桶、瓶形包装的安全标签应位于桶、瓶侧身。（　　　）

*201. 氧化剂应储存于清洁、阴凉、通风、干燥的厂房内。远离火种、热源，照明设备可以用非防爆的。（　　　）

*202. 储存的危险化学品应有符合国家标准要求的明显标志，同一区域储存两种或两种以上不同级别的危险品时，应按最低等级危险物品的性能标志。（　　　）

*203. 室颤电流即最小致命电流，与电流持续时间关系密切。（　　　）

*204. 职业安全健康管理体系的建立与保持，可以全面提高企业的安全管理水平，表现为全员参与，领导重视与不重视并不重要。（　　　）

*205. 易燃气体在常温常压下遇明火、高温即会发生着火或爆炸，燃烧时其蒸气对人畜有一定的刺激毒害作用。（　　　）

*206. 严禁在装有避雷针的构筑物上架设通信线、广播线或低压线。（　　　）

*207. 职业安全健康管理体系中初始评审过程不包括法律、法规及其他要求内容。（　　　）

*208.《化学品分类和危险性公示通则》中　　　　的图形为腐蚀危险的印制标准符号。（　　　）

*209. 同一企业生产、进口同一品种危险化学品的，按照生产企业进行一次登记，但应当提交进口危险化学品的有关信息。（　　　）

*210. 根据《压力容器定期检验规则》，全面检验报告应有检验、审核、审批三级签字，审批人应为检验机构授权的技术负责人。（　　　）

*211. 个人可以通过邮寄向危险化学品经营单位购买危险化学品。（　　　）

*212. 未取得危险化学品生产许可证或者危险化学品经营许可证的企业采购危险化学品的行为属违法行为。（　　　）

*213. 只要具备燃烧三要素（可燃物、助燃物、点火源），即会引起燃烧。（　　　）

*214. 在危险品的管理中，干的或未浸湿的二硝基苯酚被列为易燃固体管理。（　　　）

*215.《安全生产法》对事故的报告作出了具体的规定，生产经营单位发生生产安全事故后，事故现场有关人员应当立即报告本单位安全管理部门。（　　　）

*216. 应急预案中生产经营单位概况主要包括单位地址、从业人数、隶属关系、主要原材料、主要产品、产量等内容，以及周边重大危险源、重要设施、目标、场所和周边布局情况。必要时，可附平面图进行说明。（　　　）

*217. 装卸毒害品人员应具有操作毒品的一般知识。操作时轻拿轻放，不得碰撞、倒置，

防止包装破损商品外溢。作业人员应佩戴手套和相应的防毒口罩或面具，穿防护服。（　　）

*218. 任何单位和个人发现事故隐患，均有权向安全监管监察部门和有关部门报告。（　　）

*219. 外力除去后构件恢复原有的形状，即变形随外力的除去而消失，这种变形称为塑性变形。（　　）

*220. 将易制毒化学品许可证或者备案证明转借他人使用的；负有监督管理职责的行政主管部门吊销相应的许可证。（　　）

*221. 数十毫安的电流短时间通过人体，虽有一定危险但不会致命。（　　）

*222. 用人单位应当实施有人兼职负责的职业病危害因素日常监测，并确保监测系统处于正常运行状态。（　　）

*223. 职工发生工伤时，用人单位应当采取措施使工伤职工得到及时救治。（　　）

*224. 制造压力容器受压元件的材料要求具有较好的塑性。（　　）

*225. 毒物毒性能导致全部实验动物死亡的剂量，称为绝对致死剂量，用 LD100 表示。（　　）

*226. 硫的磷化物，不仅具有遇火受热的易燃性，而且还具有遇湿易燃性。（　　）

*227. 各类移动式电气设备和手持式电动工具，使用时均应安装漏电保护器。（　　）

*228. 建设项目职业卫生"三同时"工作可以与安全设施"三同时"工作一并进行。（　　）

*229.《生产安全事故报告和调查处理条例》不适用于环境污染事故。（　　）

*230. 安全生产行政执法人员、劳动者或者其近亲属、劳动者委托的代理人有权查阅、复印劳动者的职业健康监护档案。（　　）

*231. 现场处置方案的应急组织与职责主要包括应急自救组织机构、人员的具体职责，不应同单位或车间、班组人员工作职责紧密结合，明确相关岗位和人员的应急工作职责。（　　）

*232. 为了防止危险化学品的误用，危险化学品安全标签的粘贴、挂拴、喷印应牢固，保证在运输及储存期间不脱落、不损坏。（　　）

*233. 危险化学品仓库按其使用性质和经营规模分为大型仓库、中型仓库和小型仓库。（　　）

*234. 应急救援过程中，应急救援人员应加强对重要目标和地段的警戒和巡逻，防止人为破坏、制造事端。（　　）

*235. 易燃气体是指在 20 ℃ 和标准大气压 101.3 kPa 时与空气混合有一定易燃范围的气体。（　　）

*236. 用人单位工作场所存在职业病目录所列职业病危害因素的，应当及时、如实向所在地安全生产监督管理部门申报危害项目，接受监督。（　　）

*237. 隔开储存是在同一建筑物或同一区域内，用隔板或墙，将禁忌物料分开的储存方式。（　　）

*238. 泄漏或渗漏危险化学品的包装容器应迅速移至安全区域。（　　）

*239. 危险化学品库房温度、湿度应严格控制、经常检查，发现变化及时调整。（　　）

*240. 电石（碳化钙）可以露天存放。（　　）

*241. 储存危险化学品的仓库必须配备有专业知识的技术人员，其库房及场所应设专人

管理，管理人员必须配备可靠的个人安全防护用品。（　　）

　　*242. 可燃固体的粉尘能与空气形成爆炸性混合物。（　　）

　　*243.《气瓶安全监察规程》规定，瓶装气体和气瓶经销单位必须经销有制造许可证企业的合格气瓶和气体。（　　）

　　*244. 据我国《化学品分类和危险性公示通则》中氧化性气体是指比空气更能导致或促使其他物质燃烧的任何气体，但不包括氧气。（　　）

　　*245. 矿山、金属冶炼建设项目和用于生产、储存、装卸危险物品的建设项目的安全设施设计未按照国家有关规定报经有关部门审查，可以先投入施工建设。（　　）

　　*246. 有毒品必须储存在仓库，不得露天存放。应远离明火、热源，库房通风应良好。（　　）

　　*247. 三乙基铝在空气中能氧化而自燃。（　　）

　　*248. 危险化学品管理档案应当包括危险化学品名称、数量、标识信息、危险性分类和化学品安全技术说明书、化学品安全标签等内容。（　　）

　　*249.《中华人民共和国安全生产法》规定，生产经营单位必须遵守本法和其他有关安全生产的法律、法规，加强安全生产管理，建立、健全安全生产责任制和安全生产规章制度，改善安全生产条件，推进安全生产标准化建设，提高安全生产水平，确保安全生产。（　　）

　　*250.《危险化学品经营许可证管理办法》适用民用爆炸品、放射性物品、核能物质和城镇燃气等危险化学品经营销售活动。（　　）

　　*251. 选择呼吸防护用品时应考虑有害化学品的性质、作业场所污染物可能达到的最高浓度、作业场所的空气含量、使用者的面型和环境条件等因素。（　　）

　　*252. 剧毒品应专库储存或存放在彼此间隔的单间内，还需安装防盗报警器，库门装双锁。（　　）

　　*253. 生产、经营易制毒化学品的单位不如实或者不按时向有关行政主管部门和公安机关报告年度生产、经销和库存等情况的，由负有监督管理职责的行政主管部门给予警告，责令限期改正，处 1 万元以上 5 万元以下的罚款。（　　）

　　*254. 易制毒化学品分为三类。第一类、第二类是可以用于制毒的主要原料，第三类是可以用于制毒的化学配剂。（　　）

　　*255. 危险化学品专用仓库，应当符合国家标准对安全、消防的要求，设置明显标志。（　　）

　　*256. 无论是新型包装、重复使用的包装、还是修理过的包装均应符合危险货物运输包装性能试验的要求。（　　）

　　*257. 腐蚀性物品要按不同类别、性质、危险程度、灭火方法等分区分类储藏，性质相抵的禁止同库储藏。（　　）

　　*258. 构成一般危险源的危险化学品必须在专用仓库内单独存放。（　　）

　　*259. 危险化学品经营许可证是从事危险化学品的采购、调拨、销售活动的合法凭证。（　　）

　　*260. 静电电击是瞬间冲击性的电击。（　　）

　　*261. 每种材料对不同的介质、甚至对同一介质在不同的使用条件下的耐腐蚀性是不一样的。（　　）

*262. 可燃尾气的烟道可以用砖石垒砌。（　　）

*263. 消防设施、器材或者消防安全标志的配置、设置不符合国家标准、行业标准，或者未保持完好有效的，责令改正，处5千元以上5万元以下罚款。（　　）

*264. 道路交通事故、火灾事故自发生之日起7日内，事故造成的伤亡人数发生变化的，应当及时补报。（　　）

*265. 锅炉包括两大部分：盛装水、汽的"锅"和进行燃烧加热的"炉"。（　　）

*266. 汽车、拖拉机不准进入易燃易爆类物品库房。进入易燃易爆类物品库房的电瓶车、铲车应是防爆型的；进入可燃固体物品库房的电瓶车、铲车，应装有防止火花溅出的安全装置。（　　）

*267. 根据我国《化学品安全标签编写规定》的安全标签是指用于标示化学品所有具有的危险性和安全注意事项的一组文字、象形图和编码组合，它可粘贴、挂栓或喷印在化学品的外包装或容器上。（　　）

*268. 密度小于水和不溶于水的易燃液体的火灾，可以用水进行扑救。（　　）

*269. 劳动过程中的职业病危害因素一般包括：生产场所设计不符合卫生标准、缺乏必要的安全卫生技术设施、缺乏安全防护设施等。（　　）

*270. 产生静电最常见的方式是接触分离起电。（　　）

*271. 许多炸药本身就是含氧的化合物或者是可燃物与氧化剂的混合，故不需外界供给氧气也能发生燃烧和爆炸。（　　）

*272. 可燃液体的闪点随其浓度的变化而变化。（　　）

*273. 职业病病人变动工作单位，享有的待遇发生变化。（　　）

*274. 储存危险化学品的建筑通排风系统的通风管应采用易燃材料制作。（　　）

*275.《中华人民共和国安全生产法》规定，生产经营单位对负有安全生产监督管理职责的部门的监督检查人员依法履行监督检查职责，应当予以配合，不得拒绝、阻挠。（　　）

*276. 根据《危险化学品重大危险源辨识》，乙烯临界量为30 t。（　　）

*277. 事故单位的负责人和有关人员在事故调查期间不得擅离职守，并应当随时接受事故调查组的询问，如实提供有关情况。（　　）

*278. 使用有毒物品作业的用人单位应当对从事使用有毒物品作业的劳动者进行离岗时的职业健康检查；对离岗时未进行职业健康检查的劳动者，不得解除或者终止与其订立的劳动合同。（　　）

*279. 应急救援过程中社会援助队伍到达企业时，指挥部要派人员引导并告知安全注意事项。（　　）

*280. 如果用人单位没有统一购买劳动防护用品，应该按照法律、法规或标准的规定，发给从业人员资金由其自行购买。（　　）

*281. 有毒物品应储存在阴凉、通风、干燥的场所，不要露天存放，不要接近酸性物质。（　　）

*282. 特种劳动防护用品实行安全标志管理。（　　）

*283. 用人单位未按照规定在劳动者离开用人单位时提供职业健康监护档案复印件的，责令限期改正，给予警告，可以并处8万元以上10万元以下的罚款。（　　）

*284. 危险化学品库房贴近地面应增设强制通风设施，定期置换仓库内的有毒气体。（　　）

*285. 建设项目职业病防护设施建设期间，建设单位应当对其进行经常性的检查，对发现的问题及时进行整改。（　　）

*286. 触电事故是由于人直接接触带电体发生的事故。（　　）

*287. 负有危险化学品安全监督管理职责的部门和环境保护、公安、卫生等有关部门，应当按照当地应急救援预案组织实施救援，尽可能不拖延、推诿。（　　）

*288. 危险物品生产、经营、储存单位以及矿山、金属冶炼、城市轨道交通运营、建筑施工单位，应当制定具体的应急预案，并对生产经营场所，有危险物品的建筑物及周边环境开展隐患排查，及时采取措施消除隐患，防止发生突发事件。（　　）

*289. 危险化学品标志的副标志由表示危险特性的图案、文字说明、底色和危险品类别号 4 个部分组成的。（　　）

*290. 危险化学品经营单位应当接受发证机关依法实施的监督检查，无正当理由不得拒绝、阻挠。（　　）

*291. 爆炸品主要具有反应速度极快，放出大量的热，产生大量的气体等特性。（　　）

*292. 化学危险品库、氢氧站、油料库等应远离火源，布置在厂区边缘地区及最小频率风向的上风侧。（　　）

*293. 危险化学品零售业务的店面内不得设有生活设施。（　　）

*294. 戴防毒面具进入容器作业时，当感到身体不适或呼吸困难时，应及时取下面罩休息。（　　）

*295. 禁止在危险化学品储存区域内堆积可燃性废弃物。（　　）

*296. 易燃蒸气与空气的混合浓度不在爆炸极限之内，遇火源就不会发生燃烧和爆炸。（　　）

*297. 应急预案的管理遵循综合协调、分类管理、分级负责、属地为主的原则。（　　）

*298. 储存危险化学品建筑采暖的热媒温度不应过高，可采用蒸汽采暖。（　　）

*299. 企业应负责制订现场应急预案，并且定期检验和评估现场应急预案和程序的有效程度，并适时进行修订。（　　）

*300. 安全设施是指企业在生产经营活动中将危险因素、有害因素控制在安全范围内以及预防、减少、消除危害所配备的装置和采取的措施。（　　）

*301. 在工业生产中，有毒品侵入人体的主要途径是呼吸道、消化道和皮肤。（　　）

*302. 运输危险化学品的槽罐以及其他容器必须封口严密，能够承受正常运输条件下下产生的内部压力和外部压力。（　　）

*303. 单位或者个人违反《中华人民共和国突发事件应对法》，导致突发事件发生或者危害扩大，给他人人身、财产造成损害的，不用承担任何责任。（　　）

*304. 装卸、搬运危险化学品时应做到轻装、轻卸。严禁摔、碰、撞击、拖拉、倾倒和滚动。（　　）

*305. 事故发生后，有关单位和人员应当妥善保护事故现场以及相关证据，任何单位和个人不得破坏事故现场、毁灭相关证据。（　　）

*306. 第二类、第三类易制毒化学品的销售情况，应当自销售之日起 30 日内报当地公安机关备案。（　　）

*307. 储存危险化学品的仓库必须配备有专业知识的技术人员，其仓库及场所应设专人管理，管理人员必须配备可靠的个人安全防护用品。（　　）

*308.《气瓶安全监察规程》规定，气瓶吊装时，严禁使用电磁起重机和金属链绳。（　　）

*309.《生产安全事故报告和调查处理条例》适用于生产经营活动中发生的造成人身伤亡或者直接经济损失的生产安全事故的报告和调查处理，以及环境污染事故、核设施事故的报告和调查处理。（　　）

*310. 人体电阻随着接触电压升高而急剧升高。（　　）

*311. 任何单位和个人不得将产生职业病危害的作业转移给不具备职业病防护条件的单位和个人。（　　）

*312. 生产经营单位根据实际情况，按事故的性质、类型、影响范围、严重后果分等级地制定相应的应急救援预案。（　　）

*313. 危险品不得与禁忌物料混合储存，灭火方法不同的危险化学品可以同库储存。（　　）

*314. 硫酸铵是一种碱性腐蚀品。（　　）

*315. 爆炸品应储存于二级轻顶耐火建筑内。（　　）

*316. 浓硫酸、烧碱、液碱可用铁制品做容器储存，因此也可用镀锌铁桶储存。（　　）

*317. 静电事故多发生在潮湿的季节。（　　）

*318. 持续改进是指生产经营单位应不断寻求方法持续改进自身职业安全健康管理体系及其职业安全健康绩效，从而不断消除、降低或控制各类职业安全健康危害和风险。（　　）

*319. 从事危险化学品零售业务的店面内危险化学品的摆设应布局合理，禁忌物料可混合存放。（　　）

*320. 动火分析的取样要有代表性,特殊动火的分析样品要保留到动火作业结束。（　　）

*321. 危险化学品安全标签中要用中文和英文分别标明化学品的通用名称。名称要求醒目清晰，位于标签的正上方。（　　）

*322. 职业病危害严重的建设项目的防护设施设计，应当经安全生产监督管理部门审查，符合国家职业卫生标准和卫生要求的，方可施工。（　　）

*323. 放射性物品属于剧毒化学品。（　　）

*324. 对储存易燃介质或毒性程度为极度、高度或中度危害介质的压力容器，应在安全阀或爆破片的排出口装设导管，可直接排入大气。（　　）

*325. 职业安全健康管理体系应急预案与响应要求是确保生产经营单位主动评价其潜在事故与紧急情况发生的可能性及其应急响应的需要。（　　）

*326. 用于引爆炸药的导火索不属于爆炸品。（　　）

*327. 生产、储存、使用、经营、运输危险化学品的单位的安全生产管理人员对本单位的危险化学品安全管理工作全面负责。（　　）

*328. 按易燃液体闪点的高低分为低闪点液体、中闪点液体、高闪点液体。（　　）

*329. 生产经营单位发生生产安全事故后，事故现场有关人员应当立即报告本单位负责人。单位负责人接到事故报告后，应当迅速采取有效措施，组织抢救，防止事故扩大，减少

人员伤亡和财产损失，并按照国家有关规定立即如实报告当地负有安全生产监督管理职责的部门，不得隐瞒不报、谎报或者迟报，不得故意破坏事故现场、毁灭有关证据。（　　）

*330.《易制毒化学品管理条例》规定，易制毒化学品运输许可证应当载明拟运输的易制毒化学品的品种、数量、运入地、货主及收货人、承运人情况以及运输许可证种类。（　　）

*331. 爆炸品是指在外界作用下能发生剧烈的化学反应，瞬间产生大量的气体和热量，使周围压力急骤上升，发生爆炸，对周围环境造成破坏的物品。（　　）

*332. 在职业安全健康管理体系中绩效测量和监测中被动测量是一种预防机制。（　　）

*333. 化学品安全技术说明书，又被称为物质安全技术说明书，简称 SDS。（　　）

*334. 可燃物质的自燃点是一个固定不变的数值，它与其他因素无关。（　　）

*335. 根据我国《化学品分类和危险性公示通则》的规定，易燃液体是指闪点不高于 93 ℃ 的液体。

*336. 危险化学品经营单位经营方式发生变化的，应按相关规定重新申请办理危险化学品经营许可证。（　　）

*337. 危险化学品仓库的库房门应为铁门或木质外包铁皮并采用内开式。（　　）

*338. 政府主管部门必须派出经过培训的、考核合格的技术人员定期对重大危险源进行监察、调查、评估和咨询。（　　）

*339. 腐蚀性物品，包装必须严密，不允许泄漏，严禁与液化气体和其他物品共存。（　　）

*340. 硫化氢侵入人体的主要途径是皮肤。（　　）

*341. 当发生危险化学品事故时，现场人员必须根据各自企业制订的事故预案采取积极有效的抑制措施，尽量减少事故蔓延，并向有关部门报告和报警。（　　）

*342. 安全生产责任制的内容包括纵向从上到下所有类型人员的安全生产职责和横向方向各职能部门的安全生产职责。（　　）

*343. 职业卫生技术服务机构应当取得职业卫生技术服务机构资质。（　　）

*344. 事故发生后，不管情况如何，事故现场有关人员不得直接向事故发生地县级以上人民政府安全生产监督管理部门和负有安全生产监督管理职责的有关部门报告。（　　）

*345. 储存物品的火灾危险性应根据储存物品的性质和储存物品中的可燃物数量等因素，分为甲、乙、丙、丁、戊类。（　　）

*346. 应急预案的编制应当结合本地区、本部门、本单位的危险性分析情况。（　　）

*347. 编制应急救援预案的目的是确保不发生事故。（　　）

*348. 危险化学品事故应急救援是指危险化学品由于各种原因造成或可能造成众多人员伤亡及其他社会危害时，为及时控制危险源，抢救受害人员，指导群众防护和组织撤离，清除危害后果而组织的救援活动。（　　）

*349. 取得第一类易制毒化学品经营许可的企业，应当凭经营许可证到工商行政管理部门办理经营范围变更登记。未经变更登记，不得进行第一类易制毒化学品的经营。（　　）

*350. 高压容器的使用压力较高，密封是个关键，所以密封结构也是高压容器中的一个主要结构。（　　）

*351. 环境保护主管部门负责废弃危险化学品处置的监督管理，组织危险化学品的环境危害性鉴定和环境风险程度评估，确定实施重点环境管理的危险化学品，负责危险化学品环境管理登记和新化学物质环境管理登记。（　　）

*352. 易燃气体不得与助燃气体、剧毒气体同储。氧气不得与油脂混合储存。（   ）

*353. 对于在应急预案编制和管理工作中做出显著成绩的单位和人员，安全生产监督管理部门、生产经营单位可以给予表彰和奖励。（   ）

*354. 用人单位未建立或者落实职业健康监护制度，给予警告，责令限期改正，可以并处 3 万元以下的罚款。（   ）

*355. 对于实行安全生产许可的生产经营单位，未应急预案备案登记的，在申请安全生产许可证时，可以不提供相应的应急预案备案登记表，仅提供应急预案。（   ）

*356. 危险化学品仓库应有专职或义务消防、警卫队伍。如果是义务消防、警卫队伍，不必制定灭火预案和进行消防演练。但专职消防队伍必须制订灭火预案并经常进行消防演练。（   ）

*357. 氧化剂遇高温易分解放出氧和热量，所以这类物品遇到易燃物品、可燃物品、还原剂，或自己受热分解都容易引起火灾爆炸危险。（   ）

*358. 分期建设、分期投入生产或者使用的建设项目，其配套的职业病防护设施应当在建设项目全部完成后进行验收。（   ）

*359. 使用有毒物品作业的用人单位可以按照国务院卫生行政部门或行业管理部门的规定，向卫生行政部门及时、如实申报存在职业中毒危害项目。（   ）

*360. 危险化学品仓库根据危险品特性和仓库条件，必须配置相应的消防设备、设施和灭火药剂。（   ）

*361. 限制能量或危险物质是减少事故损失的安全技术措施。（   ）

*362. 互为禁忌物料的危险化学品可以装在同一车、船内运输。（   ）

*363. 按照《安全生产法》的规定，生产、经营、储存、使用危险物品的车间、商店、仓库必须与员工宿舍保持足够的安全距离。（   ）

*364. 危险化学品的标志设主标志由表示危险化学品危险特性的图案、文字说明、底色和危险类别号 4 个部分组成的菱形标志。（   ）

*365. 按照导致事故的原因把安全技术措施分为，预防事故发生的安全技术措施，控制事故发生的措施和消除减少事故损失的安全技术措施。（   ）

*366. 根据我国《化学品安全标签编写规定》的规定，对于小于或等于 1 000 mL 的化学品小包装，为方便标签使用，安全标签要素可以简化。（   ）

*367. 综合演练通常成立演练领导小组，下设策划组、执行组、保障组、评估组等专业工作组。根据演练规模大小，其组织机构可进行调整。（   ）

*368. 事故发生单位负责人接到事故报告后，应当立即启动事故相应应急预案，或者采取有效措施，组织抢救，防止事故扩大，减少人员伤亡和财产损失。（   ）

*369. 各类危险化学品分装、改装、开箱（桶）检查等应在库房内进行。（   ）

*370. 应急预案的编制应当符合有关法律、法规、规章和标准的规定；结合本地区、本部门、本单位的安全生产实际情况。（   ）

*371. 抗溶性泡沫不仅可以扑救一般液体烃类的火灾，还可以有效地扑救水溶性有机溶剂的火灾。（   ）

*372. 液体着火时，应设法堵截流散的液体，防止火势扩大蔓延。（   ）

*373. 在应急救援过程中生产经营单位物资供应部门负责抢险抢救物质的供应和保障等工作。（　　）

*374. 大中型危险化学品仓库应选址在远离市区和居民区的当地主导风向的上风方向和河流下游的区域。（　　）

*375. 自事故发生之日起 30 日内（道路交通事故、火灾事故自发生之日起 7 日内），因事故伤亡人数变化导致事故等级发生变化，事故调查权限不变。（　　）

*376. 装卸易燃易爆品人员，在各项操作中可以使用手持金属装卸工具，但作业现场应远离热源和火源。（　　）

*377. 遇湿易燃物品、氧化剂和有机过氧化物可储藏于三级耐火建筑的库房内。（　　）

*378. 某厂油污法兰损坏需维修。维修钳工甲将带有污油底阀的污油管线放入污油池内，当时污油池液面高度为 500 cm，上面浮有 30 cm 的浮油。在液面上的 101 cm 处需对法兰进行更换，班长乙决定采用对接焊接方式。电焊工丙去办理动火票，钳工甲见焊工丙办理动火手续迟迟没回，便开始焊接，结果发生油气爆炸，钳工甲掉入污油池死亡。根据上述事实，电焊工不是特殊工种，不用按照国家有关规定经专门的安全作业培训，取得相应资格。（　　）

*379. 职业安全健康管理体系是指为建立职业安全健康方针和目标以及实现这些目标所制定的一系列相互联系或补充作用的要素。企业为了实施职业安全管理所需的企业机构、程序、过程和资源。（　　）

*380. 所谓安全电压是在任何条件下都不会危及生命安全的电压。（　　）

*381. 绝缘是用绝缘物把带电体与人体隔离，防止人体的接触。（　　）

*382. 危险化学品安全标签中安全措施应表述化学品在处置、搬运、存储和使用作业中所必须注意的事项和发生意外时简单有效的救护措施。（　　）

*383. 有关人民政府及其部门为应对突发事件，可以征用单位和个人的财产。（　　）

*384. 信息上报就是明确事故发生后向上级主管单位报告事故信息的流程、内容和时限。（　　）

*385. 用人单位安排未经职业健康检查的劳动者从事接触职业病危害的作业的，并处 5 万元以上 30 万元以下的罚款；情节严重的，责令停止产生职业病危害的作业，或者提请有关人民政府按照国务院规定的权限责令关闭。（　　）

*386. 一个单位的不同类型的应急救援预案要形成统一整体，救援力量要统一安排。（　　）

*387. 按照《安全生产法》的规定，任何单位和个人在生产安全事故应急救援和调查处理中都应当支持、配合事故抢救，并提供一切便利条件。（　　）

*388. 接受货主委托运输的承运人应当查验货主提供的运输许可证或者备案证明，并查验所运货物与运输许可证或者备案证明载明的易制毒化学品品种等情况是否相符;不相符的，不得承运。（　　）

*389. 溶解乙炔气瓶充装前，必须按《溶解乙炔充装规定》测定溶剂补加量。（　　）

*390. 剧毒化学品经营企业销售剧毒化学品，应当记录购买单位的名称、地址和购买人员的姓名、身份证号码及所购剧毒化学品的品名、数量、用途。记录应当至少保存半年。（　　）

*391. 用人单位违反《用人单位职业健康监护监督管理办法》规定，未报告职业病、疑似职业病的，由安全生产监督管理部门责令限期改正，给予警告，可以并处 1 万元以下的罚

款；弄虚作假的，并处 2 万元以上 5 万元以下的罚款。（　　）

*392. 建设项目职业病防护用品必须与主体工程同时设计、同时施工、同时投入生产和使用。（　　）

*393. 生产经营单位未制订应急预案，导致事故救援不力或者造成严重后果的，由县级以上安全生产监督管理部门依照有关法律、法规和规章的规定，责令停产停业整顿，并依法给予行政处罚。（　　）

*394. 爆炸下限越低，爆炸极限范围越宽，危险性越小。（　　）

*395. 盐酸可用耐酸陶坛；硝酸应该用铝制容器；磷酸、冰醋酸、氢氟酸用塑料容器；浓硫酸、烧碱、液碱可用铁制容器，或镀锌铁桶储存。（　　）

*396. 职工对违章指挥或强令冒险作业，有权拒绝执行；对危害人身安全和健康的行为，有权检举和控告。（　　）

*397.《非药品类易制毒化学品生产、经营许可办法》规定，国家对非药品类易制毒化学品的生产、经营实行许可制度。（　　）

*398. 任何单位和个人不得生产、经营、使用国家禁止生产、经营、使用的危险化学品。（　　）

*399. 氧化剂的特点是其本身不一定可燃，但能导致可燃物的燃烧。（　　）

*400. 电火花就是指事故火花。（　　）

*401. 压缩气体和液化气体由于充装容器为压力容器。容器受热或在火场上受热辐射时易发生物理性爆炸。（　　）

*402. 铝铁熔剂着火不可用水施救。（　　）

*403. 国家实行危险化学品登记制度。危险化学品登记实行企业申请、两级审核、统一发证、分级管理的原则。（　　）

*404. LD50 是指毒物经口、经皮导致半数实验动物死亡的剂量，即半数致死剂量。（　　）

*405. 对用人单位违反《用人单位职业健康监护监督管理办法》的行为，任何单位和个人均有权向安全生产监督管理部门举报或者报告。（　　）

*406. 生产过程中职业病危害因素的物理因素中一般包括：异常的气候条件、工作环境、电离辐射线和非电离辐射线等。（　　）

*407. 有机过氧化物的过滤过程就很危险，因为有机过氧化物（滤饼）极不稳定，受撞击、挤压、摩擦易发生燃烧或爆炸。（　　）

*408. 可燃物质的爆炸极限是恒定的。（　　）

*409. 职业病防护设施所需费用不能纳入建设项目工程预算。（　　）

*410. 2007 年 4 月 13 日早 8 时许，某县某村公路旁的麦田里发现 7 桶不明化学物品。经过专家化验，该化学物品为"三氯化磷"，剧毒，易散发。被遗弃的 7 桶"三氯化磷"都已经过期。周围小麦被"烧"死，造成严重污染。根据上述事实，请判断，本事故违反《危险化学品安全管理条例》规定，危险化学品处置方案应当报所在地设区的市级人民政府负责危险化学品安全监督管理综合工作部门和同级环境保护部门、公安部门备案。（　　）

*411. 可以在危险化学品储存区域内短期间堆积可燃废弃物品。（　　）

*412. 企业一旦发生重大危险源事故，本企业抢险抢救力量不足，不必请求社会力量援助。（　　）

*413. 生产经营单位发生事故后，应当及时启动应急预案，组织有关力量进行救援，不必将事故信息及应急预案启动情况报告安全生产监督管理部门和其他负有安全生产监督管理职责的部门。（　　）

*414. 应急预案是针对可能发生的事故，为迅速、有序地开展应急行动而预先制订的管理规定。（　　）

*415. 建设项目的职业病防护设施发生重大变更的，建设单位应当重新进行职业病危害预评价，办理相应的备案或者审核手续。（　　）

*416. 危险化学品仓库的建筑屋架可以根据所存危险化学品的类别和危险等级采用木结构、钢结构或装配式钢筋混凝土结构。（　　）

*417. 活泼金属着火可以用二氧化碳灭火。（　　）

*418. 危险化学品经营单位不得转让、买卖、出租、出借、伪造或者变造经营许可证。（　　）

*419. 特种作业人员未按照规定经专门的安全作业培训，取得相应资格，可以先上岗作业再培训。（　　）

*420. 根据国家标准《危险货物运输包装类别划分方法》规定，除了爆炸品、气体、感染性物品和放射性物质等外，其他危险物按其呈现的危险程度，将危险品包装共分成 3 类包装。（　　）

*421.《化学品安全技术说明书》的内容，从该化学品制作之日算起，每 3 年更新一次。（　　）

*422. 为了防止职工在生产过程中受到职业伤害和职业危害，按工作特点配套的劳动防护用品、用具可适当地向职工收取一定的费用。（　　）

*423. 压缩空气是危险化学品。（　　）

*424. 在管理中必须把人的因素放在首位，体现以人为本的指导思想，这就是安全第一原则。（　　）

*425. 储存危险化学品的建筑物、区域内严禁吸烟和使用明火。（　　）

*426. 按照《安全生产法》的规定，任何单位或者个人对事故隐患或者安全生产违法行为，均有权向负有安全生产监督管理职责的部门报告或者举报。（　　）

*427. 用人单位应当保障职业病病人依法享受国家规定的职业病待遇。（　　）

*428. 强度就是材料或结构元件所具有的承受外力而不被破坏的能力。（　　）

*429. 根据突发公共事件发生过程、性质和机理，突发公共事件主要分为 3 类。（　　）

*430. 常压的容器是不能储存压缩气体和加压液体的。（　　）

*431. 有机过氧化物比无机氧化剂有更大的火灾爆炸危险。（　　）

*432. 防火间距就是当一幢建筑物起火时，其他建筑物在热辐射的作用下，没有任何保护措施时，也不会起火的最小距离。（　　）

*433. 贮罐的检尺、测温盒、取样器应采用导电性良好且与罐体金属相碰不产生火花的材料制作。（　　）

*434. 生产经营单位生产工艺和技术发生变化的应急预案不需要修订。（　　）

*435. 硫黄不属于易燃固体。（　　）

*436．救援过程中，救援人员在做好自身防护的基础上，应快速实施救援，控制事故发展。（　　）

*437．应急预案的编制可以明确应急组织和人员的职责分工，并有具体的落实措施。（　　）

*438．安全标准化是指为安全生产活动获得最佳秩序，保证安全管理及生产条件达到法律、行政法规、部门规章和标准等要求制定的规则。（　　）

*439．遇湿易燃物品库房必须干燥，严防漏水或雨雪浸入，但可以在防水较好的露天存放。（　　）

*440．应急预案的要点和程序应当张贴在应急地点和应急指挥场所，并设有明显的标志。（　　）

*441．生产经营单位未与承包单位、承租单位签订专门的安全生产管理协议或者未在承包合同、租赁合同中明确各自的安全生产管理职责，或者未对承包单位、承租单位的安全生产统一协调、管理的，责令限期改正，可以处 5 万元以下的罚款，对其直接负责的主管人员和其他直接责任人员可以处 1 万元以下的罚款；逾期未改正的，责令停产停业整顿。（　　）

*442．可燃气体和易燃蒸气的抽送、压缩设备的电机部分应为符合防爆等级要求的电气设备，否则应隔离设置。（　　）

*443．职业病病人除依法享有工伤保险外，依照有关民事法律，尚有获得赔偿的权利的，有权向用人单位提出赔偿要求。（　　）

*444．爆炸品仓库要阴凉通风，远离火种、热源，防止阳光直射，一般库温控制在 15 ℃以下。（　　）

*445．《中华人民共和国消防法》规定，企业对建筑消防设施 3 年至少进行一次全面检测，确保完好有效，检测记录应当完整准确，存档备查。（　　）

*446．为了防止职工在生产过程中受到职业伤害和职业危害，按工作特点配备的劳动防护用品、用具可适当的向职工收取一定的费用。（　　）

*447．仓库工作人员应进行培训，经考核合格后上岗；装卸人员也必须进行必要的教育；消防人员除了应具有一般消防知识外，还应进行专门的专业知识培训。（　　）

*448．装运危险货物的罐（槽）应配备泄压阀、防波板、遮阳物、压力表、液位计、导除静电等安全装置。（　　）

*449．依法设立的危险化学品生产企业在其厂区范围内销售本企业生产的危险化学品，不需要取得危险化学品经营许可。（　　）

*450．突发事件发生地的公民应当服从人民政府、居民委员会、村民委员会或者所属单位的指挥和安排，配合人民政府采取的应急处置措施，积极参加应急救援工作，协助维护社会秩序。（　　）

*451．高锰酸钾可以用纸袋包装。（　　）

*452．危险化学品仓库按其使用性质和经营规模分为 3 种类型。其中中型仓库指库房或货场总面积大于 9 000 m² 的仓库。（　　）

*453．危险化学品包装的型式、规格、方法和单件质量（重量），应当与所包装的危险化学品的性质和用途相适应。（　　）

*454. 生产经营单位风险种类多、可能发生多种事故类型的，可以不用编制本单位的综合应急预案。（　　　）

*455. 高温高压下的氢对碳钢有严重的腐蚀作用，为了防止这种腐蚀，应选用耐氢腐蚀性能良好的低合金铬钼钢作为加氢反应器等。（　　　）

*456. 事故隐患分为一般事故隐患、较大事故隐患、重大事故隐患、特大事故隐患。（　　　）

*457. 根据我国《化学品分类和危险性公示通则》的规定，自燃液体是指即使数量小也能在与空气接触后 5 min 之内引燃的液体。（　　　）

*458. 金属钠遇水反应剧烈并放出氢气。（　　　）

*459. 突发环境事件报告中初报是查清有关基本情况后随时上报。（　　　）

*460. 储藏易燃易爆品的库房，应冬暖夏凉、干燥、易于通风、密封和避光。（　　　）

*461. 《工伤保险条例》规定了工伤保险基金组成和征收办法。工伤保险费由个人缴纳。（　　　）

*462. 某建材商店地下涂料仓库内，存放大量不合格的"三无"产品聚氨酯涂料（涂料是苯系物）。地下仓库内虽有预留通风口，但通风差，无动力排风设施。某日，进入库房作业时 1 名工人昏倒在地，一同作业的另 2 名工人，在救助时也昏倒在地。经救援人员将中毒的 3 名工人送往医院，其中两人经抢救无效死亡。事后，又有 2 名在地下仓库作业的工人，发现有中毒症状，被送到医院住院治疗。根据上述事实，判断本事故的直接原因是库存涂料是"三无"产品，含苯量严重超标，排毒通风差，大量有毒有害气体积聚，对作业人员造成危害。（　　　）

*463. 人可以长期吸入氧气，而且氧气越纯越好。（　　　）

*464. 感应雷也称作雷电感应，分为静电感应雷和电磁感应雷。（　　　）

*465. 工会依法参加事故调查处理，但无权向有关部门提出处理意见。（　　　）

*466. 碳化钙的储存库房，应当处于阴暗潮湿，并经常通风的库房内。（　　　）

*467. 储存危险化学品的建筑通排风系统应设有导除静电的接地装置。（　　　）

*468. 事故单位应当按照负责事故调查的人民政府的批复，对本单位负有事故责任的人员进行处理。（　　　）

*469. 安全设备的安装、使用、检测、改造和报废不符合国家标准或者行业标准的，可加强管理继续运行。（　　　）

*470. 按照《建筑设计防火规范》，难燃烧的物品，其火灾危险性为甲类。（　　　）

*471. 杂质对于爆炸品的敏感度也有很大影响，在一般情况下，固体杂质，特别是硬度高、有尖棱的杂质能够降低爆炸品的敏感度。（　　　）

*472. 职业健康检查结束后，需要复查的，可以根据复查要求增加复查项目。（　　　）

*473. 演练实施过程中出现特殊或意外情况，演练总指挥可决定中止演练。（　　　）

*474. 氢氟酸可用玻璃及陶瓷容器储存。（　　　）

*475. 根据我国《化学品分类和危险性公示通则》的规定，自燃固体是指即使数量小也能在与空气接触后 10 min 之内引燃的固体。（　　　）

*476. 装卸腐蚀品人员不能使用沾染异物和能产生火花的机具，作业现场须远离热源和火源。（　　　）

*477. 2007 年 11 月 24 日 7 时 51 分，某公司上海销售分公司租赁经营的浦三路油气加

注站，在停业检修时发生液化石油气储罐爆炸事故，造成 4 人死亡、30 人受伤，周围部分建筑物等受损，直接经济损失 960 万元。根据上述事实，请判断，该事故应上报至省、自治区、直辖市人民政府安全生产监督管理部门和负有安全生产监督管理职责的有关部门。（　　）

*478. 根据能量意外释放理论，可以利用各种屏蔽或防护设施来防止意外的能量转移，从而防止事故的发生。（　　）

*479. 危险化学品零售业务的店面内显著位置应设有"禁止明火"等警示标志。（　　）

*480. 剧毒化学品以及储存数量构成重大危险源的其他危险化学品，应当在专用仓库内单独存放，实行双人收发、单人保管制度。（　　）

*481. 在无法将作业场所中有害化学品的浓度降低到最高容许浓度以下时，工人必须使用个体防护用品。（　　）

*482. 危险化学品储存安排取决于危险化学品分类、分项、容器类型、储存方式和消防的要求。（　　）

*483. 个人皮肤防护的防毒措施之一是皮肤防护，主要依靠个人防护用品，防护用品可以避免有毒物质与人体皮肤的接触。（　　）

*484. 企业应严格执行安全设施管理制度，建立安全设施台账。（　　）

*485. 有机过氧化物不是危险化学品。（　　）

*486. 可以使用塑料管输送易燃液体。（　　）

*487. 安全生产检查是安全管理工作的重要内容，是消除隐患、防止事故发生、改善劳动条件的重要手段。（　　）

*488. 爆炸品仓库要阴凉通风，远离火种、热源，防止阳光直射，一般库温度控制在 15～30 ℃为宜，相对湿度一般控制在 80%～85%。（　　）

*489. 某机械制造厂仪表车间车工班的李某、徐某、陈某和徒工小张、小孟及徐某的妻子饶某，聚集在一间约 18 m² 的休息室内，用一个 5 kW 的电炉取暖。将门窗紧闭，墙角存放一个盛装 15 kg 汽油的玻璃瓶。玻璃瓶内压力，随着室温升高而加大，先后两次将瓶塞顶出，被徒工小孟先后两次用力塞紧。由于瓶内压力不断增大，把玻璃瓶胀开一道裂缝，汽油慢慢向外渗出，流向电炉。坐在电炉旁的陈某、饶某发现汽油渗出后，立刻用拖布擦拭汽油。在擦拭清理过程中，拖布上的汽油溅到电炉丝上，瞬间电炉就燃烧起来，火焰顺着油迹向汽油瓶烧去。屋内的几个人见事不妙都往门口跑，徐某用力把门打开，因屋内充满汽油蒸气，门一开，屋外充足的氧气使屋内刹那间火光冲天，汽油瓶爆炸。造成 3 人被烧死，其他人被烧伤，房屋和机床被烧毁，经济损失惨重。根据上述事实，该事故原因是严重违反休息室内不准存放易燃易爆危险化学品的规定，汽油瓶受热胀裂，遇火燃烧爆炸，发现危险后处理操作方法错误，缺乏有关汽油等危险物品的安全知识，遇险后不会正确处理。（　　）

*490. 扑灭金属火灾时禁止用水，可用干燥的砂子或特殊的灭火剂。（　　）

*491. 只要发生燃烧就会产生火焰。（　　）

*492. 强令他人违章冒险作业，因而发生重大伤亡事故或者造成其他严重后果的，处 5 年以下有期徒刑或者拘役；情节特别恶劣的，处 5 年以上有期徒刑。（　　）

*493. 锅炉水循环的停滞会造成受热面过热、鼓包、管子涨粗甚至爆管事故。（　　）

*494. 生产经营单位制订的应急预案应当至少每 3 年修订一次，预案修订情况应有记录并归档。（　　）

*495. 危险化学品生产企业发现其生产的危险化学品有新的危害特性时，应当立即公告，安全技术说明书和安全标签可暂缓修订。（   ）

*496. 有毒物品应储存在阴凉、通风、干燥的场所，不要露天存放，不要接近酸类物质。（   ）

*497. 一般说来，液体密度越大，闪点越高，自燃点也越高，故发生火灾的危险性越小。（   ）

*498. 易燃液体、遇湿易燃物品、易燃固体不得与氧化剂混合储存，具有还原性的氧化剂应单独存放。（   ）

*499. 企业要充分利用国家对安全生产专用设备所得税优惠、安全生产费用税前扣除等财税支持政策。在年度预算中必须保证应急救援装备、设施和演练、宣传、培训、教育等投入，提高救护队员的工资福利及其他相关待遇。（   ）

*500. 从事危险化学品批发业务的企业，所经营的危险化学品可以存放在业务经营场所。（   ）

*501. 毒害品应避免阳光直射、曝晒，要远离热源、电源、火源，库内在固定方便的地方配备与毒害品性质适应的消防器材、报警装置和急救药箱。（   ）

*502. 盛装具有腐蚀性介质的容器，底部尽可能不装阀门，腐蚀性液体应从顶部抽吸排出。（   ）

*503. 风险是事故发生的可能性与严重性的结合。（   ）

*504. 生产单位出厂的危险化学品，其包装上必须加贴标准的安全标签，出厂的非危化学品可以没有标志。（   ）

*505. 根据我国《化学品分类和危险性公示通则》的规定，遇水入出易燃气体的物质或混合物是指通过与水作用，容易具有自燃性或放出危险数量的易燃气体的固态或液态物质或混合物。（   ）

*506. 用人单位未根据职业健康检查情况采取相应措施的，给予警告，责令限期改正，可以并处 2 万元以下的罚款。（   ）

*507. 水压试验用水温度应高于周围露点的温度，以防锅炉或容器表面结露。且水温越高越好。（   ）

*508. 化学品安全标签里用 UNNo. 表示中国危险货物编号。（   ）

*509.《中华人民共和国消防法》规定，生产、储存、经营易燃易爆危险品的场所不得与居住场所设置在同一建筑物内，并应当与居住场所保持安全距离。（   ）

*510. 各级企业应当每年对应急预案的管理情况进行总结。应急预案管理工作总结应当报上一级安全生产监督管理部门。（   ）

*511. 运输压缩气体和液化气体钢瓶时，必须戴好钢瓶上的安全帽。钢瓶一般应平放，瓶口朝向没有严格要求，可以交叉放置。（   ）

*512. 锅炉是把燃料的化学能变成热能，再利用热能把水加热成具有一定温度和压力的蒸汽的设备。（   ）

*513. 对于正常人体，感知阈值与时间因素无关；而摆脱阈值与时间有关。（   ）

*514. 应急救援过程中，应急救援人员撤离前应及时指导危险区的群众做好个人防护。（   ）

*515. 应按《常用化学危险品贮存通则》对危险化学品进行妥善贮存，加强管理。（　　）

*516. 乙炔铜爆炸属于简单分解爆炸。（　　）

*517. 油脂滴落于高温暖气片上发生燃烧的现象属于受热自燃。（　　）

*518. 危险化学品包装修理过后如果符合危险货物运输包装性能试验的要求，可以重复使用。（　　）

*519. 运输危险化学品的车、船和其他运输工具内允许搭乘无关人员。（　　）

*520. 有些自燃物品遇火或受潮后能分解引起自燃或爆炸。（　　）

*521. 火花放电释放的能量小。（　　）

*522. 闪点是表示易燃易爆液体燃爆危险性的一个重要指标，闪点越高，爆炸危险性越大。（　　）

*523. 个体运输业户的车辆可以从事道路危险化学品运输经营活动。（　　）

*524. 危险化学品应急救援队所在单位要加大投入，引进采用高效快速救援钻机、大型排水设备、大型清障支护设备、快速灭火、堵漏、洗消设备以及人员避险、搜寻、定位等装备，提高安全保障和应急救援能力。（　　）

*525. 职业健康监护档案管理各单位应有专人管理并按规定长期保存。（　　）

*526. 计量、测温和取样作业完后，要盖好作业孔，用棉纱（布）擦净器具，禁止使用化纤物。（　　）

*527. 从事使用高毒物品作业的劳动者结束作业时，应将其使用的工作服、工作鞋帽等物品存放、穿戴到非高毒作业区域。（　　）

*528. 硫酸、硝酸和氯化铜都具有腐蚀性。（　　）

*529. 感知电流一般不会对人体构成伤害，但有可能导致二次事故。（　　）

*530. 堆放各种爆炸品时，要求做到牢固、稳妥、整齐，防止倒垛，便于运输。（　　）

*531. 爆炸极限的范围越宽，爆炸下限越小，则此物质越危险。（　　）

*532. 危险物品的生产、经营、储存单位，应当设置安全生产管理机构或者配备兼职安全生产管理人员。（　　）

*533. 在进行物料粉碎时，最易产生的点火源是物料中掺杂有坚硬的铁石杂物，在撞击或研磨过程中能产生火花。（　　）

*534. 凡确诊患有职业病的职工，可由企业决定是否享受国家规定的工伤保险待遇或职业病待遇。（　　）

*535. 电伤伤害多见于机体的外部，往往在机体表面留下伤痕。（　　）

*536. 在同一建筑物或同一区域内，用隔板或墙，将禁忌物料分开的储存方式叫隔离储存。（　　）

*537. 职业病诊断、鉴定的费用由用人单位承担，再次鉴定的费用由个人承担。（　　）

*538. 盛装化学品的包装，不必到指定部门检验，但包装要满足有关试验要求。（　　）

*539. 一切爆炸品严禁与氧化剂，自燃物品，酸、碱、盐类，易燃可燃物，金属粉末和钢铁材料器具等混储混运。（　　）

*540. 非常不敏感的爆炸物质，比较稳定，在着火试验中不会爆炸。（　　）

*541.《使用有毒物品作业场所劳动保护条例》规定，使用单位应将危险化学品的有关安全卫生资料向职工公开，教育职工识别安全标签、了解安全技术说明书、掌握必要的应急处

理方法和自救措施，经常对职工进行工作场所安全使用化学品的教育和培训。（　　）

*542. 申请经营第一类中的非药品类易制毒化学品的，由省、自治区设区的市人民政府安全生产监督管理部门审批。（　　）

*543. 2006 年 4 月 19 日，某树脂制品有限公司生产过程中大量使用有机溶剂甲苯，人工操作，没有通风设施。员工方某发生疑似急性甲苯中毒，4 月 20 日经诊断为"轻度甲苯中毒"。经职业卫生监督人员现场检查发现，该公司未向卫生行政部门申报存在职业危害因素，未组织操作人员上岗前、在岗期间、离岗时的职业健康检查，未设立职业健康监护档案；无工作场所职业病危害因素监测及评价资料；未建立职业病防治管理制度和职业病危害事故应急救援预案；职业病危害因素岗位操作人员未佩戴有效的个人防护用品；未设立警示标志和中文警示说明。根据上述事实，请判断，该公司使用的有机溶剂甲苯不属于高毒物品，不需要向安全监察部门进行职业危害申报。（　　）

*544. 静电放电时发生的火花，可引燃爆炸性混合物，导致爆炸或火灾。（　　）

*545. 用人单位工作场所存在职业病目录所列职业病的危害因素的，应当及时、如实向所在地消防部门申报危害项目，接受监督。（　　）

*546. 应急救援队伍接到报警后，应立即根据事故情况，调集救援力量，携带专用器材，分配救援任务，下达救援指令，迅速赶赴事故现场。（　　）

*547. 企业要加强对各种救援队伍的培训，保证人员能够熟悉事故发生后所采取的对应方法和步骤，做到应知应会。（　　）

*548. 危险化学品经营单位扩大许可经营范围的，应按相关规定重新申请办理危险化学品经营许可证。（　　）

*549. 同是氧化剂，特性基本相同，可以任意混储混运。（　　）

*550. 自燃物品是指常温下与空气接触能缓慢氧化，积热不散而引起自燃的物品。（　　）

*551. 按照《建筑设计防火规范》不燃烧物品，其火灾危险性为戊类。（　　）

*552. 剧毒物品的仓库应使用密闭措施。（　　）

*553. 雷电可以分为直击雷、感应雷、雷电波侵入和球形雷。（　　）

*554. 阻火器的基本原理是由于液体封在气体进出之间，在液封两侧的任何一侧着火，火焰都将在液封底熄灭，从而阻止了火焰蔓延。（　　）

*555. 压力容器，可由没有制造许可证的专业单位制造。（　　）

*556. 应急预案的目的是避免突发事件的发生，杜绝对工人、居民和环境的危害。（　　）

*557. 通过道路运输剧毒化学品的，托运人应当向运输始发地或者目的地县级人民政府公安机关申请剧毒化学品道路运输通行证。（　　）

*558. 职业安全健康管理体系中检查与纠正措施是要求生产经营单位定期或及时地发现体系运行过程或体系自身所存在的问题，并确定问题产生的根源或存在持续改进的地方。（　　）

*559. 生产经营单位主管安全工作的领导对本单位事故隐患排查治理工作全面负责。（　　）

*560. 《中华人民共和国安全生产法》规定，两个以上生产经营单位在同一作业区域内进行可能危及对方安全生产的生产经营活动，未签订安全生产管理协议或者未指定专职安全生产管理人员进行安全检查与协调的，责令限期改正，可以处 2 万元以下的罚款。（　　）

*561. 经安全生产监督管理部门督促，用人单位仍不提供工作场所职业病危害因素检测结果、职业健康监护档案等资料或者提供资料不全的，职业病诊断机构应当中止职业病诊断。（　　）

*562. 压力容器最小厚度的确定应当考虑制造、运输、安装等因素的影响。（　　）

*563. 不同品种的氧化剂，应根据其性质及消防方法的不同，选择适当的库房分类存放及分类运输。有机过氧化物不得与无机氧化剂共储混运；亚硝酸盐类、亚氯酸盐类、次亚氯酸盐类均不得与其他氧化剂混储混运。（　　）

*564. 企业应对重大危险源采取便捷、有效的消防、治安报警措施和联络通信、记录措施。（　　）

*565. 劳动者因某种原因未接受离岗时职业健康检查，用人单位可以解除或者终止与其订立的劳动合同。（　　）

*566. 化学品安全技术说明书（SDS）是化学品经营单位向用户提供基本危害信息的工具。（　　）

*567. 静电的消失主要有两种方式，即中和和泄漏。（　　）

*568. 有毒物品应储存在阴凉、通风、干燥的场所，不得露天存放和接近酸类物质；腐蚀性物品不允许泄漏，严禁与液化气体和其他物品共存。（　　）

*569. 危险货物运输包装内容器应予固定。如属易碎性的应使用与内装物性质相适应的衬垫材料或吸附材料衬垫妥实。（　　）

*570. 职业病防护设施，包括降低职业病危害因素的强度或浓度的设备和设施，也包括有关建筑物和构筑物。（　　）

*571. 危险化学品经营企业不得向未经许可从事危险化学品生产、经营活动的企业采购危险化学品，不得经营没有化学品安全技术说明书或者化学品安全标签的危险化学品。（　　）

*572. 有效的工程抢修抢险应以控制事故，减少损失，以达到更加安全为目的。（　　）

*573. 在易燃易爆气体压缩机启动过程中，没有用惰性气体置换压缩机系统中的空气或置换不彻底就启动，都会引起燃烧爆炸事故。（　　）

*574. 应急预案应当包括应急组织机构和人员的联系方式、应急物资储备清单等附件信息。附件信息应当经常更新，确保信息准确有效。（　　）

*575. 建立一个完整的安全生产责任制的总体要求是：横向到边、纵向到底，并由生产经营单位的主要负责人组织建立。（　　）

*576. 通过道路运输危险化学品的，托运人应当委托依法取得危险货物道路运输许可的企业承运。（　　）

*577. 经营危险化学品的单位的主要负责人对本单位的危险化学品的安全管理工作全面负责。（　　）

*578. 2005 年 7 月 19 日，某地一化工有限公司所属分装厂，分装农药。由于没有严格的防护措施，几名临时招聘的女工在倒装农药时，先后发生头晕、恶心、呕吐等中毒症状，相继被送到医院。因抢救及时没有人员死亡。根据上述事实，请判断，因该公司招聘人员为临时工，所以不用为她们配备劳动保护用品。（　　）

*579. 特别重大事故，是指造成 20 人以上死亡，或者 100 人以上重伤（包括急性工业中毒），或者 1 亿元以上直接经济损失的事故。（　　）

*580．国家安全生产监督管理总局负责全国危险化学品登记的监督管理工作。（　　）

*581．危险化学品经营企业的经营场所应坐落在交通便利、便于疏散处。（　　）

*582．爆炸品的包装箱不宜直接在地面上放置，最好铺垫 20 cm 左右的水泥块或钢材铺垫。（　　）

*583．在炸药爆炸场所进行施救工作时，除了防止爆炸伤害外，还应注意防毒，以免造成中毒事故。（　　）

*584．储存毒害品仓库应远离居民区和水源。（　　）

*585．事故应急指挥领导小组负责本单位预案的制订、修订，组建应急救援队伍，检查督促做好重大危险源事故的预防措施和应急救援的各项准备工作。（　　）

*586．压缩气体和液化气体的特点是压力大、温度高。（　　）

*587．生产经营单位对排查出的事故隐患，应当及时进行治理，但不必登记、建档。（　　）

*588．可燃气体、可燃蒸气或可燃粉尘与空气组成的混合物在任何混合比例下都能发生燃烧爆炸。（　　）

*589．《气瓶安全监察规程》规定，充装超量的气瓶不准出厂。（　　）

*590．危险化学品生产单位在厂内销售本单位生产的危险化学品，不再办理经营许可证。（　　）

*591．危险化学品性质或消防方法相互抵触，以及配装号或类项不同的危险化学品不能装在同一车、船内运输。（　　）

*592．应急救援指挥部由工会主席任总指挥；有关人员任副总指挥。（　　）

*593．在公共场所发生火灾时，正常照明电源切断情况下，应在 5 s 内自动切换成应急电源。（　　）

*594．上级单位应当指导、督促检查生产经营单位做好应急预案的备案登记工作，建立应急预案备案登记建档制度。（　　）

*595．室颤电流是短时间作用于人体而引起心室纤维性颤动的最小致命电流。（　　）

*596．各级安全生产监督管理部门应当将应急预案的培训纳入安全生产培训工作计划，并组织实施本行政区域内重点生产经营单位的应急预案培训工作。（　　）

*597．国家建立统一领导、综合协调、分类管理、分级负责、属地管理为主的应急管理体制。（　　）

*598．用人单位不得安排未成年工从事接触职业病危害的作业，不得安排孕期、哺乳期的女职工从事对本人和胎儿、婴儿有危害的作业。（　　）

*599．如果化学品以高速高压通过各种系统，必须避免产生热，否则将引起火灾或爆炸。（　　）

*600．《中华人民共和国消防法》规定，企业对职工进行岗前消防安全培训，定期组织消防安全培训和消防演练。（　　）

*601．事故调查组有权向有关单位和个人了解与事故有关的情况，并要求其提供相关文件、资料，有关单位和个人可酌情提供。（　　）

*602．新建的生产企业应当在竣工验收后办理危险化学品登记。（　　）

*603．存放过放射性物品的地方，单位如果存放其他物品，单位应当指派专人负责进行彻底清洗。（　　）

二、单选题

1. 我国《安全生产法》第 3 条规定：安全生产管理，坚持（　　）的方针。

　　A. 安全第一、预防为主　　　　B. 以人为本　　　　C. 生产第一、效益优先

2. （　　）是我国综合规范安全生产法律制度的法律，适用于所有生产经营单位，是我国安全生产法律体系的核心。

　　A. 消防法　　　　　　　　　　B. 劳动法　　　　　　C. 安全生产法

3. 我国《安全生产法》规定：生产经营单位的（　　）对本单位的安全生产工作全面负责。

　　A. 从业人员　　　　　　　　　B. 安全人员　　　　　C. 主要负责人

4. 从事列入《危险化学品目录》的危险化学品的经营（包括仓储经营）活动的单位，应当依照《危险化学品经营许可证管理办法》取得（　　），并凭许可证依法向工商行政管理部门申请办理登记注册手续。

　　A. 危险化学品经营许可证　　　B. 危险化学品储存许可证

　　C. 危险化学品生产许可证

5. 危险化学品经营许可证的有效期为（　　）年。有效期满后，企业需要继续从事危险化学品经营活动的，应当在经营许可证有效期满（　　）个月前，向发证机关提出经营许可证的延期申请，并提交延期申请书及规定的申请文件、资料。

　　A. 3　1　　　　　　　　　　　B. 3　2　　　　　　　C. 3　3

6. 《安全生产法》规定：生产经营单位安全管理机构与人员有组织（　　）本单位安全生产规章制度、操作规程和生产安全事故应急救援预案的职责。

　　A. 或拒绝参与拟订　　　　　　B. 或自行制定　　　　C. 或者参与拟订

7. 《职业病防治法》规定：职业病诊断应当由省级以上人民政府卫生行政部门批准的（　　）承担。

　　A. 医疗卫生机构　　　　　　　B. 用人单位　　　　　C. 主管机构

8. （　　）在安全生产方面的法律效力仅次于《宪法》。

　　A.《安全生产法》　　　　　　B.《煤矿安全监察条例》

　　C.《危险化学品安全管理条例》

9. 《危险化学品安全管理条例》规定：废弃危险化学品的处置，依照有关（　　）的法律、行政法规和国家有关规定执行。

　　A. 公安部门规定　　　　　　　B. 企业规定

　　C. 环境保护

10. 《职业病防治法》规定：职业病防治工作坚持预防为主、防治结合的方针，实行（　　）。

　　A. 分类管理、综合治理　　　B. 分类管理、分类治理

　　C. 综合管理、分类治理

11. 《安全生产法》规定，危险物品的生产经营单位和矿山、建筑施工单位应当设置安全生产管理机构或者配备（　　）。

　　A. 专职安全管理人员　　　　B. 专职消防人员

　　C. 专业技术人员

12. 政府安全生产监督管理部门的执法人员进行监督检查时，为保证监督检查人员正常履行职责，生产经营单位应该（　　）。

  A. 积极参与   B. 不能阻止   C. 积极配合

13.《安全生产法》规定：任何单位或者个人对事故隐患或者安全生产违法行为，均有权向（　　）报告或者举报。

  A. 工会组织   B. 负有安全生产监督管理职责的部门

  C. 新闻媒体

14. 负有安全生产监督管理职责的部门的监督检查人员在检查中发现的事故隐患，应当责令立即排除；重大事故隐患排除前或者排除过程中无法保证安全的，应当责令从危险区域内撤出作业人员，责令（　　）。

  A. 永远停止生产经营活动 B. 暂时停产停业或者停止使用

  C. 永远停止使用

15. 危险化学品经营单位在经营许可证有效期满后，经营单位继续从事经营活动的，应当在经营许可有效期满前（　　）个月内向原发证机关提出换证申请。

  A. 3   B. 6   C. 9

16. 国际劳工组织于 1990 年 6 月 26 日制定并通过了（　　），也称之为《1990 年化学品公约》（简称《第 170 号国际公约》）。

  A.《作业场所安全使用化学品公约》

  B.《公共场所安全使用化学品公约》

  C.《作业场所安全使用剧毒品公约》

17.（　　）有权依法参加事故调查，向有关部门提出处理意见，并要求追究有关人员的责任。

  A. 工会   B. 质检部门   C. 办公室

18. 生产经营单位应当具备的安全生产条件所必需的资金投入，由生产经营单位的（　　）、主要负责人或者个人经营的投资人予以保证，并对由于安全生产所必需的资金投入不足导致的后果承担责任。

  A. 分管安全的经理   B. 决策机构   C. 全体员工

19. 国家实行危险化学品（　　）制度，并为危险化学品安全管理、事故预防和应急救援提供技术、信息支持。

  A. 登记   B. 注册   C. 审核

20. 发生危险化学品事故，有关部门未依照《危险化学品安全管理条例》的规定履行职责的，对负有责任的主管人员和其他直接责任人员依法给予（　　）的行政处分。

  A. 降级或者免职   B. 降级或者撤职   C. 记过或者免职

21.《化学品分类和危险性公示　通则》（GB 13690—2009）中将危险货物分为（　　）大类。

  A. 三   B. 七   C. 九

22. 自燃液体是即使数量小也能在与空气接触后（　　）之内引燃的液体。

  A. 1 min   B. 5 min   C. 10 min

23. 易燃液体是指闪点不高于（　　）的液体。

A. 93 ℃　　　　　　　B. 61 ℃　　　　　　　C. 60 ℃

24. 中闪点（闭杯）液体：（　　）。

A. 闪点 < － 18 ℃　　　　　B. － 18 ℃≤闪点 < 23 ℃

C. 23 ℃≤闪点≤61 ℃

25. 警示词：根据化学品的危险程度，分别用（　　）个词进行警示。

A. 1　　　　　　　　　B. 2　　　　　　　　　C. 3

26. 化学品安全技术说明书包括（　　）部分内容。

A. 16　　　　　　　　　B. 17　　　　　　　　　C. 18

27. 民用爆炸品、放射性物品、（　　）和用于国防科研生产的危险化学品的安全管理，不适用《危险化学品安全管理条例》。

A. 易燃液体　　　　　　B. 核能物质　　　　　　C. 有毒品

28. 申请人持（　　）向工商行政管理部门办理登记手续后，方可从事危险化学品经营活动。

A. 危险化学品经营许可证　　B. 危险化学品运输许可证

C. 危险化学品购买证

29. 申请取得剧毒化学品购买许可证，申请人应当向所在地县级人民政府公安机关提交营业执照或者法人证书（登记证书）的复印件、拟购买的剧毒化学品品种、数量的说明、（　　）等材料。

A. 购买剧毒化学品用途的说明

B. 购买剧毒化学品的 SDS

C. 购买剧毒化学品的生产工艺

30. 禁止向个人销售剧毒化学品（　　）和易制爆危险化学品。

A. 属于剧毒化学品的农药除外

B. 属于爆炸品的除外

C. 属于放射性物品的除外

31. （　　）负责核发危险化学品及其包装物、容器（不包括储存危险化学品的固定式大型储罐）生产企业的工业产品生产许可证。

A. 公安部门　　　　　　　B. 安全生产监督管理总局

C. 质量监督检验检疫部门

32. 易燃和可燃的气体、液体蒸气、固体粉尘与空气混合后，遇火源能够引起燃烧爆炸的浓度范围称为爆炸极限，一般用该气体或蒸气在混合气体中的（　　）来表示。

A. mg　　　　　　　　　B. mg/m³　　　　　　　C. 体积百分比（%）

33. 为了防止用人单位安排有职业禁忌的劳动者从事所禁忌的作业，做到早期发现、早期诊断、早期治疗职业性健康损害和职业病病人，并能通过建立（　　），明确劳动者的职业史和职业危害接触史。

A. 职工档案　　　　　　B. 个人档案　　　　　　C. 职工健康档案

34. 职业病防治法从可能产生职业危害的新建、改建、扩建项目和技术改造、技术引进项目的"源头"实施管理，规定了（　　）制度。

A. 预评价　　　　　　　B. 评价制度　　　　　　C. 安全责任制度

35. 下列对"本质安全"理解不正确的是（　　　）。

  A. 设备或设施含有内在的防止发生事故的功能

  B. 可以是事后采取完善措施而补偿的

  C. 包括设备本身固有的失误安全和故障安全功能

36. 根据我国《化学品安全标签编写规定》的规定，安全标签要素是指用于表示化学品危险性的一类信息，例如（　　　）、信号词等。

  A. 象形图　　　　　　　　B. 价格　　　　　　　　C. 使用方法

37. 从事危险化学品批发业务的企业，应具备经县级以上（含县级）（　　　）部门批准的专用危险品仓库（自有或租用）。

  A. 公安消防　　　　　　　B. 安全　　　　　　　　C. 工商

38. 带有储存设施经营危险化学品的企业，其专职安全生产管理人员具备国民教育化工化学类或者安全工程类（　　　）以上学历，或者化工化学类中级以上专业技术职称，或者危险物品安全类注册安全工程师资格。

  A. 大学专科　　　　　　　B. 中等职业教育　　　　C. 大学本科

39.《危险化学品安全管理条例》规定：负有危险化学品安全监督管理职责的部门依法进行监督检查，监督检查人员不得少于2人，并应（　　　）。

  A. 事先通知　　　　　　　B. 出示通知　　　　　　C. 出示执法证件

40. 危险化学品零售业务的店面应与繁华商业或居住人口稠密区保持（　　　）m 以上距离。

  A. 500　　　　　　　　　B. 300　　　　　　　　　C. 800

41. 危险化学品零售业务的店面（不含库房）应不少于（　　　）m²，其店面内不得有生活设施。

  A. 30　　　　　　　　　　B. 60　　　　　　　　　C. 45

42. 危险化学品零售业务的店面与存放危险化学品的库房（或罩棚）应有实墙相隔，单一品种存放量不能超过（　　　）kg，总质量不能超过2 t。

  A. 500　　　　　　　　　B. 800　　　　　　　　　C. 1 000

43. 危险化学品零售业务的店面与存放危险化学品的库房（或罩棚）应有实墙相隔，单一品种存放量不能超过500 kg，总质量不能超过（　　　）t。

  A. 1.5　　　　　　　　　B. 2　　　　　　　　　　C. 2.5

44. 危险化学品经营单位专职安全管理人员与兼职安全管理人员比较，已下说法正确的是（　　　）。

  A. 专职安全管理人员需由有关主管部门考核合格，兼职安全管理人员不需要。

  B. 专职安全管理人员和兼职安全管理人员均需由有关主管部门考核合格。

  C. 专职安全管理人员由有关主管部门考核合格，兼职安全管理人员由危险化学品经营单位考核。

45. 危险化学品零售业务的店面内只许存放民用小包装的危险化学品，其存放总量不得超过（　　　）t。

  A. 1.5　　　　　　　　　B. 0.8　　　　　　　　　C. 1.0

46. 从事剧毒化学品、易制爆危险化学品经营的企业，应当向（　　）申请领取经营许可证。

    A. 所在地设区的市级人民政府安全生产监督管理部门

    B. 所在地的县（区）级人民政府安全生产监督管理部门

    C. 所在地的省级人民政府安全生产监督管理部门

47. 危险化学品经营企业销售剧毒化学品、易制爆危险化学品，应当如实记录购买单位的名称、地址、经办人的姓名、身份证号码以及所购买的剧毒化学品、易制爆危险化学品的品种、数量、用途。销售记录以及经办人的身份证明复印件、相关许可证件复印件或者证明文件的保存期限不得少于（　　）年。

    A. 1　　　　　　　　　　B. 3　　　　　　　　　　C. 5

48. 易制毒化学品分为 3 类。（　　）是可以用于制毒的主要原料。

    A. 第一类　　　　　　　　B. 第二类　　　　　　　　C. 第三类

49. 国家对易制毒化学品的生产、经营、购买、运输和进口、出口实行分类管理和（　　）制度。

    A. 安全　　　　　　　　　B. 管理　　　　　　　　　C. 许可

50. 经营剧毒物品企业的人员，应经过县级以上（含县级）（　　）的专门培训，取得合格证书方可上岗。

    A. 公安部门　　　　　　　B. 决策机构　　　　　　　C. 工商部门

51. 《危险化学品安全管理条例》规定重复使用的危险化学品包装物、容器在使用前，应当进行检查，并作出记录，检查记录至少就当保存（　　）年。

    A. 1　　　　　　　　　　B. 2　　　　　　　　　　C. 3

52. 《易制毒化学品管理条例》规定：易制毒化学品的产品包装和使用说明书，应当标明产品的名称（含学名和通用名）、（　　）和成分。

    A. 包装物　　　　　　　　B. 重量　　　　　　　　　C. 化学分子式

53. 企业开展安全生产标准化工作，遵循"安全第一、预防为主、综合治理"的方针，以（　　）为基础，提高安全生产水平，减少事故发生，保障人身安全健康，保证生产经营活动的顺利进行。

    A. 安全培训　　　　　　　B. 隐患排查治理　　　　　C. 安全评价

54. 危险化学品单位的（　　）对本单位危险化学品的安全负责。

    A. 主要负责人　　　　　　B. 直接责任人　　　　　　C. 管理人

55. 通过公路运输剧毒 化学品的，托运人应当向目的地的（　　）人民政府公安部门申请办理剧毒化学品公路运输通行证。

    A. 市级　　　　　　　　　B. 区级　　　　　　　　　C. 县级

56. 危险化学品（　　）必须为危险化学品事故应急救援提供技术指导和必要的协助。

    A. 生产企业　　　　　　　B. 经营单位　　　　　　　C. 销售单位

57. 生产经营单位必须对安全设备进行经常性维护、保养，并（　　），保证正常运转。维护、保养、检测应当做好记录，并由有关人员签字。

    A. 采用定期和不定期检测　B. 不定期检测　　　　　　C. 定期检测

58. 从事危险化学品经营的企业应当具备下有符合国家标准、行业标准的经营场所，储存危险化学品的，还应当有符合国家标准、行业标准的储存设施，以及（　　）。

    A. 生产能力　　　　　　　　　　B. 运输能力

    C. 有符合国家规定的危险化学品事故应急预案和必要的应急救援器材、设备

59.《化学品分类和危险性公示　通则》将危险货物分为三大类，分别是（　　）、健康危险、环境危险。

    A. 理化危险　　　　　　　B. 生理危险　　　　　　　C. 运输危险

60. 易燃液体是指闪点不高于（　　）的液体。

    A. 61 ℃　　　　　　　　B. 93 ℃　　　　　　　　C. 45 ℃

61. 爆炸品的感度主要分热感度、机械感度、静电感度、（　　）等。

    A. 起爆感度　　　　　　　B. 爆炸感度　　　　　　　C. 燃烧感度

62. 决定爆炸品敏感度的内在因素是（　　），影响敏感度的外来因素还有温度、杂质、结晶、密度等。

    A. 它的包装结构　　　　　　B. 它的化学组成和结构

    C. 它的储存条件

63. 危险化学品单位有（　　）行为的，由工商行政管理部门责令改正，有违法所得的，没收违法所得。

    A. 危险化学品储存在专用仓库内

    B. 从取得危险化学品生产许可证或者经营许可证的企业采购危险化学品

    C. 剧毒化学品经营企业向个人销售剧毒化学品

64. 根据压缩气体和液化气体的理化性质，分为 3 项：易燃气体、非易燃无毒气体、（　　）。

    A. 重气体　　　　　　　　B. 毒性气体　　　　　　　C. 惰性气体

65.（　　）能扩散相当远，长时间聚焦在地表、沟渠、隧道、低洼等处。

    A. 比空气重的气体　　　　B. 比空气轻的气体　　　　C. 氢气

66. 在制定防火防爆措施时，最理想、最基本的措施是（　　）。

    A. 限制性措施　　　　　　B. 消防措施　　　　　　　C. 预防性措施

67. 可燃气体爆炸极限通常用在空气中的（　　）表示其爆炸上、下限值。

    A. 质量 g/cm³　　　　　　B. 体积百分比（V%）　　　C. 温度比

68. 静电的主要危险是引起（　　）。

    A. 泄漏　　　　　　　　　B. 中毒　　　　　　　　　C. 火灾和爆炸

69. 按爆炸能量的来源分类，爆炸可分为（　　）、物理性爆炸和核爆炸 3 种。

    A. 分解爆炸　　　　　　　B. 燃烧爆炸　　　　　　　C. 化学性爆炸

70. 爆炸性混合气体温度越高,爆炸范围越宽(下限下降,上限上升),爆炸危险性（　　）。

    A. 减小　　　　　　　　　B. 增加　　　　　　　　　C. 不变

71. 由撞击、摩擦、绝热压缩产生的点火源是（　　）。

    A. 热火源　　　　　　　　B. 机械火源　　　　　　　C. 电火源

72. 由电火花、静电火花、雷电火花产生的点火源是（　　）。

    A. 热火源　　　　　　　　B. 机械火源　　　　　　　C. 电火源

73. 由明火、受热自燃、化学热产生的点火源是（　　）。

  A. 热火源   B. 机械火源   C. 化学火源

74. 爆炸性混合气体中增加氧含量，会使上限显著增高，爆炸极限范围（ ）。

  A. 减小   B. 增大   C. 不变

75. 粉尘与气体的混合物中，氧气浓度增加将导致爆炸下限（ ）。

  A. 不变   B. 升高   C. 降低

76. 压力容器的安全阀、爆破片的排放能力必须（ ）压力容器的安全泄放量。

  A. 相当于   B. 小于   C. 大于或等于

77. （ ）是常用的灭火剂，它资源丰富，取用方便。

  A. 水   B. 二氧化碳   C. 泡沫

78. 触电事故是电流的能量直接或间接作用于人体造成的伤害，按照能量施加方式的不同，可分为电击和（ ）。

  A. 触电   B. 电死   C. 电伤

79. （ ）是压力容器安全泄压装置。

  A. 压力表   B. 安全阀   C. 液面计

80. 当带电体发生接地故障时，在接地点附近会形成电位分布，如果人位于接地点附近，两脚所处的电位不同，这种电位差即为（ ）电压。

  A. 跨步电压   B. 两相电压   C. 一相电压

81. 燃烧必须具备可燃物、点火源、（ ）3个条件，也称为燃烧三要素。

  A. 空气   B. 氧化剂   C. 助燃物

82. 对毒性程度为极度、高度或中度危害介质的压力容器，应在安全阀或爆破片的排出口装设导管，将排放介质排至安全地点并进行妥善处理，（ ）。

  A. 不得直接排入大气 B. 可以直接排入大气 C. 应返回容器

83. 气瓶入库储存前，应认真做好气瓶入库前的检查验收工作。在检查中发现来历不明的气瓶，（ ）。

  A. 经外观检查，发现外观完整、附件齐全的气瓶，方可入库

  B. 禁止入库储存

  C. 经检验员检验合格后入库

84. 压力容器的安全装置是指为了使容器能够安全运行而在设备上的一种附属装置，又常称为（ ）。

  A. 安全阀   B. 压力表   C. 安全附件

85. 操作压力容器要集中精力，勤于观察和调节。操作应当平稳，在升压、升温或降压、降温时，（ ）。

  A. 都应该缓慢进行，不能使压力、温度骤升骤降

  B. 为迅速达到工作条件，可使压力、温度骤升骤降

  C. 都应该快速进行，防止压力、温度骤升骤降

86. 瓶内无剩余压力的气瓶，（ ）。

  A. 可以充装   B. 严禁充装   C. 适量充装

87. 库存危险化学品应保持相应的垛距、墙距、柱距。垛与垛间距不小于（ ）。

  A. 0.8 m   B. 0.3 m   C. 1.8 m

88. 库存危险化学品应保持相应的垛距、墙距、柱距。垛与墙、柱的间距不小于（　　）。
　　A. 0.8 m　　　　　　　　　B. 0.3 m　　　　　　　　　C. 1.8 m

89. 危险化学品库房内主要通道的宽度不小于（　　）。
　　A. 0.8 m　　　　　　　　　B. 0.3 m　　　　　　　　　C. 1.8 m

90. 各类危险化学品分装、改装、开箱（桶）检查等应在（　　）进行。
　　A. 库房内　　　　　　　　　B. 库房外　　　　　　　　　C. 库房内指定区域

91. 在发生火灾爆炸事故时，能限制其蔓延、扩大作用的措施叫做（　　）。
　　A. 预防性措施　　　　　　　B. 限制性措施　　　　　　　C. 消防措施

92. 易燃气体气瓶（　　）与助燃气体、剧毒气体共同储存。
　　A. 可以　　　　　　　　　　B. 不得　　　　　　　　　　C. 少量时，可以

93. 扑灭有毒气体气瓶的燃烧，应注意站在（　　），并使用防毒面具，切勿靠近气瓶的头部或尾部，以防发生爆炸造成伤害。
　　A. 上风向　　　　　　　　　B. 下风向　　　　　　　　　C. 靠近气瓶的位置

94. 发生燃烧和火灾必须同时具备的条件是（　　）。
　　A. 氧化剂、明火、点火源　　B. 助燃剂、可燃物、点火源
　　C. 氧化剂、可燃物、木材

95. 自燃物质（　　）与易燃液体、易燃固体、遇湿燃烧物质混放储存。
　　A. 可以　　　　　　　　　　B. 少量时，可以　　　　　　C. 不能

96. 就防火防爆而言，常用的惰性气体保护是（　　）。
　　A. 烟道气　　　　　　　　　B. 氩气　　　　　　　　　　C. 氮气

97. 我国规定安全电压额定值的等级为 42 V、36 V、24 V、（　　）、6 V。
　　A. 18 V　　　　　　　　　　B. 16 V　　　　　　　　　　C. 12 V

98. （　　）是指正常运行时连续出现或长时间出现或短时间频繁出现的爆炸性气体、蒸气或薄雾的区域。
　　A. 0 区　　　　　　　　　　B. 1 区　　　　　　　　　　C. 2 区

99. （　　）是指正常运行时可能出现（预计周期性出现或偶然出现）的爆炸性气体、蒸气或薄雾的区域。
　　A. 0 区　　　　　　　　　　B. 1 区　　　　　　　　　　C. 2 区

100. （　　）是指正常运行时不出现，即使出现也只可能是短时间偶然出现的爆炸性气体、蒸气或薄雾的区域。
　　A. 0 区　　　　　　　　　　B. 1 区　　　　　　　　　　C. 2 区

101. （　　）正常运行时连续或长时间或短时间频繁出现爆炸性粉尘、纤维的区域。
　　A. 10 区　　　　　　　　　　B. 11 区　　　　　　　　　C. 22 区

102. （　　）是指正常运行时不出现，仅在不正常运行时短时间偶然出现爆炸性粉尘、纤维的区域。
　　A. 10 区　　　　　　　　　　B. 11 区　　　　　　　　　C. 22 区

103. 静电安全防护主要是对爆炸和火灾的防护。静电防护的主要措施有静电接地、（　　）、抗静电添加剂等。
　　A. 穿化纤工作服　　　　　　B. 保持环境干燥　　　　　　C. 增湿

104. 对人体皮肤有强烈刺激和腐蚀作用的物质被称为（　　）。
　　　A. 强氧化性物质　　　　　　B. 腐蚀性物质　　　　　　C. 自燃性物质

105. 雷云与大地之间的放电称为（　　）。巨大的雷电流直接击到地面的物体上，会是地面的物体烧焦或破坏，可直接引起雷击火灾。
　　　A. 直击雷　　　　　　　　　B. 感应雷　　　　　　　　C. 雷电侵入

106. 气瓶按（　　）分为高压气瓶和低压气瓶。
　　　A. 大气压力　　　　　　　　B. 工作压力　　　　　　　C. 容积大小

107. 属于化学因素的职业病危害因素是（　　）。
　　　A. 有毒物质，如 CO　　　　B. 高温　　　　　　　　　C. 振动

108. 属于物理因素的职业病危害因素是（　　）。
　　　A. 有毒物质，如 CO　　　　B. 高温　　　　　　　　　C. 生产性粉尘

109. 保护接零是把电气设备在正常情况下（　　）的部分，用导线与低压电网的零线连接起来。
　　　A. 带电　　　　　　　　　　B. 不带电　　　　　　　　C. 电线

110. 触电事故是（　　）直接或间接作用于人体造成的事故。
　　　A. 电流形式的能量　　　　　B. 电压的位差　　　　　　C. 电阻的阻抗

111. 职业病是指企业、事业单位和个体经济组织等用人单位的劳动者在（　　）中，因接触粉尘、放射性物质和其他有毒、有害因素而引起的疾病。
　　　A. 上下班途中　　　　　　　B. 职业活动　　　　　　　C. 生活

112. 只有被依法确定为法定职业病的人员，才能享受（　　）。
　　　A. 工伤保险待遇　　　　　　B. 意外赔偿待遇　　　　　C. 对应的工资待遇

113. 职业病的特点不包括（　　）。
　　　A. 病因明确
　　　B. 所接触的病因大多是可以检测的，而且需要达到一定程度，才能使劳动者致病
　　　C. 只要接触职业病危害因素就会得职业病

114. 职业病危害是指对从事职业活动的劳动者可能导致职业病的（　　）危害。
　　　A. 部分　　　　　　　　　　B. 各种　　　　　　　　　C. 个别

115. 职业病危害因素包括：职业活动中存在的各种有害的化学、物理、（　　）因素以及在作业过程中产生的其他职业有害因素。
　　　A. 生物　　　　　　　　　　B. 环境　　　　　　　　　C. 各种危险

116. 我国现行职业病分类和目录共计（　　）类（　　）种。
　　　A. 10　132　　　　　　　　B. 8　132　　　　　　　　C. 10　130

117. 属于化学因素的职业病危害因素是（　　）。
　　　A. 有毒物质，如 CO　　　　B. 高温　　　　　　　　　C. 振动

118. 属于物理因素的职业病危害因素是（　　）。
　　　A. 有毒物质，如 CO　　　　B. 高温　　　　　　　　　C. 生产性粉尘

119. 职业性有害因素的接触限制量值是指劳动者在职业活动过程中（　　）接触，对绝大多数接触者的健康不引起有害作用的容许接触水平。
　　　A. 长期反复　　　　　　　　B. 定期　　　　　　　　　C. 一定时期

120. 职业病危害因素主要通过 3 个途径进入人体，分别是呼吸道、（　　　）、消化道。

    A. 皮肤　　　　　　　　　　B. 头发　　　　　　　　　　C. 指甲

121. 预防为主、（　　　）是开展职业病防治工作的基本原则。

    A. 以人为本　　　　　　　　B. 安全第一　　　　　　　　C. 防治结合

122. 用人单位应设置或者指定职业卫生管理机构或者组织，配备专职或者兼职的（　　　），负责本单位的职业病防治工作。

    A. 环卫工人　　　　　　　　B. 工作人员　　　　　　　　C. 职业卫生管理人员

123. 用人单位必须采用先进的工艺、技术、装备和材料，设计合理的生产布局，设置有效的（　　　），进行严格的职业卫生管理，才能从根本上保证工作场所环境职业病危害达到国家职业卫生标准要求。

    A. 职业病防护设施　　　　　B. 连锁设施　　　　　　　　C. 应急救援设施

124. 用人单位应当优先采用有利于防治职业病和保护劳动者健康的新技术、新工艺、新设备、新材料，（　　　）职业病危害严重的技术、工艺、设备、材料。

    A. 逐步替代　　　　　　　　B. 适当减少　　　　　　　　C. 适当降低

125. 用人单位必须按规定对职业病防护设备进行（　　　）、检修、检测，并保证其正常运行和使用。

    A. 升级　　　　　　　　　　B. 维护　　　　　　　　　　C. 更新

126. 江苏省泰州靖江市德桥仓储有限公司"4·22"火灾事故直接原因是（　　　）引燃现场地沟内的油品，导致火灾事故发生。

    A. 静电　　　　　　　　　　B. 吸烟　　　　　　　　　　C. 电焊明火

127. 2015 年 8 月 12 日天津市滨海新区天津港的瑞海国际物流有限公司危险品仓库发生火灾爆炸事故，事故共造成 165 人遇难，8 人失踪，798 人受伤住院治疗，304 幢建筑物、12 428 辆商品汽车、7 533 个集装箱受损。该起事故属于（　　　）。

    A. 重大事故　　　　　　　　B. 较大事故　　　　　　　　C. 特别重大事故

128. 1993 年 8 月 5 日 13 时 26 分，深圳清水河某一由干杂仓库改作的危险品储运仓库因堆放在一起的氧化剂和还原剂发生化学反应自燃，连续两次引发大爆炸，由硝酸铵、高锰酸钾、硫化碱和硫化镁等危险品组成的"炸药库"燃起熊熊大火，巨大的冲击波把附近的建筑推倒、掀翻，爆炸导致 15 人丧生、200 多人死伤，其中重伤 25 人，直接经济损失 2.6 亿元。此次事故发生后，经营单位报告事故应包括的内容有（　　　）。

    A. 事故的简要经过　　　　　B. 事故所有责任人

    C. 估计的事故间接经济损失

129. 一加油站卸油时发生火灾并发生爆炸事故，根据事故调查结果发现，该加油站在卸油时未设置静电接地设施。汽油有哪些特性是（　　　）。

    A. 易挥发性　　　　　　　　B. 热分解性　　　　　　　　C. 溶解性

130. 河南省某公司 1 名工人在清理储罐底部残渣时，违反操作规程，未对罐内气体进行分析检测，未采取安全防护措施，直接进入储罐作业，结果窒息晕倒在储罐内。另外 3 名工人在未采取任何安全防护措施的情况下，进入储罐内施救时也相继晕倒，后经专业人员佩戴防毒面具进入储罐内将 4 人救出，送医院后经抢救无效，其中 3 人死亡、1 人重伤。该单位负责人事故报告正确的是（　　　）。

A. 立即向县级以上人民政府安全生产监督管理部门和负有安全生产监督管理职责的有关部门

B. 立即向省人民政府安全生产监督管理部门和负有安全生产监督管理职责的有关部门

C. 立即向设区的市级人民政府安全生产监督管理部门和负有安全生产监督管理部门的有关部门

*131. 对于现场液体泄漏应及时进行（　　）、稀释、收容、处理。

A. 覆盖　　　　　　　　　B. 填埋　　　　　　　　　C. 烧毁

*132. 屏护是一种对电击危险因素进行（　　）的手段。

A. 消除　　　　　　　　　B. 流散　　　　　　　　　C. 隔离

*133.（　　）就是根据事故情景，召开新闻发布会或事故情况通报会，通报事故有关情况。

A. 新闻发布　　　　　　　B. 社会沟通　　　　　　　C. 信息发布

*134. 演练工作经费保障，根据演练工作需要，明确演练工作经费及（　　）。

A. 后续经费　　　　　　　B. 承担单位　　　　　　　C. 经费计划

*135. 锅炉上的易熔塞、电路中的熔断器都是减少事故损失的措施，其具体作用可概括为（　　）。

A. 隔离　　　　　　　　　B. 救援　　　　　　　　　C. 设置薄弱环节

*136. 甲、乙、丙类液体卧式储罐之间的防火间距不应小于（　　）m。

A. 0.8　　　　　　　　　B. 0.5　　　　　　　　　C. 0.3

*137. 生产经营单位的主要负责人是本单位安全生产的第一负责人，对安全生产工作（　　）负责。

A. 主要　　　　　　　　　B. 直接　　　　　　　　　C. 全面

*138. 常用危险化学品的标志设主标志和副标志，主标志（　　）种。

A. 15　　　　　　　　　B. 16　　　　　　　　　C. 18

*139. 自燃物品是指（　　）低，在空气中易于发生氧化反应，放出热量而自行燃烧的物品。

A. 闪点　　　　　　　　　B. 熔点　　　　　　　　　C. 自燃点

*140.《危险货物运输包装通用技术条件》适用于（　　）。

A. 盛装各种物质的运输包装

B. 净重超过 400 kg 的包装

C. 盛装危险货物的运输包装

*141. 根据《危险化学品重大危险源辨识》（GB18218—2009）标准，当单元中有多种物质时，如果各类物质的量满足式（　　），则定为重大危险源。

A. ＞1　　　　　　　　　B. ＜1　　　　　　　　　C. ≥1

*142. 根据生产安全事故造成的人员伤亡或者直接经济损失，特别重大事故是指造成（　　）亿元以上直接经济损失的事故。

A. 0.5　　　　　　　　　B. 1　　　　　　　　　C. 1.5

*143. 疑似职业病病人在诊断、医学观察期间的费用，由（　　）承担。

　　　　　A. 用人单位　　　　　　　B. 当地政府　　　　　C. 患者本人

*144. 演练（　　）根据演练事故情景设计以及具体分工，在演练现场实施过程中展开演练评估工作，记录演练中发现的问题或不足，收集演练评估需要的各种信息和资料。

　　　　　A. 模拟人员　　　　　　　B. 评估人员　　　　　C. 观摩人员

*145. 企业应急处置程序和现场处置方案要实行（　　）。

　　　　　A. 精细化管理　　　　　B. 牌板化管理　　　　　C. 衔接化管理

*146. 根据国家标准《危险货物运输包装通用技术条件》规定了危险品包装的跌落、液压试验等（　　）种试验方法。

　　　　　A. 3　　　　　　　　　　B. 4　　　　　　　　　C. 5

*147. 国家标准《安全色》中规定，对比色使安全色更加醒目的反衬色，包括（　　）两种颜色。

　　　　　A. 黑、白　　　　　　　B. 红、绿　　　　　　C. 红、蓝

*148. 危险、有害因素的识别是指识别危险、有害因素的存在并确定其（　　）的过程。

　　　　　A. 数量　　　　　　　　B. 性质　　　　　　　C. 严重性

*149. 特别重大事故由（　　）授权有关部门组织事故调查组进行调查。

　　　　　A. 市人民政府或市人民政府

　　　　　B. 省级人民政府或省级人民政府

　　　　　C. 国务院或国务院

*150.《使用有毒物品作业场所劳动保护条例》规定，劳动者应当学习和掌握相关职业卫生知识，遵守有关劳动保护的法律、法规和操作规程，正确使用和维护职业中毒危害防护设施及其用品；发现（　　）时，应当及时报告。

　　　　　A. 职业中毒事故隐患　　　B. 新装备　　　　　　C. 新情况

*151. 把人体与意外释放能量或危险物质隔离开，是一种不得已的隔离措施，是保护人身安全的最后一道防线，这是（　　）。

　　　　　A. 避难　　　　　　　　B. 个体防护　　　　　C. 救援

*152.《易制毒化学品购销和运输管理办法》规定，运输第三类易制毒化学品的，应当在运输前向（　　）的县级人民政府公安机关备案。公安机关应当在收到备案材料的当日发给备案证明。

　　　　　A. 目的地　　　　　　　B. 运出地　　　　　　C. 产地

*153. 每种化学品最多可以选用（　　）个标志。

　　　　　A. 一　　　　　　　　　B. 二　　　　　　　　C. 三

*154. 下列固体中，属于遇湿易燃物品的是（　　）。

　　　　　A. 红磷　　　　　　　　B. 硫黄　　　　　　　C. 电石

*155. 毒物毒性一般但却大量进入人体，立即发生毒性反应甚至致命，称为（　　）中毒。

　　　　　A. 急性　　　　　　　　B. 慢性　　　　　　　C. 亚

*156.《安全生产法》规定，生产经营单位的安全生产管理人员应当根据本单位的生产经营特点，对安全生产状况进行经常性检查；对检查中发现的（　　），应当立即处理；不能处理的，应当及时报告本单位有关负责人，有关负责人应当及时处理。检查及处理情况应当如实记录在案。

A. 质量　　　　　　　　B. 安全　　　　　　　　C. 工作

*157. 生产经营单位应对重大危险源采取便捷、有效的（　　）、治安报警措施和联络通信、记录措施。

A. 泄漏　　　　　　　　B. 危险　　　　　　　　C. 消防

*158. 职工发生事故伤害，应当（　　）工伤认定申请。

A. 只能由用人单位提出　　B. 只能由职工本人提出

C. 先由用人单位提出，用人单位不提出工伤认定申请的，可由职工或者其直系亲属、工会组织提出

*159. 根据《生产安全事故报告和调查处理条例》规定，（　　）应当对事故发生单位落实防范和整改措施的情况进行监督检查。

A. 安全生产监督管理部门和负有安全生产监督管理职责的有关部门

B. 工会和职工

C. 人民政府

*160. 自燃物品是指在空气中易于发生（　　）反应，放出热量而自行燃烧的物品。

A. 还原　　　　　　　　B. 氧化　　　　　　　　C. 聚合

*161. 生产经营单位要积极组织应急预案演练，高危企业每年至少要组织（　　）次应急预案演练。

A. 1　　　　　　　　　　B. 2　　　　　　　　　　C. 3

*162. 比水轻的非水溶性可燃、易燃液体火灾，原则上不能用（　　）扑救。

A. 砂土　　　　　　　　B. 干粉　　　　　　　　C. 水

*163. 在外界作用下（如受热、受压、撞击等），能发生剧烈的化学反应，瞬时产生大量的气体和热量，使周围压力急剧上升，发生爆炸，对周围环境造成破坏的物品。也包括无整体爆炸危险，但具有燃烧、抛射及较小爆炸危险的物品为（　　）。

A. 易燃品　　　　　　　B. 爆炸品　　　　　　　C. 有毒品

*164. 在常用危险化学品的分类中，中闪点易燃液体的判断依据是（　　）。

A. 闪点 $< -18\,°C$　　　　B. 闪点 $> -18\,°C$

C. $-18\,°C \leqslant 闪点 < 23\,°C$

*165. 评估人员针对演练中观察、记录以及收集的各种信息资料，依据评估标准对应急演练活动全过程进行科学分析和客观评价，并撰写（　　）。

A. 演练评估方案　　　　B. 书面评估报告　　　　C. 演练总结

*166. 我国法定职业病有（　　）种。

A. 99　　　　　　　　　　B. 115　　　　　　　　　C. 132

*167. 从事防震减灾活动，应当遵守国家有关（　　）。

A. 防震减灾标准　　　　B. 法规　　　　　　　　C. 法律法规标准

*168. 闪点愈低的可燃液体，其发生火灾的危险性（　　）。

A. 愈小　　　　　　　　B. 愈大　　　　　　　　C. 不受影响

*169. 化学品安全技术说明书规定有16大项内容，每大项中又有若干小项，每个小项后面分别标明[A]或[B]或[C]，其中标明[A]的含义是（　　）。

A. 必填项　　　　　　　B. 若无数据，应写明无数据原因

    C. 若无数据，此项可略

*170. 对主管部门要求备案的应急演练资料，演练（　　）应将相关资料报主管部门备案。

    A. 组织部门（单位）   B. 参演单位   C. 评估人员

*171. 应急救援指挥领导小组负责本单位预案的制订、修订，组建（　　），组织预案的实施和演练，检查督促做好重大危险源事故的预防措施和应急救援的各项准备工作。

    A. 基干民兵队伍   B. 应急救援队伍   C. 生产骨干队伍

*172. 不能用于擦洗设备的是（　　）。

    A. 肥皂   B. 洗衣粉   C. 汽油

*173. 不锈钢容器进行水压试验时，应该控制水中的（　　）离子含量，防止腐蚀。

    A. 氢   B. 氧   C. 氯

*174. 在应急救援过程中，组织群众撤离危险区域时，应选择合理的撤离（　　），避免横穿危险区域。

    A. 时间   B. 路线   C. 地点

*175. 根据《建筑设计防火规范》的要求，毒害品、腐蚀性危险化学品应储存于（　　）耐火建筑的库房。

    A. 二级   B. 不得低于二级   C. 不得低于三级

*176. 触电事故中，绝大部分是（　　）导致人身伤亡的。

    A. 人体接受电流遭到电击   B. 烧伤   C. 电休克

*177. 任何单位和个人都有依法（　　）的义务。国家鼓励、引导社会组织和个人开展地震群测群防活动，对地震进行监测和预防。国家鼓励、引导志愿者参加防震减灾活动。

    A. 开展群测群防活动   B. 参加防震减灾活动   C. 支持防震减灾

*178. 在事故应急救援中，救援人员应迅速建立警戒区域，将警戒区和污染区内与事故应急处理无关的人员（　　），以减少不必要的人员伤亡。

    A. 隔离   B. 隔绝   C. 撤离

*179. 黄磷又称白磷，编号为 42001，它应属于（　　）。

    A. 易燃固体   B. 遇湿易燃物品   C. 自燃物品

*180. 《危险化学品安全管理条例》规定，化学品安全技术说明书和化学品安全标签所载明的内容应当符合（　　）标准的要求。

    A. 国家   B. 行业   C. 企业

*181. 《危险化学品安全管理条例》规定，通过道路运输危险化学品的，（　　）应当委托依法取得危险货物道路运输许可的企业承运。

    A. 供货人   B. 收货人   C. 托运人

*182. 液化石油气用户及经销者，（　　）将气瓶内的气体向其他气瓶倒装。

    A. 可以在无人区   B. 不得在室内   C. 严禁

*183. 《危险货物品名表》按运输危险性把爆炸品分为（　　）项。

    A. 4   B. 5   C. 6

*184. 《气瓶安全监察规程》规定，车用压缩天然气钢瓶，每（　　）年检验一次。

    A. 1   B. 3   C. 5

*185. 贴安全标签的目的是为了警示使用者，此种化学品的（　　）以及一旦发生事故应采取的救护措施。

  A. 有害性   B. 危害性   C. 物理性

*186. 爆炸现象的最主要特征是（　　）。

  A. 温度升高   B. 压力急剧升高   C. 发热发光

*187. 危险化学品经营单位在经营中应保证经营的危险化学品必须有（　　）。

  A. 化学品安全技术说明书

  B. 化学品安全标签

  C. 化学品安全技术说明书和化学品安全标签

*188. 禁止标志的含义是不准或制止人们的某种行为，它的基本几何图形是（　　）。

  A. 带斜杠的圆环   B. 三角形   C. 圆形

*189. （　　）安全检查是对某个专项问题或在施工（生产）中存在的普遍性安全问题进行的单项定性检查。安全检查对象的确定应本着突出重点的原则。

  A. 定期   B. 综合性   C. 专项

*190. 《危险化学品经营许可证管理办法》规定，危险化学品经营许可证有效期为（　　）年。

  A. 2   B. 3   C. 4

*191. 在正常时不产生火花、电弧或高温的设备上采取措施以提高安全程度的电气设备是（　　）。

  A. 本质安全型   B. 增安型   C. 无火花型

*192. 根据《危险化学品重大危险源辨识》（GB 18218—2009）标准，单元是指一个（套）生产装置、设施或场所，或同属一个生产经营单位的且边缘距离小于（　　）m 的几个（套）生产装置、设施或场所。

  A. 100   B. 200   C. 500

*193. 《危险化学品经营企业开业条件和技术要求》规定，库存危险化学品应根据其化学性质分区、分类、分库储存，（　　）不能混存。灭火方法不同的危险化学品不能同库储存。

  A. 商品   B. 禁忌物料   C. 所有物料

*194. 我国包装代码标准与联合国标准基本相同，用（　　）表示容器的种类。

  A. 数字   B. 大写英文字母   C. 汉字

*195. 储存危险化学品建筑采暖的热媒温度不应过高，热水采暖不应超过（　　）℃。

  A. 60   B. 80   C. 100

*196. 职业病目录中，尘肺病有（　　）种。

  A. 11   B. 13   C. 17

*197. 化学品（　　）为化学物质及其制品提供了有关安全、健康和环境保护方面的各种信息，并能提供有关化学品的基本知识、防护措施和应急行动等方面的资料。

  A. 安全标签   B. 安全技术说明书 C. 技术使用说明书

*198. 某化学品经营企业从化工厂购进一批（10 t）氢氧化钠（固碱），个别包装存在破损泄漏情况，将其存放在一座年久失修的不符合储存条件的库房中。一天晚上，大雨倾盆而下，库房进水，将部分氢氧化钠泡在水中，致使氢氧化钠渗入水中并顺水流入附近河流。仓库保管员发现后，及时报告了单位主管领导，主管领导立即进行了应急处理，嘱咐手下人员

不得向外界泄漏任何消息。根据上述情况，依据《危险化学品经营企业开业条件和技术要求》，分析危险化学品仓库按其使用性质和经营规模分为（　　）种类型。

  A. 二   B. 三   C. 四

*199. 工作场所同时接触多个毒物时，化学物职业接触比值为（　　）。

  A. 各化学物职业接触比值之和

  B. 化学物浓度最高的毒物接触比值

  C. 各化学物职业接触比值的平均数

*200. 在建设项目职业病危害风险分类目录中，基础化学原料制造属于职业病危害（　　）的行业。

  A. 严重   B. 较严重   C. 一般

*201. 下列物质（　　）不可能发生爆炸。

  A. 生石灰   B. 面粉   C. 铝粉

*202. 根据闪点，无水乙醇属于（　　）闪点液体。

  A. 低   B. 中   C. 高

*203.（　　）应当包括危险性分析、可能发生的事故特征、应急组织机构与职责、预防措施、应急处置程序和应急保障等内容。

  A. 综合应急预案   B. 专项应急预案   C. 现场处置方案

*204.（　　）安全技术措施有消除危险源、限制能量或危险物质、隔离等。

  A. 减少事故损失的   B. 电气   C. 防止事故发生的

*205.（　　）工作，实行预防为主、防御与救助相结合的方针。

  A. 防震减灾   B. 消防   C. 职业卫生

*206. 企业要加强重点岗位和重点部位监控，发现事故征兆要立即发布（　　），采取有效防范和处置措施，防止事故发生和事故损失扩大。

  A. 启动预案信息   B. 预警信息   C. 新闻信息

*207. 水封井是安全液封的一种，一般设置在含有可燃气（蒸气）或者油污的排污管道上，以防燃烧爆炸沿排污管道蔓延。一般说来，水封高度不应小于（　　）mm。

  A. 100   B. 150   C. 250

*208. 二级易燃固体、高闪点液体可储藏于耐火等级不低于（　　）级的库房内。

  A. 一   B. 二   C. 三

*209.《非药品类易制毒化学品的分类和品种目录》中，属于危险化学品的品种数目有（　　）种。

  A. 8   B. 9   C. 10

*210. 在危险化学品生产或储存区域，如见到以下的标记，表示（　　）。

  A. 小心着火   B. 禁止穿钉子鞋   C. 禁止入内

*211. 要进一步加强安全生产行政执法，将有关（　　）纳入安全生产行政执法内容之中。

  A. 应急预案内容   B. 应急演练内容

  C. 安全生产应急工作的内容

*212. 安全生产管理工作应该做到预防为主，通过有效的管理和技术手段，减少和防止

人的不安全行为和物的不安全状态，这就是（　　）原理。

    A. 强制   B. 预防   C. 人本

*213. 根据能量转移理论的概念，事故的本质是（　　）。

    A. 能量的不正常作用   B. 造成人员死伤

    C. 造成经济损失

*214. 库存危险化学品主要通道的宽度应不小于（　　）m。

    A. 1   B. 1.8   C. 2

*215. 甲类仓库与厂内主要道路路边的防火间距不应小于（　　）m。

    A. 5   B. 8   C. 10

*216. 在同一建筑物或同一区域内，用隔板或墙，将禁忌物料分开的储存方式叫（　　）储存。

    A. 隔离   B. 隔开   C. 分离

*217. 电伤是由电流的（　　）效应、化学效应或机械效应对人体构成的伤害。

    A. 磁   B. 热   C. 场

*218. 要努力形成（　　）体系，确保应对各种事故，尤其是重特大且救援复杂、难度大的生产安全事故应急救援的装备和物资需要。

    A. 应急救援体系   B. 应急管理体系

    C. 多层次的应急救援装备和物资储备

*219. 企业要建立应急（　　）制度，每年都要结合本企业特点至少组织一次综合应急演练或专项应急演练；高危行业企业每半年至少组织一次综合或专项应急演练；车间（工段）、班组的应急演练要经常化。演练结束后要及时总结评估，针对发现的问题及时修订预案、完善应急措施。

    A. 演练   B. 监控   C. 预案

*220. 劳动者被诊断患有职业病，但用人单位没有依法参加工伤保险的，其医疗和生活保障由（　　）。

    A. 当地政府承担   B. 患者本人承担   C. 该用人单位承担

*221. 关于炸药，下例陈述错误的是（　　）。

    A. 本身含有可燃物   B. 本身含有助燃物   C. 本身不含有氧化剂

*222. 按照《化学品安全标签编写规定》的要求，化学品的名称应用（　　）标明。

    A. 中文   B. 英文   C. 中文和英文分别

*223. 危险化学品库房门应为铁门或木质外包铁皮，采用（　　）。设置高侧窗（剧毒物品仓库的窗户应加设铁护栏。

    A. 外开式   B. 内开式   C. 内、外开式都可以

*224. 室外消防给水管道的直径不应小于DN（　　）。

    A. 50   B. 100   C. 150

*225. 危险化学品零售业务店面总质量不能超过（　　）t。

    A. 1   B. 2   C. 4

*226.《使用有毒物品作业场所劳动保护条例》规定，从事使用高毒物品作业的用人单位应当至少每（　　）对高毒作业场所进行一次职业中毒危害因素检测，至少每半年进行一次

职业中毒危害控制效果评价。

    A. 一个月   B. 一年   C. 半年

*227. 在危险化学品生产或储存区域，如见到以下的标记，表示（　　）。

    A. 必须戴防护眼镜   B. 必须佩戴防尘口罩   C. 必须戴防毒面具

*228. 应急救援队伍要进行（　　），并要有记录和档案。

    A. 日常教育   B. 定期整顿   C. 专业培训

*229. 在危险化学品生产或储存区域，如见到以下的标记，表示（　　）。

    A. 必须戴防护眼镜   B. 必须佩戴防尘口罩   C. 必须戴防毒面具

*230. "安全第一、预防为主、综合治理"是我国（　　）的方针。

    A. 劳动保护   B. 组织管理   C. 安全生产工作

*231. 向用人单位提供可能产生职业病危害的设备的，应当提供中文说明书，并在设备的醒目位置（　　）。

    A. 张贴中文说明书   B. 设置警示标识和中文警示说明

    C. 设置安全注意事项

*232. 根据突发环境事件的发生过程、性质和机理，突发环境事件分为：突发环境污染事件、（　　）事件和辐射环境污染事件。

    A. 危险化学品污染   B. 光化学污染   C. 生物物种安全环境

*233. C 类火灾指的是（　　）物质火灾。

    A. 固体   B. 液体   C. 气体

*234. 爆炸品、易燃气体、剧毒品用警示词为（　　）。

    A. 警告   B. 危险   C. 注意

*235. 应急准备是针对可能发生的事故，为迅速、有序地开展应急行动而预先进行的组织准备和应急（　　）。

    A. 物资   B. 装备   C. 保障

*236. 危险化学品品名编号是 43025，可以看出它是属于（　　）。

    A. 第 3 类，第 4 项，一级遇湿易燃固体

    B. 第 4 类，第 3 项，一级遇湿易燃固体

    C. 第 4 类，第 3 项，一级毒害品

*237. 《使用有毒物品作业场所劳动保护条例》规定，按照有毒物品产生的职业中毒危害程度，有毒品分为一般有毒品和（　　）。

    A. 剧毒化学品   B. 高毒物品   C. 普通化学品

*238. 发生爆轰可使压力增长为初压的（　　）。

    A. 3 至 10 倍   B. 10 至 15 倍   C. 15 倍以上

*239. 属于化学爆炸的是（　　）爆炸。

    A. 烟花爆竹   B. 面粉   C. 瓦斯

*240. 第二类、第三类非药品类易制毒化学品生产单位进行备案时，应当提交的资料有（　　）。

    A. 产品包装说明和使用说明

    B. 安全生产管理制度

C. 易制毒化学品管理制度和环境突发事件应急预案

*241. 低、中闪点液体、一级易燃固体、自燃物品、压缩气体和液化气体类应储存于（　　）级耐火建筑的库房内。

A. 一 B. 二 C. 三

*242.《危险化学品安全管理条例》规定，通过道路运输剧毒化学品的，（　　）应当向运输始发地或者目的地县级人民政府公安机关申请剧毒化学品道路运输通行证。

A. 承运人 B. 托运人 C. 运输单位

*243. 进行新建、改建、扩建、技术改造或者技术引进建设项目的，自建设项目竣工验收之日起（　　）日内进行申报。

A. 7 B. 10 C. 30

*244. 在生产经营单位的安全生产工作中，最基本的安全管理制度是安全生产（　　）。

A. 目标管理制 B. 奖励制度 C. 责任制

*245. 爆炸危险环境应优先采用（　　）线。

A. 铜 B. 铝 C. 铁

*246. 生产经营单位应当及时向有关部门或者单位报告应急预案的（　　），并按照有关应急预案报备程序重新备案。

A. 备案时间 B. 修订情况 C. 演练情况

*247. 化学品安全技术说明书中所写化学品名称（　　）。

A. 只写中文名称，不用写英文名称

B. 必须用中、英文两种形式填写

C. 只写英文名称，不写中文名称

*248. 在应急救援过程中，对积聚和存放在事故现场的危险化学品，应及时转移至（　　）。

A. 安全地带 B. 居民区域 C. 生产地点

*249.《安全生产法》中"三同时"的规定是：生产经营单位新建、改建、扩建工程项目的（　　），必须与（　　）同时设计、同时施工、同时投入生产和使用。

A. 安全设施、主体工程

B. 安全卫生设施、基础工程

C. 劳动安全卫生设施、基础设施

*250. 企业必须为劳动者提供符合国家标准的劳动防护用品，并（　　）他们正确使用。

A. 监督教育 B. 号召 C. 强制

*251. 按照《建筑设计防火规范》对储存物品的火灾危险性分类标准，闪点<28℃的液体，爆炸下限<10%的气体属（　　）类危险物。

A. 甲 B. 乙 C. 丙

*252.《易制毒化学品管理条例》规定，易制毒化学品第三类可以用于（　　）。

A. 制毒的主要原料 B. 制毒的辅助原料 C. 制毒的化学配剂

*253. 金属燃烧属于（　　）燃烧。

A. 扩散 B. 分解 C. 表面

*254.《安全生产法》规定，生产经营单位对（　　）应当登记建档，进行定期检测、评

估、监控，并制订应急预案，告知从业人员和相关人员在紧急情况下应当采取的应急措施。

  A. 设备   B. 重大危险源   C. 危险化学品

*255. 可燃粉尘的粒径越小，发生爆炸的危险性（ ）。

  A. 越小   B. 越大   C. 无关

*256. 危险化学品仓库的墙体不能使用（ ）墙。

  A. 砖   B. 混凝土   C. 木质

*257. 水蒸气的灭火原理在于降低燃烧区的（ ）。

  A. 温度   B. 湿度   C. 含氧量

*258. 下列关于特殊化学品火灾扑救说法不正确的是（ ）。

  A. 扑救爆炸物品火灾时，水流应采用吊射

  B. 扑救爆炸物品堆垛火灾时，切忌用沙土盖压

  C. 扑救压缩气体或液化气体类火灾时，应立即扑灭火焰

*259. 一般可燃物质在含氧量低于（ ）% 的空气中不能燃烧。

  A. 14   B. 16   C. 18

*260. 生产经营单位应按照（ ）的规定要求设置安全生产管理机构和配备安全生产管理人员。

  A.《安全生产法》   B.《劳动法》   C. 安全生产方针

*261.《安全生产法》规定，生产、经营、储存、使用危险物品的车间、商店、仓库不得与（ ）在同一座建筑物内，并应当与其保持安全距离。

  A. 员工宿舍   B. 调度室   C. 办公室

*262. 用人单位实行承包经营的，工伤保险（ ）由职工劳动关系所在单位承担。

  A. 费用   B. 待遇   C. 责任

*263.《安全生产法》规定，生产经营单位对（ ）未登记建档，或者未进行评估、监控，或者未制订应急预案的，责令限期改正，可以处十万元以下的罚款；逾期未改正的，责令停产停业整顿，并处十万元以上二十万元以下的罚款，对其直接负责的主管人员和其他直接责任人员处二万元以上五万元以下的罚款；构成犯罪的，依照刑法有关规定追究刑事责任。

  A. 危险化学品   B. 储存设备   C. 重大危险源

*264. 新建、扩建、改建建设项目和技术改造、技术引进项目可能产生职业病危害的，建设单位向安全生产监督管理部门提交职业病危害预评价报告应当在（ ）阶段。

  A. 可行性论证   B. 设计   C. 施工

*265.《使用有毒物品作业场所劳动保护条例》规定，用人单位未依照本条例的规定进行职业中毒危害因素检测和职业中毒危害控制效果评价的；由卫生行政部门给予警告，责令限期改正，处（ ）的罚款，逾期不改正的，提请有关人民政府按照国务院规定的权限予以关闭。

  A. 1 万元以上 10 万元以下

  B. 5 万元以上 20 万元以下

  C. 2 万元以上 15 万元以下

*266. 有关防治职业病的国家职业卫生标准，组织制定并公布的为（ ）。

  A. 国务院卫生行政部门

B. 国家安全生产监督管理部门

C. 国务院劳动保障行政部门

*267.《危险化学品经营许可证管理办法》适用范围是（   ）。

A. 在中华人民共和国境内从事列入《危险化学品目录》的危险化学品的经营（包括仓储经营）活动

B. 民用爆炸品、放射性物品

C. 核能物质和城镇燃气的经营

*268. 通过公路运输危险化学品，运输车辆必须遵守公安部门规定的（   ）。

A. 装卸要求   B. 品种规定   C. 行车时间和路线

*269. 毒物进入人体的途径有3个，即（   ）。

A. 口、鼻、耳   B. 食物、空气、水

C. 皮肤、呼吸道、消化道

*270. 根据国家标准《危险货物运输包装通用技术条件》规定，物质的包装类别决定了包装物或接受容器的质量要求。（   ）类包装表示包装物的最高标准。

A. Ⅰ   B. Ⅱ   C. Ⅲ

*271.《生产安全事故应急演练指南》（AQ/T 9007—2011）规定了生产安全事故应急演练（以下简称应急演练）的目的、原则、类型、内容和（   ）。

A. 综合应急演练的组织   B. 综合应急演练的组织与实施

C. 专项应急演练的组织与实施

*272. 若发现化学品有新的危害性，在有关信息发布后的（   ）内，生产企业必须对安全技术说明书的内容进行修订。

A. 一年   B. 半年   C. 三个月

*273. 生产经营单位安全生产责任制的范围，（   ）到各级人员的安全生产责任制，（   ）到各职能部门的安全生产责任制。

A. 横向，纵向   B. 纵向，横向   C. 生产，管理

*274. 根据《工伤保险条例》，职工在工作时间和工作场所内，因履行工作职责受到暴力等意外伤害，但本人吸毒的，（   ）认定为工伤。

A. 应当   B. 不得   C. 视具体情况而定

*275. 企业要针对本企业事故特点加大（   ），尤其是重点工艺流程中应急物料、应急器材、应急装备和物资的准备。

A. 应急救援装备储备力度

B. 物资储备力度

C. 应急救援装备及物资储备力度

*276. 企业应制订（   ）程序，一旦发生重大事故，做到临危不惧，指挥不乱。

A. 事故   B. 事故处置   C. 事故应急

*277. 无约束蒸气云爆炸的破坏范围要比一般的燃烧和爆炸（   ）。

A. 小得多   B. 大得多   C. 差不多

*278. 用人单位应当按时缴纳工伤保险费。职工个人（   ）工伤保险费。

A. 不缴纳   B. 完全缴纳   C. 适当缴纳

*279. 工伤职工拒绝治疗的，（   ）享受工伤保险待遇。

    A. 停止　　　　　　　　　B. 继续　　　　　　　　　C. 视具体情况而定

*280. 重大事故由事故发生地（   ）级人民政府负责调查。

    A. 县　　　　　　　　　　B. 设区的市　　　　　　　C. 省

*281. 为了防止电磁场的危害，应采取接地和（   ）防护措施。

    A. 屏蔽　　　　　　　　　B. 绝缘　　　　　　　　　C. 隔离

*282. 警戒与管制就是根据事故情景，建立应急处置现场（   ）区域，实行交通管制，维护现场秩序

    A. 管制　　　　　　　　　B. 警戒　　　　　　　　　C. 戒严

*283. 衡量可燃性液体火灾危险性大小的主要参数是（   ）。

    A. 沸点　　　　　　　　　B. 闪点　　　　　　　　　C. 燃点

*284.《中华人民共和国安全生产法》规定，因生产安全事故受到损害的从业人员，除依法享有工伤保险外，依照有关民事法律尚有获得赔偿的权利的，有权向（   ）提出赔偿要求。

    A. 保险公司　　　　　　　B. 社会保障部门　　　　　C. 本单位

*285. 一般事故隐患是指危害和整改难度较小，发现后能够（   ）整改和排除的隐患。

    A. 立即　　　　　　　　　B. 限期　　　　　　　　　C. 停产停业

*286. 电光眼伤害属于（   ）。

    A. 烧伤　　　　　　　　　B. 电伤　　　　　　　　　C. 灼伤

*287. 下列（   ）属于易燃气体。

    A. 二氧化碳　　　　　　　B. 乙炔　　　　　　　　　C. 氧气

*288. 风险管理的主要内容包括危险源辨识、风险评价、危险预警与监测、事故预防、风险控制及（   ）。

    A. 环境改善　　　　　　　B. 事故调查　　　　　　　C. 应急管理

*289. 氧气（   ）与油脂混合储存。

    A. 允许　　　　　　　　　B. 可以　　　　　　　　　C. 不得

*290. 危险化学品经营单位经营方式发生变化的，应当（   ）办理经营许可证。

    A. 不需　　　　　　　　　B. 重新申请　　　　　　　C. 事后重新申请

*291. 易吸湿的黑火药、硝铵炸药、导火索等爆炸品库房，相对湿度不得超过（   ）%。

    A. 65　　　　　　　　　　B. 55　　　　　　　　　　C. 45

*292.《使用有毒物品作业场所劳动保护条例》规定，从事使用高毒物品作业的用人单位应当设置淋浴间和更衣室，并设置清洗、存放或者处理从事使用高毒物品作业劳动者的工作服、工作鞋帽等物品的专用间。劳动者结束作业时，其使用的工作服、工作鞋帽等物品必须存放在（   ）区域内。

    A. 高毒作业　　　　　　　B. 一般毒物作业　　　　　C. 黄色警示

*293. 在危险化学品的分类中，将易燃液体按闪点的高低分为（   ）项。

    A. 3　　　　　　　　　　 B. 4　　　　　　　　　　 C. 5

*294. 化学泡沫灭火原理主要是（   ）作用。

    A. 隔离与窒息　　　　　　B. 降温　　　　　　　　　C. 化学抑制

*295. 工伤保险是国家通过立法手段保证实施的，对在工作过程中遭受人身伤害的职工或遗属提供补偿的一种（   ）。

    A. 优惠措施　　　　　　　B. 社会福利制度　　　　　C. 经济补偿制度

*296. 下列（   ）安全生产检查是通过有计划、有组织、有目的的形式来实现的。

    A. 定期　　　　　　　　　B. 季节性及节假日前后

    C. 专业（项）

*297. 危险化学品单位应当将其危险化学品事故应急预案报所在地设区的（   ）级人民政府安全生产监督管理部门备案。

    A. 省　　　　　　　　　　B. 市　　　　　　　　　　C. 县

*298. 下列（   ）是表示易燃液体燃爆危险性的一个重要指标。

    A. 闪点　　　　　　　　　B. 凝固点　　　　　　　　C. 自燃点

*299. 风险评价是对系统存在的危险进行定性或定量的分析，得出系统发生危险的可能性及其后果（   ）程度的评价。

    A. 完好　　　　　　　　　B. 危险　　　　　　　　　C. 严重

*300. 若经皮肤接触24 h的化学品，LD50≤（   ）mg/kg为有毒品。

    A. 500　　　　　　　　　　B. 1 000　　　　　　　　　C. 1 500

*301. 产生职业病危害的用人单位应当在醒目位置设置公告栏，公布有关职业病防治的规章制度、操作规程、职业病危害事故应急救援措施和（   ）结果。

    A. 职工健康体检　　　　　B. 工作场所职业病危害因素检测

    C. 职工职业病检查

*302. （   ）告诉我们，构成管理系统的各要素是运动和发展的，它们相互联系又相互制约。在生产经营单位建立、健全安全生产责任制是对这一原则的应用。

    A. 动力相关性原则　　　　B. 动力原则　　　　　　　C. 人本原理

*303. 容器耐压试验采用气压时，试验方法按照《压力容器安全技术监察规程》的有关要求进行。保压不小于（   ）h。

    A. 2　　　　　　　　　　　B. 3　　　　　　　　　　　C. 4

*304. 下列对"本质安全"理解不正确的是（   ）。

    A. 设备或设施含有内在的防止发生事故的功能

    B. 是安全生产管理预防为主的根本体现

    C. 可以是事后采取完善措施而补偿的

*305. 危险化学品事故应急救援根据事故（   ）及其危险程度，可采取单位自救和社会救援两种形式。

    A. 影响大小　　　　　　　B. 波及范围　　　　　　　C. 爆炸程度

*306. （   ）是针对具体的装置、场所或设施所制定的应急处置措施。

    A. 综合应急预案　　　　　B. 专项应急预案　　　　　C. 现场处置方案

*307. 现场点评是在应急演练（   ），在演练现场，评估人员或评估组负责人对演练中发现的问题、不足及取得的成效进行口头点评。

    A. 前　　　　　　　　　　B. 过程中　　　　　　　　C. 结束后

*308. 在火灾中，由于毒性造成人员伤亡的罪魁祸首是（   ）。

A. 二氧化碳　　　　　　　B. 一氧化碳　　　　　　　C. 一氧化氮

*309. 以下几种静电放电形式中（　　）引发火灾爆炸事故的引燃能力很强，危险性很大。

A. 刷形放电和火花放电

B. 传播型刷形放电和电晕放电

C. 火花放电和传播型刷形放电

*310. 三乙基铝着火时不可用（　　）扑救。

A. 二氧化碳　　　　　　　B. 氮气　　　　　　　　　C. 水或泡沫

*311. 电器火灾为（　　）类火灾。

A. D　　　　　　　　　　B. E　　　　　　　　　　　C. F

*312. 防雷装置包括（　　）引下线、接地装置 3 部分。

A. 接零线　　　　　　　　B. 避雷器　　　　　　　　C. 接闪器

*313.《易制毒化学品管理条例》规定，生产、经营、购买、运输或者进口、出口易制毒化学品的单位，应当于每年（　　）前向许可或者备案的行政主管部门和公安机关报告本单位上年度易制毒化学品的生产、经营、购买、运输或者进口、出口情况。

A. 1 月 31 日　　　　　　B. 3 月 31 日　　　　　　C. 12 月 31 日

*314. 2007 年 5 月 22 日，某大学学生常某为报复同宿舍的同学，以非法手段从经营剧毒品的朋友处获取了 250 g 剧毒物质硝酸铊。5 月 29 日下午 4 时许，常某用注射器分别向受害人牛某、李某、石某的茶杯中注入硝酸铊，导致 3 名学生铊中毒。根据以上情况，剧毒化学品的销售企业应当在销售后（　　）日内，将所销售的剧毒化学品的品种、数量以及流向信息报所在地县级人民政府公安机关备案，并输入计算机系统。

A. 3　　　　　　　　　　B. 5　　　　　　　　　　　C. 10

*315. 固体粉碎和液体分离过程的起电属于（　　）起电。

A. 接触　　　　　　　　　B. 破断　　　　　　　　　C. 电荷迁移

*316. 当炸药爆炸时，能引起位于一定距离之外的炸药也发生爆炸，这种现象称为（　　）。

A. 爆炸　　　　　　　　　B. 殉爆　　　　　　　　　C. 化学反应

*317. 爆炸性物品的销毁方法有：爆炸法、烧毁法、（　　）、化学分解法。

A. 石灰固化法　　　　　　B. 填埋法　　　　　　　　C. 溶解法

*318. 对于有爆炸危险的可燃物，当可燃物的（　　），则越易发生爆炸。

A. 爆炸下限越高　　　　　B. 爆炸上限越低　　　　　C. 爆炸极限范围越宽

*319. 零售业务的店面内只允许存放民用小包装的危险化学品，其存放总质量不得超过（　　）t。

A. 0.5　　　　　　　　　 B. 1　　　　　　　　　　　C. 2

*320. 对重复使用的危险化学品包装物、容器，使用单位在重复使用前应当进行检查；发现存在安全隐患的，应当维修或者更换。使用单位应当对检查情况作出记录，记录的保存期限不得少于（　　）年。

A. 1　　　　　　　　　　B. 2　　　　　　　　　　　C. 3

*321. 静电最为严重的危险是（　　）。

　　　A. 妨碍生产　　　　　　　　B. 静电电击　　　　　　　C. 引起爆炸和火灾

　　*322. 当工作地点狭窄、行动困难以及周围有大面积接地体等环境其安全电压应采用（　　）V 的电压。

　　　A. 36　　　　　　　　　　B. 42　　　　　　　　　　C. 12

　　*323. 应急预案编制依据就是简述应急预案编制所依据的法律法规、规章，以及有关行业管理规定、（　　）等。

　　　A. 国家标准　　　　　　　　B. 地方标准　　　　　　　C. 技术规范和标准

　　*324. 依照卫生部公布的职业病目录，法定尘肺不包括（　　）。

　　　A. 铝尘肺　　　　　　　　　B. 石墨尘肺　　　　　　　C. 木工尘肺

　　*325. 增安型电气设备是（　　）的电气设备。

　　　A. 具有隔爆外壳　　　　　　B. 不会产生火花　　　　　C. 壳内充有保护气体

　　*326. 常用危险化学品的标志设主标志和副标志，副标志（　　）种。

　　　A. 13　　　　　　　　　　B. 12　　　　　　　　　　C. 11

　　*327. 某市一公司利用存放干杂仓库改造成危险化学品仓库，库房之间防火间距不符合标准。并将过硫酸铵（氧化剂）与硫化碱（还原剂）在同一个库房混存。8 月 5 日因包装破漏，过硫酸铵与硫化碱接触发生化学反应，起火燃烧，13 点 26 分爆炸引起大火，1 h 后离着火区很近的仓库内存放的低闪点易燃液体又发生第二次强烈爆炸，造成更大范围的破坏和火灾。至 8 月 6 日凌晨 5 时，扑灭了这场大火。这起事故造成 15 人死亡，200 多人受伤，其中重伤 25 人，直接经济损失 2.5 亿元。根据上述情况，低闪点易燃液体是指闪点（　　）。

　　　A. ＜ － 18 ℃　　　　　　　B. － 18 ℃ 至 23 ℃

　　　C. 23 ℃ 至 61 ℃

　　*328. 可燃气体、蒸汽和粉尘与空气（或助燃气体）的混合物，必须在一定范围的浓度内，遇到足以起爆的能量才能发生爆炸，这个可以爆炸的浓度范围叫做该爆炸物的爆炸（　　）。

　　　A. 极限　　　　　　　　　　B. 浓度极限　　　　　　　C. 上限

　　*329. 在作业场所液化气浓度较高时应戴（　　）。

　　　A. 面罩　　　　　　　　　　B. 口罩　　　　　　　　　C. 眼罩

　　*330. 决定爆炸品具有爆炸性质的主要因素（　　）。

　　　A. 爆炸品的化学组成和化学结构　　　　　　　B. 爆炸品密度

　　　C. 爆炸品结晶

　　*331. 安全设备的设计、制造、安装、使用、检测、维修、改造和报废，应当符国家标准或者（　　）标准。

　　　A. 行业　　　　　　　　　　B. 专业　　　　　　　　　C. 企业

　　*332.《气瓶安全监察规程》规定气瓶水压试验的压力为公称工作压力的（　　）倍。

　　　A. 1.2　　　　　　　　　　B. 1.3　　　　　　　　　　C. 1.5

　　*333. 运输爆炸、剧毒和放射性物品，应指派（　　）押运。

　　　A. 驾驶员　　　　　　　　　B. 押运员　　　　　　　　C. 装卸工

　　*334. 根据我国《化学品分类和危险性公示　通则》将化学品危险性分为理化危险、（　　）、环境危险等 3 类。

A. 健康危险　　　　　　B. 经济损失危险　　　　　C. 使用危险

*335. 单位或者个人违反《中华人民共和国突发事件应对法》，导致突发事件发生或者危害扩大，给他人人身、财产造成损害的，应当依法承担（　　）。

A. 刑事责任　　　　　　B. 民事责任　　　　　　　C. 行政处罚

*336. 用人单位对采用的技术、工艺、材料，应当知悉其产生的职业病危害，对有职业病危害的技术、工艺、材料隐瞒其危害而采用的，对所造成的（　　）承担责任。

A. 经济损失　　　　　　B. 人身伤害　　　　　　　C. 职业病危害后果

*337.《气瓶安全监察规程》规定，气瓶充装登记有效期为（　　）年。

A. 1　　　　　　　　　　B. 3　　　　　　　　　　　C. 5

*338. 职业病危害严重的用人单位，应当委托具有相应资质的职业卫生技术服务机构，对其进行职业病危害现状评价，周期为（　　）年/次。

A. 一　　　　　　　　　　B. 二　　　　　　　　　　C. 三

*339. 氢气泄漏时，易在屋（　　）聚集。

A. 顶　　　　　　　　　　B. 中　　　　　　　　　　C. 底

*340. 用人单位应当按照国务院安全生产监督管理部门的规定，定期对工作场所进行职业病危害因素检测、评价。检测、评价结果存入用人单位职业卫生档案，定期向（　　）报告并向劳动者公布。

A. 所在地卫生行政部门　　B. 上级机构

C. 所在地安全生产监督管理部门

*341.（　　）负责核发危险化学品及其包装物、容器生产企业的工业产品生产许可证，并依法对其产品质量实施监督，负责对进出口危险化学品及其包装实施检验。

A. 质量监督检验检疫部门　　B. 安全生产监督局

C. 公安部门

*342. 锅炉和压力容器安全三大附件为压力表、安全阀和（　　）。

A. 温度计　　　　　　　B. 水位计　　　　　　　　C. 烟气氧含量分析仪

*343. 下列属于职业危害中化学危害的是（　　）。

A. 氯气　　　　　　　　B. 低气压　　　　　　　　C. 振动

*344. 企业要建立重大危险源管理制度，明确操作规程和应急处置措施，实施（　　）。

A. 不间断的监控　　　　B. 全面管理　　　　　　　C. 不间断检测

*345. 气体测爆仪测定的是可燃气体的（　　）。

A. 爆炸下限　　　　　　B. 爆炸极限范围　　　　　C. 浓度

*346. 易燃易爆物品、危险化学品、放射性物品等危险物品的生产、经营、储运、使用单位，应当制定具体应急（　　），并对生产经营场所、有危险物品的建筑物、构筑物及周边环境开展隐患排查，及时采取措施消除隐患，防止发生突发事件。

A. 原则　　　　　　　　B. 预案　　　　　　　　　C. 体系

*347. 下列不属于安全生产投入形式的有（　　）。

A. 火灾报警器更新　　　B. 加工机床的维修　　　　C. 防尘口罩的配备

*348. 通常把闪点低于（　　）℃的液体叫易燃液体。

A. 45　　　　　　　　　　B. 60　　　　　　　　　　C. 75

*349. 高压管路上的阀门在密封不严造成气体回串时，往往阀体及回串方向的管路上会出现（　　）现象。

    A. 振动　　　　　　　　　　B. 发热　　　　　　　　　　C. 结霜

*350. 储存危险化学品的库房内（　　）。

    A. 不得住人　　　　　　　　B. 允许住人　　　　　　　　C. 只允许值班员居住

*351. 爆炸品仓库要阴凉通风，远离火种、热源，防止阳光直射，一般库温度控制在（　　）。

    A. 10 ℃ 以下　　　　　　　B. 15 ℃ 至 30 ℃　　　　　C. 35 ℃ 以下

*352. 压缩气体和液化气体仓库应阴凉通风，库温不宜超过（　　）℃。

    A. 20　　　　　　　　　　　B. 30　　　　　　　　　　　C. 40

*353. 雷管属于（　　）类的爆炸品。

    A. 点火器材　　　　　　　　B. 火药　　　　　　　　　　C. 起爆器材

*354. 不属于炸药爆炸的三要素是（　　）。

    A. 反应过程的放热性　　　　B. 反应过程的高速性　　　　C. 反应过程的燃烧性

*355.《中华人民共和国安全生产法》规定，危险物品的生产、储存单位以及矿山、金属冶炼单位应当有（　　）从事安全生产管理工作。

    A. 安全咨询师　　　　　　　B. 注册安全工程师　　　　　C. 安全工程师

*356. （　　）即根据演练工作需要，采取必要安全防护措施，确保参演、观摩等人员以及生产运行系统安全。

    A. 演练工作安全保障　　　　B. 安全防护措施　　　　　　C. 系统安全

*357. 根据《建筑设计防火规范》的要求，易燃易爆性商品应储存于（　　）耐火建筑的库房内。

    A. 二级　　　　　　　　　　B. 不得低于二级　　　　　　C. 不得低于三级

*358. 生产过程中的职业性危害因素按其性质可分为化学因素、（　　）、生物因素等。

    A. 物理因素　　　　　　　　B. 生产粉尘　　　　　　　　C. 高温

*359. 车间级综合性安全检查每月不少于（　　）次。

    A. 1　　　　　　　　　　　　B. 2　　　　　　　　　　　　C. 3

*360. 新建、改建、扩建生产、储存危险化学品的建设项目，应当由安全生产监督管理部门进行（　　）审查。

    A. 安全技术　　　　　　　　B. 安全评价　　　　　　　　C. 安全条件

*361. 应急救援预案要有权威性，各级应急救援组织应（　　），通力协作。

    A. 职务明确　　　　　　　　B. 职责明确　　　　　　　　C. 统一行动

*362. 根据《工伤保险条例》，职工在工作时间和工作场所内，因履行工作职责受到暴力等意外伤害，但本人醉酒的，（　　）认定为工伤。

    A. 应当　　　　　　　　　　B. 不得　　　　　　　　　　C. 视具体情况而定

*363. 物理性爆炸前后，物质的化学成分及性质（　　）。

    A. 均无变化　　　　　　　　B. 有的改变　　　　　　　　C. 根本变化

*364. 防止重大工业事故发生的第一步，是辨识或确认（　　）危险性工业设施（危险设施）。

A. 低　　　　　　　　　B. 高　　　　　　　　　C. 没有

*365. 气体或蒸气的（　　）范围越宽，其危险度值越大。

A. 泄漏　　　　　　　　B. 爆炸极限　　　　　　C. 混合比例

*366.《生产安全事故报告和调查处理条例》规定，事故发生单位及其有关人员有谎报或者瞒报事故的，对事故发生单位处（　　）的罚款；对主要负责人、直接负责的主管人员和其他直接责任人员处上一年年收入 60% 至 100% 的罚款；属于国家工作人员的，并依法给予处分；构成违反治安管理行为的，由公安机关依法给予治安管理处罚；构成犯罪的，依法追究刑事责任。

A. 50 万元以上 100 万元以下

B. 100 万元以上 500 万元以下

C. 500 万元以上

*367. 煤油的编号是 33501，它是属于（　　）易燃液体。

A. 低闪点　　　　　　　B. 中闪点　　　　　　　C. 高闪点

*368.《生产安全事故报告和调查处理条例》规定，事故发生单位（　　）有迟报或者漏报事故行为的，处上一年年收入 40% 至 80% 的罚款；属于国家工作人员的，并依法给予处分；构成犯罪的，依法追究刑事责任。

A. 主要负责人　　　　　B. 负责人　　　　　　　C. 安全管理人员

*369.《气瓶安全监察规程》规定，气瓶充装登记有效期满前（　　）个月，气瓶充装单位应向原注册单位提出办理换发注册登记申请。

A. 1　　　　　　　　　B. 3　　　　　　　　　C. 5

*370. 某地一化工建材公司主要经营丙烯酸、稀释剂、二甲苯、铁红等化工原料。2006年 6 月 19 日，店内储存的二甲苯溶剂泄漏，形成的爆炸混合气体与员工取暖使用煤炉处的明火接触，发生爆燃引发火灾。过火面积 60 m²。根据上述情况，该单位的（　　）是本单位的消防安全责任人。

A. 主要负责人　　　　　B. 负责人　　　　　　　C. 安全管理人员

*371. 危险化学品运输车辆应当悬挂或者喷涂符合（　　）标准要求的警示标志。

A. 国家　　　　　　　　B. 行业　　　　　　　　C. 企业

*372. 常用危险化学品标志中的图形为"骷髅头和交叉骨形"，标示危险化学品为（　　）。

A. 有毒品　　　　　　　B. 腐蚀品　　　　　　　C. 爆炸品

*373.《刑法》规定，违反消防管理法规，经消防监督机构通知采取改正措施而拒绝执行，造成严重后果的，对直接责任人员，处（　　）年以下有期徒刑或者拘役；后果特别严重的，处三年以上七年以下有期徒刑。

A. 一　　　　　　　　　B. 二　　　　　　　　　C. 三

*374. 雷电放电具有（　　）的特点。

A. 电流大、电压高　　　B. 电流小、电压高　　　C. 电流大、电压低

*375.《使用有毒物品作业场所劳动保护条例》规定，劳动者职业健康检查和医学观察的费用，由（　　）承担。

A. 用人单位　　　　　　B. 个人　　　　　　　　C. 中介机构

*376. 在企业安全生产中，各管理机构之间、各种管理制度和方法之间，必须具有紧密

的联系，形成相互制约的回路，才能有效。这体现了对（　　）原则的运用。

  A. 反馈　　　　　　　　　B. 封闭　　　　　　　　　C. 整分合

*377. 国家标准《安全色》中规定，安全色为（　　）4 种颜色。

  A. 红、青、黄、绿　　　B. 红、蓝、黑、绿　　　C. 红、蓝、黄、绿

*378. 铁路发送剧毒化学品时必须配备（　　）名以上押运人员。

  A. 1　　　　　　　　　　B. 2　　　　　　　　　　C. 5

*379. 职业病危害项目申报工作实行（　　）管理。

  A. 分级　　　　　　　　B. 属地分级　　　　　　C. 统一

*380. 企业安全目标管理体系的建立是一个（　　）过程，是全体职工努力的结果，是集中管理与民主相结合的结果。

  A. 自下而上　　　　　　B. 自上而下、自下而上反复进行

  C. 各部门间横向反复

*381. 劳动者对用人单位提供的工作场所职业病危害因素检测结果等资料有异议，或者无用人单位提供资料的，诊断、鉴定机构应当提请（　　）进行调查。

  A. 安全生产监督管理部门　　B. 卫生行政部门　　　　C. 工会组织

*382.《中华人民共和国消防法》规定，国务院（　　）部门对全国的消防工作实施监督管理。

  A. 安监　　　　　　　　B. 环保　　　　　　　　　C. 公安

*383. 根据危险化学品性能分（　　）、分类、分库贮存。

  A. 区　　　　　　　　　B. 房　　　　　　　　　　C. 片

*384. 演练总指挥宣布演练结束后，参演人员按（　　）集中进行现场讲评或者有序疏散。

  A. 预定方案　　　　　　B. 既定方针　　　　　　　C. 领导指令

*385. 劳动者离开用人单位时，对于本人的职业健康监护档案（　　）。

  A. 有权带走原件　　　　B. 有权要求复印件　　　　C. 无权要求复印件

*386. 生产、储存、经营其他物品的场所与居住场所设置在同一建筑物内的，应当符合国家工程建设（　　）技术标准。

  A. 安全　　　　　　　　B. 环保　　　　　　　　　C. 消防

*387.《危险化学品安全管理条例》规定，生产、储存危险化学品的单位，应当在其作业场所设置（　　）装置，并保证处于适用状态。

  A. 通风防爆　　　　　　B. 通信报警　　　　　　　C. 通风报警

*388. 固体燃烧分（　　）种情况。

  A. 2　　　　　　　　　　B. 3　　　　　　　　　　C. 4

*389. 易燃易爆场所中不能使用（　　）工具。

  A. 铁制　　　　　　　　B. 铜制　　　　　　　　　C. 木制

*390. 生产经营单位新建、改建、扩建工程项目安全设施"三同时"评价工作，属于安全评价类型的（　　）。

  A. 专项安全评价

  B. 安全现状综合评价

C. 安全预评价和安全验收评价

*391.《女职工劳动保护特别规定》规定，对怀孕（　　）个月以上的女职工，用人单位不得延长劳动时间或者安排夜班劳动，并应当在劳动时间内安排一定的休息时间。

A. 6　　　　　　　　　B. 7　　　　　　　　　C. 8

*392.《安全生产法》规定，生产经营单位采用新工艺、新技术、新材料或者使用新设备，必须了解、掌握其（　　）特性，采取有效的安全防护措施，并对从业人员进行专门的安全生产教育和培训。

A. 商品　　　　　　　B. 材料　　　　　　　C. 安全技术

*393.（　　）应当采取多种形式开展应急预案的宣传教育，普及生产安全事故预防、避险、自救和互救知识，提高从业人员安全意识和应急处置技能。

A. 生产经营单位　　　　　B. 各级安全生产监督管理部门

C. 事业单位

*394. 认为新的技术发展会带来新的危险源，安全工作的目标就是控制危险源，努力把事故发生概率减到最低。这一观点是包括在（　　）理论中的。

A. 海因里希因果连锁　　　B. 事故频发倾向　　　C. 系统安全

*395. 下列物品中，（　　）可以与氧气瓶同车运输。

A. 可燃气体气瓶　　　　　B. 油脂　　　　　　　C. 氮气瓶

*396. 安全技术主要是运用工程技术手段消除（　　）不安全因素，来实现生产工艺和机械设备等生产条件的本质安全。

A. 人的　　　　　　　B. 物的　　　　　　　C. 环境的

*397.《易制毒化学品管理条例》规定，经营第二类易制毒化学品的，应当自经营之日起（　　）日内，将经营的品种、数量、主要流向等情况，向所在地的设区的市级人民政府安全生产监督管理部门备案。

A. 20　　　　　　　　B. 30　　　　　　　　C. 60

*398. 任何（　　）和个人不得生产、经营、进口和使用国家明令禁止使用的可能产生职业病危害的设备或者材料。

A. 私营企业　　　　　B. 单位　　　　　　　C. 集体所有制企业

*399. 反复发生的同类事故，并不一定产生完全相同的后果，这就是事故损失的偶然性。（　　）原则告诉我们，无论事故损失大小，都必须做好预防工作。

A. 预防　　　　　　　B. 强制　　　　　　　C. 偶然损失

*400. 发生危险化学品事故，事故单位（　　）应当立即按照本单位危险化学品应急预案组织救援。

A. 主要负责人　　　　　B. 安全生产管理人员

C. 安全管理负责人

*401. 二级易燃固体、高闪点液体可储藏于耐火等级不低于（　　）级的库房内。

A. 一　　　　　　　　B. 二　　　　　　　　C. 三

*402. 生产经营单位因兼并、重组、转制等导致隶属关系、经营方式、法定代表人发生变化的应急预案应当（　　）修订.

A. 不　　　　　　　　B. 三年后　　　　　　C. 及时

*403. 瓶体磕伤、划伤或凹坑处的剩余壁厚小于设计壁厚的（　　）％的钢瓶应报废。

    A. 70　　　　　　　　　　B. 80　　　　　　　　　　C. 90

*404. 重大事故、较大事故、一般事故，负责事故调查的人民政府应当自收到事故调查报告之日起（　　）日内做出批复。

    A. 15　　　　　　　　　　B. 30　　　　　　　　　　C. 60

*405. 《易制毒化学品购销和运输管理办法》规定，违反规定销售易制毒化学品，向无购买许可证或者备案证明的单位或者个人销售易制毒化学品的；，公安机关应当对（　　）处一万元以下罚款；有违法所得的，处三万以下罚款，并对违法所得依法予以追缴；构成犯罪的，依法追究刑事责任。

    A. 购买单位　　　　　　　B. 承运单位　　　　　　　C. 销售单位

*406. 个人防护措施属于第（　　）级预防。

    A. 一　　　　　　　　　　B. 二　　　　　　　　　　C. 三

*407. 《非药品类易制毒化学品生产、经营许可办法》规定，国家对非药品类易制毒化学品的生产、经营实行（　　）制度。

    A. 申请　　　　　　　　　B. 许可　　　　　　　　　C. 备案

*408. 生产经营项目、场所发包或者出租给其他单位的，生产经营单位应当与承包单位、承租单位签订专门的（　　），或者在承包合同、租赁合同中约定各自的安全生产管理职责。

    A. 管理标准　　　　　　　B. 生产合同　　　　　　　C. 安全生产管理协议

*409. 应急救援预案要有实用性、要根据（　　）单位的实际条件制订，使预案便于操作。

    A. 本　　　　　　　　　　B. 周边　　　　　　　　　C. 其他

*410. 《安全生产法》规定，生产经营单位的特种作业人员必须按照国家有关规定经专门的安全作业培训，取得（　　），方可上岗作业。

    A. 工作证　　　　　　　　B. 毕业证书　　　　　　　C. 相应资格

*411. 生产经营单位应对重大危险源的温度、压力、流量、浓度等采取（　　）措施。

    A. 人工监测　　　　　　　B. 手动报警　　　　　　　C. 自动监测报警

*412. 室外消火栓间距不应超过 120 m，其保护半径不应超过（　　）m。

    A. 60　　　　　　　　　　B. 100　　　　　　　　　　C. 150

*413. 未造成人员伤亡的一般事故，县级人民政府也可以委托事故发生（　　）组织事故调查组进行调查。

    A. 单位　　　　　　　　　B. 社区　　　　　　　　　C. 上级部门

*414. 当发生危险化学品事故时，现场人员必须根据各自企业制订的事故预案采取积极有效的（　　），尽量减少事故的蔓延，并向有关部门报告和报警。

    A. 撤离方式　　　　　　　B. 善后措施　　　　　　　C. 抑制措施

*415. 环状消防管网应用阀门分为若干独立段，每段内消防栓数量不宜超过（　　）个。

    A. 4　　　　　　　　　　B. 5　　　　　　　　　　C. 6

*416. 电器着火时下列不能用的灭火方法是（　　）。

    A. 用四氯化碳或 1211 灭火器进行灭火

    B. 用沙土灭火

C. 用水灭火

*417. 急性毒性是指一定量的毒物一次对动物所产生的毒害作用。急性毒性的大小，常用（ ）来表示。

    A. 最高允许浓度   B. 半数致死量   C. 毒物的性质

*418. 工作场所同时接触多个毒物时，毒物危害程度级别权重数取（ ）。

    A. 多种毒物危害程度级别权重数的平均值计算

    B. 危害程度级别最严重的毒物权重数计算

    C. 危害程度级别最轻的毒物权数计算

*419. 企业要按照国家有关规定实行重大危险源和重大隐患及有关应急措施备案制度，每（ ）至少要进行一次全面的安全生产风险分析。

    A. 年   B. 季度   C. 月

*420. （ ）不可存放于码头普通仓库内。

    A. 爆炸品   B. 棉料   C. 煤粉

*421. 零售业务的店面与存放危险化学品的库房（或罩棚）应有实墙相隔。单一品种存放量不能超过（ ）kg，总质量不能超过（ ）t。

    A. 300、1   B. 500、2   C. 500、3

*422. 《危险货物运输包装通用技术条件》国家标准根据危险品的特性和包装强度，把危险品包装分成（ ）类。

    A. 三   B. 四   C. 五

*423. 危险化学品仓库应设有（ ）的危险化学品养护员，负责危险化学品的技术养护、管理和监测工作。

    A. 专职   B. 兼职   C. 专职或兼职

*424. 国务院及有关部门为应对某一类型或某几种类型突发公共事件而制定的应急预案叫突发公共事件（ ）应急预案。

    A. 部门   B. 专项   C. 总体

*425. 根据《生产安全事故报告和调查处理条例》规定，事故发生单位及其有关人员有下列行为的，对事故发生单位处（ ）的罚款。谎报或者瞒报事故的；在事故调查中作伪证或者指使他人作伪证的；事故发生后逃匿的。

    A. 50 万元以上 200 万元以下

    B. 100 万元以上 500 万元以下

    C. 200 万元以上 500 万元以下

*426. 安全检查的类型包括（ ）检查、专业检查、季节性检查和日常检查。

    A. 指令性   B. 综合   C. 防火防爆安全

*427. 安全电压决定于（ ）。

    A. 工作环境和设备额定电压

    B. 人体允许电流和人体电阻

    C. 性别和工作环境

*428. 新建、扩建、改建建设项目和技术改造、技术引进项目可能产生职业病危害的，建设单位在可行性论证阶段应当向（ ）提交职业病危害预评价报告。

     A. 卫生行政部门   B. 建设行政部门

     C. 安全生产监督管理部门

*429. 在外界作用下，能发生剧烈化学反应，瞬时产生大量气体和热量，使周围压力急剧上升而发生爆炸的危险化学品是（   ）。

     A. 遇湿易燃物   B. 有机过氧化物   C. 爆炸品

*430.《危险化学品安全管理条例》规定，剧毒化学品以及储存数量构成重大危险源的其他危险化学品，应当在专用仓库内单独存放，并实行双人收发、（   ）人保管制度。

     A. 一   B. 三   C. 双

*431.《火灾分类》（GB/T 496—2008）标准把火灾分为（   ）。

     A. Ⅰ类火灾、Ⅱ类火灾、Ⅲ类火灾和Ⅳ类火灾

     B. A类火灾、B类火灾、C类火灾、D类火灾、E类火灾、F类火灾

     C. 固体火灾、液体火灾、气体火灾和混合物火灾

*432. 发电机起火时，不能用（   ）灭火。

     A. 喷雾水   B. 二氧化碳   C. 干粉

*433. 生产危险化学品的企业，应附有与危险化学品完全一致的化学品安全技术说明书，并在包装上加帖或者拴挂与包装内危险化学品（   ）的化学品安全标签。

     A. 完全一致   B. 主要内容相同   C. 相符

*434. 爆炸物品厂房之间的安全距离是根据爆炸产生的（   ）确定的。

     A. 冲击波   B. 破片飞散距离   C. 气体扩散距离

*435. 安全设施"三同时"是危险化学品生产经营单位安全生产的重要保障措施，是一种（   ）保障措施。

     A. 事前   B. 事中   C. 事后

*436.（   ）不得存放在地下室或半地下室内。

     A. 电动工具   B. 气瓶   C. 灭火器

*437. 海因里希对5 000多起伤害事故案例进行了详细调查研究后得出海因里希法则，事故后果为严重伤害、轻微伤害和无伤害的事故件数之比为（   ）。

     A. 1∶29∶300   B. 1∶10∶300   C. 1∶10∶100

*438. 在《常用危险化学品的分类及标志》中规定了常用危险化学品的包装标志（   ）种。

     A. 27   B. 29   C. 30

*439. 根据《工伤保险条例》，职工在上下班途中，受到非本人主要责任的交通事故或者城市轨道交通、客运轮渡、火车事故伤害的，（   ）认定为工伤。

     A. 应当   B. 不得   C. 视具体情况而定

*440. 最常用消除焊接残余应力的方法是将焊件进行焊后（   ）处理。

     A. 酸   B. 热   C. 冷

*441. 下列气体灭火剂中由于破坏臭氧层，而被逐步替代的是（   ）。

     A. 二氧化碳灭火剂   B. 卤代烷1211、1301灭火剂

     C. 七氟丙烷灭火剂

*442. 职业性多发病是指由于（   ）中存在诸多因素所致的病损，或虽然原为非职业

性疾病，由于接触职业病危害因素而使之加剧或发病率增高。

  A. 休息场所   B. 日常生活   C. 生产环境

 *443. 爆速大于（ ）m/s 的物质称为爆炸物质。

  A. 1 500   B. 2 000   C. 3 000

 *444. 应急结束必须明确（ ），事故现场得以控制，环境符合有关标准，导致次生、衍生事故隐患消除后，经事故现场应急指挥机构批准后，现场应急结束。

  A. 次生事故隐患消除   B. 衍生事故隐患消除   C. 应急终止的条件

 *445.《危险化学品安全管理条例》规定，公安机关负责危险化学品的（ ）管理。

  A. 日常监督   B. 综合监督   C. 公共安全

 *446. 在应急救援过程中，救援人员首先应熟悉地形，明确撤离（ ）；准备好进入危险区应携带的标志物、扩音器以及强光手电等必要器材。

  A. 人数   B. 方向   C. 工具

 *447.《中华人民共和国安全生产法》规定，生产经营单位的特种作业人员必须按照国家有关规定，经专门的安全作业培训，取得（ ），方可上岗作业。

  A. 特种作业操作资格证书   B. 相应资格   C. 职业技能等级证书

 *448. 在压力容器的安全阀与排放口之间装设截止阀的，运行期间必须处于（ ）并加铅封。

  A. 开启   B. 全开   C. 关闭

 *449.《危险化学品登记管理办法》规定，危险化学品登记证书有效期为（ ）年。

  A. 1   B. 2   C. 3

 *450.（ ）建立健全应急物资储备保障制度，完善重要应急物资的监管、生产、储备、调拨和紧急配送体系。

  A. 国家   B. 社会   C. 企业

 *451. 生产、储存危险化学品的企业，应当委托具备国家规定的资质条件的机构，对本企业的安全生产条件每（ ）进行一次安全评价。

  A. 年   B. 两年   C. 三年

 *452. 年度检查是指压力容器运行中的在线检验，每年至少（ ）次。

  A. 一   B. 二   C. 三

 *453. 把易燃液体装入容器时应据（ ）确定合适的装填系数。

  A. 时间长短   B. 容积大小   C. 温度变化范围

 *454. 爆炸品仓库要阴凉通风，远离火种、热源，防止阳光直射，一般库房内相对湿度一般控制在（ ）。

  A. 45% 至 55%   B. 55% 至 65%   C. 65% 至 75%

 *455. 职工因工死亡，其近亲属按照规定从工伤保险基金领取丧葬补助金、供养亲属抚恤金和一次性工亡补助金，丧葬补助金为（ ）个月的统筹地区上年度职工月平均工资。

  A. 3   B. 6   C. 12

 *456.（ ）作为防止事故发生和减少事故损失的安全技术，是发现系统故障和异常的重要手段。

  A. 安全监控系统   B. 安全管理系统   C. 安全技术措施

*457. 安全生产的"五要素"是指安全文化、安全法制、安全（　　）、安全科技和安全投入。

    A. 环境　　　　　　　　　　B. 管理　　　　　　　　　　C. 责任

*458. 我国工频安全电压的额定值为（　　）。

    A. 36 V，12 V

    B. 36 V，24 V

    C. 42 V，36 V，24 V，12 V，6 V

*459. 某车库发生了严重的火灾，事后经调查得知，该车库平时用于堆放油料和纸箱之类的杂物，存放大约有 2 t 左右的汽油、柴油等油品，当晚 20 时左右，车库老板在库内把车库反锁后，在开车库灯的时候发生爆炸，车库门被炸开，里面火光冲天，大火使整个车库几乎化为废墟。根据上述情况，化学危险品必须贮存在经（　　）部门批准设置的专门的化学危险品仓库中，经销部门自管仓库贮存化学危险品及贮存数量必须经公安部门批准。

    A. 公安　　　　　　　　　　B. 环保　　　　　　　　　　C. 质检

*460. 储存的危险化学品应有符合国家标准要求的明显标志，同一区域储存两种或两种以上不同级别的危险品时，应按（　　）等级危险物品的性能标志。

    A. 最高　　　　　　　　　　B. 最低　　　　　　　　　　C. 中等

*461. 职业病危害因素检测发现工作场所职业病危害因素不符合国家职业卫生标准和卫生要求时，用人单位应当立即采取相应治理措施，仍然达不到国家职业卫生标准和卫生要求的，必须（　　）。

    A. 上报安全生产监督管理部门

    B. 佩戴符合防护要求的防护用品

    C. 停止存在职业病危害因素的作业

*462. 根据事故情景，应急处置结束后，所开展的事故损失评估、事故原因调查、事故现场清理和相关善后工作就是（　　）。

    A. 事后评估　　　　　　　　B. 事故清理　　　　　　　　C. 后期处置

*463. 下列对劳动者享有的职业卫生保护权利的说法中，不正确的是（　　）。

    A. 有危害知情权和获得职业卫生教育、培训的权利

    B. 有权拒绝违章指挥和强令进行没有职业病防护措施的作业

    C. 要求单位安排职业病患者回家疗养

*464. 下列可以露天堆放的物品是（　　）。

    A. 遇湿燃烧物品　　　　　　B. 剧毒物品　　　　　　　　C. 腐蚀物品

*465. 遇火、遇湿、遇潮能引起爆炸或发生化学反应，产生有毒气体的危险品（　　）在露天或在潮湿积水的建筑物中储存。

    A. 允许　　　　　　　　　　B. 可以　　　　　　　　　　C. 不得

*466. 下列物质爆炸危险性最高的是（　　）。

    A. 汽油　　　　　　　　　　B. 乙炔　　　　　　　　　　C. 苯

*467. 危险化学品的储存必须具备适合储存方式的设施：在同一房间或同一区域内，用隔板或墙，将禁忌物料分开的储存方式。这种储存方式属于（　　）储存方式。

    A. 隔离　　　　　　　　　　B. 隔开　　　　　　　　　　C. 分开

*468. 一个单位的不同类型的应急救援预案要形成统一整体，救援力量要（   ）安排。

    A. 统筹   B. 随时   C. 定期

*469. 在易燃易爆场所穿（   ）鞋最危险。

    A. 布   B. 胶   C. 带铁钉

*470. 除了爆炸品、气体、感染性物品和放射性物品外，其他危险物按其呈现的危险程度，按包装结构强度和防护性质，将危险品包装分成（   ）类。

    A. 3   B. 4   C. 5

*471. 容器内液体过热、气化而引起的爆炸属于（   ）爆炸。

    A. 化学性   B. 物理性   C. 粉尘

*472. 安全生产责任制是按照安全生产方针和"（   ）"的原则，将各级负责人员、各职能部门及其工作人员和各岗位生产人员在安全生产方面应做的事情和应负的责任加以明确规定的一种制度。

    A. 安全生产、人人有责

    B. 三同时

    C. 管生产的同时必须管安全

*473. 如果工作场所潮湿，为避免触电，使用手持电动工具的人应（   ）。

    A. 站在铁板上操作

    B. 应穿绝缘靴，站在绝缘垫上操作

    C. 穿防静电鞋操作

*474. （   ）依法维护工伤职工的合法权益，对用人单位的工伤保险工作实行监督。

    A. 公安机关   B. 安全监督管理部门   C. 工会组织

*475. 安全生产管理的目标是减少、控制危害和事故，尽量避免生产过程中由于（   ）所造成的人身伤害、财产损失及其他损失。

    A. 管理不善   B. 危险   C. 事故

*476.《安全生产法》规定，生产经营单位的主要负责人和安全生产管理人员必须具备与本单位所从事的生产经营活动相应的安全生产知识和（   ）。

    A. 管理能力   B. 操作技能   C. 操作知识

*477. 锅炉爆炸属于（   ）爆炸。

    A. 物理   B. 分解   C. 化学

*478.《危险化学品名录》中的 UN 号是指（   ）编号。

    A. 中国危险化学品   B. 联合国危险货物   C. 美国危险货物

*479.《使用有毒物品作业场所劳动保护条例》规定，使用有毒物品作业的用人单位有关（   ）应当熟悉有关职业病防治的法律、法规以及确保劳动者安全使用有毒物品作业的知识。

    A. 管理人员   B. 业务员   C. 办事员

*480. 2007 年 5 月 22 日，某大学学生常某为报复同宿舍的同学，以非法手段从经营剧毒品的朋友处获取了 250g 剧毒物质硝酸铊。5 月 29 日下午 4 时许，常某用注射器分别向受害人牛某、李某、石某的茶杯中注入硝酸铊，导致 3 名学生铊中毒。根据以上情况，（   ）向个人销售剧毒化学品（属于剧毒化学品的农药除外）和易制爆危险化学品。

    A. 可以   B. 视情况而定   C. 禁止

*481. 演练工作通信保障就是根据演练工作需要，采用（　　），保证演练通信信息通畅。

    A. 电信系统

    B. 多种公用或专用通信系统

    C. 计算机系统

*482. 压缩气体和液化气体必须与爆炸物品、氧化剂、易燃物品、自燃物品、腐蚀性物品（　　）储存。

    A. 隔离   B. 隔开   C. 分开

*483.《化学品安全技术说明书编写规定》适用于（　　）。

    A. 民用受控消费品   B. 工业化学品

    C. 以科学研究为目的的少量样品

*484. 危险化学品商店内只能存放民用（　　）包装的危险化学品。

    A. 大   B. 中   C. 小

*485.《危险货物包装标志》国家标准规定了危险货物图示标志的类别、名称、尺寸和颜色，共有危险品标志图形（　　）种、19 个名称。

    A. 17   B. 19   C. 21

*486. 易燃液体应避热存放，灌装时应留有（　　）的气空间。

    A. 5% 以下   B. 5% 以上   C. 3% 以下

*487. 某市一公司利用存放干杂仓库改造成危险化学品仓库，库房之间防火间距不符合标准。并将过硫酸铵（氧化剂）与硫化碱（还原剂）在同一个库房混存。8 月 5 日因包装破漏，过硫酸铵与硫化碱接触发生化学反应，起火燃烧，13 点 26 分爆炸引起大火，1 小时后离着火区很近的仓库内存放的低闪点易燃液体又发生第二次强烈爆炸，造成更大范围的破坏和火灾。至 8 月 6 日凌晨 5 时，扑灭了这场大火。这起事故造成 15 人死亡，200 多人受伤，其中重伤 25 人，直接经济损失 2.5 亿元。根据上述情况，该仓库贮存过硫酸铵与硫化碱的方式是（　　）。

    A. 分区   B. 分类   C. 分库

*488. 根据《工伤保险条例》的规定，工伤保险费的缴纳，以下正确的是（　　）。

    A. 由用人单位缴纳，职工个人不缴纳

    B. 按照国家、集体和个人三方负担的原则，由国家，用人单位和职工个人三方缴纳

    C. 国家承担主要部分，用人单位次之，个人再次之

*489. 没有直接出现在生产经营单位主要负责人 7 项安全生产职责中的是（　　）。

    A. 组织开展本单位安全生产宣传教育工作

    B. 保证本单位安全生产投入的有效实施

    C. 组织制定并实施本单位安全生产事故应急预案

*490. 易燃液体在运输、泵送、灌装时要有良好的（　　）装置，防止静电积聚。

    A. 接地   B. 防火   C. 监测

*491. 针对应急预案中全部或大部分应急响应功能，检验、评价应急组织应急行动能力的演练活动叫（　　）演习。

    A. 桌面   B. 全面   C. 功能

*492. 可以预警的自然灾害、事故灾难和公共卫生事件的预警级别分别用红色、（　　）、黄色、蓝色标示。

　　　A. 绿色　　　　　　　　　B. 紫色　　　　　　　　　C. 橙色

*493. 职业危害识别的方法中是定量分析法的是（　　）。

　　　A. 类比法　　　　　　　　B. 检查表法　　　　　　　C. 检测检验法

*494. 易燃可燃液体储罐着火必须采取的措施（　　）。

　　　A. 迅速切断进料　　　　　B. 首先要抓紧扑灭火焰　　C. 首先疏散人群

*495. 对可能发生急性职业损伤的有毒、有害工作场所，用人单位应当设置报警装置，配置现场急救用品、冲洗设备、应急撤离通道和必要的（　　）。

　　　A. 泄险区　　　　　　　　B. 救护车　　　　　　　　C. 医务室

*496.《危险化学品安全管理条例》规定，国家对危险化学品的使用有（　　）规定的，任何单位和个人不得违反该规定使用危险化学品。

　　　A. 强制性　　　　　　　　B. 限制性　　　　　　　　C. 约束性

*497. 储存危险化学品的建筑通排风系统的通风管道不宜穿过防火墙等防火分隔物，如必须穿过时应用（　　）材料分隔。

　　　A. 非燃烧　　　　　　　　B. 燃烧　　　　　　　　　C. 木质

*498.《安全生产法》规定，生产经营单位应当在较大危险因素的生产经营场所和有关设施、设备上，设置明显的（　　）。

　　　A. 安全宣传标语　　　　　B. 安全宣教挂图　　　　　C. 安全警示标志

*499. 若系统内存在燃爆性气体爆破片的材料不应选用（　　）。

　　　A. 塑料　　　　　　　　　B. 橡胶　　　　　　　　　C. 铁片

*500.《中华人民共和国安全生产法》规定，生产经营单位与从业人员订立的劳动合同，应当载明有关保障从业人员（　　）、防止职业危害，以及为从业人员办理工伤保险事项。

　　　A. 福利待遇　　　　　　　B. 劳动安全　　　　　　　C. 教育和培训

*501. 化学品安全技术说明书的内容，从该化学品制作之日算起，每（　　）年更新一次.

　　　A. 一　　　　　　　　　　B. 三　　　　　　　　　　C. 五

*502. 生产经营单位建立安全生产责任制的总体要求是：横向到边、纵向到底。横向到边是指（　　）。

　　　A. 所有职能部门都有相应的安全生产责任

　　　B. 从主要负责人到岗位工人都有相应的安全生产责任

　　　C. 从要负责人到各级安全管理人员都有相应的安全生产责任

*503. 产生职业病危害的用人单位的工作场所职业病危害因素的强度或者浓度应当符合国家（　　）标准。

　　　A. 劳动保护　　　　　　　B. 安全生产　　　　　　　C. 职业卫生

*504.《中华人民共和国消防法》规定，禁止在具有火灾、爆炸危险的场所吸烟、使用明火。因特殊情况需要使用明火作业的，应当按规定事先（　　），采取相应的消防安全措施；作业人员应当遵守消防安全规定。

　　　A. 向领导报告　　　　　　B. 办理审批手续　　　　　C. 做好准备工作

*505. 企业应每年至少（　　）次对适用的安全生产法律、法规、标准及其他要求进行符合性评价，消除违规现象和行为。

A. 1　　　　　　　　　　B. 2　　　　　　　　　　C. 3

*506.《安全生产法》规定，生产经营单位生产、经营、运输、储存、使用危险物品或者处置废弃危险物品，未建立专门安全管理制度、未采取可靠的（　　）的，责令限期改正；可以处十万元以下的罚款；逾期未改正的，责令停产停业整顿，可以并处十万元以上二十万元以下的罚款；造成严重后果，构成犯罪的，依照刑法有关规定追究刑事责任。

A. 组织措施　　　　　　B. 安全措施　　　　　　C. 设备设施

*507. 根据《工伤保险条例》，职工在工作时间和工作场所内，因履行工作职责受到暴力等意外伤害的，（　　）认定为工伤。

A. 应当　　　　　　　　B. 不得　　　　　　　　C. 视具体情况而定

*508. 2005 年 6 月某职业病防治所接到报告，某电器公司员工杨某由于三氯乙烯中毒导致死亡。卫生监督人员现场检查发现该电器公司清洗工序设有一台超声波清洗机，使用三氯乙烯作为清洗剂。该公司已向安监部门申报存在三氯乙烯职业危害，清洗工序未设立警示标志和中文警示说明。该单位工人进公司时检查过肝功能，但没有进行在岗期间、离岗时的职业健康检查，公司没能提供工作场所职业病危害因素监测及评价资料，订立劳动合同时没有告知劳动者职业病危害真实情况，经检测清洗房中的三氯乙烯浓度最高为 243 mg/m²。根据上述事实，三氯乙烯可能导致的职业病有（　　）。

A. 肝血管瘤　　　　　　B. 职业性哮喘　　　　　　C. 白血病

*509. 根据我国《化学品分类和危险性公示　通则》的规定，化学品危险性的健康危险中"皮肤腐蚀"是指对皮肤造成不可逆损伤；即施用试验物质达到（　　）后，可观察到表皮和真皮坏死。

A. 4 h　　　　　　　　　B. 8 h　　　　　　　　　C. 24 h

*510. 化学品安全标签里用 CNNo. 代表（　　）。

A. 联合国危险货物编号　　B. 中国危险货物编号　　C. 物质的分子式

*511. 某化学品经营企业从化工厂购进一批（10 t）氢氧化钠（固碱），个别包装存在破损泄漏情况，将其存放在一座年久失修的不符合储存条件的库房中。一天晚上，大雨倾盆而下库房进水，将部分氢氧化钠泡在水中，致使氢氧化钠渗入水中并顺水流入附近河流。仓库保管员发现后，及时报告了单位主管领导，主管领导立即进行了应急处理，嘱咐手下人员不得向外界泄漏任何消息。根据上述情况，请指出以下（　　）方面符合危险化学品安全管理要求。

A. 危险化学品必须储存经审查批准的危险品仓库中，未经批准不得随意设置危险化学品储存仓库

B. 氢氧化钠的包装不够严密，存在泄漏，造成水侵入，不符合危险货物包装的有关要求

C. 单位主管领导接到报告后立即进行了应急处理

*512. 为了限制产生危险的静电，可限制液体在管道内的（　　）。

A. 压力　　　　　　　　B. 温度　　　　　　　　C. 流速

*513. 职业性接触毒物危害程度分（　　）个级别。

A. 2 　　　　　　　　B. 3 　　　　　　　　C. 4

*514. 关于有机过氧化物的陈述，错误的是（　　　）。

A. 本身易燃易爆 　　　　B. 本身极易分解 　　　　C. 本身化学性质稳定

*515. 压力容器一般应于投用满（　　　）年时进行首次全面检验。

A. 一 　　　　　　　　B. 二 　　　　　　　　C. 三

*516. 遇湿会发生燃烧爆炸的物品仓库应设置防止（　　　）的措施。

A. 隔油 　　　　　　　B. 水浸渍 　　　　　　C. 液体流散

*517. 制定应急预案的目的是抑制（　　　）事件，减少对人员、财产和环境的危害。

A. 突发 　　　　　　　B. 火灾爆炸 　　　　　C. 中毒

*518. 托运人（　　　）在托运的普通货物中夹带危险化学品。

A. 可以 　　　　　　　B. 适量 　　　　　　　C. 不得

*519. 未焊透是焊缝存在的一个缺口，因而往往是（　　　）破坏的起裂点，也会导致疲劳破坏。

A. 弹性 　　　　　　　B. 脆性 　　　　　　　C. 刚性

*520. 生产经营单位应当按照应急预案的（　　　）应急物资及装备，建立使用状况档案，定期检测和维护，使其处于良好状态。

A. 要求配备相应的 　　　B. 现有 　　　　　　C. 备齐

*521. 液体发生闪燃的最低温度叫（　　　）。

A. 闪点 　　　　　　　B. 燃点 　　　　　　　C. 自燃点

*522. 通过道路运输剧毒化学品的，托运人应当向运输始发地或者目的地县级人民政府公安机关申请剧毒化学品（　　　）。

A. 道路运输许可证 　　　B. 公路运输通行证 　　　C. 安全运输通行证

*523. 行灯和机床、钳台局部照明应采用安全电压，容器内和危险潮湿地点电压不得超过（　　　）V。

A. 12 　　　　　　　　B. 24 　　　　　　　　C. 36

*524. 下列属于职业危害中物理危害的是（　　　）。

A. 电离辐射 　　　　　B. 细菌 　　　　　　　C. 有机粉尘

*525. 两种可燃性液体的混合物的闪点，一般在这两种液体闪点之间，并（　　　）这两种物质的平均值。

A. 高于 　　　　　　　B. 等于 　　　　　　　C. 低于

*526. 储存液化气体的压力容器应当规定设计储存量，装量系数不得大于（　　　）。

A. 0.9 　　　　　　　B. 0.95 　　　　　　　C. 1.0

*527. 危险化学品的储存根据物质的理化性状和储存量的大小分为整装储存和（　　　）储存两类。

A. 散装 　　　　　　　B. 分开 　　　　　　　C. 分离

*528. 加压后使气体液化时所允许的最高温度，称为（　　　）。

A. 露点 　　　　　　　B. 沸点 　　　　　　　C. 临界温度

*529. 天然气燃烧火灾是（　　　）类火灾。

A. A 　　　　　　　　B. B 　　　　　　　　C. C

*530. 一般事故由事故发生地（　　）级人民政府负责调查。

　　　A. 县　　　　　　　　　　B. 设区的市级　　　　　　C. 省

*531. 一般压力越高，可燃物的自燃点（　　）。

　　　A. 不变　　　　　　　　　B. 越高　　　　　　　　　C. 越低

*532. 按照爆炸产生的原因和性质，爆炸可分为（　　）。

　　　A. 物理爆炸、化学爆炸和核爆炸

　　　B. 物理爆炸、化学爆炸和分解爆炸

　　　C. 炸药爆炸、化学爆炸和分解爆炸

*533.《气瓶安全监察规程》规定，车用液化石油气钢瓶，每（　　）年检验一次。

　　　A. 1　　　　　　　　　　B. 3　　　　　　　　　　C. 5

*534.《危险化学品安全管理条例》规定，申请（　　）道路运输通行证，托运人应当向县级人民政府公安机关提交拟运输的剧毒化学品品种、数量的说明、目的地、运输时间和运输路线的说明承运人取得危险货物道路运输许可等相关材料。

　　　A. 化学品　　　　　　　　B. 危险化学品　　　　　　C. 剧毒化学品

*535. 现场处置方案应当包括危险性分析、可能发生的事故特征、应急处置程序、应急处置要点和（　　）等内容。

　　　A. 附件　　　　　　　　　B. 注意事项　　　　　　　C. 应急保障

*536. 根据我国《化学品分类和危险性公示　通则》的规定，易燃液体是指闪点不高于（　　）的液体。

　　　A. 60 ℃　　　　　　　　B. 93 ℃　　　　　　　　C、101 ℃

*537.《易制毒化学品管理条例》规定，易制毒化学品第二类可以用于（　　）。

　　　A. 制毒的主要原料　　　　B. 制毒的辅助原料　　　　C. 制毒的化学配剂

*538. 安全检查是指对生产过程及安全管理中可能存在的事故隐患、危险与有害因素、安全缺陷等进行（　　）。

　　　A. 识别　　　　　　　　　B. 检验　　　　　　　　　C. 查证

*539. 演练结束后，由演练组织单位根据演练记录、演练评估报告、应急预案、现场总结等材料，对演练进行全面总结，并形成（　　）。

　　　A. 现场总结报告　　　　　B. 演练书面总结报告

　　　C. 对应急预案的修改建议

*540. 在应急救援过程中，撤离前应及时指导危险区的群众做好（　　）防护。

　　　A. 躯体全面　　　　　　　B. 头部　　　　　　　　　C. 个人

*541. 危险化学品仓库的保管员应经过岗前和定期培训持证上岗，做到（　　），并做好检查记录。

　　　A. 一日两检　　　　　　　B. 一周两检　　　　　　　C. 一日一检

*542. 根据《生产安全事故报告和调查处理条例》规定，事故发生单位及其有关人员谎报或者瞒报事故的，对主要负责人、直接负责的主管人员和其他直接责任人员处上一年年收入（　　）的罚款。

　　　A. 40% 至 80%　　　　　B. 60% 至 100%　　　　C. 80%

*543. 根据《生产安全事故报告和调查处理条例》规定，事故发生单位对事故发生负有

责任的，发生特别重大事故的，处（　　）的罚款。

  A. 50 万元以上 100 万元以下

  B. 100 万元以上 200 万元以下

  C. 200 万元以上 500 万元以下

*544.《危险化学品安全管理条例》规定，危险化学品单位的（　　）对本单位的危险化学品安全管理工作全面负责。

  A. 主要负责人   B. 安全管理人员   C. 安全负责人

*545. 在爆炸品的分类中，按爆炸品的用途，爆炸品可分为（　　）种。

  A. 2   B. 3   C. 4

*546. 在生产过程、劳动过程、（　　）环境中存在的危害劳动者健康的因素，称为职业性危害因素。

  A. 作业   B. 卫生   C. 家庭

*547. 很多易燃固体本身就具有毒害性或燃烧后能产生有毒（　　）。

  A. 固体   B. 液体   C. 气体

*548. 危险化学品的（　　）的单位，应当在危险化学品的包装内附有与危险化学品完全一致的化学品安全技术说明书，并在包装（包括外包装件）上加贴或者拴挂与包装内危险化学品完全一致的化学品安全标签。

  A. 生产   B. 经营   C. 储存

*549.《危险化学品经营企业开业条件和技术要求》规定，危险化学品零售业务的店面内只许存放民用小包装的危险化学品，其存放总质量不得超过（　　）t。

  A. 2   B. 1   C. 3

*550. 爆炸品仓库库房内部照明应采用（　　）灯具，开关应设在库房外面。

  A. 防爆型   B. 普通型   C. 白炽型

*551. 安全标志分为四类，它们分别是（　　）。

  A. 通行标志、禁止通行标志、提示标志和警告标志

  B. 禁止标志、警告标志、指令标志、提示标志

  C. 禁止标志、警告标志、通行标志和提示标志

*552. 申请剧毒化学品和其他危险化学品经营许可证的企业和单位，（　　）具有资质的安全评价机构对本单位的经营条件进行安全评价。

  A. 由安全监督部门指定的

  B. 自主选择

  C. 由公安部门定点的

*553. 事故隐患分为一般事故隐患和（　　）事故隐患。

  A. 较大   B. 重大   C. 特大

*554. 危险化学品经营单位在经营许可证有效期满前（　　）个月向原发证机关提出经营许可证的延期申请，并提交延期申请书和相关文件、资料。

  A. 2   B. 3   C. 6

*555. 大中型危险化学品仓库内应设库区和生活区，两区之间应有（　　）m 以上的实体围墙。

      A. 1   B. 1.5   C. 2

*556. 通过公路运输剧毒化学品的运输车辆，行驶速度在不超过限速标志的前提下，在高速公路上时速应为（　　）。

      A. 70 km 至 90 km   B. 90 km 至 100 km   C. 100 km 至 120 km

*557. 化学品安全标签内容中警示词有（　　）种分别进行危害程度的警示。

      A. 3   B. 4   C. 5

*558. 剧毒化学品以及储存构成重大危险源的其他危险化学品，应当在专用的仓库内单独存放，实行（　　）制度。

      A. 双人收发一人保管   B. 一人收发双人保管

      C. 双人收发双人保管

*559. 应急预案封面主要包括应急预案编号、应急预案版本号、生产经营单位名称、应急预案名称、编制单位名称、（　　）日期等内容。

      A. 修订   B. 实施   C. 颁布

*560. 化学品多层包装运输，原则上要求（　　）。

      A. 内外包装都应加贴（挂）安全标签

      B. 外包装要加贴（挂）安全标签，内包装不用加贴（挂）安全标签

      C. 内包装要加贴（挂）安全标签，外包装不用加贴（挂）安全标签

*561. 爆破片爆破压力的选定，一般为设备、容器及系统最高工作压力的（　　）倍。

      A. 1.1～1.15   B. 1.15～1.3   C. 1.3～1.4

*562.《危险化学品登记管理办法》规定，危险化学品（　　）企业应当设立由专职人员24 小时值守的国内固定服务电话。

      A. 生产   B. 经营   C. 运输

*563. 特种设备使用单位对在用特种设备应当至少每（　　）进行一次自行检查，并作出记录。

      A. 月   B. 两个月   C. 三个月

*564.《使用有毒物品作业场所劳动保护条例》规定，从事使用有毒物品作业的用人单位，应当使用符合（　　）标准的有毒物品。

      A. 省级   B. 国家   C. 企业

*565. 非药品类易制毒化学品生产、经营许可证有效期为（　　）年。

      A. 1   B. 2   C. 3

*566. 固体可燃物表面温度超过（　　）时，可燃物接触该表面有可能一触即燃。

      A. 可燃物燃点   B. 100 °C   C. 可燃物闪点

*567.《使用有毒物品作业场所劳动保护条例》规定，用人单位变更名称、法定代表人或者负责人的，应当向原受理申报的（　　）部门备案。

      A. 卫生行政   B. 安监   C. 质检

*568. 运输危险化学品的车船及其他运输工具（　　）搭乘无关人员。

      A. 可搭乘 1 人   B. 禁止   C. 允许搭乘多名

*569. 在可燃物质（气体、蒸气、粉尘）可能泄漏的区域设（　　），是监测空气中易爆物质含量的重要措施。

  A. 报警仪　　　　　　　　　B. 监督岗　　　　　　　　C. 巡检人员

*570. 应急救援专职队平时就要（　　）并配有相应器材。

  A. 互相沟通　　　　　　　　B. 选拔人员　　　　　　　C. 组建落实

*571. 在应急救援过程中，安全管理部门协助总指挥做好事故报警、情况通报及（　　）等工作。

  A. 事故处置　　　　　　　　B. 人员疏散　　　　　　　C. 环境保护

*572. 按照《安全生产法》规定，危险化学品生产经营单位的从业人员不服从管理，违反安全生产规章制度或者操作规程的，由（　　）给予批评教育，依照有关规章制度给予处分；造成重大事故，构成犯罪的，依照刑法有关规定追究刑事责任。

  A. 生产经营单位　　　　　　B. 上级领导　　　　　　　C. 车间主任

*573. 储存危险化学品的采暖管道和设备的保温材料，应采用（　　）材料。

  A. 非燃烧　　　　　　　　　B. 燃烧　　　　　　　　　C. 石棉

*574. 通常情况下，液体的燃烧难易程度主要用（　　）的高低来衡量。

  A. 闪点　　　　　　　　　　B. 自燃点　　　　　　　　C. 最小点火能量

*575.《生产安全事故报告和调查处理条例》规定，较大事故，是指造成（　　）死亡，或者 10 人以上 50 人以下重伤（包括急性工业中毒），或者 1 000 万元以上 5 000 万元以下直接经济损失的事故。

  A. 3 人以下　　　　　　　　B. 3 人以上 10 人以下

  C. 10 人以上 30 人以下

*576. 事故调查组由有关人民政府、安全生产监督管理部门、负有安全生产监督管理职责的有关部门、监察机关、公安机关以及工会派人组成，并应当邀请（　　）派人参加。

  A. 人民检察院　　　　　　　B. 事故单位　　　　　　　C. 事故单位上级部门

*577. 氢、氨、硫化氢除去能腐蚀设备，严重时可导致设备裂缝、漏气外，它们大都还具有一定的（　　）。

  A. 氧化性　　　　　　　　　B. 助燃性　　　　　　　　C. 毒害性

*578.《危险化学品经营许可证管理办法》规定，经营许可证有效期满后，经营单位继续从事危险化学品经营活动的，应当在经营许可证有效期满前（　　）个月内向原发证机关提出换证申请，经审查合格后换领新证。

  A. 2　　　　　　　　　　　B. 3　　　　　　　　　　C. 1

*579. 从事易燃易爆作业的人员应穿（　　）工作服以防静电。

  A. 合成纤维　　　　　　　　B. 普通　　　　　　　　　C. 含金属纤维的棉布

*580. 爆炸品宜储藏于（　　）级轻顶耐火建筑的库房内。

  A. 一　　　　　　　　　　　B. 二　　　　　　　　　　C. 三

*581.《中华人民共和国安全生产法》规定，从业人员有权拒绝（　　）和强令冒险作业。

  A. 错误指挥　　　　　　　　B. 违章指挥　　　　　　　C. 应急指挥

*582. 生产经营单位应当具备《安全生产法》和有关法律、行政法规和国家标准或者行业标准规定的（　　）条件。

  A. 生产　　　　　　　　　　B. 工作　　　　　　　　　C. 安全生产

*583.《中华人民共和国职业病防治法》规定（　　）依法享有职业卫生保护的权利。

A. 用人单位　　　　　　　B. 单位职工　　　　　　　C. 劳动者

*584. 生产经营单位应当每季、每年对本单位事故隐患排查治理情况进行统计分析，并分别于下一季度（　　）日前和下一年 1 月 31 起前向安全监管监察部门和有关部门报送书面统计分析表。

A. 10　　　　　　　　　　B. 15　　　　　　　　　　C. 28

*585. 根据生产安全事故造成的人员伤亡或者直接经济损失，特别重大事故是指造成（　　）人以上重伤（包括急性工业中毒）。

A. 50　　　　　　　　　　B. 100　　　　　　　　　C. 200

*586. 安全生产监督管理部门和负有安全生产监督管理职责的有关部门接到较大事故报告后，应当逐级上报（　　）安全生产监督管理部门和负有安全生产监督管理职责的有关部门。

A. 地市级人民政府　　　　　B. 省、自治区、直辖市人民政府

C. 国务院

*587. 下列（　　）属于化学性危害因素。

A. 工业毒物　　　　　　　B. 振动　　　　　　　　　C. 高温

*588.（　　）演练是针对应急预案中多项或全部应急响应功能开展的演练活动。

A. 综合　　　　　　　　　B. 单项　　　　　　　　　C. 现场

*589. 某机械制造厂仪表车间车工班的李某、徐某、陈某和徒工小张、小孟及徐某的妻子饶某，聚集在一间约 18 m² 的休息室内，用一个 5 kW 的电炉取暖。将门窗紧闭，墙角存放一个盛装 15 kg 汽油的玻璃瓶。玻璃瓶内压力，随着室温升高而加大，先后两次将瓶塞顶出，被徒工小孟先后两次用力塞紧。由于瓶内压力不断增大，把玻璃瓶胀开一道裂缝，汽油慢慢向外渗出，流向电炉。坐在电炉旁的陈某、饶某发现汽油渗出后，立刻用拖布擦拭汽油。在擦拭清理过程中，拖布上的汽油溅到电炉丝上，瞬间电炉就燃烧起来，火焰顺着油迹向汽油瓶烧去。屋内的几个人见事不妙都往门口跑，徐某用力把门打开，因屋内充满汽油蒸气，门一开，屋外充足的氧气使屋内刹那间火光冲天，汽油瓶爆炸。造成 3 人被烧死，其他人被烧伤，房屋和机床被烧毁，经济损失惨重。根据上述事实，引发该事故的着火源是（　　）。

A. 电火花　　　　　　　　B. 静电　　　　　　　　　C. 明火

*590.《易制毒化学品购销和运输管理办法》规定，（　　）人违反规定运输易制毒化学品，与易制毒化学品运输许可证或者备案证明载明的品种、数量、运入地、货主及收货人、承运人等情况不符的，公安机关应当责令停运整改，处五千元以上五万元以下罚款。

A. 发货　　　　　　　　　B. 承运　　　　　　　　　C. 购货

*591. 人们在从事管理工作时，运用系统观点、理论和方法，对管理活动进行充分的系统分析，以达到管理的优化目标，这是（　　）原理。

A. 系统　　　　　　　　　B. 人本　　　　　　　　　C. 预防

*592. 在危险化学品储存中分离储存禁忌品间的距离（　　）m。

A. 7～10　　　　　　　　B. 10～15　　　　　　　C. 15～20

*593. 在封闭厂房（密闭容器内等有限空间）作业和深夜班、加班作业时，必须安排（　　）人以上一起工作。

A. 2　　　　　　　　　　B. 3　　　　　　　　　　C. 4

*594. 按照系统安全工程的观点，安全是指系统中人员免遭（　　）的伤害。

  A. 事故   B. 不可承受风险   C. 有害因素

*595. 职工认为是工伤，用人单位不认为是工伤的，正确处理的做法（　　）。

  A. 由用人单位承担举证责任

  B. 按照"谁主张，谁举证"的原则，由职工承担举证责任

  C. 如果由职工承担举证责任，对职工有利

*596. 已经取得经营许可证的企业变更企业名称、主要负责人、注册地址或者危险化学品储存设施及其监控措施的，应当自变更之日起（　　）个工作日内，向发证机关提出书面变更申请，并提交相关文件、资料。

  A. 20   B. 30   C. 60

*597. 液体的流动性随温度升高而（　　）。

  A. 增大   B. 减小   C. 不变

*598. 事故报告后出现新情况的，应当及时补报。自事故发生之日起（　　）内，事故造成的伤亡人数发生变化的，应当及时补报。

  A. 3 日   B. 7 天日   C. 30 日

*599. 大中型危险化学品仓库内应设库区和生活区，两区之间应有 2 m 以上的实体围墙，围墙与库区内建筑的建筑距离不应小于（　　）m，并应满足围墙两侧建筑物之间的防火距离要求。

  A. 2   B. 5   C. 8

*600. 应急演练结束后，组织应急演练的部门（单位）应根据应急演练评估报告、总结报告提出的问题和建议对应急管理工作（包括应急演练工作）进行（　　）。

  A. 评估   B. 总结   C. 持续改进

*601. 大中型危险化学品仓库与周围公共建筑物、交通干线、工矿企业等距离至少保持（　　）m。

  A. 500   B. 1 000   C. 1 500

*602. 如果可燃气体在泄漏的同时被点燃，将会在泄漏处发生（　　）。

  A. 燃烧   B. 爆炸   C. 中毒

*603.《易制毒化学品购销和运输管理办法》规定，个人携带易制毒化学品不符合（　　）规定的，公安机关应当没收易制毒化学品，处一千元以上五千元以下罚款。

  A. 品种、数量   B. 规格、包装   C. 质量、价格

*604. 应当在其醒目位置，设置警示标识和中文警示说明的作业岗位为产生（　　）。

  A. 职业病危害的   B. 严重职业病危害的

  C. 较重和严重职业病危害的

*605. 零售业务的店面内只许存放民用小包装的危险化学品，其存放总质量不得超过（　　）t。

  A. 1   B. 2   C. 4

*606. 进入危险化学品储存区域的机动车辆应安装（　　）。

  A. 防雷装置   B. 防静电装置   C. 防火罩

*607. 受日光照射能发生化学反应引起燃烧、爆炸、分解、化合或能产生有毒气体的危

险化学品应储存在（　　）级建筑物中。其包装应采取避光措施。

  A. 一   B. 二   C. 三

 *608. 根据《危险化学品重大危险源辨识》（GB18218—2009）标准不适用于危险化学品（　　）。

  A. 生产   B. 经营   C. 运输

 *609. 进行压力容器内部检验或检修时，要求工作空间空气中的氧含量（体积比）为（　　）。

  A. 15%～25%   B. ≥20%   C. 18%～23%

 *610. 压缩气体和液化气体从管口破损处高速喷出时，由于强烈的摩擦作用，会产生（　　）。

  A. 化学反应   B. 静电   C. 爆炸

 *611. 危险化学品零售业务的店面应与繁华商业区或居民人口稠密区保持（　　）m 以上距离。

  A. 200   B. 300   C. 500

 *612.《气瓶安全监察规定》中规定瓶体凹陷深度超过（　　）mm 或大于凹陷短径的 1/10 的气瓶应报废。

  A. 5   B. 7   C. 10

 *613. 风险是特定危险事件发生的（　　）与后果的结合。

  A. 必然性   B. 可能性   C. 危险性

 *614. 易受雷击的建筑物和构筑物、有爆炸或火灾危险的露天设备如油罐、贮气罐、高压架空电力线路、发电厂和变电站等也应采取防（　　）措施。

  A. 直击雷   B. 雷电感应   C. 雷电侵入

 *615. 由职业病危害因素所引起的疾病称之为职业病，由国家主管部门公布的职业病目录所列的职业病称（　　）职业病。

  A. 法定   B. 重度   C. 劳动

 *616.（　　）级以上地方各级人民政府应当加强对易制毒化学品管理工作的领导，及时协调解决易制毒化学品管理工作中的问题。

  A. 市   B. 县   C. 乡

 *617. 职工发生工伤时，（　　）应当采取措施使工伤职工得到及时救治。

  A. 政府   B. 公安机关   C. 用人单位

 *618.《危险化学品安全管理条例》规定：危险化学品生产企业未提供化学品安全技术说明书，由安全生产监督管理部门责令改正，可以处（　　）万元以下的罚款。

  A. 1   B. 5   C. 10

 *619. 下列（　　）灭火器不适于扑灭电气火灾。

  A. 二氧化碳   B. 干粉   C. 泡沫

 *620. 若经口食入的液体 LD_{50}≤（　　）mg/kg 即为有毒品。

  A. 1 000   B. 2 000   C. 1 500

 *621.《使用有毒物品作业场所劳动保护条例》规定，使用有毒物品作业的用人单位维护、检修存在高毒物品的生产装置，必须事先制订维护、检修方案，明确（　　）措施，确保维护、检修人员的生命安全和身体健康。

    A. 安全   B. 救护   C. 职业中毒危害防护

*622. 可燃液体的饱和蒸气压越大，其火灾危险性（   ）。

    A. 越小   B. 越大   C. 不受影响

*623. 经营化学品零售业务的店面经营面积（不含库房）应不少于（   ）㎡。

    A. 50   B. 60   C. 100

*624. 汽油、苯、乙醇属于（   ）。

    A. 压缩气体   B. 氧化剂   C. 易燃液体

*625. 依据《常用化学危险品贮存通则》规定库存危险化学品隔离贮存垛与垛间距应控制在（   ）m。

    A. 1   B. 2   C. 4

*626. 企业要加强（   ），适时修订完善应急预案，组织专家进行评审或论证，按照有关规定将应急预案报当地政府和有关部门备案,并与当地政府和有关部门应急预案相互衔接。

    A. 应急预案管理   B. 应急预案演练   C. 应急预案宣贯

*627. （   ）是指明确事故发生后向有关部门或单位通报事故信息的方法和程序。

    A. 信息快递   B. 信息上报   C. 信息报告与通知

*628. 有毒物品应贮存在阴凉、通风、干燥的场所，严禁与液化气体和其他物品共存，不应露天存放和接近（   ）。

    A. 有机物   B. 碱类   C. 酸类

*629.《使用有毒物品作业场所劳动保护条例》规定，劳动者在已订立劳动合同期间因工作岗位或者工作内容变更，从事劳动合同中未告知的存在（   ）的作业时，用人单位应当如实告知劳动者，并协商变更原劳动合同有关条款。

    A. 危险   B. 有毒   C. 职业中毒危害

*630.《危险化学品经营企业开业条件和技术要求》规定，零售业务的店面内危险化学品的摆放应布局合理，（   ）不能混放。综合性商场（含建材市场）所经营的危险化学品应有专柜存放。

    A. 所有物料   B. 不同商品   C. 禁忌物料

*631. 某五金厂包装车间一名工人发生严重皮炎和肝损害，送往职业病防治院治疗，被诊断为职业性三氯乙烯剥脱性皮炎。该厂老板感到很委屈。因为，该厂清洗车间曾发生过多例三氯乙烯皮炎，后在当地卫生防疫站的指导下对通风系统进行改造，包装车间与清洗车间距离 10 几米远，怎么会发生三氯乙烯皮炎？经查，五金构件出厂前要用一种代号为 808 的溶剂进行表面清洁，该代号产品没有技术说明书，不知道化学组成成分。经检验 808 溶剂含三氯乙烯达 22%。另外包装车间使用中央空调，只送冷风，没有排风系统。根据上述事实，该厂不符合《工作场所化学有害因素职业接触限值》法规的有（   ）。

    A. 对清洗车间的通风系统进行改造

    B. 为职工配备防护用品

    C. 中央空调没有排风系统

*632. 燃料容器管道直径越小，发生爆炸的危险性（   ）。

    A. 越小   B. 越大   C. 无规律

*633. 盛装液化气体的容器属压力容器的，（   ）超装。

     A. 允许   B. 可以   C. 不得

*634. 贮存危险化学品的仓库必须配备有专业知识的技术人员，其仓库及场所应设专人管理，管理人员必须配备可靠的（   ）。

     A. 劳动防护用品   B. 安全检测仪表   C. 手提消防器材

*635. 安全生产责任追究是国家法律规定的一项法定制度，根据责任人员在事故中承担责任的不同，分为直接责任者、主要责任者和（   ）责任者。

     A. 间接   B. 领导   C. 次要

*636. 下列哪些因素或条件不属于与劳动过程有关的职业性危害因素（   ）。

     A. 劳动组织不合理   B. 操作体位不良   C. 照明不良

*637. 建设项目职业病危害预评价和职业病危害控制效果评价，应当由依法取得相应资质的（   ）机构承担。

     A. 评价   B. 职业卫生技术服务   C. 职业卫生检测

*638. 化学品使用单位，应向（   ）索取全套的最新的化学品安全技术说明书。

     A. 安全生产许可证发证机关   B. 生产商   C. 供应商

*639. 可燃混合物的化学反应速度越快，反应放出的热量就越多，则（   ）越大。

     A. 火焰   B. 燃速   C. 烟气

*640. 企业要积极探索与当地政府相关部门和周边企业建立（   ），切实提高协同应对事故灾难的能力。

     A. 应急联动机制   B. 合作机制   C. 沟通机制

*641. 大中型危险化学品仓库内应设库区和生活区，两区之间应有实体围墙，围墙与库区内建筑的距离不宜小于（   ）m，并应满足围墙建筑物之间的防火距离要求。

     A. 2   B. 5   C. 7

*642. 根据国家《职业性接触毒物危害程度分级》，一氧化碳属于（   ）危害毒物。

     A. 极度   B. 高度   C. 中度

*643. 安全管理必须要有强大的动力，并且正确地应用动力，从而激发人们保障自身和集体安全的意识，自觉地、积极地搞好安全工作。这种管理原则就是人本原理中的（   ）原则。

     A. 封闭   B. 反馈   C. 激励

*644. 在应急救援过程中，对沾有毒害物品的人员要在警戒区出口处（   ），进入安全区后再做进一步检查，造成伤害的要尽快进行救护。

     A. 实施洗消   B. 进行登记   C. 进行转移

*645. 根据我国《化学品分类和危险性公示   通则》的规定，急性中毒是指在单剂量或在 24h 内多剂量口服或皮肤接触一种物质，或吸入接触（   ）之后出现的有害效应（   ）。

     A. 呕吐   B. 抽搐   C. 出血

*646. 当生产和其他工作与安全发生矛盾时，要以安全为主，生产和其他工作要服从安全，这就是（   ）原则。

     A. 预防   B. 因果关系   C. 安全第一

*647. 违反《易制毒化学品管理条例》规定，未经许可或者备案擅自生产、经营、购买、

运输易制毒化学品，伪造申请材料骗取易制毒化学品生产、经营、购买或者运输许可证，使用他人的或者伪造、变造、失效的许可证生产、经营、购买、运输易制毒化学品的单位或者个人，有关行政主管部门可以自作出行政处罚决定之日起（   ）年内，停止受理其易制毒化学品生产、经营、购买、运输或者进口、出口许可申请。

    A. 2　　　　　　　　　B. 3　　　　　　　　　C. 5

*648. 厂级综合性安全检查每季度不少于（   ）次。

    A. 1　　　　　　　　　B. 2　　　　　　　　　C. 3

*649. 依法设立的危险化学品生产企业在其厂区范围内销售本企业生产的危险化学品，不需要取得危险化学品（   ）许可。

    A. 生产　　　　　　　　B. 经营　　　　　　　　C. 运输

*650.《使用有毒物品作业场所劳动保护条例》规定，用人单位未对职业卫生防护设备、应急救援设施、通讯报警装置进行维护、检修和定期检测，导致上述设施处于不正常状态的，由卫生行政部门给予警告，责令限期改正，处（   ）的罚款逾期不改正的，提请有关人民政府按照国务院规定的权限予以关闭。

    A. 1 万元以上 10 万元以下

    B. 2 万元以上 15 万元以下

    C. 5 万元以上 20 万元以下

*651. 生产经营单位为了保证安全资金的有效投入，应编制安全技术措施计划，其核心是（   ）。

    A. 安全技术手册　　　　B. 安全技术预案　　　　C. 安全技术措施

*652. 某肉联厂一辆农用车内装 2 只容积各为 400 L 的空液氨钢瓶，到某化肥厂购买液氨。为了能多装点，便找熟人打通关系得到"关照"，上午 10 时充装结束。下午 3 时 10 分，在返回途中一只钢瓶突然爆炸，冲击波将汽车挡板冲坏，驾驶室冲扁，玻璃全部震碎，司机罗某和乘车人杨某被冻灼伤并中毒。下午 5 时左右，在清理现场时，第 2 只钢瓶又突然爆炸，造成 2 人中毒受伤，从钢瓶喷出的大量液氨迅速挥发成气氨向周围扩散，致使 100 m 外下风头的 2 名过路群众中毒倒地。这起事故造成 1 人重伤，5 人轻伤，直接经济损失 2 万余元。根据上述情况，（   ）对气瓶的安全全面负责。

    A. 气瓶消费者　　　　　B. 气瓶充装单位　　　　C. 安全监察部门

*653. 下列放电释放能量较小的是（   ）放电。

    A. 电晕　　　　　　　　B. 传播型刷形　　　　　C. 火花

*654. 根据我国《化学品分类和危险性公示　通则》的规定，急性中毒是指在单剂量或在 24 h 内多剂量口服或皮肤接触一种物质，或吸入接触（   ）之后出现的有害效应（   ）。

    A. 1 h　　　　　　　　　B. 2 h　　　　　　　　　C. 4 h

*655.《安全生产法》规定，矿山、金属冶炼建设项目或者用于生产、储存、装卸危险物品的建设项目竣工投入生产或者使用前，（   ）未经验收合格的；责令停止建设或者停产停业整顿，限期改正；逾期未改正的，处五十万元以上一百万元以下的罚款，对其直接负责的主管人员和其他直接责任人员处二万元以上五万元以下的罚款；构成犯罪的，依照刑法有关规定追究刑事责任。

    A. 生产设备　　　　　　B. 储存设施　　　　　　C. 安全设施

*656. 较大事故由事故发生地（　　）级人民政府负责调查。

  A. 县   B. 设区的市   C. 省

*657. （　　）应当为劳动者创造符合国家职业卫生标准和卫生要求的工作环境和条件，并采取措施保障劳动者获得职业卫生保护。

  A. 各级工会组织   B. 用人单位

  C. 企业、科研单位、政府机关

*658. 所有大中型危险化学品企业都要依法按照相关标准建立（　　）救援队。

  A. 专业应急   B. 兼职   C. 志愿

*659. 《安全生产法》规定，危险物品的生产、经营、储存单位以及矿山、金属冶炼、建筑施工、道路运输单位的主要负责人和安全生产管理人员未按照规定经（　　）合格的，责令限期改正，可以处五万元以下的罚款；逾期未改正的，责令停产停业整顿，并处五万元以上十万元以下的罚款，对其直接负责人的主管人员和其他直接责任人处一万元以上二万元以下的罚款。

  A. 培训   B. 考核   C. 审查

*660. 若经呼吸道吸入的粉尘、烟雾或蒸气的 LC50≤（　　）mg/L，就为有毒品。

  A. 10   B. 15   C. 20

*661. 《中华人民共和国安全生产法》规定，矿山、金属冶炼建设项目和用于生产、储存、装卸危险物品的建设项目，应当按照国家有关规定进行（　　）。

  A. 安全评价   B. 安全验收   C. 安全条件论证

*662. 安全管理的动态相关性原则说明如果系统要素处于（　　）状态，则事故就不会发生。

  A. 发展的、变化的   B. 动态的、相关的   C. 静止的、无关的

*663. 在同一房间或同一区域内，不同的物料之间分开一定的距离，非禁忌物料间用通道保持空间的储存方式叫（　　）储存。

  A. 隔离   B. 隔开   C. 分离

*664. 根据我国《化学品分类和危险性公示　通则》的规定，如果危险化学品从原始供应商容器倒入工作场所的容器或系统，或化学品在工作场所生产但不用预定用于销售或供应的容器包装，（　　）向工人提供 GHS 标签所载信息。

  A. 通常需要使用替代手段 B. 不需要   C. 根据管理者需要

*665. 职业健康检查费用由（　　）承担。

  A. 劳动者   B. 用人单位

  C. 人力资源和社会保障部门

*666. 生产经营单位（　　）对本单位事故隐患排查治理工作全面负责。

  A. 高层领导   B. 安全分管领导   C. 主要负责人

*667. 若经口食入的固体 LD50≤（　　）mg/kg 即为有毒品。

  A. 300   B. 400   C. 500

*668. 危险化学品零售业务的店面应与繁华商业区或居住人口稠密区保持（　　）m 以上距离。

  A. 200   B. 500   C. 1 000

*669. 下列包装材料错误的是（　　）。

A. 浓硝酸用铝罐盛装　　　B. 氢氧化钠（固体）用铁桶装

C. 氢氟酸用玻璃瓶盛装

*670. 生产经营单位的安全生产管理机构是专门负责（　　）的内设机构，其工作人员是（　　）安全生产管理人员。

A. 安全生产教育培训，专职

B. 安全生产，专业

C. 安全生产监督管理，专职

*671. 对于事故的预防与控制，安全（　　）对策着重解决物的不安全状态问题。

A. 规则　　　　　　　　B. 管理　　　　　　　　C. 技术

*672.《气瓶安全监察规程》规定，盛装一般性气体的气瓶，每（　　）年检验一次。

A. 1　　　　　　　　　B. 3　　　　　　　　　C. 5

*673.（　　）演练是针对应急预案中某项应急响应功能开展的演练活动。

A. 综合　　　　　　　　B. 单项　　　　　　　　C. 现场

*674. 在应急救援过程中，环保部门负责事故现场的（　　）及毒害物质扩散区域内的洗消工作等。

A. 环境卫生　　　　　　B. 环境监测　　　　　　C. 消除危险

*675. 阻火器的原理是阻止火焰的（　　）。

A. 扩大　　　　　　　　B. 传播　　　　　　　　C. 温度

*676.《危险化学品安全管理条例》规定，危险化学品生产企业应当提供与其生产的危险化学品相符的化学品安全技术说明书，并在危险化学品包装（包括外包装件）上粘贴或者拴挂与包装内危险化学品相符的化学品（　　）。

A. 安全标签　　　　　　B. 运输标签　　　　　　C. 安全标志

*677. 固体有机物质燃烧的火灾为（　　）类火灾。

A. A　　　　　　　　　B. B　　　　　　　　　C. C

*678. 2005 年 6 月某职业病防治所接到报告，某电器公司员工杨某由于三氯乙烯中毒导致死亡。卫生监督人员现场检查发现该电器公司清洗工序设有一台超声波清洗机，使用三氯乙烯作为清洗剂。该公司已向卫生部门申报存在三氯乙烯职业危害，清洗工序未设立警示标志和中文警示说明。该单位工人进公司时检查过肝功能，但没有进行在岗期间、离岗时的职业健康检查，公司没能提供工作场所职业病危害因素监测及评价资料，订立劳动合同时没有告知劳动者职业病危害真实情况，经检测清洗房中的三氯乙烯浓度最高为 243 mg/m^3。根据以上描述，对从事接触职业病危害的作业的劳动者，用人单位应当按照国务院安全生产监督管理部门、卫生行政部门的规定组织上岗前、在岗期间和离岗时的职业健康检查，并将检查结果（　　）告知劳动者。

A. 书面　　　　　　　　B. 电话　　　　　　　　C. 书面或电话均可

*679. 受日光照射能发生化学反应引起燃烧、爆炸、分解、化合或能产生有毒气体的危险化学品应储存在（　　）级建筑物中，其包装应采取避光措施。

A. 一　　　　　　　　　B. 二　　　　　　　　　C. 三

*680. 危险化学品露天堆放，应符合（　　）的安全要求。

A. 防火、防爆　　　　　　　B. 防辐射　　　　　　　　C. 防中毒

*681. 高效的现代安全生产管理必须在整体规划下明确分工，在分工基础上有效综合，这就是（　　）原则。运用此原则，要求企业管理者在制定整体目标和宏观决策时，必须将安全生产纳入其中。

A. 反馈　　　　　　　　　　B. 封闭　　　　　　　　　C. 整分合

*682. 下列能在常温下自燃的物质是（　　）。

A. 磷　　　　　　　　　　　B. 煤　　　　　　　　　　C. 柴油

*683. 用人单位应当选择由省级以上人民政府卫生行政部门批准的（　　）承担职业健康检查工作。

A. 医疗卫生机构　　　　　　B. 职业卫生技术服务机构　C. 医院

*684. 电流对人体（　　）伤害的危险性最大。

A. 心脏　　　　　　　　　　B. 头部　　　　　　　　　C. 中枢神经

*685. 建设项目的职业病防护设施所需费用应当纳入建设项目工程预算，并与主体工程同时（　　），同时施工，同时投入生产和使用。

A. 审批　　　　　　　　　　B. 规划　　　　　　　　　C. 设计

*686.《中华人民共和国安全生产法》规定，矿山、金属冶炼建设项目和用于生产、储存危险物品的建设项目竣工投入生产或者使用前，应当由（　　）负责组织对安全设施进行验收。

A. 设计单位　　　　　　　　B. 建设单位　　　　　　　C. 施工单位

*687. 爆炸品的包装箱不宜直接在地面上放置，最好铺垫（　　）cm 左右的方木或垫板。

A. 20　　　　　　　　　　　B. 40　　　　　　　　　　C. 50

*688. 下列化合物中，属于氧化剂是（　　）。

A. 过氧化氢　　　　　　　　B. 氢氧化钠　　　　　　　C. 氰化氢

*689. 当受热、撞击或强烈震动时，容器内压力急剧增大，致使容器破裂爆炸，或导致气瓶阀门松动漏气，酿成火灾或中毒事故的危险化学品为（　　）。

A. 爆炸品　　　　　　　　　B. 易燃液体　　　　　　　C. 压缩气体和液化气体

*690. 多数油品温度越低，产生静电越少，但（　　）例外。

A. 汽油　　　　　　　　　　B. 煤油　　　　　　　　　C. 柴油

*691. 未申领《剧毒化学品购买凭证》、《剧毒化学品准购证》、《剧毒化学品公路运输通行证》，擅自购买、通过公路运输剧毒化学品的，公安机关可对其处以（　　）罚款。

A. 一万元以上 3 万元以下　B. 3 万元以上 5 万元以下　C. 5 万元

*692. 根据我国《化学品安全标签编写规定》的规定，混合物安全标签应标出其危险性分类有贡献的主要组分的化学名称或通用名。

A. 生产工艺　　　　　　　　B. 浓度或浓度范围　　　　C. 使用方法

*693. 职业病危害因素达到一定程度，并在一定条件下，使劳动者健康发生损伤称为（　　）。

A. 工伤　　　　　　　　　　B. 职业性损伤　　　　　　C. 劳动伤害

*694. 屏护装置把（　　）同外界隔离开来，防止人体触及或接近。

A. 绝缘体　　　　　　　　　B. 带电体　　　　　　　　C. 电器

*695. 运输危险化学品，应当根据危险化学品的危险特性采取相应的安全防护措施，并配备必要的防护用品和（　　）。

  A. 应急救援器材   B. 生活用品   C. 通讯工具

*696. 在应急救援过程中，根据燃烧物的具体性质，选用合适的（　　）扑灭火灾。

  A. 灭火剂   B. 清洗剂   C. 洗涤剂

*697. 下列（　　）是运用工程技术手段消除物的不安全因素，实现生产工艺和机械设备等生产条件本质安全的措施。

  A. 安全技术措施   B. 安全管理方案   C. 安全保障方案

*698. 占地面积大于 300 m^2 的仓库安全出口不应少于（　　）个。

  A. 4   B. 2   C. 3

*699. 某危险化学品经营公司，经营范围是一般危险化学品，《危险化学品经营许可证》于 2006 年 10 月 30 日到期，尚未申请换证。2007 年 4 月 5 日，装卸工在仓库内搬运货物时，将一瓶甲苯二异氰酸酯（剧毒化学品）撞碎，导致多人中毒。根据上述事实，该公司存在的违规之处不包括（　　）。

  A. 未按期换证

  B. 私自扩大经营范围，经营剧毒化学品

  C. 将一般危险化学品和剧毒化学品不在在同一仓库存放

*700. 危险化学品生产单位在厂内销售本单位生产的危险化学品，（　　）办理经营许可证。

  A. 不需要   B. 必须重新办理   C. 办不办都可以

*701. 日常安全教育班组安全活动每月不少于（　　）次。

  A. 1   B. 2   C. 3

*702. 受日光照射能发生化学反应引起燃烧、爆炸、分解、化合或能产生有毒气体的危险品包装应采取（　　）措施。

  A. 避光   B. 防潮湿   C. 防火

*703.《使用有毒物品作业场所劳动保护条例》规定，用人单位应当依照本条例和其他有关法律、行政法规的规定，采取有效的防护措施，预防（　　）的发生，依法参加工伤保险，保障劳动者的生命安全和身体健康。

  A. 事故   B. 职业中毒事故   C. 火灾

*704.《危险化学品经营企业开业条件和技术要求》适用于中华人民共和国境内从事危险化学品交易配送的（　　）企业。

  A. 内贸   B. 外贸   C. 任何经营

*705. 爆炸品库房内部照明应采用防爆型灯具，开关应设在库房（　　）。

  A. 外面   B. 里面   C. 里、外都行

*706. 输送可燃气体宜采用（　　）。

  A. 潜水泵   B. 磁力泵   C. 液环泵

*707.《使用有毒物品作业场所劳动保护条例》规定，用人单位发生分立、合并、解散、破产等情形的，应当对从事使用有毒物品作业的劳动者进行（　　），并按照国家有关规定妥善安置职业病病人。

A. 健康检查   B. 培训   C. 登记

*708. 隔开储存需要在同一建筑或同一区域内，用（   ），将其与禁忌物料（即化学性质相抵触或灭火方法不同的化学物料）分离开的储存方式。

A. 道路   B. 隔板或墙   C. 厂区

*709. 三级安全教育是指（   ）。

A. 总厂、分厂、车间   B. 集团公司、车间、班组   C. 厂、车间、班组

*710. 炸药引爆所需的初始冲能愈小，说明该炸药（   ）。

A. 愈不敏感   B. 愈敏感   C. 敏感性一般

*711. 危险化学品的托运人不得（   ）。

A. 在普通货物中夹带危险化学品

B. 向承运人说明运输的危险化学品的危害

C. 向承运人说明运输的危险化学品的应急措施

*712. 国家鼓励和支持研制、开发、推广、应用有利于职业病防治和保护劳动者健康的（   ）。

A. 新技术、新工艺、新设备、新原料

B. 新技术、新装置、新设备、新材料

C. 新技术、新工艺、新设备、新材料

*713. 爆炸品禁止使用的灭火剂（   ）。

A. 水   B. 泡沫   C. 沙土盖压

*714.《危险化学品经营企业开业条件和技术要求》规定，易燃液体闪点在（   ）℃以下的，气温高于 28 ℃ 时应在夜间运输。

A. 35   B. 28   C. 25

*715. 对准备脱离所从事的职业病危害作业或者岗位的劳动者，用人单位组织劳动者进行离岗时的职业健康检查应当在劳动者离岗前（   ）日内。

A. 90   B. 60   C. 30

*716. 在劳动过程、生产过程和生产环境中存在的危害劳动者健康的因素，称为（   ）危害因素。

A. 职业病   B. 劳动生理   C. 劳动心理

*717. 化学品安全技术说明书主要用途是（   ）。

A. 指示产品用途   B. 传递安全信息   C. 商品品名标注

*718. 需要向使用者提供危险品事故应急咨询电话的是（   ）。

A. 生产单位   B. 销售单位   C. 安监机构

*719. 易燃可燃液体燃烧的火灾为（   ）类火灾。

A. A   B. B   C. C

*720. 下列（   ）属于物理性危害因素。

A. 生产粉尘   B. 噪声   C. 真菌

*721. 爆炸品应储存在（   ）级轻顶耐火建筑内。

A. 一   B. 二   C. 三

*722. 工程技术对策、教育对策和法制对策即属于（   ）。

A. 本质安全化原则　　　　　B. 因果关系原则　　　　　C. 3E 原则

*723. 我国的职业病防治工作原则是："分类管理、（　　）治理"。

A. 彻底　　　　　　　　　B. 综合　　　　　　　　　C. 分期

*724.《中华人民共和国安全生产法》规定，安全生产工作应当以人为本，坚持（　　）的方针。

A. 安全第一、预防为主

B. 安全第一、预防为主、综合治理

C. 安全第一、以人为本

*725.《危险化学品安全管理条例》规定，（　　）级以上人民政府应当建立危险化学品安全监督管理工作协调机制，支持、督促负有危险化学品安全监督管理职责的部门依法履行职责，协调、解决危险化学品安全监督管理工作中的重大问题。

A. 省　　　　　　　　　　B. 市　　　　　　　　　　C. 县

*726. 危险化学品经营许可证有效期为（　　）年。

A. 一　　　　　　　　　　B. 两　　　　　　　　　　C. 三

*727. 油脂接触纯氧发生燃烧属于（　　）。

A. 闪燃　　　　　　　　　B. 自热自燃　　　　　　　C. 受热自燃

*728. 通常的爆炸极限是在常温、常压的标准条件下测定出来的，它随（　　）的变化而变化。

A. 压力、容积　　　　　　B. 温度、容积　　　　　　C. 压力、温度

*729. 应急预案中（　　）信息应由事故现场指挥部及时准确向新闻媒体通报。

A. 救援　　　　　　　　　B. 事故　　　　　　　　　C. 伤亡

*730.《中华人民共和国突发事件应对法》规定，突发事件应对工作原则为预防为主、（　　）。

A. 预防与应急相结合　　　B. 安全第一　　　　　　　C. 以人为本

*731. 危险、危害因素是指能使人造成伤亡，对物造成（　　），或影响人的身体健康导致疾病，对物造成慢性损坏的因素。

A. 损害　　　　　　　　　B. 损坏　　　　　　　　　C. 突发性损坏

*732. 从事危险化学品批发业务的企业，应具备经（　　）级以上公安、消防部门批准的专用危险品仓库。（自有或租赁）

A. 县　　　　　　　　　　B. 省　　　　　　　　　　C. 国家

*733.《生产安全事故报告和调查处理条例》中，根据生产安全事故造成的人员伤亡或者直接经济损失，事故一般分为（　　）等级。

A. 三　　　　　　　　　　B. 四　　　　　　　　　　C. 五

*734. 根据事故情景，向相关部门或人员发出预警信息，并向有关部门和人员报告事故情况。这在应急演练内容中属于（　　）。

A. 应急准备　　　　　　　B. 应急响应　　　　　　　C. 预警与报告

*735. 对于某一种类的风险，生产经营单位应当根据存在的（　　）和可能发生的事故类型，制订相应的专项应急预案。

A. 重大危险源　　　　　　B. 一般危险源　　　　　　C. 危险目标

*736. 建设项目的防护设施设计，应当经安全生产监督管理部门审查，符合国家职业卫生标准和卫生要求的，方可施工的项目为职业病危害（　　　）。

    A. 严重　　　　　　　　B. 较重和严重　　　　　　C. 一般、较重和严重

*737. 电流通过人体短时间使人致命的最危险的原因是引起（　　　）。

    A. 呼吸麻痹和中止　　　B. 电休克　　　　　　　　C. 心室纤维性颤动

*738. 下例物质中自燃点较低的是（　　　）。

    A. 煤　　　　　　　　　B. 木材　　　　　　　　　C. 硫

*739. 在危险化学品生产或储存区域，如见到以下的标记，表示（　　　）。

    A. 小心着火　　　　　　B. 紧急出口　　　　　　　C. 禁止入内

*740.《全国人民代表大会常务委员会关于修改〈中华人民共和国安全生产法〉的决定》已由中华人民共和国第十二届全国人民代表大会常务委员会第十次会议于2014年8月31日通过，自2014年（　　　）起施行。

    A. 10月1日　　　　　　B. 11月1日　　　　　　　C. 12月1日

*741. 一般来讲（　　　）。

    A. 气体比较容易燃烧，其次是液体，再次是固体

    B. 液体比较容易燃烧，其次是气体，再次是固体

    C. 固体比较容易燃烧，其次是液体，再次是气体

*742. 易燃液体的膨胀系数比较大，灌装时容器内应留有（　　　）%以上空间，不可灌满。

    A. 3　　　　　　　　　B. 5　　　　　　　　　　C. 10

*743. 结合本单位部门职能分工，成立以单位（　　　）为领导的应急预案编制工作组，明确编制任务、职责分工，制定工作计划。

    A. 党政一把手　　　　　B. 主要负责人　　　　　　C. 生产部门领导

*744. 危险化学品的储存必须具备适合储存方式的设施：在同一房间或同一区域内，不同的物料之间分开一定的距离，非禁忌物料间用通道保持空间的储存方式。这种储存方式属于（　　　）储存方式。

    A. 隔离　　　　　　　　B. 隔开　　　　　　　　　C. 分开

*745. 在综合应急演练前，通过安全（　　　），确认演练所需的工具、设备、设施、技术资料以及参演人员到位。

    A. 会议　　　　　　　　B. 检查　　　　　　　　　C. 评审

*746.《中华人民共和国安全生产法》规定，生产经营单位必须建立、健全安全生产责任制度和安全生产规章制度，改善安全生产条件，推进（　　　），提高安全生产水平。

    A. 安全生产标准化建设　　B. 企业安全文化建设

    C. 事故预防体系建设

*747.中华人民共和国境内的各类企业的职工和个体工商户的雇工，均有依照工伤保险条例的规定享受（　　　）保险待遇的权利。

    A. 人身　　　　　　　　B. 医疗　　　　　　　　　C. 工伤

*748. 毒害性危险化学品库房的耐火等级不得低于（　　　）级标准。

    A. 一　　　　　　　　　B. 二　　　　　　　　　　C. 三

*749.《生产安全事故报告和调查处理条例》规定，一般事故，是指造成 3 人以下死亡，或者（　　）重伤（包括急性工业中毒），或者 1 000 万元以下直接经济损失的事故。

  A. 10 人以上   B. 20 人以下   C. 10 人以下

*750.（　　）原则认为，推动安全管理活动的基本力量是人，必须有能够激发人的工作能力的动力。

  A. 激励   B. 动力   C. 能级

*751. 常压下，吸入（　　）%以上氧气时，可能发生氧中毒，长期吸入可发生眼损害甚至失明。

  A. 30   B. 40   C. 50

*752. 在易燃易爆系统抽加盲板时，还要保持系统（　　），防止空气吸入。

  A. 正压   B. 微正压   C. 负压

*753.《生产安全事故报告和调查处理条例》中要求，事故报告应当及时、准确、（　　）。

  A. 完整   B. 详细   C. 全面

*754. 企业应急救援指挥部由（　　）任总指挥；有关副职领导任副总指挥，负责一旦发生事故时应急救援的组织和指挥。

  A. 企业主要负责人   B. 分管安全的领导   C. 工会主席

*755.《危险化学品安全管理条例》规定，生产、储存危险化学品的单位未在作业场所和安全设施、设备上设置明显的安全警示标志，或者未在作业场所设置（　　）装置的，由安全生产监督管理部门责令改正，可以处 5 万元以下的罚款。

  A. 摄录   B. 通信、报警   C. 电器控制

*756.《气瓶安全监察规程》规定，采用车辆运输时，气瓶要妥善固定。立放时，车箱高度在瓶高的（　　）以上。

  A. 1/3   B. 2/3   C. 1/2

*757. 人体直接接触或过分接近正常带电体而发生的触电现象称为（　　）触电。

  A. 间接接触   B. 直接接触   C. 跨步电压

*758. 工伤职工拒不接受劳动能力鉴定的，（　　）享受工伤保险待遇。

  A. 停止   B. 继续   C. 视具体情况而定

*759. 轻金属燃烧的火灾为（　　）类火灾。

  A. D   B. E   C. F

*760. 综合应急预案应当包括本单位的应急组织机构及其职责、预案体系及响应程序、（　　）、应急培训及预案演练等主要内容。

  A. 事故预防及应急保障

  B. 编制依据和目的

  C. 应急预案管理

*761.《安全生产法》规定，危险物品的生产、经营、储存单位以及矿山、金属冶炼、城市轨道交通运营、建筑施工单位应当建立（　　）组织；生产经营规模较小，可以不建立的，应当指定兼职的应急救援人员。

  A. 应急救援   B. 安全   C. 工作

*762. 可燃气体混合物的初始温度越高，使爆炸下限（   ），上限增高，爆炸极限范围增大。

    A. 增高   B. 降低   C. 不变

*763. 在易燃、易爆场所的照明灯具，应使用防爆型或密闭型灯具，在多尘、潮湿和腐蚀性气体的场所，应使用（   ）型灯具。

    A. 开启   B. 保护   C. 密闭

*764.《生产安全事故报告和调查处理条例》规定，重大事故，是指造成（   ）死亡，或者50人以上100人以下重伤（包括急性工业中毒），或者5 000万元以上1亿元以下直接经济损失的事故。

    A. 3人以上10人以下   B. 10人以上30人以下

    C. 30人以上50人以下

*765. 根据演练评估报告中对应急预案的改进建议，由（   ）按程序对预案进行修订完善。

    A. 应急预案执行部门   B. 应急预案编制部门

    C. 演练组织单位

*766. 气瓶发生化学爆炸的主要原因是（   ）。

    A. 气瓶中气体发生混装（可燃气体和氧气）

    B. 气瓶充装过量

    C. 维护不当

*767. 根据《生产安全事故应急预案管理办法》，生产经营单位风险种类多、可能发生多种事故类型的，应当组织编制本单位的（   ）。

    A. 综合应急预案   B. 专项应急预案   C. 现场处置方案

*768. 可燃液体在火源作用下（   ）进行燃烧。

    A. 本身直接   B. 蒸发成蒸气氧化分解   C. 高温液体部分

*769. 没有证据否定职业病危害因素与病人临床表现之间的必然联系的，应当（   ）。

    A. 诊断为职业病   B. 继续进行医学观察

    C. 进行流行病学现场调查

*770.《生产安全事故报告和调查处理条例》规定，特别重大事故，是指造成30人以上死亡，或者100人以上重伤（包括急性工业中毒），或者（   ）直接经济损失的事故。

    A. 1亿元以下   B. 1亿元以上   C. 2亿元以上

*771. 高压下存放的乙烯、乙炔发生的爆炸属于（   ）爆炸。

    A. 简单分解   B. 物理   C. 气体混合

*772.《气瓶安全监察规程》规定，盛装惰性气体的气瓶，每（   ）年检验一次。

    A. 1   B. 3   C. 5

*773. 目前我国职业病发病率最高的是（   ）。

    A. 尘肺病   B. 食物中毒   C. 噪声聋

*774. 氧气瓶及强氧化剂气瓶瓶体及瓶阀处，必须杜绝沾有（   ）。

    A. 油污   B. 水珠   C. 漆色

*775. 已经取得经营许可证的企业不再具备法律、法规和本办法规定的安全生产条件的，责令改正；逾期不改正的，责令停产停业整顿；经停产停业整顿仍不具备法律、法规、规章、国家标准和行业标准规定的安全生产条件的，（　　）其经营许可证。

  A. 暂扣   B. 吊销   C. 没收

*776. 管道内表面越光滑，液体产生的静电荷（　　）。

  A. 越多   B. 越少   C. 不变

*777. 剧毒化学品以及储存数量构成重大危险源的其他危险化学品，储存单位应当将其储存数量、地点以及管理人员的情况，报所在地县级人民政府安全生产监督管理部门和（　　）备案。

  A. 公安机关   B. 质检部门   C. 环保部门

*778. 一般情况下杂质会（　　）静电的趋势。

  A. 增加   B. 降低   C. 不影响

*779. 应急救援总指挥负责组织指挥企业的（　　）。

  A. 预案演练   B. 预案修订   C. 应急救援

*780. 易燃液体灌装时应控制流速，其流速不得超过 3 m/s，其原因是（　　）。

  A. 防溢出   B. 防温度升高   C. 防静电

*781. 在管理中心必须把人的因素放在首位，体现以人为本的指导思想，这就是人本原理，不属于以人为本的含义是（　　）。

  A. 一切管理活动都是以人为本展开的

  B. 管理活动中，作为管理对象的要素和管理系统各环节，都需要人掌管、运作、推行和实施

  C. 人是管理的主体，并不是管理的客体

*782. 压缩气体和液化气体必须与爆炸物品、氧化剂、易燃物品、自燃物品、腐蚀性物品（　　）储存。

  A. 隔开   B. 隔离   C. 分离

*783. （　　）是防止雷电波的防护装置，主要用来保护电力设备和电力线路，也用作防止高压电侵入室内的安全措施。

  A. 避雷针   B. 避雷线   C. 避雷器

*784. 在应急救援过程中，根据现场的实际情况，利用抢险车上的器材和堵漏工具，灵活运用不同的堵漏方法对容器、管道实施（　　）。

  A. 清洁   B. 破拆   C. 堵漏

*785. 危险化学品经营单位许可范围发生变化的，应当（　　）办理经营许可证。

  A. 不需   B. 重新申请   C. 事后重新申请

*786. 安全生产监督管理部门和负有安全生产监督管理职责的有关部门逐级上报事故情况，每级上报的时间不得超过（　　）小时。

  A. 2   B. 6   C. 12

*787. 根据生产安全事故造成的人员伤亡或者直接经济损失，特别重大事故是指造成（　　）人以上死亡。

  A. 10   B. 30   C. 50

*788. 低、中闪点液体、一级易燃固体、自燃物品、压缩气体和液化气体类应储存于（   ）级耐火建筑的库房内。

    A. 一　　　　　　　　　　B. 二　　　　　　　　　　C. 三

*789.《使用有毒物品作业场所劳动保护条例》规定，使用有毒物品作业的用人单位应当为从事使用有毒物品作业的劳动者提供符合国家职业卫生标准的（   ），并确保劳动者正确使用。

    A. 设备　　　　　　　　　B. 防护用品　　　　　　　C. 工具

*790. 在危险化学品生产或储存区域，如见到以下的标记，表示（   ）。

    A. 易破碎物品　　　　　　B. 怕晒物品　　　　　　　C. 怕雨

*791. TN 供电系统指的是（   ）系统。

    A. 保护接地　　　　　　　B. 保护接零　　　　　　　C. 工作接地

*792. 工房内防静电的措施不包括（   ）。

    A. 造潮　　　　　　　　　B. 通风　　　　　　　　　C. 降温

*793. 氢气瓶的规定涂色为（   ）。

    A. 淡绿　　　　　　　　　B. 淡黄　　　　　　　　　C. 紫色

*794. 各类危险品（   ）与禁忌物料混合贮存。

    A. 允许　　　　　　　　　B. 可以　　　　　　　　　C. 不得

*795. 甲类物品仓库与场外道路路边的防火间距不应小于（   ）m。

    A. 10　　　　　　　　　　B. 15　　　　　　　　　　C. 20

*796. 化学品安全标签内容由（   ）部分组成。

    A. 8　　　　　　　　　　B. 9　　　　　　　　　　C. 11

*797. 可能产生职业病危害的化学品、放射性同位素和含有放射性物质的材料的产品包装应当有醒目的（   ）。

    A. 警示标识和中文警示说明　　　B. 告知牌　　　　　C. 标识

*798. 爆炸下限小于 10% 的气体属于（   ）类可燃性危险物品。

    A. 甲　　　　　　　　　　B. 乙　　　　　　　　　　C. 丙

*799. 安全管理制度是企业为了实现安全生产，依据国家有关法律法规和行业标准，结合（   ），对企业各项安全管理工作所做的规定。

    A. 目标、措施　　　　B. 生产、经营的安全生产实际　　　C. 政策、方针

*800. 劳动者离开用人单位时，有权索取本人职业健康监护档案复印件，用人单位应当如实、无偿提供，并在所提供的复印件上（   ）。

    A. 盖章　　　　　　　　　B. 签字　　　　　　　　　C. 签章

*801. 某建材商店地下涂料仓库内，存放大量不合格的"三无"产品聚氨酯涂料（涂料是苯系物）。地下仓库内虽有预留通风口，但通风差，无动力排风设施。某日，进入库房作业时1名工人昏倒在地，一同作业的另2名工人，在救助时也昏倒在地。经救援人员将中毒的3名工人送往医院，其中两人经抢救无效死亡。事后，又有2名在地下仓库作业的工人，发现有中毒症状，被送到医院住院治疗。根据上述事实，该涂料仓库内存放的"三无"产品聚氨酯涂料挥发出的苯蒸气的毒性属于（   ）。

    A. 低毒　　　　　　　　　B. 中毒　　　　　　　　　C. 高毒

*802. 运输爆炸品时必须经（　　）管理部门批准，按规定的行车时间和路线凭准运证方可起运。

    A. 交通　　　　　　　　B. 公安　　　　　　　　C. 地方行政

*803. 人本原理体现了以人为本的指导思想，（　　）不是人本原理中的原则。

    A. 安全第一原则　　　　B. 动力原则　　　　　　C. 能级原则

*804. 乙炔气瓶与氧气瓶存放时不得少于（　　）m，使用时两者的距离不得少于（　　）m。

    A.1、2　　　　　　　　B.1.5、3　　　　　　　C.2、5

*805.《危险化学品安全管理条例》规定，剧毒化学品道路运输通行证管理办法由国务院（　　）部门制定。

    A. 安监　　　　　　　　B. 公安　　　　　　　　C. 质检

*806. 包装按包装容器的耐变形能力分为（　　）。

    A. 运输包装和销售包装　　B. 内包装和外包装　　C. 软包装和硬包装

*807. 对使用期限超过（　　）年的任何类型液化石油气钢瓶，登记后不予检验，按报废处理。

    A. 5　　　　　　　　　　B.10　　　　　　　　　C.15

*808. 下列（　　）爆炸属于物理爆炸。

    A. 锅炉　　　　　　　　B. 面粉　　　　　　　　C. 乙炔

*809. 危险化学品的泄漏处理包括（　　）、泄漏物处理、危害监测。

    A. 危化品保护　　　　　B. 泄漏源控制　　　　　C. 周边的警戒

*810. 危险化学品生产单位销售本单位生产的危险化学品，在厂外设立销售网点，（　　）办理经营许可证。

    A. 不再　　　　　　　　B. 需要　　　　　　　　C. 根据产品性质确定是否

*811. 危险化学品露天储存时通道宽度（　　）m。

    A.3.5~4　　　　　　　B.4~6　　　　　　　　C.6~10

*812. 甲烷与（　　）能形成爆炸性混合物。

    A. 水蒸气　　　　　　　B. 二氧化碳　　　　　　C. 空气

*813. 某加油站汽油加油机的吸管止回阀发生故障，加油员张某请来农机站修理工进行修理，修理完毕后修理工离开，张某与另一闲杂人员周某滞留在罐室。因张某打火机掉落地上，周某拣起打火机后，随手打火，检修中溢出的汽油气体遇火引起爆燃。造成2人死亡。根据上述情况，检修中溢出的汽油气体发生爆燃，必须达到（　　）。

    A. 爆炸上限　　　　　　B. 爆炸极限　　　　　　C. 浓度

*814. 钾、钠等活泼金属绝对不允许露置空气中，必须浸没在（　　）中保存，容器不得渗漏。

    A. 煤油　　　　　　　　B. 溶液　　　　　　　　C. 水

*815. 根据我国《化学品安全标签编写规定》的规定，混合物安全标签当需要标出的组分较多时，组分个数以不超过（　　）为宜。

    A.5个　　　　　　　　B.8个　　　　　　　　C.10个

*816. 应急救援过程中，救援人员在做好自身防护的基础上，应快速（   ），控制事故发展。

  A. 实施救援   B. 全面防护   C. 了解事故

*817. 当冲击感度超过（   ）%的物质称为爆炸物质。

  A. 1   B. 2   C. 0.1

*818. 以下不属于安全教育培训方法的是（   ）。

  A. 讨论法   B. 讲授法   C. 读书指导法

*819. 水是最常用的灭火剂，主要作用是（   ）。

  A. 冷却降温   B. 隔离   C. 窒息

*820. 2007 年 5 月 22 日，某大学学生常某为报复同宿舍的同学，以非法手段从经营剧毒品的朋友处获取了 250 g 剧毒物质硝酸铊。5 月 29 日下午 4 时许，常某用注射器分别向受害人牛某、李某、石某的茶杯中注入硝酸铊，导致 3 名学生铊中毒。根据以上情况，铊中毒属于（   ）。

  A. 物理因素所致职业病   B. 其他职业病   C. 职业中毒

*821. 装设（   ）主要用来防直击雷，保护露天变配电设备、建筑物和构筑物。

  A. 避雷针   B. 避雷线   C. 避雷器

*822. 在危险化学品生产或储存区域，如见到以下的标记，表示（   ）。

  A. 必须戴防护眼镜   B. 必须佩戴防尘口罩

  C. 必须戴防毒面具

*823. 根据《工伤保险条例》，职工工作时间前后在工作场所内，从事与工作有关的预备性或者收尾性工作受到事故伤害的，（   ）认定为工伤。

  A. 应当   B. 不得   C. 视具体情况而定

*824. 某地一化工建材公司主要经营丙烯酸、稀释剂、二甲苯、铁红等化工原料。2006年 6 月 19 日，店内储存的二甲苯溶剂泄漏，形成的爆炸混合气体与员工取暖使用煤炉处的明火接触，发生爆燃引发火灾。过火面积 60 m^2。根据上述情况，该企业对建筑消防设施每（   ）至少进行一次全面检测，确保完好有效，检测记录应当完整准确，存档备查。

  A. 半年   B. 一年   C. 两年

*825. 根据《建筑设计防火规范》的要求，爆炸品应储于（   ）级耐火建筑内。

  A. 一   B. 二   C. 三

*826. 下列选项（   ）属于自燃物品。

  A. 白磷   B. 红磷   C. 黑磷

*827. 危险化学品仓库按其使用性质和经营规模分为 3 种类型：大型仓库、中型仓库、小型仓库。中型仓库或货场是指总面积（   ）m^2。

  A. 550～9 000   B. 500～10 000   C. 900～9 000

*828. 铁路发送剧毒品禁止（   ）。

  A. 在铁路总公司批准的剧毒品办理站或专用线，专用铁路办理剧毒品发送

  B. 办理剧毒品的零担发送业务

  C. 采用毒品专用车、企业自备车和企业自备集装箱运输

*829. 按照《化学品安全技术说明书编写规定》的要求，化学品主要成分为（   ），要

填写有害组分的品名和浓度范围。

    A. 混合物　　　　　　　　B. 纯品　　　　　　　　C. 有机物

*830. 企业应制订重大危险源应急救援预案，配备必要的救援器材、装备，每年至少进行（　　）次重大危险源应急救援预案演练。

    A. 1　　　　　　　　　　　B. 2　　　　　　　　　　C. 3

*831. 安全色蓝色的含义为（　　）。

    A. 禁止、停止、危险的信息

    B. 必须遵守规定的指令性信息

    C. 注意、警告的信息

*832.（　　）是把被保护对象与意外释放的能量或危险物质等隔开，属于防止事故发生和减少事故损失的安全技术措施。

    A. 隔离　　　　　　　　　　B. 隔开　　　　　　　　C. 分离

*833. 要充分利用好国家在安全生产和应急救援方面的投入政策，管好用好资金，坚持（　　）原则，充分发挥投资效益。

    A. 节约办事　　　　　　　　B. 建设与节约并重　　　C. 利旧与新建并重

*834. 对重复使用的危险化学品包装物、容器在使用前，应当进行检查，并作出记录；检查记录应当至少保存（　　）年。

    A. 一　　　　　　　　　　　B. 二　　　　　　　　　C. 半

*835. 危险化学品的储存必须具备适合储存方式的设施：在不同的建筑物或远离所有的外部区域内的储存方式。这种储存方式属于（　　）储存方式。

    A. 隔离　　　　　　　　　　B. 隔开　　　　　　　　C. 分离

*836.《危险化学品安全管理条例》规定，危险化学品单位应当制订本单位危险化学品事故应急预案，配备应急救援人员和必要的应急救援器材、设备，并定期组织应急救援（　　）。

    A. 演练　　　　　　　　　　B. 学习　　　　　　　　C. 讲解

*837.《中华人民共和国消防法》规定，建设工程的消防设计、施工必须符合（　　）工程建设消防技术标准。

    A. 省级　　　　　　　　　　B. 行业　　　　　　　　C. 国家

*838. 根据《建筑设计防火规范》的要求，低、中闪点液体、一级易燃固体、自燃物品、压缩气体和液化气体类危险化学品应储存于（　　）级耐火建筑的库房内。

    A. 一　　　　　　　　　　　B. 二　　　　　　　　　C. 三

*839. 氧气不属于（　　）。

    A. 氧化剂　　　　　　　　　B. 助燃物　　　　　　　C. 可燃物

*840. 安全生产监督管理部门和负有安全生产监督管理职责的有关部门接到特别重大事故和重大事故报告后，应当逐级上报（　　）安全生产监督管理部门和负有安全生产监督管理职责的有关部门。

    A. 地市级人民政府

    B. 省、自治区、直辖市人民政府

    C. 国务院

*841. 企业应急预案的编制要做到（　　），使预案的制订过程成为隐患排查治理的过程

和全员应急知识培训教育的过程。

    A. 专家参与　　　　　　　B. 领导参与　　　　　　　C. 全员参与

*842. 不属于燃烧三要素的是（　　）。

    A. 点火源　　　　　　　　B. 可燃性物质　　　　　　C. 阻燃性物质

*843. 按照《危险化学品安全管理条例》的规定，（　　）不得购买剧毒化学品（属于剧毒化学品的农药除外）和易制爆危险化学品。

    A. 医疗单位　　　　　　　B. 个人　　　　　　　　　C. 科研单位

*844. 在使用放射性物品的工作场所，不应（　　）。

    A. 铺设耐酸防滑地面，排废水设施

    B. 饮食和吸烟

    C. 在溢出有毒烟气区配置抽风装

*845. 危险化学品的（　　）单位，应当在危险化学品的包装内附有与危险化学品完全一致的化学品安全技术说明书，并在包装（包括外包装件）上加贴或者拴挂与包装内危险化学品完全一致的化学品安全标签。

    A. 生产　　　　　　　　　B. 经营　　　　　　　　　C. 储存

*846. （　　）是消除静电危害最常见的方法。

    A. 屏蔽　　　　　　　　　B. 接地　　　　　　　　　C. 增湿

*847.《易制毒化学品管理条例》规定，（　　）不得购买第一类、第二类易制毒化学品。

    A. 单位　　　　　　　　　B. 企业　　　　　　　　　C. 个人

*848. 安全色红色的含义为（　　）。

    A. 禁止、停止、危险的信息

    B. 必须遵守规定的指令性信息

    C. 注意、警告的信息

*849.《安全生产法》规定，生产经营单位的（　　）必须按照国家有关规定经专门的安全作业培训，取得相应资格，方可上岗作业。

    A. 班组长　　　　　　　　B. 岗位工人　　　　　　　C. 特种作业人员

*850.《气瓶安全监察规程》规定，低温绝热气瓶，每（　　）年检验一次。

    A. 1　　　　　　　　　　B. 3　　　　　　　　　　C. 5

*851. 易燃易爆性危险化学品库房的耐火等级不得低于（　　）级标准。

    A. 一　　　　　　　　　　B. 二　　　　　　　　　　C. 三

*852. 介质对压力容器的破坏主要是由于（　　）。

    A. 腐蚀　　　　　　　　　B. 易燃　　　　　　　　　C. 有毒

*853. 腐蚀性危险化学品库房的耐火等级不得低于（　　）级标准。

    A. 一　　　　　　　　　　B. 二　　　　　　　　　　C. 三

*854. 生产过程职业病危害因素中的（　　）属于化学因素。

    A. 病毒　　　　　　　　　B. 真菌　　　　　　　　　C. 有毒物质

*855. 按安全生产绩效颁发奖金是对人本原理的（　　）的应用。

    A. 动力原则和能级原则

    B. 动力原则和激励原则

C．激励原则和能级原则

*856．锅炉严重缺水时可采取以下措施（　　）。

A．缓慢进水

B．严禁向锅炉内上水，应该采取紧急停炉措施

C．开安全阀快速降压

*857．《中华人民共和国安全生产法》规定，生产经营单位发生生产安全事故时，单位的（　　）应当立即组织抢救，并不得在事故调查处理期间擅离职守。

A．现场负责人　　　　　　B．主要负责人　　　　　C．安全管理人员

*858．《压力容器安全技术监察规程》规定，容器内部有（　　）时，不得进行任何修理。

A．压力　　　　　　　　　B．温度　　　　　　　　C．杂质

*859．用人单位已经不存在或者无法确认劳动关系的职业病病人，申请医疗救助和生活等方面的救助可以向地方人民政府（　　）。

A．所在地卫生行政部门　　B．劳动保障行政部门　　C．民政部门

*860．电缆经过易燃易爆及腐蚀性气体场所敷设时，应（　　）。

A．穿管保护，管口保护　　B．用防腐型电缆　　　　C．直接埋设

*861．职业安全健康管理体系的建立与保持，可以全面提高企业的安全管理水平，在事故管理表现为（　　）。

A．事故处理　　　　　　　B．事故预防　　　　　　C．事故的"四不放过"

*862．危险化学品专用仓库不符合国家标准、行业标准的要求的，经停产停业整顿仍不具备法律、法规、规章、国家标准和行业标准规定的安全生产条件的，（　　）其经营许可证。

A．暂扣　　　　　　　　　B．吊销　　　　　　　　C．没收

*863．人们在生产和生活中为防御各种职业危害和伤害而在劳动过程中穿戴和配备的各种用品的总称称为（　　）防护用品。

A．特种　　　　　　　　　B．一般　　　　　　　　C．个人劳动

*864．没有建立专职应急救援队的危险化学品企业必须与邻近的具备相应能力的专业救援队签订应急（　　）。

A．合同　　　　　　　　　B．意向书　　　　　　　C．救援协议

*865．根据国家《职业性接触毒物危害程度分级》，职业性接触毒物可分为（　　）个级别。

A．3　　　　　　　　　　　B．4　　　　　　　　　　C．5

*866．国家标准《危险货物分类和品名编号》及《危险货物品名表》，按危险货物具有的危险性将危险货物分为（　　）类。

A．7　　　　　　　　　　　B．8　　　　　　　　　　C．9

*867．如果触电者伤势严重，呼吸停止或心脏停止跳动，应竭力施行（　　）和胸外心脏按压。

A．按摩　　　　　　　　　B．点穴　　　　　　　　C．人工呼吸

*868．根据我国《化学品分类和危险性公示　通则》的规定，压力下气体包括压缩气体、液化气体、（　　）、冷冻液化气体。

A．溶解液体　　　　　　　B．有毒气体　　　　　　C．挥发性可燃液体

A. 有毒　　　　　　　　B. 助燃　　　　　　　　C. 窒息

*869. 应当组织开展重点职业病监测和专项调查，对职业健康风险进行评估，为制定职业卫生标准和职业病防治政策提供科学依据的为（　　）。

A. 国家安全生产监督管理部门

B. 国务院卫生行政部门

C. 国务院劳动保障行政部门

*870. 大中型危险化学品仓库应选址在远离市区和居民区的（　　）。

A. 当地主导风向的上风向和河流上游的地域

B. 当地主导风向的上风向和河流下游的地域

C. 当地主导风向的下风向和河流下游的地域

*871. 易燃固体的着火点一般都在（　　）℃ 以下。

A. 100　　　　　　　　B. 200　　　　　　　　C. 300

*872. 某煤气公司液化石油气储罐区发生液化石油气泄漏燃爆事故。事发当天 16 时 38 分，接班巡线职工检查发现，白茫茫的雾状液化气带着呼啸声从罐区容积 400 m³ 的 11 号球罐底部喷出。虽经单位职工及当地消防队员奋力抢险，最终还是在 18 时 50 分发生第一次爆炸，造成参加现场抢险人员中的 12 人当场死亡，31 人受伤。19 时 25 分，11 号球罐再次发生爆炸，20 时，12 号球罐也发生爆炸，引发邻近 3 台 100 m³ 卧罐安全阀排放、着火燃烧。此次燃爆事故烧毁 400 m³ 球罐 2 台，100 m³ 卧罐 4 台，燃损槽车 7 辆，炸毁配电室、水泵房等建筑物，直接经济损失 477 万元。根据上述情况，依据《生产安全事故报告和调查处理条例》，本事故属于（　　）事故。

A. 特别重大　　　　　　B. 重大　　　　　　　　C. 较大

*873. （　　）是事故隐患排查治理和防控的责任主体。

A. 安全监管监察部门　　B. 生产经营单位　　　　C. 政府有关部门

*874. 化学品安全技术说明书的内容包括（　　）部分。

A. 18　　　　　　　　　B. 17　　　　　　　　　C. 16

*875. 按照《建筑设计防火规范》对储存物品（易燃易爆性商品）的火灾危险性分类标准，闪点≥60 ℃ 的液体属（　　）类危险物。

A. 甲　　　　　　　　　B. 乙　　　　　　　　　C. 丙

*876. 用人单位应当建立、健全（　　），加强对职业病防治的管理，提高职业病防治水平，对本单位产生的职业病危害承担责任。

A. 职业病防治责任制　　B. 管理制度　　　　　　C. 应急预案

*877. 气体扩散燃烧的速度决定于（　　）。

A. 氧化反应的本身　　　B. 气体的扩散速度　　　C. 火焰的温度

*878. 经营进口化学品的企业，应负责向供应商索取最新的（　　）安全技术说明书。

A. 英文　　　　　　　　B. 中文　　　　　　　　C. 日文

*879. 储存危险化学品的建筑通排风系统的通风管应采用（　　）材料制作。

A. 易燃　　　　　　　　B. 非燃烧　　　　　　　C. 木质

*880. 用人单位应当及时将职业健康检查结果及职业健康检查机构的建议以（　　）形式如实告知劳动者。

　　　　　A. 书面　　　　　　　　　B. 电子邮件　　　　　　　C. 通知

*881. 评估报告重点对演练活动的组织和实施、演练目标的实现、参演人员的表现以及（　　）进行评估。

　　　　　A. 演练中暴露的问题　　　B. 好人好事　　　　　　　C. 成功和欠缺之处

*882. （　　）指因危险性质、数量可能引起事故的危险化学品所在场所或设施。

　　　　　A. 一般危险源　　　　　　B. 重大危险源　　　　　　C. 危险目标

*883. 燃烧是放热发光的（　　）反应。

　　　　　A. 氧化还原　　　　　　　B. 还原　　　　　　　　　C. 物理

*884.《易制毒化学品购销和运输管理办法》规定，运输易制毒化学品，应当由（　　）向公安机关申请运输许可证或者进行备案。

　　　　　A. 购货方　　　　　　　　B. 货主　　　　　　　　　C. 承运单位

*885. 压缩气体和液化气体必须与爆炸物品、氧化剂、易燃物品、自燃物品、腐蚀性物品（　　）储存。

　　　　　A. 隔离　　　　　　　　　B. 分离　　　　　　　　　C. 单独

*886.《使用有毒物品作业场所劳动保护条例》规定，存在高毒作业的建设项目的职业中毒危害防护设施设计，应当经（　　）部门进行卫生审查；经审查，符合国家职业卫生标准和卫生要求的，方可施工。

　　　　　A. 卫生行政　　　　　　　B. 安监　　　　　　　　　C. 公安

*887. 当事人对职业病诊断有异议的，申请鉴定可以向作出诊断的医疗卫生机构所在地地方人民政府（　　）。

　　　　　A. 安全生产监督管理部门

　　　　　B. 劳动人事争议仲裁委员会

　　　　　C. 卫生行政部门

*888. 国家标准《化学品安全技术说明书编写规定》中，SDS 表示的意思是（　　）。

　　　　　A. 化学品安全技术说明书

　　　　　B. 化学品安全标签

　　　　　C. 化学品质量证书

*889. 爆炸物品（　　）单独隔离限量储存。

　　　　　A. 不准　　　　　　　　　B. 必须　　　　　　　　　C. 根据具体情况而定

*890. 电石遇水会生成（　　）并放出热量。

　　　　　A. 氢气　　　　　　　　　B. 甲烷　　　　　　　　　C. 乙炔

*891. 贮存化学品的仓库有（　　）要求。

　　　　　A. 不得同时存放酸与碱

　　　　　B. 同时存放酸与碱

　　　　　C. 任意存放各类化学品

*892. 生产经营单位的安全生产责任制的实质是（　　）。

　　　　　A. 安全生产，人人有责

　　　　　B. 安全第一，预防为主

　　　　　C. 管生产必须同时管安全

*893. 应急演练（　　）下达演练开始指令后，参演单位和人员按照设定的事故情景，实施相应的应急响应行动，直至完成全部演练工作。

    A. 总指挥　　　　　　　　B. 总导演　　　　　　　　C. 安全总监

*894. 一般情况下，压力容器的构件不允许发生（　　）变形。

    A. 弹性　　　　　　　　　B. 塑性　　　　　　　　　C. 刚性

*895. 爆炸物品、一级易燃物品、遇湿燃烧物品、剧毒物品（　　）露天堆放。

    A. 可以　　　　　　　　　B. 允许　　　　　　　　　C. 不得

*896. 工伤保险基金逐步实行（　　）级统筹。

    A. 省　　　　　　　　　　B. 市　　　　　　　　　　C. 县

*897. 职业病诊断、鉴定过程中，在确认劳动者职业史、职业病危害接触史时，当事人对劳动关系、工种、工作岗位或者在岗时间有争议的，申请仲裁可以向当地的（　　）。

    A. 安全生产监督管理部门

    B. 劳动人事争议仲裁委员会

    C. 卫生行政部门

*898. 建设项目在竣工验收前，建设单位应当进行职业病危害（　　）。

    A. 检测与评价　　　　　　B. 控制效果评价　　　　　C. 现状评价

*899. 危险化学品存在的主要危险是（　　）。

    A. 火灾、爆炸、中毒、灼伤及污染环境

    B. 火灾、爆炸、中毒、腐蚀及污染环境

    C. 火灾、爆炸、感染、腐蚀及污染环境

*900. 《安全生产法》规定，矿山、金属冶炼、建筑施工、道路运输单位和危险物品的生产、经营、储存单位，应当设置（　　）机构或者配备专职安全生产管理人员。

    A. 办事　　　　　　　　　B. 安全生产管理　　　　　C. 专门

*901. 从事危险化学品零售业务的店面内只许存放（　　）的危险化学品，其存放总量不得超过1吨。

    A. 民用小包装　　　　　　B. 工业用小包装　　　　　C. 民用大包装

*902. 气体燃烧的火灾为（　　）类火灾。

    A. A　　　　　　　　　　B. B　　　　　　　　　　C. C

*903. 发生汽水共腾的主要原因是（　　）。

    A. 炉水含盐量太低　　　　B. 炉水 pH 值太低　　　　C. 炉水含盐量太高

*904. 特种设备在投入使用前或者投入使用后（　　）日内，特种设备使用单位应当向直辖市或者设区的市的特种设备安全监督管理部门登记。

    A. 30　　　　　　　　　　B. 45　　　　　　　　　　C. 60

*905. 职工因工作遭受事故伤害或者患职业病需要暂停工作接受工伤医疗的，在停工留薪期内原（　　）待遇不变，由所在单位按月支付。

    A. 工伤或职业病　　　　　B. 工资和医疗　　　　　　C. 工资福利

*906. 在应急救援过程中，为了更好地维护危险区及其附近地区的（　　），还应及时利用通告、广播等形式将事故的有关情况及处置措施向群众通报，通过宣传教育，稳定群众情绪，严防由于群众恐慌或各种谣传引起社会混乱。

A. 社会秩序　　　　　　　　B. 公共卫生　　　　　　　　C. 公共环境

*907. 生产经营单位内部一旦发生危险化学品事故，单位负责人必须立即按照本单位制订的（　　）组织救援。

A. 工作计划　　　　　　　　B. 控制措施　　　　　　　　C. 应急救援预案

*908. 用人单位工作场所存在职业病目录所列职业病的危害因素的，应当及时、如实向（　　）部门申报危害项目。

A. 所在地安全生产监督管理

B. 所在地卫生行政

C. 设区的市级卫生行政

*909. 危险化学品（　　）的安全管理，适用《危险化学品安全管理条例》。

A. 生产、包装、经营、储存、运输

B. 经营、进口、储存、运输、使用

C. 生产、储存、使用、经营和运输

*910. 国务院安全生产监督管理部门和负有安全生产监督管理职责的有关部门以及省级人民政府接到发生特别重大事故、重大事故的报告后，应当立即报告（　　）。

A. 人民检察院　　　　　　　B. 公安机关　　　　　　　　C. 国务院

*911. 企业要充分利用和整合调度指挥、监测监控、办公自动化系统等现有信息系统建立应急（　　）。

A. 平台　　　　　　　　　　B. 指挥体系　　　　　　　　C. 响应中心

*912. 毒害性、腐蚀性危险化学品库房的耐火等级不得低于（　　）级。

A. 一　　　　　　　　　　　B. 二　　　　　　　　　　　C. 三

*913. 危险化学品道路运输企业、水路运输企业应当配备（　　）安全管理人员。

A. 专职　　　　　　　　　　B. 兼职　　　　　　　　　　C. 专职兼职都可以

*914. 下列（　　）对本岗位的安全生产负直接责任。

A. 班组长　　　　　　　　　B. 岗位工人　　　　　　　　C. 基层技术人员

*915. 危险化学品零售业务店面单一品种存放量不能超过（　　）kg。

A. 200　　　　　　　　　　B. 500　　　　　　　　　　C. 1 000

*916. 甲、乙、丙类液体仓库应设置防止（　　）的设施。

A. 隔油　　　　　　　　　　B. 水浸渍　　　　　　　　　C. 液体流散

*917.《危险货物运输包装通用技术条件》规定，（　　）类包装适用于具有的危险小、包装强度要求一般的货物。

A. I　　　　　　　　　　　B. II　　　　　　　　　　　C. III

*918. 危险化学品经营单位仓储经营的企业异地重建的，应当（　　）办理经营许可证。

A. 不需　　　　　　　　　　B. 重新申请　　　　　　　　C. 事后重新申请

*919. 只要事故的因素存在，发生事故是必然的，只是时间或早或迟而已，这就是（　　）原则。

A. 偶然损失　　　　　　　　B. 必然损失　　　　　　　　C. 因果关系

*920. 生产过程职业病危害因素中的（　　）属于物理因素。

A. 矽尘　　　　　　　　　　B. 布氏杆菌　　　　　　　　C. X 射线

*921. 对于危险性较大的重点岗位，生产经营单位应当制订重点工作岗位的（　　）。

　　A. 综合应急预案　　　　B. 专项应急预案　　　　C. 现场处置方案

*922. 危险化学品单位应当将其危险化学品事故应急预案报所在地设区的市级人民政府安全生产监督管理部门（　　）。

　　A. 评审　　　　　　　　B. 备案　　　　　　　　C. 发布

*923. 有机过氧化物按其危险性的大小划分为（　　）种类型。

　　A. 6　　　　　　　　　B. 7　　　　　　　　　C. 8

*924. 根据生产安全事故造成的人员伤亡或者直接经济损失，重大事故是指造成（　　）直接经济损失的事故。

　　A. 500 万元以上 1 000 万元以下

　　B. 1 000 万元以上 5 000 万元以下

　　C. 5 000 万元以上 1 亿以下

*925.《安全生产法》规定，矿山、金属冶炼建设项目和用于生产、储存、装卸危险物品的建设项目，应当分别按照国家有关规定进行（　　）条件论证和安全评价。

　　A. 安全　　　　　　　　B. 生产　　　　　　　　C. 设备

*926. 企业负责人应每月至少参加（　　）次班组安全活动

　　A. 1　　　　　　　　　B. 2　　　　　　　　　C. 3

*927. 根据生产安全事故造成的人员伤亡或者直接经济损失，重大事故是指造成（　　）死亡。

　　A. 3 人以上 10 人以下　　B. 10 人以上 30 人以下

　　C. 10 人以上 60 人以下

*928. 在应急救援过程中，物资供应部门负责抢险和抢救物资的（　　）等工作。

　　A. 供销　　　　　　　　B. 供应　　　　　　　　C. 供应和保障

*929. 应急救援人员要通过考核证实能胜任所担任的（　　），才能上岗。

　　A. 应急任务　　　　　　B. 重要任务　　　　　　C. 任务

*930. 安全生产监督管理部门和负有安全生产监督管理职责的有关部门接到事故报告后，应当同时报告本级（　　）。

　　A. 工会　　　　　　　　B. 公安机关　　　　　　C. 人民政府

*931. 生产经营单位应当组织开展本单位的应急预案（　　），使有关人员了解应急预案内容，熟悉应急职责、应急程序和岗位应急处置方案。

　　A. 培训活动　　　　　　B. 编制　　　　　　　　C. 演练

*932. 在同一房间或同一区域内，不同物品之间分开一定的距离，非禁忌物料之间用通道保持空间的储存方式，属于（　　）储存。

　　A. 隔开　　　　　　　　B. 隔离　　　　　　　　C. 分离

*933.《中华人民共和国职业病防治法》规定（　　）必须依法参加工伤社会保险。

　　A. 单位职工　　　　　　B. 用人单位　　　　　　C. 劳动者

*934. 装卸危险化学品使用的工具应能防止（　　）。

　　A. 锈蚀　　　　　　　　B. 产生火花　　　　　　C. 折断

*935.《危险化学品安全管理条例》规定，（　　）不得在托运的普通货物中夹带危险化学品，不得将危险化学品匿报或者谎报为普通货物托运。

    A. 托运人　　　　　　　　B. 运输单位　　　　　　　　C. 承运人

*936. 比较适于扑灭电气设备火灾的是（　　）。

    A. 水　　　　　　　　　　B. 二氧化碳　　　　　　　　C. 沙石

*937. 易燃易爆性危险化学品库房的耐火等级不得低于（　　）级。

    A. 一　　　　　　　　　　B. 二　　　　　　　　　　　C. 三

*938.（　　）就是生产经营单位的生产管理者、经营者，为实现安全生产目标，按照一定的安全管理原则，科学地组织、指挥和协调全体员工进行安全生产的活动。

    A. 安全生产　　　　　　　B. 安全管理　　　　　　　　C. 安全生产管理

*939. 由于小量毒物长期地进入机体所致，毒性反应不明显而不为人所重视，随着毒物的蓄积和毒性作用的累积而引起的严重伤害，称为（　　）中毒。

    A. 急性　　　　　　　　　B. 慢性　　　　　　　　　　C. 亚

*940. 乙炔瓶的定期检验，每三年进行一次，库存或停用周期超过（　　）年的乙炔瓶，启用前应进行检验。

    A. 1　　　　　　　　　　B. 2　　　　　　　　　　　C. 3

*941. 带电灭火时，若用水枪灭火，宜采用（　　）水枪。

    A. 水柱　　　　　　　　　B. 喷淋　　　　　　　　　　C. 喷雾

*942. 易燃品闪点在 28 ℃ 以下，气温高于 28 ℃ 时应当在（　　）运输。

    A. 夜间　　　　　　　　　B. 白天　　　　　　　　　　C. 都可

*943.《危险化学品安全管理条例》规定，施行《危险化学品安全管理条例》的目的是：为了加强（　　）的安全管理，预防和减少危险化学品事故，保障人民群众生命财产安全，保护环境。

    A. 化学危险品　　　　　　B. 危险化学物品　　　　　　C. 危险化学品

*944. 建设项目职业病危害风险分类目录的颁布部门是（　　）。

    A. 卫生部　　　　　　　　B. 劳动和社会保障部

    C. 安监总局

*945. 在应急管理中，（　　）阶段的目标是尽可能抢救受害人员，保护可能受威胁的人群，并尽可能控制并消除事故。

    A. 预防　　　　　　　　　B. 准备　　　　　　　　　　C. 响应

*946. 使用或储存特殊贵重机器仪表、仪器等设备或物品的建筑，其耐火等级为（　　）级。

    A. 一　　　　　　　　　　B. 二　　　　　　　　　　　C. 三

*947. 安全泄放装置能自动迅速地泄放压力容器内的介质，以便使压力容器始终保持在（　　）压力范围内。

    A. 工作　　　　　　　　　B. 最高允许工作　　　　　　C. 设计

*948. 多数易燃液体被引燃只需（　　）mJ 左右的能量。

    A. 0.5　　　　　　　　　B. 5　　　　　　　　　　　C. 15

*949. 用人单位分立、合并、转让的，（　　）应当承担原用人单位的工伤保险责任。

    A. 政府　　　　　　　　　B. 承继单位　　　　　　　　C. 安全监督管理部门

*950. 依据《常用化学危险品贮存通则》规定库存危险化学品主要通道的宽度不应小于（   ）m。

  A. 0.3~0.5   B. 0.5~0.8   C. 0.8~1.0

*951. 在应急救援过程中，救援人员进入危险区后应立即通过敲门、呼叫等方式搜索（   ）人员。

  A. 救援   B. 受困   C. 无关

*952. 一般来说，可燃物中（   ）的火灾危险性较小。

  A. 气体   B. 液体   C. 固体

*953. 汽车、拖拉机不准进入（   ）库房。

  A. 甲、乙、丙类物品   B. 商品   C. 化工品

*954. 凡是炸药，百分之百都是（   ）燃物质。

  A. 易   B. 可   C. 不

*955. 国家对危险化学品经营实行（   ）制度。

  A. 许可   B. 资质认定   C. 审批

*956.《易制毒化学品管理条例》规定，易制毒化学品第一类可以用于（   ）。

  A. 制毒的主要原料   B. 制毒的辅助原料   C. 制毒的化学配剂

*957. 在不大于规定充装量的条件下，液化石油气储罐的压力随（   ）变化而变化。

  A. 充装量   B. 储存温度   C. 输送设备的压力

*958. 在应急救援过程中，社会援助队伍到达企业时，指挥部要派人员引导并告知（   ）。

  A. 生产注意事项   B. 安全注意事项   C. 安全规章制度

*959. 任何电气设备在未验明无电之前，一律按（   ）处理。

  A. 无电   B. 也许有电   C. 有电

*960. 在危险化学品生产或储存区域，如见到以下的标记，表示（   ）。

  A. 易破碎物品   B. 怕晒物品   C. 怕雨

*961.《危险化学品经营企业开业条件和技术要求》规定，危险化学品零售业务的店面与存放危险化学品的库房（或罩棚）应有实墙相隔。单一品种存放量不能超过 500 kg，总质量不能超过（   ）t。

  A. 2   B. 1   C. 3

*962. 安全生产监督管理部门和负有安全生产监督管理职责的有关部门接到一般事故报告后，应当逐级上报至（   ）安全生产监督管理部门和负有安全生产监督管理职责的有关部门。

  A. 设区的市级人民政府

  B. 省、自治区、直辖市人民政府

  C. 国务院

*963.《安全生产法》规定，生产经营单位应当在有较大危险因素的生产经营场所和有关设施、设备上，设置明显的（   ）。

  A. 安全警示标志   B. 标志   C. 警告

*964.《危险化学品经营企业开业条件和技术要求》中明确：隔离储存是在同一房间和同

一（　　）内，不同的物料之间分开一定的距离，非禁忌物料间用通道保持空间的储存方式。

　　　　　A. 企业　　　　　　　　B. 区域　　　　　　　　C. 单位

*965.《危险化学品安全管理条例》规定，托运危险化学品的，（　　）应当向承运人说明所托运的危险化学品的种类、数量、危险特性以及发生危险情况的应急处置措施。

　　　　　A. 承运单位　　　　　　B. 托运单位　　　　　　C. 托运人

*966. 对于事故的预防与控制，安全教育对策和安全（　　）对策则主要着眼于人的不安全行为问题。

　　　　　A. 规则　　　　　　　　B. 管理　　　　　　　　C. 技术

*967.《气瓶安全监察规程》规定，采用车辆运输时，气瓶要妥善固定。卧放时，瓶阀端应朝向一方，垛高不得超过（　　）层且不得超过车箱高度。

　　　　　A. 4　　　　　　　　　　B. 5　　　　　　　　　　C. 6

*968. 产生职业病危害的用人单位的工作场所应当生产布局合理，符合有害与无害作业（　　）的原则。

　　　　　A. 不分开　　　　　　　B. 分开　　　　　　　　C. 适当分开

*969.（　　）型电气设备是正常状态下和故障状态下产生的火花或热效应均不能点燃爆炸性混合物的电器设备。

　　　　　A. 正压　　　　　　　　B. 隔爆　　　　　　　　C. 本质安全

*970. 危险化学品经营单位带有储存设施的经营企业变更其储存场所的，应当（　　）办理经营许可证。

　　　　　A. 不需　　　　　　　　B. 重新申请　　　　　　C. 事后重新申请

*971. 易燃品闪点在 28 ℃ 以下，气温高于 28 ℃ 时应在（　　）运输。

　　　　　A. 夜间　　　　　　　　B. 黄昏　　　　　　　　C. 白天

*972. 对从事接触职业病危害作业的劳动者，用人单位应当按照国务院卫生行政部门的规定组织（　　）的职业健康检查，并将检查结果如实告知劳动者。

　　　　　A. 上岗前、在岗期间和离岗时

　　　　　B. 上岗前和在岗期间

　　　　　C. 在岗期间

*973. 当灌装至容器高度的 1/2～3/4 时，油品产生的静电电压（　　）。

　　　　　A. 最低　　　　　　　　B. 居中　　　　　　　　C. 最高

*974.《危险货物分类和品名编号》标准将第 6 类危险货物分为毒性物质和（　　）二项。

　　　　　A. 高毒品　　　　　　　B. 低毒品　　　　　　　C. 感染性物质

*975.《中华人民共和国安全生产法》规定，生产经营单位采用新工艺、新技术、新材料或者使用新设备，必须了解、掌握其安全技术特性，采取有效的（　　），并对从业人员进行专门的安全生产教育和培训。

　　　　　A. 安全技术措施　　　　B. 个体防护措施　　　　C. 安全防护措施

*976. 特别重大事故，负责事故调查的人民政府应当自收到事故调查报告之日起（　　）日内做出批复。

　　　　　A. 15　　　　　　　　　B. 30　　　　　　　　　C. 60

*977. 在安全管理中必须把人的因素放在首位，体现以人为本的指导思想，这就是人本

原理，包括 3 个原则。下列不包括在人本原理中的原则是（　　）。

    A. 安全第一原则　　　　　　　B. 动力原则　　　　　　　　C. 能级原则

*978. 工伤职工在停工留薪期满后仍需要治疗的，继续享受（　　）待遇。

    A. 医疗保险　　　　　　　　　B. 工伤医疗　　　　　　　　C. 养老保险

*979.《危险化学品经营企业开业条件和技术要求》规定，从事危险化学品批发业务的企业，应具备经（　　）级以上公安、消防部门批准的专用危险品仓库。所经营的危险化学品不得存放在业务经营场所。

    A. 省　　　　　　　　　　　　B. 县　　　　　　　　　　　C. 地、市

*980. 存放爆炸物的仓库应采用（　　）照明设备。

    A. 白炽灯　　　　　　　　　　B. 日光灯　　　　　　　　　C. 防爆型灯具

*981. 职业病防治工作坚持（　　）方针。

    A. 以人为本，标本兼治　　　　B. 安全第一，预防为主

    C. 预防为主，防治结合

*982. 可造成人员死亡、伤害、职业病、财产损失或其他损失的意外事件称为（　　）。

    A. 事故　　　　　　　　　　　B. 不安全　　　　　　　　　C. 危险源

*983. 根据《工伤保险条例》，职工患职业病的，（　　）认定为工伤。

    A. 应当　　　　　　　　　　　B. 不得　　　　　　　　　　C. 视具体情况而定

*984. 电力电容器不用（　　）防雷电侵入波。

    A. 阀型避雷器　　　　　　　　B. 保护间隙　　　　　　　　C. 管型避雷器

*985. 危险化学品零售业务的店面经营面积（不含库房）应不少于（　　）㎡。

    A. 20　　　　　　　　　　　　B. 40　　　　　　　　　　　C. 60

*986. 对盛装易燃液体的容器，应留有不少于（　　）%的间隙。

    A. 3　　　　　　　　　　　　　B. 4　　　　　　　　　　　　C. 5

*987. 生产经营单位使用的危险物品的容器、运输工具，以及涉及人身安全、危险性较大的海洋石油开采特种设备和矿山井下特种设备，必须按照国家有关规定，由专业生产单位生产，并经具有专业资质的检测、检验机构检测、检验合格，取得（　　），方可投入使用。

    A. 安全使用证或者安全标志

    B. 安全标志或安全生产合格证

    C. 质量合格标志

*988. 在危险化学品生产或储存区域，如见到以下的标记，表示（　　）。

    A. 怕辐射　　　　　　　　　　B. 怕晒物品　　　　　　　　C. 怕雨

*989. 除所有大中型危险化学品企业外，不具备建立专职救援队条件的其他危险化学品企业，必须建立（　　）救援队。

A. 专业应急　　　　　　　B. 兼职　　　　　　　　　C. 志愿

*990. 下列物质种类中燃烧速度最快的是（　　）。

A. 气体　　　　　　　　　B. 液体　　　　　　　　　C. 固体

*991. （　　）应当包括危险性分析、可能发生的事故特征、应急处置程序、应急处置要点和注意事项等内容。

A. 综合应急预案　　　　　B. 专项应急预案　　　　　C. 现场处置方案

*992. 油脂接触高温暖气片发生燃烧属于（　　）。

A. 闪燃　　　　　　　　　B. 自热自燃　　　　　　　C. 受热自燃

*993. 跨步电压触电是一种（　　）触电。

A. 直接接触　　　　　　　B. 间接接触　　　　　　　C. 感应电压

*994. 企业应对工厂的（　　）负责，在对重大危险源进行辨识和评价后，应对每一个重大危险源制定出一套严格的管理制度，采取技术措施和组织措施对重大危险源进行严格的控制和管理。

A. 职工　　　　　　　　　B. 安全生产　　　　　　　C. 财产

*995. 化学品的危险程度应用（　　）进行提示。当某种化学品具有一种以上的危险性时，用危险性最大的提示词。

A. 危险　　　　　　　　　B. 警告　　　　　　　　　C. 注意

*996. 在一定条件下，压力越高，可燃物的自燃点（　　）。

A. 越低　　　　　　　　　B. 越高　　　　　　　　　C. 不受影响

*997. 压力容器内的压力由于容器内部或外部受热而显著增加，且容器与其他设备的连接管道又装有截止阀，应单独装设（　　）。

A. 压力表　　　　　　　　B. 温度计　　　　　　　　C. 安全卸压装置

*998. 对于金属钠的火灾不可以采用（　　）灭火。

A. 干粉　　　　　　　　　B. 泡沫　　　　　　　　　C. 砂土

*999. 《危险化学品安全管理条例》规定，国家对危险化学品经营实行（　　）制度。

A. 审批　　　　　　　　　B. 许可　　　　　　　　　C. 报告

*1000. 根据《常用化学危险品贮存通则》规定，下列贮存方式不属于危险化学品贮存方式的是（　　）贮存。

A. 隔离　　　　　　　　　B. 隔开　　　　　　　　　C. 混合

*1001. 下列（　　）气体属于易燃气体。

A. 二氧化碳　　　　　　　B. 乙炔　　　　　　　　　C. 氧气

*1002. 以下有关危险品运输的说法错误的是（　　）。

A. 禁止用叉车、翻斗车、铲车搬运输易燃、易爆液化气体等危险物品

B. 运输爆炸、剧毒和放射性物品，应指派专人押运，押运人员不得少于2人

C. 遇水燃烧物品及有毒物品，可用小型机帆船、小木船和水泥船承运

*1003. 预防原理要求安全生产管理工作应该做到（　　），通过有效的管理和技术手段，减少和防止人的不安全行为和物的不安全状态，从而防止事故的发生。

A. 安全第一　　　　　　　B. 预防为主　　　　　　　C. 以人为本

*1004. 用人单位未按照规定组织职业健康检查、建立职业健康监护档案或者未将检查结

果如实告知劳动者的，责令限期改正，给予警告，可以并处 5 万元以上（　　）万元以下的罚款。

    A. 3　　　　　　　　　　　B. 10　　　　　　　　　　　C. 15

*1005.《危险化学品经营企业开业条件和技术要求》（GB 18265—2000）规定了零售业务的范围，零售业务可以经营的危险化学品是（　　）。

    A. 强腐蚀品　　　　　　　　B. 放射性物品　　　　　　　C. .剧毒物品

*1006. 水压试验应该在（　　）和热处理以后进行。

    A. 焊接试验　　　　　　　　B. 无损探伤合格　　　　　　C. 金相检查

*1007. 液化气汽车罐车属于（　　）类压力容器。

    A. 一　　　　　　　　　　　B. 二　　　　　　　　　　　C. 三

*1008. 统一负责、领导、组织、协调本行政区域的职业病防治工作，建立健全职业病防治工作体制、机制，统一领导、指挥职业卫生突发事件应对工作的为（　　）地方人民政府。

    A. 县级以上　　　　　　　　B. 省级　　　　　　　　　　C. 设区的市级

*1009. 某煤气公司液化石油气储罐区发生液化石油气泄漏燃爆事故。事发当天 16 时 38 分，接班巡线职工检查发现，白茫茫的雾状液化气带着呼啸声从罐区容积 400 m^3 的 11 号球罐底部喷出。虽经单位职工及当地消防队员奋力抢险，最终还是在 18 时 50 分发生第一次爆炸，造成参加现场抢险人员中的 12 人当场死亡，31 人受伤。19 时 25 分，11 号球罐再次发生爆炸，20 时，12 号球罐也发生爆炸，引发邻近 3 台 100 m^3 卧罐安全阀排放、着火燃烧。此次燃爆事故烧毁 400 m^3 球罐 2 台，100 m^3 卧罐 4 台，燃损槽车 7 辆，炸毁配电室、水泵房等建筑物，直接经济损失 477 万元。根据上述情况，分析不属于该事故防范措施的是（　　）。

    A. 液化石油气储气站应加强日常安全检查和安全管理

    B. 不定期更换法兰密封垫片并检查紧固螺栓，防止阀门泄漏

    C. 制定事故应急处理预案并组织有关人员演练

*1010. 通过公路运输剧毒化学品未随车携带《剧毒化学品公路运输通行证》的，由公安机关责令提供已依法领取《剧毒化学品公路运输通行证》的证明，处以（　　）罚款。

    A. 五百元以上一千元以下

    B. 二千元以下

    C. 二千元以上五千元以下

*1011. 为防止易燃易爆气体危害，取样和检测人员必须站在（　　）方向操作。

    A. 上风　　　　　　　　　　B. 下风　　　　　　　　　　C. 风的左侧

*1012.《危险化学品安全管理条例》规定，国家实行危险化学品（　　）制度，为危险化学品安全管理以及危险化学品事故预防和应急救援提供技术、信息支持。

    A. 登记　　　　　　　　　　B. 注册　　　　　　　　　　C. 备案

*1013.《非药品类易制毒化学品的分类和品种目录》中，非药品类易制毒化学品分为（　　）类。

    A. 2　　　　　　　　　　　B. 3　　　　　　　　　　　C. 4

*1014. 黄磷在储存时应始终浸没在（　　）中。

    A. 水　　　　　　　　　　　B. 二硫化碳　　　　　　　　C. 煤油

*1015. （　　）是指事故发生后有关组织或人员采取的应急行动。

    A. 应急准备　　　　　　　B. 应急救援　　　　　　　C. 应急响应

*1016. 使用危险化学品从事生产并且使用量达到规定数量的化工企业，应当依照《危险化学品安全管理条例》的规定取得危险化学品安全（　　）许可证。

    A. 生产　　　　　　　　　B. 使用　　　　　　　　　C. 经营

*1017. 苯急性中毒主要表现为对中枢神经系统的麻醉作用，而慢性中毒主要为（　　）系统的损害。

    A. 呼吸　　　　　　　　　B. 消化　　　　　　　　　C. 造血

*1018. 《危险货物品名表》（GB12268—2012）按危险货物具有的危险性把爆炸品分为（　　）项。

    A. 5　　　　　　　　　　　B. 6　　　　　　　　　　　C. 7

*1019. 矿山、建筑施工单位和易燃易爆物品、危险化学品、放射性物品等危险物品的生产、经营、储存、使用单位和（　　）以上的其他生产经营单位，应当组织专家对本单位编制的应急预案进行评审。

    A. 中型规模　　　　　　　B. 小型企业　　　　　　　C. 微型企业

*1020. 危险货物包装物的最高标准是（　　）类包装。

    A. Ⅰ　　　　　　　　　　　B. Ⅱ　　　　　　　　　　　C. Ⅲ

*1021. 三氧化二砷属于（　　）。

    A. 无机剧毒品　　　　　　B. 有毒剧毒品　　　　　　C. 有机毒害品

*1022. 按照《化学品安全标签编写规定》的要求，每种化学品最多可选用（　　）个标志。

    A. 2　　　　　　　　　　　B. 3　　　　　　　　　　　C. 1

*1023. 储量都在 20 t 以上的甲类仓库之间防火间距不应小于（　　）m。

    A. 10　　　　　　　　　　B. 15　　　　　　　　　　C. 20

*1024. 按照《建筑设计防火规范》对储存物品（易燃易爆性商品）的火灾危险性分类标准，难燃烧的物品属（　　）类危险物。

    A. 甲　　　　　　　　　　B. 乙　　　　　　　　　　C. 丙

*1025. 《使用有毒物品作业场所劳动保护条例》规定，用人单位应当按照规定对从事使用高毒物品作业的劳动者（　　）。

    A. 进行调离　　　　　　　B. 妥善安置　　　　　　　C. 进行岗位轮换

*1026. 事先把系统加以剖析，列出各层次的不安全因素，确定检查项目，并把检查项目按系统的组成顺序编制成表，以便进行检查或评审。这种属于（　　）检查法。

    A. 常规检查　　　　　　　B. 安全检查表法　　　　　C. 仪器检查法

*1027. 易蒸发的石油产品与不易蒸发的石油产品相比，其毒性（　　）。

    A. 较小　　　　　　　　　B. 较大　　　　　　　　　C. 差不多

*1028. 国家对严重危及生产安全的工艺、设备实（　　）制度。

    A. 淘汰　　　　　　　　　B. 改造　　　　　　　　　C. 维修

*1029. 在潮湿场所或金属构架上工作应尽量选用带有双重绝缘结构的工具或选用（　　）的设备。

A. 安全电压　　　　　　　B. 保护接地　　　　　　　C. 保护接零

*1030. 《易制毒化学品购销和运输管理办法》规定，违反规定购买易制毒化学品，未经许可或者备案擅自购买易制毒化学品的；公安机关应当没收非法购买的易制毒化学品，对（　　）处非法购买易制毒化学品货值十倍以上二十倍以下的罚款，货值的二十倍不足一万元的，按一万元罚款；构成犯罪的，依法追究刑事责任。

A. 供货方　　　　　　　　B. 承运方　　　　　　　　C. 购买方

*1031. 《气瓶安全监察规定》中规定气瓶水压试验压力一般是设计压力的（　　）倍。

A. 1.15　　　　　　　　　B. 1.25　　　　　　　　　C. 1.5

*1032. 常用危险化学品的主标志和副标志的区别是：副标志中没有（　　）。

A. 图形　　　　　　　　　B. 文字说明　　　　　　　C. 危险性类别号

*1033. 压缩气体和液化气体按理化性质可分为（　　）种。

A. 2　　　　　　　　　　　B. 3　　　　　　　　　　　C. 4

*1034. 性质或消防方法相互抵触，以及配装号或类别不同的危险化学品（　　）在同一车船内运输。

A. 允许但要分开一定距离　　　B. 不能　　　　　　　C. 允许混放

*1035. 在易燃、易爆场所的照明灯具，应使用防爆型或密闭型灯具，在多尘、潮湿和腐蚀性气体的场所，应使用（　　）型灯具。

A. 开启　　　　　　　　　B. 保护　　　　　　　　　C. 密闭

*1036. 《中华人民共和国职业病防治法》是为了（　　）和消除职业病危害，防治职业病，保护劳动者健康及其相关权益，促进经济发展，根据宪法而制定。

A. 预防、遏制　　　　　　B. 预防、减少　　　　　　C. 预防、控制

*1037. 职业病，是指企业、事业单位和个体经济组织的劳动者在职业活动中，因接触粉尘、（　　）和其他有毒、有害物质等因素而引起的疾病。

A. 放射性物质　　　　　　B. 高温　　　　　　　　　C. 病毒

*1038. 安全色黄色的含义为（　　）。

A. 必须遵守规定的指令性信息

B. 注意、警告的信息

C. 安全的指示性信息

*1039. 毒害品性质相抵的禁止（　　）。

A. 分离储存　　　　　　　B. 同库存放　　　　　　　C. 分库存放

*1040. 根据《铁路剧毒品运输跟踪管理暂行规定》，铁路（　　）剧毒品的零担发送业务。

A. 不办理　　　　　　　　B. 可以　　　　　　　　　C. 办理少量

*1041. 《中华人民共和国消防法》规定，进行电焊、气焊等具有火灾危险的作业人员和自动消防系统的操作人员，必须（　　），并严格遵守消防安全操作规程。

A. 经过培训　　　　　　　B. 持证上岗　　　　　　　C. 服从领导

*1042. 应急救援的器材要定期检查，保证（　　）完好。

A. 设备性能　　　　　　　B. 消防器材　　　　　　　C. 防护器材

*1043. 国家对从事放射、高毒等作业实行（　　）管理。

  A. 规划   B. 计划   C. 特殊

*1044. 根据《工伤保险条例》，职工在工作时间和工作场所内，因工作原因受到事故伤害的，（   ）认定为工伤。

  A. 应当   B. 不得   C. 视具体情况而定

*1045. 三氧化二砷俗称砒霜，化学品编号是 61007，它属于（   ）。

  A. 一级无机毒害品   B. 一级有机毒害品   C. 氧化剂

*1046. 应当制定职业病防治规划，将其纳入国民经济和社会发展计划，并组织实施的为（   ）人民政府。

  A. 国务院和县级以上地方

  B. 县级以上地方

  C. 省级地方

*1047. 应急救援预案要定期演习和复查，要根据（   ）情况定期检查和适时修订。

  A. 天气   B. 实际   C. 当前

*1048. 乙烯着火应使用的灭火剂（   ）。

  A. 水   B. 砂土   C. 雾状水

*1049. 易燃气体（   ）与助燃气体、剧毒气体同储。

  A. 允许   B. 可以   C. 不得

*1050.《刑法》规定，在安全事故发生后，负有报告职责的人员不报或者谎报事故情况，贻误事故抢救，情节严重的，处 3 年以下有期徒刑或者拘役；情节特别严重的，处（   ）有期徒刑。

  A. 5 年以上 7 年以下   B. 3 年以上 7 年以下

  C. 3 年以上 5 年以下

*1051.《危险化学品安全管理条例》规定，运输危险化学品需要添加抑制剂或者稳定剂的，托运人应当添加，并将有关情况告知（   ）。

  A. 发货人   B. 收货人   C. 承运人

*1052. 在炸药中掺入少量炭黑、石墨、硼粉等导电物质，以降低炸药的（   ），减少静电的积聚。

  A. 熔点   B. 密度   C. 电阻率

*1053.《使用有毒物品作业场所劳动保护条例》规定，使用有毒物品作业场所应当设置警示标识、中文警示说明和（   ）。

  A. 黄色区域警示线   B. 红色区域警示线   C. 黄色警示牌

*1054. 企业应根据重大危险源目标模拟事故（   ），制订出各种状态的应急处置方案。

  A. 状态   B. 过程   C. 后果

*1055. 根据生产安全事故造成的人员伤亡或者直接经济损失，重大事故是指造成（   ）重伤（包括急性工业中毒）。

  A. 10 人以上 30 人以下

  B. 30 人以上 100 人以下

  C. 50 人以上 100 人以下

*1056.《危险化学品安全管理条例》所称重大危险源，是指生产、储存、使用或者搬运

危险化学品，且危险化学品的数量等于或者超过（   ）的单元（包括场所和设施）。

  A. 标准   B. 一定量   C. 临界量

*1057. 粉尘的爆炸下限大体为（   ），爆炸上限约为 80 mg/L 称为易燃固体。

  A. 5～15 mg/L   B. 15～25 mg/L   C. 25～45 mg/L

*1058. 安全色绿色的含义为（   ）。

  A. 必须遵守规定的指令性信息

  B. 注意、警告的信息

  C. 安全的指示性信息

*1059. 液体火灾和可熔化的固体物质的火灾属于（   ）类火灾。

  A. A   B. B   C. C

*1060. 毒物被吸收速度较快的途径是（   ）。

  A. 呼吸道   B. 消化道   C. 皮肤

*1061. 含水的油品会发生突沸和喷溅，因此油温一般不应超过（   ）℃。

  A. 60   B. 70   C. 80

*1062. 新建、改建、扩建的工程建设项目和技术改造、技术引进项目（以下统称建设项目）可能产生职业病危害的，建设单位应当按照《建设项目职业卫生"三同时"监督管理暂行办法》的规定，向安全生产监督管理部门申请（   ）。

  A. 备案、评审、审查、竣工验收

  B. 许可、评审、检验、竣工验收

  C. 备案、审核、审查、竣工验收

*1063. 闪点低于 23 ℃ 的易燃液体，其仓库温度一般不得超过（   ）℃。

  A. 20   B. 30   C. 40

*1064. 用人单位应当设置或者指定职业卫生管理机构或者组织，配备专职或者兼职的（   ），负责本单位的职业病防治工作。

  A. 职业卫生专业人员 B. 应急管理人员   C. 工会督察员

*1065. 危险化学品建设单位应当在建设项目的可行性研究阶段，委托（   ）对建设项目进行安全评价。

  A. 本地区安全监督部门

  B. 具备相应资质的安全评价机构

  C. 省级安全监督部门

*1066. 职业安全健康管理体系的建立与保持，可以全面提高企业的安全管理水平，在安全管理表现为（   ）安全管理。

  A. 被动   B. 主动   C. 全面

*1067. 腐蚀品按其腐蚀性的强弱可细分为（   ）级。

  A. 2   B. 3   C. 4

*1068. 现代安全管理是以（   ）为中心。

  A. 事故处理   B. 安全培训   C. 预防事故

*1069. 易燃气体不得与助燃气体、剧毒气体（   ）。

  A. 隔离储存   B. 同储   C. 分库储存

附录 10

危险化学品经营单位主要负责人题库
（共 1375 题）

一、判断题

1.《安全生产法》规定：生产经营单位应当具备本法和有关法律、行政法规和国家标准或者行业标准规定的安全生产条件；不具备安全生产条件的，不得从事生产经营活动。（　　）

2. 个人可以购买剧毒化学品（包括剧毒化学品的农药）和易制爆危险化学品。（　　）

3.《危险化学品安全管理条例》规定国家对危险化学品经营（包括仓储经营）实行许可制度。未经许可，任何单位和个人不得经营危险化学品。（　　）

4. 地方性安全生产法规的法律地位和法律效力低于有关安全生产的法律、行政法规，低于地方政府安全生产规章。（　　）

5.《安全生产法》规定：生产经营单位的特种作业人员必须按照国家有关规定经专门的安全作业培训，取得特种作业操作资格证书，方可上岗作业。（　　）

6.《安全生产法》规定：生产经营单位不得以任何形式与从业人员订立协议，免除或者减轻其对从业人员因生产安全事故伤亡依法应承担的责任。（　　）

7.《安全生产法》规定：生产经营单位对负有安全生产监督管理职责的部门的监督检查人员依法履行监督检查职责，应当予以配合，不得拒绝、阻挠。（　　）

8.《安全生产法》规定：生产经营单位应当具备的安全生产条件所必需的资金投入，由生产经营单位的决策机构、主要负责人或者个人经营的投资人予以保证，并对由于安全生产所必需的资金投入不足导致的后果承担责任。（　　）

9. 生产经营单位不得将生产经营项目、场所、设备发包或者出租给不具备安全生产条件或者相应资质的单位或者个人。（　　）

10. 从事农药的经营单位可以向个人出售属于剧毒化学品的农药。（　　）

11. 危险化学品企业主要负责人对本单位安全生产工作全面负责。（　　）

12. 我国现在已初步形成了一个以宪法为基本依据，以《安全生产法》为核心的，以有关法律、行政法规、地方性法规、规章和技术规程、标准为依托的安全生产法律体系。（　　）

13. 国家对危险化学品经营（包括仓储经营）实行许可制度。未经许可，任何单位和个人不得经营危险化学品。（　　）

14. 我国宣布承认的国际条约、国际公约的效力全部优于国内法律。

15.《宪法》是安全生产法律的最高层级，"加强劳动保护，改善劳动条件"是有关安全生产方面的最高法律效力的规定。（　　）

16. 任何单位和个人对事故隐患和安全生产违法行为，均有权向有关部门报告或者举报。（　　）

17. 危险化学品经营许可证的颁发管理工作实行企业申请、两级发证、属地监管的原则。（　　）

18. 生产经营单位应当教育和督促从业人员严格执行本单位的安全生产规章制度和安全操作规程；但可以不如实告知从业人员作业场所和工作岗位存在的危险因素、防范措施以及事故应急措施。（　　）

19.《安全生产法》的颁布实施，有利于保障人民群众的生命安全。（　　）

20.《安全生产法》规定：从业人员有权了解其作业场所和工作岗位存在的危险因素、防范措施和事故应急救援措施。（　　）

21. 化学品是指各种化学元素、由元素组成的化合物及其混合物，包括天然的或人造的。（　　）

22. 生产经营单位对重大危险源应当制订应急救援预案。（　　）

23. 危险化学品的分类不是危险化学品管理的基础。（　　）

24. 生产经营单位建立安全生产责任制的总体要求是：横向到边、纵向到底。横向到边是指从主要负责人到岗位工人都有相应的安全生产责任。（　　）

25. 一定量的气体在温度不变时，所加的压力越大其体积变得越小，若继续加压会压缩成液态。（　　）

26. 危险化学品是指具有毒害、腐蚀、爆炸、燃烧、助燃等性质，对人体、设施、环境具有危害的剧毒化学品和其他化学品。（　　）

27. 硫磺粉与氯酸钾或过氧化钠接触，均不会发生爆炸。（　　）

28. 氧化剂最突出的性质是遇易燃物品、可燃物品、有机物、还原剂等会发生剧烈化学反应引起燃烧爆炸。（　　）

29. 按照《安全生产法》的规定，单位必须为从业人员免费提供符合国家标准或者行业标准的劳动防护用品。（　　）

30. 过氧化钠燃烧时可用二氧化碳灭火器扑救。（　　）

31. 有些氧化剂具有不同程度的毒性和腐蚀性。（　　）

32. 过氧化二苯甲酰遇硫酸不会发生爆炸。（　　）

33. 放射性物质放出的射线分为 3 种。（　　）

34. 化学品安全技术说明书在国际上称作化学品安全信息卡，简称 MSDS 或 SDS。（　　）

35. 安全技术说明书作为最基础的技术文件，主要用途是传递安全信息。（　　）

36. 危险化学品生产单位在厂外设立销售本单位生产的危险化学品网点，不需办理经营许可证。（　　）

37. 危险化学品生产单位销售非本单位生产的危险化学品，不需办理经营许可证。（　　）

38. 危险化学品经营销售许可制度适用于中华人民共和国境内经营销售危险化学品的任何单位。（　　）

39. 危险化学品经营企业的经营场所应坐落在交通便利、便于疏散处。（　　）

40. 危险学品经营企业的经营场所的建筑物应符合《建筑设计防火规范》的要求。（　　）

41. 危险化学品零售店面备货库房应根据危险化学品的性质与禁忌分别采用隔离储存或隔开储存或分离储存等不同方式进行储存。（　　）

42. 危险物品的生产、经营、储存单位的主要负责人和安全生产管理人员，应当由有关

主管部门对其安全生产知识和管理能力考核后方可任职。（　　）

43．零售业务的店面内只许存放民用小包装的危险化学品，其存放总量不得超过 0.5 t。（　　）

44．危险化学品零售业务的店面与存放危险化学品的库房（或罩棚）应有实墙相隔，单一品种存放量不能超过 500 kg，总质量不能超过 3 t。（　　）

45．运输危险化学品的车辆应专车专用，但不需要有标志。（　　）

46．危险化学品经营许可证的颁发管理工作实行企业申请、两级发证、属地监管的原则。（　　）

47．危险化学品经营许可证的两级发证是指设区的市级人民政府安全生产监督管理部门和县级人民政府安全生产监督管理部门负责经营许可证的审批、颁发，没有设立县级发证机关的，其经营许可证由市级发证机关审批、颁发。（　　）

48．危险化学品重大危险源根据其危险程度，分为一级、二级、三级和四级。（　　）

49．危险化学品经营许可证有效期为 3 年。（　　）

50．危险化学品的储存根据物质的理化性质和储存量的大小分为整装储存和散装储存两类。（　　）

51．根据危险化学品的特性，从仓库建筑防火要求及养护技术要求分，储存的危险化学品可归为 3 类：易燃易爆性商品、毒害性商品和腐蚀性商品。（　　）

52．在储存中归类为易燃易爆性商品的危险物品包括爆炸品；压缩气体和液化气体；易燃液体；易燃固体、自燃物品、遇湿易燃物品；氧化剂和有机过氧化物。（　　）

53．《建筑设计防火规范》将储存物品的火灾危险性分为 6 类。（　　）

54．危险化学品经营单位可以销售有安全技术说明书但没有安全标签的危险化学品。（　　）

55．危险化学品零售业务的店面内应放置有效、急救安全设施。（　　）

56．易燃气体和剧毒气体不得与腐蚀性物质混合储存。（　　）

57．根据《建筑设计防火规范》，毒害性、腐蚀性危险化学品库房的耐火等级不得低于一级；易燃易爆性危险化学品库房的耐火等级不得低于三级。（　　）

58．国家对危险化学品的运输实行资质许可制度。（　　）

59．对危险化学品的储存应根据其性能分区、分类、分库储存。（　　）

60．危险化学品的储存单位应当在储存场所设置通讯、报警装置，且必须平时处于正常使用状态。（　　）

61．大中型危险化学品仓库应选址在远离市区和居民区的当地主导风向的上风方向和河流上游的地域。（　　）

62．大中型危险化学品仓库应与周围公共建筑物、交通干线（公路、铁路、水落）、工矿企业等至少保持 2 000 m 距离。（　　）

63．国家对危险化学品储存实行统一规划、合理布局和严格控制，并对危险化学品储存实行审批制度。（　　）

64．危险化学品单位在完成重大危险源安全评估报告或者安全评价报告后 15 日内，应当填写重大危险源备案申请表，连同本重大危险源档案材料（其中重大危险源安全管理规章制度及安全操作规程只需提供清单），报送省级人民政府安全生产监督管理部门备案。（　　）

65. 《危险化学品安全管理条例》第 41 条规定：托运人托运危险化学品，应当向承运人说明运输的危险化学品的品名、数量、危害、应急措施等情况。（　　）

66. 在制订防火防爆措施时，最理想、最基本的措施是预防性措施。（　　）

67. 可燃物、助燃物和点火源是构成燃烧的 3 个要素，缺少其中任何一个，燃烧便不能发生。（　　）

68. 分解燃烧是指可燃物表面接受高温燃烧产物放出的热量，而使表面分子活化，把这种燃烧称为分解燃烧。（　　）

69. 燃烧必须在必要、充分的条件下才能进行。缺少其中任何一个，燃烧便不会发生。火灾发生的条件实质上就是燃烧的条件。对于已经进行的燃烧（火灾），若消除其中任何一个条件，火灾便会终止，这就是灭火的基本原理。（　　）

70. 物质由一种状态迅速转变成为另一种状态，并在极短的时间内以机械功的形式放出巨大的能量，或者是气体在极短的时间内发生剧烈膨胀，压力迅速下降到常温的现象，都称为爆炸。（　　）

71. 可燃气体、蒸气和粉尘与空气（或氧气）的混合物，在一定的浓度范围内能发生爆炸。爆炸性混合物能够发生爆炸的最低浓度，称为爆炸上限。（　　）

72. 防止撞击、摩擦产生的机械火源是防火防爆的一项安全措施。（　　）

73. 在发生火灾爆炸事故时，能限制其蔓延、扩大作用的措施叫做限制性措施。（　　）

74. 尽量不使用或少使用可燃物是防火防爆的一条根本性措施。（　　）

75. 在可能存在可燃气、蒸气、粉尘的生产现场要采取通风除尘措施。（　　）

76. 操作应当平稳，在升压、升温或降压、降温时，都应该缓慢进行，不能使压力、温度骤升骤降。保持压力和温度的相对稳定，减少压力和温度的波动幅度，是防止容器疲劳破坏的重要环节之一。（　　）

77. 气瓶的充装单位应按照有关规定，取得气瓶充装许可后方可从事充装工作。从事充装的作业人员也应取得《特种作业证书》，方可从事气瓶的充装工作。（　　）

78. 常见的点火源分为机械火源、化学火源、电火源和热火源。（　　）

79. 安全阀是防止非正常压力升高超过限度而引起爆裂的一种安全装置。（　　）

80. 燃烧是可燃物与助燃物发生的一种发光发热的一种氧化反应。（　　）

81. 燃烧的三要素同时存在就一定会发生燃烧。（　　）

82. 点火源提供的温度或热量不足就不会发生燃烧。（　　）

83. 只有可燃气体、蒸汽或粉尘与空气的混合物在一定浓度范围内才能遇到火源发生爆炸。（　　）

84. 按爆炸能量的来源分类，爆炸可分为化学性爆炸、物理性爆炸和火灾爆炸 3 种。（　　）

85. 水是一种常用的灭火剂，可以扑救任何火灾。（　　）

86. 燃烧的三要素只有同时存在，相互作用燃烧才有可能发生，缺少其中任一要素，燃烧都不能发生。（　　）

87. 气体如果被点燃，都会引起爆炸。（　　）

88. 一切防火技术措施都包括两个方面，一是防止燃烧必要条件的同时存在，二是避免其相互作用。（　　）

89. 用于通风措施的空气，如果空气中含有易燃易爆危险气体，不应循环使用。（   ）

90. 在电源为三相三线制中性点不直接接地或单相制的电力系统中，为保证人身安全，应设保护接地。（   ）

91. 避雷针、避雷线、避雷网、避雷带、避雷器都是经常采用的防雷装置。（   ）

92. 静电放电出现电火花时在有爆炸性气体、爆炸性粉尘或可燃性物质且浓度达到爆炸或燃烧极限时，可能发生爆炸和火灾。（   ）

93. 接地是消除静电危害最常见、简便有效方法。在静电危险场所，所有属于静电导体的物体必须接地。（   ）

94. 所有防雷建筑物易受雷击部位应采取防感应雷防护措施。（   ）

95. 所有防雷建筑物易受雷击部位应采取防直击雷防护措施。（   ）

96. 绝缘体上的静电消失或泄漏的很慢，可以不必设置消除静电的装置。（   ）

97. 静电危害事故是由静电电荷或静电场能量引起的。（   ）

98. 金属容器内、隧道内、水井内以及周围有大面积接地导体等工作地点狭窄，行动不便的环境应采用12 V安全电压。（   ）

99. 漏电保护装置主要用于防止间接接触电击和直接接触电击。（   ）

100. 乙炔瓶充装乙炔气，一般要求分两次进行，第一次充气后静置8 h以上，再第二次充气。（   ）

101. 一般火灾事故的发展过程可分为酝酿期、发展期、全盘期、衰灭期等4个阶段。（   ）

102. 两相触电事故占全部触电事故的70%以上，因此，防止触电事故的技术措施应将两相触电作为重点。（   ）

103. 当电气设备发生接地故障，接地电流通过接地体向大地流散，在地面形成电位分布时，若人体在接地短路点周围行走，其两脚之间的电位差，就是跨步电压。（   ）

104. 由于电能在输送、分配、转换过程中，失去控制而产生的事故被称为电气系统故障事故。（   ）

105. 触电事故是电流的能量直接或间接作用于人体造成的伤害，按照能量施加方式的不同，可分为电击和电伤。（   ）

106. 电击是全身伤害，但一般不会在人身表面留下大面积明显的伤痕。（   ）

107. 电伤是电流转化成其他形式的能量造成的人体伤害。电伤多数是局部性伤害，在人身表面有明显的伤痕。（   ）

108. 静电从整体上来说，其特点是电压低、能量小，而危害小。（   ）

109. 当人体接近静电体或带静电的人体接近接地体时，都可能遭到电击，但由于静电能量很小，电击本身对人体不致造成重大伤害，然而很容易造成坠落等二次伤害事故。（   ）

110. 单相触电是指人体接触到地面或其他接地导体的同时，人体另一部位触及某一相带电体所引起的电击。（   ）

111. 职业病是指企业、事业单位和个体经济组织等用人单位的劳动者在职业活动中，因接触粉尘、放射性物质和其他有毒、有害因素而引起的疾病。（   ）

112. 只要接触职业病危害的人员，都必须获得工伤赔偿。（   ）

113. 职业病是可以预防的。（   ）

114. 职业病危害是指对从事职业活动的劳动者可能导致职业病的各种危害。（　　）

115. 在法律意义上，职业病有一定的范围，即指政府主管部门列入"职业病名单"的职业病，也就是法定职业病，它是由政府主管部门所规定的特定职业病。（　　）

116. 劳动组织和制度不合理，如劳动时间过长，劳动作息时间制度不合理等，是不会引起职业病的。（　　）

117. 石棉尘属于职业病危害因素中的物理因素。（　　）

118. 劳动组织和制度不合理，如劳动时间过长，劳动作息时间制度不合理等也可能引发职业病。

119. 职业性有害因素的接触限制量值是指劳动者在职业活动过程中长期反复接触，对绝大多数接触者的健康不引起有害作用的容许接触水平。（　　）

120. 化学有害因素的职业接触限值包括时间加权平均容许浓度、短时间接触容许浓度和最高容许浓度3类。（　　）

121. 职业病危害因素只来源于工业的生产过程中。（　　）

122. 蓄电池厂的工人不注意个人卫生，极易经消化道摄入铅而引起铅中毒。（　　）

123. 能经皮肤进入人体的毒物有苯胺、二甲基甲酰胺、有机磷等。（　　）

124. 通过呼吸道吸收最重要的影响因素是其在空气中的浓度，浓度越高，吸收越快。（　　）

125. 工作场所有害因素职业接触限值是用人单位监测工作场所环境污染情况，评价工作场所卫生状况和劳动条件以及劳动者接触化学性、物理性职业有害因素的程度的重要技术依据。（　　）

126. 天津港"8·12"瑞海公司危险品仓库特别重大火灾爆炸事故是一起安全生产责任事故。（　　）

127. 事故报告应当及时、准确、完整，任何单位和个人对事故不得迟报、谎报、瞒报和漏报。（　　）

128. 生产经营单位要建立应急演练制度，每3年都要结合本企业特点至少组织一次综合应急演练或专项应急演练。（　　）

129. 各类危险化学品不得与化学性质相抵触或灭火方法不同的禁忌物料混合储存。（　　）

130. 生产经营过程中发生的伤亡事故具有偶然性，因此是不可预防的。（　　）

*131. 职业性危害因素所致职业危害的性质和强度取决于危害因素的本身理化性能。（　　）

*132. 特种劳动防护用品实行安全标志管理。（　　）

*133. 负有危险化学品安全监督管理职责的部门和环境保护、公安、卫生等有关部门，应当按照当地应急救援预案组织实施救援，尽可能不拖延、推诿。（　　）

*134. 各级安全生产监督管理部门应当将应急预案的培训纳入安全生产培训工作计划，并组织实施本行政区域内重点生产经营单位的应急预案培训工作。（　　）

*135. 装卸和搬运易燃液体中，必须轻装轻卸，严禁滚动、摩擦、拖拉等危及安全的操作。（　　）

*136. 事故发生单位的负责人和有关人员在事故调查期间不得擅离职守，并应当随时接

受事故调查组的询问，如实提供有关情况。（ ）

*137. 储存危险化学品的仓库必须配备有专业知识的技术人员，其库房及场所应设专人管理，管理人员必须配备可靠的个人安全防护用品。（ ）

*138.《中华人民共和国安全生产法》规定，任何单位或者个人对事故隐患或者安全生产违法行为，均有权向负有安全生产监督管理职责的部门报告或者举报。（ ）

*139. 爆炸是大量能量在短时间内迅速释放或急剧转化成机械功的现象。（ ）

*140. 各类危险化学品分装、改装、开箱（桶）检查等应在库房内进行。（ ）

*141. 2005 年 7 月 19 日，某地一化工有限公司所属分装厂，分装农药。由于没有严格的防护措施，几名临时招聘的女工在倒装农药时，先后发生头晕、恶心、呕吐等中毒症状，相继被送到医院。因抢救及时没有人员死亡。根据上述事实，请判断，因该公司招聘人员应当进行上岗前和在岗期间的职业卫生教育和培训，普及有关职业卫生知识。（ ）

*142. 任何单位、个人不得损坏、挪用或者擅自拆除、停用消防设施、器材。（ ）

*143. 2005 年 7 月 19 日，某地一化工有限公司所属分装厂，分装农药。由于没有严格的防护措施，几名临时招聘的女工在倒装农药时，先后发生头晕、恶心、呕吐等中毒症状，相继被送到医院。因抢救及时没有人员死亡。根据上述事实，请判断，因该公司招聘人员为临时工，所以不用为她们配备劳动保护用品。（ ）

*144.《中华人民共和国消防法》规定，建设工程的消防设计、施工必须符合国家工程建设消防技术标准。（ ）

*145. 职工因工作遭受事故伤害或者患职业病进行治疗，享受工伤医疗待遇。（ ）

*146. 抓好安全教育培训工作是每一个企业的法定责任。（ ）

*147. 危险化学品入库时，应严格检验商品质量、数量、包装情况、有无泄漏。（ ）

*148. 消防设施、器材或者消防安全标志的配置、设置不符合国家标准、行业标准，或者未保持完好有效的，责令改正，处五千元以上五万元以下罚款。（ ）

*149. 运输压缩气体和液化气体钢瓶时，必须戴好钢瓶上的安全帽。钢瓶一般应平放，瓶口朝向没有严格要求，可以交叉放置。（ ）

*150. 压力容器最小厚度的确定应当考虑制造、运输、安装等因素的影响。（ ）

*151. 上罐作业只能使用防爆灯具，并注意不可失落。（ ）

*152. 危险化学品可以露天堆放，但应符合防火、防爆的安全要求。爆炸物品、一级易燃物品、遇湿燃烧物品、剧毒物品不得露天堆放。（ ）

*153. 一切爆炸品严禁与氧化剂、自燃物品、酸、碱、盐类、易燃可燃物、金属粉末和钢铁材料器具等混储混运。（ ）

*154. 危险化学品标志的副标志由表示危险特性的图案、文字说明、底色和危险品类别号四个部分组成的。（ ）

*155. 电弧烧伤也叫电伤。（ ）

*156. 水压试验的主要目的，是检查受压元件的强度。同时也可以通过水在局部地方的渗透等发现潜在的局部缺陷。（ ）

*157. 分期建设、分期投入生产或者使用的建设项目，其配套的职业病防护设施应当在建设项目全部完成后进行验收。（ ）

*158. 按照《安全生产法》的规定，从业人员可以享受的权利包括:知情权、建议权、批

检控权、拒绝权、避险权、求偿权、保护权、受教育权。（　　）

*159. 用人单位隐瞒、伪造、篡改、损毁职业健康监护档案等相关资料，或者拒不提供职业病诊断、鉴定所需资料的，给予警告，责令限期改正，逾期不改正的，处 5 万元以上 20 万元以下的罚款；情节严重的，责令停止产生职业病危害的作业，或者提请有关人民政府按照国务院规定的权限责令关闭。（　　）

*160. 生产经营场所和员工宿舍应当设有符合紧急疏散要求、标志明显、保持畅通的出口。禁止锁闭、封堵生产经营场所或者员工宿舍的出口。（　　）

*161. 化学品安全标签里用 CNNo. 代表联合国危险货物编号。（　　）

*162. 腐蚀品类化学品其主要品类是酸类和碱类。（　　）

*163. 如果工伤事故责任在伤者，那么他将不享受工伤保险补偿。（　　）

*164. 某厂油污法兰损坏需维修。维修钳工甲将带有污油底阀的污油管线放入污油池内，当时污油池液面高度为 500 cm，上面浮有 30 cm 的浮油。在液面上的 100 cm 处需对法兰进行更换，班长乙决定采用对接焊接方式。电焊工内去办理动火票，钳工甲见焊工丙办理动火手续迟迟没回，便开始焊接，结果发生油气爆炸，钳工甲掉入污油池死亡。根据上述事实，导致该起事故的直接原因是未在没有动火票的情况下进行焊接。（　　）

*165. 事故调查组有权向有关单位和个人了解与事故有关的情况，并要求其提供相关文件、资料，有关单位和个人可酌情提供。（　　）

*166. 危险化学品仓库工作人员应进行培训，经考核合格后持证上岗。（　　）

*167. 安全生产检查是安全管理工作的重要内容，是消除隐患、防止事故发生、改善劳动条件的重要手段。（　　）

*168. 质量监督检验检疫部门负责核发危险化学品及其包装物、容器的生产企业的工业产品生产许可证，负责对进出口危险化学品及其包装实施检验。（　　）

*169. 用人单位未按照规定在劳动者离开用人单位时提供职业健康监护档案复印件的，责令限期改正，给予警告，可以并处 8 万元以上 10 万元以下的罚款。（　　）

*170. 绝缘是用绝缘物把带电体与人体隔离，防止人体的接触。（　　）

*171. 爆炸下限越低，爆炸极限范围越宽，危险性越小。（　　）

*172. 任何单位和个人不得经营危险化学品。（　　）

*173. 职业安全健康管理体系中检查与纠正措施是要求生产经营单位定期或及时地发现体系运行过程或体系自身所存在的问题，并确定问题产生的根源或存在持续改进的地方。（　　）

*174. 密度小于水和不溶于水的易燃液体的火灾，可以用水进行扑救。（　　）

*175. 对产生严重职业病危害的作业岗位，应当在其醒目位置，设置警示标识和中文警示说明。（　　）

*176. 一般可燃物质的燃烧都经历氧化分解、着火、燃烧等阶段。（　　）

*177. 取得第一类易制毒化学品经营许可的企业，应当凭经营许可证到工商行政管理部门办理经营范围变更登记。未经变更登记，不得进行第一类易制毒化学品的经营。（　　）

*178. 只要具备燃烧三要素（可燃物、助燃物、点火源），即会引起燃烧。（　　）

*179. 按《危险化学品安全技术说明书编写规定》（GB/T 16483—2008）要求危险化学品安全技术说明书，内容包括：标识、成分及理化特性、燃烧爆炸危险特性、毒性及健康危

害性、急救、防护措施、包装与储运、泄漏处理与废弃等八大部分。（　　）

*180. 不是任一个点火源都能引燃每一种可燃物。（　　）

*181. 储存危险化学品的建筑通排风系统的通风管道不宜穿过防火墙等防火分隔物，如必须穿过时应用非燃烧材料分隔。（　　）

*182. 单位或者个人违反《中华人民共和国突发事件应对法》，不服从所在地人民政府及其有关部门发布的决定、命令或者不配合其依法采取的措施，构成违反治安管理行为的，由公安机关依法给予处罚。（　　）

*183. 职业病危害一般的建设项目，其职业病危害预评价报告应当向安全生产监督管理部门备案，职业病防护设施由建设单位自行组织竣工验收，并将验收情况报安全生产监督管理部门备案。（　　）

*184. 生产环境的职业病危害因素一般包括:劳动组织和制度不合理、劳动强度大或劳动组织安排不当、人体个别器官或系统过度紧张和不良的人机因素等。（　　）

*185. 在无法将作业场所中有害化学品的浓度降低到最高容许浓度以下时，工人必须使用个体防护用品。（　　）

*186. 易燃气体、不燃气体和有毒气体要分别专库储藏。（　　）

*187. 为了防止危险化学品的误用，危险化学品安全标签的粘贴、挂拴、喷印应牢固，保证在运输及储存期间不脱落、不损坏。（　　）

*188. 水压试验用水温度应高于周围露点的温度，以防锅炉或容器表面结露。且水温越高越好。（　　）

*189. 可以生产、销售或者使用不合格的消防产品以及国家明令淘汰的消防产品。（　　）

*190. 人可以长期吸入氧气，而且氧气越纯越好。（　　）

*191. 有毒品在水中的溶解度越大，其危险性也越大。因为人体内含有大量水分，所以越易溶解于水的有毒品越易被人体吸收。（　　）

*192. 班组是生产经营单位搞好安全生产工作的关键。（　　）

*193. 高压可燃气体容易发生爆炸事故。（　　）

*194. 应急预案是针对可能发生的事故，为迅速、有序地开展应急行动而预先制定的管理规定。（　　）

*195. 职工对违章指挥或强令冒险作业，有权拒绝执行；对危害人身安全和健康的行为，有权检举和控告。（　　）

*196. 在公共场所发生火灾时，正常照明电源切断情况下，应在 5s 内自动切换成应急电源。（　　）

*197. 生产、储存、使用、经营、运输危险化学品的单位的主要负责人对本单位的危险化学品安全管理工作全面负责。（　　）

*198. 用于化学品运输工具的槽罐以及其他容器，应由专业生产企业定点生产，并经检测、检验合格，方可使用。（　　）

*199. 为了防止危险化学品的误用，危险化学品安全标签的粘贴、挂拴、喷印应牢固，保证在运输及储存期间不脱落、不损坏。（　　）

*200. 防火间距就是当一幢建筑物起火时，其他建筑物在热辐射的作用下，没有任何保护措施时，也不会起火的最小距离。（　　）

*201. 油漆制造车间、氧气站、易燃品库等应划为第一类防雷建筑物。（　　）

*202. 2007 年 11 月 24 日 7 时 51 分，某公司上海销售分公司租赁经营的浦三路油气加注站，在停业检修时发生液化石油气储罐爆炸事故，造成 4 人死亡、30 人受伤，周围部分建筑物等受损，直接经济损失 960 万元。事故调查组认定:造成这次事故的直接原因是:液化石油气储罐卸料后没有用氮气置换清洗，储罐内仍残留液化石油气；在用压缩空气进行管道气密性试验时，没有将管道与液化石油气储罐用盲板隔断，致使压缩空气进入了液化石油气储罐，储罐内残留液化石油气与压缩空气混合，形成爆炸性混合气体；因违章电焊动火作业，引发试压系统发生化学爆炸，导致事故发生。根据上述事实，请判断，本起事故调查组成员由有关人民政府、安全生产监督管理部门、负有安全生产监督管理职责的有关部门、监察机关、公安机关以及工会派人组成，并应当邀请人民检察院派人参加，不可以聘请有关专家参与调查。（　　）

*203. 职业安全健康管理体系是企业为了实施职业安全健康管理所需的企业机构、程序、过程和资源。（　　）

*204. 道路交通事故、火灾事故自发生之日起 7 日内，事故造成的伤亡人数发生变化的，应当及时补报。（　　）

*205. 有毒品在水中的溶解度越大，其危险性也越大。（　　）

*206. 某建材商店地下涂料仓库内，存放大量不合格的"三无"产品聚氨酯涂料（涂料是苯系物）。地下仓库内虽有预留通风口，但通风差，无动力排风设施。某日，进入库房作业时 1 名工人昏倒在地，一同作业的另 2 名工人，在救助时也昏倒在地。经救援人员将中毒的 3 名工人送往医院，其中两人经抢救无效死亡。事后，又有 2 名在地下仓库作业的工人，发现有中毒症状，被送到医院住院治疗。根据上述事实，请判断本事故的直接原因是库存涂料是"三无"产品，含苯量严重超标，排毒通风差，大量有毒有害气体积聚，对作业人员造成危害。（　　）

*207. 《中华人民共和国安全生产法》规定，生产经营单位必须为从业人员提供符合国家标准或者行业标准的劳动防护用品，并监督、教育从业人员按照使用规则佩戴。（　　）

*208. 生产经营单位的应急预案由生产经营单位主要负责人签署公布后，再进行评审或者论证。（　　）

*209. 对本单位应急装备、应急队伍等应急能力进行评估，并结合本单位实际，加强应急能力建设，是编制应急预案的关键。（　　）

*210. 凡确诊患有职业病的职工，可由企业决定是否享受国家规定的工伤保险待遇或职业病待遇。（　　）

*211. 有毒品必须储存在仓库，不得露天存放。应远离明火、热源，库房通风应良好。（　　）

*212. 职业安全健康管理体系中绩效测量和监测中被动测量是对与工作有关的事故、事件、其他损失、不良的职业安全健康绩效、职业安全健康管理体系的失效情况的确认、报告和调查。（　　）

*213. 不同种类毒品、危险程度和灭火方法不同的毒害品可同库混存，性质相抵的禁止同库混存。（　　）

*214. 职工因工负伤痊愈后。经医院检查证明确实旧伤复发，可按因工负伤处理。（　　）

*215. 在应急救援过程中生产经营单位安全部门协助总指挥做好事故报警、情况通报及事故处置等工作。（　　）

*216. 环境保护主管部门负责废弃危险化学品处置的监督管理，组织危险化学品的环境危害性鉴定和环境风险程度评估，确定实施重点环境管理的危险化学品，负责危险化学品环境管理登记和新化学物质环境管理登记。（　　）

*217. 强度就是材料或结构元件所具有的承受外力而不被破坏的能力。（　　）

*218. 对于某一种类的风险，生产经营单位应当根据存在的重大危险源和可能发生的事故类型，制订相应的专项应急预案。（　　）

*219. 用人单位应当将工作过程中可能产生的职业病危害及其后果，有选择地告知劳动者。（　　）

*220. 液化石油气瓶用户及经营者，可以将气瓶内的气体向其他气瓶倒装，自行处理气瓶内的残液。（　　）

*221. 一个单位的不同类型的应急救援预案要形成统一整体，救援力量要统一安排。（　　）

*222. 化学泡沫灭火剂可以用来扑救忌水忌酸的化学物质和电气设备的火灾。（　　）

*223. 根据《危险化学品安全管理条例》，有关单位和个人对依法进行的危险化学品安全监督检查应当予以配合，不得拒绝、阻碍。（　　）

*224. 生产经营单位内部一旦发生危险化学品事故，单位负责人必须立即按照上级制定的应急预案组织救援。（　　）

*225. 危险化学品重复使用的包装如果符合危险货物运输包装性能试验的要求，可以重复使用。（　　）

*226. 危险品不得与禁忌物料混合储存，灭火方法不同的危险化学品可以同库储存。（　　）

*227. 生产经营单位根据实际情况，按事故的性质、类型、影响范围、严重后果分等级地制定相应的应急救援预案。（　　）

*228. 乙炔铜爆炸属于简单分解爆炸。（　　）

*229. 禁止在危险化学品储存区域内堆积可燃性废弃物。（　　）

*230. 危险化学品库房门应为铁门或木质外包铁皮，采用内开式。设置高侧窗（剧毒物品仓库的窗户应加设铁护栏）。（　　）

*231. 储存危险化学品的建筑必须安装通风设备，并注意设备的防护措施。（　　）

*232. 在结构上尽量使几何形状不连续处缓和而平滑的过渡，以减少不连续应力。（　　）

*233. 单位或者个人违反《中华人民共和国突发事件应对法》，导致突发事件发生或者危害扩大，给他人人身、财产造成损害的，不用承担任何责任。（　　）

*234. 危险化学品的标志设主标志由表示危险化学品危险特性的图案、文字说明、底色和危险类别号 4 个部分组成的菱形标志。副标志图形与主标志相同。（　　）

*235. 登记企业不得转让、冒用或者使用伪造的危险化学品登记证。（　　）

*236. 有关人民政府及其部门为应对突发事件，可以征用单位和个人的财产。（　　）

*237. 用人单位与劳动者订立劳动合同时，可以不告知劳动者在工作过程中可能产生的职业病危害及其后果、职业病防护措施和待遇等。（　　）

*238. 感应雷也称作雷电感应，分为静电感应雷和电磁感应雷。（　　）

*239. 有火灾爆炸危险的厂房内，通风气体可以循环使用。（　　）

*240. 大中型危险化学品仓库应选址在远离市区和居民区的当地主导风向的下风方向和河流下游的地域。（　　）

*241. 限制能量或危险物质是减少事故损失的安全技术措施。（　　）

*242. 储存危险化学品的建筑物、区域内严禁吸烟和使用明火。（　　）

*243. 应急救援队伍接到报警后，应立即根据事故情况，调集救援力量，携带专用器材，分配救援任务，下达救援指令，迅速赶赴事故现场。（　　）

*244. 危险化学品性质或消防方法相互抵触，以及配装号或类项不同的危险化学品不能装在同一车、船内运输。（　　）

*245. 腐蚀性物品要按不同类别、性质、危险程度、灭火方法等分区分类储藏，性质相抵的禁止同库储藏。（　　）

*246. 锅炉水循环的停滞会造成受热面过热、鼓包、管子涨粗甚至爆管事故。（　　）

*247. 危险化学品零售业务的店面与存放危险化学品的库房（或罩棚）应有实墙相隔。（　　）

*248. 我国危险化学品的安全标志根据常用危险化学品的危险特性和类别，它们的标志设主标志 18 种和副标志 12 种。（　　）

*249. 自燃点与闪点一样都是可燃物质的固有性质。（　　）

*250.《中华人民共和国消防法》规定，单位的安全管理人员是本单位的消防安全责任人。（　　）

*251. 闪点是表示易燃易爆液体燃爆危险性的一个重要指标，闪点越高，爆炸危险性越大。（　　）

*252. 生产、储存危险化学品的单位，应当对其铺设的危险化学品管道设置明显标志，并对危险化学品管道不定期检查、检测。（　　）

*253. 危险化学品经营企业未取得危险化学品经营许可证的可以一边经营一边申请许可证。（　　）

*254. 建设项目的职业病防护设施发生重大变更的，建设单位应当重新进行职业病危害预评价，办理相应的备案或者审核手续。（　　）

*255. 大中型危险化学品仓库应选址在远离市区和居民区的当地主导风向的上风向和河流上游的地域。（　　）

*256. 从事危险化学品零售业务的店面内危险化学品的摆设应布局合理，禁忌物料可混合存放。（　　）

*257. 化学品安全技术说明书规定的 16 项内容，如果不存在的可以删除或合并，其顺序也可以变更。（　　）

*258. 为了防止蒸发，汽油等挥发性强的液体应在口小、深度大的容器中盛装。（　　）

*259. 仓库工作人员应进行培训，经考核合格后上岗；装卸人员也必须进行必要的教育；消防人员除了应具有一般消防知识外，还应进行专门的专业知识培训。（　　）

*260. 国家对危险化学品生产、储存实行审批制度，未经审批，任何单位和个人都不得生产、储存危险化学品。（　　）

*261. 同是氧化剂，特性基本相同，可以任意混储混运。（　　　）

*262. 易燃液体、遇湿易燃物品、易燃固体与氧化剂可混合储存，但具有还原性的氧化剂应单独存放。（　　　）

*263. 储存危险化学品的建筑是否安装通风设备，根据具体情况而定。（　　　）

*264. 事故、事件、不符合及其对职业安全健康绩效影响的调查，目的是建立有效的程序，对生产经营单位的事故、事件、不符合进行调查、分析和报告，识别和消除此类情况发生的根本原因，防止其再次发生，并通过程序的实施，发现、分析和消除不符合的潜在原因。（　　　）

*265. 灭火方法不同的危险化学品不能同库储存。（　　　）

*266. 按照《安全生产法》的规定，生产、经营、储存、使用危险物品的车间、商店、仓库必须与员工宿舍保持足够的安全距离。（　　　）

*267. 应急演练是针对事故情景，依据应急预案而模拟开展的预警行动、事故报告、指挥协调、现场处置等活动。（　　　）

*268. 放射性物品在储运中必须有完整妥善的包装，包装问题十分重要，一般应采用 4 层包装。分别为内容器、内层辅助包装、外容器、外层辅助包装。（　　　）

*269. 爆炸品仓库必须选择在人烟稀少的空旷地带，与周围的居民住宅及工厂企业等建筑物必须有一定的安全距离。（　　　）

*270. 化学危险品库、氢氧站、油料库等应远离火源，布置在厂区边缘地区及最小频率风向的上风侧。（　　　）

*271. 爆炸品的包装箱不宜直接在地面上放置，最好铺垫 20 cm 左右的水泥块或钢材铺垫。（　　　）

*272. 职业安全健康管理体系管理评审是要求生产经营单位的最高管理者依据自己预定的时间间隔对职业安全健康管理体系进行评审，以确保体系的持续适宜性、充分性和有效性。（　　　）

*273. 储存危险化学品建筑采暖的热媒温度不应过高，可采用热水采暖不应超过 80 ℃。（　　　）

*274.《中华人民共和国安全生产法》规定，生产经营单位应当建立健全生产安全事故隐患排查治理制度，采取技术、管理措施，及时发现并消除事故隐患。（　　　）

*275. 在可能发生人身伤害、设备或设施损坏和环境破坏的场合，事先采取措施，防止事故发生。（　　　）

*276.《工伤保险条例》规定了工伤保险基金组成和征收办法。工伤保险费由个人缴纳。（　　　）

*277. 禁止用电瓶车、翻斗车、铲车、自行车等运输爆炸物品。（　　　）

*278. 生产经营单位可以将生产经营项目、场所、设备发包或者出租给不具备安全生产条件或者相应资质的单位或者个人，从事生产经营活动。（　　　）

*279. 国家安全生产监督管理总局负责全国危险化学品登记的监督管理工作。（　　　）

*280. 压力容器爆破时所能释放的能量与它的工作介质的物性状态没有关系。（　　　）

*281. 企业一旦发生重大危险源事故，本企业抢险抢救力量不足，不必请求社会力量援助。（　　　）

*282. 当某种化学品有新的信息发现时，安全标签应及时修订、更改。（　　）

*283. 装卸毒害品人员作业中不得饮食，不得用手擦嘴、脸、眼睛。每次作业完毕，应及时用肥皂（或专用洗涤剂）洗净面部、手部，用清水漱口，防护用具应及时清洗，集中存放。（　　）

*284. 接触职业病危害因素的劳动者在作业过程中出现与所接触职业病危害因素相关的不适症状时，用人单位应当立即组织有关劳动者进行应急职业健康检查。（　　）

*285. 安全标签上的应急咨询电话可以是企业本身的应急咨询电话，也可以委托其他专业机构代理，但对外资企业，其标签上必须提供中国境内的应急电话。（　　）

*286. 危险化学品经营单位不得转让、买卖、出租、出借、伪造或者变造经营许可证。（　　）

*287. 2007 年 11 月 24 日 7 时 51 分，某公司上海销售分公司租赁经营的浦三路油气加注站，在停业检修时发生液化石油气储罐爆炸事故，造成 4 人死亡、30 人受伤，周围部分建筑物等受损，直接经济损失 960 万元。根据上述事实，请判断，该事故应上报至省、自治区、直辖市人民政府安全生产监督管理部门和负有安全生产监督管理职责的有关部门。（　　）

*288. 甲、乙类仓库内严禁采用明火和电热散热器采暖。（　　）

*289. 某市一公司利用存放干杂仓库改造成危险化学品仓库，库房之间防火间距不符合标准，并将过硫酸铵（氧化剂）与硫化碱（还原剂）在同一个库房混存。8 月 5 日因包装破漏，过硫酸铵与硫化碱接触发生化学反应，起火燃烧，13 点 26 分爆炸引起大火，1 min 后离着火区很近的仓库内存放的低闪点易燃液体又发生第二次强烈爆炸，造成更大范围的破坏和火灾。至 8 月 6 日凌晨 5 时，扑灭了这场大火。这起事故造成 15 人死亡，200 多人受伤，其中重伤 25 人，直接经济损失 2.5 亿元。根据上述事实，请判断，该公司仓库内过硫酸铵（氧化剂）与硫化碱（还原剂）混存，因包装破漏接触发生化学反应、起火、燃烧、爆炸，是这起事故的直接原因。（　　）

*290. 生产经营单位应当制定本单位的应急预案演练计划，根据本单位的事故预防重点，每半年至少组织一次综合应急预案演练或者专项应急预案演练。（　　）

*291. 化学品安全标签里用 UNNo. 表示中国危险货物编号。（　　）

*292. 在应急救援过程中生产经营单位物资供应部门负责抢险抢救物质的供应和保障等工作。（　　）

*293. 按照《常用化学危险品贮存通则》的规定，同一区域贮存两种或两种以上不同级别的危险品时，应按最高等级危险物品的性能标志。（　　）

*294. 事故发生单位应当认真吸取事故教训，落实防范和整改措施，防止事故再次发生。防范和整改措施的落实情况应当接受工会和职工的监督。（　　）

*295. 危险化学品运输企业必须具备的条件由国务院交通部门规定。（　　）

*296.《化学品安全技术说明书》采用"两个品种一卡"的方式编写。（　　）

*297.《压力容器安全技术监察规程》规定，液氧罐的操作人员，严禁使用带油脂的工具和防护用品。（　　）

*298. 加油站邻近单位发生火灾时，可继续营业但应向上级报告。（　　）

*299. 2006 年 4 月 19 日，某树脂制品有限公司生产过程中大量使用有机溶剂甲苯，人工操作，没有通风设施。员工方某发生疑似急性甲苯中毒，4 月 20 日经诊断为"轻度甲苯中

毒"。经职业卫生监督人员现场检查发现，该公司未向卫生行政部门申报存在职业危害因素，未组织操作人员上岗前、在岗期间、离岗时的职业健康检查，未设立职业健康监护档案；无工作场所职业病危害因素监测及评价资料；未建立职业病防治管理制度和职业病危害事故应急救援预案；职业病危害因素岗位操作人员未佩戴有效的个人防护用品；未设立警示标志和中文警示说明。根据上述事实，请判断，订立劳动合同时，企业可以将工作过程中可能产生的部分职业病危害及其后果、职业病防护措施和待遇应如实告知劳动者。（　　）

*300. 人身触电事故特指电击事故。（　　）

*301. 可能产生职业中毒危害的建设项目，未依照职业病防治法的规定进行职业中毒危害预评价，或者预评价未经卫生行政部门审核同意，可自行开工。（　　）

*302. 生产经营单位发生生产安全事故后，事故现场有关人员应当立即报告本单位负责人。（　　）

*303. 按《危险化学品安全技术说明书编写规定》要求危险化学品安全技术说明书，内容包括：标识、成分及理化特性、燃烧爆炸危险特性、毒性及健康危害性、急救、防护措施、包装与储运、泄漏处理与废弃等八大部分。（　　）

*304. 两个以上生产经营单位在同一作业区域内进行生产经营活动，可能危及对方生产安全的，应当签订安全生产管理协议，明确各自的安全生产管理职责和应当采取的安全措施，并指定专职安全生产管理人员进行安全检查与协调。（　　）

*305. 火灾扑灭后，发生火灾的单位和相关人员应当按照公安机关消防机构的要求保护现场，接受事故调查，如实提供与火灾有关的情况。（　　）

*306. 化学品安全技术说明书，又被称为物质安全技术说明书，简称 SDS。（　　）

*307. 储存毒害品仓库应远离居民区和水源。（　　）

*308. 可燃气体、可燃蒸气或可燃粉尘与空气组成的混合物在任何混合比例下都能发生燃烧爆炸。（　　）

*309. 可燃物质的自燃点是一个固定不变的数值，它与其他因素无关。（　　）

*310. 危险化学品安全标签中要标出化学品的主要成分和含有的有害组分含量或浓度。（　　）

*311. 储存毒害品仓库库区温度不得超过 35 ℃，易挥发的毒品应控制在 32 ℃ 以下。（　　）

*312. 应急预案的管理遵循综合协调、分类管理、分级负责、属地为主的原则。（　　）

*313. 按事故频发倾向理论，事故频发倾向者的存在是工业事故发生的次要原因。（　　）

*314. 存在高毒作业的危险化学品建设项目的防护设施、设计，未经卫生行政部门审查同意，可进行施工操作。（　　）

*315. 应按《化学危险品标签编写导则》编写危险化学品标签。（　　）

*316. 储存危险化学品的采暖管道和设备的保温材料，必须采用非燃烧材料。（　　）

*317. 静电事故多发生在潮湿的季节。（　　）

*318. 根据突发公共事件发生过程、性质和机理，突发公共事件主要分为 3 类。（　　）

*319. 生产经营单位对职业安全健康管理方案应每年进行一次评审，以确保管理方案的实施，能够实现职业安全健康目标。（　　）

*320. 按照《建筑设计防火规范》GB 50016—2014，闪点 < 28 ℃ 的液体，其火灾危险性为甲类。(　　)

*321. 除矿山、建筑施工单位和易燃易爆物品、危险化学品、放射性物品等危险物品的生产、经营、储存、使用单位和中型规模以上的其他生产经营单位外，其他生产经营单位应当对本单位编制的应急预案进行论证。(　　)

*322. 职业病诊断机构在安全生产监督管理部门作出调查结论或者判定前应当中止职业病诊断。(　　)

*323. 企业发生有害物大量外泄事故或火灾事故现场应设警戒线。(　　)

*324. 安全技术说明书由化学品的生产供应企业编印，并由书店单独出售，如果用户需要，需要到书店购买。在交付商品时提供给用户，作为用户的一种服务，随商品在市场上流通。(　　)

*325. 某厂油污法兰损坏需维修。维修钳工甲将带有污油底阀的污油管线放入污油池内，当时污油池液面高度为 500 cm，上面浮有 30 cm 的浮油。在液面上的 101 cm 处需对法兰进行更换，班长乙决定采用对接焊接方式。电焊工丙去办理动火票，钳工甲见焊工丙办理动火手续迟迟没回，便开始焊接，结果发生油气爆炸，钳工甲掉入污油池死亡。根据上述事实，电焊工不是特殊工种，不用按照国家有关规定经专门的安全作业培训，取得相应资格。(　　)

*326. 选择呼吸防护用品时应考虑有害化学品的性质、作业场所污染物可能达到的最高浓度、作业场所的空气含量、使用者的面型和环境条件等因素。(　　)

*327. 职业安全健康管理体系运行模式，其核心都是为生产经营单位建立一个动态循环的管理过程，以持续改进的思想指导生产经营单位系统地实现其既定目标。(　　)

*328. 危险化学品应急救援队所在单位要加大投入，引进采用高效快速救援钻机、大型排水设备、大型清障支护设备、快速灭火、堵漏、洗消设备以及人员避险、搜寻、定位等装备，提高安全保障和应急救援能力。(　　)

*329. 应急预案应提出详尽、实用、明确、有效的技术和组织措施。(　　)

*330. 腐蚀性物品，包装必须严密，不允许泄漏，严禁与液化气体和其他物品共存。(　　)

*331. 国家建立统一领导、综合协调、分类管理、分级负责、属地管理为主的应急管理体制。(　　)

*332. 按照《安全生产法》的规定，负有安全生产监督管理职责的部门应当建立举报制度，公开举报电话、信箱或者电子邮件地址，受理有关安全生产的举报；受理的举报事项经调查核实后，应当形成书面材料；需要落实整改措施的，报经有关负责人签字并督促落实。(　　)

*333. 事故发生后，有关单位和人员应当妥善保护事故现场以及相关证据，任何单位和个人不得破坏事故现场、毁灭相关证据。(　　)

*334. 在生产、作业中违反有关安全管理的规定，因而发生重大伤亡事故或者造成其他严重后果的，处 3 年以下有期徒刑或者拘役；情节特别恶劣的，处 3 年以上 7 年以下有期徒刑。(　　)

*335.《易制毒化学品管理条例》规定，对向毒品制造、贩运情形严重的国家或者地区出口易制毒化学品以及本条例规定品种以外的化学品的，不可以在国际核查措施以外实施其他管制措施。(　　)

*336. 安全生产监督管理部门履行监督检查职责时，有权进入被检查单位，查阅、复制被检查单位有关职业健康监护的文件、资料。（   ）

*337. 严禁将有毒品与食品或食品添加剂混储混运。（   ）

*338. 《气瓶安全监察规程》规定，气瓶必须专用。只允许充装与钢印标记一致的介质，不得改装使用。（   ）

*339. 《中华人民共和国消防法》规定，企业对建筑消防设施三年至少进行一次全面检测，确保完好有效，检测记录应当完整准确，存档备查。（   ）

*340. 搞好危险化学品安全生产管理，是全面落实科学发展观的必然要求，是建设和谐社会的迫切需要，是各级政府和生产经营单位做好安全生产工作的基础。（   ）

*341. 危险化学品仓库应有专职或义务消防、警卫队伍。如果是义务消防、警卫队伍，不必制定灭火预案和进行消防演练。但专职消防队伍必须制定灭火预案并经常进行消防演练。（   ）

*342. 生产经营单位的主要负责人、安全生产管理人员及从业人员的安全培训，由生产经营单位负责。（   ）

*343. 易燃液体、遇湿易燃物品、易燃固体不得与氧化剂混合储存，具有还原性的氧化剂应单独存放。（   ）

*344. 个人不得购买农药、灭鼠药、灭虫药以外的剧毒化学品。（   ）

*345. 危险化学品经营单位经营方式发生变化的，应当相关规定重新申请办理危险化学品经营许可证。（   ）

*346. 用人单位安排有职业禁忌的劳动者从事所禁忌的作业的，并处 5 万元以上 30 万元以下的罚款；情节严重的，责令停止产生职业病危害的作业，或者提请有关人民政府按照国务院规定的权限责令关闭。（   ）

*347. 安全标准化是指为安全生产活动获得最佳秩序，保证安全管理及生产条件达到法律、行政法规、部门规章和标准等要求制定的规则。（   ）

*348. 无论是新型包装、重复使用的包装、还是修理过的包装均应符合危险货物运输包装性能试验的要求。（   ）

*349. 当危险化学品发生紧急事故后，可以按照危险化学品安全标签中提供的应急咨询电话和国家化学事故应急咨询电话对遇到的技术问题进行咨询。（   ）

*350. 重大事故隐患是指可能导致重大人身伤亡或者重大经济损失的事故隐患。（   ）

*351. 安全技术措施计划制度是生产经营单位生产财务计划的一个组成部分，是提高经济效益的重要保证制度。（   ）

*352. 生产经营单位主管安全工作的领导对本单位事故隐患排查治理工作全面负责。（   ）

*353. 溶解乙炔气瓶充装前，必须按 GB13591《溶解乙炔充装规定》测定溶剂补加量。（   ）

*354. 突发事件发生后，事故单位应当针对其性质、特点和危害程度，立即组织有关部门，调动应急救援队伍和社会力量，依照本章的规定和有关法律、法规、规章的规定采取应急处置措施。（   ）

*355. 储藏易燃易爆品的库房，应冬暖夏凉、干燥、易于通风、密封和避光。（   ）

*356. 安全设施是指企业在生产经营活动中将危险因素、有害因素控制在安全范围内以及预防、减少、消除危害所配备的装置和采取的措施。（　　）

*357. 在炸药爆炸场所进行施救工作时，除了防止爆炸伤害外，还应注意防毒，以免造成中毒事故。（　　）

*358. 危险化学品经营单位应当接受发证机关依法实施的监督检查，无正当理由不得拒绝、阻挠。（　　）

*359. 触电事故是由于人直接接触带电体发生的事故。（　　）

*360. 危险化学品仓库的建筑屋架可以根据所存危险化学品的类别和危险等级采用木结构、钢结构或装配式钢筋混凝土结构。（　　）

*361. 静电电击是瞬间冲击性的电击。（　　）

*362. 根据《危险化学品安全管理条例》，危险化学品是指具有毒害、腐蚀、爆炸、燃烧、助燃等性质，对人体、设施、环境具有危害的剧毒化学品和其他化学品。（　　）

*363. 危险化学品生产企业发现其生产的危险化学品有新的危害特性时，应当立即公告，安全技术说明书和安全标签可暂缓修订。（　　）

*364. 经营销售危险化学品的单位，应当取得危险化学品经营许可证并经工商管理部门登记注册。（　　）

*365. 在职业病目录中，职业性哮喘属于生物因素所致职业病。（　　）

*366.《中华人民共和国消防法》规定，生产、储存、经营易燃易爆危险品的场所不得与居住场所设置在同一建筑物内，并应当与居住场所保持安全距离。（　　）

*367. 建设项目职业病防护设施建设期间，建设单位应当对其进行经常性的检查，对发现的问题及时进行整改。（　　）

*368. 在职业危害识别过程中，生产中使用的全部化学品、中间产物和产品均需要进行职业卫生检测。（　　）

*369. 跨设区的市级行政区域（直辖市为跨市界）或者在国务院公安部门确定的禁毒形势严峻的重点地区跨县级行政区域运输第一类易制毒化学品的，由运出地的设区的市级人民政府公安机关审批；运输第二类易制毒化学品的，由运出地的县级人民政府公安机关审批。经审批取得易制毒化学品运输许可证后，方可运输。（　　）

*370. 加油站从业人员上岗时应穿防静电工作服。（　　）

*371. 储存危险化学品的建筑物可以有地下室或其他地下建筑。（　　）

*372. 危险化学品经营销售实行许可制度只适用于中华人民共和国境内国有企业，不适用于个人或私有企业。（　　）

*373. 有毒品经过皮肤破裂的地方侵入人体，会随血液蔓延全身，加快中毒速度。因此，在皮肤破裂时，应停止或避免对有毒品的作业。（　　）

*374. 易燃气体气瓶的首次充装或定期检验后的首次充装，必须经置换或抽真空处理后进行。（　　）

*375. 静电中和器主要用来消除导体上的静电。（　　）

*376. 发生简单分解爆炸的爆炸性物质，爆炸时所需要的能量是由爆炸物本身分解产生的，爆炸时一定伴随着燃烧现象。（　　）

*377. 压力容器的设计，必须由具有相应专业技术水平的单位负责，并应经过规定的审批手续。（　　）

*378. 生产规模小、危险因素少的生产经营单位，综合应急预案和专项应急预案可以合并编写。（　　）

*379. 化学品安全标签指的是用文字、图形符号和编码的组合形式表示化学品所具有的危险性和安全注意事项。（　　）

*380.《工作场所安全使用化学品规定》不仅要求用人单位对化学品危险性进行鉴别和分类，建立化学品安全标签和安全技术说明书制度，而且明确提出了职工的义务和权力。（　　）

*381. 对于在应急预案编制和管理工作中做出显著成绩的单位和人员，安全生产监督管理部门、生产经营单位可以给予表彰和奖励。（　　）

*382. 任何单位和个人不得生产、经营、使用国家禁止生产、经营、使用的危险化学品。（　　）

*383. 生产经营单位的从业人员未经安全生产教育和培训合格的从业人员，不得上岗作业。（　　）

*384.《非药品类易制毒化学品生产、经营许可办法》规定，国家对非药品类易制毒化学品的生产、经营实行许可制度。（　　）

*385.《化学品安全标签编写规定》要求，集装箱、成组货物的安全标签应位于 4 个侧面。（　　）

*386. 某化工有限公司未经批准擅自利用某单位空房间设置危险化学品仓库，并大量储存包装不符合国家标准要求的连二亚硫酸钠（保险粉）和高锰酸钾等危险化学品。2006 年 5 月 10 日，由于下雨，房间漏雨进水，地面返潮，连二亚硫酸钠（保险粉）受潮，发生化学反应引起火灾。造成 7 000 多人疏散，103 人感到不适。根据上述事实，请判断，危险化学品包装的形式、规格、方法和单件质量（重量），应当与所包装的危险化学品的性质和用途相适应。（　　）

* 387. 大中型危险化学品仓库应选址在远离市区和居民区的当地主导风向的上风方向和河流下游的区域。（　　）

*388. 为防止易燃气体积聚而发生爆炸和火灾，贮存和使用易燃液体的区域要有良好的空气流通。（　　）

*389. 属于易制毒化学品中的危险化学品可以使用现金或者实物进行交易。（　　）

*390. 使用剧毒化学品的单位可以出借剧毒化学品。（　　）

*391. 危险化学品的标志使用原则:当一种危险化学品具有一种以上的危险性时，应该用主标表示主要危险性类别，并用副标表示重要的其他的危险类别。（　　）

*392. 职业健康检查结束后，需要复查的，可以根据复查要求增加复查项目。（　　）

*393. 接受货主委托运输的承运人应当查验货主提供的运输许可证或者备案证明，并查验所运货物与运输许可证或者备案证明载明的易制毒化学品品种等情况是否相符,不相符的,不得承运。（　　）

*394. 使用有毒物品作业的用人单位可以按照国务院卫生行政部门或行业管理部门的规定，向卫生行政部门及时、如实申报存在职业中毒危害项目。（　　）

*395. 危险化学品事故指由一种或数种危险化学品或其能量意外释放造成的人身伤亡、财产损失或环境污染事故。（　　）

*396. 化学品安全技术说明书（SDS）是化学品经营单位向用户提供基本危害信息的工具。（　　）

*397. 不定期对作业环境空气中有毒物质进行监测是防毒作业环境管理的重要内容。（　　）

*398. 事故单位的负责人和有关人员在事故调查期间不得擅离职守，并应当随时接受事故调查组的询问，如实提供有关情况。（　　）

*399. 如果储存容器合适的情况下，硫酸、硝酸、盐酸及烧碱都可储存于一般货棚内。（　　）

*400. 按照导致事故的原因把安全技术措施分为，预防事故发生的安全技术措施，控制事故发生的措施和消除减少事故损失的安全技术措施。（　　）

*401. 室颤电流即最小致命电流，与电流持续时间关系密切。（　　）

*402. 生产经营单位使用应当淘汰的危及生产安全的工艺、设备的，经采取措施可以继续使用。（　　）

*403. 使用剧毒化学品、易制爆危险化学品的单位不得出借、转让其购买的剧毒化学品、易制爆危险化学品。（　　）

*404. 同一企业生产、进口同一品种危险化学品的，按照生产企业进行一次登记，但应当提交进口危险化学品的有关信息。（　　）

*405. 事故应急救援预案应覆盖事故发生后应急救援各阶段的计划，既预案的启动、应急、救援、事后监测与处置等各个阶段。（　　）

*406. 安全监管监察和有关部门是事故隐患排查治理和防控的责任主体。（　　）

*407. 经营危险化学品的单位的主要负责人对本单位的危险化学品的安全管理工作全面负责。（　　）

*408. 事发当天上午，该加油站站长陈某在未办理动火审批手续的情况下，带领 2 名临时雇来的无资格证的修理工，对装过 90# 汽油的一卧式罐扶梯进行焊补作业，在焊接过程中发生爆炸，陈某和 1 名焊工当场被炸死，另 1 人重伤。直接经济损失 16 万元。根据上述事实，请判断，在加油站动火，必须严格执行规章制度，办理必要的动火手续。（　　）

*409. 按照《建筑设计防火规范》，难燃烧的物品，其火灾危险性为甲类。（　　）

*410. 有毒作业环境管理中的组织管理包括调查了解企业当前职业毒害的现状，只有在对职业毒害现状正确认识的基础上，才能制订正确的规划，并予正确实施。（　　）

*411. 锅炉包括两大部分:盛装水、汽的"锅"和进行燃烧加热的"炉"。（　　）

*412.《非药品类易制毒化学品生产、经营许可办法》规定，国家对第一类非药品类易制毒化学品的生产、经营实行许可证管理。（　　）

*413. 装卸腐蚀品人员不能使用沾染异物和能产生火花的机具，作业现场须远离热源和火源。（　　）

*414.《工作场所安全使用化学品规定》不仅要求用人单位对化学品危险性进行鉴别和分类，建立化学品安全标签和安全技术说明书制度，而且明确提出了职工的义务和权力。（　　）

*415. 任何单位和成年人都有参加有组织的灭火工作的义务。（　　）

*416. 受突发事件影响地区的生产经营单位应当根据本地区遭受损失的情况，制定救助、补偿、抚慰、抚恤、安置等善后工作计划并组织实施，妥善解决因处置突发事件引发的矛盾和纠纷。（　　）

*417. 储存剧毒化学品以及重大危险源的其他危险化学品的单位，应当将储存剧毒化学品以及重大危险源的其他危险化学品的数量、地点以及管理人员的情况，报公安部门和负责危险化学品安全监督管理综合工作的部门备案。（　　）

*418. 危险化学品经营单位必须保证所经营的危险化学品有化学品安全技术说明书和安全标签。（　　）

*419. 突发环境事件报告中初报是查清有关基本情况后随时上报。（　　）

*420. 高温高压下的氢对碳钢有严重的腐蚀作用，为了防止这种腐蚀，应选用耐氢腐蚀性能良好的低合金铬钼钢作为加氢反应器等。（　　）

*421. 储存物品的火灾危险性应根据储存物品的性质和储存物品中的可燃物数量等因素，分为甲、乙、丙、丁、戊类。（　　）

*422. 人体电阻随着接触电压升高而急剧升高。（　　）

*423. 为了有利于静电的泄露，可采用静电导电性工具。（　　）

*424. 危险化学品安全标签中安全措施应表述化学品在处置、搬运、存储和使用作业中所必须注意的事项和发生意外时简单有效的救护措施。（　　）

*425. 爆炸品是指在外界作用下能发生剧烈的化学反应，瞬间产生大量的气体和热量，使周围压力急骤上升，发生爆炸，对周围环境造成破坏的物品，也包括无整体爆炸危险，但具有燃烧、抛射及较小爆炸危险的物品。（　　）

*426. 政府主管部门必须派出经过培训的、考核合格的技术人员定期对重大危险源进行监察、调查、评估和咨询。（　　）

*427. 从事危险化学品经营的单位应有符合国家规定的危险化学品事故应急预案，并配备必要的应急救援器材、设备。（　　）

*428. 毒物毒性常以引起实验动物死亡数所需剂量表示。（　　）

*429. 危险化学品包装的形式、规格、方法和单件质量（重量），应当与所包装的危险化学品的性质和用途相适应。（　　）

*430. 用人单位安排未成年工从事接触职业病危害的作业的，并处 10 万元以上 30 万元以下的罚款；情节严重的，责令停止产生职业病危害的作业，或者提请有关人民政府按照国务院规定的权限责令关闭。（　　）

*431. 可燃物质的爆炸极限是恒定的。（　　）

*432. 所谓安全电压是在任何条件下都不会危及生命安全的电压。（　　）

*433. 应急预案应当包括应急组织机构和人员的联系方式、应急物资储备清单等附件信息。附件信息应当经常更新，确保信息准确有效。（　　）

*434. 经营、销售化学品的企业，所经销的化学品必须附带《化学品安全技术说明书》。（　　）

*435. 数十毫安的电流短时间通过人体，虽有一定危险但不会致命。（　　）

*436. 按照因果连锁理论，企业安全工作的中心就是防止人的不安全行为、消除机械或物质的不安全状态、中断连锁的进程，从而避免事故的发生。（　　）

*437. 危险化学品的标志设主标志由表示危险化学品危险特性的图案、文字说明、底色和危险类别号 4 个部分组成的菱形标志。（　　）

*438. 编制应急救援预案的目的是确保不发生事故。（　　）

*439. 职业安全健康管理体系应急预案与响应要求是确保生产经营单位主动评价其潜在事故与紧急情况发生的可能性及其应急响应的需要。（　　）

*440. 使用有毒物品作业的用人单位应当按照国务院卫生行政部门的规定，定期对使用有毒物品作业场所职业中毒危害因素进行检测、评价。（　　）

*441. 对储存易燃介质或毒性程度为极度、高度或中度危害介质的压力容器，应在安全阀或爆破片的排出口装设导管，可直接排入大气。（　　）

*442. 风险是事故发生的可能性与严重性的结合。（　　）

*443. 易燃易爆危险场所严禁吸烟。（　　）

*444. 安全第一就是要求在进行生产和其他工作时把安全工作放在一切工作的首要位置。（　　）

*445. 危险化学品库房贴近地面应增设强制通风设施，定期置换仓库内的有毒气体。（　　）

*446. 《气瓶安全监察规程》规定，不允许瓶对瓶直接倒气。（　　）

*447. 按照《安全生产法》的规定，任何单位和个人在生产安全事故应急救援和调查处理中都应当支持、配合事故抢救，并提供一切便利条件。（　　）

*448. 事故应急指挥领导小组负责本单位预案的制订、修订，组建应急救援队伍，检查督促做好重大危险源事故的预防措施和应急救援的各项准备工作。（　　）

*449. 劳动者受到急性职业中毒危害或者出现职业中毒症状时，用人单位应当立即组织有关劳动者进行应急职业健康检查。（　　）

*450. 剧毒品应专库储存或存放在彼此间隔的单间内，还需安装防盗报警器，库门装双锁。（　　）

*451. 危险化学品仓库的库房门应为铁门或木质外包铁皮并采用内开式。（　　）

*452. 堆放各种爆炸品时，要求做到牢固、稳妥、整齐，防止倒垛，便于运输。（　　）

*453. 固定泡沫装置管线控制阀可设在防火堤内。（　　）

*454. 职业安全健康管理体系是指为建立职业安全健康方针和目标以及实现这些目标所制定的一系列相互联系或补充作用的要素，企业为了实施职业安全管理所需的企业机构、程序、过程和资源。（　　）

*455. 应按《常用化学危险品贮存通则》对危险化学品进行妥善贮存，加强管理。（　　）

*456. 建设项目在竣工验收后，建设单位应当进行职业病危害控制效果评价。（　　）

*457. 危险化学品经营单位带有储存设施的经营企业变更其储存场所的，不需要重新申请办理危险化学品经营许可证。（　　）

*458. 运输散装固体危险物品，应根据性质，采取防火、防爆、防水、防粉尘飞扬和遮阳措施。（　　）

*459. 根据《压力容器定期检验规则》，对拆下来的紧急切断装置，应解体、检验、修理和调整并进行耐压、密封、紧急切断等性能试验。检验合格并重新铅封方准使用。（　　）

*460. 安全生产行政执法人员、劳动者或者其近亲属、劳动者委托的代理人有权查阅、复印劳动者的职业健康监护档案。（   ）

*461. 从事危险化学品批发业务的企业，所经营的危险化学品可以存放在业务经营场所。（   ）

*462. 可燃液体的闪点随其浓度的变化而变化。（   ）

*463. 将易制毒化学品许可证或者备案证明转借他人使用的，负有监督管理职责的行政主管部门吊销相应的许可证。（   ）

*464. 无关人员可以搭乘装有易燃易爆化学物品的运输车辆。（   ）

*465. 个人皮肤防护的防毒措施之一是皮肤防护，主要依靠个人防护用品，防护用品可以避免有毒物质与人体皮肤的接触。（   ）

*466. 职业病危害严重的建设项目，其职业病防护设施设计未经审核同意的，建设单位不得进行施工，应当进行整改后重新申请审核。（   ）

*467. 盛装危险化学品的容器或包装，确认危险品用完后即可撕下相应的安全标签。（   ）

*468.《使用有毒物品作业场所劳动保护条例》规定，使用单位应按国家有关规定清除化学废料和清洗盛装危险化学品的废旧容器。（   ）

*469. 危险化学品仓库应设有避雷设施，并两年至少检测一次，使之安全有效。（   ）

*470.《中华人民共和国安全生产法》规定，从业人员发现危及人身安全的紧急时，无权停止作业或者在采取可能的应急措施后撤离作业场所。（   ）

*471. 对于危险性较大的重点设备、重点岗位和重点场所，生产经营单位应当制定重点工作岗位的现场处置方案。（   ）

*472.《常用化学危险品贮存通则》中对贮存场所要求是：贮存危险化学品建筑物不得有地下室或者其他地下建筑物，其耐火等级、层数、占地面积安全疏散和防火间距，应符合国家有关规定。（   ）

*473. 在空气充足的条件下，可燃物与火源接触即可着火。（   ）

*474. 一般来讲，物质越易燃，其火灾危险性就越小。（   ）

*475. 在不同的建筑物或远离所有的外部区域内的储存方式叫分离储存。（   ）

*476. 生产经营单位未按照应急预案采取预防措施，导致事故救援不力或者造成严重后果的，由县级以上安全生产监督管理部门依照有关法律、法规和规章的规定，责令停产停业整顿，并依法给予行政处罚。（   ）

*477. 个人防护是把人体与意外释放能量或危险物质隔开，是一种不得已的隔离措施，但却是保护人身安全的最后一道防线。（   ）

*478. 静电放电时发生的火花，可引燃爆炸性混合物，导致爆炸或火灾。（   ）

*479. 电流通过人体内部，对人体伤害程度受电流大小影响，而与其他因素无关。（   ）

*480.《中华人民共和国安全生产法》规定，国家实行生产安全事故责任追究制度，依照本法和有关法律、法规的规定，追究生产安全事故责任人员的法律责任。（   ）

*481. 危险化学品项目的职业卫生防护设施无需与主体工程同时设计，同时施工，同时投入生产和使用，可先行投产、运行。（   ）

*482. 职业安全健康管理体系中初始评审过程不包括法律、法规及其他要求内容。（   ）

*483. 用人单位不得安排未成年工从事接触职业病危害的作业，不得安排孕期、哺乳期的女职工从事对本人和胎儿、婴儿有危害的作业。（　　）

*484.《生产安全事故报告和调查处理条例》适用于生产经营活动中发生的造成人身伤亡或者直接经济损失的生产安全事故的报告和调查处理，以及环境污染事故、核设施事故的报告和调查处理。（　　）

*485. 劳动者接受职业健康检查应当视同正常出勤。（　　）

*486.《中华人民共和国消防法》规定，企业对职工进行岗前消防安全培训，定期组织消防安全培训和消防演练。（　　）

*487. 专职消防队的队员不能享受社会保险和福利待遇。（　　）

*488. 危险化学品安全技术说明书是一份关于危险化学品燃爆、毒性和环境危害以及安全使用、泄漏应急处理、主要理化参数、法律法规等方面信息的综合性文件。（　　）

*489. 输送易爆有毒的液化气体时应在压出管线上装有压力调节和超压切断泵的连锁装置、温控和超温信号等安全装置。（　　）

*490. 防冻保暖工作检查属于安全综合检查。（　　）

*491. 本质安全化原则是指从一开始和从本质上实现安全，从根本上消除事故发生的可能性，从而达到预防事故发生的目的。（　　）

*492. 外力除去后构件恢复原有的形状，即变形随外力的除去而消失，这种变形称为塑性变形。（　　）

*493. 工频交流电流的频率越高，对人体的伤害作用越大。（　　）

*494. 储存危险化学品的建筑物、区域内严禁吸烟和使用明火。（　　）

*495. 安全管理原理是现代企业安全科学管理的基础、战略和纲领。（　　）

*496. 某危险化学品经营公司，经营范围是一般危险化学品，《危险化学品经营许可证》于 2006 年 10 月 30 日到期，尚未申请换证。2007 年 4 月 5 日，装卸工在仓库内搬运货物时，将一瓶甲苯二异氰酸酯（剧毒化学品）撞碎，导致多人中毒。根据上述情况，该公司应于《危险化学品经营许可证》到期 1 个月前，向发证机关提出经营许可证的延期申请，并提交相关文件、资料。（　　）

*497. 危险化学品专用仓库，应当符合国家标准对安全、消防的要求，设置明显标志。（　　）

*498. 危险化学品经营企业的经营场所应坐落在交通便利、便于疏散处。（　　）

*499. 事故调查组的组成应当具有事故调查所需要的知识和专长，并与所调查的事故没有直接利害关系。（　　）

*500. 用人单位必须采用有效的职业病防护设施，并为劳动者提供个人使用的职业病防护用品。（　　）

*501. 对遭受或者可能遭受急性职业病危害的劳动者，用人单位应当及时组织救治、进行健康检查和医学观察，所需费用由劳动者承担。（　　）

*502. 运输危险化学品的槽罐以及其他容器必须封口严密，能够承受正常运输条件下下产生的内部压力和外部压力。（　　）

二、单选题

1. 我国《安全生产法》第 3 条规定：安全生产管理，坚持（　　）的方针。
  A. 安全第一、预防为主   B. 以人为本   C. 生产第一、效益优先

2.（　　）是我国综合规范安全生产法律制度的法律，适用于所有生产经营单位，是我国安全生产法律体系的核心。
  A. 消防法   B. 劳动法   C. 安全生产法

3. 我国《安全生产法》规定：生产经营单位的（　　）对本单位的安全生产工作全面负责。
  A. 从业人员   B. 安全人员   C. 主要负责人

4. 从事列入《危险化学品目录》的危险化学品的经营（包括仓储经营）活动的单位，应当依照《危险化学品经营许可证管理办法》取得（　　），并凭许可证依法向工商行政管理部门申请办理登记注册手续。
  A. 危险化学品经营许可证
  B. 危险化学品储存许可证
  C. 危险化学品生产许可证

5. 危险化学品经营许可证的有效期为（　　）年。有效期满后，企业需要继续从事危险化学品经营活动的，应当在经营许可证有效期满（　　）个月前，向发证机关提出经营许可证的延期申请，并提交延期申请书及规定的申请文件、资料。
  A. 3 1   B. 3 2   C. 3 3

6.《安全生产法》规定：生产经营单位发生生产安全事故时，主要负责人应当立即（　　），并不得在事故调查处理期间擅离职守。
  A. 停止生产   B. 事故调查   C. 组织抢救

7.《职业病防治法》规定：职业病诊断应当由省级以上人民政府卫生行政部门批准的（　　）承担。
  A. 医疗卫生机构   B. 用人单位   C. 主管机构

8.（　　）在安全生产方面的法律效力仅次于宪法。
  A. 安全生产法   B. 煤矿安全监察条例
  C. 危险化学品安全管理条例

9.《危险化学品安全管理条例》规定：废弃危险化学品的处置，依照有关（　　）的法律、行政法规和国家有关规定执行。
  A. 公安部门规定   B. 企业规定   C. 环境保护

10.《职业病防治法》规定：职业病防治工作坚持预防为主、防治结合的方针，实行（　　）。
  A. 分类管理、综合治理 B. 分类管理、分类治理
  C. 综合管理、分类治理

11.《安全生产法》规定，危险物品的生产经营单位和矿山、建筑施工单位应当设置安全生产管理机构或者配备（　　）。
  A. 专职安全管理人员 B. 专职消防人员   C. 专业技术人员

12. 政府安全生产监督管理部门的执法人员进行监督检查时，为保证监督检查人员正常履行职责，生产经营单位应该（　　）。

 A. 积极参与   B. 不能阻止   C. 积极配合

13.《安全生产法》规定：任何单位或者个人对事故隐患或者安全生产违法行为，均有权向（　　）报告或者举报。

 A. 工会组织

 B. 负有安全生产监督管理职责的部门

 C. 新闻媒体

14. 负有安全生产监督管理职责的部门的监督检查人员在检查中发现的事故隐患，应当责令立即排除；重大事故隐患排除前或者排除过程中无法保证安全的，应当责令从危险区域内撤出作业人员，责令（　　）。

 A. 永远停止生产经营活动

 B. 暂时停产停业或者停止使用

 C. 永远停止使用

15. 危险化学品经营单位在经营许可证有效期满后，经营单位继续从事经营活动的，应当在经营许可有效期满前（　　）个月内向原发证机关提出换证申请。

 A. 3   B. 6   C. 9

16. 国际劳工组织于 1990 年 6 月 26 日制定并通过了（　　），也称之为"1990 年化学品公约"（简称《第 170 号国际公约》）。

 A.《作业场所安全使用化学品公约》

 B.《公共场所安全使用化学品公约》

 C.《作业场所安全使用剧毒品公约》

17.（　　）有权依法参加事故调查，向有关部门提出处理意见，并要求追究有关人员的责任。

 A. 工会   B. 质检部门   C. 办公室

18. 生产经营单位应当具备的安全生产条件所必需的资金投入，由生产经营单位的（　　）、主要负责人或者个人经营的投资人予以保证，并对由于安全生产所必需的资金投入不足导致的后果承担责任。

 A. 分管安全的经理   B. 决策机构   C. 全体员工

19. 国家实行危险化学品（　　）制度，并为危险化学品安全管理，事故预防和应急救援提供技术、信息支持。

 A. 登记   B. 注册   C. 审核

20. 发生危险化学品事故，有关部门未依照《危险化学品安全管理条例》的规定履行职责的，对负有责任的主管人员和其他直接责任人员依法给予（　　）的行政处分。

 A. 降级或者免职   B. 降级或者撤职   C. 记过或者免职

21.《化学品分类和危险性公示　通则》（GB 13690—2009）中将危险货物分为（　　）大类。

 A. 三   B. 七   C. 九

22. 中闪点（闭杯）液体：（　　）。

    A. 闪点 < − 18 ℃

    B. − 18 ℃≤闪点 < 23 ℃

    C. 23 ℃≤闪点≤61 ℃

23. 警示词：根据化学品的危险程度，分别用（　　）个词进行警示。

    A. 1　　　　　　　　　　B. 2　　　　　　　　　　C. 3

24. 化学品安全技术说明书包括（　　）部分内容。

    A. 16　　　　　　　　　　B. 17　　　　　　　　　　C. 18

25. 民用爆炸品、放射性物品、（　　）和用于国防科研生产的危险化学品的安全管理，不适用《危险化学品安全管理条例》。

    A. 易燃液体　　　　　　　B. 核能物质　　　　　　　B. 有毒品

26. 申请人持（　　）向工商行政管理部门办理登记手续后，方可从事危险化学品经营活动。

    A. 危险化学品经营许可证

    B. 危险化学品运输许可证

    C. 危险化学品购买证

27. 申请取得剧毒化学品购买许可证，申请人应当向所在地县级人民政府公安机关提交营业执照或者法人证书（登记证书）的复印件、拟购买的剧毒化学品品种、数量的说明、（　　）等材料。

    A. 购买剧毒化学品用途的说明

    B. 购买剧毒化学品的 SDS

    C. 购买剧毒化学品的生产工艺

28. 禁止向个人销售剧毒化学品（　　）和易制爆危险化学品。

    A. 属于剧毒化学品的农药除外

    B. 属于爆炸品的除外

    C. 属于放射性物品的除外

29. （　　）负责核发危险化学品及其包装物、容器（不包括储存危险化学品的固定式大型储罐）生产企业的工业产品生产许可证。

    A. 公安部门　　　　　　　B. 安全生产监督管理总局

    C. 质量监督检验检疫部门

30. 易燃和可燃的气体、液体蒸气、固体粉尘与空气混合后，遇火源能够引起燃烧爆炸的浓度范围称为爆炸极限，一般用该气体或蒸气在混合气体中的（　　）来表示。

    A. mg　　　　　　　　　　B. mg/m³　　　　　　　C. 体积百分比（%）

31. 为了防止用人单位安排有职业禁忌的劳动者从事所禁忌的作业，做到早期发现、早期诊断、早期治疗职业性健康损害和职业病病人，并能通过建立（　　），明确劳动者的职业史和职业危害接触史。

    A. 职工档案　　　　　　　B. 个人档案　　　　　　　C. 职工健康档案

32. 职业病防治法从可能产生职业危害的新建、改建、扩建项目和技术改造、技术引进项目的"源头"实施管理，规定了（　　）制度。

　　A．预评价　　　　　　　　　　B．评价制度　　　　　　　C．安全责任制度

33．下列对"本质安全"理解不正确的是（　　）。

　　A．设备或设施含有内在的防止发生事故的功能

　　B．可以是事后采取完善措施而补偿的

　　C．包括设备本身固有的失误安全和故障安全功能

34．用人单位应当及时安排对疑似职业病人进行诊断，疑似病人在诊断、医学观察期间的费用，由（　　）承担。

　　A．职工个人　　　　　　　　　B．医疗卫生机构　　　　　C．用人单位

35．危险化学品必须储存在（　　）、专用场地或者专用储存室（以下统称专用仓库）内，储存方式、方法与储存数量必须符合国家标准，并由专人管理。

　　A．专用场所　　　　　　　　　B．库房　　　　　　　　　C．专用仓库

36．根据我国《化学品安全标签编写规定》的规定，安全标签要素是指用于表示化学品危险性的一类信息，例如（　　）、信号词等。

　　A．象形图　　　　　　　　　　B．价格　　　　　　　　　C．使用方法

37．从事危险化学品批发业务的企业，应具备经县级以上（含县级）（　　）部门批准的专用危险品仓库（自有或租用）。

　　A．公安消防　　　　　　　　　B．安全　　　　　　　　　C．工商

38．带有储存设施经营危险化学品的企业，其专职安全生产管理人员具备国民教育化工化学类或者安全工程类（　　）以上学历，或者化工化学类中级以上专业技术职称，或者危险物品安全类注册安全工程师资格。

　　A．大学专科　　　　　　　　　B．中等职业教育　　　　　C．大学本科

39．《危险化学品安全管理条例》规定：负有危险化学品安全监督管理职责的部门依法进行监督检查，监督检查人员不得少于 2 人，并应（　　）。

　　A．事先通知　　　　　　　　　B．出示通知　　　　　　　C．出示执法证件

40．危险化学品经营单位专职安全管理人员与兼职安全管理人员比较，已下说法正确的是（　　）。

　　A．专职安全管理人员需由有关主管部门考核合格，兼职安全管理人员不需要。

　　B．专职安全管理人员和兼职安全管理人员均需由有关主管部门考核合格。

　　C．专职安全管理人员由有关主管部门考核合格，兼职安全管理人员由危险化学品经营单位考核。

41．从事剧毒化学品、易制爆危险化学品经营的企业，应当向（　　）申请领取经营许可证。

　　A．所在地设区的市级人民政府安全生产监督管理部门

　　B．所在地的县（区）级人民政府安全生产监督管理部门

　　C．所在地的省级人民政府安全生产监督管理部门

42．危险化学品经营企业销售剧毒化学品、易制爆危险化学品，应当如实记录购买单位的名称、地址、经办人的姓名、身份证号码以及所购买的剧毒化学品、易制爆危险化学品的品种、数量、用途。销售记录以及经办人的身份证明复印件、相关许可证件复印件或者证明文件的保存期限不得少于（　　）年。

  A. 1 年   B. 3 年   C. 5 年

43. 易制毒化学品分为 3 类。(　　) 是可以用于制毒的主要原料。

  A. 第一类   B. 第二类   C. 第三类

44. 企业开展安全生产标准化工作,遵循"安全第一、预防为主、综合治理"的方针,以(　　)为基础,提高安全生产水平,减少事故发生,保障人身安全健康,保证生产经营活动的顺利进行。

  A. 安全培训   B. 隐患排查治理   C. 安全评价

45. 国家对易制毒化学品的生产、经营、购买、运输和进口、出口实行分类管理和(　　)制度。

  A. 安全   B. 管理   C. 许可

46. 经营剧毒物品企业的人员,应经过县级以上(含县级)(　　)的专门培训,取得合格证书方可上岗。

  A. 公安部门   B. 决策机构   C. 工商部门

47.《危险化学品安全管理条例》规定重复使用的危险化学品包装物、容器在使用前,应当进行检查,并作出记录,检查记录至少就当保存(　　)年。

  A. 1 年   B. 2 年   C. 3 年

48.《易制毒化学品管理条例》第四条规定:易制毒化学品的产品包装和使用说明书,应当标明产品的名称(含学名和通用名)、(　　)和成分。

  A. 包装物   B. 重量   C. 化学分子式

49. 从事危险化学品经营的企业应当具备下有符合国家标准、行业标准的经营场所,储存危险化学品的,还应当有符合国家标准、行业标准的储存设施,以及(　　)。

  A. 生产能力

  B. 运输能力

  C. 有符合国家规定的危险化学品事故应急预案和必要的应急救援器材、设备

50. 危险化学品单位的(　　)对本单位危险化学品的安全负责。

  A. 主要负责人   B. 直接责任人   C. 管理人

51. 通过公路运输剧毒化学品的,托运人应当向目的地的(　　)人民政府公安部门申请办理剧毒化学品公路运输通行证。

  A. 市级   B. 区级   C. 县级

52. 危险化学品(　　)必须为危险化学品事故应急救援提供技术指导和必要的协助。

  A. 生产企业   B. 经营单位   C. 销售单位

53. 生产经营单位必须对安全设备进行经常性维护、保养,并(　　),保证正常运转。维护、保养、检测应当做好记录,并由有关人员签字。

  A. 采用定期和不定期检测   B. 不定期检测   C. 定期检测

54.《化学品分类和危险性公示 通则》将危险货物分为三大类,分别是(　　)、健康危险、环境危险。

  A. 理化危险   B. 生理危险   C. 运输危险

55. 易燃液体是指闪点不高于(　　)的液体。

  A. 61 ℃   B. 93 ℃   C. 45 ℃

56. 决定爆炸品敏感度的内在因素是（   ），影响敏感度的外来因素还有温度、杂质、结晶、密度等。

    A. 它的包装结构　　　　　　　　B. 它的化学组成和结构

    C. 它的储存条件

57. 爆炸品的感度主要分热感度、机械感度、静电感度、（   ）等。

    A. 起爆感度　　　　　　　　B. 爆炸感度　　　　　　　　C. 燃烧感度

58. 根据压缩气体和液化气体的理化性质，分为三项：易燃气体、非易燃无毒气体、（   ）。

    A. 重气体　　　　　　　　B. 毒性气体　　　　　　　　C. 惰性气体

59. 危险化学品单位有（   ）行为的，由工商行政管理部门责令改正，有违法所得的，没收违法所得。

    A. 危险化学品储存在专用仓库内

    B. 从取得危险化学品生产许可证或者经营许可证的企业采购危险化学品

    C. 剧毒化学品经营企业向个人销售剧毒化学品

60. （   ）能扩散相当远，长时间聚焦在地表、沟渠、隧道、低洼等处。

    A. 比空气重的气体　　　　　　　　B. 比空气轻的气体

    C. 氢气

61. 入库的危险化学品应符合产品标准，（   ）应严格按《危险货物包装标志》的规定验收内外标志、包装、容器等，并做到账、货、卡相符。

    A. 主要负责人　　　　　　　　B. 安全管理员

    C. 收货保管员

62. 危险化学品运输车辆禁止通行区域，由（   ）人民政府公安部门划定，并设置明显的标志。

    A. 设区的市级　　　　　　　　B. 省级　　　　　　　　C. 县级

63. 库存危险化学品应保持相应的垛距、墙距、柱距。垛与垛间距不小于（   ）。

    A. 1 m　　　　　　　　B. 0.8 m　　　　　　　　C. 0.5 m

64. 生产经营单位应当教育和督促从业人员严格执行本单位的安全生产规章制度和安全操作规程；并向从业人员如实告知作业场所和工作岗位存在的（   ）以及事故应急措施。

    A. 危险因素、防范措施

    B. 危险源、处置措施

    C. 主要危险因素、主要防范措施

65. 危险化学品运输车辆禁止通行区域，由（   ）人民政府公安部门划定，并设置明显的标志。

    A. 设区的市级　　　　　　　　B. 省级　　　　　　　　C. 县级

66. 在制订防火防爆措施时，最理想、最基本的措施是（   ）。

    A. 限制性措施　　　　　　　　B. 消防措施　　　　　　　　C. 预防性措施

67. 静电的主要危险是引起（   ）。

    A. 泄漏　　　　　　　　B. 中毒　　　　　　　　C. 火灾和爆炸

68. 按爆炸能量的来源分类，爆炸可分为（　　　）、物理性爆炸和核爆炸 3 种。

A. 分解爆炸　　　　　　　　B. 燃烧爆炸　　　　　　　　C. 化学性爆炸

69. 爆炸性混合气体温度越高，爆炸范围越宽（下限下降，上限上升），爆炸危险性（　　　）。

A. 减小　　　　　　　　　　B. 增加　　　　　　　　　　C. 不变

70. 由撞击、摩擦、绝热压缩产生的点火源是（　　　）。

A. 热火源　　　　　　　　　B. 机械火源　　　　　　　　C. 电火源

71. 由电火花、静电火花、雷电火花产生的点火源是（　　　）。

A. 热火源　　　　　　　　　B. 机械火源　　　　　　　　C. 电火源

72. 由明火、受热自燃、化学热产生的点火源是（　　　）。

A. 热火源　　　　　　　　　B. 机械火源　　　　　　　　C. 化学火源

73. 爆炸性混合气体中增加氧含量，会使上限显著增高，爆炸极限范围（　　　）。

A. 减小　　　　　　　　　　B. 增大　　　　　　　　　　C. 不变

74. 粉尘与气体的混合物中，氧气浓度增加将导致爆炸下限（　　　）。

A. 不变　　　　　　　　　　B. 升高　　　　　　　　　　C. 降低

75. （　　　）是常用的灭火剂，它资源丰富，取用方便。

A. 水　　　　　　　　　　　B. 二氧化碳　　　　　　　　C. 泡沫

76. 触电事故是电流的能量直接或间接作用于人体造成的伤害，按照能量施加方式的不同，可分为电击和（　　　）。

A. 触电　　　　　　　　　　B. 电死　　　　　　　　　　C. 电伤

77. （　　　）是压力容器安全泄压装置。

A. 压力表　　　　　　　　　B. 安全阀　　　　　　　　　C. 液面计

78. 当带电体发生接地故障时，在接地点附近会形成电位分布，如果人位于接地点附近，两脚所处的电位不同，这种电位差即为（　　　）电压。

A. 跨步电压　　　　　　　　B. 两相电压　　　　　　　　C. 一相电压

79. 燃烧必须具备可燃物、点火源、（　　　）3 个条件，也称为燃烧三要素。

A. 空气　　　　　　　　　　B. 氧化剂　　　　　　　　　C. 助燃物

80. 对毒性程度为极度、高度或中度危害介质的压力容器，应在安全阀或爆破片的排出口装设导管，将排放介质排至安全地点并进行妥善处理，（　　　）。

A. 不得直接排入大气　　　　B. 可以直接排入大气　　　　C. 应返回容器

81. 气瓶入库储存前，应认真做好气瓶入库前的检查验收工作。在检查中发现来历不明的气瓶，（　　　）。

A. 经外观检查，发现外观完整、附件齐全的气瓶，方可入库

B. 禁止入库储存

C. 经检验员检验合格后入库

82. 压力容器的安全装置是指为了使容器能够安全运行而在设备上的一种附属装置，又常称为（　　　）。

A. 安全阀　　　　　　　　　B. 压力表　　　　　　　　　C. 安全附件

83. 操作压力容器要集中精力，勤于观察和调节。操作应当平稳，在升压、升温或降压、

降温时，（   ）。

    A. 都应该缓慢进行，不能使压力、温度骤升骤降

    B. 为迅速达到工作条件，可使压力、温度骤升骤降

    C. 都应该快速进行，防止压力、温度骤升骤降

84. 瓶内无剩余压力的气瓶，（   ）。

    A. 可以充装   B. 严禁充装   C. 适量充装

85. 库存危险化学品应保持相应的垛距、墙距、柱距。垛与垛间距不小于（   ）。

    A. 0.8 m   B. 0.3 m   C. 1.8 m

86. 库存危险化学品应保持相应的垛距、墙距、柱距。垛与墙、柱的间距不小于（   ）。

    A. 0.8 m   B. 0.3 m   C. 1.8 m

87. 危险化学品库房内主要通道的宽度不小于（   ）。

    A. 0.8 m   B. 0.3 m   C. 1.8 m

88. 在发生火灾爆炸事故时，能限制其蔓延、扩大作用的措施叫做（   ）。

    A. 预防性措施   B. 限制性措施   C. 消防措施

89. 各类危险化学品分装、改装、开箱（桶）检查等应在（   ）进行。

    A. 库房内   B. 库房外   C. 库房内指定区域

90. 易燃气体气瓶（   ）与助燃气体、剧毒气体共同储存。

    A. 可以   B. 不得   C. 少量时，可以

91. 发生燃烧和火灾必须同时具备的条件是（   ）。

    A. 氧化剂、明火、点火源

    B. 助燃剂、可燃物、点火源

    C. 氧化剂、可燃物、木材

92. 自燃物质（   ）与易燃液体、易燃固体、遇湿燃烧物质混放储存。

    A. 可以   B. 少量时，可以   C. 不能

93. 就防火防爆而言，常用的惰性气体保护是（   ）。

    A. 烟道气   B. 氩气   C. 氮气

94. 我国纳入安全监察范围的压力容器同时具备 3 个条件之一的是：盛装介质为气体、液化气体或最高工作温度不低于（   ）的液体。

    A. 标准冰点   B. 常温   C. 标准沸点

95. 我国规定安全电压额定值的等级为 42 V、36 V、24 V、（   ）、6 V。

    A. 18 V   B. 16 V   C. 12 V

96. （   ）是指正常运行时连续出现或长时间出现或短时间频繁出现的爆炸性气体、蒸气或薄雾的区域。

    A. 0 区   B. 1 区   C. 2 区

97. （   ）是指正常运行时可能出现（预计周期性出现或偶然出现）的爆炸性气体、蒸气或薄雾的区域。

    A. 0 区   B. 1 区   C. 2 区

98. （   ）是指正常运行时不出现，即使出现也只可能是短时间偶然出现的爆炸性气体、蒸气或薄雾的区域。

  A. 0 区   B. 1 区   C. 2 区

99. （ ） 正常运行时连续或长时间或短时间频繁出现爆炸性粉尘、纤维的区域。

  A. 10 区   B. 11 区   C. 22 区

100. （ ） 是指正常运行时不出现，仅在不正常运行时短时间偶然出现爆炸性粉尘、纤维的区域。

  A. 10 区   B. 11 区   C. 22 区

101. 静电安全防护主要是对爆炸和火灾的防护。静电防护的主要措施有静电接地、（ ）、抗静电添加剂等。

  A. 穿化纤工作服   B. 保持环境干燥   C. 增湿

102. 对人体皮肤有强烈刺激和腐蚀作用的物质被称为 （ ）。

  A. 强氧化性物质   B. 腐蚀性物质   C. 自燃性物质

103. 气瓶按 （ ） 分为高压气瓶和低压气瓶。

  A. 大气压力   B. 工作压力   C. 容积大小

104. 属于化学因素的职业病危害因素是 （ ）。

  A. 有毒物质，如 CO   B. 高温   C. 振动

105. 属于物理因素的职业病危害因素是 （ ）。

  A. 有毒物质，如 CO   B. 高温   C. 生产性粉尘

106. 触电事故是 （ ） 直接或间接作用于人体造成的事故。

  A. 电流形式的能量   B. 电压的位差   C. 电阻的阻抗

107. 压力容器操作人员必须持 （ ） 上岗，并定期接受专业培训和安全教育。

  A. 安全作业证   B. 特种设备作业人员证

  C. 工作证

108. 在产生粉尘的作业场所设置 （ ） 警告标识和 "戴防尘口罩" 指令标识。

  A. "注意防尘"   B. "注意防毒"   C. "注意降温"

109. 重大危险源根据其危险程度，分为一级、二级、三级和四级，（ ） 为最高级别。

  A. 一级   B. 四级   C. 需要计算

110. 构成重大危险源的生产经营单位，应当将本重大危险源档案材料报送所在地（ ）人民政府安全生产监督管理部门备案。

  A. 县级   B. 市级   C 省级

111. 职业病是指企业、事业单位和个体经济组织等用人单位的劳动者在 （ ） 中，因接触粉尘、放射性物质和其他有毒、有害因素而引起的疾病。

  A. 上下班途中   B. 职业活动   C. 生活

112. 只有被依法确定为法定职业病的人员，才能享受 （ ）。

  A. 工伤保险待遇   B. 意外赔偿待遇   C. 对应的工资待遇

113. 职业病的特点不包括 （ ）。

  A. 病因明确

  B. 所接触的病因大多是可以检测的，而且需要达到一定程度，才能使劳动者致病

  C. 只要接触职业病危害因素就会得职业病

114. 职业病危害是指对从事职业活动的劳动者可能导致职业病的 （ ） 危害。

  A. 部分　　　　　　　　　B. 各种　　　　　　　　　C. 个别

115. 职业病危害因素包括：职业活动中存在的各种有害的化学、物理、（　　）因素以及在作业过程中产生的其他职业有害因素。

  A. 生物　　　　　　　　　B. 环境　　　　　　　　　C. 各种危险

116. 我国现行职业病分类和目录共计（　　）类（　　）种。

  A. 10　132　　　　　　　B. 8　132　　　　　　　C. 10　130

117. 属于化学因素的职业病危害因素是（　　）。

  A. 有毒物质，如 CO　　　B. 高温　　　　　　　　C. 振动

118. 属于物理因素的职业病危害因素是（　　）。

  A. 有毒物质，如 CO　　　B. 高温　　　　　　　　C. 生产性粉尘

119. 职业性有害因素的接触限制量值是指劳动者在职业活动过程中（　　）接触，对绝大多数接触者的健康不引起有害作用的容许接触水平。

  A. 长期反复　　　　　　　B. 定期　　　　　　　　　C. 一定时期

120. 职业病危害因素主要通过 3 个途径进入人体，分别是呼吸道、（　　）、消化道。

  A. 皮肤　　　　　　　　　B. 头发　　　　　　　　　C. 指甲

121. 预防为主、（　　）是开展职业病防治工作的基本原则。

  A. 以人为本　　　　　　　B. 安全第一　　　　　　　C. 防治结合

122. 用人单位应设置或者指定职业卫生管理机构或者组织，配备专职或者兼职的（　　），负责本单位的职业病防治工作。

  A. 环卫工人　　　　　　　B. 工作人员　　　　　　　C. 职业卫生管理人员

123. 用人单位必须采用先进的工艺、技术、装备和材料，设计合理的生产布局，设置有效的（　　），进行严格的职业卫生管理，才能从根本上保证工作场所环境职业病危害达到国家职业卫生标准要求。

  A. 职业病防护设施　　　　B. 连锁设施　　　　　　　C. 应急救援设施

124. 用人单位应当优先采用有利于防治职业病和保护劳动者健康的新技术、新工艺、新设备、新材料，（　　）职业病危害严重的技术、工艺、设备、材料。

  A. 逐步替代　　　　　　　B. 适当减少　　　　　　　C. 适当降低

125. 用人单位必须按规定对职业病防护设备进行（　　）、检修、检测，并保证其正常运行和使用。

  A. 升级　　　　　　　　　B. 维护　　　　　　　　　C. 更新

126. 江苏省泰州靖江市德桥仓储有限公司"4·22"火灾事故直接原因是（　　）引燃现场地沟内的油品，导致火灾事故发生。

  A. 静电　　　　　　　　　B. 吸烟　　　　　　　　　C. 电焊明火

127. 2015 年 8 月 12 日，天津市滨海新区天津港的瑞海国际物流有限公司危险品仓库发生火灾爆炸事故，事故共造成 165 人遇难，8 人失踪，798 人受伤住院治疗，304 幢建筑物、12 428 辆商品汽车、7 533 个集装箱受损。该起事故属于（　　）。

  A. 重大事故　　　　　　　B. 较大事故　　　　　　　C. 特别重大事故

128. 1993 年 8 月 5 日 13 时 26 分，深圳清水河某一由干杂仓库改作的危险品储运仓库因堆放在一起的氧化剂和还原剂发生化学反应自燃，连续两次引发大爆炸，由硝酸铵、高锰

酸钾、硫化碱和硫化镁等危险品组成的"炸药库"燃起熊熊大火，巨大的冲击波把附近的建筑推倒、掀翻，爆炸导致 15 人丧生、200 多人死伤，其中重伤 25 人，直接经济损失 2.6 亿元。此次事故发生后，经营单位报告事故应包括的内容有（　　）。

    A. 事故的简要经过　　　　　　B. 事故所有责任人

    C. 估计的事故间接经济损失

129. 一加油站卸油时发生火灾并发生爆炸事故，根据事故调查结果发现，该加油站在卸油时未设置静电接地设施。汽油有哪些特性是（　　）。

    A. 易挥发性　　　　　　　　B. 热分解性　　　　　　　　C. 溶解性

130. 河南省某公司 1 名工人在清理储罐底部残渣时，违反操作规程，未对罐内气体进行分析检测，未采取安全防护措施，直接进入储罐作业，结果窒息晕倒在储罐内。另外 3 名工人在未采取任何安全防护措施的情况下，进入储罐内施救时也相继晕倒，后经专业人员佩戴防毒面具进入储罐内将 4 人救出，送医院后经抢救无效，其中 3 人死亡、1 人重伤。该单位负责人事故报告正确的是（　　）。

    A. 立即向县级以上人民政府安全生产监督管理部门和负有安全生产监督管理职责的有关部门

    B. 立即向省人民政府安全生产监督管理部门和负有安全生产监督管理职责的有关部门

    C. 立即向设区的市级人民政府安全生产监督管理部门和负有安全生产监督管理部门的有关部门

*131. 依据《常用化学危险品贮存通则》规定库存危险化学品主要通道的宽度不应小于（　　）m。

    A. 0.3 至 0.5　　　　　　　　B. 0.5 至 0.8　　　　　　　　C. 0.8 至 1.0

*132. 储存液化气体的压力容器应当规定设计储存量，装量系数不得大于（　　）。

    A. 0.9　　　　　　　　　　　B. 0.95　　　　　　　　　　C. 1.0

*133. 《危险化学品安全管理条例》规定，危险化学品生产企业应当提供与其生产的危险化学品相符的化学品安全技术说明书，并在危险化学品包装（包括外包装件）上粘贴或者拴挂与包装内危险化学品相符的化学品（　　）。

    A. 安全标签　　　　　　　　B. 运输标签　　　　　　　　C. 安全标志

*134. 用人单位应当按照国务院安全生产监督管理部门的规定，定期对工作场所进行职业病危害因素检测、评价。检测、评价结果存入用人单位职业卫生档案，定期（　　）。

    A. 向所在地卫生行政部门报告并向劳动者公布

    B. 向上级机构报告并向劳动者公布

    C. 向所在地安全生产监督管理部门并向劳动者公布

*135. 以下不属于安全教育培训方法的是（　　）。

    A. 讨论法　　　　　　　　　B. 讲授法　　　　　　　　　C. 读书指导法

*136. 存放爆炸物的仓库应采用（　　）照明设备。

    A. 白炽灯　　　　　　　　　B. 日光灯　　　　　　　　　C. 防爆型灯具

*137. 企业必须为劳动者提供符合国家标准的劳动防护用品，并（　　）他们正确使用。

    A. 监督教育　　　　　　　　B. 号召　　　　　　　　　　C. 强制

*138. 当受热、撞击或强烈震动时，容器内压力急剧增大，致使容器破裂爆炸，或导致气瓶阀门松动漏气，酿成火灾或中毒事故的危险化学品为（   ）。

    A. 爆炸品　　　　　　　　B. 易燃液体　　　　　　C. 压缩气体和液化气体

*139. 根据《危险化学品重大危险源辨识》（GB18218—2009）标准不适用于（   ）。

    A. 危险化学品生产　　　B. 危险化学品经营

    C. 危险化学品运输

*140. 危险化学品建设单位应当在建设项目的可行性研究阶段，委托（   ）对建设项目进行安全评价。

    A. 本地区安全监督部门　　B. 具备相应资质的安全评价机构

    C. 省级安全监督部门

*141.《使用有毒物品作业场所劳动保护条例》规定，从事使用有毒物品作业的用人单位，应当使用符合（   ）的有毒物品。

    A. 省级标准　　　　　　　B. 国家标准　　　　　　C. 企业标准

*142. 根据《生产安全事故报告和调查处理条例》规定，事故发生单位对事故发生负有责任的，发生特别重大事故的，处（   ）的罚款。

    A. 50 万元以上 100 万元以下

    B. 100 万元以上 200 万元以下

    C. 200 万元以上 500 万元以下

*143. 在正常时不产生火花、电弧或高温的设备上采取措施以提高安全程度的电气设备是（   ）。

    A. 本质安全型　　　　　　B. 增安型　　　　　　　C. 无火花型

*144.《中华人民共和国安全生产法》规定，矿山、金属冶炼建设项目和用于生产、储存危险物品的建设项目竣工投入生产或者使用前，应当由（   ）负责组织对安全设施进行验收。

    A. 设计单位　　　　　　　B. 建设单位　　　　　　C. 施工单位

*145.《生产安全事故报告和调查处理条例》规定，特别重大事故，是指造成 30 人以上死亡，或者 100 人以上重伤（包括急性工业中毒），或者（   ）直接经济损失的事故。

    A. 1 亿元以下　　　　　　B. 1 亿元以上　　　　　C. 2 亿元以上

*146. 工伤职工在停工留薪期满后仍需要治疗的，继续享受（   ）待遇。

    A. 医疗保险　　　　　　　B. 工伤医疗　　　　　　C. 养老保险

*147. 根据生产安全事故造成的人员伤亡或者直接经济损失，重大事故是指造成（   ）死亡。

    A. 3 人以上 10 人以下　　B. 10 人以上 30 人以下

    C. 10 人以上 60 人以下

*148. 通过公路运输剧毒化学品未随车携带《剧毒化学品公路运输通行证》的，由公安机关责令提供已依法领取《剧毒化学品公路运输通行证》的证明，处以（   ）罚款。

    A. 五百元以上一千元以下

    B. 二千元以下

    C. 二千元以上五千元以下

*149. 演练结束演练总指挥宣布演练结束，参演人员按（　　）集中进行现场讲评或者有序疏散。

　　　　A. 预定方案　　　　　　　　B. 既定方针　　　　　　　　C. 领导指令

*150. 危险化学品专用仓库不符合国家标准、行业标准的要求的，经停产停业整顿仍不具备法律、法规、规章、国家标准和行业标准规定的安全生产条件的，（　　）其经营许可证。

　　　　A. 暂扣　　　　　　　　　　B. 吊销　　　　　　　　　　C. 没收

*151. 自燃物品是指（　　）低，在空气中易于发生氧化反应，放出热量而自行燃烧的物品。

　　　　A. 闪点　　　　　　　　　　B. 熔点　　　　　　　　　　C. 自燃点

*152. 高压管路上的阀门在密封不严造成气体回串时，往往阀体及回串方向的管路上会出现（　　）现象。

　　　　A. 振动　　　　　　　　　　B. 发热　　　　　　　　　　C. 结霜

*153. 钾、钠等活泼金属绝对不允许露置空气中，必须浸没在（　　）中保存，容器不得渗漏。

　　　　A. 煤油　　　　　　　　　　B. 溶液　　　　　　　　　　C. 水

*154.《安全生产法》第十八条规定了生产经营单位的主要负责人对本单位安全生产工作负有（　　）条的职责。

　　　　A. 5　　　　　　　　　　　　B. 6　　　　　　　　　　　　C. 7

*155.《危险化学品安全管理条例》规定，施行《危险化学品安全管理条例》的目的是：为了加强（　　）的安全管理，预防和减少危险化学品事故，保障人民群众生命财产安全，保护环境。

　　　　A. 化学危险品　　　　　　　B. 危险化学物品　　　　　　C. 危险化学品

*156. 应急演练结束后，组织应急演练的部门（单位）应根据应急演练评估报告、总结报告提出的问题和建议对应急管理工作（包括应急演练工作）进行（　　）。

　　　　A. 评估　　　　　　　　　　B. 总结　　　　　　　　　　C. 持续改进

*157. （　　）应当包括危险性分析、可能发生的事故特征、应急处置程序、应急处置要点和注意事项等内容。

　　　　A. 综合应急预案　　　　　　B. 专项应急预案　　　　　　C. 现场处置方案

*158. （　　）不得存放在地下室或半地下室内。

　　　　A. 电动工具　　　　　　　　B. 气瓶　　　　　　　　　　C. 灭火器

*159. 生产经营单位应当组织开展本单位的（　　），使有关人员了解应急预案内容，熟悉应急职责、应急程序和岗位应急处置方案。

　　　　A. 应急预案培训活动　　　　B. 应急预案编制　　　　　　C. 应急预案演练

*160. 单位或者个人违反《中华人民共和国突发事件应对法》，导致突发事件发生或者危害扩大，给他人人身、财产造成损害的，应当依法承担（　　）。

　　　　A. 刑事责任　　　　　　　　B. 民事责任　　　　　　　　C. 行政处罚

*161. 在不大于规定充装量的条件下，液化石油气储罐的压力随（　　）变化而变化。

　　　　A. 充装量　　　　　　　　　B. 储存温度　　　　　　　　C. 输送设备的压力

*162. 从事防震减灾活动，应当遵守国家有关（　　）。

    A. 防震减灾标准   B. 法规   C. 法律法规标准

*163.《中华人民共和国安全生产法》规定，生产经营单位采用新工艺、新技术、新材料或者使用新设备，必须了解、掌握其安全技术特性，采取有效的（   ），并对从业人员进行专门的安全生产教育和培训。

    A. 安全技术措施   B. 个体防护措施   C. 安全防护措施

*164. 生产经营单位内部一旦发生危险化学品事故，单位负责人必须立即按照本单位制定的（   ）组织救援。

    A. 工作计划   B. 控制措施   C. 应急救援预案

*165. 储存危险化学品的库房内（   ）。

    A. 不得住人   B. 允许住人   C. 只允许值班员居住

*166. 按安全生产绩效颁发奖金是对人本原理的（   ）的应用。

    A. 动力原则和能级原则   B. 动力原则和激励原则

    C. 激励原则和能级原则

*167. 某市一公司利用存放干杂仓库改造成危险化学品仓库，库房之间防火间距不符合标准。并将过硫酸铵（氧化剂）与硫化碱（还原剂）在同一个库房混存。8 月 5 日因包装破漏，过硫酸铵与硫化碱接触发生化学反应，起火燃烧，13 点 26 分爆炸引起大火，1 h 后离着火区很近的仓库内存放的低闪点易燃液体又发生第二次强烈爆炸，造成更大范围的破坏和火灾。至 8 月 6 日凌晨 5 时，扑灭了这场大火。这起事故造成 15 人死亡，200 多人受伤，其中重伤 25 人，直接经济损失 2.5 亿元。根据上述情况，危险化学品专用仓库应向（   ）级以上（含县级）公安、消防部门申领消防安全储存许可证。

    A. 省   B. 市   C. 县

*168.《全国人民代表大会常务委员会关于修改〈中华人民共和国安全生产法〉的决定》已由中华人民共和国第十二届全国人民代表大会常务委员会第十次会议于 2014 年 8 月 31 日通过，自 2014 年（   ）起施行。

    A. 10 月 1 日   B. 11 月 1 日   C. 12 月 1 日

*169.（   ）负责核发危险化学品及其包装物、容器生产企业的工业产品生产许可证，并依法对其产品质量实施监督，负责对进出口危险化学品及其包装实施检验。

    A. 质量监督检验检疫部门

    B. 安全生产监督局

    C. 公安部门

*170. 生产经营单位应对重大危险源采取便捷、有效的（   ）、治安报警措施和联络通信、记录措施。

    A. 泄漏   B. 危险   C. 消防

*171. 经营化学品零售业务的店面经营面积（不含库房）应不少于（   ）㎡。

    A. 50   B. 60   C. 100

*172.《中华人民共和国职业病防治法》规定（   ）必须依法参加工伤社会保险。

    A. 单位职工   B. 用人单位   C. 劳动者

*173. 大中型危险化学品仓库内应设库区和生活区，两区之间应有（   ）m 以上的实体围墙。

    A. 1   B. 1.5   C. 2

    *174.《使用有毒物品作业场所劳动保护条例》规定，用人单位变更名称、法定代表人或者负责人的，应当向原受理申报的（　　）部门备案。

        A. 卫生行政   B. 安监   C. 质检

    *175. 根据能量转移理论的概念，事故的本质是（　　）。

        A. 能量的不正常作用   B. 造成人员死伤   C. 造成经济损失

    *176. 统一负责、领导、组织、协调本行政区域的职业病防治工作，建立健全职业病防治工作体制、机制，统一领导、指挥职业卫生突发事件应对工作的为（　　）。

        A. 县级以上地方人民政府

        B. 省级地方人民政府

        C. 设区的市级地方人民政府

    *177. 危险化学品库房门应为铁门或木质外包铁皮，采用（　　）开式。设置高侧窗（剧毒物品仓库的窗户应加设铁护栏。

        A. 外开式   B. 内开式   C. 内、外开式都可以

    *178. 按照《安全生产法》规定，危险化学品生产经营单位的从业人员不服从管理，违反安全生产规章制度或者操作规程的，由（　　）给予批评教育，依照有关规章制度给予处分；造成重大事故，构成犯罪的，依照刑法有关规定追究刑事责任。

        A. 生产经营单位   B. 上级领导   C. 车间主任

    *179. 应急结束必须明确（　　），事故现场得以控制，环境符合有关标准，导致次生、衍生事故隐患消除后，经事故现场应急指挥机构批准后，现场应急结束。

        A. 次生事故隐患消除   B. 衍生事故隐患消除   C. 应急终止的条件

    *180. 某地一化工建材公司主要经营丙烯酸、稀释剂、二甲苯、铁红等化工原料。2006年 6 月 19 日，店内储存的二甲苯溶剂泄漏，形成的爆炸混合气体与员工取暖使用煤炉处的明火接触，发生爆燃引发火灾。过火面积 60 m²。根据上述情况，该企业对建筑消防设施每（　　）至少进行一次全面检测，确保完好有效，检测记录应当完整准确，存档备查。

        A. 半年   B. 一年   C. 两年

    *181. 气瓶发生化学爆炸的主要原因是（　　）。

        A. 气瓶中气体发生混装（可燃气体和氧气）

        B. 气瓶充装过量

        C. 维护不当

    *182.《中华人民共和国安全生产法》规定，从业人员有权拒绝（　　）和强令冒险作业。

        A. 错误指挥   B. 违章指挥   C. 应急指挥

    *183. 下列对"本质安全"理解不正确的是（　　）。

        A. 设备或设施含有内在的防止发生事故的功能

        B. 是安全生产管理预防为主的根本体现

        C. 可以是事后采取完善措施而补偿的

    *184. 制订定应急预案的目的是抑制（　　），减少对人员、财产和环境的危害。

        A. 突发事件   B. 火灾爆炸事件   C. 中毒事件

    *185.（　　）气体属于易燃气体。

A. 二氧化碳   B. 乙炔   C. 氧气

*186. 《危险化学品登记管理办法》规定，危险化学品登记证书有效期为（   ）年。

A. 1   B. 2   C. 3

*187. 每种化学品最多可以选用（   ）个标志。

A. 一   B. 二   C. 三

*188. 占地面积大于 300 m^2 的仓库安全出口不应少于（   ）个。

A. 4   B. 2   C. 3

*189. 安全标志分为 4 类，它们分别是（   ）。

A. 通行标志、禁止通行标志、提示标志和警告标志

B. 禁止标志、警告标志、指令标志、提示标志

C. 禁止标志、警告标志、通行标志和提示标志

*190. 当事人对职业病诊断有异议的，申请鉴定可以向作出诊断的医疗卫生机构所在地地方人民政府（   ）。

A. 安全生产监督管理部门

B. 劳动人事争议仲裁委员会

C. 卫生行政部门

*191. 危险化学品零售业务的店面应与繁华商业区或居民人口稠密区保持（   ）m 以上距离。

A. 200   B. 300   C. 500

*192. 任何电气设备在未验明无电之前，一律按（   ）处理。

A. 无电   B. 也许有电   C. 有电

*193. 压缩气体和液化气体按理化性质可分为（   ）种。

A. 2   B. 3   C. 4

*194. 加压后使气体液化时所允许的最高温度，称为（   ）。

A. 露点   B. 沸点   C. 临界温度

*195. 水压试验应该在（   ）和热处理以后进行。

A. 焊接试验   B. 无损探伤合格   C. 金相检查

*196. 安全生产责任制是按照安全生产方针和"（   ）"的原则，将各级负责人员、各职能部门及其工作人员和各岗位生产人员在安全生产方面应做的事情和应负的责任加以明确规定的一种制度。

A. 安全生产、人人有责

B. 三同时

C. 管生产的同时必须管安全

*197. 事故发生后，首先要做好（   ），在医护人员到达时，要听从医护人员的指挥，采取切实可行的救助办法，以达到减少人员伤亡的目的。

A. 自救   B. 互救   C. 自救互救

*198. 职业危害识别的方法中是定量分析法的是（   ）。

A. 类比法   B. 检查表法   C. 检测检验法

*199. 职业病危害项目申报工作实行（   ）。

        A. 分级管理   B. 属地分级管理   C. 统一管理

*200.《危险化学品安全管理条例》规定，化学品安全技术说明书和化学品安全标签所载明的内容应当符合（   ）的要求。

        A. 国家标准   B. 行业标准   C. 企业标准

*201. 职业性接触毒物危害程度分（   ）个级别。

        A. 2   B. 3   C. 4

*202.《非药品类易制毒化学品生产、经营许可办法》规定，国家对非药品类易制毒化学品的生产、经营实行（   ）制度。

        A. 申请   B. 许可   C. 备案

*203.《安全生产法》规定，生产经营单位应当在较大危险因素的生产经营场所和有关设施、设备上，设置明显的（   ）。

        A. 安全宣传标语   B. 安全宣教挂图   C. 安全警示标志

*204. 为了防止电磁场的危害，应采取接地和（   ）防护措施。

        A. 屏蔽   B. 绝缘   C. 隔离

*205.《安全生产法》规定，生产经营单位对（   ）应当登记建档，进行定期检测、评估、监控，并制订应急预案，告知从业人员和相关人员在紧急情况下应当采取的应急措施。

        A. 设备   B. 重大危险源   C. 危险化学品

*206.《刑法》规定，违反消防管理法规，经消防监督机构通知采取改正措施而拒绝执行，造成严重后果的，对直接责任人员，处（   ）有期徒刑或者拘役；后果特别严重的，处三年以上七年以下有期徒刑。

        A. 一年以下   B. 二年以下   C. 三年以下

*207. 企业要加强重点岗位和重点部位监控，发现事故征兆要立即发布（   ），采取有效防范和处置措施，防止事故发生和事故损失扩大。

        A. 启动预案信息   B. 预警信息   C. 新闻信息

*208. 在一定条件下，压力越高，可燃物的自燃点（   ）。

        A. 越低   B. 越高   C. 不受影响

*209. 危险化学品露天堆放，应符合（   ）的安全要求。

        A. 防火、防爆   B. 防辐射   C. 防中毒

*210. 生产危险化学品的企业，应附有与危险化学品完全一致的化学品安全技术说明书，并在包装上加帖或者拴挂与包装内危险化学品（   ）的化学安全标签。

        A. 完全一致   B. 主要内容相同   C. 相符

*211.（   ）应当包括危险性分析、可能发生的事故特征、应急组织机构与职责、预防措施、应急处置程序和应急保障等内容。

        A. 综合应急预案   B. 专项应急预案   C. 现场处置方案

*212. 危险化学品存在的主要危险是（   ）。

        A. 火灾、爆炸、中毒、灼伤及污染环境

        B. 火灾、爆炸、中毒、腐蚀及污染环境

        C. 火灾、爆炸、感染、腐蚀及污染环境

*213. 反复发生的同类事故，并不一定产生完全相同的后果，这就是事故损失的偶然性。

（　　）原则告诉我们，无论事故损失大小，都必须做好预防工作。

  A. 预防   B. 强制   C. 偶然损失

*214. 装卸危险化学品使用的工具应能防止（　　）。

  A. 锈蚀   B. 产生火花   C. 折断

*215. 危险化学品品名编号是 43025，可以看出它是属于（　　）。

  A. 第 3 类，第 4 项，一级遇湿易燃固体

  B. 第 4 类，第 3 项，一级遇湿易燃固体

  C. 第 4 类，第 3 项，一级毒害品

*216. 按照爆炸产生的原因和性质，爆炸可分为（　　）。

  A. 物理爆炸、化学爆炸和核爆炸

  B. 物理爆炸、化学爆炸和分解爆炸

  C. 炸药爆炸、化学爆炸和分解爆炸

*217. 下列包装材料错误的是（　　）。

  A. 浓硝酸用铝罐盛装

  B. 氢氧化钠（固体）用铁桶装

  C. 氢氟酸用玻璃瓶盛装

*218. 带电灭火时，若用水枪灭火，宜采用（　　）水枪。

  A. 水柱   B. 喷淋   C. 喷雾

*219. 只要事故的因素存在，发生事故是必然的，只是时间或早或迟而已，这就是（　　）原则。

  A. 偶然损失   B. 必然损失   C. 因果关系

*220. 安全生产监督管理部门和负有安全生产监督管理职责的有关部门接到较大事故报告后，应当逐级上报（　　）安全生产监督管理部门和负有安全生产监督管理职责的有关部门。

  A. 地市级人民政府   B. 省、自治区、直辖市人民政府

  C. 国务院

*221. 三级安全教育是指（　　）。

  A. 总厂、分厂、车间

  B. 集团公司、车间、班组

  C. 厂、车间、班组

*222.《中华人民共和国职业病防治法》规定（　　）依法享有职业卫生保护的权利。

  A. 用人单位   B. 单位职工   C. 劳动者

*223. 生产、储存危险化学品的企业，应当委托具备国家规定的资质条件的机构，对本企业的安全生产条件每（　　）年进行一次安全评价。

  A. 一   B. 两   C. 三

*224. 有机过氧化物按其危险性的大小划分为（　　）种类型。

  A. 6   B. 7   C. 8

*225. 电伤是由电流的（　　）、化学效应或机械效应对人体构成的伤害。

  A. 磁效应   B. 热效应   C. 场效应

*226. 化学品安全技术说明书一共有（　　）部分内容。

    A. 10　　　　　　　　　　B. 12　　　　　　　　　　C. 16

*227. 按照《化学品安全技术说明书编写规定》的要求，化学品主要成分为（　　），要填写有害组分的品名和浓度范围。

    A. 混合物　　　　　　　　B. 纯品　　　　　　　　C. 有机物

*228. 生产经营单位应对重大危险源的温度、压力、流量、浓度等采取（　　）措施。

    A. 手动监测　　　　　　　B. 人工报警　　　　　　C. 自动监测报警

*229. 企业要加强（　　），适时修订完善应急预案，组织专家进行评审或论证，按照有关规定将应急预案报当地政府和有关部门备案，并与当地政府和有关部门应急预案相互衔接。

    A. 应急预案管理　　　　　B. 应急预案演练　　　　C. 应急预案宣贯

*230. 职业病危害严重的建设项目，其职业病危害预评价报告应当报安全生产监督管理部门（　　）。

    A. 备案　　　　　　　　　B. 审查　　　　　　　　C. 审核

*231. 储存的危险化学品应有符合国家标准要求的明显标志，同一区域储存两种或两种以上不同级别的危险品时，应按（　　）等级危险物品的性能标志。

    A. 最高　　　　　　　　　B. 最低　　　　　　　　C. 中等

*232. 雷电放电具有（　　）的特点。

    A. 电流大、电压高　　　　B. 电流小、电压高　　　C. 电流大、电压低

*233. 工伤职工拒不接受劳动能力鉴定的，（　　）享受工伤保险待遇。

    A. 停止　　　　　　　　　B. 继续　　　　　　　　C. 视具体情况而定

*234. 阻火器的原理是阻止火焰的（　　）。

    A. 扩大　　　　　　　　　B. 传播　　　　　　　　C. 温度

*235. 根据《生产安全事故报告和调查处理条例》规定，事故发生单位及其有关人员有下列行为的，对事故发生单位处（　　）的罚款。谎报或者瞒报事故的；在事故调查中作伪证或者指使他人作伪证的；事故发生后逃匿的。

    A. 50 万元以上 200 万元以下

    B. 100 万元以上 500 万元以下

    C. 200 万元以上 500 万元以下

*236. 根据《工伤保险条例》，职工在工作时间和工作场所内，因工作原因受到事故伤害的，（　　）认定为工伤。

    A. 应当　　　　　　　　　B. 不得　　　　　　　　C. 视具体情况而定

*237. 决定爆炸品具有爆炸性质的主要因素（　　）。

    A. 爆炸品的化学组成和化学结构

    B. 爆炸品密度

    C. 爆炸品结晶

*238. 在外界作用下，能发生剧烈化学反应，瞬时产生大量气体和热量，使周围压力急剧上升而发生爆炸的危险化学品是（　　）。

    A. 遇湿易燃物　　　　　　B. 有机过氧化物　　　　C. 爆炸品

*239. 根据《工伤保险条例》，职工在上下班途中，受到非本人主要责任的交通事故或者

城市轨道交通、客运轮渡、火车事故伤害的，（　　）认定为工伤。

  A. 应当   B. 不得   C. 视具体情况而定

 *240. 某加油站汽油加油机的吸管止回阀发生故障，加油员张某请来农机站修理工进行修理，修理完毕后修理工离开，张某与另一闲杂人员周某滞留在罐室。因张某打火机掉落地上，周某拣起打火机后，随手打火，检修中溢出的汽油气体遇火引起爆燃。造成 2 人死亡。根据上述情况，依据《生产安全事故报告和调查处理条例》，本事故属于（　　）。

  A. 特别重大事故   B. 重大事故   C. 一般事故

 *241. 受日光照射能发生化学反应引起燃烧、爆炸、分解、化合或能产生有毒气体的危险品包装应采取（　　）措施。

  A. 避光   B. 防潮湿   C. 防火

 *242. 危险、有害因素的识别是指识别危险、有害因素的存在并确定其（　　）的过程。

  A. 数量   B. 性质   C. 严重性

 *243. 易燃液体灌装时应控制流速，其流速不得超过 3 m/s，其原因是（　　）。

  A. 防溢出   B. 防温度升高   C. 防静电

 *244. 进入危险化学品储存区域的机动车辆应安装（　　）。

  A. 防雷装置   B. 防静电装置   C. 防火罩

 *245. 国家对危险化学品经营实行（　　）。

  A. 许可制度   B. 资质认定制度   C. 审批制度

 *246. 工程技术对策、教育对策和法制对策即属于（　　）。

  A. 本质安全化原则   B. 因果关系原则   C. 3E 原则

 *247. 生产经营单位应当按照应急预案的（　　），建立使用状况档案，定期检测和维护，使其处于良好状态。

  A. 要求配备相应的应急物资及装备

  B. 现有应急物资及装备

  C. 备齐应急物资及装备

 *248. 由职业病危害因素所引起的疾病称之为职业病，由国家主管部门公布的职业病目录所列的职业病称（　　）职业病。

  A. 法定   B. 重度   C. 劳动

 *249. 工伤职工拒绝治疗的，（　　）享受工伤保险待遇。

  A. 停止   B. 继续   C. 视具体情况而定

 *250.（　　）指因危险性质、数量可能引起事故的危险化学品所在场所或设施。

  A. 一般危险源   B. 重大危险源   C. 危险目标

 *251. 大中型危险化学品仓库与周围公共建筑物、交通干线、工矿企业等距离至少保持（　　）m。

  A. 500   B. 1 000   C. 1 500

 *252. 企业负责人应每月至少参加（　　）次班组安全活动。

  A. 1   B. 2   C. 3

 *253. 一般事故由事故发生地（　　）负责调查。

  A. 县级人民政府   B. 设区的市级人民政府 C. 省级人民政府

*254. 职业病危害严重的用人单位，应当委托具有相应资质的职业卫生技术服务机构，对其进行职业病危害现状评价，周期为（　　）年/次。

    A. 一　　　　　　　　　　B. 二　　　　　　　　　　C. 三

*255. 某机械制造厂仪表车间车工班的李某、徐某、陈某和徒工小张、小孟及徐某的妻子饶某，聚集在一间约 18 m² 的休息室内，用一个 5 kW 的电炉取暖。将门窗紧闭，墙角存放一个盛装 15 kg 汽油的玻璃瓶。玻璃瓶内压力，随着室温升高而加大，先后两次将瓶塞顶出，被徒工小孟先后两次用力塞紧。由于瓶内压力不断增大，把玻璃瓶胀开一道裂缝，汽油慢慢向外渗出，流向电炉。坐在电炉旁的陈某、饶某发现汽油渗出后，立刻用拖布擦拭汽油。在擦拭清理过程中，拖布上的汽油溅到电炉丝上，瞬间电炉就燃烧起来，火焰顺着油迹向汽油瓶烧去。屋内的几个人见事不妙都往门口跑，徐某用力把门打开，因屋内充满汽油蒸气，门一开，屋外充足的氧气使屋内刹那间火光冲天，汽油瓶爆炸。造成 3 人被烧死，其他人被烧伤，房屋和机床被烧毁，经济损失惨重。根据上述事实，引发该事故的着火源是（　　）。

    A. 电火花　　　　　　　　B. 静电　　　　　　　　C. 明火

*256.《危险化学品安全管理条例》规定，（　　）级以上人民政府应当建立危险化学品安全监督管理工作协调机制，支持、督促负有危险化学品安全监督管理职责的部门依法履行职责，协调、解决危险化学品安全监督管理工作中的重大问题。

    A. 省　　　　　　　　　　B. 市　　　　　　　　　　C. 县

*257.《安全生产法》规定，生产经营单位的（　　）对本单位的安全生产工作全面负责。

    A. 负责人　　　　　　　　B. 主要负责人　　　　　　C. 工作人员

*258. 对于事故的预防与控制，安全教育对策和（　　）对策则主要着眼于人的不安全行为问题。

    A. 安全规则　　　　　　　B. 安全管理　　　　　　　C. 安全技术

*259. 某市一公司利用存放干杂仓库改造成危险化学品仓库，库房之间防火间距不符合标准。并将过硫酸铵（氧化剂）与硫化碱（还原剂）在同一个库房混存。8 月 5 日因包装破漏，过硫酸铵与硫化碱接触发生化学反应，起火燃烧，13 点 26 分爆炸引起大火，1 min 后离着火区很近的仓库内存放的低闪点易燃液体又发生第二次强烈爆炸，造成更大范围的破坏和火灾。至 8 月 6 日凌晨 5 时，扑灭了这场大火。这起事故造成 15 人死亡，200 多人受伤，其中重伤 25 人，直接经济损失 2.5 亿元。根据上述情况，该仓库贮存过硫酸铵与硫化碱的方式是（　　）。

    A. 分区　　　　　　　　　B. 分类　　　　　　　　　C. 分库

*260. 年度检查是指压力容器运行中的在线检验，每年至少（　　）次。

    A. 1　　　　　　　　　　B. 2　　　　　　　　　　C. 3

*261. 压缩气体和液化气体必须与爆炸物品、氧化剂、易燃物品、自燃物品、腐蚀性物品（　　）储存。

    A. 隔离　　　　　　　　　B. 分离　　　　　　　　　C. 单独

*262.《生产安全事故应急演练指南》（AQ/T 9007—2011）规定了生产安全事故应急演练（以下简称应急演练）的目的、原则、类型、内容和（　　）。

    A. 综合应急演练的组织

    B. 综合应急演练的组织与实施

　　C. 专项应急演练的组织与实施

　　*263. 生产经营单位（　　）对本单位事故隐患排查治理工作全面负责。

　　　　A. 高层领导　　　　　　　　B. 安全分管领导　　　　　　C. 主要负责人

　　*264.《生产安全事故报告和调查处理条例》规定，重大事故，是指造成（　　）死亡，或者50人以上100人以下重伤（包括急性工业中毒），或者5 000万元以上1亿元以下直接经济损失的事故。

　　　　A. 3人以上10人以下

　　　　B. 10人以上30人以下

　　　　C. 30人以上50人以下

　　*265. 个人防护措施属于（　　）。

　　　　A. 第一级预防　　　　　　　B. 第二级预防　　　　　　　C. 第三级预防

　　*266.《危险化学品安全管理条例》规定，生产、储存危险化学品的单位，应当在其作业场所设置（　　）装置，并保证处于适用状态。

　　　　A. 通风防爆　　　　　　　　B. 通信报警　　　　　　　　C. 通风报警

　　*267. 没有建立专职应急救援队的危险化学品企业必须与邻近的具备相应能力的专业救援队签订（　　）。

　　　　A. 应急合同　　　　　　　　B. 应急意向书　　　　　　　C. 应急救援协议

　　*268. 易燃可燃液体储罐着火必须采取的措施（　　）。

　　　　A. 迅速切断进料　　　　　　B. 首先要抓紧扑灭火焰　　　C. 首先疏散人群

　　*269. 建设项目的职业病防护设施所需费用应当纳入建设项目工程预算，并与主体工程（　　），同时施工，同时投入生产和使用。

　　　　A. 同时审批　　　　　　　　B. 同时规划　　　　　　　　C. 同时设计

　　*270.《危险化学品安全管理条例》规定，运输危险化学品需要添加抑制剂或者稳定剂的，托运人应当添加，并将有关情况告知（　　）。

　　　　A. 发货人　　　　　　　　　B. 收货人　　　　　　　　　C. 承运人

　　*271. 毒物毒性一般但却大量进入人体，立即发生毒性反应甚至致命，称为（　　）。

　　　　A. 急性中毒　　　　　　　　B. 慢性中毒　　　　　　　　C. 亚中毒

　　*272. 静电最为严重的危险是（　　）。

　　　　A. 妨碍生产　　　　　　　　B. 静电电击　　　　　　　　C. 引起爆炸和火灾

　　*273. 评估报告重点对演练活动的组织和实施、演练目标的实现、参演人员的表现以及（　　）进行评估。

　　　　A. 演练中暴露的问题　　　　B. 好人好事　　　　　　　　C. 成功和欠缺之处

　　*274.《中华人民共和国消防法》规定，企业对建筑消防设施（　　）至少进行一次全面检测，确保完好有效，检测记录应当完整准确存档备查。

　　　　A. 每月　　　　　　　　　　B. 每年　　　　　　　　　　C. 每周

　　*275. 在外界作用下（如受热、受压、撞击等），能发生剧烈的化学反应，瞬时产生大量的气体和热量，使周围压力急剧上升，发生爆炸，对周围环境造成破坏的物品。也包括无整体爆炸危险，但具有燃烧、抛射及较小爆炸危险的物品为（　　）物品。

　　　　A. 易燃品　　　　　　　　　B. 爆炸品　　　　　　　　　C. 有毒品

*276. 生产经营单位使用的危险物品的容器、运输工具，以及涉及人身安全、危险性较大的海洋石油开采特种设备和矿山井下特种设备，必须按照国家有关规定，由专业生产单位生产，并经具有专业资质的检测、检验机构检测、检验合格，取得（　　），方可投入使用。检测、检验机构对检测、检验结果负责。

  A. 安全使用证或者安全标志

  B. 安全标志或安全生产合格证

  C. 质量合格标志

*277. 进行新建、改建、扩建、技术改造或者技术引进建设项目的，自建设项目竣工验收之日起（　　）日内进行申报。

  A. 7　　　　　　　　　　B. 10　　　　　　　　　　C. 30

*278. 要努力形成（　　）体系，确保应对各种事故，尤其是重特大且救援复杂、难度大的生产安全事故应急救援的装备和物资需要。

  A. 应急救援体系

  B. 应急管理体系

  C. 多层次的应急救援装备和物资储备

*279. 生产经营项目、场所发包或者出租给其他单位的，生产经营单位应当与承包单位、承租单位签订专门的（　　），或者在承包合同、租赁合同中约定各自的安全生产管理职责。

  A. 管理标准　　　　　　B. 生产合同　　　　　　C. 安全生产管理协议

*280. 根据《危险化学品重大危险源辨识》（GB18218—2009）标准，当单元中有多种物质时，如果各类物质的量满足式（　　），则定为重大危险源。

  A. ＞1　　　　　　　　　B. ＜1　　　　　　　　　C. ≥1

*281. 触电事故中，绝大部分是（　　）导致人身伤亡的。

  A. 人体接受电流遭到电击　B. 烧伤　　　　　　　　C. 电休克

*282. 在压力容器的安全阀与排放口之间装设截止阀的，运行期间必须处于（　　）并加铅封。

  A. 开启　　　　　　　　B. 全开　　　　　　　　C. 关闭

*283. 黄磷在储存时应始终浸没在（　　）中。

  A. 水　　　　　　　　　B. 二硫化碳　　　　　　C. 煤油

*284. 安全泄放装置能自动迅速地泄放压力容器内的介质，以便使压力容器始终保持在（　　）范围内。

  A. 工作压力　　　　　　B. 最高允许工作压力　　C. 设计压力

*285. 电力电容器不用（　　）防雷电侵入波。

  A. 阀型避雷器　　　　　B. 保护间隙　　　　　　C. 管型避雷器

*286.《中华人民共和国消防法》规定，进行电焊、气焊等具有火灾危险的作业人员和自动消防系统的操作人员，必须（　　），并严格遵守消防安全操作规程。

  A. 经过培训　　　　　　B. 持证上岗　　　　　　C. 服从领导

*287.《化学品安全技术说明书编写规定》适用于（　　）。

  A. 民用受控消费品　　　B. 工业化学品

  C. 以科学研究为目的的少量样品

*288. 依据《常用化学危险品贮存通则》规定库存危险化学品隔离贮存垛与垛间距应控制在（　　）m。

  A. 1　　　 B. 2　　　 C. 4

*289. 安全设施"三同时"是危险化学品生产经营单位安全生产的重要保障措施，是一种（　　）保障措施。

  A. 事前　　　 B. 事中　　　 C. 事后

*290.《女职工劳动保护特别规定》规定，对怀孕（　　）个月以上的女职工，用人单位不得延长劳动时间或者安排夜班劳动，并应当在劳动时间内安排一定的休息时间。

  A. 6　　　 B. 7　　　 C. 8

*291. 高效的现代安全生产管理必须在整体规划下明确分工，在分工基础上有效综合，这就是（　　）原则。运用此原则，要求企业管理者在制定整体目标和宏观决策时，必须将安全生产纳入其中。

  A. 反馈　　　 B. 封闭　　　 C. 整分合

*292. 职业病目录中，尘肺病有（　　）。

  A. 11 种　　　 B. 13 种　　　 C. 17 种

*293. 人们在生产和生活中为防御各种职业危害和伤害而在劳动过程中穿戴和配备的各种用品的总称称为（　　）。

  A. 特种防护用品　　　 B. 一般防护用品　　　 C. 个人劳动防护用品

*294.《中华人民共和国消防法》规定，国务院（　　）对全国的消防工作实施监督管理。

  A. 安监部门　　　 B. 环保部门　　　 C. 公安部门

*295. 2007 年 5 月 22 日，某大学学生常某为报复同宿舍的同学，以非法手段从经营剧毒品的朋友处获取了 250 g 剧毒物质硝酸铊。5 月 29 日下午 4 时许，常某用注射器分别向受害人牛某、李某、石某的茶杯中注入硝酸铊，导致 3 名学生铊中毒。根据以上情况，申请取得剧毒化学品购买许可证，申请人应当向所在地（　　）级人民政府公安机关提交相关材料。

  A. 省　　　 B. 市　　　 C. 县

*296. 建设项目职业病危害风险分类目录的颁布部门是（　　）。

  A. 卫生部　　　 B. 劳动和社会保障部　　　C. 安监总局

*297. 没有证据否定职业病危害因素与病人临床表现之间的必然联系的，应当（　　）。

  A. 诊断为职业病　　　 B. 继续进行医学观察

  C. 进行流行病学现场调查

*298. 雷管属于（　　）类的爆炸品。

  A. 点火器材　　　 B. 火药　　　 C. 起爆器材

*299. 危险化学品事故应急救援根据事故（　　）及其危险程度，可采取单位自救和社会救援两种形式。

  A. 影响大小　　　 B. 波及范围　　　 C. 爆炸程度

*300.《压力容器安全技术监察规程》规定，容器内部有（　　）时，不得进行任何修理。

  A. 压力　　　 B. 温度　　　 C. 杂

*301.（　　）对本岗位的安全生产负直接责任。

　　　A. 班组长　　　　　　　　B. 岗位工人　　　　　　　C. 基层技术人员

*302. 特别重大事故由（　　）授权有关部门组织事故调查组进行调查。

　　　A. 市人民政府或市人民政府

　　　B. 省级人民政府或省级人民政府

　　　C. 国务院或国务院

*303.（　　）是运用工程技术手段消除物的不安全因素，实现生产工艺和机械设备等生产条件本质安全的措施。

　　　A. 安全技术措施　　　　　B. 安全管理方案　　　　　C. 安全保障方案

*304.《中华人民共和国安全生产法》规定，危险物品的生产、储存单位以及矿山、金属冶炼单位应当有（　　）从事安全生产管理工作。

　　　A. 安全咨询师　　　　　　B. 注册安全工程师　　　　C. 安全工程师

*305.《安全生产法》规定，生产经营单位采用新工艺、新技术、新材料或者使用新设备，必须了解、掌握其（　　）特性，采取有效的安全防护措施，并对从业人员进行专门的安全生产教育和培训。

　　　A. 商品　　　　　　　　　B. 材料　　　　　　　　　C. 安全技术

*306.《中华人民共和国消防法》规定，禁止在具有火灾、爆炸危险的场所吸烟、使用明火。因特殊情况需要使用明火作业的，应当按规定事先（　　），采取相应的消防安全措施；作业人员应当遵守消防安全规定。

　　　A. 向领导报告　　　　　　B. 办理审批手续　　　　　C. 做好准备工作

*307. 氢气瓶的规定涂色为（　　）。

　　　A. 淡绿　　　　　　　　　B. 淡黄　　　　　　　　　C. 紫色

*308.《安全生产法》规定，生产经营单位的（　　）必须按照国家有关规定经专门的安全作业培训，取得相应资格，方可上岗作业。

　　　A. 班组长　　　　　　　　B. 岗位工人　　　　　　　C. 特种作业人员

*309. 职业病目录中职业中毒有（　　）。

　　　A. 54 种　　　　　　　　　B. 60 种　　　　　　　　　C. 65 种

*310. 应急救援预案要有实用性、要根据（　　）的实际条件制订，使预案便于操作。

　　　A. 本单位　　　　　　　　B. 周边单位　　　　　　　C. 其他单位

*311. 危险化学品经营单位带有储存设施的经营企业变更其储存场所的，应当（　　）办理经营许可证。

　　　A. 不需　　　　　　　　　B. 重新申请　　　　　　　C. 事后重新申请

*312. 企业要充分利用和整合调度指挥、监测监控、办公自动化系统等现有信息系统建立（　　）。

　　　A. 应急平台　　　　　　　B. 应急指挥体系　　　　　C. 应急响应中心

*313. 产生职业病危害的用人单位应当在醒目位置设置公告栏，公布有关职业病防治的规章制度、操作规程、职业病危害事故应急救援措施和（　　）结果。

　　　A. 职工健康体检　　　　　B. 工作场所职业病危害因素检测

　　　C. 职工职业病检查

*314. 建设项目职业病危害预评价和职业病危害控制效果评价，应当由依法取得相应资质的（   ）。

    A. 评价机构承担　　　　　　B. 职业卫生技术服务机构承担

    C. 职业卫生检测机构承担

*315. 按照系统安全工程的观点，安全是指系统中人员免遭（   ）的伤害。

    A. 事故　　　　　　　　　B. 不可承受风险　　　　　　C. 有害因素

*316. 跨步电压触电是一种（   ）。

    A. 直接接触触电　　　　　B. 间接接触触电　　　　　C. 感应电压触电

*317. 根据我国《化学品分类和危险性公示　通则》将化学品危险性分为理化危险、（   ）、环境危险等 3 类。

    A. 健康危险　　　　　　　B. 经济损失危险　　　　　C. 使用危险

*318. 安全技术主要是运用工程技术手段消除（   ）不安全因素，来实现生产工艺和机械设备等生产条件的本质安全。

    A. 人的　　　　　　　　　B. 物的　　　　　　　　　C. 环境的

*319. 容器耐压试验采用气压时，试验方法按照《压力容器安全技术监察规程》的有关要求进行。保压不小于（   ）min。

    A. 2　　　　　　　　　　B. 3　　　　　　　　　　C. 4

*320. 《气瓶安全监察规定》中规定瓶体凹陷深度超过（   ）mm 或大于凹陷短径的 1/10 的气瓶应报废。

    A. 5　　　　　　　　　　B. 7　　　　　　　　　　C. 10

*321. 根据生产安全事故造成的人员伤亡或者直接经济损失，重大事故是指造成（   ）直接经济损失的事故。

    A. 500 万元以上 1 000 万元以下

    B. 1 000 万元以上 5 000 万元以下

    C. 5 000 万元以上 1 亿以下

*322. 易受雷击的建筑物和构筑物、有爆炸或火灾危险的露天设备如油罐、贮气罐、高压架空电力线路、发电厂和变电站等也应采取防（   ）措施。

    A. 直击雷　　　　　　　　B. 雷电感应　　　　　　　C. 雷电侵入

*323. 由于小量毒物长期地进入机体所致，毒性反应不明显而不为人所重视，随着毒物的蓄积和毒性作用的累积而引起的严重伤害，称为（   ）。

    A. 急性中毒　　　　　　　B. 慢性中毒　　　　　　　C. 亚中毒

*324. 在管理中心必须把人的因素放在首位，体现以人为本的指导思想，这就是人本原理，不属于以人为本的含义是（   ）。

    A. 一切管理活动都是以人为本展开的

    B. 管理活动中，作为管理对象的要素和管理系统各环节，都需要人掌管、运作、推行和实施

    C. 人是管理的主体，并不是管理的客体

*325. 电器着火时下列不能用的灭火方法是（   ）。

    A. 用四氯化碳或 1211 灭火器进行灭火

B. 用沙土灭火

C. 用水灭火

*326. 不属于燃烧三要素的是（　　　）。

    A. 点火源　　　　　　　　　B. 可燃性物质　　　　　　　C. 阻燃性物质

*327. 在危险化学品生产或储存区域，如见到以下的标记，表示（　　　）。

    A. 必须戴防护眼镜　　　　　B. 必须佩戴防尘口罩　　　　C. 必须戴防毒面具

*328. 危险化学品经营单位经营方式发生变化的，应当（　　　）办理经营许可证。

    A. 不需　　　　　　　　　　B. 重新申请　　　　　　　　C. 事后重新申请

*329. 电流通过人体短时间使人致命的最危险的原因是引起（　　　）。

    A. 呼吸麻痹和中止　　　　　B. 电休克　　　　　　　　　C. 心室纤维性颤动

*330. 按照《危险化学品安全管理条例》的规定，（　　　）不得剧毒化学品（属于剧毒化学品的农药除外）和易制爆危险化学品。

    A. 医疗单位　　　　　　　　B. 个人　　　　　　　　　　C. 科研单位

*331.《安全生产法》规定，生产经营单位的特种作业人员必须按照国家有关规定经专门的安全作业培训，取得（　　　），方可上岗作业。

    A. 工作证　　　　　　　　　B. 毕业证书　　　　　　　　C. 相应资格

*332. 固体可燃物表面温度超过（　　　）时，可燃物接触该表面有可能一触即燃。

    A. 可燃物燃点　　　　　　　B. 100 ℃　　　　　　　　　C. 可燃物闪点

*333. 乙炔瓶的定期检验，每三年进行一次，库存或停用周期超过（　　　）年的乙炔瓶，启用前应进行检验。

    A. 1　　　　　　　　　　　B. 2　　　　　　　　　　　　C. 3

*334. 某危险化学品经营公司，经营范围是一般危险化学品，《危险化学品经营许可证》于2006年10月30日到期，尚未申请换证。2007年4月5日，装卸工在仓库内搬运货物时，将一瓶甲苯二异氰酸酯（剧毒化学品）撞碎，导致多人中毒。根据上述事实，该公司存在的违规之处不包括（　　　）。

    A. 未按期换证。

    B. 私自扩大经营范围，经营剧毒化学品

    C. 将一般危险化学品和剧毒化学品不在在同一仓库存放

*335. 可燃液体在火源作用下（　　　）进行燃烧。

    A. 本身直接　　　　　　　　B. 蒸发成蒸气氧化分解

    C. 高温液体部分

*336. 新建、扩建、改建建设项目和技术改造、技术引进项目可能产生职业病危害的，建设单位在可行性论证阶段应当向（　　　）提交职业病危害预评价报告。

    A. 卫生行政部门　　　　　　B. 建设行政部门

    C. 安全生产监督管理部门

*337.《危险化学品安全管理条例》规定，国家对危险化学品的使用有（　　　）规定的，任何单位和个人不得违反该规定使用危险化学品。

    A. 强制性　　　　　　　　　B. 限制性　　　　　　　　　C. 约束性

*338.《危险货物运输包装通用技术条件》适用于（　　　）。

    A. 盛装各种物质的运输包装

    B. 净重超过 400 kg 的包装

    C. 盛装危险货物的运输包装

*339. 如果触电者伤势严重，呼吸停止或心脏停止跳动，应竭力施行（   ）和胸外心脏按压。

    A. 按摩   B. 点穴   C. 人工呼吸

*340. 遇湿易燃物品灭火时可使用的灭火剂（   ）。

    A. 干粉   B. 水   C. 泡沫

*341. 职业病防治工作坚持（   ）方针。

    A. 以人为本，标本兼治   B. 安全第一，预防为主

    C. 预防为主，防治结合

*342. 根据我国《化学品分类和危险性公示   通则》的规定，化学品危险性的健康危险中"皮肤腐蚀"是指对皮肤造成不可逆损伤；即施用试验物质达到（   ）后，可观察到表皮和真皮坏死。

    A. 4 h   B. 8 h   C. 24 h

*343. 建设项目的防护设施设计，应当经安全生产监督管理部门审查，符合国家职业卫生标准和卫生要求的，方可施工的项目为（   ）。

    A. 职业病危害严重

    B. 职业病危害较重和严重

    C. 职业病危害一般、较重和严重

*344. 如果可燃气体在泄漏的同时被点燃，将会在泄漏处发生（   ）。

    A. 燃烧   B. 爆炸   C. 中毒

*345.《危险化学品安全管理条例》所称重大危险源，是指生产、储存、使用或者搬运危险化学品，且危险化学品的数量等于或者超过（   ）的单元（包括场所和设施）。

    A. 标准   B. 一定量   C. 临界量

*346. 根据生产安全事故造成的人员伤亡或者直接经济损失，特别重大事故是指造成（   ）人以上重伤（包括急性工业中毒）。

    A. 50   B. 100   C. 200

*347. 应急演练（   ）下达演练开始指令后，参演单位和人员按照设定的事故情景，实施相应的应急响应行动，直至完成全部演练工作。

    A. 总指挥   B. 总导演   C. 安全总监

*348.《安全生产法》规定，生产、经营、储存、使用危险物品的车间、商店、仓库不得与（   ）在同一座建筑物内，并应当与其保持安全距离。

    A. 员工宿舍   B. 调度室   C. 办公室

*349.《危险化学品经营企业开业条件和技术要求》规定了零售业务的范围，零售业务可以经营的危险化学品是（   ）。

    A. 强腐蚀品   B. 放射性物品   C. 剧毒物品

*350. 很多易燃固体本身就具有毒害性或燃烧后能产生有毒（   ）。

    A. 固体   B. 液体   C. 气体

*351. 用人单位应当及时将职业健康检查结果及职业健康检查机构的建议以（　　）。

    A. 书面形式如 A. 实告知劳动者

    B. 电子邮件形式如实告知劳动者

    C. 通知形式如实告知劳动者

*352.《危险化学品安全管理条例》规定，剧毒化学品道路运输通行证管理办法由国务院（　　）部门制定。

    A. 安监   B. 公安   C. 质检

*353.《安全生产法》中"三同时"的规定是，生产经营单位新建、改建、扩建工程项目的安全设施，必须与（　　）同时设计、同时施工、同时投入生产和使用。

    A. 主体工程   B. 基础工程   C. 劳动卫生设施

*354. 甲、乙、丙类液体仓库应设置防止（　　）的设施。

    A. 隔油   B. 水浸渍   C. 液体流散

*355.《危险化学品安全管理条例》规定，生产、储存危险化学品的单位未在作业场所和安全设施、设备上设置明显的安全警示标志，或者未在作业场所设置（　　）装置的，由安全生产监督管理部门责令改正，可以处 5 万元以下的罚款。

    A. 摄录   B. 通讯、报警   C. 电器控制

*356. 汽油、苯、乙醇属于（　　）。

    A. 压缩气体   B. 氧化剂   C. 易燃液体

*357. 对可能发生急性职业损伤的有毒、有害工作场所，用人单位应当设置报警装置，配置现场急救用品、冲洗设备、应急撤离通道和必要的（　　）。

    A. 泄险区   B. 救护车   C. 医务室

*358. 危险化学品经经营许可证有效期为（　　）年。

    A. 一   B. 两   C. 三

*359. 腐蚀品按其腐蚀性的强弱可细分为（　　）级。

    A. 2   B. 3   C. 4

*360. 当工作地点狭窄、行动困难以及周围有大面积接地体等环境其安全电压应采用（　　）V 的电压。

    A. 36   B. 42   C. 12

*361. 已经取得经营许可证的企业变更企业名称、主要负责人、注册地址或者危险化学品储存设施及其监控措施的，应当自变更之日起（　　）个工作日内，向发证机关提出书面变更申请，并提交相关文件、资料。

    A. 20   B. 30   C. 60

*362. 安全生产管理的目标是减少、控制危害和事故，尽量避免生产过程中由于（　　）所造成的人身伤害、财产损失及其他损失。

    A. 管理不善   B. 危险   C. 事故

*363. 任何单位和个人都有依法（　　）的义务。国家鼓励、引导社会组织和个人开展地震群测群防活动，对地震进行监测和预防。国家鼓励、引导志愿者参加防震减灾活动。

    A. 开展群测群防活动   B. 参加防震减灾活动   C. 支持防震减灾

*364.《使用有毒物品作业场所劳动保护条例》规定，使用有毒物品作业的用人单位应当

对从事使用有毒物品作业的劳动者进行定期（   ）。

  A. 职业健康检查   B. 培训   C. 身体检查

*365. 按照《建筑设计防火规范》对储存物品（易燃易爆性商品）的火灾危险性分类标准，难燃烧的物品属（   ）类危险物。

  A. 甲   B. 乙   C. 丙

*366. 遇湿会发生燃烧爆炸的物品仓库应设置防止（   ）的措施。

  A. 隔油   B. 水浸渍   C. 液体流散

*367. 运输爆炸、剧毒和放射性物品，应指派（   ）押运。

  A. 驾驶员   B. 押运员   C. 装卸工

*368. 压缩气体和液化气体必须与爆炸物品、氧化剂、易燃物品、自燃物品、腐蚀性物品（   ）储存。

  A. 隔开   B. 隔离   C. 分离

*369. 当发生危险化学品事故时，现场人员必须根据各自企业制定的事故预案采取积极有效的（   ），尽量减少事故的蔓延，并向有关部门报告和报警。

  A. 撤离方式   B. 善后措施   C. 抑制措施

*370. 氢、氨、硫化氢除去能腐蚀设备，严重时可导致设备裂缝、漏气外，它们大都还具有一定的（   ）。

  A. 氧化性   B. 助燃性   C. 毒害性

*371. 对主管部门要求备案的应急演练资料，（   ）应将相关资料报主管部门备案。

  A. 演练组织部门（单位） B. 演练参演单位   C. 演练评估人员

*372. 在同一房间或同一区域内，不同的物料之间分开一定的距离，非禁忌物料间用通道保持空间的储存方式叫（   ）。

  A. 隔离储存   B. 隔开储存   C. 分离储存

*373. 常用危险化学品的主标志和副标志的区别是:副标志中没有（   ）。

  A. 图形   B. 文字说明   C. 危险性类别号

*374. 《危险化学品经营许可证管理办法》规定，经营许可证有效期满后，经营单位继续从事危险化学品经营活动的，应当在经营许可证有效期满前（   ）个月内向原发证机关提出换证申请，经审查合格后换领新证。

  A. 2   B. 3   C. 1

*375. 不锈钢容器进行水压试验时，应该控制水中的（   ）含量，防止腐蚀。

  A. 氢离子   B. 氧离子   C. 氯离子

*376. 储存危险化学品建筑采暖的热媒温度不应过高，热水采暖不应超过（   ）℃。

  A. 60   B. 80   C. 100

*377. 常用危险化学品标志中的图形为"骷髅头和交叉骨形"，标示危险化学品为（   ）。

  A. 有毒品   B. 腐蚀品   C. 爆炸品

*378. 在应急救援过程中，为了更好地维护危险区及其附近地区的（   ），还应及时利用通告、广播等形式将事故的有关情况及处置措施向群众通报，通过宣传教育，稳定群众情绪，严防由于群众恐慌或各种谣传引起社会混乱。

  A. 社会秩序   B. 公共卫生   C. 公共环境

*379. 下列关于特殊化学品火灾扑救说法不正确的是（　　　）。

　　A. 扑救爆炸物品火灾时，水流应采用吊射

　　B. 扑救爆炸物品堆垛火灾时，切忌用沙土盖压

　　C. 扑救压缩气体或液化气体类火灾时，应立即扑灭火焰

*380. 毒物被吸收速度较快的途径是（　　　）。

　　A. 呼吸道　　　　　　　　B. 消化道　　　　　　　　C. 皮肤

*381.《使用有毒物品作业场所劳动保护条例》规定，使用有毒物品作业的用人单位维护、检修存在高毒物品的生产装置，必须事先制订维护、检修方案，明确（　　　），确保维护、检修人员的生命安全和身体健康。

　　A. 安全措施　　　　　　　B. 救护措施　　　　　　　C. 职业中毒危害防护措施

*382. 事故发生单位主要负责人未依法履行安全生产管理职责，导致事故发生的，发生特别重大事故的，处上一年年收入（　　　）%的罚款。

　　A. 50　　　　　　　　　　B. 60　　　　　　　　　　C. 80

*383. 生产经营单位安全生产责任制的范围，（　　　）到各级人员的安全生产责任制，（　　　）到各职能部门的安全生产责任制。

　　A. 横向，纵向　　　　　　B. 纵向，横向　　　　　　C. 生产，管理

*384. 应急救援预案要定期演习和复查，要根据（　　　）定期检查和适时修订。

　　A. 天气情况　　　　　　　B. 实际情况　　　　　　　C. 当前情况

*385. 企业要积极探索与当地政府相关部门和周边企业建立（　　　），切实提高协同应对事故灾难的能力。

　　A. 应急联动机制　　　　　B. 合作机制　　　　　　　C. 沟通机制

*386. 较大事故由事故发生地（　　　）负责调查。

　　A. 县级人民政府　　　　　B. 设区的市级人民政府　　C. 省级人民政府

*387. 新建、改建、扩建生产、储存危险化学品的建设项目，应当由安全生产监督管理部门进行（　　　）审查。

　　A. 安全技术　　　　　　　B. 安全评价　　　　　　　C. 安全条件

*388. 危险、危害因素是指能使人造成伤亡，对物造成（　　　），或影响人的身体健康导致疾病，对物造成慢性损坏的因素。

　　A. 损害　　　　　　　　　B. 损坏　　　　　　　　　C. 突发性损坏

*389. 使用危险化学品从事生产并且使用量达到规定数量的化工企业，应当依照《危险化学品安全管理条例》的规定取得危险化学品安全（　　　）许可证。

　　A. 生产　　　　　　　　　B. 使用　　　　　　　　　C. 经营

*390. 包装按包装容器的耐变形能力分为（　　　）。

　　A. 运输包装和销售包装　　B. 内包装和外包装　　　　C. 软包装和硬包装

*391.《危险化学品安全管理条例》规定，危险化学品单位应当制定本单位危险化学品事故应急预案，配备应急救援人员和必要的应急救援器材、设备，并定期组织应急救援（　　　）。

　　A. 演练　　　　　　　　　B. 学习　　　　　　　　　C. 讲解

*392. 在可燃物质（气体、蒸气、粉尘）可能泄漏的区域设（　　　），是监测空气中易爆物质含量的重要措施。

　　A. 报警仪　　　　　　　　　B. 监督岗　　　　　　　　　C. 巡检人员

*393. 以下有关危险品运输的说法错误的是（　　　）。

　　A. 禁止用叉车、翻斗车、铲车搬运输易燃、易爆液化气体等危险物品

　　B. 运输爆炸、剧毒和放射性物品，应指派专人押运，押运人员不得少于 2 人

　　C. 遇水燃烧物品及有毒物品，可用小型机帆船、小木船和水泥船承运

*394. 可燃气体混合物的初始温度越高，使爆炸下限（　　　），上限增高，爆炸极限范围增大。

　　A. 增高　　　　　　　　　　B. 降低　　　　　　　　　　C. 不变

*395. 工房内防静电的措施不包括（　　　）。

　　A. 造潮　　　　　　　　　　B. 通风　　　　　　　　　　C. 降温

*396. 在应急救援过程中，对沾有毒害物品的人员要在警戒区出口处（　　　），进入安全区后再做进一步检查，造成伤害的要尽快进行救护。

　　A. 实施洗消　　　　　　　　B. 进行登记　　　　　　　　C. 进行转移

*397. 隔开储存需要在同一建筑或同一区域内，用（　　　），将其与禁忌物料（即化学性质相抵触或灭火方法不同的化学物料）分离开的储存方式。

　　A. 道路　　　　　　　　　　B. 隔板或墙　　　　　　　　C. 厂区

*398. 预防原理要求安全生产管理工作应该做到（　　　），通过有效的管理和技术手段，减少和防止人的不安全行为和物的不安全状态，从而防止事故的发生。

　　A. 安全第一　　　　　　　　B. 预防为主　　　　　　　　C. 以人为本

*399. 氧气瓶及强氧化剂气瓶瓶体及瓶阀处，必须杜绝沾有（　　　）。

　　A. 油污　　　　　　　　　　B. 水珠　　　　　　　　　　C. 漆色

*400. 国家对严重危及生产安全的工艺、设备实行（　　　）制度。

　　A. 淘汰　　　　　　　　　　B. 改造　　　　　　　　　　C. 维修

*401.《危险化学品安全管理条例》规定，申请（　　　）道路运输通行证，托运人应当向县级人民政府公安机关提交拟运输的剧毒化学品品种、数量的说明、目的地、运输时间和运输路线的说明承运人取得危险货物道路运输许可等相关材料。

　　A. 化学品　　　　　　　　　B. 危险化学品　　　　　　　C. 剧毒化学品

*402. 易燃品闪点在 28 ℃ 以下，气温高于 28 ℃ 时应在（　　　）运输。

　　A. 夜间　　　　　　　　　　B. 黄昏　　　　　　　　　　C. 白天

*403. 对于某一种类的风险，生产经营单位应当根据存在的（　　　）和可能发生的事故类型，制定相应的专项应急预案。

　　A. 重大危险源　　　　　　　B. 一般危险源　　　　　　　C. 危险目标

*404. 某煤气公司液化石油气储罐区发生液化石油气泄漏燃爆事故。事发当天 16 时 38 分，接班巡线职工检查发现，白茫茫的雾状液化气带着呼啸声从罐区容积 400 m³ 的 11 号球罐底部喷出。虽经单位职工及当地消防队员奋力抢险，最终还是在 18 时 50 分发生第一次爆炸，造成参加现场抢险人员中的 12 人当场死亡，31 人受伤。19 时 25 分，11 号球罐再次发生爆炸，20 时，12 号球罐也发生爆炸，引发邻近 3 台 100 m³ 卧罐安全阀排放、着火燃烧。此次燃爆事故烧毁 400 m³ 球罐 2 台，100 m³ 卧罐 4 台，燃损槽车 7 辆，炸毁配电室、水泵房等建筑物，直接经济损失 477 万元。根据上述情况，依据《生产安全事故报告和调查处理

条例》本事故属于（　　　）。

  A. 特别重大事故   B. 重大事故   C. 较大事故

*405. 汽车、拖拉机不准进入（　　　）库房。

  A. 甲、乙、丙类物品 B. 商品   C. 化工品

*406. 安全管理的动态相关性原则说明如果系统要素处于（　　　）状态，则事故就不会发生。

  A. 发展的、变化的   B. 动态的、相关的 C. 静止的、无关的

*407.《危险货物品名表》按运输危险性把爆炸品分为（　　　）项。

  A. 4   B. 5   C. 6

*408. 在劳动过程、生产过程和生产环境中存在的危害劳动者健康的因素，称为（　　　）。

  A. 职业病危害因素   B. 劳动生理危害因素 C. 劳动心理危害因素

*409.《火灾分类》（BG/T 4968—2008）标准把火灾分为（　　　）。

  A. Ⅰ类火灾、Ⅱ类火灾、Ⅲ类火灾和Ⅳ类火灾

  B. A 类火灾、B 类火灾、C 类火灾、D 类火灾、E 类火灾、F 类火灾

  C. 固体火灾、液体火灾、气体火灾和混合物火灾

*410. 职业健康检查费用由（　　　）承担。

  A. 劳动者   B. 用人单位   C. 人力资源和社会保障部门

*411. 剧毒化学品以及储存构成重大危险源的其他危险化学品，应当在专用的仓库内单独存放，实行（　　　）制度。

  A. 双人收发一人保管 B. 一人收发双人保管 C. 双人收发双人保管

*412.《危险化学品安全管理条例》规定，（　　　）不得在托运的普通货物中夹带危险化学品，不得将危险化学品匿报或者谎报为普通货物托运。

  A. 托运人   B. 运输单位   C. 承运人

*413. 事先把系统加以剖析，列出各层次的不安全因素，确定检查项目，并把检查项目按系统的组成顺序编制成表，以便进行检查或评审。这种属于（　　　）检查法。

  A. 常规检查   B. 安全检查表法 C. 仪器检查法

*414. 根据生产安全事故造成的人员伤亡或者直接经济损失，特别重大事故是指造成（　　　）亿元以上直接经济损失的事故。

  A. 0.5   B. 1   C. 1.5

*415. 易燃气体不得与助燃气体、剧毒气体（　　　）。

  A. 隔离储存   B. 同储   C. 分库储存

*416. 当生产和其他工作与安全发生矛盾时，要以安全为主，生产和其他工作要服从安全，这就是（　　　）原则。

  A. 预防   B. 因果关系   C. 安全第一

*417. 2005 年 6 月，某职业病防治所接到报告，某电器公司员工杨某由于三氯乙烯中毒导致死亡。卫生监督人员现场检查发现该电器公司清洗工序设有一台超声波清洗机，使用三氯乙烯作为清洗剂。该公司已向卫生部门申报存在三氯乙烯职业危害，清洗工序未设立警示标志和中文警示说明。该单位工人进公司时检查过肝功能，但没有进行在岗期间、离岗时的职业健康检查，公司没能提供工作场所职业病危害因素监测及评价资料，订立劳动合同时没

有告知劳动者职业病危害真实情况，经检测清洗房中的三氯乙烯浓度最高为 243 mg/m³。根据以上描述，对从事接触职业病危害的作业的劳动者，用人单位应当按照国务院安全生产监督管理部门、卫生行政部门的规定组织上岗前、在岗期间和离岗时的职业健康检查，并将检查结果（　　　）告知劳动者。

  A. 书面　　　　　　　　　B. 电话　　　　　　　　　C. 书面或电话均可

  *418.《危险货物分类和品名编号》标准将第 6 类危险货物分为毒性物质和（　　　）二项。

  A. 高毒品　　　　　　　　B. 低毒品　　　　　　　　C. 感染性物质

  *419. 在安全管理中必须把人的因素放在首位，体现以人为本的指导思想，这就是人本原理，包括 3 个原则。下列不包括在人本原理中的原则是（　　　）。

  A. 安全第一原则　　　　　B. 动力原则　　　　　　　C. 能级原则

  *420. 进行压力容器内部检验或检修时，要求工作空间空气中的氧含量（体积比）为（　　　）。

  A. 15%～25%　　　　　　　B. ≥20%　　　　　　　　　C. 18%～23%

  *421.《使用有毒物品作业场所劳动保护条例》规定，使用有毒物品作业场所应当设置警示标识、中文警示说明和（　　　）。

  A. 黄色区域警示线　　　　B. 红色区域警示线　　　　C. 黄色警示牌

  *422. 爆炸物品厂房之间的安全距离是根据爆炸产生的（　　　）确定的。

  A. 冲击波　　　　　　　　B. 破片飞散距离　　　　　C. 气体扩散距离

  *423. 水蒸气的灭火原理在于降低燃烧区的（　　　）。

  A. 温度　　　　　　　　　B. 湿度　　　　　　　　　C. 含氧量

  *424. 某建材商店地下涂料仓库内，存放大量不合格的"三无"产品聚氨酯涂料（涂料是苯系物）。地下仓库内虽有预留通风口，但通风差，无动力排风设施。某日，进入库房作业时 1 名工人昏倒在地，一同作业的另 2 名工人，在救助时也昏倒在地。经救援人员将中毒的 3 名工人送往医院，其中两人经抢救无效死亡。事后，又有 2 名在地下仓库作业的工人，发现有中毒症状，被送到医院住院治疗。根据上述事实，该涂料仓库内存放的"三无"产品聚氨酯涂料挥发出的苯蒸气的毒性属于（　　　）。

  A. 低毒　　　　　　　　　B. 中毒　　　　　　　　　C. 高毒

  *425. 通过公路运输剧毒化学品的运输车辆，行驶速度在不超过限速标志的前提下，在高速公路上时速应为（　　　）km。

  A. 70～90　　　　　　　　B. 90～100　　　　　　　　C. 100～120

  *426. 屏护装置把（　　　）同外界隔离开来，防止人体触及或接近。

  A. 绝缘体　　　　　　　　B. 带电体　　　　　　　　C. 电器

  *427.《非药品类易制毒化学品的分类和品种目录》中，属于危险化学品的品种数目有（　　　）种。

  A. 8　　　　　　　　　　 B. 9　　　　　　　　　　　C. 10

  *428.《安全生产法》规定，生产经营单位的主要负责人未履行《安全生产法》规定的安全生产管理职责，生产经营单位的主要负责人依照安全生产法规定受刑事处罚或者撤职处分的，自刑罚执行完毕或者受处分之日起，（　　　）年内不得担任任何生产经营单位的主要负责人。

      A. 三   B. 一年   C. 五

*429. 生产经营单位应按照（　　）的规定要求设置安全生产管理机构和配备安全生产管理人员。

      A.《安全生产法》   B.《劳动法》   C. 安全生产方针

*430. 在潮湿场所或金属构架上工作应尽量选用带有双重绝缘结构的工具或选用（　　）的设备。

      A. 安全电压   B. 保护接地   C. 保护接零

*431. 安全色黄色的含义为（　　）。

      A. 必须遵守规定的指令性信息

      B. 注意、警告的信息

      C. 安全的指示性信息

*432. 贮存化学品的仓库有（　　）要求。

      A. 不得同时存放酸与碱

      B. 同时存放酸与碱

      C. 任意存放各类化学品

*433. 危险化学品生产单位销售本单位生产的危险化学品，在厂外设立销售网点，（　　）办理经营许可证。

      A. 不再   B. 需要   C. 根据产品性质确定是否

*434.《气瓶安全监察规程》规定，气瓶充装登记有效期为（　　）年。

      A. 1   B. 3   C. 5

*435. 危险物品的生产、经营、储存单位以及矿山、金属冶炼、城市轨道交通运营、建筑施工单位应当建立（　　）；生产经营规模较小的，可以不建立应急救援组织，但应当指定兼职的应急救援人员。

      A. 应急救援组织   B. 安全组织   C. 工作组织

*436. 生产经营单位的主要负责人受刑事处罚或者撤职处分的，自刑罚执行完毕或者受处分之日起，（　　）年内不得担任任何生产经营单位的主要负责人。

      A. 3   B. 4   C. 5

*437.《使用有毒物品作业场所劳动保护条例》规定，存在高毒作业的建设项目的职业中毒危害防护设施设计，应当经（　　）部门进行卫生审查；经审查，符合国家职业卫生标准和卫生要求的，方可施工。

      A. 卫生行政   B. 安监   C. 公安

*438. 锅炉爆炸属于（　　）。

      A. 物理爆炸   B. 分解爆炸   C. 化学爆炸

*439. 通常的爆炸极限是在常温、常压的标准条件下测定出来的，它随（　　）的变化而变化。

      A. 压力、容积   B. 温度、容积   C. 压力、温度

*440. 把人体与意外释放能量或危险物质隔离开，是一种不得已的隔离措施，是保护人身安全的最后一道防线，这是（　　）。

      A. 避难   B. 个体防护   C. 救援

*441. 《生产安全事故报告和调查处理条例》中，根据生产安全事故造成的人员伤亡或者直接经济损失，事故一般分为（　　）等级。

  A. 三　　　　　　　　　　B. 四　　　　　　　　　　C. 五

*442. 电流对人体（　　）伤害的危险性最大。

  A. 心脏　　　　　　　　　B. 头部　　　　　　　　　C. 中枢神经

*443. 下列对劳动者享有的职业卫生保护权利的说法中，不正确的是（　　）。

  A. 有危害知情权和获得职业卫生教育、培训的权利

  B. 有权拒绝违章指挥和强令进行没有职业病防护措施的作业

  C. 要求单位安排职业病患者回家疗养

*444. 需要向使用者提供危险品事故应急咨询电话的是（　　）。

  A. 生产单位　　　　　　　B. 销售单位　　　　　　　C. 安监机构

*445. 下列（　　）因素或条件不属于与劳动过程有关的职业性危害因素。

  A. 劳动组织不合理　　　　B. 操作体位不良　　　　　C. 照明不良

*446. 建设项目在竣工验收前，建设单位应当进行（　　）。

  A. 职业病危害检测与评价

  B. 职业病危害控制效果评价

  C. 职业病危害现状评价

*447. 发电机起火时，不能用（　　）灭火。

  A. 喷雾水　　　　　　　　B. 二氧化碳　　　　　　　C. 干粉

*448. 下列固体中，属于遇湿易燃物品的是（　　）。

  A. 红磷　　　　　　　　　B. 硫黄　　　　　　　　　C. 电石

*449. 未焊透是焊缝存在的一个缺口，因而往往是（　　）破坏的起裂点，也会导致疲劳破坏。

  A. 弹性　　　　　　　　　B. 脆性　　　　　　　　　C. 刚性

*450. 根据《工伤保险条例》，职工工作时间前后在工作场所内，从事与工作有关的预备性或者收尾性工作受到事故伤害的，（　　）认定为工伤。

  A. 应当　　　　　　　　　B. 不得　　　　　　　　　C. 视具体情况而定

*451. 《安全生产法》规定，矿山、金属冶炼、建筑施工、道路运输单位和危险物品的生产、经营、储存单位，应当设置（　　）或者配备专职安全生产管理人员。

  A. 办事机构　　　　　　　B. 安全生产管理机构　　　C. 专门机构

*452. 《气瓶安全监察规程》规定，气瓶充装登记有效期满前（　　）个月，气瓶充装单位应向原注册单位提出办理换发注册登记申请。

  A. 1　　　　　　　　　　B. 3　　　　　　　　　　　C. 5

*453. 《易制毒化学品购销和运输管理办法》规定，违反规定购买易制毒化学品，未经许可或者备案擅自购买易制毒化学品的;公安机关应当没收非法购买的易制毒化学品,对（　　）处非法购买易制毒化学品货值十倍以上二十倍以下的罚款，货值的二十倍不足一万元的，按一万元罚款；构成犯罪的，依法追究刑事责任。

  A. 供货方　　　　　　　　B. 承运方　　　　　　　　C. 购买方

*454. 防雷装置包括（　　）引下线、接地装置 3 部分。

　　A. 接零线　　　　　　　　B. 避雷器　　　　　　　C. 接闪器

*455. 大中型危险化学品仓库内应设库区和生活区，两区之间应有实体围墙，围墙与库区内建筑的距离不宜小于（　　）m，并应满足围墙建筑物之间的防火距离要求。

　　A. 2　　　　　　　　　　B. 5　　　　　　　　　　C. 7

*456. 目前我国职业病发病率最高的是（　　）。

　　A. 尘肺病　　　　　　　　B. 食物中毒　　　　　　C. 噪声聋

*457.《气瓶安全监察规程》规定，采用车辆运输时，气瓶要妥善固定。立放时，车厢高度在瓶高的（　　）以上。

　　A. 1/3　　　　　　　　　B. 2/3　　　　　　　　　C. 1/2

*458. 按照《化学品安全标签编写规定》的要求，每种化学品最多可选用（　　）个标志。

　　A. 2　　　　　　　　　　B. 3　　　　　　　　　　C. 1

*459. 认为新的技术发展会带来新的危险源，安全工作的目标就是控制危险源，努力把事故发生概率减到最低。这一观点是包括在（　　）理论中的。

　　A. 海因里希因果连锁　　　B. 事故频发倾向　　　　C. 系统安全

*460. 危险化学品零售业务店面单一品种存放量不能超过（　　）kg。

　　A. 200　　　　　　　　　B. 500　　　　　　　　　C. 1 000

*461.《危险化学品安全管理条例》规定，托运危险化学品的，（　　）应当向承运人说明所托运的危险化学品的种类、数量、危险特性以及发生危险情况的应急处置措施。

　　A. 承运单位　　　　　　　B. 托运单位　　　　　　C. 托运人

*462.《生产安全事故报告和调查处理条例》规定，事故发生单位（　　）有下列行为之一的，处上一年年收入 40% 至 80% 的罚款；属于国家工作人员的，并依法给予处分；构成犯罪的，依法追究刑事责任：（一）不立即组织事故抢救的；（二）迟报或者漏报事故的；（三）在事故调查处理期间擅离职守的。

　　A. 主要负责人　　　　　　B. 负责人　　　　　　　C. 主要管理人员

*463. 2005 年 6 月，某职业病防治所接到报告，某电器公司员工杨某由于三氯乙烯中毒导致死亡。卫生监督人员现场检查发现该电器公司清洗工序设有一台超声波清洗机，使用三氯乙烯作为清洗剂。该公司已向安监部门申报存在三氯乙烯职业危害，清洗工序未设立警示标志和中文警示说明。该单位工人进公司时检查过肝功能，但没有进行在岗期间、离岗时的职业健康检查，公司没能提供工作场所职业病危害因素监测及评价资料，订立劳动合同时没有告知劳动者职业病危害真实情况，经检测清洗房中的三氯乙烯浓度最高为 243 mg/m³。根据上述事实，三氯乙烯可能导致的职业病有（　　）。

　　A. 肝血管瘤　　　　　　　B. 职业性哮喘　　　　　C. 白血病

*464. 燃烧是放热发光的（　　）反应。

　　A. 氧化还原　　　　　　　B. 还原　　　　　　　　C. 物理

*465. 事故调查组由有关人民政府、安全生产监督管理部门、负有安全生产监督管理职责的有关部门、监察机关、公安机关以及工会派人组成，并应当邀请（　　）派人参加。

　　A. 人民检察院　　　　　　B. 事故单位　　　　　　C. 事故单位上级部门

*466.《安全生产法》规定，生产经营单位对（　　）未登记建档，或者未进行评估、监

控，或者未制订应急预案的，责令限期改正，可以处十万元以下的罚款；逾期未改正的，责令停产停业整顿，并处十万元以上二十万元以下的罚款，对其直接负责的主管人员和其他直接责任人员处二万元以上五万元以下的罚款；构成犯罪的，依照刑法有关规定追究刑事责任。

    A. 危险化学品　　　　　　B. 储存设备　　　　　　C. 重大危险源

*467. 在常用危险化学品的分类中，中闪点易燃液体的判断依据是（　　）。

    A. 闪点 < −18 ℃　　　　　B. 闪点 > −18 ℃

    C. −18 ℃≤闪点 < 23 ℃

*468. 一般来说，可燃物中（　　）的火灾危险性较小。

    A. 气体　　　　　　　　　B. 液体　　　　　　　　C. 固体

*469.《安全生产法》规定，生产经营单位的主要负责人未履行本法规定的安全生产管理职责的，责令限期改正；逾期末改正的，责令生产经营单位（　　）。

    A. 停产停业整顿　　　　　B. 转产　　　　　　　　C. 限产

*470. 贴安全标签的目的是为了警示使用者，此种化学品的（　　）以及一旦发生事故应采取的救护措施。

    A. 有害性　　　　　　　　B. 危害性　　　　　　　C. 物理性

*471. 风险评价是对系统存在的危险进行定性或定量的分析，得出系统发生危险的可能性及其后果（　　）的评价。

    A. 完好程度　　　　　　　B. 危险程度　　　　　　C. 严重程度

*472. 职工发生工伤时，（　　）应当采取措施使工伤职工得到及时救治。

    A. 政府　　　　　　　　　B. 公安机关　　　　　　C. 用人单位

*473. 性质或消防方法相互抵触，以及配装号或类别不同的危险化学品（　　）在同一车船内运输。

    A. 允许但要分开一定距离　B. 不能　　　　　　　　C. 允许混放

*474. 下列化合物中，属于氧化剂是（　　）。

    A. 过氧化氢　　　　　　　B. 氢氧化钠　　　　　　C. 氰化氢

*475. 液化气汽车罐车属于（　　）类压力容器。

    A. 一　　　　　　　　　　B. 二　　　　　　　　　C. 三

*476. 对于有爆炸危险的可燃物，当可燃物的（　　），则越易发生爆炸。

    A. 爆炸下限越高　　　　　B. 爆炸上限越低　　　　C. 爆炸极限范围越宽

*477. 水是最常用的灭火剂，主要作用是（　　）。

    A. 冷却降温　　　　　　　B. 隔离　　　　　　　　C. 窒息

*478.《使用有毒物品作业场所劳动保护条例》规定，使用有毒物品作业的用人单位有关（　　）应当熟悉有关职业病防治的法律、法规以及确保劳动者安全使用有毒物品作业的知识。

    A. 管理人员　　　　　　　B. 业务员　　　　　　　C. 办事员

*479. 人们在从事管理工作时，运用系统观点、理论和方法，对管理活动进行充分的系统分析，以达到管理的优化目标，这是（　　）原理。

    A. 系统　　　　　　　　　B. 人本　　　　　　　　C. 预防

*480.《易制毒化学品管理条例》规定，（　　）不得购买第一类、第二类易制毒化学品。

    A. 单位　　　　　　　　　B. 企业　　　　　　　　C. 个人

*481. 可能产生职业病危害的化学品、放射性同位素和含有放射性物质的材料的产品包装应当有醒目的（　　）。

　　　　A. 警示标识和中文警示说明　　B. 告知牌　　　　　C. 标识

*482. 生产经营单位要积极组织应急预案演练，高危企业每年至少要组织（　　）次应急预案演练。

　　　　A. 一　　　　　　　　　　B. 二　　　　　　　　　C. 三

*483.《使用有毒物品作业场所劳动保护条例》规定，使用有毒物品作业的用人单位应当为从事使用有毒物品作业的劳动者提供符合国家职业卫生标准的（　　），并确保劳动者正确使用。

　　　　A. 设备　　　　　　　　　B. 防护用品　　　　　C. 工具

*484.《危险化学品经营企业开业条件和技术要求》规定，从事危险化学品批发业务的企业，应具备经（　　）级以上公安、消防部门批准的专用危险品仓库。所经营的危险化学品不得存放在业务经营场所。

　　　　A. 省　　　　　　　　　　B. 县　　　　　　　　C. 地、市

*485. 易燃品闪点在 28 ℃ 以下，气温高于 28 ℃ 时应当在（　　）运输。

　　　　A. 夜间　　　　　　　　　B. 白天　　　　　　　C. 都可

*486. 运输爆炸品时必须经（　　）管理部门批准，按规定的行车时间和路线凭准运证方可起运。

　　　　A. 交通　　　　　　　　　B. 公安　　　　　　　C. 地方行政

*487. 没有直接出现在生产经营单位主要负责人 7 项安全生产职责中的是（　　）。

　　　　A. 组织开展本单位安全生产宣传教育工作
　　　　B. 保证本单位安全生产投入的有效实施
　　　　C. 组织制定并实施本单位安全生产事故应急预案

*488. 矿山、建筑施工单位和易燃易爆物品、危险化学品、放射性物品等危险物品的生产、经营、储存、使用单位和（　　）的其他生产经营单位，应当组织专家对本单位编制的应急预案进行评审。

　　　　A. 中型规模以上　　　　　B. 小型企业以上　　　C. 微型企业以上

*489. 应急救援指挥领导小组负责本单位预案的制订、修订，组建（　　），组织预案的实施和演练，检查督促做好重大危险源事故的预防措施和应急救援的各项准备工作。

　　　　A. 基干民兵队伍　　　　　B. 应急救援队伍　　　C. 生产骨干队伍

*490. 应急预案中（　　）信息应由事故现场指挥部及时准确向新闻媒体通报。

　　　　A. 救援　　　　　　　　　B. 事故　　　　　　　C. 伤亡

*491. 属于化学爆炸的是（　　）。

　　　　A. 烟花爆竹爆炸　　　　　B. 面粉爆炸　　　　　C. 瓦斯爆炸

*492. 应急救援总指挥负责组织指挥企业的（　　）。

　　　　A. 预案演练　　　　　　　B. 预案修订　　　　　C. 应急救援

*493. 生产经营单位应当及时向有关部门或者单位报告应急预案的（　　），并按照有关应急预案报备程序重新备案。

　　　　A. 备案时间　　　　　　　B. 修订情况　　　　　C. 演练情况

*494. 介质对压力容器的破坏主要是由于 （　　）。

　　A. 腐蚀　　　　　　　　　　B. 易燃　　　　　　　　　　C. 有毒

*495. 《危险化学品经营许可证管理办法》适用范围是 （　　）。

　　A. 在中华人民共和国境内从事列入《危险化学品目录》的危险化学品的经营（包括仓储经营）活动

　　B. 民用爆炸品、放射性物品

　　C. 核能物质和城镇燃气的经营

*496. 风险管理的主要内容包括危险源辨识、风险评价、危险预警与监测、事故预防、风险控制及 （　　）。

　　A. 环境改善　　　　　　　　B. 事故调查　　　　　　　　C. 应急管理

*497. 非药品类易制毒化学品生产、经营许可证有效期为 （　　）年。

　　A. 1　　　　　　　　　　　　B. 2　　　　　　　　　　　　C. 3

*498. 根据《工伤保险条例》的规定，工伤保险费的缴纳，以下正确的是 （　　）。

　　A. 由用人单位缴纳，职工个人不缴纳

　　B. 按照国家、集体和个人三方负担的原则，由国家、用人单位和职工个人三方缴纳

　　C. 国家承担主要部分，用人单位次之，个人再次之

*499. 某化学品经营企业从化工厂购进一批（10 t）氢氧化钠（固碱），个别包装存在破损泄漏情况，将其存放在一座年久失修的不符合储存条件的库房中。一天晚上，大雨倾盆而下库房进水，将部分氢氧化钠泡在水中，致使氢氧化钠渗入水中并顺水流入附近河流。仓库保管员发现后，及时报告了单位主管领导，主管领导立即进行了应急处理，嘱咐手下人员不得向外界泄漏任何消息。根据上述情况，依据《危险化学品经营企业开业条件和技术要求》，分析危险化学品仓库按其使用性质和经营规模分为 （　　）种类型。

　　A. 二　　　　　　　　　　　　B. 三　　　　　　　　　　　　C. 四

*500. 根据突发环境事件的发生过程、性质和机理，突发环境事件分为：突发环境污染事件、（　　）和辐射环境污染事件。

　　A. 危险化学品污染事件　　　B. 光化学污染事件　　　C. 生物物种安全环境事件

*501. （　　）安全技术措施有消除危险源、限制能量或危险物质、隔离等。

　　A. 减少事故损失的　　　　　B. 电气　　　　　　　　　　C. 防止事故发生的

*502. 对于事故的预防与控制，（　　）对策着重解决物的不安全状态问题。

　　A. 安全规则　　　　　　　　B. 安全管理　　　　　　　　C. 安全技术

*503. 在危险化学品生产或储存区域，如见到以下的标记，表示 （　　）。

　　A. 小心着火　　　　　　　　B. 禁止穿钉子鞋　　　　　　C. 禁止入内

*504. 可燃混合物的化学反应速度越快，反应放出的热量就越多，则 （　　）越大。

　　A. 火焰　　　　　　　　　　B. 燃速　　　　　　　　　　C. 烟气

*505. 运输危险化学品的车船及其他运输工具 （　　）搭乘无关人员。

　　A. 可搭乘 1 人　　　　　　　B. 禁止　　　　　　　　　　C. 允许搭乘多名

*506. 应当在其醒目位置，设置警示标识和中文警示说明的作业岗位为 （　　）。

　　A. 产生职业病危害的　　　　B. 产生严重职业病危害的

　　C. 产生较重和严重职业病危害

*507. 爆炸危险环境应优先采用（　　）线。

  A. 铜   B. 铝   C. 铁

*508. 应当制定职业病防治规划，将其纳入国民经济和社会发展计划，并组织实施的为（　　）。

  A. 国务院和县级以上地方人民政府

  B. 县级以上地方人民政府

  C. 省级地方人民政府

*509. 爆炸品、易燃气体、剧毒品用警示词为（　　）。

  A. 警告   B. 危险   C. 注意

*510. 在应急救援过程中，社会援助队伍到达企业时，指挥部要派人员引导并告知（　　）。

  A. 生产注意事项   B. 安全注意事项   C. 安全规章制度

*511. 我国的职业病防治工作原则是："分类管理、（　　）治理"。

  A. 彻底   B. 综合   C. 分期

*512. 职业安全健康管理体系的建立与保持，可以全面提高企业的安全管理水平，在安全管理表现为（　　）。

  A. 被动安全管理   B. 主动安全管理   C. 全面安全管理

*513. 生产经营单位的安全生产责任制的实质是（　　）。

  A. 安全生产，人人有责

  B. 安全第一，预防为主

  C. 管生产必须同时管安全

*514. 某肉联厂一辆农用车内装 2 只容积各为 400 L 的空液氨钢瓶，到某化肥厂购买液氨。为了能多装点，便找熟人打通关系得到"关照"，上午 10 时充装结束。下午 3 时 10 分，在返回途中一只钢瓶突然爆炸，冲击波将汽车挡板冲坏，驾驶室冲扁，玻璃全部震碎，司机罗某和乘车人杨某被冻灼伤并中毒。下午 5 时左右，在清理现场时，第 2 只钢瓶又突然爆炸，造成 2 人中毒受伤，从钢瓶喷出的大量液氨迅速挥发成气氨向周围扩散，致使 100 m 外下风头的 2 名过路群众中毒倒地。这起事故造成 1 人重伤，5 人轻伤，直接经济损失 2 万余元。根据上述情况，（　　）对气瓶的安全全面负责。

  A. 气瓶消费者   B. 气瓶充装单位   C. 安全监察部门

*515.《易制毒化学品购销和运输管理办法》规定，违反规定销售易制毒化学品，向无购买许可证或者备案证明的单位或者个人销售易制毒化学品的;，公安机关应当对（　　）处一万元以下罚款；有违法所得的，处三万以下罚款，并对违法所得依法予以追缴；构成犯罪的，依法追究刑事责任。

  A. 购买单位   B. 承运单位   C. 销售单位

*516. 危险化学品的储存根据物质的理化性状和储存量的大小分为整装储存和（　　）两类。

  A. 散装储存   B. 分开储存   C. 分离储存

*517. 生产经营单位为了保证安全资金的有效投入，应编制安全技术措施计划，其核心是（　　）。

　　A. 安全技术手册　　　　　　B. 安全技术预案　　　　　C. 安全技术措施

*518. 防震减灾工作，实行（　　）、防御与救助相结合的方针。

　　A. 预防为主　　　　　　　　B. 安全第一　　　　　　　C. 防消结合

*519.《使用有毒物品作业场所劳动保护条例》规定，劳动者职业健康检查和医学观察的费用，由（　　）承担。

　　A. 用人单位　　　　　　　　B. 个人　　　　　　　　　C. 中介机构

*520. 爆炸现象的最主要特征是（　　）。

　　A. 温度升高　　　　　　　　B. 压力急剧升高　　　　　C. 发热发光

*521. 下列（　　）是通过有计划、有组织、有目的的形式来实现的。

　　A. 定期安全生产检查

　　B. 季节性及节假日前后安全生产检查

　　C. 专业（项）安全生产检查

*522. 现代安全管理是以（　　）为中心。

　　A. 事故处理　　　　　　　　B. 安全培训　　　　　　　C. 预防事故

*523. 危险化学品的泄漏处理包括:（　　）、泄漏物处理、危害监测。

　　A. 危化品保护　　　　　　　B. 泄漏源控制　　　　　　C. 周边的警戒

*524. 气体或蒸气的（　　）范围越宽，其危险度值越大。

　　A. 泄漏　　　　　　　　　　B. 爆炸极限　　　　　　　C. 混合比例

*525. 爆炸品库房内部照明应采用防爆型灯具，开关应设在库房（　　）。

　　A. 外面　　　　　　　　　　B. 里面　　　　　　　　　C. 里、外都行

*526. 特种设备生产、使用单位的（　　）应当对本单位特种设备的安全和节能全面负责。

　　A. 主要负责人　　　　　　　B. 安全管理人员　　　　　C. 安全生产监督部门

*527. 剧毒化学品以及储存数量构成重大危险源的其他危险化学品，储存单位应当将其储存数量、地点以及管理人员的情况，报所在地县级人民政府安全生产监督管理部门和（　　）备案。

　　A. 公安机关　　　　　　　　B. 质检部门　　　　　　　C. 环保部门

*528. 国家标准《安全色》中规定，安全色为（　　）4种颜色。

　　A. 红、青、黄、绿　　　　　B. 红、蓝、黑、绿　　　　C. 红、蓝、黄、绿

*529. 向用人单位提供可能产生职业病危害的设备的，应当提供中文说明书，并在设备的醒目位置（　　）。

　　A. 张贴中文说明书

　　B. 设置警示标识和中文警示说明

　　C. 设置安全注意事项

*530. 在建设项目职业病危害风险分类目录中，基础化学原料制造属于职业病危害（　　）。

　　A. 严重的行业　　　　　　　B. 较严重的行业　　　　　C. 一般的行业

*531. 最常用消除焊接残余应力的方法是将焊件进行焊后（　　）。

　　A. 酸处理　　　　　　　　　B. 热处理　　　　　　　　C. 冷处理

*532. 演练结束后，由演练组织单位根据演练记录、演练评估报告、应急预案、现场总结等材料，对演练进行全面总结，并形成（　　　）。

　　　A. 现场总结报告　　　　　　　B. 演练书面总结报告

　　　C. 对应急预案的修改建议

*533.《危险化学品经营企业开业条件和技术要求》规定，库存危险化学品应根据其化学性质分区、分类、分库储存，（　　　）不能混存。灭火方法不同的危险化学品不能同库储存。

　　　A. 商品　　　　　　　　　　　B. 禁忌物料　　　　　　C. 所有物料

*534. 关于炸药，下例陈述错误的是（　　　）。

　　　A. 本身含有可燃物　　　　　　B. 本身含有助燃物　　　C. 本身不含有氧化剂

*535. 安全色绿色的含义为（　　　）。

　　　A. 必须遵守规定的指令性信息

　　　B. 注意、警告的信息

　　　C. 安全的指示性信息

*536. 一个单位的不同类型的应急救援预案要形成统一整体，救援力量要（　　　）。

　　　A. 统筹安排　　　　　　　　　B. 随时安排　　　　　　C. 定期安排

*537. 若发现化学品有新的危害性，在有关信息发布后的（　　　）内，生产企业必须对安全技术说明书的内容进行修订。

　　　A. 一年　　　　　　　　　　　B. 半年　　　　　　　　C. 三个月

*538.（　　　）建立健全应急物资储备保障制度，完善重要应急物资的监管、生产、储备、调拨和紧急配送体系。

　　　A. 国家　　　　　　　　　　　B. 社会　　　　　　　　C. 企业

*539. 结合本单位部门职能分工，成立以单位（　　　）为领导的应急预案编制工作组，明确编制任务、职责分工，制定工作计划。

　　　A. 党政一把手　　　　　　　　B. 主要负责人　　　　　C. 生产部门领导

*540.《安全生产法》规定，危险物品的生产、经营、储存单位以及矿山、金属冶炼、建筑施工、道路运输单位的主要负责人和安全生产管理人员未按照规定经（　　　）合格的；责令限期改正，可以处五万元以下的罚款；逾期未改正的，责令停产停业整顿，并处五万元以上十万元以下的罚款，对其直接负责的主管人员和其他直接责任人员处一万元以上二万元以下的罚款。

　　　A. 培训　　　　　　　　　　　B. 考核　　　　　　　　C. 审查

*541.《危险化学品安全管理条例》规定，公安机关负责危险化学品的（　　　）管理。

　　　A. 日常监督　　　　　　　　　B. 综合监督　　　　　　C. 公共安全

*542. 企业应急预案的编制要做到（　　　），使预案的制订过程成为隐患排查治理的过程和全员应急知识培训教育的过程。

　　　A. 专家参与　　　　　　　　　B. 领导参与　　　　　　C. 全员参与

*543. 根据《生产安全事故应急预案管理办法》，生产经营单位风险种类多、可能发生多种事故类型的，应当组织编制本单位的（　　　）。

　　　A. 综合应急预案　　　　　　　B. 专项应急预案　　　　C. 现场处置方案

*544. 锅炉严重缺水时可采取以下措施（　　　）。

A. 缓慢进水　　　　　　　　B. 严禁向锅炉内上水，应该采取紧急停炉措施

C. 开安全阀快速降压

*545. 当炸药爆炸时，能引起位于一定距离之外的炸药也发生爆炸，这种现象称为（　　）。

A. 爆炸　　　　　　　　B. 殉爆　　　　　　　　C. 化学反应

*546. 危险化学品经营单位在经营中应保证经营的危险化学品必须有（　　）。

A. 化学品安全技术说明书

B. 化学品安全标签

C. 化学品安全技术说明书和化学品安全标签

*547. 下列（　　）是消除静电危害最常见的方法。

A. 屏蔽　　　　　　　　B. 接地　　　　　　　　C. 增湿

*548. 生产经营单位的主要负责人是本单位安全生产的第一负责人，对安全生产工作（　　）负责。

A. 主要　　　　　　　　B. 直接　　　　　　　　C. 全面

*549. 化学泡沫灭火原理主要是（　　）作用。

A. 隔离与窒息　　　　　B. 降温　　　　　　　　C. 化学抑制

*550. 氧气（　　）与油脂混合储存。

A. 允许　　　　　　　　B. 可以　　　　　　　　C. 不得

*551. 所有大中型危险化学品企业都要依法按照相关标准建立（　　）。

A. 专业应急救援队　　　B. 兼职救援队　　　　　C. 志愿救援队

*552. 职业安全健康管理体系的建立与保持，可以全面提高企业的安全管理水平，在事故管理表现为（　　）。

A. 事故处理　　　　　　B. 事故预防　　　　　　C. 事故的"四不放过"

*553. 发生危险化学品事故，事故单位（　　）应当立即按照本单位危险化学品应急预案组织救援。

A. 主要负责人　　　　　B. 安全生产管理人员　　C. 安全管理负责人

*554. 未申领《剧毒化学品购买凭证》《剧毒化学品准购证》《剧毒化学品公路运输通行证》，擅自购买、通过公路运输剧毒化学品的，公安机关可对其处以（　　）罚款。

A. 一万元以上三万元以下

B. 三万元以上五万元以下

C. 五万元

*555. 风险是特定危险事件发生的（　　）与后果的结合。

A. 必然性　　　　　　　B. 可能性　　　　　　　C. 危险性

*556. 一般情况下，压力容器的构件不允许发生（　　）变形。

A. 弹性　　　　　　　　B. 塑性　　　　　　　　C. 刚性

*557. 下例物质中自燃点较低的是（　　）。

A. 煤　　　　　　　　　B. 木材　　　　　　　　C. 硫

*558. 如果工作场所潮湿，为避免触电，使用手持电动工具的人应（　　）。

A. 站在铁板上操作

　　B. 应穿绝缘靴，站在绝缘垫上操作

　　C. 穿防静电鞋操作

*559. 危险化学品的储存必须具备适合储存方式的设施：在同一房间或同一区域内，不同的物料之间分开一定的距离，非禁忌物料间用通道保持空间的储存方式。这种储存方式属于（　　　）储存方式。

　　A. 隔离储存　　　　　　　B. 隔开储存　　　　　　C. 分开储存

*560. 我国职业病目录中，有（　　　）。

　　A. 9 类，99 种　　　　　B. 10 类，115 种　　　　C. 10 类，132 种

*561. 锅炉上的易熔塞、电路中的熔断器都是减少事故损失的措施，其具体作用可概括为（　　　）。

　　A. 隔离　　　　　　　　　B. 救援　　　　　　　　C. 设置薄弱环节

*562.《中华人民共和国安全生产法》规定，安全生产工作应当以人为本，坚持（　　　）的方针。

　　A. 安全第一、预防为主

　　B. 安全第一、预防为主、综合治理

　　C. 安全第一、以人为本

*563.《易制毒化学品管理条例》规定，易制毒化学品第二类可以用于（　　　）。

　　A. 制毒的主要原料　　　　B. 制毒的辅助原料　　　　C. 制毒的化学配剂

*564. 可燃气体、蒸汽和粉尘与空气（或助燃气体）的混合物，必须在一定范围的浓度内，遇到足以起爆的能量才能发生爆炸，这个可以爆炸的浓度范围叫做该爆炸物的（　　　）。

　　A. 爆炸极限　　　　　　　B. 爆炸浓度极限　　　　C. 爆炸上限

*565.《气瓶安全监察规程》规定，盛装一般性气体的气瓶，每（　　　）年检验一次。

　　A. 1　　　　　　　　　　B. 3　　　　　　　　　　C. 5

*566.《安全生产法》规定，生产经营单位生产、经营、储存、使用危险物品，未建立专门安全管理制度、未采取可靠的（　　　）或者不接受有关主管部门依法实施的监督管理的，责令限期改正；逾期未改正的，责令停产停业整顿，可以并处二万元以上十万元以下的罚款；造成严重后果，构成犯罪的，依照刑法有关规定追究刑事责任。

　　A. 组织措施　　　　　　　B. 安全措施　　　　　　C. 设备设施

*567. 一般压力越高，可燃物的自燃点（　　　）。

　　A. 不变　　　　　　　　　B. 越高　　　　　　　　C. 越低

*568. 化学品（　　　）为化学物质及其制品提供了有关安全、健康和环境保护方面的各种信息，并能提供有关化学品的基本知识、防护措施和应急行动等方面的资料。

　　A. 安全标签　　　　　　　B. 安全技术说明书　　　C. 技术使用说明书

*569. 根据我国《化学品安全标签编写规定》的规定，混合物安全标签应标出其危险性分类有贡献的主要组分的化学名称或通用名、（　　　）。

　　A. 生产工艺　　　　　　　B. 浓度或浓度范围　　　C. 使用方法

*570. 根据《生产安全事故报告和调查处理条例》规定，事故发生单位及其有关人员谎

报或者瞒报事故的，对主要负责人、直接负责的主管人员和其他直接责任人员处上一年年收入（　　）的罚款。

　　A. 40% 至 80%　　　　　　　B. 60% 至 100%　　　　　　C. 80%

*571. 经营进口化学品的企业，应负责向供应商索取最新的（　　）安全技术说明书。

　　A. 英文　　　　　　　　　　B. 中文　　　　　　　　　　C. 日文

*572.（　　）依法维护工伤职工的合法权益，对用人单位的工伤保险工作实行监督。

　　A. 公安机关　　　　　　　　B. 安全监督管理部门　　　C. 工会组织

*573. 要进一步加强安全生产行政执法，将有关（　　）纳入安全生产行政执法内容之中。

　　A. 应急预案内容　　　　　　B. 应急演练内容

　　C. 安全生产应急工作的内容

*574.《易制毒化学品购销和运输管理办法》规定，运输第三类易制毒化学品的，应当在运输前向（　　）的县级人民政府公安机关备案。公安机关应当在收到备案材料的当日发给备案证明。

　　A. 目的地　　　　　　　　　B. 运出地　　　　　　　　　C. 产地

*575. 重大事故、较大事故、一般事故，负责事故调查的人民政府应当自收到事故调查报告之日起（　　）日内做出批复。

　　A. 15　　　　　　　　　　　B. 30　　　　　　　　　　　C. 60

*576. 装设（　　）主要用来防直击雷，保护露天变配电设备、建筑物和构筑物。

　　A. 避雷针　　　　　　　　　B. 避雷线　　　　　　　　　C. 避雷器

*577. 安全生产监督管理部门和负有安全生产监督管理职责的有关部门逐级上报事故情况，每级上报的时间不得超过（　　）小时。

　　A. 2　　　　　　　　　　　　B. 6　　　　　　　　　　　　C. 12

*578.《安全生产法》规定，生产经营单位的安全生产管理人员应当根据本单位的生产经营特点，对安全生产状况进行经常性检查；对检查中发现的（　　），应当立即处理；不能处理的，应当及时报告本单位有关负责人，有关负责人应当及时处理。检查及处理情况应当如实记录在案。

　　A. 质量问题　　　　　　　　B. 安全问题　　　　　　　　C. 工作问题

*579. 电缆经过易燃易爆及腐蚀性气体场所敷设时，应（　　）。

　　A. 穿管保护，管口保护　　　B. 用防腐型电缆　　　　　　C. 直接埋设

*580. 锅炉和压力容器安全三大附件为压力表、安全阀和（　　）。

　　A. 温度计　　　　　　　　　B. 水位计　　　　　　　　　C. 烟气氧含量分析仪

*581. 企业要建立（　　），每年都要结合本企业特点至少组织一次综合应急演练或专项应急演练；高危行业企业每半年至少组织一次综合或专项应急演练；车间（工段）、班组的应急演练要经常化。演练结束后要及时总结评估，针对发现的问题及时修订预案、完善应急措施。

　　A. 应急演练制度　　　　　　B. 应急监控制度　　　　　　C. 应急预案制度

*582. 爆炸性物品的销毁方法有:爆炸法、烧毁法、（　　）、化学分解法。

　　A. 石灰固化法　　　　　　　B. 填埋法　　　　　　　　　C. 溶解法

*583. 企业安全目标管理体系的建立是一个（　　）过程，是全体职工努力的结果，是集中管理与民主相结合的结果。

　　　A. 自下而上　　　　　　　B. 自上而下、自下而上反复进行

　　　C. 各部门间横向反复

*584.《危险化学品安全管理条例》规定，危险化学品单位的（　　）对本单位的危险化学品安全管理工作全面负责。

　　　A. 主要负责人　　　　　　B. 法人　　　　　　　　C. 安全负责人

*585. 自燃物品是指在空气中易于发生（　　）反应，放出热量而自行燃烧的物品。

　　　A. 还原　　　　　　　　　B. 氧化　　　　　　　　C. 聚合

*586.《易制毒化学品购销和运输管理办法》规定，运输易制毒化学品，应当由（　　）向公安机关申请运输许可证或者进行备案。

　　　A. 购货方　　　　　　　　B. 货主　　　　　　　　C. 承运单位

*587. 以下几种静电放电形式中（　　）引发火灾爆炸事故的引燃能力很强，危险性很大。

　　　A. 刷形放电和火花放电

　　　B. 传播型刷形放电和电晕放电

　　　C. 火花放电和传播型刷形放电

*588.（　　）告诉我们，构成管理系统的各要素是运动和发展的，它们相互联系又相互制约。在生产经营单位建立、健全安全生产责任制是对这一原则的应用。

　　　A. 动力相关性原则　　　　B. 动力原则　　　　　　C. 人本原理

*589. 根据《工伤保险条例》，职工在工作时间和工作场所内，因履行工作职责受到暴力等意外伤害，但本人醉酒的，（　　）认定为工伤。

　　　A. 应当　　　　　　　　　B. 不得　　　　　　　　C. 视具体情况而定

*590. 人本原理体现了以人为本的指导思想，（　　）不是人本原理中的原则。

　　　A. 安全第一原则　　　　　B. 动力原则　　　　　　C. 能级原则

*591. 海因里希对 5 000 多起伤害事故案例进行了详细调查研究后得出海因里希法则，事故后果为严重伤害、轻微伤害和无伤害的事故件数之比为（　　）。

　　　A. 1 : 29 : 300　　　　　　B. 1 : 10 : 300　　　　　C. 1 : 10 : 100

*592. 氢气泄漏时，易在屋（　　）聚集。

　　　A. 顶　　　　　　　　　　B. 中　　　　　　　　　C. 底

*593. 一般情况下杂质会（　　）静电的趋势。

　　　A. 增加　　　　　　　　　B. 降低　　　　　　　　C. 不影响

*594. 企业应制订（　　）程序，一旦发生重大事故，做到临危不惧，指挥不乱。

　　　A. 事故　　　　　　　　　B. 事故处置　　　　　　C. 事故应急

*595. 根据危险化学品性能分（　　）、分类、分库贮存。

　　　A. 区　　　　　　　　　　B. 房　　　　　　　　　C. 片

*596.《危险化学品经营企业开业条件和技术要求》适用于中华人民共和国境内从事危险化学品交易配送的（　　）企业。

　　　A. 内贸　　　　　　　　　B. 外贸　　　　　　　　C. 任何经营

*597. 产生职业病危害的用人单位的工作场所职业病危害因素的强度或者浓度应当符合国家（　　）标准。

  A. 劳动保护   B. 安全生产   C. 职业卫生

*598. 在生产经营单位的安全生产工作中，最基本的安全管理制度是（　　）。

  A. 安全生产目标管理制 B. 安全生产奖励制度 C. 安全生产责任制

*599. 危险化学品的（　　）的单位，应当在危险化学品的包装内附有与危险化学品完全一致的化学品安全技术说明书，并在包装（包括外包装件）上加贴或者拴挂与包装内危险化学品完全一致的化学品安全标签。

  A. 生产   B. 经营   C. 储存

*600. 危险化学品的储存必须具备适合储存方式的设施:在不同的建筑物或远离所有的外部区域内的储存方式。这种储存方式属于（　　）储存方式。

  A. 隔离储存   B. 隔开储存   C. 分离储存

*601.（　　）就是生产经营单位的生产管理者、经营者，为实现安全生产目标，按照一定的安全管理原则，科学地组织、指挥和协调全体员工进行安全生产的活动。

  A. 安全生产   B. 安全管理   C. 安全生产管理

*602. 易燃气体（　　）与助燃气体、剧毒气体同储。

  A. 允许   B. 可以   C. 不得

*603. 根据《工伤保险条例》，职工患职业病的，（　　）认定为工伤。

  A. 应当   B. 不得   C. 视具体情况而定

*604. 衡量可燃性液体火灾危险性大小的主要参数是（　　）。

  A. 沸点   B. 闪点   C. 燃点

*605. 任何（　　）和个人不得生产、经营、进口和使用国家明令禁止使用的可能产生职业病危害的设备或者材料。

  A. 私营企业   B. 单位   C. 集体所有制企业

*606.《易制毒化学品管理条例》规定，易制毒化学品第一类可以用于（　　）。

  A. 制毒的主要原料 B. 制毒的辅助原料 C. 制毒的化学配剂

*607. 危险化学品单位应当将其危险化学品事故应急预案报所在地设区的（　　）级人民政府安全生产监督管理部门备案。

  A. 省   B. 市   C. 县

*608. 安全生产的"五要素"是指安全文化、安全法制、（　　）、安全科技和安全投入。

  A. 安全环境   B. 安全管理   C. 安全责任

*609.《使用有毒物品作业场所劳动保护条例》规定，用人单位应当依照本条例和其他有关法律、行政法规的规定，采取有效的防护措施，预防（　　）的发生，依法参加工伤保险，保障劳动者的生命安全和身体健康。

  A. 事故   B. 职业中毒事故   C. 火灾

*610. 人体直接接触或过分接近正常带电体而发生的触电现象称为（　　）触电。

  A. 间接接触   B. 直接接触   C. 跨步电压

*611. 在危险化学品生产或储存区域，如见到以下的标记，表示（　　）。

    A. 远离放射源及热源　　　　B. 怕晒物品　　　　　　　　C. 怕雨

　*611. 在危险化学品生产或储存区域，如见到以下的标记，表示（　　）。
    A. 必须戴防护眼镜　　　　　B. 必须佩戴防尘口罩　　　　C. 必须戴防毒面具

　*612. 职业病诊断、鉴定过程中，在确认劳动者职业史、职业病危害接触史时，当事人对劳动关系、工种、工作岗位或者在岗时间有争议的，申请仲裁可以向当地的（　　）。
    A. 安全生产监督管理部门
    B. 劳动人事争议仲裁委员会
    C. 卫生行政部门

　*613. 危险化学品仓库应设有（　　）的危险化学品养护员，负责危险化学品的技术养护、管理和监测工作。
    A. 专职　　　　　　　　　　B. 兼职　　　　　　　　　　C. 专职或兼职

　*614.《危险化学品名录》中的 UN 号是指（　　）。
    A. 中国危险化学品编号　　　B. 联合国危险货物编号　　　C. 美国危险货物编号

　*615. 用人单位分立、合并、转让的，（　　）应当承担原用人单位的工伤保险责任。
    A. 政府　　　　　　　　　　B. 承继单位　　　　　　　　C. 安全监督管理部门

　*616. 生产、储存、经营其他物品的场所与居住场所设置在同一建筑物内的，应当符合国家工程建设（　　）技术标准。
    A. 安全　　　　　　　　　　B. 环保　　　　　　　　　　C. 消防

　*617. 根据国家《职业性接触毒物危害程度分级》，一氧化碳属于（　　）危害毒物。
    A. 极度　　　　　　　　　　B. 高度　　　　　　　　　　C. 中度

　*618. 易燃易爆物品、危险化学品、放射性物品等危险物品的生产、经营、储运、使用单位，应当制订具体（　　），并对生产经营场所、有危险物品的建筑物、构筑物及周边环境开展隐患排查，及时采取措施消除隐患，防止发生突发事件。
    A. 应急原则　　　　　　　　B. 应急预案　　　　　　　　C. 应急体系

　*619. 有关防治职业病的国家职业卫生标准，组织制定并公布的为（　　）。
    A. 国务院卫生行政部门
    B. 国家安全生产监督管理部门
    C. 国务院劳动保障行政部门

　*620. 重大事故由事故发生地（　　）负责调查。
    A. 县级人民政府　　　　　　B. 设区的市级人民政府　　　C. 省级人民政府

　*621.（　　）是把被保护对象与意外释放的能量或危险物质等隔开，属于防止事故发生和减少事故损失的安全技术措施。
    A. 隔离　　　　　　　　　　B. 隔开　　　　　　　　　　C. 分离

*622. 生产经营单位建立安全生产责任制的总体要求是：横向到边、纵向到底。横向到边是指（　　）。

    A. 所有职能部门都有相应的安全生产责任

    B. 从主要负责人到岗位工人都有相应的安全生产责任

    C. 从主要负责人到各级安全管理人员都有相应的安全生产责任

*623. 根据演练评估报告中对应急预案的改进建议，由（　　）按程序对预案进行修订完善。

    A. 应急预案执行部门　　　　B. 应急预案编制部门　　　　C. 演练组织单位

*624. 化学品安全标签里用 CNNo. 代表（　　）。

    A. 联合国危险货物编号　　B. 中国危险货物编号　　　　C. 物质的分子式

*625. 危险化学品经营单位在经营许可证有效期满前（　　）个月向原发证机关提出经营许可证的延期申请，并提交延期申请书和相关文件、资料。

    A. 2　　　　　　　　　　　B. 3　　　　　　　　　　　C. 6

*626. 在易燃、易爆场所的照明灯具，应使用防爆型或密闭型灯具，在多尘、潮湿和腐蚀性气体的场所，应使用（　　）灯具。

    A. 开启型　　　　　　　　　B. 保护型　　　　　　　　　C. 密闭型

*627. 《生产安全事故报告和调查处理条例》规定，较大事故，是指造成（　　）死亡，或者 10 人以上 50 人以下重伤（包括急性工业中毒），或者 1 000 万元以上 5 000 万元以下直接经济损失的事故。

    A. 3 人以下　　　　　　　　B. 3 人以上 10 人以下　　　C. 10 人以上 30 人以下

*628. 劳动者离开用人单位时，对于本人的职业健康监护档案（　　）。

    A. 有权带走原件　　　　　　B. 有权要求复印件　　　　　C. 无权要求复印件

*629. 毒物进入人体的途径有 3 个，即（　　）。

    A. 口、鼻、耳　　　　　　　B. 食物、空气、水

    C. 皮肤、呼吸道、消化道

*630. 下列物质种类中燃烧速度最快的是（　　）。

    A. 气体　　　　　　　　　　B. 液体　　　　　　　　　　C. 固体

*631. 从事危险化学品零售业务的店面内只许存放（　　）的危险化学品，其存放总量不得超过 1 吨。

    A. 民用小包装　　　　　　　B. 工业用小包装　　　　　　C. 民用大包装

*632. 下列属于职业危害中化学危害的是（　　）。

    A. 氯气　　　　　　　　　　B. 低气压　　　　　　　　　C. 振动

*633. （　　）是全国易制毒化学品购销、运输管理和监督检查的主管部门。

    A. 安监部　　　　　　　　　B. 公安部　　　　　　　　　C. 质检部

*634. 对准备脱离所从事的职业病危害作业或者岗位的劳动者，用人单位组织劳动者进行离岗时的职业健康检查应当在劳动者离岗前（　　）日内。

    A. 90　　　　　　　　　　　B. 60　　　　　　　　　　　C. 30

*635. 对于现场液体泄漏应及时进行（　　）、稀释、收容、处理。

    A. 覆盖　　　　　　　　　　B. 填埋　　　　　　　　　　C. 烧毁

*636. 遇火、遇湿、遇潮能引起爆炸或发生化学反应，产生有毒气体的危险品（　　）在露天或在潮湿积水的建筑物中储存。

　　　　A. 允许　　　　　　　　　B. 可以　　　　　　　　　C. 不得

*637. 盛装液化气体的容器属压力容器（　　）超装。

　　　　A. 允许　　　　　　　　　B. 可以　　　　　　　　　C. 不得

*638. 职工因工死亡，其近亲属按照规定从工伤保险基金领取丧葬补助金、供养亲属抚恤金和一次性工亡补助金，丧葬补助金为（　　）个月的统筹地区上年度职工月平均工资。

　　　　A. 3　　　　　　　　　　B. 6　　　　　　　　　　C. 12

*639. 违反《易制毒化学品管理条例》规定，未经许可或者备案擅自生产、经营、购买、运输易制毒化学品，伪造申请材料骗取易制毒化学品生产、经营、购买或者运输许可证，使用他人的或者伪造、变造、失效的许可证生产、经营、购买、运输易制毒化学品的单位或者个人，有关行政主管部门可以自作出行政处罚决定之日起（　　）年内，停止受理其易制毒化学品生产、经营、购买、运输或者进口、出口许可申请。

　　　　A. 2　　　　　　　　　　B. 3　　　　　　　　　　C. 5

*640. 工伤保险是国家通过立法手段保证实施的，对在工作过程中遭受人身伤害的职工或遗属提供补偿的一种（　　）。

　　　　A. 优惠措施　　　　　　　B. 社会福利制度　　　　　C. 经济补偿制度

*641. 职业病危害因素检测发现工作场所职业病危害因素不符合国家职业卫生标准和卫生要求时，用人单位应当立即采取相应治理措施，仍然达不到国家职业卫生标准和卫生要求的，必须（　　）。

　　　　A. 上报安全生产监督管理部门

　　　　B. 佩戴符合防护要求的防护用品

　　　　C. 停止存在职业病危害因素的作业

*642. 压缩气体和液化气体从管口破损处高速喷出时，由于强烈的摩擦作用，会产生（　　）。

　　　　A. 化学反应　　　　　　　B. 静电　　　　　　　　　C. 爆炸

*643. 我国工频安全电压的额定值为（　　）。

　　　　A. 36 V, 12 V　　　　　　B. 36 V, 24 V　　　　　　C. 42 V, 36 V, 24 V, 12 V, 6 V

*644. 两种可燃性液体的混合物的闪点，一般在这两种液体闪点之间，并（　　）这两种物质的平均值。

　　　　A. 高于　　　　　　　　　B. 等于　　　　　　　　　C. 低于

*645. 下列不属于安全生产投入形式的有（　　）。

　　　　A. 火灾报警器更新　　　　B. 加工机床的维修　　　　C. 防尘口罩的配备

*646. 爆炸品仓库库房内部照明应采用（　　）灯具，开关应设在库房外面。

　　　　A. 防爆型　　　　　　　　B. 普通型　　　　　　　　C. 白炽型

*647. 下列属于职业危害中物理危害的是（　　）。

　　　　A. 电离辐射　　　　　　　B. 细菌　　　　　　　　　C. 有机粉尘

*648. 根据生产安全事故造成的人员伤亡或者直接经济损失，特别重大事故是指造成（　　）人以上死亡。

   A. 10   B. 30   C. 50

*649.《气瓶安全监察规程》规定，采用车辆运输时，气瓶要妥善固定。卧放时，瓶阀端应朝向一方，垛高不得超过（   ）层且不得超过车厢高度。

   A. 4   B. 5   C. 6

*650. 危险化学品仓库的墙体不能使用（   ）。

   A. 砖墙   B. 混凝土墙   C. 木质墙

*651.《中华人民共和国安全生产法》规定，生产经营单位与从业人员订立的劳动合同，应当载明有关保障从业人员（   ）、防止职业危害，以及为从业人员办理工伤保险事项。

   A. 福利待遇   B. 劳动安全   C. 教育和培训

*652.（   ）认为，推动安全管理活动的基本力量是人，必须有能够激发人的工作能力的动力。

   A. 激励原则   B. 动力原则   C. 能级原则

*653.《危险化学品经营许可证管理办法》规定，危险化学品经营许可证有效期为（   ）年。

   A. 2   B. 3   C. 4

*654.《中华人民共和国安全生产法》规定，生产经营单位发生生产安全事故时，单位的（   ）应当立即组织抢救，并不得在事故调查处理期间擅离职守。

   A. 现场负责人   B. 主要负责人   C. 安全管理人员

*655.《使用有毒物品作业场所劳动保护条例》规定，从事使用高毒物品作业的用人单位应当设置淋浴间和更衣室，并设置清洗、存放或者处理从事使用高毒物品作业劳动者的工作服、工作鞋帽等物品的专用间。劳动者结束作业时，其使用的工作服、工作鞋帽等物品必须存放在（   ）。

   A. 高毒作业区域内   B. 一般毒物作业区域内   C. 黄色警示区域内

*656.《中华人民共和国安全生产法》规定，矿山、金属冶炼建设项目和用于生产、储存、装卸危险物品的建设项目，应当按照国家有关规定进行（   ）。

   A. 安全评价   B. 安全验收   C. 安全条件论证

*657. 生产经营单位应当具备《安全生产法》和有关法律、行政法规和国家标准或者行业标准规定的（   ）。

   A. 生产条件   B. 工作条件   C. 安全生产条件

*658. 国家对从事放射、高毒等作业实行（   ）管理。

   A. 规划   B. 计划   C. 特殊

*659.（   ）不可存放于码头普通仓库内。

   A. 爆炸品   B. 棉料   C. 煤粉

*660. 事故报告后出现新情况的，应当及时补报。自事故发生之日起（   ）日内，事故造成的伤亡人数发生变化的，应当及时补报。

   A. 3   B. 7   C. 30

*661. 不属于炸药爆炸的三要素是（   ）。

   A. 反应过程的放热性   B. 反应过程的高速性   C. 反应过程的燃烧性

*662.《中华人民共和国职业病防治法》是为了（   ）和消除职业病危害，防治职业病，保护劳动者健康及其相关权益，促进经济发展，根据宪法而制定。

A. 预防、遏制　　　　　　B. 预防、减少　　　　　　C. 预防、控制

*663. 化学品安全技术说明书中所写化学品名称（　　　）。

A. 只写中文名称，不用写英文名称

B. 必须用中、英文两种形式填写

C. 只写英文名称，不写中文名称

*664. 《使用有毒物品作业场所劳动保护条例》规定，从事使用高毒物品作业的用人单位应当至少每（　　　）对高毒作业场所进行一次职业中毒危害因素检测至少每半年进行一次职业中毒危害控制效果评价。

A. 一个月　　　　　　　　B. 一年　　　　　　　　　C. 半年

*665. 根据《工伤保险条例》，职工在工作时间和工作场所内，因履行工作职责受到暴力等意外伤害的，（　　　）认定为工伤。

A. 应当　　　　　　　　　B. 不得　　　　　　　　　C. 视具体情况而定

*666. 危险化学品的（　　　）单位，应当在危险化学品的包装内附有与危险化学品完全一致的化学品安全技术说明书，并在包装（包括外包装件）上加贴或者拴挂与包装内危险化学品完全一致的化学品安全标签。

A. 生产　　　　　　　　　B. 经营　　　　　　　　　C. 储存

*667. 《生产安全事故报告和调查处理条例》规定，一般事故，是指造成 3 人以下死亡，或者（　　　）重伤（包括急性工业中毒），或者 1 000 万元以下直接经济损失的事故。

A. 10 人以上　　　　　　　B. 20 人以下　　　　　　　C. 10 人以下

*668. （　　　）应当为劳动者创造符合国家职业卫生标准和卫生要求的工作环境和条件，并采取措施保障劳动者获得职业卫生保护。

A. 各级工会组织　　　　B. 用人单位　　　　　C. 企业、科研单位、政府机关

*669. 国家标准《化学品安全技术说明书编写规定》中，SDS 表示的意思是（　　　）。

A. 化学品安全技术说明书　B. 化学品安全标签　　C. 化学品质量证书

*670. 化学品使用单位，应向（　　　）索取全套的最新的化学品安全技术说明书。

A. 安全生产许可证发证机关　　B. 生产商　　　　　C. 供应商

*671. （　　　）应当采取多种形式开展应急预案的宣传教育，普及生产安全事故预防、避险、自救和互救知识，提高从业人员安全意识和应急处置技能。

A. 生产经营单位　　　　　　B. 各级安全生产监督管理部门　C. 事业单位

*672. 职业病，是指企业、事业单位和个体经济组织的劳动者在职业活动中，因接触粉尘、（　　　）和其他有毒、有害物质等因素而引起的疾病。

A. 放射性物质　　　　　　B. 高温　　　　　　　　C. 病毒

*673. 危险化学品道路运输企业、水路运输企业应当配备（　　　）安全管理人员。

A. 专职　　　　　　　　　B. 兼职　　　　　　　　C. 专职兼职都可以

*674. 我国法定职业病有（　　　）种。

A. 99　　　　　　　　　　B. 115　　　　　　　　　C. 132

*675. 《使用有毒物品作业场所劳动保护条例》规定，用人单位未依照本条例的规定进行职业中毒危害因素检测和职业中毒危害控制效果评价的;由卫生行政部门给予警告,责令限期改正,处（　　　）的罚款,逾期不改正的,提请有关人民政府按照国务院规定的权限予以关闭。

A. 1 万元以上 10 万元以下

B. 5 万元以上 20 万元以下

C. 2 万元以上 15 万元以下

*676. 安全生产监督管理部门和负有安全生产监督管理职责的有关部门接到一般事故报告后，应当逐级上报至（　　）安全生产监督管理部门和负有安全生产监督管理职责的有关部门。

　　　A. 设区的市级人民政府

　　　B. 省、自治区、直辖市人民政府

　　　C. 国务院

*677. 新建、扩建、改建建设项目和技术改造、技术引进项目可能产生职业病危害的，建设单位向安全生产监督管理部门提交职业病危害预评价报告应当在（　　）。

　　　A. 可行性论证阶段　　　　　　　B. 设计阶段　　　　　　　　C. 施工阶段

*678. 可造成人员死亡、伤害、职业病、财产损失或其他损失的意外事件称为（　　）。

　　　A. 事故　　　　　　　　　　　　B. 不安全　　　　　　　　　C. 危险源

*679. 安全色红色的含义为（　　）。

　　　A. 禁止、停止、危险的信息

　　　B. 必须遵守规定的指令性信息

　　　C. 注意、警告的信息

*680. 安全生产责任追究是国家法律规定的一项法定制度，根据责任人员在事故中承担责任的不同，分为直接责任者、主要责任者和（　　）。

　　　A. 间接责任者　　　　　　　　　B. 领导责任者　　　　　　　C. 次要责任者

*681. 屏护是一种对电击危险因素进行（　　）的手段。

　　　A. 消除　　　　　　　　　　　　B. 流散　　　　　　　　　　C. 隔离

*682. 根据我国《化学品安全标签编写规定》的规定，混合物安全标签当需要标出的组分较多时，组分个数以不超过（　　）为宜。

　　　A. 5 个　　　　　　　　　　　　B. 8 个　　　　　　　　　　C. 10 个

*683. 安全色蓝色的含义为（　　）。

　　　A. 禁止、停止、危险的信息

　　　B. 必须遵守规定的指令性信息

　　　C. 注意、警告的信息

*684. 通过道路运输剧毒化学品的，托运人应当向运输始发地或者目的地县级人民政府公安机关申请剧毒化学品（　　）。

　　　A. 道路运输许可证　　　　　　　B. 公路运输通行证　　　　　C. 安全运输通行证

*685. 用人单位工作场所存在职业病目录所列职业病的危害因素的，应当及时、如实向（　　）。

　　　A. 所在地安全生产监督管理部门申报危害项目

　　　B. 所在地卫生行政部门申报危害项目

　　　C. 设区的市级卫生行政部门申报危害项目

*686. 危险化学品单位应当将其危险化学品事故应急预案报所在地设区的市级人民政府安全生产监督管理部门（   ）。

    A. 评审   B. 备案   C. 发布

*687. 危险化学品生产单位在厂内销售本单位生产的危险化学品，（   ）办理经营许可证。

    A. 不需要   B. 必须重新办理   C. 办不办都可以

*688. 国务院安全生产监督管理部门和负有安全生产监督管理职责的有关部门以及省级人民政府接到发生特别重大事故、重大事故的报告后，应当立即报告（   ）。

    A. 人民检察院   B. 公安机关   C. 国务院

*689. 各类危险品（   ）与禁忌物料混合贮存。

    A. 允许   B. 可以   C. 不得

*690. 闪点愈低的可燃液体，其发生火灾的危险性（   ）。

    A. 愈小   B. 愈大   C. 不受影响

*691.《易制毒化学品管理条例》规定，易制毒化学品第三类可以用于（   ）。

    A. 制毒的主要原料   B. 制毒的辅助原料   C. 制毒的化学配剂

*692. 化学品安全技术说明书主要用途是（   ）。

    A. 指示产品用途   B. 传递安全信息   C. 商品品名标注

*693.《生产安全事故报告和调查处理条例》规定，事故发生后，事故现场有关人员应当立即向本单位负责人报告；单位负责人接到报告后，应于法律规定时间内向事故发生地（   ）以上人民政府安全生产监督管理部门和负有安全生产监督管理职责的有关部门报告。

    A. 省级   B. 市级   C. 县级

*694.《中华人民共和国安全生产法》规定，生产经营单位必须建立、健全安全生产责任制度和安全生产规章制度，改善安全生产条件，推进（   ），提高安全生产水平。

    A. 安全生产标准化建设   B. 企业安全文化建设   C. 事故预防体系建设

*695. 用人单位应当设置或者指定职业卫生管理机构或者组织，配备专职或者兼职的（   ），负责本单位的职业病防治工作。

    A. 职业卫生专业人员   B. 应急管理人员   C. 工会督察员

*696. 在危险化学品生产或储存区域，如见到以下的标记，表示（   ）。

    A. 必须戴防护眼镜   B. 必须佩戴防尘口罩   C. 必须戴防毒面具

*697.《危险化学品安全管理条例》规定，通过道路运输剧毒化学品的，（   ）应当向运输始发地或者目的地县级人民政府公安机关申请剧毒化学品道路运输通行证。

    A. 承运人   B. 托运人   C. 运输单位

*698. 在企业安全生产中，各管理机构之间、各种管理制度和方法之间，必须具有紧密的联系，形成相互制约的回路，才能有效。这体现了对（   ）原则的运用。

    A. 反馈   B. 封闭   C. 整分合

*699.（   ）作为防止事故发生和减少事故损失的安全技术，是发现系统故障和异常的重要手段。

    A. 安全监控系统   B. 安全管理系统   C. 安全技术措施

*700. 生产过程职业病危害因素中的（   ）属于物理因素。

　　　　A. 矽尘　　　　　　　　　B. 布氏杆菌　　　　　　　　C. X 射线

*701. 工作场所同时接触多个毒物时，毒物危害程度级别权重数取（　　）。

　　　　A. 多种毒物危害程度级别权重数的平均值计算

　　　　B. 危害程度级别最严重的毒物权重数计算

　　　　C. 危害程度级别最轻的毒物权重数计算

*702. 在应急救援过程中，对积聚和存放在事故现场的危险化学品，应及时转移至
（　　）。

　　　　A. 安全地带　　　　　　　B. 居民区域　　　　　　　　C. 生产地点

*703. 未造成人员伤亡的一般事故，县级人民政府也可以委托事故发生（　　）组织事
故调查组进行调查。

　　　　A. 单位　　　　　　　　　B. 社区　　　　　　　　　　C. 上级部门

*704. 生产经营单位的安全生产管理机构是专门负责（　　）的内设机构，其工作人员
是（　　）安全生产管理人员。

　　　　A. 安全生产教育培训，专职

　　　　B. 安全生产，专业

　　　　C. 安全生产监督管理，专职

*705. 危险化学品零售业务店面总质量不能超过（　　）t。

　　　　A. 1　　　　　　　　　　　B. 2　　　　　　　　　　　C. 4

*706. 某煤气公司液化石油气储罐区发生液化石油气泄漏燃爆事故。事发当天 16 时 38
分，接班巡线职工检查发现，白茫茫的雾状液化气带着呼啸声从罐区容积 400 m³ 的 11 号
球罐底部喷出。虽经单位职工及当地消防队员奋力抢险，最终还是在 18 时 50 分发生第一
次爆炸，造成参加现场抢险人员中的 12 人当场死亡，31 人受伤。19 时 25 分，11 号球罐
再次发生爆炸，20 时，12 号球罐也发生爆炸，引发邻近 3 台 100 m³ 卧罐安全阀排放、着
火燃烧。此次燃爆事故烧毁 400 m³ 球罐 2 台，100 m³ 卧罐 4 台，燃损槽车 7 辆，炸毁配
电室、水泵房等建筑物，直接经济损失 477 万元。根据上述情况，分析不属于该事故防范
措施的是（　　）。

　　　　A. 液化石油气储气站应加强日常安全检查和安全管理

　　　　B. 不定期更换法兰密封垫片并检查紧固螺栓，防止阀门泄漏

　　　　C. 制订事故应急处理预案并组织有关人员演练

*707. 某地一化工建材公司主要经营丙烯酸、稀释剂、二甲苯、铁红等化工原料。2006
年 6 月 19 日，店内储存的二甲苯溶剂泄漏，形成的爆炸混合气体与员工取暖使用煤炉处的
明火接触，发生爆燃引发火灾。过火面积 60 m²。根据上述情况，该单位的（　　）是本单
位的消防安全责任人。

　　　　A. 主要负责人　　　　　　B. 负责人　　　　　　　　　C. 安全管理人员

*708. 根据《生产安全事故报告和调查处理条例》规定，（　　）应当对事故发生单位落
实防范和整改措施的情况进行监督检查。

　　　　A. 安全生产监督管理部门和负有安全生产监督管理职责的有关部门

　　　　B. 工会和职工

　　　　C. 人民政府

*709.《易制毒化学品购销和运输管理办法》规定，个人携带易制毒化学品不符合（　　）规定的，公安机关应当没收易制毒化学品，处一千元以上五千元以下罚款。

  A. 品种、数量   B. 规格、包装   C. 质量、价格

*710.《使用有毒物品作业场所劳动保护条例》规定，劳动者在已订立劳动合同期间因工作岗位或者工作内容变更，从事劳动合同中未告知的存在（　　）的作业时，用人单位应当如实告知劳动者，并协商变更原劳动合同有关条款。

  A. 危险   B. 有毒   C. 职业中毒危害

*711. 职工认为是工伤，用人单位不认为是工伤的，正确处理的做法（　　）。

  A. 由用人单位承担举证责任

  B. 按照"谁主张，谁举证"的原则，由职工承担举证责任

  C. 如果由职工承担举证责任，对职工有利

*712. 安全检查的类型包括（　　）、专业检查、季节性检查和日常检查。

  A. 指令性检查   B. 综合检查   C. 防火防爆安全检查

*713. 危险化学品经营单位许可范围发生变化的，应当（　　）办理经营许可证。

  A. 不需   B. 重新申请   C. 事后重新申请

*714. 按照《化学品安全标签编写规定》的要求，化学品的名称应用（　　）标明。

  A. 中文   B. 英文   C. 中文和英文分别

*715.《气瓶安全监察规定》中规定气瓶水压试验压力一般是设计压力的（　　）倍。

  A. 1.15   B. 1.25   C. 1.5

*716. 根据我国《化学品分类和危险性公示　通则》的规定，易燃液体是指闪点不高于（　　）的液体。

  A. 60 ℃   B. 93 ℃   C. 101 ℃

*717.《易制毒化学品购销和运输管理办法》规定，（　　）人违反规定运输易制毒化学品，与易制毒化学品运输许可证或者备案证明载明的品种、数量、运入地、货主及收货人、承运人等情况不符的；公安机关应当责令停运整改，处五千元以上五万元以下罚款。

  A. 发货   B. 承运   C. 购货

*718. 危险化学品的储存必须具备适合储存方式的设施:在同一房间或同一区域内，用隔板或墙，将禁忌物料分开的储存方式。这种储存方式属于（　　）储存方式。

  A. 隔离储存   B. 隔开储存   C. 分开储存

*719. 企业应急处置程序和现场处置方案要实行（　　）。

  A. 精细化管理   B. 牌板化管理   C. 衔接化管理

*720. 用人单位已经不存在或者无法确认劳动关系的职业病病人，申请医疗救助和生活等方面的救助可以向地方人民政府（　　）。

  A. 所在地卫生行政部门 B. 劳动保障行政部门 C. 民政部门

*721. 2007 年 5 月 22 日，某大学学生常某为报复同宿舍的同学，以非法手段从经营剧毒品的朋友处获取了 250 g 剧毒物质硝酸铊。5 月 29 日下午 4 时许，常某用注射器分别向受害人牛某、李某、石某的茶杯中注入硝酸铊，导致 3 名学生铊中毒。根据以上情况，（　　）向个人销售剧毒化学品（属于剧毒化学品的农药除外）和易制爆危险化学品。

  A. 可以   B. 视情况而定   C. 禁止

*722. 气体扩散燃烧的速度决定于（　　）。

A. 氧化反应的本身　　　　　B. 气体的扩散速度　　　　C. 火焰的温度

*723. 危险化学品（　　）的安全管理，适用《危险化学品安全管理条例》。

A. 生产、包装、经营、储存、运输

B. 经营、进口、储存、运输、使用

C. 生产、储存、使用、经营和运输

*724.《危险化学品安全管理条例》规定，通过道路运输危险化学品的，（　　）应当委托依法取得危险货物道路运输许可的企业承运。

A. 供货人　　　　　　　　　B. 收货人　　　　　　　　　C. 托运人

*725. 国家标准《安全色》中规定，对比色使安全色更加醒目的反衬色，包括（　　）两种颜色。

A. 黑、白　　　　　　　　　B. 红、绿　　　　　　　　　C. 红、蓝

*726. 企业应根据重大危险源目标模拟（　　），制订出各种状态的应急处置方案。

A. 事故状态　　　　　　　　B. 事故过程　　　　　　　　C. 事故后果

*727. 危险化学品商店内只能存放民用（　　）包装的危险化学品。

A. 大　　　　　　　　　　　B. 中　　　　　　　　　　　C. 小

*728.《危险化学品安全管理条例》规定，国家对危险化学品经营实行（　　）制度。

A. 审批　　　　　　　　　　B. 许可　　　　　　　　　　C. 报告

*729. 用人单位应当选择由省级以上人民政府卫生行政部门批准的（　　）。

A. 医疗卫生机构承担职业健康检查工作

B. 职业卫生技术服务机构承担职业健康检查工作

C. 医院承担职业健康检查工作

*730. 生产经营单位新建、改建、扩建工程项目安全设施"三同时"评价工作，属于安全评价类型的（　　）。

A. 专项安全评价　　　　　　B. 安全现状综合评价

C. 安全预评价和安全验收评价

*731. 企业应对工厂的（　　）负责，在对重大危险源进行辨识和评价后，应对每一个重大危险源制定出一套严格的管理制度，采取技术措施和组织措施对重大危险源进行严格的控制和管理。

A. 职工　　　　　　　　　　B. 安全生产　　　　　　　　C. 财产

*732. 甲类仓库与厂内主要道路路边的防火间距不应小于（　　）m。

A. 5　　　　　　　　　　　　B. 8　　　　　　　　　　　　C. 10

*733. 应急预案编制依据就是简述应急预案编制所依据的法律法规、规章，以及有关行业管理规定、（　　）等。

A. 国家标准

B. 地方标准

C. 有关行业管理规定、技术规范和标准

*734.《使用有毒物品作业场所劳动保护条例》规定，用人单位未对职业卫生防护设备、应急救援设施、通讯报警装置进行维护、检修和定期检测，导致上述设施处于不正常状态的

由卫生行政部门给予警告，责令限期改正，处（　　）的罚款逾期不改正的，提请有关人民政府按照国务院规定的权限予以关闭。

  A. 1 万元以上 10 万元以下

  B. 2 万元以上 15 万元以下

  C. 5 万元以上 20 万元以下

*735. 要充分利用好国家在安全生产和应急救援方面的投入政策，管好用好资金，坚持（　　），充分发挥投资效益。

  A. 节约办事原则　　　　　　　　B. 建设与节约并重原则

  C. 利旧与新建并重原则

*736. 压缩气体和液化气体必须与爆炸物品、氧化剂、易燃物品、自燃物品、腐蚀性物品（　　）。

  A. 隔离储存　　　　　　　　B. 隔开储存　　　　　　　　C. 分开储存

*737. 某化学品经营企业从化工厂购进一批（10 t）氢氧化钠（固碱），个别包装存在破损泄漏情况，将其存放在一座年久失修的不符合储存条件的库房中。一天晚上，大雨倾盆而下库房进水，将部分氢氧化钠泡在水中，致使氢氧化钠渗入水中并顺水流入附近河流。仓库保管员发现后，及时报告了单位主管领导，主管领导立即进行了应急处理，嘱咐手下人员不得向外界泄漏任何消息。根据上述情况。请指出以下（　　）方面符合危险化学品安全管理要求。

  A. 危险化学品必须储存经审查批准的危险品仓库中，未经批准不得随意设置危险化学品储存仓库

  B. 氢氧化钠的包装不够严密，存在泄漏，造成水侵入，不符合危险货物包装的有关要求

  C. 单位主管领导接到报告后立即进行了应急处理

*738. 事故发生单位主要负责人未依法履行安全生产管理职责，导致事故发生的，发生重大事故的，处上一年年收入（　　）% 的罚款。

  A. 30　　　　　　　　B. 40　　　　　　　　C. 60

*739. 厂级综合性安全检查每季度不少于（　　）次,。

  A. 1　　　　　　　　B. 2　　　　　　　　C. 3

*740. 关于有机过氧化物的陈述，错误的是（　　）。

  A. 本身易燃易爆　　　　　　B. 本身极易分解　　　　　　C. 本身化学性质稳定

*741. 根据《工伤保险条例》，职工在工作时间和工作场所内，因履行工作职责受到暴力等意外伤害，但本人吸毒的，（　　）认定为工伤。

  A. 应当　　　　　　　　B. 不得　　　　　　　　C. 视具体情况而定

*742. 安全设备的设计、制造、安装、使用、检测、维修、改造和报废，应当符合国家标准或者（　　）。

  A. 行业标准　　　　　　B. 专业标准　　　　　　C. 企业标准

*743. 禁止标志的含义是不准或制止人们的某种行为，它的基本几何图形是（　　）。

  A. 带斜杠的圆环　　　　　　B. 三角形　　　　　　C. 圆形

*744. 职业性多发病是指由于（　　）中存在诸多因素所致的病损，或虽然原为非职业性疾病，由于接触职业病危害因素而使之加剧或发病率增高。

    A. 休息场所   B. 日常生活   C. 生产环境

*745. 安全管理制度是企业为了实现安全生产，依据国家有关法律法规和行业标准，结合（　　），对企业各项安全管理工作所做的规定。

    A. 目标、措施   B. 生产、经营的安全生产实际

    C. 政策、方针

*746. 在同一建筑物或同一区域内，用隔板或墙，将禁忌物料分开的储存方式叫（　　）。

    A. 隔离储存   B. 隔开储存   C. 分离储存

*747. 用人单位应当按时缴纳工伤保险费。职工个人（　　）工伤保险费。

    A. 不缴纳   B. 完全缴纳   C. 适当缴纳

*748. 中华人民共和国境内的各类企业的职工和个体工商户的雇工，均有依照工伤保险条例的规定享受（　　）待遇的权利。

    A. 人身保险   B. 医疗保险   C. 工伤保险

*749. 电光眼伤害属于（　　）。

    A. 烧伤   B. 电伤   C. 灼伤

*750. 下列可以露天堆放的物品是（　　）。

    A. 遇湿燃烧物品   B. 剧毒物品   C. 腐蚀物品

*751. 某五金厂包装车间一名工人发生严重皮炎和肝损害，送往职业病防治院治疗，被诊断为职业性三氯乙烯剥脱性皮炎。该厂老板感到很委屈。因为，该厂清洗车间曾发生过多例三氯乙烯皮炎，后在当地卫生防疫站的指导下对通风系统进行改造，包装车间与清洗车间距离10几米远，怎么会发生三氯乙烯皮炎。经查五金构件出厂前要用一种代号为808的溶剂进行表面清洁，该代号产品没有技术说明书，不知道化学组成成分。经检验808溶剂含三氯乙烯达22%。另外包装车间使用中央空调，只送冷风，没有排风系统。根据上述事实，该厂不符合《工作场所化学有害因素职业接触限值》法规的有（　　）。

    A. 对清洗车间的通风系统进行改造

    B. 为职工配备防护用品

    C. 中央空调没有排风系统

*752. 从事危险化学品批发业务的企业，应具备经（　　）以上公安、消防部门批准的专用危险品仓库。

    A. 县级   B. 省级   C. 国家级

*753. 《危险化学品经营企业开业条件和技术要求》规定，零售业务的店面内危险化学品的摆放应布局合理，（　　）不能混放。综合性商场（含建材市场）所经营的危险化学品应有专柜存放。

    A. 所有物料   B. 不同商品   C. 禁忌物料

*754. 大中型危险化学品仓库应选址在远离市区和居民区的（　　）。

    A. 当地主导风向的上风向和河流上游的地域

    B. 当地主导风向的上风向和河流下游的地域

    C. 当地主导风向的下风向和河流下游的地域

*755. 按照《建筑设计防火规范》对储存物品（易燃易爆性商品）的火灾危险性分类标准，闪点≥60 ℃的液体属（　　）类危险物。

    A. 甲   B. 乙   C. 丙

*756. 依法设立的危险化学品生产企业在其厂区范围内销售本企业生产的危险化学品，不需要取得危险化学品（　　）许可。

    A. 生产   B. 经营   C. 运输

*757. （　　）是防止雷电波的防护装置，主要用来保护电力设备和电力线路，也用作防止高压电侵入室内的安全措施。

    A. 避雷针   B. 避雷线   C. 避雷器

*758. 申请剧毒化学品和其他危险化学品经营许可证的企业和单位，（　　）具有资质的安全评价机构对本单位的经营条件进行安全评价。

    A. 由安全监督部门指定的   B. 自主选择   C. 由公安部门定点的

*759. 《危险化学品安全管理条例》规定，国家实行危险化学品（　　）制度，为危险化学品安全管理以及危险化学品事故预防和应急救援提供技术、信息支持。

    A. 登记   B. 注册   C. 备案

*760. 易燃液体在运输、泵送、灌装时要有良好的（　　）装置，防止静电积聚。

    A. 接地   B. 防火   C. 监测

*761. 《中华人民共和国安全生产法》规定，因生产安全事故受到损害的从业人员，除依法享有工伤保险外，依照有关民事法律尚有获得赔偿的权利的，有权向（　　）提出赔偿要求。

    A. 保险公司   B. 社会保障部门   C. 本单位

*762. "安全第一、预防为主、综合治理"是我国（　　）的方针。

    A. 劳动保护   B. 组织管理   C. 安全生产工作

*763. 根据我国《化学品分类和危险性公示　通则》的规定，压力下气体包括压缩气体、液化气体、（　　）、冷冻液化气体。

    A. 溶解液体   B. 有毒气体   C. 挥发性可燃液体

*764. 根据《常用化学危险品贮存通则》规定，下列贮存方式不属于危险化学品贮存方式的是（　　）。

    A. 隔离贮存   B. 隔开贮存   C. 混合贮存

*765. 下列物品中，（　　）可以与氧气瓶同车运输。

    A. 可燃气体气瓶   B. 油脂   C. 氮气瓶

*766. 液化石油气用户及经销者，（　　）将气瓶内的气体向其他气瓶倒装。

    A. 可以在无人区   B. 不得在室内   C. 严禁

*767. 《气瓶安全监察规程》规定，车用压缩天然气钢瓶，每（　　）年检验一次。

    A. 1   B. 3   C. 5

*768. 根据生产安全事故造成的人员伤亡或者直接经济损失，重大事故是指造成（　　）重伤（包括急性工业中毒）。

    A. 10 人以上 30 人以下

    B. 30 人以上 100 人以下

C. 50 人以上 100 人以下

*769. 在危险化学品的分类中，将易燃液体按闪点的高低分为（   ）项。

A. 3   B. 4   C. 5

*770. 气体测爆仪测定的是可燃气体的（   ）。

A. 爆炸下限   B. 爆炸极限范围   C. 浓度

*771. 特种设备在投入使用前或者投入使用后（   ）日内，特种设备使用单位应当向直辖市或者设区的市的特种设备安全监督管理部门登记。

A. 30   B. 45   C. 60

*772. 可以预警的自然灾害、事故灾难和公共卫生事件的预警级别分别用红色、（   ）、黄色、蓝色标示。

A. 绿色   B. 紫色   C. 橙色

*773. 苯急性中毒主要表现为对中枢神经系统的麻醉作用，而慢性中毒主要为（   ）的损害。

A. 呼吸系统   B. 消化系统?   C. 造血系统

*774. 安全检查是指对生产过程及安全管理中可能存在的事故隐患、危险与有害因素、安全缺陷等进行（   ）。

A. 识别   B. 检验   C. 查证

*775. 用人单位未按照规定组织职业健康检查、建立职业健康监护档案或者未将检查结果如实告知劳动者的，责令限期改正，给予警告，可以并处（   ）。

A. 5 千元以上 3 万元以下的罚款

B. 5 万元以上 10 万元以下的罚款

C. 5 千元以上 10 万元以下的罚款

*776. 劳动者被诊断患有职业病，但用人单位没有依法参加工伤保险的，其医疗和生活保障由（   ）。

A. 当地政府承担   B. 患者本人承担   C. 该用人单位承担

*777. 铁路发送剧毒化学品时必须配备（   ）名以上押运人员。

A. 1   B. 2   C. 5

*778. 高压下存放的乙烯、乙炔发生的爆炸属于（   ）。

A. 简单分解爆炸   B. 物理爆炸   C. 气体混合爆炸

*779. 职工发生事故伤害，应当（   ）工伤认定申请。

A. 只能由用人单位提出

B. 只能由职工本人提出

C. 先由用人单位提出，用人单位不提出工伤认定申请的，可由职工或者其直系亲属、工会组织提出

*780. 已经取得经营许可证的企业不再具备法律、法规和本办法规定的安全生产条件的，责令改正；逾期不改正的，责令停产停业整顿；经停产停业整顿仍不具备法律、法规、规章、国家标准和行业标准规定的安全生产条件的，（   ）其经营许可证。

A. 暂扣   B. 吊销   C. 没收

*781. 疑似职业病病人在诊断、医学观察期间的费用，由（　　　）。

    A. 用人单位承担　　　　　　B. 当地政府承担　　　　　　C. 患者本人承担

*782. 职工因工作遭受事故伤害或者患职业病需要暂停工作接受工伤医疗的，在停工留薪期内原（　　　）待遇不变，由所在单位按月支付。

    A. 工伤或职业病　　　　　　B. 工资和医疗　　　　　　C. 工资福利

*783. 对于危险性较大的重点岗位，生产经营单位应当制定重点工作岗位的（　　　）。

    A. 综合应急预案　　　　　　B. 专项应急预案　　　　　　C. 现场处置方案

*784. 在生产过程、劳动过程、（　　　）中存在的危害劳动者健康的因素，称为职业性危害因素。

    A. 作业环境　　　　　　　　B. 卫生环境　　　　　　　　C. 家庭环境

*785. 国家鼓励和支持研制、开发、推广、应用有利于职业病防治和保护劳动者健康的（　　　）。

    A. 新技术、新工艺、新设备、新原料

    B. 新技术、新装置、新设备、新材料

    C. 新技术、新工艺、新设备、新材料

*786. 某车库发生了严重的火灾，事后经调查得知，该车库平时用于堆放油料和纸箱之类的杂物，存放大约有 2 t 左右的汽油、柴油等油品，当晚 20 时左右，车库老板在库内把车库反锁后，在开车库灯的时候发生爆炸，车库门被炸开，里面火光冲天，大火使整个车库几乎化为废墟。根据上述情况，化学危险品必须贮存在经（　　　）部门批准设置的专门的化学危险品仓库中，经销部门自管仓库贮存化学危险品及贮存数量必须经公安部门批准。

    A. 公安　　　　　　　　　　B. 环保　　　　　　　　　　C. 质检

*787. 储量都在 20 t 以上的甲类仓库之间防火间距不应小于（　　　）m。

    A. 10　　　　　　　　　　　B. 15　　　　　　　　　　　C. 20

*788.《生产安全事故报告和调查处理条例》规定，事故发生单位及其有关人员有谎报或者瞒报事故的，对事故发生单位处（　　　）的罚款；对主要负责人、直接负责的主管人员和其他直接责任人员处上一年年收入 60% 至 100% 的罚款；属于国家工作人员的，并依法给予处分；构成违反治安管理行为的，由公安机关依法给予治安管理处罚；构成犯罪的，依法追究刑事责任。

    A. 50 万元以上 100 万元以下

    B. 100 万元以上 500 万元以下

    C. 500 万元以上

*789. 一般来讲（　　　）。

    A. 气体比较容易燃烧，其次是液体，再次是固体

    B. 液体比较容易燃烧，其次是气体，再次是固体

    C. 固体比较容易燃烧，其次是液体，再次是气体

*790. 工作场所同时接触多个毒物时，化学物职业接触比值为（　　　）。

    A. 各化学物职业接触比值之和

    B. 化学物浓度最高的毒物接触比值

    C. 各化学物职业接触比值的平均数

*791. 爆炸物品、一级易燃物品、遇湿燃烧物品、剧毒物品（　　　）露天堆放。

    A. 可以   B. 允许   C. 不得

*792. 液体发生闪燃的最低温度叫（　　　）。

    A. 闪点   B. 燃点   C. 自燃点

*793. 根据国家《职业性接触毒物危害程度分级》，职业性接触毒物可分为（　　　）个级别。

    A. 3   B. 4   C. 5

*794. 为了限制产生危险的静电，可限制液体在管道内的（　　　）。

    A. 压力   B. 温度   C. 流速

*795. 瓶体磕伤、划伤或凹坑处的剩余壁厚小于设计壁厚的（　　　）%的钢瓶应报废。

    A. 70   B. 80   C. 90

*796. 当冲击感度超过（　　　）%的物质称为爆炸物质。

    A. 1   B. 2   C. 0.1

*797. 有毒物品应贮存在阴凉、通风、干燥的场所，严禁与液化气体和其他物品共存，不应露天存放和接近（　　　）。

    A. 有机物   B. 碱类   C. 酸类

*798. 用人单位对采用的技术、工艺、材料，应当知悉其产生的职业病危害，对有职业病危害的技术、工艺、材料隐瞒其危害而采用的，对所造成的（　　　）承担责任。

    A. 经济损失   B. 人身伤害   C. 职业病危害后果

*799. 在同一房间或同一区域内，不同物品之间分开一定的距离，非禁忌物料之间用通道保持空间的储存方式，属于（　　　）。

    A. 隔开储存   B. 隔离储存   C. 分离储存

*800. 发生汽水共腾的主要原因是（　　　）。

    A. 炉水含盐量太低   B. 炉水 pH 值太低   C. 炉水含盐量太高

*801.《使用有毒物品作业场所劳动保护条例》规定，劳动者应当学习和掌握相关职业卫生知识，遵守有关劳动保护的法律、法规和操作规程，正确使用和维护职业中毒危害防护设施及其用品；发现（　　　）时，应当及时报告。

    A. 职业中毒事故隐患   B. 新装备   C. 新情况

*802. 根据《危险化学品重大危险源辨识》（GB18218—2009）标准，单元是指一个（套）生产装置、设施或场所，或同属一个生产经营单位的且边缘距离小于（　　　）m 的几个（套）生产装置、设施或场所。

    A. 100   B. 200   C. 500

*803. 2007 年 5 月 22 日，某大学学生常某为报复同宿舍的同学，以非法手段从经营剧毒品的朋友处获取了 250 g 剧毒物质硝酸铊。5 月 29 日下午 4 时许，常某用注射器分别向受害人牛某、李某、石某的茶杯中注入硝酸铊，导致 3 名学生铊中毒。根据以上情况，剧毒化学品的销售企业应当在销售后（　　　）日内，将所销售的剧毒化学品的品种、数量以及流向信息报所在地县级人民政府公安机关备案，并输入计算机系统。

    A. 3   B. 5   C. 10

*804. 新建、改建、扩建的工程建设项目和技术改造、技术引进项目（以下统称建设项目）可能产生职业病危害的，建设单位应当按照《建设项目职业卫生"三同时"监督管理暂行办法》的规定，向安全生产监督管理部门申请（　　）。

  A. 备案、评审、审查、竣工验收

  B. 许可、评审、检验、竣工验收

  C. 备案、审核、审查、竣工验收

*805. 第二类、第三类非药品类易制毒化学品生产单位进行备案时，应当提交的资料有（　　）。

  A. 产品包装说明和使用说明

  B. 安全生产管理制度

  C. 易制毒化学品管理制度和环境突发事件应急预案

*806. 物理性爆炸前后，物质的化学成分及性质（　　）。

  A. 均无变化　　　　　　　B. 有的改变　　　　　　C. 根本变化

*807. 在爆炸品的分类中，按爆炸品的用途，爆炸品可分为（　　）种。

  A. 2　　　　　　　　　　B. 3　　　　　　　　　　C. 4

*808.《中华人民共和国安全生产法》规定，生产经营单位的特种作业人员必须按照国家有关规定，经专门的安全作业培训，取得（　　），方可上岗作业。

  A. 特种作业操作资格证书　　B. 相应资格　　　　　C. 职业技能等级证书

*809.（　　）是事故隐患排查治理和防控的责任主体。

  A. 安全监管监察部门　　　　B. 生产经营单位

  C. 政府有关部门

*810. 甲、乙、丙类液体卧式储罐之间的防火间距不应小于（　　）m。

  A. 0.8　　　　　　　　　　B. 0.5　　　　　　　　　C. 0.3

*811. 化学品安全技术说明书的内容，从该化学品制作之日算起，每（　　）年更新一次。

  A. 一　　　　　　　　　　B. 三　　　　　　　　　C. 五

*812. 危险化学品零售业务的店面经营面积（不含库房）应不少于（　　）m^2。

  A. 20　　　　　　　　　　B. 40　　　　　　　　　C. 60

*813. ×年×月×日 14 时 7 分，某市煤气公司液化气站的 102# 400 m^3 液化石油气球罐发生破裂，大量液化石油气喷出，顺风向北扩散，遇明火发生燃烧，引起球罐爆炸。由于该球罐爆炸燃烧，大火烧了 19 个小时，致使 5 个 400 m^3 的球罐，4 个 450 m^3 卧罐和 8 000 多只液化石油气瓶（其中空瓶 3 000 多只）爆炸或烧毁，罐区相邻的厂房、建筑物、机动车及设备等被烧毁或受到不同程度的损坏，直接经济损失约 627 万元，死 36 人，重伤 50 人。该球罐自投入使用后的两年零两个月使用期间，球罐经常处于较低容量，只有 3 次达到额定容量，第三次封装后 4 天，即在 18 日破裂。该球罐投用后，一直没有进行过检查，破裂前，安全阀正常，排污阀正常关闭。球罐的主体材质为 I5MnVR，内径 9 200 mm，壁厚 25 mm，容积 400 m^3，用于贮存液化石油气。根据上述事实，该液化气站存在的危险有害因素不包括（　　）。

  A. 燃烧爆炸　　　　　　　B. 坍塌　　　　　　　　　C. 中毒

*814. 生产经营单位因兼并、重组、转制等导致隶属关系、经营方式、法定代表人发生变化的应急预案应当（　　）。

　　　A. 不修订　　　　　　　　B. 三年后修订　　　　　　C. 及时修订

*815. 容器内液体过热、气化而引起的爆炸属于（　　）。

　　　A. 化学性爆炸　　　　　　B. 物理性爆炸　　　　　　C. 粉尘爆炸

*816. 爆炸品禁止使用的灭火剂（　　）。

　　　A. 水　　　　　　　　　　B. 泡沫　　　　　　　　　C. 沙土盖压

*817. 化学品多层包装运输，原则上要求（　　）。

　　　A. 内外包装都应加贴（挂）安全标签

　　　B. 外包装要加贴（挂）安全标签，内包装不用加贴（挂）安全标签

　　　C. 内包装要加贴（挂）安全标签，外包装不用加贴（挂）安全标签

*818. 压力容器一般应于投用满（　　）年时进行首次全面检验。

　　　A. 一　　　　　　　　　　B. 二　　　　　　　　　　C. 三

*819. 特别重大事故，负责事故调查的人民政府应当自收到事故调查报告之日起（　　）日内做出批复。

　　　A. 15　　　　　　　　　　B. 30　　　　　　　　　　C. 60

*820. 急性毒性是指一定量的毒物一次对动物所产生的毒害作用。急性毒性的大小，常用（　　）来表示。

　　　A. 最高允许浓度　　　　　B. 半数致死量（LD50）　　C. 毒物的性质

*821. 对使用期限超过（　　）年的任何类型液化石油气钢瓶，登记后不予检验，按报废处理。

　　　A. 5　　　　　　　　　　B. 10　　　　　　　　　　C. 15

*822. （　　）安全检查是对某个专项问题或在施工（生产）中存在的普遍性安全问题进行的单项定性检查。安全检查对象的确定应本着突出重点的原则。

　　　A. 定期　　　　　　　　　B. 综合性　　　　　　　　C. 专项

*823. 用人单位实行承包经营的，工伤保险（　　）由职工劳动关系所在单位承担。

　　　A. 费用　　　　　　　　　B. 待遇　　　　　　　　　C. 责任

*824. 危险化学品零售业务的店面应与繁华商业区或居住人口稠密区保持（　　）m 以上距离。

　　　A. 200　　　　　　　　　B. 500　　　　　　　　　C. 1 000

*825. 安全生产管理工作应该做到预防为主，通过有效的管理和技术手段，减少和防止人的不安全行为和物的不安全状态，这就是（　　）。

　　　A. 强制原理　　　　　　　B. 预防原理　　　　　　　C. 人本原理

*826. 用人单位应当建立、健全（　　），加强对职业病防治的管理，提高职业病防治水平，对本单位产生的职业病危害承担责任。

　　　A. 职业病防治责任制　　　B. 管理制度　　　　　　　C. 应急预案

*827. 国家标准《危险货物分类和品名编号》及《危险货物品名表》，按危险货物具有的危险性将危险货物分为（　　）类。

　　　A. 7　　　　　　　　　　B. 8　　　　　　　　　　C. 9

*828. 爆速大于（　　）m/s 的物质称为爆炸物质。

    A. 1 500　　　　　　　　B. 2 000　　　　　　　　C. 3 000

*829.《中华人民共和国消防法》规定，建设工程的消防设计、施工必须符合（　　）工程建设消防技术标准。

    A. 省级　　　　　　　　B. 行业　　　　　　　　C. 国家

*830. 安全电压决定于（　　）。

    A. 工作环境和设备额定电压

    B. 人体允许电流和人体电阻

    C. 性别和工作环境

*831.《安全生产法》规定，矿山、金属冶炼建设项目或者用于生产、储存、装卸危险物品的建设项目竣工投入生产或者使用前，（　　）未经验收合格的；责令停止建设或者停产停业整顿，限期改正；逾期未改正的，处五十万元以上一百万元以下的罚款，对其直接负责人的主管人员和其他直接责任人员处二万元以上五万元以下的罚款；构成犯罪的，依照刑法有关规定追究刑事责任。

    A. 生产设备　　　　　　B. 储存设施　　　　　　C. 安全设施

*832. 安全管理必须要有强大的动力，并且正确地应用动力，从而激发人们保障自身和集体安全的意识，自觉地、积极地搞好安全工作。这种管理原则就是人本原理中的（　　）原则。

    A. 封闭　　　　　　　　B. 反馈　　　　　　　　C. 激励

*833. 安全生产监督管理部门和负有安全生产监督管理职责的有关部门接到事故报告后，应当同时报告本级（　　）。

    A. 工会　　　　　　　　B. 公安机关　　　　　　C. 人民政府

*834. 生产过程职业病危害因素中的（　　）属于化学因素。

    A. 病毒　　　　　　　　B. 真菌　　　　　　　　C. 有毒物质

*835. 按照《建筑设计防火规范》对储存物品的火灾危险性分类标准，闪点<28 ℃ 的液体，爆炸下限<10% 的气体属（　　）类危险物。

    A. 甲　　　　　　　　　B. 乙　　　　　　　　　C. 丙

*836. 固体粉碎和液体分离过程的起电属于（　　）起电。

    A. 接触　　　　　　　　B. 破断　　　　　　　　C. 电荷迁移

*837. 生产过程中的职业性危害因素按其性质可分为化学因素、（　　）、生物因素等。

    A. 物理因素　　　　　　B. 生产粉尘　　　　　　C. 高温

*838. 防止重大工业事故发生的第一步，是辨识或确认（　　）工业设施（危险设施）。

    A. 低危险性　　　　　　B. 高危险性　　　　　　C. 没有危险性

*839. 对从事接触职业病危害作业的劳动者，用人单位应当按照国务院卫生行政部门的规定组织（　　）的职业健康检查，并将检查结果如实告知劳动者。

    A. 上岗前、在岗期间和离岗时

    B. 上岗前和在岗期间

    C. 在岗期间

*840. 压力容器内的压力由于容器内部或外部受热而显著增加，且容器与其他设备的连接管道又装有截止阀，应单独装设（　　）。

　　A. 压力表　　　　　　　　　B. 温度计　　　　　　　　　C. 安全卸压装置

*841. 根据《安全生产法》，生产经营单位的主要负责人在本单位发生生产安全事故时，不立即组织抢救，给予降级、撤职的处分，处上一年年收入（　　）的罚款。

　　A. 40% 至 80%　　　　　　 B. 60% 至 100%　　　　　　C. 80%

*842.《易制毒化学品管理条例》规定，易制毒化学品分为（　　）类。

　　A. 二　　　　　　　　　　　B. 三　　　　　　　　　　　C. 四

*843. 应当组织开展重点职业病监测和专项调查，对职业健康风险进行评估，为制定职业卫生标准和职业病防治政策提供科学依据的为（　　）。

　　A. 国家安全生产监督管理部门

　　B. 国务院卫生行政部门

　　C. 国务院劳动保障行政部门

*844. TN 供电系统指的是（　　）。

　　A. 保护接地系统　　　　　　B. 保护接零系统　　　　　　C. 工作接地系统

*845. 下列（　　）是表示易燃液体燃爆危险性的一个重要指标。

　　A. 闪点　　　　　　　　　　B. 凝固点　　　　　　　　　C. 自燃点

*846.《使用有毒物品作业场所劳动保护条例》规定，按照有毒物品产生的职业中毒危害程度，有毒品分为一般有毒品和（　　）。

　　A. 剧毒化学品　　　　　　　B. 高毒物品　　　　　　　　C. 普通化学品

*847. 增安型电气设备是（　　）的电气设备。

　　A. 具有隔爆外壳　　　　　　B. 不会产生火花　　　　　　C. 壳内充有保护气体

*848.《危险化学品安全管理条例》规定，剧毒化学品以及储存数量构成重大危险源的其他危险化学品，应当在专用仓库内单独存放，并实行双人收发、（　　）人保管制度。

　　A. 一　　　　　　　　　　　B. 三人　　　　　　　　　　C. 双

*849. 在使用放射性物品的工作场所，不应（　　）。

　　A. 铺设耐酸防滑地面，排废水设施

　　B. 饮食和吸烟

　　C. 在溢出有毒烟气区配置抽风装

*850. 安全生产监督管理部门和负有安全生产监督管理职责的有关部门接到特别重大事故和重大事故报告后，应当逐级上报（　　）安全生产监督管理部门和负有安全生产监督管理职责的有关部门。

　　A. 地市级人民政府　　　　 B. 省、自治区、直辖市人民政府　　　C. 国务院

*851. 从业人员在（　　）人以上的非高危行业的生产经营单位，应当设置安全生产管理机构或者配备专职安全生产管理人员。

　　A. 1 000　　　　　　　　　 B. 500　　　　　　　　　　 C. 100

*852. 应急救援预案要有权威性，各级应急救援组织应（　　），通力协作。

　　A. 职务明确　　　　　　　　B. 职责明确　　　　　　　　C. 统一行动

*853. 企业应急救援指挥部由（   ）任总指挥；有关副职领导任副总指挥，负责一旦发生事故时应急救援的组织和指挥。

    A. 企业主要负责人   B. 分管安全的领导   C. 工会主席

*854. 储存危险化学品的建筑通排风系统的通风管应采用（   ）制作。

    A. 易燃材料   B. 非燃烧材料   C. 木质材料

*855. 国务院及有关部门为应对某一类型或某几种类型突发公共事件而制定的应急预案叫（   ）。

    A. 突发公共事件部门应急预案

    B. 突发公共事件专项应急预案

    C. 突发公共事件总体应急预案

*856. 劳动者离开用人单位时，有权索取本人职业健康监护档案复印件，用人单位应当如实、无偿提供，并在所提供的复印件上（   ）。

    A. 盖章   B. 签字   C. 签章

*857.《安全生产法》规定，生产经营单位应当在有较大危险因素的生产经营场所和有关设施、设备上，设置明显的（   ）。

    A. 安全警示标志   B. 标志   C. 警告

*858. 车间级综合性安全检查每月不少于（   ）次。

    A. 1   B. 2   C. 3

*859.《非药品类易制毒化学品的分类和品种目录》中，非药品类易制毒化学品分为（   ）类。

    A. 2   B. 3   C. 4

*860. 低、中闪点液体、一级易燃固体、自燃物品、压缩气体和液化气体类应储存于（   ）级耐火建筑的库房内。

    A. 一   B. 二   C. 三

*861. 三氧化二砷俗称砒霜，化学品编号是 61007，它属于（   ）。

    A. 一级无机毒害品   B. 一级有机毒害品   C. 氧化剂

*862. 毒害品性质相抵的禁止（   ）。

    A. 分离储存   B. 同库存放   C. 分库存放

*863. 危险化学品运输车辆应当悬挂或者喷涂符合（   ）要求的警示标志。

    A. 国家标准   B. 行业标准   C. 企业标准

*864. 乙烯着火应使用的灭火剂是（   ）。

    A. 水   B. 砂土   C. 雾状水

*865. 企业要建立重大危险源管理制度，明确操作规程和应急处置措施，实施（   ）。

    A. 不间断的监控   B. 全面管理   C. 不间断检测

*866.《使用有毒物品作业场所劳动保护条例》规定，用人单位应当按照规定对从事使用高毒物品作业的劳动者（   ）。

    A. 进行调离   B. 妥善安置   C. 进行岗位轮换

*867. 劳动者对用人单位提供的工作场所职业病危害因素检测结果等资料有异议，或者无用人单位提供资料的，诊断、鉴定机构应当提请（   ）。

A. 安全生产监督管理部门进行调查

B. 卫生行政部门进行调查

C. 工会组织进行调查

*868.《刑法》规定，在安全事故发生后，负有报告职责的人员不报或者谎报事故情况，贻误事故抢救，情节严重的，处 3 年以下有期徒刑或者拘役；情节特别严重的，处（　　　）有期徒刑。

　　A. 5 年以上 7 年以下　　　　B. 3 年以上 7 年以下　　　　C. 3 年以上 5 年以下

*869. 危险化学品经营单位仓储经营的企业异地重建的，应当（　　　）办理经营许可证。

　　A. 不需　　　　　　　　B. 重新申请　　　　　　　　C. 事后重新申请

*870. 产生职业病危害的用人单位的工作场所应当生产布局合理，符合有害与无害作业（　　　）的原则。

　　A. 不分开　　　　　　　　B. 分开　　　　　　　　C. 适当分开

*871.《气瓶安全监察规程》规定，车用液化石油气钢瓶，每（　　　）年检验一次。

　　A. 1　　　　　　　　　　B. 3　　　　　　　　　　C. 5

*872. 通过公路运输危险化学品，运输车辆必须遵守公安部门规定的（　　　）。

　　A. 装卸要求　　　　　　　B. 品种规定　　　　　　　C. 行车时间和路线

*873. 零售业务的店面内只许存放民用小包装的危险化学品，其存放总质量不得超过（　　　）t。

　　A. 1　　　　　　　　　　B. 2　　　　　　　　　　C. 4

*874.《生产安全事故报告和调查处理条例》中要求，事故报告应当及时、准确、（　　　）。

　　A. 完整　　　　　　　　B. 详细　　　　　　　　C. 全面

题库答案

危险化学品经营单位安全管理人员题库
（共 1672 题）

一、判断题

1. ✓	27. ✗	53. ✓	79. ✓
2. ✗	28. ✓	54. ✓	80. ✓
3. ✓	29. ✓	55. ✓	81. ✓
4. ✗	30. ✗	56. ✓	82. ✗
5. ✓	31. ✓	57. ✗	83. ✓
6. ✓	32. ✗	58. ✗	84. ✓
7. ✓	33. ✗	59. ✓	85. ✗
8. ✓	34. ✓	60. ✓	86. ✗
9. ✓	35. ✓	61. ✗	87. ✓
10. ✓	36. ✗	62. ✓	88. ✗
11. ✓	37. ✗	63. ✓	89. ✓
12. ✓	38. ✓	64. ✗	90. ✓
13. ✓	39. ✓	65. ✗	91. ✓
14. ✗	40. ✓	66. ✓	92. ✓
15. ✓	41. ✗	67. ✓	93. ✓
16. ✓	42. ✗	68. ✓	94. ✓
17. ✓	43. ✗	69. ✗	95. ✗
18. ✗	44. ✗	70. ✓	96. ✓
19. ✓	45. ✓	71. ✓	97. ✗
20. ✓	46. ✓	72. ✗	98. ✓
21. ✓	47. ✗	73. ✓	99. ✓
22. ✓	48. ✗	74. ✓	100. ✓
23. ✗	49. ✗	75. ✓	101. ✓
24. ✓	50. ✓	76. ✓	102. ✓
25. ✓	51. ✓	77. ✓	103. ✓
26. ✓	52. ✓	78. ✓	104. ✗

105. ✓	*144. ✓	*183. ✗	*222. ✗
106. ✓	*145. ✓	*184. ✓	*223. ✓
107. ✓	*146. ✓	*185. ✗	*224. ✓
108. ✓	*147. ✓	*186. ✓	*225. ✓
109. ✓	*148. ✓	*187. ✓	*226. ✓
110. ✗	*149. ✓	*188. ✗	*227. ✗
111. ✓	*150. ✓	*189. ✓	*228. ✓
112. ✗	*151. ✓	*190. ✓	*229. ✓
113. ✓	*152. ✗	*191. ✓	*230. ✓
114. ✓	*153. ✓	*192. ✗	*231. ✗
115. ✓	*154. ✓	*193. ✗	*232. ✓
116. ✗	*155. ✗	*194. ✗	*233. ✓
117. ✗	*156. ✓	*195. ✗	*234. ✓
118. ✓	*157. ✓	*196. ✗	*235. ✓
119. ✓	*158. ✓	*197. ✓	*236. ✓
120. ✓	*159. ✓	*198. ✓	*237. ✓
121. ✗	*160. ✓	*199. ✓	*238. ✓
122. ✓	*161. ✓	*200. ✓	*239. ✓
123. ✓	*162. ✓	*201. ✗	*240. ✗
124. ✓	*163. ✓	*202. ✗	*241. ✓
125. ✓	*164. ✓	*203. ✓	*242. ✓
126. ✓	*165. ✓	*204. ✗	*243. ✓
127. ✓	*166. ✓	*205. ✓	*244. ✗
128. ✗	*167. ✗	*206. ✓	*245. ✗
129. ✓	*168. ✓	*207. ✗	*246. ✓
130. ✗	*169. ✓	*208. ✓	*247. ✓
*131. ✗	*170. ✗	*209. ✓	*248. ✓
*132. ✓	*171. ✗	*210. ✓	*249. ✓
*133. ✓	*172. ✓	*211. ✗	*250. ✗
*134. ✓	*173. ✗	*212. ✓	*251. ✓
*135. ✓	*174. ✓	*213. ✗	*252. ✓
*136. ✓	*175. ✓	*214. ✗	*253. ✓
*137. ✗	*176. ✓	*215. ✗	*254. ✗
*138. ✗	*177. ✓	*216. ✓	*255. ✓
*139. ✓	*178. ✓	*217. ✓	*256. ✓
*140. ✗	*179. ✓	*218. ✓	*257. ✓
*141. ✗	*180. ✓	*219. ✗	*258. ✗
*142. ✓	*181. ✓	*220. ✗	*259. ✓
*143. ✗	*182. ✓	*221. ✗	*260. ✓

*261. √　　*300. √　　*339. √　　*378. ×
*262. ×　　*301. √　　*340. ×　　*379. √
*263. √　　*302. √　　*341. √　　*380. ×
*264. √　　*303. ×　　*342. √　　*381. √
*265. √　　*304. √　　*343. √　　*382. √
*266. √　　*305. √　　*344. ×　　*383. √
*267. √　　*306. √　　*345. √　　*384. ×
*268. ×　　*307. √　　*346. √　　*385. √
*269. ×　　*308. √　　*347. ×　　*386. √
*270. √　　*309. ×　　*348. √　　*387. √
*271. √　　*310. ×　　*349. √　　*388. √
*272. √　　*311. √　　*350. √　　*389. √
*273. ×　　*312. √　　*351. √　　*390. ×
*274. ×　　*313. ×　　*352. √　　*391. √
*275. √　　*314. ×　　*353. √　　*392. ×
*276. ×　　*315. ×　　*354. √　　*393. √
*277. √　　*316. ×　　*355. ×　　*394. ×
*278. √　　*317. ×　　*356. ×　　*395. ×
*279. √　　*318. √　　*357. √　　*396. √
*280. ×　　*319. ×　　*358. ×　　*397. √
*281. √　　*320. √　　*359. ×　　*398. √
*282. √　　*321. √　　*360. √　　*399. √
*283. ×　　*322. √　　*361. ×　　*400. ×
*284. ×　　*323. ×　　*362. ×　　*401. √
*285. √　　*324. ×　　*363. √　　*402. √
*286. ×　　*325. √　　*364. √　　*403. √
*287. ×　　*326. ×　　*365. √　　*404. √
*288. √　　*327. ×　　*366. √　　*405. √
*289. ×　　*328. √　　*367. √　　*406. √
*290. √　　*329. √　　*368. √　　*407. √
*291. ×　　*330. √　　*369. ×　　*408. ×
*292. √　　*331. √　　*370. √　　*409. ×
*293. √　　*332. ×　　*371. √　　*410. √
*294. ×　　*333. √　　*372. √　　*411. ×
*295. √　　*334. ×　　*373. √　　*412. ×
*296. ×　　*335. ×　　*374. ×　　*413. ×
*297. √　　*336. √　　*375. ×　　*414. ×
*298. ×　　*337. ×　　*376. ×　　*415. ×
*299. √　　*338. √　　*377. ×　　*416. √

*417. ×	*456. ×	*495. ×	*534. ×
*418. √	*457. ×	*496. √	*535. √
*419. ×	*458. √	*497. ×	*536. ×
*420. √	*459. ×	*498. √	*537. ×
*421. ×	*460. √	*499. √	*538. ×
*422. ×	*461. ×	*500. ×	*539. √
*423. √	*462. √	*501. √	*540. √
*424. ×	*463. ×	*502. √	*541. √
*425. √	*464. √	*503. √	*542. ×
*426. √	*465. ×	*504. ×	*543. √
*427. √	*466. ×	*505. √	*544. √
*428. √	*467. √	*506. ×	*545. ×
*429. ×	*468. √	*507. ×	*546. √
*430. √	*469. ×	*508. ×	*547. √
*431. √	*470. ×	*509. √	*548. √
*432. √	*471. ×	*510. ×	*549. ×
*433. √	*472. √	*511. ×	*550. √
*434. ×	*473. √	*512. √	*551. √
*435. ×	*474. ×	*513. √	*552. ×
*436. √	*475. ×	*514. √	*553. √
*437. ×	*476. √	*515. √	*554. ×
*438. √	*477. √	*516. √	*555. ×
*439. ×	*478. √	*517. √	*556. ×
*440. √	*479. √	*518. √	*557. √
*441. √	*480. ×	*519. ×	*558. √
*442. √	*481. √	*520. √	*559. ×
*443. √	*482. √	*521. ×	*560. ×
*444. ×	*483. √	*522. ×	*561. ×
*445. ×	*484. ×	*523. ×	*562. √
*446. ×	*485. ×	*524. √	*563. √
*447. √	*486. ×	*525. √	*564. √
*448. ×	*487. √	*526. √	*565. ×
*449. √	*488. ×	*527. ×	*566. ×
*450. √	*489. √	*528. √	*567. √
*451. ×	*490. √	*529. √	*568. √
*452. ×	*491. ×	*530. √	*569. √
*453. √	*92. √	*531. √	*570. √
*454. ×	*493. √	*532. ×	*571. √
*455. √	*494. √	*533. √	*572. √

*573. √　　*581. √　　*589. √　　*597. √
*574. ×　　*582. ×　　*590. √　　*598. √
*575. √　　*583. √　　*591. √　　*599. √
*576. √　　*584. √　　*592. ×　　*600. √
*577. √　　*585. √　　*593. √　　*601. ×
*578. ×　　*586. ×　　*594. ×　　*602. ×
*579. ×　　*587. ×　　*595. √　　*603. ×
*580. √　　*588. ×　　*596. √

二、单选题

1. A　　28. A　　55. C　　82. A
2. C　　29. A　　56. A　　83. B
3. C　　30. A　　57. C　　84. C
4. A　　31. C　　58. C　　85. A
5. C　　32. C　　59. A　　86. B
6. C　　33. C　　60. B　　87. A
7. A　　34. A　　61. A　　88. B
8. A　　35. B　　62. B　　89. C
9. C　　36. A　　63. C　　90. B
10. A　　37. A　　64. B　　91. B
11. A　　38. B　　65. A　　92. B
12. C　　39. C　　66. C　　93. A
13. B　　40. A　　67. B　　94. B
14. B　　41. B　　68. C　　95. C
15. A　　42. A　　69. C　　96. C
16. A　　43. B　　70. B　　97. C
17. A　　44. B　　71. B　　98. A
18. B　　45. C　　72. C　　99. B
19. A　　46. A　　73. C　　100. C
20. B　　47. A　　74. B　　101. A
21. A　　48. A　　75. C　　102. B
22. B　　49. C　　76. C　　103. C
23. A　　50. A　　77. A　　104. B
24. B　　51. B　　78. C　　105. A
25. C　　52. C　　79. B　　106. B
26. A　　53. B　　80. A　　107. A
27. B　　54. A　　81. C　　108. B

109. B	*148. A	*187. C	*226. A
110. A	*149. C	*188. A	*227. A
111. B	*150. A	*189. C	*228. C
112. A	*151. B	*190. B	*229. B
113. C	*152. B	*191. B	*230. C
114. B	*153. B	*192. C	*231. B
115. A	*154. C	*193. B	*232. C
116. A	*155. A	*194. A	*233. C
117. A	*156. B	*195. B	*234. B
118. B	*157. C	*196. B	*235. C
119. A	*158. C	*197. B	*236. B
120. A	*159. A	*198. B	*237. B
121. C	*160. B	*199. A	*238. C
122. C	*161. A	*200. A	*239. C
123. A	*162. C	*201. A	*240. A
124. A	*163. B	*202. B	*241. A
125. B	*164. C	*203. B	*242. B
126. C	*165. B	*204. C	*243. C
127. C	*166. C	*205. A	*244. C
128. A	*167. A	*206. B	*245. A
129. A	*168. B	*207. C	*246. B
130. A	*169. A	*208. C	*247. B
*131. A	*170. A	*209. C	*248. A
*132. C	*171. B	*210. B	*249. A
*133. B	*172. C	*211. C	*250. A
*134. B	*173. C	*212. B	*251. A
*135. C	*174. B	*213. C	*252. C
*136. A	*175. B	*214. B	*253. C
*137. C	*176. A	*215. C	*254. B
*138. B	*177. B	*216. B	*255. B
*139. C	*178. C	*217. B	*256. C
*140. C	*179. C	*218. C	*257. C
*141. C	*180. A	*219. A	*258. C
*142. B	*181. C	*220. C	*259. A
*143. A	*182. C	*221. C	*260. A
*144. B	*183. B	*222. C	*261. A
*145. B	*184. B	*223. A	*262. C
*146. B	*185. B	*224. B	*263. C
*147. A	*186. B	*225. B	*264. A

*265. B	*304. C	*343. A	*382. C
*266. A	*305. B	*344. A	*383. A
*267. A	*306. C	*345. C	*384. A
*268. C	*307. C	*346. B	*385. B
*269. C	*308. B	*347. B	*386. C
*270. A	*309. C	*348. A	*387. B
*271. B	*310. C	*349. C	*388. A
*272. B	*311. B	*350. A	*389. A
*273. B	*312. C	*351. B	*390. C
*274. B	*313. B	*352. B	*391. B
*275. C	*314. B	*353. C	*392. C
*276. C	*315. B	*354. C	*393. A
*277. B	*316. B	*355. B	*394. C
*278. A	*317. C	*356. A	*395. C
*279. A	*318. C	*357. C	*396. B
*280. C	*319. B	*358. A	*397. B
*281. A	*320. B	*359. A	*398. B
*282. B	*321. C	*360. C	*399. C
*283. B	*322. C	*361. B	*400. A
*284. C	*323. C	*362. B	*401. C
*285. A	*324. C	*363. A	*402. C
*286. B	*325. B	*364. B	*403. C
*287. B	*326. C	*365. B	*404. A
*288. C	*327. A	*366. B	*405. C
*289. C	*328. A	*367. C	*406. A
*290. B	*329. A	*368. A	*407. B
*291. A	*330. A	*369. B	*408. C
*292. A	*331. A	*370. A	*409. A
*293. A	*332. C	*371. A	*410. C
*294. A	*333. B	*372. A	*411. C
*295. C	*334. A	*373. C	*412. C
*296. A	*335. B	*374. A	*413. A
*297. B	*336. C	*375. A	*414. C
*298. A	*337. C	*376. B	*415. B
*299. C	*338. C	*377. C	*416. C
*300. B	*339. A	*378. B	*417. B
*301. B	*340. C	*379. B	*418. B
*302. A	*341. A	*380. B	*419. C
*303. C	*342. B	*381. A	*420. A

*421. B	*460. A	*499. C	*538. C
*422. A	*461. B	*500. B	*539. B
*423. C	*462. C	*501. C	*540. C
*424. B	*463. C	*502. A	*541. A
*425. B	*464. C	*503. C	*542. B
*426. B	*465. C	*504. B	*543. C
*427. B	*466. B	*505. A	*544. A
*428. C	*467. B	*506. B	*545. C
*429. C	*468. A	*507. A	*546. A
*430. C	*469. C	*508. A	*547. C
*431. B	*470. A	*509. A	*548. A
*432. C	*471. B	*510. B	*549. B
*433. C	*472. C	*511. C	*550. A
*434. A	*473. B	*512. C	*551. B
*435. A	*474. C	*513. C	*552. B
*436. B	*475. C	*514. C	*553. B
*437. A	*476. A	*515. C	*554. B
*438. A	*477. A	*516. B	*555. C
*439. A	*478. B	*517. A	*556. A
*440. B	*479. A	*518. C	*557. A
*441. B	*480. C	*519. B	*558. C
*442. C	*481. B	*520. A	*559. C
*443. C	*482. A	*521. A	*560. A
*444. C	*483. B	*522. B	*561. B
*445. C	*484. C	*523. A	*562. A
*446. B	*485. C	*524. A	*563. A
*447. B	*486. B	*525. C	*564. B
*448. B	*487. C	*526. B	*565. C
*449. C	*488. A	*527. A	*566. A
*450. A	*489. A	*528. C	*567. A
*451. C	*490. A	*529. C	*568. B
*452. A	*491. B	*530. A	*569. A
*453. C	*492. C	*531. C	*570. C
*454. C	*493. C	*532. A	*571. A
*455. B	*494. A	*533. C	*572. A
*456. A	*495. A	*534. C	*573. A
*457. C	*496. B	*535. B	*574. A
*458. C	*497. A	*536. B	*575. B
*459. A	*498. C	*537. C	*576. A

*577. C	*616. B	*655. C	*694. B
*578. B	*617. C	*656. B	*695. A
*579. C	*618. B	*657. B	*696. A
*580. A	*619. C	*658. A	*697. A
*581. B	*620. B	*659. B	*698. B
*582. C	*621. C	*660. A	*699. C
*583. C	*622. B	*661. A	*700. A
*584. B	*623. B	*662. C	*701. B
*585. B	*624. C	*663. A	*702. A
*586. B	*625. A	*664. A	*703. B
*587. A	*626. A	*665. B	*704. C
*588. A	*627. A	*666. C	*705. A
*589. C	*628. C	*667. C	*706. C
*590. B	*629. C	*668. B	*707. A
*591. A	*630. C	*669. C	*708. B
*592. A	*631. C	*670. C	*709. A
*593. A	*632. A	*671. C	*710. B
*594. B	*633. C	*672. B	*711. A
*595. A	*634. A	*673. B	*712. C
*596. A	*635. B	*674. B	*713. C
*597. A	*636. C	*675. B	*714. B
*598. C	*637. B	*676. A	*715. C
*599. B	*638. C	*677. A	*716. A
*600. C	*639. B	*678. A	*717. B
*601. B	*640. A	*679. A	*718. C
*602. A	*641. B	*680. A	*719. B
*603. A	*642. B	*681. C	*720. B
*604. B	*643. C	*682. A	*721. A
*605. A	*644. A	*683. A	*722. C
*606. C	*645. C	*684. A	*723. B
*607. A	*646. C	*685. C	*724. B
*608. C	*647. B	*686. B	*725. C
*609. C	*648. A	*687. A	*726. C
*610. B	*649. B	*688. A	*727. B
*611. C	*650. C	*689. C	*728. C
*612. C	*651. C	*690. C	*729. B
*613. B	*652. B	*691. A	*730. A
*614. A	*653. A	*692. B	*731. C
*615. A	*654. C	*693. B	*732. A

*733. B	*772. C	*811. B	*850. B
*734. C	*773. A	*812. C	*851. C
*735. A	*774. A	*813. B	*852. A
*736. A	*775. B	*814. A	*853. B
*737. C	*776. B	*815. A	*854. C
*738. C	*777. A	*816. A	*855. B
*739. C	*778. A	*817. B	*856. C
*740. C	*779. C	*818. C	*857. B
*741. A	*780. C	*819. A	*858. A
*742. B	*781. C	*820. C	*859. C
*743. B	*782. B	*821. A	*860. A
*744. A	*783. C	*822. C	*861. B
*745. B	*784. C	*823. A	*862. B
*746. A	*785. B	*824. B	*863. C
*747. C	*786. A	*825. A	*864. C
*748. B	*787. B	*826. A	*865. B
*749. C	*788. A	*827. A	*866. C
*750. B	*789. B	*828. B	*867. C
*751.	*790. B	*829. A	*868. A
*752. B	*791. B	*830. A	*869. B
*753. A	*792. C	*831. B	*870. C
*754. A	*793. A	*832. A	*871. C
*755. B	*794. C	*833. B	*872. B
*756. B	*795. C	*834. B	*873. B
*757. B	*796. B	*835. C	*874. C
*758. A	*797. A	*836. A	*875. C
*759. A	*798. A	*837. C	*876. A
*760. A	*799. B	*838. A	*877. B
*761. A	*800. A	*839. C	*878. B
*762. B	*801. C	*840. C	*879. B
*763. C	*802. B	*841. C	*880. A
*764. B	*803. A	*842. C	*881. A
*765. B	*804. C	*843. B	*882. C
*766. A	*805. B	*844. B	*883. A
*767. A	*806. C	*845. A	*884. B
*768. B	*807. C	*846. B	*885. A
*769. A	*808. A	*847. C	*886. A
*770. B	*809. B	*848. A	*887. C
*771. A	*810. B	*849. C	*888. A

*889. B	*928. C	*967. B	*1006. B
*890. C	*929. A	*968. B	*1007. C
*891. A	*930. C	*969. C	*1008. A
*892. A	*931. A	*970. B	*1009. B
*893. A	*932. B	*971. A	*1010. A
*894. B	*933. B	*972. A	*1011. A
*895. C	*934. B	*973. C	*1012. A
*896. A	*935. A	*974. C	*1013. B
*897. B	*936. B	*975. C	*1014. A
*898. B	*937. C	*976. B	*1015. C
*899. B	*938. B	*977. A	*1016. B
*900. B	*939. B	*978. B	*1017. C
*901. A	*940. C	*979. B	*1018. B
*902. C	*941. C	*980. C	*1019. A
*903. C	*942. A	*981. C	*1020. A
*904. A	*943. C	*982. A	*1021. A
*905. C	*944. C	*983. A	*1022. A
*906. A	*945. C	*984. C	*1023. C
*907. C	*946. A	*985. C	*1024. C
*908. A	*947. B	*986. C	*1025. C
*909. C	*948. A	*987. A	*1026. B
*910. C	*949. B	*988. A	*1027. B
*911. A	*950. A	*989. B	*1028. A
*912. B	*951. B	*990. A	*1029. A
*913. A	*952. C	*991. C	*1030. C
*914. B	*953. A	*992. C	*1031. C
*915. B	*954. A	*993. B	*1032. C
*916. C	*955. A	*994. B	*1033. B
*917. C	*956. A	*995. A	*1034. B
*918. B	*957. B	*996. A	*1035. C
*919. C	*958. B	*997. C	*1036. C
*920. C	*959. C	*998. B	*1037. A
*921. C	*960. C	*999. B	*1038. B
*922. B	*961. A	*1000. C	*1039. B
*923. B	*962. A	*1001. B	*1040. A
*924. C	*963. A	*1002. C	*1041. B
*925. A	*964. B	*1003. B	*1042. A
*926. A	*965. A	*1004. B	*1043. C
*927. B	*966. B	*1005. A	*1044. A

*1045. A	*1052. C	*1059. B	*1066. B
*1046. A	*1053. A	*1060. A	*1067. A
*1047. B	*1054. A	*1061. C	*1068. C
*1048. C	*1055. C	*1062. C	*1069. B
*1049. C	*1056. C	*1063. B	
*1050. B	*1057. C	*1064. A	
*1051. C	*1058. C	*1065. B	

危险化学品经营单位主要负责人题库
（共 1375 题）

一、判断题

1. √	25. √	49. √	73. √
2. ×	26. √	50. √	74. √
3. √	27. ×	51. √	75. √
4. ×	28. √	52. √	76. √
5. √	29. √	53. ×	77. √
6. √	30. ×	54. ×	78. √
7. √	31. √	55. √	79. √
8. √	32. ×	56. √	80. √
9. √	33. ×	57. ×	81. ×
10. √	34. √	58. √	82. √
11. √	35. √	59. √	83. √
12. √	36. ×	60. ×	84. ×
13. √	37. ×	61. ×	85. ×
14. ×	38. √	62. ×	86. √
15. √	39. √	63. √	87. ×
16. √	40. √	64. ×	88. √
17. √	41. √	65. √	89. √
18. ×	42. √	66. √	90. √
19. √	43. ×	67. √	91. √
20. √	44. ×	68. ×	92. √
21. √	45. ×	69. √	93. √
22. √	46. √	70. √	94. ×
23. ×	47. √	71. ×	95. √
24. ×	48. √	72. √	96. ×

97. ✓	*136. ✓	*175. ✓	*214. ✓
98. ✓	*137. ✓	*176. ✓	*215. ✓
99. ✓	*138. ✓	*177. ✓	*216. ✓
100. ✓	*139. ✓	*178. ✗	*217. ✓
101. ✓	*140. ✗	*179. ✓	*218. ✓
102. ✗	*141. ✓	*180. ✓	*219. ✗
103. ✓	*142. ✓	*181. ✓	*220. ✗
104. ✓	*143. ✗	*182. ✓	*221. ✓
105. ✓	*144. ✓	*183. ✓	*222. ✗
106. ✓	*145. ✓	*184. ✗	*223. ✓
107. ✓	*146. ✓	*185. ✓	*224. ✗
108. ✗	*147. ✓	*186. ✓	*225. ✓
109. ✓	*148. ✓	*187. ✓	*226. ✗
110. ✓	*149. ✗	*188. ✗	*227. ✓
111. ✓	*150. ✓	*189. ✗	*228. ✓
112. ✗	*151. ✓	*190. ✗	*229. ✓
113. ✓	*152. ✓	*191. ✓	*230. ✗
114. ✓	*153. ✓	*192. ✓	*231. ✓
115. ✓	*154. ✗	*193. ✓	*232. ✓
116. ✗	*155. ✓	*194. ✗	*233. ✗
117. ✗	*156. ✓	*195. ✓	*234. ✗
118. ✓	*157. ✗	*196. ✓	*235. ✓
119. ✓	*158. ✓	*197. ✓	*236. ✓
120. ✓	*159. ✓	*198. ✓	*237. ✗
121. ✗	*160. ✓	*199. ✓	*238. ✓
122. ✓	*161. ✗	*200. ✓	*239. ✗
123. ✓	*162. ✓	*201. ✗	*240. ✓
124. ✓	*163. ✗	*202. ✗	*241. ✗
125. ✓	*164. ✗	*203. ✓	*242. ✓
126. ✓	*165. ✗	*204. ✓	*243. ✓
127. ✓	*166. ✓	*205. ✓	*244. ✓
128. ✗	*167. ✓	*206. ✓	*245. ✓
129. ✓	*168. ✓	*207. ✓	*246. ✓
130. ✗	*169. ✗	*208. ✗	*247. ✓
*131. ✗	*170. ✓	*209. ✓	*248. ✗
*132. ✓	*171. ✗	*210. ✗	*249. ✗
*133. ✗	*172. ✓	*211. ✓	*250. ✗
*134. ✓	*173. ✓	*212. ✓	*251. ✗
*135. ✓	*174. ✗	*213. ✗	*252. ✗

*253. ×	*292. √	*331. √	*370. √
*254. ×	*293. √	*332. √	*371. ×
*255. ×	*294. √	*333. √	*372. ×
*256. ×	*295. √	*334. √	*373. √
*257. ×	*296. ×	*335. ×	*374. √
*258. √	*297. √	*336. √	*375. ×
*259. √	*298. ×	*337. √	*376. ×
*260. √	*299. ×	*338. √	*377. √
*261. ×	*300. ×	*339. ×	*378. √
*262. ×	*301. ×	*340. √	*379. √
*263. ×	*302. √	*341. ×	*380. √
*264. √	*303. ×	*342. ×	*381. √
*265. √	*304. √	*343. √	*382. √
*266. √	*305. √	*344. √	*383. √
*267. √	*306. √	*345. √	*384. √
*268. √	*307. √	*346. √	*385. √
*269. √	*308. ×	*347. √	*386. √
*270. √	*309. ×	*348. √	*387. ×
*271. ×	*310. √	*349. √	*388. √
*272. √	*311. √	*350. √	*389. ×
*273. √	*312. √	*351. ×	*390. ×
*274. √	*313. ×	*352. ×	*391. √
*275. √	*314. ×	*353. √	*392. √
*276. ×	*315. √	*354. ×	*393. √
*277. √	*316. √	*355. √	*394. ×
*278. ×	*317. ×	*356. √	*395. √
*279. √	*318. ×	*357. √	*396. ×
*280. ×	*319. ×	*358. √	*397. ×
*281. ×	*320. √	*359. ×	*398. √
*282. √	*321. √	*360. √	*399. √
*283. √	*322. √	*361. √	*400. √
*284. √	*323. √	*362. √	*401. √
*285. √	*324. ×	*363. ×	*402. ×
*286. √	*325. ×	*364. √	*403. √
*287. √	*326. √	*365. ×	*404. √
*288. √	*327. √	*366. √	*405. √
*289. √	*328. √	*367. √	*406. ×
*290. ×	*329. √	*368. ×	*407. √
*291. ×	*330. √	*369. √	*408. √

*409. ✗	*433. ✗	*457. ✗	*481. ✗
*410. ✓	*434. ✓	*458. ✓	*482. ✗
*411. ✓	*435. ✗	*459. ✓	*483. ✓
*412. ✓	*436. ✓	*460. ✓	*484. ✗
*413. ✓	*437. ✓	*461. ✗	*485. ✓
*414. ✓	*438. ✗	*462. ✓	*486. ✓
*415. ✓	*439. ✓	*463. ✗	*487. ✗
*416. ✗	*440. ✓	*464. ✗	*488. ✓
*417. ✓	*441. ✗	*465. ✓	*489. ✓
*418. ✓	*442. ✓	*466. ✗	*490. ✗
*419. ✗	*443. ✓	*467. ✗	*491. ✓
*420. ✓	*444. ✓	*468. ✓	*492. ✓
*421. ✓	*445. ✗	*469. ✗	*493. ✗
*422. ✗	*446. ✓	*470. ✗	*494. ✓
*423. ✓	*447. ✓	*471. ✗	*495. ✓
*424. ✓	*448. ✓	*472. ✓	*496. ✗
*425. ✓	*449. ✓	*473. ✗	*497. ✓
*426. ✓	*450. ✓	*474. ✗	*498. ✓
*427. ✓	*451. ✗	*475. ✓	*499. ✓
*428. ✓	*452. ✓	*476. ✓	*500. ✓
*429. ✓	*453. ✗	*477. ✓	*501. ✗
*430. ✗	*454. ✓	*478. ✓	*502. ✓
*431. ✗	*455. ✓	*479. ✗	
*432. ✗	*456. ✗	*480. ✓	

二、单选题

1. A	12. C	23. C	34. C
2. C	13. B	24. A	35. C
3. C	14. B	25. B	36. A
4. A	15. A	26. A	37. A
5. C	16. A	27. A	38. B
6. C	17. A	28. A	39. C
7. A	18. B	29. C	40. B
8. A	19. A	30. C	41. A
9. C	20. B	31. C	42. A
10. A	21. A	32. A	43. A
11. A	22. B	33. B	44. B

45. C	84. B	123. A	*162. A
46. A	85. A	124. A	*163. C
47. B	86. B	125. B	*164. C
48. C	87. C	126. C	*165. A
49. C	88. B	127. C	*166. B
50. A	89. B	128. A	*167. C
51. C	90. B	129. A	*168. C
52. A	91. B	130. A	*169. A
53. C	92. C	*131. A	*170. C
54. A	93. C	*132. B	*171. B
55. B	94. C	*133. A	*172. B
56. B	95. C	*134. C	*173. C
57. A	96. A	*135. C	*174. A
58. B	97. B	*136. C	*175. C
59. C	98. C	*137. A	*176. A
60. A	99. A	*138. C	*177. A
61. C	100. B	*139. C	*178. A
62. A	101. C	*140. B	*179. C
63. B	102. B	*141. B	*180. B
64. A	103. B	*142. C	*181. A
65. A	104. A	*143. B	*182. B
66. C	105. B	*144. B	*183. C
67. C	106. A	*145. B	*184. A
68. C	107. B	*146. B	*185. B
69. B	108. A	*147. B	*186. C
70. B	109. A	*148. A	*187. B
71. C	110. A	*149. A	*188. B
72. C	111. B	*150. B	*189. B
73. B	112. A	*151. C	*190. C
74. C	113. C	*152. C	*191. C
75. A	114. B	*153. A	*192. C
76. C	115. A	*154. C	*193. B
77. B	116. A	*155. C	*194. C
78. A	117. A	*156. C	*195. B
79. C	118. B	*157. C	*196. C
80. A	119. A	*158. B	*197. C
81. B	120. A	*159. A	*198. C
82. C	121. C	*160. B	*199. B
83. A	122. C	*161. B	*200. A

*201. C	*240. C	*279. C	*318. B
*202. B	*241. A	*280. C	*319. C
*203. C	*242. A	*281. A	*320. C
*204. A	*243. C	*282. B	*321. C
*205. B	*244. C	*283. A	*322. A
*206. C	*245. A	*284. B	*323. B
*207. B	*246. C	*285. C	*324. C
*208. A	*247. A	*286. B	*325. C
*209. A	*248. A	*287. B	*326. C
*210. C	*249. A	*288. A	*327. A
*211. B	*250. C	*289. A	*328. B
*212. B	*251. B	*290. B	*329. C
*213. C	*252. A	*291. C	*330. B
*214. B	*253. A	*292. B	*331. C
*215. B	*254. C	*293. C	*332. A
*216. A	*255. C	*294. C	*333. C
*217. C	*256. C	*295. C	*334. C
*218. C	*257. B	*296. C	*335. B
*219. C	*258. B	*297. A	*336. C
*220. B	*259. C	*298. C	*337. B
*221. A	*260. A	*299. B	*338. C
*222. C	*261. A	*300. A	*339. C
*223. C	*262. B	*301. B	*340. A
*224. B	*263. C	*302. C	*341. C
*225. B	*264. B	*303. A	*342. C
*226. C	*265. A	*304. B	*343. A
*227. A	*266. B	*305. C	*344. A
*228. C	*267. C	*306. B	*345. C
*229. A	*268. A	*307. A	*346. B
*230. C	*269. C	*308. C	*347. A
*231. A	*270. C	*309. B	*348. A
*232. A	*271. A	*310. A	*349. A
*233. A	*272. C	*311. B	*350. C
*234. B	*273. A	*312. A	*351. A
*235. B	*274. B	*313. B	*352. B
*236. A	*275. B	*314. B	*353. A
*237. A	*276. A	*315. B	*354. C
*238. C	*277. C	*316. B	*355. B
*239. A	*278. C	*317. B	*356. C

*357. A	*396. A	*435. A	*474. A
*358. C	*397. B	*436. C	*475. C
*359. A	*398. B	*437. A	*476. C
*360. C	*399. A	*438. A	*477. A
*361. A	*400. A	*439. C	*478. A
*362. C	*401. C	*440. B	*479. A
*363. B	*402. A	*441. B	*480. C
*364. A	*403. A	*442. A	*481. A
*365. C	*404. B	*443. C	*482. A
*366. B	*405. A	*444. C	*483. B
*367. B	*406. C	*445. C	*484. B
*368. B	*407. B	*446. B	*485. A
*369. C	*408. A	*447. C	*486. B
*370. C	*409. B	*448. C	*487. A
*371. A	*410. B	*449. B	*488. A
*372. A	*411. C	*450. A	*489. B
*373. C	*412. A	*451. B	*490. B
*374. B	*413. B	*452. B	*491. C
*375. C	*414. B	*453. C	*492. C
*376. B	*415. B	*454. C	*493. B
*377. A	*416. C	*455. B	*494. A
*378. A	*417. A	*456. A	*495. A
*379. C	*418. C	*457. B	*496. C
*380. A	*419. A	*458. A	*497. C
*381. C	*420. C	*459. C	*498. A
*382. C	*421. A	*460. B	*499. B
*383. B	*422. A	*461. A	*500. C
*384. B	*423. C	*462. A	*501. C
*385. A	*424. C	*463. A	*502. C
*386. B	*425. A	*464. A	*503. B
*387. C	*426. B	*465. A	*504. B
*388. C	*427. C	*466. C	*505. B
*389. B	*428. C	*467. C	*506. B
*390. C	*429. A	*468. C	*507. A
*391. A	*430. A	*469. A	*508. A
*392. A	*431. B	*470. B	*509. B
*393. C	*432. A	*471. C	*510. B
*394. B	*433. B	*472. C	*511. B
*395. C	*434. C	*473. B	*512. B

*513. A	*552. B	*591. A	*630. A
*514. B	*553. A	*592. A	*631. A
*515. C	*554. A	*593. A	*632. A
*516. A	*555. B	*594. C	*633. B
*517. C	*556. B	*595. A	*634. C
*518. A	*557. C	*596. C	*635. A
*519. A	*558. B	*597. C	*636. C
*520. B	*559. A	*598. C	*637. C
*521. A	*560. C	*599. A	*638. B
*522. C	*561. C	*600. C	*639. B
*523. B	*562. B	*601. B	*640. C
*524. B	*563. C	*602. C	*641. B
*525. A	*564. A	*603. A	*642. B
*526. A	*565. B	*604. B	*643. C
*527. A	*566. B	*605. B	*644. C
*528. C	*567. C	*606. A	*645. B
*529. B	*568. B	*607. B	*646. A
*530. A	*569. A	*608. C	*647. A
*531. B	*570. B	*609. B	*648. B
*532. B	*571. B	*610. B	*649. B
*533. B	*572. C	*611. B	*650. C
*534. C	*573. C	*612. B	*651. B
*535. C	*574. B	*613. C	*652. B
*536. A	*575. A	*614. B	*653. B
*537. B	*576. A	*615. B	*654. B
*538. A	*577. A	*616. C	*655. A
*539. B	*578. B	*617. B	*656. A
*540. B	*579. A	*618. B	*657. C
*541. C	*580. B	*619. A	*658. C
*542. C	*581. A	*620. C	*659. A
*543. A	*582. C	*621. A	*660. C
*544. C	*583. B	*622. A	*661. C
*545. B	*584. A	*623. B	*662. C
*546. C	*585. B	*624. B	*663. B
*547. B	*586. B	*625. B	*664. A
*548. C	*587. C	*626. C	*665. A
*549. A	*588. A	*627. B	*666. A
*550. C	*589. B	*628. B	*667. C
*551. A	*590. A	*629. C	*668. B

*669. A	*708. A	*747. A	*786. A
*670. C	*709. A	*748. C	*787. C
*671. A	*710. C	*749. B	*788. B
*672. A	*711. A	*750. C	*789. A
*673. A	*712. B	*751. C	*790. A
*674. C	*713. B	*752. A	*791. C
*675. B	*714. C	*753. C	*792. A
*676. A	*715. C	*754. C	*793. B
*677. A	*716. A	*755. C	*794. C
*678. A	*717. B	*756. B	*795. C
*679. A	*718. B	*757. C	*796. B
*680. B	*719. B	*758. B	*797. C
*681. C	*720. C	*759. A	*798. C
*682. A	*721. C	*760. A	*799. B
*683. B	*722. B	*761. C	*800. C
*684. B	*723. C	*762. C	*801. A
*685. A	*724. C	*763. A	*802. C
*686. B	*725. A	*764. C	*803. B
*687. A	*726. A	*765. C	*804. C
*688. C	*727. C	*766. C	*805. A
*689. C	*728. B	*767. B	*806. A
*690. B	*729. A	*768. C	*807. C
*691. C	*730. C	*769. A	*808. B
*692. B	*731. B	*770. C	*809. B
*693. C	*732. C	*771. A	*810. A
*694. A	*733. C	*772. C	*811. C
*695. A	*734. C	*773. C	*812. C
*696. C	*735. B	*774. C	*813. B
*697. B	*736. A	*775. B	*814. C
*698. B	*737. C	*776. C	*815. B
*699. A	*738. C	*777. B	*816. C
*700. C	*739. A	*778. A	*817. A
*701. B	*740. C	*779. C	*818. C
*702. A	*741. B	*780. B	*819. B
*703. A	*742. A	*781. A	*820. B
*704. C	*743. A	*782. C	*821. C
*705. B	*744. C	*783. C	*822. C
*706. B	*745. B	*784. A	*823. C
*707. A	*746. B	*785. C	*824. B

*825. B   *838. B   *851. C   *864. C
*826. A   *839. A   *852. B   *865. A
*827. C   *840. C   *853. A   *866. C
*828. C   *841. B   *854. B   *867. A
*829. C   *842. B   *855. B   *868. B
*830. B   *843. B   *856. A   *869. B
*831. C   *844. B   *857. A   *870. B
*832. C   *845. A   *858. A   *871. C
*833. C   *846. B   *859. B   *872. C
*834. C   *847. B   *860. A   *873. A
*835. A   *848. C   *861. A   *874. A
*836. B   *849. B   *862. B
*837. A   *850. C   *863. A

参考文献

[1] 胡永宁,等. 危险化学品经营企业安全管理培训教程[M]. 2版. 北京:化学工业出版社, 2011.

[2] 国家安监局. 危险化学品经营单位安全管理培训教材[M]. 北京:气象出版社, 2002.

[3] 国家安全生产监督管理总局培训中心. 危险化学品生产经营单位主要负责人和安全生产管理人员培训教材[M]. 北京:煤碳工业出版社, 2006.

[4] 国家安全生产监督管理总局宣传教育中心. 危险化学品生产经营单位主要负责人和安全管理人员培训通用教材[M]. 北京:中国矿业大学出版社, 2008.

[5] 何光裕,等. 危险化学品事故处理与应急预案[M]. 2版. 北京:中国石化出版社, 2010.

[6] 张荣,张晓东. 危险化学品安全技术[M]. 北京:化学工业出版社, 2009.

[7] 国家安全生产监督管理总局宣传教育中心. 危险化学品生产经营单位主要负责人和安全生产管理人员培训教材[M]. 北京:冶金工业出版社, 2007.